Gottfried-Karl Kindermann

Österreich gegen Hitler

Gottfried-Karl Kindermann
Österreich gegen Hitler
Europas erste Abwehrfront
1933–1938

Mit 39 Abbildungen und 122 Dokumenten

Langen Müller

Alle Hervorhebungen, soweit nicht anders verzeichnet,
stammen vom Verfasser.

Besuchen Sie uns im Internet unter:
http://www.langen-mueller-verlag.de

© 2003 Langen Müller
in der F. A. Herbig Verlagsbuchhandlung GmbH, München
Alle Rechte vorbehalten
Schutzumschlag: Wolfgang Heinzel
Herstellung und Satz: VerlagsService Dr. Helmut Neuberger
& Karl Schaumann GmbH, Heimstetten
Gesetzt aus der 11/13,4 Punkt Times Ten Roman
Druck und Binden: Wiener Verlag, Himberg bei Wien
Printed in Austria
ISBN 3-7844-2821-5

DEM GEDENKEN DER ÖSTERREICHISCHEN PATRIOTEN GEWIDMET,
DIE FÜR ÖSTERREICH UM SEINER SELBST WILLEN
UND FÜR DEN FRIEDEN EUROPAS
GEKÄMPFT UND GELITTEN HABEN

Inhalt

Vorwort 13
Dr. Bernhard Stillfried, Präsident der Österreichischen
Kulturvereinigung

Danksagung 18

Einleitung 21
Drei Rollen Österreichs in der NS-Ära und deren
dritte Dimension

Teil I
Die Dollfuß-Ära
Österreichs Abwehrerfolg gegen Hitlers Terrorkrieg

*I. Vom »Vernichtungsfrieden« zur Selbstpreisgabe
der Republik   27*

1. Österreich wird, was »übrigbleibt« 27
2. Zur Rolle des habsburgischen Österreich in der europäischen Geschichte 29
3. Gründung und Selbstpreisgabe des »funktionalen Reststaates« 33

*II. Österreich: erstes Ziel und erster Gegner von Hitlers
Eroberungsplan   40*

1. Hitlers geostrategische Zielsetzung 40
2. Strategie und Machtmittel des kalten Terrorkrieges
gegen Österreich 43

3. Anlaß und Methode des Wirtschaftskrieges 47
4. Der Propagandakrieg 49
5. Die landesweite Terrorkampagne 50
6. Das Drohpotential der »Österreichischen Legion« 51
7. Haltung und Abwehrstrategien der österreichischen Bundesregierung 52
8. Für Österreich gilt kein Völkerrecht 57

III. Der neue Wille zu Österreich als Basis und Waffe des Widerstandes 60

1. Anfänge der österreichischen Neubesinnung 60
2. Leitideen der neuen Österreich-Ideologie 65
   Geschichtliche Rückbesinnung als Basis ideologischer Standortbestimmung 66
   Österreichertum als deutsch-europäische Synthese 67
   Auf dem Wege zur österreichischen Nation 69
   Österreich für Europas Einheit und Abwehr 72
   Zur Stellung und Haltung jüdischer Bürger im Ständestaat 76
   Kritik am Nationalsozialismus – Verhältnis zu Deutschland 81
   »Deutsche« und andere Aspekte der Österreich-Ideologie 85
   Widersprüche zwischen Österreich-Ideologie und Nationalsozialismus 89
   Engelbert Dollfuß und die Vision des Ständestaates 92
3. Der Legitimismus als Stütze und Problem der Bundesregierung 97

IV. Die Demokratiekrise und der Führungsanspruch des Vaterländischen Lagers 102

1. Der Austromarxismus in der Sicht des Regierungslagers . 102
2. Klassenkampf und Kirchenkampf als Ursachen des Konsensmangels 103

Inhalt

3. Traditionsfeindschaft, Ablehnung der permanenten Eigenstaatlichkeit Österreichs und Anschlußstreben 107
4. Das Hemmnis des »Bolschewismus«-Verdachts 112
5. Von der Krise zur Selbstlähmung des Parlaments 120
6. Visionen auf dem »Marsch zwischen zwei Abgründen« .. 125
7. Das Sendungsbewußtsein des Engelbert Dollfuß 127
8. Entwicklung des Schlagabtausches Berlin–Wien im Jahr 1933 135
9. Der Heimatschutz als Machtfaktor und Problem des Staatswiderstandes 138
10. Realität und Grenzen italienischer Interventionen 148

V. Konflikt und Krieg zwischen »Schwarz« und »Rot« als Schwachpunkt des österreichischen Widerstandes 152

1. Ergebnislose Kontaktsuche zwischen »Schwarz« und »Rot« 152
2. Waffenlager und Kampfplan des Schutzbundes 157
3. Der »schwarz-rote« Bruderkrieg als Gefahr und Schwächung des österreichischen Abwehrkampfes 163
4. Zur Frage der Vermeidbarkeit des Bruderkrieges zwischen Österreichs Großparteien 172

VI. Österreichs außenpolitischer Widerstand: Feindeindämmung und Selbsterhaltung 181

1. Vom Genfer Protokoll zum Beginn des NS-Terrors 181
2. Italien und die Westmächte als Partner der Wiener Abwehrstrategie 184
3. Die Blamage des Drei-Mächte-Einspruchs in Berlin 187
4. Dollfuß und die Großmächte: Vom Sommer 1933 bis zum Frühjahr 1934 189
5. Das Quasi-Bündnis Wien–Rom–Budapest 193
6. Die Haltung Prags und Belgrads zum deutsch-österreichischen Konflikt 196

Inhalt

VII. Die versuchte Machtergreifung: Der bewaffnete Aufstand der SS und SA in Wien und in den Bundesländern 201

1. Blitzputsch und Kanzlermord in Wien am 25. Juli 1934 .. 201
   Hitler und die Verhärtung des österreichischen
   Widerstandes 201
   Italien und Frankreich stellen sich hinter Dollfuß 206
   Starhembergs Anti-Hitler-Demonstration in Braunau ... 208
   Der Aufstand als letzte Alternative 209
   Hitler und die Putschplanung 212
   Beginn und Verrat des Putsches 214
   Der fatale Plan des Ministers Fey 215
   Der Todeskampf des Bundeskanzlers Dollfuß 216
   Weitere Fehlschläge für die Putschisten 218
2. Die NS-Kampfplanung und die Niederwerfung der
   bewaffneten Aufstände in den Bundesländern 221

VIII. Hitlers Niederlage und der Abwehrsieg des österreichischen Widerstandes 228

1. Erste Reaktionen 228
2. Hitlers Konsequenzen: Ein posthumer Sieg für
   Dollfuß 231
3. Zur Rolle und Reaktion Italiens und anderer Mächte ... 235

IX. Europas erster Widerstand gegen das Dritte Reich: Ein Rückblick auf die Dollfuß-Ära 1933/34 240

Inhalt

Teil II
Die Schuschnigg-Ära
Vom hinhaltenden Widerstand bis zum Einmarsch der Wehrmacht

X. Nach dem Sieg Scheinerfolge und echte Gefahren 251

1. Polens Vertrag mit Berlin verharmlost Hitlers Strategie . 251
2. Die weitere Rückversicherung Österreichs durch Italien, die »Stresa Front« und der Militärpakt Paris–Rom 253
3. Die Katastrophe des Abessinienkrieges – London und Paris zwischen Scylla und Charybdis 259
4. Hitlers Aufwertung und Legitimierung durch den Flottenpakt mit Großbritannien 261
5. Italiens Wende zur Komplizenschaft mit Berlin und Tokio 262
6. Hitler bricht den Rheinpakt – Frankreich weicht zurück 263
7. Bemerkenswerte österreichische Analysen und Prognosen 265

XI. Österreich im Sog der Beschwichtigungspolitik – Der Pakt mit Hitler vom Juli 1936 268

XII. Österreich verliert den Heimatschutz – Der Grundsatzstreit zwischen Schuschnigg und Starhemberg 281

XIII. Der Machtkampf um die Formen der »Befriedung« 286

XIV. Kriegsdrohung und Erpressung – Das Trauma von Berchtesgaden 296

XV. Trotz und Tragik von Österreichs »letztem Aufgebot« 305

XVI. Die europäische Dimension des österreichischen Widerstandes – Ein Vergleich mit anderen Staaten 324

Inhalt

XVII. Zur Streitfrage eines militärischen Widerstandes 330

XVIII. Sieger-Rache am patriotischen Widerstand 337

XIX. Anschlußtaumel, Ernüchterung und Vergangenheitsbewältigung 341

1. Täuschungsstrategien, Fehlperzeptionen und Anschlußeuphorie 341
2. Realitäten, Ernüchterung und Vergangenheitsbewältigung in Theorie und Praxis 348

Nachwort 353
Zur Problematik versuchter Verleugnung des Widerstandes

Anmerkungen 359
Auswahlbibliographie 383
Dokumente 393
Personenregister 475
Bildnachweis 480

Vorwort

Aus mehreren Gründen bedeutet es mir ein Anliegen, diesem Buch ein paar Worte zum Geleit voranzustellen. Gehören doch die dreißiger Jahre des 20. Jahrhunderts gerade auch für Österreich zu einer Epoche von besonderer Bedeutung und Dramatik. Doch hinsichtlich der Rolle Österreichs in der NS-Ära stehen vornehmlich zwei Dimensionen der Betrachtung im Vordergrund. Die eine sieht Österreich als mehr oder weniger passives »Opfer« der Hitlerschen Gewaltpolitik, während die andere auf die individuelle »Mittäterschaft« so vieler Österreicher hinweist.

Wer jedoch die historischen Fakten jener Zeit vor Augen hat, wird dem Verfasser dieses Buches dafür zu Dank verpflichtet sein, daß er seine Schrift der Herausarbeitung der weitgehend vernachlässigten »dritten Dimension« gewidmet hat. Diese beinhaltet den von der österreichischen Bundesregierung und den sie tragenden Kräften fünf Jahre lang in Wort und Tat für Österreich und Europa geleisteten Widerstand gegen Nationalsozialismus und Drittes Reich. Seine geistige Voraussetzung war, daß der in den ersten anderthalb Jahrzehnten der Republikgeschichte fast vollständig fehlende Glaube an die Sinnhaftigkeit und Lebensfähigkeit des neuösterreichischen Kleinstaates durch ein neues und starkes Bekenntnis zu Österreich und zur Verteidigung seiner Eigenstaatlichkeit abgelöst wurde. Diese revolutionäre Wende schuf die ideelle Basis des österreichischen Widerstandes einschließlich einer beachtlich treffsicheren Kritik am Nationalsozialismus. Der Verfasser verschweigt nicht die in allen drei Lagern der damaligen Politik in Österreich gegebene Betonung des »deutschen« Charakters Österreichs. Doch weist er darauf hin, daß sich das regierende vaterländische Lager dadurch scharf vom marxistischen und nationalen Lager unterschied, daß nur die Vaterländischen sich zum Wert und zur Verteidigung der permanenten Eigenstaatlichkeit Österreichs bekannten. Dieses in der Ära der

Ersten Republik erstmalige Bekenntnis zum neuen Österreich, auch als Erben großer Traditionen Altösterreichs, ist zum gleichsam selbstverständlichen und unpathetischen Erbe der Zweiten Republik geworden. Deutsche Leser dürfte u. a. die Tatsache interessieren, daß das vaterländische wie auch das sozialdemokratische Lager den Nationalsozialismus nicht als Kulminationspunkt des Deutschtums, sondern als atypische Entartung deutschen Wesens und als Gegner traditioneller deutscher Kultur verstanden.

Der Verfasser zeigt einerseits, daß Hitler die Eroberung Österreichs und dann der Tschechoslowakei geopolitisch als ersten Schritt zur Beherrschung Europas konzipiert hatte, und daß andererseits die in Österreich herrschenden Kräfte klar verstanden, daß der Kampf um Österreich in einem weiteren Sinne ein Kampf um die Erhaltung oder Zerstörung einer europäischen Friedensordnung war, zu der sie sich bekannten. Der Band verdeutlicht Strategien des Angriffs ebenso wie die Strategien der österreichischen Abwehr. Vor allem wird unbestreitbar hervorgehoben, daß der ansonsten von Erfolg zu Erfolg schreitende Diktator in Österreich anläßlich der Niederwerfung der bewaffneten Erhebung der SS und SA im Juli 1934 die erste und einzige, von ihm und seinen Mitarbeitern eingestandene, außenpolitische Niederlage seines Lebens im Jahrzehnt zwischen 1933 und 1942 erlitt.

Doch der Band befaßt sich nicht nur mit den Strategien und Leistungen des österreichischen Widerstandes, sondern auch mit seinen Schwächen, Gefährdungen und Fehlern. Dies bezieht sich besonders auf die abgrundtiefen ideologischen Widersprüche zwischen den beiden großen Volksparteien und die daraus resultierende Demokratiekrise. Sie führte einerseits zu einer autoritären Regierung des vaterländischen Lagers und andererseits zu einer bewaffneten Revolte des sozialistischen Schutzbundes gegen diese, sich gleichzeitig aber des nationalsozialistischen Terrorkrieges erwehrende Bundesregierung. In einer Zeit der globalen Sensibilisierung für das Phänomen des Terrorismus erinnert der Band an den heute kaum mehr vorstellbaren vielmonatigen Sprengstoff-, Mord- und Propagandaterror, dem Österreich seitens der nationalsozialistischen Angreifer ausgesetzt gewesen ist. Zugleich erwähnt der Band den auch im Ausland anerkannten persönlichen Mut der Träger des österreichischen Widerstandes gegen einen machtmäßig turmhoch überlegenen und hinsichtlich seiner Methoden hemmungslosen Gegner, wobei sich viel von dieser Anerkennung auf den Hauptarchitekten des österreichischen Widerstandes, Bundeskanzler Engelbert Dollfuß, bezieht.

Hinsichtlich der internationalen Dimension des Geschehens der dreißiger Jahre hebt der Verfasser zu Recht hervor, wie entscheidend das Schicksal Österreichs – wie kurz danach auch der Tschechoslowakei – von jenem verhängnisvollen Wandel in den Konstellationen der europäischen Großmachtpolitik bestimmt wurde, der durch den ungebremsten Machtanstieg des Dritten Reiches und durch Italiens Abkehr von der Status quo Politik und seiner Hinwendung zu imperialistischer Aggression, entstanden war. Im Zeichen einer von falschen Hoffnungen ebenso wie von Schwäche gekennzeichneten Politik der Beschwichtigung Hitlers haben die führenden Völkerbundmächte in der Tat zwei neue Staaten – Österreich und die Tschechoslowakei – geopfert, die sie selbst nur zwanzig Jahre zuvor geschaffen hatten.

Hier, aber nicht hier allein, erweist sich der Verfasser als vormaliger Schüler und Mitarbeiter des großen deutsch-amerikanischen Politikwissenschaftlers Hans J. Morgenthau[1] von der Universität Chicago, an der er eine der weltweit einflußreichsten Denkrichtungen der Theorie der internationalen Politik – die Schule des Politischen Realismus – begründet hatte, der auch sein Landsmann Henry A. Kissinger angehört. Deren methodisches Rüstzeug, insbesondere auch hinsichtlich ihrer kognitiven Dimension, erweiternd, hat der Verfasser nach seiner Berufung an die Universität München dort die Münchner Schule des Neorealismus im Fach Internationale Politik begründet.[2] Als erstes einprägsames politisches Ereignis erlebte er in seiner Kindheit im Juli 1934 den Bürgerkrieg gegen die aufständischen Nationalsozialisten am Rande des Kampfgebiets in der Steiermark. Auf Grund damaliger starker erster Eindrücke blieb er in den folgenden Jahren auch weiterhin an diesem Konflikt besonders

---

[1] Hans Joachim Morgenthau ist nicht zu verwechseln mit dem gleichnamigen Autor des bedenklichen »Morgenthau-Planes« Henry Morgenthau Jr., dem Finanzminister des Präsidenten F. D. Roosevelt.
[2] Siehe z. B.: Kindermann, Gottfried-Karl u. a.: Grundelemente der Weltpolitik mit einer Einführung von Hans J. Morgenthau, 3. erw. Auflage München-Zürich 1986.

interessiert. Obwohl sich viel von seiner regionalen Forschung auf den ostasiatisch-pazifischen Raum bezog[1], wandte er sich ab Anfang der achtziger Jahre auch der ihn immer noch faszinierenden Phase des österreichischen Abwehrkampfes gegen den Nationalsozialismus zu. Als letztes Ergebnis dieser Befassung ist dieses Buch entstanden.

Ein weiterer Grund, weshalb ich für dieses Buch gern ein Vorwort schreibe, ist persönlicher Natur. Zwar war ich in den Jahren des österreichischen Abwehrkampfes erst ein junger Gymnasiast. Dennoch erinnere ich mich deutlich an viele der dramatischen Vorkommnisse dieser Zeit. War doch mein Vater ein engagierter und traditionsbewußter österreichischer Patriot. Ein Beitrag, den er für die Zeitschrift »Der Christliche Ständestaat« vom 22. März 1936 geschrieben hatte, erwies ihn als einen der wenigen österreichischen Patrioten, die damals bereits in der Entwicklung eines eigenen österreichischen Nationalbewußtseins eine der unerläßlichen Voraussetzungen für die Selbsterhaltung der von innen und außen gefährdeten Heimat erblickte. Daher schrieb er damals:

»Unsere Kultur, unsere staatliche Selbständigkeit, unser Österreichertum und damit auch die Kultur ganz Europas ist in allergrößter Gefahr. Diejenigen irren, welche glauben, daß der Juli 1934 und unser gegenwärtiges Regime den Nationalsozialismus überwunden hätten. Der Juli 1934 war nur die glückliche Abwehr einer versuchten Überrumpelung; seither leben wir im Stellungskrieg und die nächste Offensive kann jederzeit über uns hereinbrechen. Meiner Meinung nach ist diese Gefahr immer noch im Steigen begriffen, die Steigerung hält gleichen Schritt mit der deutschen Aufrüstung.« Er fuhr dann u. a. fort: »... der Weg, den wir gehen müssen, und keine Macht kann uns hindern ihn zu gehen, ... heißt österreichisches Nationalbewußtsein!«

Diese Einstellung erklärt, weshalb mein Vater während des Zweiten Weltkrieges im österreichischen Widerstand aktiv war und als einer der Gründer der Organisation »O5« 1944/45 rege Kontakte zu den Alliierten unterhielt. Dreimal wurde er von der Gestapo verhaftet und in letzter Stunde vor einem schon befohlenen Erschießungs-

---

[1] Kindermann, Gottfried-Karl: Der Aufstieg Ostasiens in der Weltpolitik 1840 bis 2000. München 2001.

Vorwort

kommando durch den Einmarsch der Roten Armee in Wien gerettet. Auch erlitt sein Cousin, Major der österreichischen Gendarmerie, sieben Jahre KZ-Haft in Dachau.

Zu meiner Erinnerung gehört auch die Teilnahme an vaterländischen Großveranstaltungen für die von Bundeskanzler Schuschnigg im März 1938 geplante Volksbefragung, wie auch das Erleben nationalsozialistischer Versuche zu entsprechenden Gegendemonstrationen.

Diese und andere lebendig gebliebene Erinnerungen gehören zu dem in dieser Schrift geschilderten Ringen um die Bewahrung Österreichs als Staat. Mit diesem dramatischen Geschehen beginnt damals schon der als Zweiter Weltkrieg bezeichnete Kampf um die Zukunft Europas und der Welt, dessen erste und erfolgreiche Abwehrschlacht im Juli 1934 in Österreich geschlagen wurde.

Wien, Dezember 2002   Dr. Bernhard Stillfried
                             Präsident der
                             Österreichischen Kulturvereinigung

Danksagung

Nach Beendigung der Arbeit an diesem Band ist es dem Verfasser ein besonderes Anliegen, Worte des Dankes für vielseitige Hilfe aussprechen zu dürfen. Für tatkräftige Förderung und freundschaftliche Partnerschaft danke ich Herrn Dr. Bernhard Stillfried, dem Präsidenten der Österreich-Kooperation, und seiner Institution wie auch Herrn Carl Paul Wieland und der von ihm geleiteten Österreichisch-Bayerischen Gesellschaft, die mir u. a. Forschungsaufenthalte in Österreich ermöglichte, wie ferner auch Herrn Dr. Carlos Mack. Was Gespräche über die behandelte Epoche mit Zeitzeugen und Akteuren betrifft, so erinnere ich mich dankbar, daß ich bei Altbundeskanzler Kurt Schuschnigg als Student kurzfristig in St. Louis sein Gast sein und über diese Ära mit ihm sprechen durfte, und daß Bundeskanzler Bruno Kreisky mich trotz und während seiner Dialysebehandlungen zu Gesprächen über diese Zeit empfing und zuvor 1968 bei der Gründungsfeier meines Seminars an der Universität München den Festvortrag gehalten hatte. Herr Altbundespräsident Dr. Rudolf Kirchschläger war der erste Leser des Manuskripts meiner Vorgängerstudie zu dieser vorliegenden Arbeit. Wertvolle Anregungen erhielt ich auch aus Gesprächen mit dem vormaligen Vizekanzler Dr. Fritz Bock, dem damaligen Vizepräsidenten des Dokumentationszentrums des Österreichischen Widerstandes. Er sprach auch, ebenso wie der seinerzeitige Bundesminister für Unterricht und Wissenschaft, Prof. Dr. Hans Tuppy, anläßlich der Eröffnung meiner Foto- und Dokumentationsausstellung »Österreich als Angriffsziel und Gegner des Nationalsozialismus«. Mit verständnisvollem Interesse verfolgten insbesondere auch Herr Vizekanzler i. R. Dr. Alois Mock und Frau Bundesministerin Dr. Benita Ferrero-Waldner meine schon vieljährige Befassung mit der Thematik dieses Bandes. Ein Gleiches gilt von Herrn Nationalrat Prof. Dr. Andreas Khol. Besonderen, auch menschlichen Gewinn brachten die Begeg-

Danksagung

nungen mit der zu früh von uns gegangenen Eva Nicoladoni-Dollfuß, der Tochter jenes Bundeskanzlers, der als zentrale Führungsgestalt des österreichischen Widerstandes gegen Nationalsozialismus und Drittes Reich und als erster Gegner Hitlers unter den Regierungschefs des damaligen Europa in die Geschichte eingegangen ist. Ihrer Tochter, Frau Dr. Claudia Tanscits, verdanke ich den Zugang zu wertvollen Quellen. Ein Gleiches gilt von Frau Dr. Herta Jansa, deren Vater, Feldmarschalleutnant Alfred Jansa, Österreichs militärische Verteidigung gegen das Dritte Reich plante, und von Herrn Dr. Robert Rill vom Österreichischen Kriegsarchiv, Herrn Dr. Ekkehard Früh von der Dokumentationsstelle der Arbeiterkammer und von Herrn Dr. Peter Malina vom Österreichischen Institut für Zeitgeschichte in Wien. Viele Anregungen verdanke ich dem Meinungsaustausch mit Kollegen von souveräner Kompetenz hinsichtlich meines Themas, darunter der unvergeßliche Ludwig Jedlicka, Gerhard Jagschitz, Dieter A. Binder, Helmut Runpler, Maximilian Liebmann und Robert Wistrich (Hebrew University, Jerusalem). Am Geschwister-Scholl-Institut der Universität München, dem ich seinen Namen geben durfte, wurden meine Arbeiten über Österreich sowohl von Peter Streitle als auch von Reinhard Meier-Walser, beide Autoren namhafter Studien zur österreichischen Zeitgeschichte, mit Effizienz und Enthusiasmus unterstützt. Mit Rat und Tat war in Wien Herr Dr. Michael Dippelreiter sehr behilflich. Peter Streitle verdanken wir ein akribisch recherchiertes Werk über den Beitrag Schuschniggs zur Verteidigung Österreichs in den Jahren 1934-36. Besonderen Dank für Quellenrecherche schulde ich in Wien Herrn Mag. Reinhard Desoye. Frau Dr. Anneliese Schumacher-Heiß betreute einfühlsam das Manuskript meines Buches »Hitlers Niederlage in Österreich 1933–1934« (1984), das eine stark überarbeitete Basis für den ersten Teil des jetzt vorliegenden neuen Bandes bildet. Herr Rochus von Zabuesnig und Frau Dr. Carmen Sippl betreuten diesen Band mit viel Verständnis und ebenfalls mit großer Sachkenntnis hinsichtlich der historischen Gegebenheiten jener Epoche seitens der Buchverlage Langen Müller Herbig. Meinen Töchtern Ada-Jasmin und Aglaia danke ich für die liebevolle Einführung in die Arbeit am Computer und unserem Hund Wang Wang für Entspannung.

München, im Dezember 2002   Gottfried-Karl Kindermann

Zu Österreichs NS-Kritik gehörten auch Plakate wie dieses.

Einleitung
Drei Rollen Österreichs in der NS-Ära und deren dritte Dimension

Von hoher Bedeutung für das Gesamtbild eines Landes und Volkes sind die Vorstellungen, die sich seine Bürger wie auch das Ausland von seiner Rolle in der Geschichte machen. Kaum eine andere Epoche der jüngeren Geschichte Europas wird von der Geschichtsforschung und den Medien massiver und kritischer durchleuchtet als die zwölf Jahre des Dritten Reiches 1933–1945. Bezüglich der Rolle Österreichs in dieser Ära stehen bisher primär zwei Betrachtungsweisen im Vordergrund der Diskussion. Anknüpfend an die Moskauer Drei-Mächte-Erklärung über Österreich vom Jahr 1943 stellt die erste Sichtweise Österreichs Rolle als erstes »Opfer« der Expansionspolitik des Dritten Reiches in den Vordergrund.

Eine zweite, neuere Betrachtungsweise postuliert für »Österreich« insgesamt eine »Mittäterrolle«, wobei sich diese Behauptung auf die Tatsache beruft, daß eine beträchtliche Anzahl einzelner Bürger den Nationalsozialismus individuell und aktiv unterstützt hatten.

Eine dritte, ebenso wirkliche, aber erstaunlich wenig beleuchtete Rolle Österreichs ist die, in Europa und für Europa Träger des ersten aktiven und anfangs erfolgreichen *Widerstandes* gegen das Dritte Reich, sowohl für sich selbst als sehr bewußt auch im Interesse der europäischen Friedensordnung, gewesen zu sein. Klar geplant war für Hitler die Eroberung Österreichs der erste strategische Schritt zu weiterer Expansion und zum großen Krieg in Europa. Ein halbes Jahrzehnt lang, von den zwölf Jahren des Dritten Reiches, vermochte die Abwehrpolitik der österreichischen Bundesregierung und der sie tragenden gesellschaftlichen Kräfte die für Österreich und Europa verhängnisvolle Besetzung und Zerschlagung Österreichs als Staat durch das Dritte Reich zu verhindern. Trotz der wirtschaftlichen Verarmung, der inneren politischen Zerrissenheit des Landes und des Einflusses großdeutscher Elemente gelang es der österreichischen Bundesregierung, 1934 den ersten Anschlußversuch

Einleitung: Drei Rollen Österreichs in der NS-Ära und deren dritte Dimension

durch Wirtschafts-, Terror- und Propagandakrieg sowie einen bewaffneten Aufstand der SS und SA niederzuschlagen und Hitler und seinem Dritten Reich hierdurch die einzige außenpolitische Niederlage zuzufügen, die er im Jahrzehnt zwischen 1933 und 1943 je erlitten hat. Die Umstände, Motive, Träger und Methoden wie auch die Leistungen und tragischen Fehler dieses zu oft verdrängten, verschwiegenen oder bagatellisierten fünfjährigen Widerstandes im Rahmen der großen europäischen Politik der dreißiger Jahre bilden das Thema dieses Buches. Es versucht damit, diese tatsächliche *dritte Dimension* österreichischer Politik in das Bild von der Realität damaliger Gesamtzusammenhänge einzubringen. Österreichs Staat war nicht nur Hitlers »erstes Opfer«, sondern sein *erster Gegenspieler* und damit *Europas erste Abwehrfront*.

Anläßlich des achten Jahrestages des österreichischen Abwehrerfolges gegen den gewaltsamen Anschlußversuch im Sommer 1934 wurde in 17 Staaten der USA (Kalifornien, Colorado, Iowa, Louisiana, Maryland, Massachusetts, Nebraska, New Jersey, New Mexico, North Carolina, South Dakota und Tennessee) in ehrender Erinnerung ein »Austrian Day« begangen. Bei dieser Gelegenheit hielt der kürzlich erst verstorbene demokratische US-Senator Claude D. Pepper eine bemerkenswerte Rede, in der er u. a. ausführte:

»Am heutigen Tag erlitt Hitler vor acht Jahren seine erste Niederlage. ... An diesem Tag des Juli 1934 war es, daß Hitlers finstere Welteroberungs-Pläne zum erstenmal unverkennbar enthüllt wurden. ... Aber dieser Versuch schlug fehl, trotz der Rücksichtslosigkeit des Angriffes, trotz der barbarischen Art und Weise, in der er durchgeführt wurde. ... Eine um viele traurige Erfahrungen reichere Welt weiß jetzt, daß ... die tapferen Österreicher, die für den Augenblick den Vormarsch des Hitlerischen Eroberungszuges zum Stillstand brachten, nicht nur Österreich retteten, sondern der ganzen Welt ihre Freiheit für eine Weile sicherten ... *Und mit glänzenden Buchstaben wird es in der Weltgeschichte verzeichnet stehen, daß das abgeklärte alte Österreich das erste Blutopfer brachte, um den Vormarsch der Bestie (Hitler) durch die Welt zu dämmen.«*

Bei gleicher Gelegenheit hieß es in einer Ansprache des US-Kongreßabgeordneten Herman P. Eberharter: »Es ist möglich, daß zukünftige Historiker diesen Tag – den 25. Juli 1934 – als den wahren Anfang des Zweiten Weltkrieges betrachten und den österreichischen Bundeskanzler Dr. Dollfuß den ersten Soldaten nennen werden, der als Held im Kampfe fiel. ... Heute betrachten wir in unserem Herzen Österreich als eine verbündete Nation. Wir werden es nie im Stich lassen.«

Nur zwei Tage später erklärte US-Außenminister Cordell Hull auf einer Pressekonferenz vom 27. Juli 1942: »Die Regierung der Vereinigten Staaten hat niemals den Standpunkt eingenommen, daß Österreich rechtmäßig vom Deutschen Reich absorbiert worden ist.«[1]

Dem Widerstand der Dollfuß-Regierung und der mit Mut und Blutopfern erkauften Selbstbehauptung des österreichischen Staates verdankte Österreich nach dem Zweiten Weltkrieg den *Status eines »befreiten« Landes*. Zu Recht beruft sich das »Rot-Weiß-Rot-Buch« der ÖVP-SPÖ-KPÖ-Koalitionsregierung der Zweiten Österreichischen Republik auf Österreichs 1933 und 1934 dramatisch vollzogene Funktion als primärer *Träger des ersten europäischen Widerstandes gegen die Expansion des Dritten Reiches*. Trotz der Vier-Mächte-Besatzung fungierte in Österreich von 1945 an eine zentrale Bundesregierung. Ihr erster regulärer Bundeskanzler nach den allgemeinen Wahlen von 1946 wurde der vormalige KZ-Häftling Leopold Figl, ein einstiger Freund und aktiver Parteigänger des 1934 ermordeten Bundeskanzlers Dr. Engelbert Dollfuß.

Als weitere Konsequenz seines Abwehrerfolges von 1934 und des von der nachfolgenden Regierung des Bundeskanzlers Schuschnigg bis 1938 durchgehaltenen Widerstandes erhielt Österreich am Ende seiner zehnjährigen Nachkriegsbesetzung durch die alliierten Mächte (1945–1955) als unabhängiger und neutraler Staat einen »Staatsvertrag« und nicht einen »Friedensvertrag«.

All dies ist nicht nur für das politisch-historische Selbstverständnis des neuen Österreich von *psychologischer* Bedeutung. Es ergibt sich zusätzlich, daß die bis heute in Kraft gebliebenen sogenannten *Feindstaatenklauseln* in der Satzung der Organisation der Vereinten Nationen (unilaterale Interventionsrechte der Siegermächte gegen alle Feindstaaten des Zweiten Weltkrieges) zwar wohl auf Finnland, Deutschland, Italien, Ungarn, Japan und Rumänien anwendbar sind, *nicht* aber auf Österreich! Auch in diesem völkerrechtlichen Sinn hat der erfolgreiche Abwehrkampf der Dollfuß-Regierung für Österreich bis heute völkerrechtliche Nachwirkungen. Auch hier erweist sich Österreichs Gegenwart als Erbe seiner Vergangenheit.

Das Jahr *1934* gehört also wie die Jahre *1938* (Anschluß) und *1955* (Staatsvertrag und Neutralität) zu den Meilensteinen der Geschichte der Republik Österreich: Es war sein Beitrag zur Verteidigung der damals schon bedrohten europäischen Friedensordnung.

Der fünfjährige Kampf um Österreich 1933–1938 gehört zur unmittelbaren Vorgeschichte des Zweiten Weltkrieges. Denn, strukturell betrachtet, bestand dessen Kernaspekt aus dem Versuch der drei sogenannten Achsenmächte – Deutschland, Italien, Japan –, die bestehende Weltfriedensordnung durch Gewalt und Krieg zu ihren Gunsten zu ändern. Den ersten Friedensbruch beging Japan mit seiner Eroberung der Nordostprovinzen Chinas, der sogenannten Mandschurei 1931/32. Den zweiten Versuch zur gewaltsamen Änderung der Friedensordnung unternahm Hitler mit seinem von der österreichischen Bundesregierung und dem vaterländischen Lager jedoch erfolgreich abgewehrten Versuch der NSDAP zur Eroberung Österreichs durch einen zum bewaffneten Aufstand gesteigerten Wirtschafts-, Propaganda- und Terrorkrieg in den Jahren 1933/34. Der dritte Versuch bestand in dem Aggressionskrieg, mit dem Mussolinis Italien 1935/36 das souveräne afrikanische Kaiserreich Abessinien eroberte.

Alle drei Fälle erhellten damals schon die Gefahr, die von den Herrschaftssystemen der drei Achsenmächte für den Weltfrieden ausging, ebenso wie die Unfähigkeit der damaligen Weltfriedensorganisation des Völkerbundes und der ihn primär stützenden Westmächte, diesen Akten erfolgreicher oder versuchter Aggression im Zeichen ihres Prinzips der kollektiven Sicherheit wirksam zu begegnen. Nur in Europa war es somit dank des österreichischen Widerstandes, damals noch mit einer Rückendeckung Italiens, gelungen, die versuchte Expansion zur Wahrung des Friedens und des Status quo einzudämmen. Die von diesem Ergebnis ausgehende Warnung war ebenso unübersehbar wie auch die Unfähigkeit potentiell bedrohter Mächte, vereint mit wirksamer Prävention zu reagieren. Nur 18 Monate nach der Annexion Österreichs 1938 begann – wie von österreichischen Staatsmännern vorausgesagt – Anfang September 1939 der Zweite Weltkrieg.

Teil I
Die Dollfuß-Ära
Österreichs Abwehrerfolg gegen Hitlers Terrorkrieg

Kapitel I
Vom »Vernichtungsfrieden« zur Selbstpreisgabe der Republik

1. Österreich wird, was »übrigbleibt«

In seiner Diplomatiegeschichte der Neuzeit erinnert Henry A. Kissinger an ein prophetisches Memorandum, in dem der britische Premierminister David Lloyd George bereits am 25. März 1919 das Kommen des nächsten Weltkrieges fast prophetisch vorausgesagt hatte. Er bezog sich dabei auf jene Friedensregelung nach dem Ersten Weltkrieg, die George F. Kennan als »die Urkatastrophe des 20. Jahrhunderts« bezeichnet hatte. In Lloyd Georges an US-Präsident Wilson gerichtetem Memorandum heißt es u. a.: »Ich kann mir keinen gewichtigeren Grund für einen künftigen Krieg vorstellen als die Tatsache, daß das deutsche Volk, das sich als eine der kraftvollsten und mächtigsten Nationen der Welt erwiesen hat, von nun an von einer Reihe von kleinen Staaten umgeben sein wird, deren Völker zuvor noch nie stabile Regierungen begründet haben und die alle Massen von Deutschen in ihren Ländern haben, die ihre Wiedervereinigung mit Deutschland fordern.« Gemeint damit waren die Tschechoslowakei, die Republik Österreich, Polen und der Freistaat Danzig. Und an anderer Stelle dieses Memorandums heißt es: »... die Gefahr besteht, daß wir die Volksmassen in ganz Europa den Extremisten in die Arme treiben, deren einziger Plan zur Neuerzeugung der Menschheit die äußerste Zerstörung des ganzen bestehenden Gesellschaftsbaus ist«.[1]

Das Friedensdiktat von Versailles für das damals erst 47 Jahre bestehende Deutsche Reich mit dem Vertrag von St. Germain für Österreich vergleichend kam die norwegische Zeitung »Nationen« zu dem Urteil, der Vertrag mit Deutschland sei ein »Gewaltfrieden« gewesen, doch der Vertrag mit Österreich ein »Vernichtungsfriede«.[2]

Teil I: Die Dollfuß-Ära

Während nämlich Deutschland nur ein Fünftel seiner deutschsprachigen Bevölkerung sowie ein Achtel seines Gebiets verlor und sein Wirtschaftsgebiet im wesentlichen erhalten blieb, wurde das Vielvölker-Imperium der Habsburger, das zweitgrößte Staatsgebilde des damaligen Europa, in Trümmer geschlagen und unter sechs sog. Nachfolgestaaten aufgeteilt. Die Habsburger, die vom 13. bis zum 20. Jahrhundert die bedeutendste Dynastie deutscher Sprache gewesen waren, vertrieb man von der politischen Bühne. Ihre für Mittel- und Südosteuropa bestimmende Ordnungsmacht hatte ausgedient. Historisch gewachsene Strukturen waren zerbrochen. *Fast die Hälfte der deutschsprachigen Bürger der Monarchie geriet dabei unter eine ihnen aufgezwungene Fremdherrschaft.* Als Leiter der österreichischen Delegation bei den Friedensverhandlungen hatte Österreichs damaliger Staatskanzler Karl Renner die Sieger vergeblich gewarnt: »daß sie, wenn sie Deutsch-Österreich zur Unterfertigung dieses Friedensvertrages zwingen, ihren Triumph gefährden, indem sie eine Leiche auf ihren Triumphwagen laden«. Denn, so argumentierte Renner weiterhin: »Wir werden wirtschaftlich von allen unseren Nachbarn abhängig sein, von den Polen und Tschechen für die Kohlen, von den Polen und Rumänen für das Petroleum, von den Ungarn für das Getreide, und von den Südslawen für das Vieh und von den Italienern für den Zugang zum Meere.«[3]

Ungeachtet aller berechtigter Argumente und ungeachtet der im Zentrum Europas geostrategisch so bedeutsamen Position des von den Siegermächten neu geschaffenen Staates Österreich bleibt das Friedensdiktat im wesentlichen unverändert. Denn, wie Hellmut Andics bemerkte: »Mit dem Blick auf Deutschland wird über Österreich entschieden. Niemand zerbricht sich den Kopf darüber, was diesem Österreich nützt. Jeder denkt nur daran, was Deutschland schaden könne.«[4]

Spät und wohl zu spät hatte Kaiser Karl in seinem Völkermanifest vom 16. Oktober 1916 die Völker des multinationalen Habsburgerreiches dazu aufgerufen, dieses zu einem Bundesstaat umzuformen. Als ersten Schritt hierzu sollte jede der Nationalitäten der Monarchie »auf seinem Siedlungsgebiet sein eigenes staatliches Gemeinwesen« bilden. In diesem Sinne und im Vertrauen auf das von US-Präsident Wilson so eindrucksvoll verkündete Prinzip der nationalen Selbstbestimmung beschloß die Provisorische Nationalversammlung Deutsch-Österreichs am 21. Oktober 1918 einstimmig »die Gebietsgewalt über das ganze deutschsprachige Siedlungsgebiet (innerhalb der Monarchie) insbesondere auch in den Sudetenländern« und selbstverständlich auch in Südtirol zu beanspruchen.[5]

Die harte Wirklichkeit aber spiegelte sich im zynischen, wenn auch realistischen Satz des französischen Ministerpräsidenten Georges Clemenceau wider: »L'Autriche c'est qui reste« – »Österreich ist das, was nach Befriedigung der territorialen Forderungen seiner Gegner übrigbleibt.«[6]

Nachdem der amerikanische Präsident Wilson in seiner »Vierzehn-Punkte-Botschaft« an den Kongreß der USA am 8. Januar 1918 für »die Völker Österreich-Ungarns« die »freieste Gelegenheit zur autonomen Entwicklung« und eine »Berichtigung der Grenzen Italiens nach klar erkennbaren Linien der Nationalität« gefordert hatte, fanden diese Vorschläge, wie erwähnt, bei der außenpolitischen Führung in Wien ein positives Echo. Der junge und friedenswillige, wenngleich wenig erfahrene Kaiser Karl I. (1887–1922) proklamierte in diesem Sinne am 16. Oktober 1918 sein »Völkermanifest«, in dem es unter anderem heißt: »... Österreich soll, dem Willen seiner Völker gemäß, zu einem Bundesstaat werden, in dem jeder Volksstamm aus seinem Siedlungsgebiet ein eigenes staatliches Gemeinwesen bildet.« Wilsons Antwort auf eine österreichische Friedensnote vom 4. Oktober 1918 besagte jedoch, daß sich der Standpunkt der Alliierten geändert habe. Sie würden sich mit einer bloßen Autonomie der Völker Österreich-Ungarns nicht mehr abfinden. Die einzelnen Völker hätten das Recht auf die Bildung eigener, vollsouveräner Nationalstaaten. Damit war das Ende des habsburgischen Vielvölkerimperiums besiegelt.

2. Zur Rolle des habsburgischen Österreich in der europäischen Geschichte

Zu Beginn seiner Geschichte des Zweiten Weltkrieges schreibt Winston Churchill, eine der grundlegenden Tragödien als Folge des Ersten Weltkrieges sei die Zerstückelung der österreichischen Donau-

Teil I: Die Dollfuß-Ära

monarchie gewesen. Habe sie doch Jahrhunderte hindurch für ihre Völker eine große Sicherheits- und Wirtschaftsgemeinschaft gebildet, deren einzelne Komponenten nach Auflösung dieses mächtigen Gebildes zumeist dem Imperialismus Hitlers und Stalins zum Opfer gefallen seien.[7]

Am Ende des 13. Jahrhunderts hatte die 636 Jahre währende Herrschaft des Hauses Habsburg in den Gebieten der vorangegangenen österreichischen Dynastie der Babenberger (976–1246 n. Chr.) begonnen. 1306 wurden die Habsburger erstmals auch Herrscher von Böhmen und Mähren und dehnten ihren Machtbereich 1374 durch einen Erbvertrag über Istrien bis an die Adria aus. 1490 erwarb Maximilian I. den Titel eines Königs von Ungarn. Nachdem unter seinem Enkel Karl V. auch die Niederlande und Spanien mitsamt seinen amerikanischen Besitzungen unter die Herrschaft der Habsburger gelangt waren, teilte sich das Haus Habsburg in eine spanische und eine österreichische Linie. Als Chef der letzteren wurde Erzherzog Ferdinand I. von Österreich zum König von Ungarn, von Böhmen und von Kroatien gewählt.

Diesem mehr durch eine zielstrebige dynastische Heiratspolitik und durch dynastische Erbverträge als durch militärische Eroberungen geformten Reichsgebilde der Habsburger fiel in der Ära der Reformation die schwierige Aufgabe zu, nach Norden hin als machtpolitisches Zentrum der Gegenreformation und nach Süden hin als Schild Europas gegen den islamischen Expansionismus des Osmanischen Reiches (1529 erste Belagerung Wiens durch die Türken) zu fungieren. Im Westfälischen Frieden (1648) wurde Deutschland zwar aufgesplittert, doch verblieb den Habsburgern die große Mehrheit ihrer Erblande und die formal gewordene deutsche Kaiserwürde.

In der sich durch die Regentschaft dreier Habsburger Kaiser erstreckenden Ära des Prinzen Eugen (1663–1736) entwickelte sich Österreich zu einer europäischen Großmacht, die sich im Norden mit Großbritannien gegen den Expansionismus Frankreichs unter Ludwig XIV. verbündete und im Südosten nach einer zweiten Belagerung Wiens durch die Türken (1683) das Osmanische Reich aus Ungarn, Kroatien und weiten Teilen Rumäniens verdrängte. Nach der durch Reformen und durch die Abwehr der preußischen Invasionen Friedrichs II. gekennzeichneten Regierung Maria-Theresias (1740–

Kapitel I: Vom »Vernichtungsfrieden« zur Selbstpreisgabe der Republik

1780) griff Österreich erst zu Beginn des 19. Jahrhunderts wieder bestimmend in die europäische Großmachtpolitik ein: Gemeinsam mit Großbritannien, Rußland und Preußen wurde es zu einem Hauptfaktor bei der Zerschlagung des napoleonischen Imperialismus. Weltweite Bewunderung erregte der heroische Volksbefreiungskrieg der wehrhaften Tiroler Bauern gegen eine Übermacht verbündeter französischer und bayerischer Streitkräfte. Unterstützt von seinem Generalstabschef General Radetzky führt Feldmarschall Karl Philipp Fürst zu Schwarzenberg die verbündeten Armeen Österreichs, Rußlands und Preußens 1813 in der Völkerschlacht von Leipzig zum entscheidenden Sieg über Napoleon. Auf dem »Wiener Kongreß« (1814/15), einem Höhepunkt der österreichischen Diplomatie, spielte Österreichs Staatskanzler Metternich die entscheidende Rolle. Ungeachtet der Tatsache, daß Napoleons imperialistische Kriege ein Viertel Jahrhundert lang viele Völker Europas – von Spanien bis Rußland – angegriffen, geschädigt und gedemütigt hatten, verhinderte Metternich jede pauschale Diffamierung Frankreichs. Im Wissen darum, daß ein dauerhafter Friede in Europa nicht gegen den damals stärksten Staat Europas gestaltet werden könne, bewirkten er und seine Kollegen die Hinzuziehung des besiegten Frankreich zu der in Wien erarbeiteten Friedensregelung, die Europa ein Jahrhundert lang vor den Schrecken weiterer großer Koalitionskriege bewahrte.

Im Zuge der Revolution von 1848/49 vor die Alternative gestellt, sich nur mit seinen deutschsprachigen Gebieten einem zu schaffenden Großdeutschen Reich anzuschließen oder auf einen solchen Anschluß zu verzichten, um mit den nichtdeutschen Völkern und Ländern des Habsburger Vielvölkerreiches vereinigt zu bleiben, wählte Österreich diese letztere Alternative. Von Österreichs außenpolitischer Rolle im Kräftesystem damaliger europäischer Politik sagte der britische Premierminister Lord Henry John Palmerston in einer Rede im britischen Unterhaus vom 21. Juli 1849: *»Österreich ist das wichtigste Element im europäischen Mächtegleichgewicht. Österreich liegt im Mittelpunkt Europas, eine Schutzwehr gegen Übergriffe auf der einen und gegen Invasion auf der anderen Seite. Die politische Unabhängigkeit und die Freiheit Europas beruhen nach meiner Meinung auf der Erhaltung und Unversehrtheit Österreichs als einer europäischen Großmacht.«*

Der von Preußen im Bündnis mit Italien 1866 gegen Österreich herbeigeführte Zweifrontenkrieg führte zu einer Erschütterung und inneren Umstrukturierung der Donaumonarchie, die den Anfang ihres machtpolitischen Niedergangs bedeutete. Die Ungarn erzwangen im sogenannten österreichisch-ungarischen »Ausgleich« von 1867 eine dualistische Umstrukturierung des Habsburger Reiches, das ab 1869 den Namen »Österreichisch-Ungarische Monarchie« trug. Der jeweils regierende Habsburger Herrscher war zugleich Kaiser der österreichischen oder cisleithanischen Reichshälfte – bestehend aus dem heutigen Österreich sowie Krain, Görz, Gradiska, Istrien, Dalmatien, Böhmen, Mähren, Galizien und der Bukowina – und König der ungarischen oder transleithanischen Reichshälfte – bestehend aus dem heutigen Ungarn, Siebenbürgen, Kroatien und Slawonien. Beide Reichshälften verfügten über eigene Regierungen. Es gab kein zentrales Reichskabinett für die gesamte Doppelmonarchie, wohl aber die sogenannten »gemeinsamen Angelegenheiten«. Das heißt, das Verteidigungswesen, das auf der einzigartigen supranationalen Struktur der vom Kaiser und König selbst geführten Österreich-Ungarischen Wehrmacht beruhte, die Außenpolitik und die Finanzpolitik waren gemeinsame Reichssache. Sie wurden von den gemeinsamen »k.u.k.«, d. h. kaiserlich-österreichischen und königlich-ungarischen Behörden des Gesamtreiches getragen. Von den Parlamenten beider Reichshälften paritätisch besetzte und abwechselnd in Wien und Budapest tagende Delegationen beschlossen die jährliche Verteilung der Ausgaben für die genannten drei gemeinsamen Reichsangelegenheiten.

Bereits seiner Grundstruktur nach bedeutete der so in mühsamen politischen Machtproben ausgehandelte österreichisch-ungarische Dualismus einen Verstoß gegen ein Prinzip, das die Habsburger Kaiser in ehernen Lettern am Außentor ihrer Wiener Hofburg hatten anbringen lassen: Justitia Regnorum Fundamentum (frei übersetzt: »Des Reiches Grundlage ist die Gerechtigkeit«). Denn die dualistische Struktur implizierte de facto eine Führungsstellung der Deutsch-Österreicher in der einen und der Madjaren in der anderen Reichshälfte. Die Mehrheit der westslawischen Nationalitäten war hierdurch benachteiligt. Erzherzog Franz Ferdinand, der designierte, doch 1914 ermordete Thronfolger Kaiser Franz Josephs, strebte daher die Umwandlung dieses *Dualismus* in einen österreichisch-ungarisch-westslawischen *Trialismus* oder die Schaffung einer Föderation gleichberechtigter Nationalitäten des Gesamtreiches etwa im Sinne eines 1906 entstandenen Planes zur Errichtung der »Vereinigten Nationen Großösterreichs« an. Ende 1916 starb der in seiner 68jährigen Regierungsdauer (1848–1916) zur zentralen Symbolfigur des Vielvölkerreichs und einer ganzen Geschichtsära gewordene Kaiser Franz Joseph I.

3. Gründung und Selbstpreisgabe des »funktionalen Reststaates«

Dem Manifest Kaiser Karls entsprechend, konstituierten sich auch die deutschsprachigen Abgeordneten des Reichsrats am 21. Oktober 1918 zur »Provisorischen Nationalversammlung für den Staat Deutsch-Österreich« und beschlossen einstimmig, »einen selbständigen deutsch-österreichischen Staat zu bilden«, der die Gebietsgewalt über das ganze deutschsprachige Siedlungsgebiet der Monarchie beanspruchte. Dieser neue Staat wollte das den anderen Nationalitäten des untergegangenen Reiches gewährte Selbstbestimmungsrecht auch für sich in Anspruch nehmen und war entschlossen, sich jeder Annexion überwiegend deutschsprachiger Gebiete der Monarchie durch andere Nationalitäten zu widersetzen. Zudem wurde auf dem Wege von Vereinbarungen mit den anderen Nationen »ein Zugang zum Adriatischen Meer erstrebt«.

Diese Willenserklärung zur Gründung eines deutschsprachigen Staates Österreich war die eigentliche Geburtsstunde des neuen, kleineren Österreich, wenngleich die formale Konstituierung der Republik Österreich erst am 12. November 1918 erfolgte. In den Beratungen der Provisorischen Nationalversammlung vom Oktober 1918 stand anfangs noch *nicht* der Anschluß an das Deutsche Reich im Vordergrund der Überlegungen. Als denkbare Formen der Weiterentwicklung erwähnten die Sozialdemokraten z. B. den Beitritt zu einem »freien Völkerbund« der benachbarten anderen Nachfolgestaaten der Monarchie. Ließe sich dies nicht verwirklichen, so würde – laut Victor Adler – das neue Österreich »... gezwungen sein, sich als ein Sonderbundesstaat dem Deutschen Reiche anzugliedern«.[8] Die Abgeordneten der Christlichsozialen sprachen sich für eine demokratisierte, aber monarchische Regierungsform aus und betonten ihrerseits ihr Interesse an einem neuen Bundesstaat mit den anderen Nachfolgestaaten.[9] Lediglich der Sprecher der Nationalsozialistischen Arbeiterpartei lehnte die Vereinigung Deutsch-Österreichs mit den anderen Nachfolgestaaten der »k.u.k.«-Monarchie ab und verlangte die Eingliederung Österreichs in einen »deutschen Einheitsstaat« von 80 Millionen.[10]

Nachdem Kaiser Karl am 11. November 1918 auf jeden Anteil an den Staatsgeschäften verzichtet und dem Volk Deutsch-Österreichs die Entscheidung über seine künftige Staatsform anheimgestellt hatte, wurde am 12. November 1918 vor dem Wiener Parlament das von Karl Renner ausgearbeitete »Gesetz über die Staats- und Regierungsform von Deutsch-Österreich« proklamiert. Mit Artikel I konstituierte sich Deutsch-Österreich als »demokratische Republik«. Artikel II begann mit dem Satz: »Deutsch-Österreich ist ein Bestandteil der deutschen Republik.«[11] Damit war das in der europäischen Geschichte Präzedenzlose geschehen: ein neuer Staat wird gegründet und versucht im Akt der Gründung den Selbstmord durch Selbstpreisgabe seiner staatlichen Souveränität. Einzelheiten über die Eingliederung Österreichs in das Deutsche Reich sollten künftigen Verhandlungen vorbehalten bleiben. Nur ein Mitglied des damaligen Staatsrates, Wilhelm Miklas, später österreichischer Bundespräsident in der Dollfuß- und Schuschnigg-Ära, der zuvor die traditionsreichen Babenberger Farben Rot-Weiß-Rot als österreichisches Staatsemblem durchgesetzt hatte, stimmte gegen den Anschlußparagraphen. Ende Februar und Anfang März 1919 hatten allerdings Geheimverhandlungen zwischen dem deutschen Außenminister (Brockdorff-Rantzau) und dem österreichischen Staatssekretär für Auswärtige Angelegenheiten (Otto Bauer) über einen vertraglich zu bewirkenden Zusammenschluß Deutschlands und Österreichs stattgefunden. Sie führten zum Entwurf eines »*Staatsvertrages*« *über den* »*Eintritt*« *Deutsch-Österreichs in das Deutsche Reich*. In Artikel VI dieses ausführlichen Dokuments heißt es u. a.: »über die Anerkennung der Stadt Wien als zweiter Hauptstadt des Reichs besteht Einverständnis«. Somit war dem Anschlußparagraphen im ersten Staatsgrundgesetz der Republik auf dem Boden der

Praxis ein Schritt gefolgt, der den Willen der neuen Republik zur Selbstaufgabe konkret dokumentierte. Doch die Verwirklichung dieser negativen Selbstbestimmung scheiterte an den Anschlußverboten in den Verträgen von St. Germain und Versailles. So blieb Österreich unerwartet auf sich selbst gestellt als ein von seinen Bürgern zunächst so nicht gewollter Staat.[12] Der am 10. September 1919 in St. Germain-en-Laye unterzeichnete Vertrag zwischen den Alliierten Mächten und Österreich besagt jedoch in Artikel 88: »Die Unabhängigkeit Österreichs ist unabänderlich, es sei denn, daß der Rat des Völkerbundes einer Abänderung zustimmt.« Der von den damaligen Vertretern des neuen Staates gewählte Name »Deutsch-Österreich« wurde umgewandelt in »Österreich«.

Nicht ganz zu Unrecht hatten sich die deutschsprachigen Österreicher bis 1918 als Kernvolk des Habsburger Vielvölkerimperiums verstanden. Der in Jahrhunderten zu einer Völkergemeinschaft zusammengewachsene 52-Millionen-Staat der Donaumonarchie erstreckte sich in seiner geographischen Nord-Süd-Dimension vor Beginn des Ersten Weltkriegs von den Grenzen Albaniens und Montenegros bis nach Schlesien und in seinen West-Ost-Dimensionen von der Schweiz und vom Trentino bis nach Rumänien und bis an die damaligen Grenzen des zaristischen Rußland. Vielen Zeitgenossen von heute ist es kaum erinnerlich, daß die Monarchie an der Adria eine 2113 Kilometer lange Küstenlinie besaß. Zu ihrem Schutz verfügten die Seestreitkräfte Österreich-Ungarns 1914 z. B. über 16 Schlachtschiffe, darunter hochmoderne »dreadnoughts« von 20 000 Tonnen, 3 Panzerkreuzer, 9 Kreuzer, 19 Zerstörer, 51 Torpedoboote, 6 U-Boote und 30 maritime Kampfflugzeuge.

Jahrhunderte hindurch hatte die Donaumonarchie eine gewaltige, von Wien aus regierte supranationale Wirtschafts- und Verteidigungsgemeinschaft gebildet und dabei auch spezifische Formen der kulturellen Interaktion ihrer Völkerschaften entwickelt. All das lag jetzt in Trümmern. Die Aufteilung der Monarchie unter zahlreiche Nachfolgestaaten bedeutete die urplötzliche Trennung der eigentlichen Österreicher von dem – aus Gewohnheit – als fast natürlich empfundenen früheren Zugang zu zahlreichen Märkten und Rohstoffquellen. Die Parteiführer der jungen Republik und weite Kreise der öffentlichen Meinung hielten das willkürlich aus der großen Monarchie herausgerissene Rest-Österreich seiner Wirtschaftsstruktur nach deshalb nicht für überlebensfähig. Jeglicher Zugang zum Meer war verlorengegangen. Als Kleinstaat zwischen sechs Nachbarstaaten war das neue Österreich militärisch nur schwer zu verteidigen. Während in Deutschland oder auch in Ungarn der Staat als Nationalstaat erhalten blieb, erschütterte die Auflösung der Monarchie nicht nur das politische Selbstverständnis, sondern die Weltorientierung der deutschsprachigen Rest-Österreicher überhaupt. Sie hatten als Kernvolk eines Vielvölkerstaates ja jahrhundertelang mit ihrer supranationalen Reichsidee und Integrationsfunktion eine Antithese zum nationalstaatlichen Denken gebildet. Nun fanden sich die Österreicher plötzlich als deutschsprachiges, sich als Staat nicht für lebensfähig haltendes Volk an den Südgrenzen des deutschen Nationalstaates wieder.

Der Vertrag von St. Germain bedeutete jedoch nicht nur die Auflösung der Donaumonarchie, sondern verschärfend auch die Zerstückelung des mehrheitlich von deutschsprachigen Österreichern bewohnten Siedlungs- und Lebensraumes innerhalb der Grenzen der Monarchie. Dem Anspruch der Provisorischen Nationalversammlung Deutsch-Österreichs auf Gebietshoheit über alle mehrheitlich von Deutsch-Österreichern besiedelten Territorien der vormaligen Monarchie wurde von den Siegermächten trotz ihrer Proklamation des nationalen Selbstbestimmungsrechtes weitgehend nicht entsprochen. Allein in der österreichischen (cisleithanischen) Reichshälfte wurden 1910 zehn Millionen Reichsbürger deutscher Muttersprache gezählt. Als Resultat der von den Siegermächten vorgenommenen Grenzziehung Deutsch-Österreichs verblieben nur sechs von diesen zehn Millionen Österreichern im neugebildeten Staat der Republik Österreich. Allein dreieinhalb Millionen wurden entgegen ihrem erklärten Willen gewaltsam dem neuen Nationalitätenstaat Tschechoslowakei eingegliedert. Vom Land Tirol, das jahrhundertelang als »Herz und Schild« Österreichs gegolten hatte, wurde der gesamte Südteil mit 250 000 deutschsprachigen Südtirolern Italien zugeschlagen. Tirol blieb seither ein geteiltes Land.

In Kärnten drangen 1918 und 1919 jugoslawische Streitkräfte ein, die den südlichen Landesteil von Österreich losreißen wollten. Gegen diese Invasion leistete die lokale Bevölkerung mit spontan gebildeten Abwehrverbänden wie den Heimwehren, Arbeiterwehren und Studenteneinheiten, unterstützt von der Wiener Volkswehr, erbitterten Widerstand. Zwar konnte eine zeitweilige Besetzung Klagenfurts durch jugoslawische Streitkräfte nicht vermieden werden; die Tatsache aber, daß das Volk in Kärnten zu den Waffen griff, hinderte die Jugoslawen an der Schaffung vollendeter Tatsachen und bewirkte, daß die alliierten Siegermächte 1920 eine Volksabstimmung veranlaßten, die die umstrittenen Gebiete zum bleibenden Bestandteil Österreichs machte. In der südlichen Steiermark hingegen, wo kein aktiver Widerstand geleistet wurde, gelang den Jugoslawen ein machtpolitisches *fait accompli*. Die Folge war das Unterbleiben einer Volksabstimmung und der Verlust des Marburger Beckens für Österreich. Lediglich im Osten konnte Österreich von den Alliierten die Gewinnung des Burgenlandes durchsetzen. Auch dieser Grenzfestlegung gingen militärische Kämpfe voraus, aber seitens der Alliierten auch die Erwägung, daß Ungarn kein Siegerstaat, sondern ebenso wie Österreich ein Verlierer des Ersten Weltkriegs gewesen sei. Allerdings kam das Gebiet um Ödenburg trotz deutschsprachiger Mehrheit auf Grund der von den Alliierten geduldeten Abstimmungsmanipulation zu Ungarn. So waren selbst aus dem deutschsprachig besiedelten Gebiet der k.u.k. Monarchie im Norden, Osten, Südosten und Süden Gebiete herausgerissen und fremden Staaten angegliedert worden, in denen ca. 40 Prozent der Deutsch-Österreicher wohnten.

Der verbleibende »Rest«, die Republik Österreich, verfügte mit der alten Reichsmetropole Wien und ihrer Zwei-Millionen-Bevölkerung über eine jetzt viel zu groß anmutende und zudem von ihrem vormaligen Hinterland abgeschnittene Großstadt. Die Belastung des deutsch-österreichischen Reststaates mit den Schulden und Reparationen der gesamten österreichischen Reichshälfte sowie die zusätzliche Belastung durch die von den Siegermächten verlangten wirtschaftlichen Privilegien zuungunsten Österreichs taten das Ihre, um die Stimmung und die Zukunftserwartung in diesem Restland auf den Nullpunkt zu bringen.

Zwei im Jahre 1921 gegen den Einspruch der österreichischen Bundesregierung und der Alliierten vorgenommene Volksabstimmungen über die Anschlußfrage ergaben 90prozentige Mehrheiten für einen Anschluß an Deutschland, während eine Volksabstimmung in Vorarlberg bereits im Mai 1919 eine 80prozentige Stimmenmehrheit für einen solchen an die Schweiz gebracht hatte.

So hatten die konkreten Umstände der Konstituierung der Ersten Österreichischen Republik, die zusätzliche Amputierung großer und wichtiger Randgebiete Deutsch-Österreichs und das Gefühl, als Kleinstaat isoliert, exponiert, von feindseligen Nachbar- und Nachfolgestaaten umgeben und allseitig von neuen nationalen Zollmauern umringt zu sein, zu einer geistigen Situation geführt, in der einer Mehrheit von Österreichern sowohl der Glaube an die Lebensfähigkeit dieses Rest-Österreichs wie – deshalb – auch der Wille zu seiner Bejahung fehlte. Aus dieser Haltung ergab sich einer der schwerwiegendsten Geburtsfehler der Ersten Österreichischen Republik: *Ihren Parteien mangelte es am gemeinsamen Willen zur dauerhaften Erhaltung dieses Staates!*

Angesichts einer bedrohlichen Finanzkrise wurde der jungen Republik eine von Großbritannien, Frankreich, Italien und der Tschechoslowakei getragene sogenannte Völkerbundsanleihe gewährt. Im Oktober 1922 wurden Österreich, wenn auch zu wenig günstigen Konditionen, 650 Millionen Goldkronen zur Verfügung gestellt. In den in diesem Zusammenhang von Österreich und den vorgenannten Mächten am 4. Oktober 1922 unterzeichneten »Genfer Protokollen« verpflichteten sich die Österreicher »gemäß dem Wortlaut des Artikels 88 des Vertrages von St. Germain, ihre Unabhängigkeit nicht aufzugeben«. Als Teil dieser Protokolle erklärte Österreich ferner, es werde sich »jeder Handlung und jeder wirtschaftlichen oder finanziellen Bindung enthalten, welche geeignet wäre, diese Unabhängigkeit direkt oder indirekt zu beeinträchtigen«. Unter der ausdrücklich erwähnten Voraussetzung, daß Österreich keinem anderen Staat Vorteile zugestehe, die seine staatliche Unabhängigkeit gefährden könnten, wurde Österreich jedoch ein angemessener Spielraum hinsichtlich seiner Zolltarife sowie seiner Handels- und Finanzabkommen mit anderen Staaten zugestanden.

Zehn Jahre später, 1931, unterzeichneten die Außenminister Österreichs und Deutschlands, Schober und Curtius, einen Vertrag zur Errichtung einer vorsichtig und unter Wahrung voller staatlicher Unabhängigkeit konzipierten Zollunion zwischen Deutschland und Österreich, der jedoch auch andere Staaten beitreten könnten. Scharfen diplomatischen Protesten der führenden Westmächte folgte die abrupte Zurückziehung bedeutsamer französischer Bankkredite für österreichische Geldinstitute. Der angerufene Internationale Gerichtshof von Den Haag entschied am 5. September 1931 mit nur acht gegen sieben Stimmen, daß das Projekt einer deutsch-österreichischen Zollunion mit den Genfer Protokollen vom 4. Oktober 1922 inhaltlich unvereinbar sei. Bereits zwei Tage vorher hatten die Regierungen in Wien und Berlin vor dem Völkerbundsrat ihren Verzicht auf dieses Projekt erklärt. Zuvor war Anfang Mai desselben Jahres Österreichs größte Bank, die Creditanstalt, mit einem Defizit von 140 Millionen Schilling an den Rand des Konkurses geraten. Der totale Zusammenbruch der österreichischen Wirtschaft wurde durch Sanierungsmaßnahmen der österreichischen Bundesregierung wie auch durch einen englischen Kredit in Höhe von 150 Millionen Schilling verhindert. Zur weiteren Abstützung der österreichischen Wirtschaft unterzeichnete die seit dem 20. Mai 1932 im Amt befindliche österreichische Bundesregierung unter Bundeskanzler Dr. Engelbert Dollfuß in Lausanne am 15. Juli 1932 eine neuerliche Völkerbundanleihe in Höhe von 300 Millionen Schilling mit einer Laufzeit von 20 Jahren.

Wegen des in diesem Vertrag als *conditio sine qua non* enthaltenen österreichischen Verzichts auf eine Zollunion oder auf einen Anschluß mit Deutschland sah sich die Regierung Dollfuß seitens der österreichischen Sozialdemokraten, der Großdeutschen und der Nationalsozialisten heftiger Kritik ausgesetzt. Nach einem Einspruch des Bundesrates (zweites Haus des österreichischen Parlaments) entschied ein Beharrungsbeschluß des Österreichischen Nationalrates vom 23. August 1932 mit nur zwei Stimmen Mehrheit über die Annahme und Ratifizierung des Vertrags von Lausanne. Staats- und völkerrechtlich gesehen, stärkten zwar die expliziten Anschlußverbote des Friedensvertrags von St. Germain 1919 sowie der Genfer Protokolle von 1923 und des Vertrags von Lausanne 1932 die bis dahin von weiten Teilen seiner Bevölkerung nur bedingt akzeptierte Eigenstaatlichkeit der Ersten Österreichischen Republik. Psychologisch aber erzeugten gerade diese Verbote und Interventionen fremder Mächte ein Ressentiment, das erst 1938 im Zuge des Anschlusses ungehemmt und explosiv zum Ausdruck gebracht wurde. Die Machtergreifung der Nationalsozialisten im benachbarten Deutschland schuf jedoch Anfang 1933 völlig neue Bedingungen und dementsprechend ein radikal verändertes Klima in der Sphäre der deutsch-österreichischen Beziehungen.

Kapitel II
Österreich: erstes Ziel und erster Gegner von Hitlers Eroberungsplan

1. Hitlers geostrategische Zielsetzung

Schon die erste Seite von Hitlers Buch »Mein Kampf« enthält einen ominösen Hinweis auf den Zusammenhang zwischen der Annexion Österreichs und einem anschließenden Eroberungskrieg. Denn Hitler schreibt hier: »Deutschösterreich muß wieder zurück zum großen deutschen Mutterlande ... Erst wenn des Reiches Grenze auch den letzten Deutschen umschließt, ohne mehr die Sicherheit seiner Ernährung bieten zu können, ersteht aus der Not des eigenen Volkes das moralische Recht zur Erwerbung fremden Grundes und Boden. Der Pflug ist dann das Schwert, und aus den Tränen des Krieges erwächst für die Nachwelt das tägliche Brot.«

Die zentralen Zielsetzungen und Hintergründe des kalten Krieges der NSDAP gegen den Staat Österreich hatte Theo Habicht, von Hitler 1932 zum Landesinspekteur der österreichischen NSDAP ernannt, im »Dienstbuch der NSDAP Österreichs« mit kaum zu überbietender Klarheit zum Ausdruck gebracht. Habicht, ein aus Wiesbaden stammender, vormaliger Kommunist, seit 1931 Reichstagsabgeordneter der NSDAP und seit Frühjahr 1933 wichtigster parteipolitischer Entscheidungshelfer für Hitlers Österreichpolitik, schrieb im März 1932 im Vorwort dieses Dienstbuches, die 1931 zu einer Landesorganisation zusammengefaßte und der Parteileitung in Berlin direkt unterstellte österreichische NSDAP habe die Aufgabe: »... die bisher getrennt marschierenden Kräfte zu vereinigen, sie in breitester Front zum *Generalangriff* auf Österreich anzusetzen, mit ihrer Hilfe das herrschende System zu stürzen und die Vereinigung Deutsch-Österreichs mit dem Reich herbeizuführen.«[1]

Als Hauptmotiv dieses »Generalangriffs« wird ganz unverhüllt ein geostrategischer Gesichtspunkt benannt: »*Wer Österreich besitzt, beherrscht Mitteleuropa* ... Österreich unter französischer Herrschaft

Kapitel II: Österreich: erstes Ziel und erster Gegner von Hitlers Eroberungsplan

trennt diese beiden natürlichen Verbündeten [Deutschland und Italien], bildet die Brücke, die Frankreich mit seinen östlichen Hilfsvölkern verbindet, und wird so zum Schlüsselglied in dem tödlichen Ring um Deutschland. *Das gibt unserem Kampf um Österreich seine europäische Bedeutung.*«[2]

Hitler, der die wirklichen Ziele seiner Österreichpolitik mit emotionalen großdeutschen Argumenten oder unter Berufung auf das Selbstbestimmungsrecht der Völker wirksam zu verschleiern verstand, hatte im Sommer 1932 im Rahmen einer internen Besprechung dargelegt, ein von der NSDAP beherrschtes Deutschland könne nur dann Weltpolitik betreiben, wenn es zuvor im Zentrum Europas einen »stahlharten Machtkern ... von achtzig oder hundert Millionen geschlossen siedelnder Deutscher« gebildet habe. Dies betrachte er als seine erste Aufgabe. Dieser Machtkern werde Deutschland »ein für alle Male das entscheidende Übergewicht über alle europäischen Nationen sichern ...« Zu diesem Kern gehöre vor allem Österreich, das sei »eine Selbstverständlichkeit«, sowie auch Böhmen und Mähren, bestimmte Westgebiete Polens und das Baltikum. Außerdem müßten die Tschechen aus Mitteleuropa ausgesiedelt werden. Hitler fügte hinzu, wenn man das Ziel der Schaffung dieses Großreiches durchsetzen könne, sei er bereit: »... das abermalige Blutopfer einer ganzen deutschen Jugend zu verantworten«. Er werde dann nicht zögern, »... zwei, auch drei Millionen toter Deutscher mit vollem Bewußtsein der Schwere des Opfers« auf sein Gewissen zu nehmen.[3]

Im Rückblick wird die damals nur wenigen Beobachtern bewußte weltpolitische Tragweite des Kampfes um Österreich ersichtlich: Mit hintergründigem Zynismus und unter Anwendung einer bis 1939 im innen- und außenpolitischen Aktionsraum weitgehend erfolgreich bleibenden Täuschungstaktik erklärte Hitler in einer Rundfunkrede vom 14. Oktober 1933 ganz im Gegensatz zu seinen nur intern genannten wirklichen Zielen: »... niemand könnte verlangen, daß, um eine Korrektur der derzeitigen Grenzen von problematischem Umfang und ebensolchem Wert zu erreichen, eine Millionenzahl blühender Menschenleben vernichtet würde.«[4] In seiner Schrift »Mein Kampf« hatte sich Hitler in der Tat aber mit Hohn gegen jene deutschnationalen Kreise gewandt, die »nur« eine Revision des als zu hart empfundenen Friedensvertrages von Versailles zum Hauptziel der deutschen Außenpolitik machen wollten. Eine solche Revision, so polemisierte er, lohne den Einsatz nicht, weil sie Deutschland nicht jene geostrategische Raumtiefe geben könne, die es aber zur Erlangung einer realen Weltmachtstellung brauche. Grenzen, Gebietsverteilungen zwischen Völkern, seien keine natürlichen Gegebenheiten, sondern Produkte der Geschichte des Kampfes zwischen Völkern. Der Gebietserwerb eines Volkes auf Kosten eines anderen beweise »... die Kraft der Eroberer und die Schwäche der Dulder. Und nur in dieser Kraft allein liegt dann das Recht.«[5]

Die NSDAP, so formulierte Hitler, ziehe »bewußt einen Strich unter die außenpolitische Richtung unserer Vorkriegszeit«. Nicht die vormaligen dynastischen Gesichtspunkte und vor allem nicht eine »völkische Allerweltsgefühlsduselei« (gemeint waren die großdeutschen Tendenzen im Sinne der Tradition von 1848/49) dürften die neue deutsche Außenpolitik bestimmen. Die Kolonial- und Handelspolitik des Zweiten Deutschen Reiches werde er nicht fortsetzen. Das Ziel einer nach Weltmachtstatus strebenden, radikalen neuen deutschen Außenpolitik im nationalsozialistischen Sinne liege »... ausschließlich im Gewinn eines Siedlungsgebietes, das die Grundfläche des Mutterlandes selbst erhöht und dadurch nicht nur die neuen Siedler in innigster Gemeinschaft mit dem Stammland erhält, sondern der gesamten Raummenge jene Vorteile sichert, die in ihrer vereinten Größe liegen«. Nicht West- und nicht Ostorientierung dürfe das künftige Ziel nationalsozialistischer Außenpolitik sein, sondern »Ostpolitik im Sinne der Erwerbung der notwendigen Scholle für unser deutsches Volk«.[6]

Ein Haupthindernis für die Verwirklichung dieser Politik sah Hitler in einer als feindselig perzipierten Deutschlandpolitik Frankreichs. Als Stützen der französischen Europapolitik galten zu dieser Zeit die von Frankreich geförderte »Kleine Entente« (Tschechoslowakei, Jugoslawien, Rumänien) und Frankreichs Bündnis mit Polen, das durch den Vertrag von Versailles vormals deutsche Gebiete erhalten hatte und dessen Grenzgestaltung so vorgenommen worden war, daß Ostpreußen räumlich vom Rest des Reiches getrennt wurde. Hoffnungen Frankreichs auf eine Fortdauer deutsch-polnischer Spannungen zu seinen Gunsten unterlief Hitler jedoch durch die für viele Beobachter überraschende Unterzeichnung eines Freundschafts-, Nichtangriffs- und Gewaltverzichtvertrages zwischen Deutschland und Polen am 26. Januar 1934. Mit der politischen Penetration Österreichs hoffte Hitler, einen Machtkeil zwischen die Staaten der Kleinen Entente schieben und die Tschechoslowakei als Hauptpartner Frankreichs von Nord und Süd umklammern zu können.

In einem ungewöhnlich vorausblickenden Memorandum zur britischen Europapolitik sagte der britische Unterstaatssekretär Sir Robert Vansittart bereits Ende August 1933, er glaube, daß der Kampf um Österreich für Hitler eine allererste Kraftprobe im Ringen gegen den verhaßten Status quo sei. Gewinne Hitlers Expansionspolitik diese erste Runde, so werde sie in der Zukunft kaum mehr aufzuhalten sein. Die Zukunft Europas werde folglich von der Art und Weise abhängen, wie die anderen Mächte dieser Herausforderung entgegenträten. Hitler habe Österreich als erstes Angriffsziel erwählt, weil er glaube, es noch vor einer erwarteten deutschen Aufrüstung nur mit politischen Mitteln erobern zu können. Eine Aktionsmöglichkeit liege in einem von Deutschland aus organisierten Putsch in Österreich, der im Erfolgsfall zu einer Machtergreifung der NSDAP in Österreich führen könne. Sollte die neue NS-Regierung dort dann klug genug sein, zunächst keinen De-jure-Anschluß an Deutschland zu fordern, sondern nur eine De-facto-Gleichschaltung der österreichischen Politik mit derjenigen Deutschlands zu bewirken, so würde es für die Mächte des Völkerbundes außerordentlich schwierig sein, zu intervenieren. Gelinge es Hitler, Österreich zu erobern, so werde er sich durch diesen Erfolg ermutigt und gestärkt in Europa weitere Expansionsziele suchen.[7]

2. Strategie und Machtmittel des kalten Terrorkrieges gegen Österreich

Hitlers geostrategische Motivation für den Versuch zur Eroberung Österreichs spiegelt sich realistisch in einem Geheimmemorandum des deutschen Militärattachés in Wien, General Wolfgang Muff, vom 1. Juni 1934. Es heißt darin u.a.: »Die einzige Möglichkeit der Raumerweiterung im Frieden bietet sich nach Süden und Südosten.

Mit Österreich ändert sich die Lage des Reichs auf diesen Seiten sofort grundlegend. Nunmehr wird die Tschechei ihrerseits umklammert. Der Weg nach Ungarn und dem Balkan wird frei, ein ... unmittelbares deutsch-italienisches Zusammenwirken wird möglich. Für jede Kombination ist die Grundstellung gegeben. ... Ein unabhängiges Österreich bildet so nicht nur keine Stärkung der Reichsverteidigung, sondern sogar eine Gefährdung.«[8]

Da militärische Macht vor dem Aufbau der Wehrmacht kaum zur Verfügung stand, ergab sich für Hitler die Frage, wie die »Festung Österreich« durch Methoden des kalten Krieges sturmreif geschlagen und dann erobert werden könne. Hierfür entwickelte er eine Sechs-Punkte-Strategie. Unmittelbar nach dem Erfolg der pseudolegalen Machtergreifung in Deutschland schien sich erstens eine Wiederholung der in Deutschland erprobten Methode anzubieten – daher die stürmische Forderung der Nationalsozialisten nach Neuwahlen nach der kläglichen Selbstausschaltung des österreichischen Parlaments Anfang März 1934. Zweitens sollte ein Wirtschaftskrieg gegen den wesentlich stärker als selbst Deutschland verarmten Kleinstaat mit seinen damals fast 400 000 Arbeitslosen bei einer Bevölkerung von sechs Millionen die österreichische Regierung in die Knie zwingen. Ergänzend war drittens eine Überschwemmung Österreichs mit nationalsozialistischer Propaganda in die Wege geleitet worden. Viertens initiierte die NSDAP eine landesweite Terrorkampagne mit Sprengstoff-, Brand- und Mordanschlägen. Fünftens organisierte sie vor den Grenzen zu Österreich eine bewaffnete Eingreiftruppe, die aus strafverfolgten und geflüchteten österreichischen NS-Aktivisten bestand. Sechstens bemühte sich die Berliner Diplomatie um eine internationale Isolierung der bündnislosen Alpenrepublik.

Auf Grund einer Kombination politischer Führungsrollen ergab sich für Hitler nach seiner Machtergreifung im Deutschen Reich eine außergewöhnliche politische Konstellation im Rahmen der deutsch-österreichischen Beziehungen: Er vereinigte gleichsam in Personalunion die Funktionen des deutschen Reichskanzlers, und damit des primären Entscheidungsträgers der Innen- und Außenpolitik des Deutschen Reiches, mit denjenigen des Chefs der auf dem Führerprinzip aufgebauten deutschen und österreichischen NSDAP. Somit fungierte ein ausländischer Regierungschef und Parteiführer zugleich auch als der mit aller innerparteilichen Entscheidungsgewalt ausgestattete Führer der radikalsten und an Einfluß sprunghaft zunehmenden Oppositionspartei des österreichischen Nachbarstaates. Gestützt auf diese Kombination von Macht und Positionen innerhalb und außerhalb der Grenzen Österreichs konnte er eine mehrdimensionale Strategie und Taktik gleichzeitiger Druckausübung auf die österreichische Bundesregierung entwickeln.

Hitlers zentrale Führungsposition sollte jedoch nicht zu dem irrigen Schluß führen, daß es im Berichtszeitraum der Jahre 1933/34 stets eine straffe Koordinierung nationalsozialistischen Verhaltens gegenüber Österreich auf allen Ebenen gegeben habe. In Deutschland waren die Nationalsozialisten nach ihrem Sieg noch mit dem Ausbau und der Ausformung ihres radikal neuartigen Herrschaftssystems befaßt. Es gab innerhalb und zwischen den einzelnen Instanzen des Staates und der Partei Kompetenzkonflikte wie auch unterschiedliche Auffassungen über Formen und Sequenzen des Kampfes in und gegen Österreich. Vor der Einführung eines autoritären Regierungssystems in Österreich, und insbesondere vor dem Verbot ihrer Partei im Juni 1933, erwarteten die Nationalsozialisten, daß es ihnen in Österreich, so wie zuvor in Deutschland, unter Ausnutzung der verachteten Institutionen der parlamentarischen Demokratie gelingen werde, allein oder im Rahmen einer Koalition an die Macht zu kommen. Hatte doch kurz zuvor die NSDAP in Deutschland vermocht, ohne jemals in freien Wahlen eine absolute Stimmenmehrheit zu erhalten, durch Koalitionsmanipulation und Druckausübung innerhalb kürzester Zeit fast die totale Macht im Staate des deutschen Reiches an sich zu reißen. Warum also nicht auch in Österreich?

Im demokratischen Österreich war die NSDAP 1932 jedoch wesentlich schwächer gewesen als im selben Jahr in Deutschland. Während sie dort durch die allgemeinen Wahlen vom Juli 1932 zur stärksten Partei des Reichstages geworden war, hatten die Nationalsozialisten in Österreich bei den Landtagswahlen im April 1932 in drei Bundesländern nur insgesamt ein Sechstel aller Mandate auf der Basis von 336 000 Stimmen erringen können. 1930 hatte die NSDAP in Österreich bei allgemeinen Nationalratswahlen nur 3 Prozent der abgegebenen Stimmen (im Vergleich zu damals 18 Prozent der Stimmen in Deutschland) und kein Parlamentsmandat im Vergleich zu 107 NS-Mandaten im deutschen Reichstag erzielen können. Theo Habicht, der für Hitler als »rechte Hand« seiner Parteipolitik in Österreich fungierte, schrieb darüber im März 1932: »Im Reich konnte die Bewegung durch Zertrümmerung der bürgerlichen Parteien aus deren grundsätzlich national eingestellten Anhängern eine Gefolgschaft von nahezu der Hälfte aller Wähler mobil machen und hinter sich bringen ... In Österreich stößt sie unter gleichen Voraussetzungen auf einen dreieinhalbfach überlegenen Feind, denn *Rot und Schwarz besitzen zusammen 78 Prozent aller Stimmen.* Alle Gewinne der Partei in Österreich können in der Folge also nur auf Kosten ihrer unversöhnlichen Gegner errungen werden ...«[9]

Im Vorfeld der erst im Frühsommer 1933 von außen und innen mit voller Kraft beginnenden nationalsozialistischen Großoffensive gegen Österreich wurden im Auswärtigen Amt in Berlin Überlegungen hinsichtlich einer angemessenen Politik Österreich gegenüber angestellt. Zwar wurde festgestellt, die amtlichen Beziehungen zu Österreich sollten nach Möglichkeit dem Ziel dienen, »die nationalsozialistische Bewegung in Österreich zu stärken«. Gleichzeitig aber dürfe man keinesfalls die Anschlußfrage »vorzeitig« aufrollen, um nicht den Großmächten einen Anlaß zur Intervention zu bieten. Eine »schwarz-braune Koalition« sollte man als Möglichkeit erst dann erwägen, wenn die Nationalsozialisten in Österreich stark genug geworden seien, sich im Rahmen einer solchen Koalition behaupten zu können.[10] Vermutlich auf Anraten Mussolinis hatte die Regierung Dollfuß im April 1933 mit der NSDAP Österreichs zunächst geheimgehaltene Kontakte aufgenommen. Um den damals bereits im Gang befindlichen nationalsozialistischen Oppositionsterror abzublocken, wurden den Nationalsozialisten zwei Ministersessel im Kabinett der Regierung Dollfuß angeboten. Im Namen der österreichischen Nationalsozialisten verlangte Habicht eine Erhöhung der Ministerpositionen für NS-Politiker; vor allem wollte er das Sicherheitsressort in die Hand bekommen. Er bot Dollfuß als »Konzession« an, Bundeskanzler zu bleiben und dafür die Heimwehr aus der Regierung auszuschließen und Neuwahlen für den Herbst 1933 auszuschreiben.[11]

Von seinem diesbezüglichen Gespräch mit Bundeskanzler Dollfuß berichtete Theo Habicht, Hitlers Stellvertreter in Österreich, ein vormaliger deutscher Kommunist und Mitarbeiter des KPD-Führers Ernst Thälmann, er habe Dollfuß vor die Wahl gestellt, entweder als Anschlußhelfer großdeutschen Ruhm zu ernten oder zerschmettert zu werden wie der wenige Monate später ermordete General Schleicher.[12] Über eine vom deutschen Gesandten in Wien gegebene Darstellung des Ergebnisses dieser Verhandlungen schrieb sein britischer Kollege Walford Selby, Dollfuß habe »... jedes Angebot der österreichischen Naziführer abgelehnt. Sie hätten zwei Sitze im Bundeskabinett verlangt, was eine bescheidene Forderung sei ... Bundeskanzler Dollfuß habe es abgelehnt, ein solches Zugeständnis zu machen, so wie er auch jeden anderen Annäherungsversuch der Nazis zurückgewiesen habe.«[13]

3. Anlaß und Methode des Wirtschaftskrieges

Als konkreten und vermutlich ohne Absprache mit dem Auswärtigen Amt selbstgeschaffenen Anlaß zur Eröffnung des kalten Krieges gegen Österreich nahm Hitler einen Zwischenfall von Mitte Mai 1933. Einer seiner führenden Rechtsberater, der bayerische Justizminister Dr. Hans Frank, hatte für diese Zeit einen Besuch in Österreich angekündigt. Derselbe Frank hatte jedoch zuvor am 18. März 1933 über den Münchener Rundfunk eine Rede gehalten, in der er die österreichische Regierung scharf angegriffen und hinzugefügt hatte, Österreich sei jetzt der letzte Teil Deutschlands, in dem man es noch wagen könne, das deutsche nationale Wollen – gemeint war die NSDAP – zu unterdrücken. Er wolle die österreichische Regierung davor warnen, die reichsdeutsche NSDAP dazu zu veranlassen, »... die Sicherung der Freiheit der deutschen Volksgenossen in Österreich zu übernehmen«.[14] Obwohl dem Minister bei seinem Eintreffen auf dem Flughafen Schwechat mitgeteilt wurde, sein Besuch sei nicht erwünscht, ließ er sich nicht davon abhalten, bei einem Presseempfang in Wien mit Zwangsmaßnahmen des Reiches gegen Österreich zu drohen bzw. auf Massenversammlungen den Bundeskanzler persönlich zu beleidigen und die Bevölkerung gegen die Polizei aufzurufen. Nach diesen beispiellosen Exzessen wurde Frank von den österreichischen Behörden über die Grenze abgeschoben. Daraufhin folgte von deutscher Seite nicht etwa eine Entschuldigung, sondern ein Protest wegen unfreundlicher Behandlung des Ministers Frank.

An diesen selbstinszenierten Vorfall anknüpfend, erläuterte Hitler in einer Kabinettsbesprechung der deutschen Reichsregierung vom 26. Mai 1933 die Gründe für die Aufnahme des kalten Krieges gegen Österreich. Die österreichische Regierung habe in der letzten Zeit »Handhaben genug gegeben, um den Kampf aufzunehmen«. Die bisherigen österreichischen Regierungen seien essentiell »reichsfeindlich« eingestellt gewesen. Eine Änderung werde nicht eintreten, »solange Österreich in den Händen der bisherigen Machthaber bleibt«. *Das Ziel der jetzigen österreichischen Regierung sei es, »den deutschen Nationalgedanken aus Österreich auszutreiben und an seine Stelle den österreichischen Gedanken zu setzen«.* Deutschland laufe dadurch Gefahr, sechs Millionen Menschen zu verlieren, da diese »einem *Verschweizerungsprozeß*« entgegengingen. Bei Wahlen würde die NSDAP in Österreich zwar nicht die größte Partei werden, wohl aber die stärkste.

Als konkrete Maßnahme schlug Hitler die sogenannte »Tausend-Mark-Sperre« vor, d. h. eine gesetzliche Regelung, derzufolge die Reichsbehörden die Erteilung eines Sichtvermerkes für deutsche Staatsbürger zu Reisen nach Österreich nur gegen eine Zahlung von 1000 Reichsmark gewähren würden. Er wußte, daß dies für ein wirtschaftlich schwaches und hinsichtlich seiner Deviseneinnahmen vom Fremdenverkehr hochgradig abhängiges Land ein furchtbarer Schlag sein würde. Gegen 80 Prozent der Touristen waren zuvor aus Deutschland gekommen. Deshalb fügte er hinzu: »Diese Maßnahme wird voraussichtlich zum Zusammenbruch der Regierung Dollfuß und zu Neuwahlen führen. Diese *Neuwahlen* werden die innere *Gleichschaltung* Österreichs ergeben, auch ohne daß ein äußerer Anschluß nötig ist.« Der Kampf werde noch im Sommer 1933 entschieden werden. Ein formaler Anschluß müsse aus taktischen Gründen vorläufig zurückgestellt werden.[15]

Im gleichen Sinn hatte Hitler Ende 1933 auch die Unterzeichnung eines im Entwurf bereits fertiggestellten Handelsvertrages zwischen dem Deutschen Reich und Österreich unterbunden.[16] Da der Widerstand der österreichischen Regierung nicht, wie erwartet, Ende

Kapitel II: Österreich: erstes Ziel und erster Gegner von Hitlers Eroberungsplan

1933 zusammenbrach, verfügte Hitler Mitte April 1934 nach mehrstündiger Aussprache mit Theo Habicht eine Verschärfung aller wirtschaftlichen Kampfmaßnahmen, die dazu geeignet sein konnten, der österreichischen Bundesregierung politisch zu schaden: insbesondere eine »Drosselung der Einfuhr von Holz, Obst und Vieh« in nach außen hin möglichst unauffälligen rechtlichen Formen.[17] Den Hauptanlaß für Hitlers Kampfansage vom 26. Mai bildete aber die nur fünf Tage zuvor von Bundeskanzler Dollfuß veranlaßte Gründung der Vaterländischen Front, einer ersten Sammelbewegung für eine in Wort und Tat zu bewirkende Verteidigung der staatlichen Unabhängigkeit Österreichs gegen alle großdeutschen Anschlußtendenzen.

4. Der Propagandakrieg

Zusätzlich zu diesen gegen die österreichische Wirtschaft gerichteten »Abdrosselungsmaßnahmen« inszenierte das Dritte Reich bei fortschreitender Monopolisierung aller Massenmedien einen massiven Propagandakrieg gegen die österreichische Bundesregierung. Über mehrere deutsche Sender wurde eine monatelange systematische Hetzkampagne gegen den österreichischen Staat in Bewegung gesetzt.[18] Von Theo Habicht herausgegeben, erschien in München als Organ der österreichischen NSDAP der sogenannte »Österreichische Pressedienst«, der sich in derselben Richtung betätigte und der – von persönlichen Kontakten abgesehen – das wichtigste publizistische Sprachrohr der NSDAP in Österreich verkörperte. Illegal über die Grenzen fliegende reichsdeutsche Flugzeuge warfen über österreichischem Gebiet Propaganda- und Hetzschriften gegen die österreichische Regierung ab, die massenweise auch auf dem Landweg nach Österreich gebracht und dort von Aktivisten verteilt wurden. Auch Ballons mit aufgemaltem riesigem Hakenkreuz und mit Propagandamaterial beladen wurden bei günstigem Wind über die Grenzen gestartet. Die durch die Machtergreifung ihrer Parteigenossen in Deutschland ermutigten und wesentlich aggressiver gewordenen österreichischen NS-Aktivisten malten an Gebäude, Mauern, Bäume und Felsen Hakenkreuze und NS-Parolen. Sie störten

Konzerte, Theateraufführungen und sonstige öffentliche Veranstaltungen mit demonstrativen »Heil Hitler«-Rufen und füllten Briefkästen mit Propagandamaterial. Hinzu traten Maßnahmen wie die bewußte Verbreitung desinformierender Falschmeldungen und die Aufforderung, die Wirtschaft durch massenweise Zurückziehung von Bankeinlagen zu schädigen.

5. Die landesweite Terrorkampagne

Hitlers im Mai 1933 ausgesprochene Erwartung, sein Wirtschaftskrieg gegen Österreich werde »voraussichtlich zum Zusammenbruch der Regierung Dollfuß und zu Neuwahlen führen. Diese Neuwahlen werden die innere Gleichschaltung Österreichs ergeben ...«[19], wurde durch Entwicklungen in Österreich bitter enttäuscht. Die österreichische Bundesregierung war nicht gesonnen, sich durch Wirtschaftskrieg erpressen zu lassen. Die groteske Selbstlähmung des Parlaments vom März 1933 durch seine eigenen Präsidenten aus drei Parteien hatte nicht zu Neuwahlen geführt, sondern zunächst zum Beschluß der Regierung, ohne Parlament auf der Basis von Notverordnungen weiter zu regieren und keine Neuwahlen durchzuführen. Als sich zu diesen Ereignissen Ende Juni 1933 das von der Bundesregierung erlassene Totalverbot der NSDAP mitsamt all ihren Organisationen und Publikationen gesellte, war das Scheitern der von Hitler erhofften Möglichkeiten für eine Machtergreifung in Österreich nach dem Präzedenzfall seines Sieges in Deutschland klar ersichtlich geworden.

In Reaktion auf die Haltung der österreichischen Regierung steigerte die im gleichen Monat in die Illegalität gedrängte Nationalsozialistische Partei eine in der Geschichte Österreichs präzedenzlose Kampagne direkten Terrors. In der Zeit bis zum Juli des folgenden Jahres führten NS-Aktivisten in den verschiedensten Landesteilen Sprengstoffanschläge gegen Amtsgebäude, Wohnungen von Funktionsträgern, Brücken, Bahnanlagen, Kraftwerke, Stromleitungen, Polizeiämter, Versammlungslokale und Pfarrhöfe. Pro Monat gab es bis zu 140 solcher Anschläge – eine heute in Mitteleuropa kaum mehr vorstellbare Situation. Hinzu kamen gezielte Brandlegungen und Mordanschläge auf führende Persönlichkeiten der vaterländischen Bewegung, so erfolgte ein erster Mordanschlag auf Bundeskanzler Dollfuß schon im Oktober 1933 und weitere Anschläge auf den Justizminister, den Vizekanzler, den Sicherheitsminister, Landesrat Steidle von Tirol und andere weniger bekannte Persönlichkeiten.

6. Das Drohpotential der »Österreichischen Legion«

Im südlichen Bayern, teilweise unmittelbar an den österreichisch-bayerischen Grenzen, wurde gleichsam als revolutionäre Eingreiftruppe die aus geflüchteten österreichischen Nationalsozialisten rekrutierte Österreichische Legion organisiert. Diese Sonderformation der SA, deren höchster Mannschaftsstand bei etwa 15 000 Mann lag, wurde militärisch ausgebildet und mit Gewehren wie auch Maschinengewehren bewaffnet. Hierzu eigens geschulte Mitglieder der Legion überschritten insgeheim die Grenze nach Österreich, um dort Sprengstoffaktionen durchzuführen. Die Legion betrieb auch den heimlichen Transfer von Waffen, Sprengmitteln und Propagandamaterial nach Österreich. Es kam zu gelegentlichen Schußwechseln über die Grenzen hinweg.

Aus einer Geheimnotiz des deutschen Außenministers von Neurath geht hervor, daß seit Februar 1934 »ein besonderer Grenzüberwachungsdienst an der deutsch-österreichischen Grenze« eingerichtet und »von bewaffneten und in SA- oder NS-Uniformen eingekleideten österreichischen Flüchtlingen«, Mitgliedern der Legion, wahrgenommen werde. Dieser Grenzüberwachungsdienst sei in 13 Grenzkommandos gegliedert, zu denen auch Lindau, Oberstdorf, Mittenwald, Kiefersfelden, Berchtesgaden, Freilassing und Passau gehörten. Der Außenminister stellte dann aus der Sicht seines Amtes fest, es bestehe die Gefahr, daß sich diese Situation eines Tages zu einer bedenklichen Störung der deutschen Außenpolitik entwickeln könne.[20]

7. Haltung und Abwehrstrategien der österreichischen Bundesregierung

Bedenkt man das heute nur noch schwer vorstellbare Ausmaß und die extreme Brutalität der nationalsozialistischen Terrorkampagne zur Einschüchterung und Verunsicherung der österreichischen Bevölkerung, Regierung und Wirtschaft, eine Kampagne hinter der teils direkt, teils indirekt getarnt die Österreich weit überlegene Macht des Dritten Reiches stand – sinnfällig durch die Tatsache, daß der oberste Führer der NS-Terroristen zugleich Deutschlands Reichskanzler war – so versteht man die Worte des Dollfuß-Nachfolgers Kurt von Schuschnigg: »*Für unser Land hatte wiederum, wie schon so oft in seiner Geschichte, die Schicksalsstunde geschlagen. Die verantwortliche Führung im Staat war vor die Frage gestellt, entweder dem Druck zu weichen, die rot-weiß-rote Fahne einzuholen, auf die freie Eigenstaatlichkeit zu verzichten, also Österreich aufzugeben, oder Österreich zu erhalten. Wer sich für die Erhaltung entschied, der mußte wissen, daß dies ein Kampf auf Leben und Tod werden würde ... und der mußte entschlossen sein, mit dem Einsatz aller seiner Kräfte ... einzig das Ziel der Rettung Österreichs vor Augen, die Front des Vaterlandes gegen jeden Angriff, woher er auch immer komme, zu halten.*«[21]

Auch die im Sommer 1934 von Hitler direkt geleitete Niedermetzelung lästig gewordener SA-Führer und deutschnationaler Generale durch die SS – der erste Massenmord der NSDAP – hatte den Österreichern die kriminelle Mentalität ihrer neuen Gegner vor Augen geführt.

Ähnlich wie Schuschnigg hatte sich Bundeskanzler Dollfuß nur drei Monate nach seiner Verwundung durch das Revolverattentat eines Nationalsozialisten geäußert, als er in seiner Neujahrsbotschaft an das österreichische Volk vom 31. Dezember 1933 feststellte: »Die nationalsozialistische Regierung war der Meinung, daß der Konflikt zwischen der Regierung und der marxistischen Oppositionspartei der geeignete Zeitpunkt wäre, um eine weit über die Grenzen ihrer faktischen Bedeutung in Österreich hinausgehende Anteilnahme an den Staatsgeschäften zu erzwingen. Als dies mit ruhigem Ernst abgelehnt wurde, setzten scheinbar wilde, in Wahrheit aber ... sehr planmäßig erzeugte Terrorakte und ein in der Geschichte der letzten

Kapitel II: Österreich: erstes Ziel und erster Gegner von Hitlers Eroberungsplan

Jahre noch nicht dagewesener Druck von außen ein ... Der rohen Terrorgewalt mußte die Regierung im Interesse der friedliebenden Bevölkerung mit fester Ordnungsgewalt begegnen. ... So wie im alten Jahr werden auch im neuen Jahre Drohungen, Beschimpfungen und persönliche Lebensgefahr mich und meine Freunde von dem einmal recht erkannten Wege der Pflicht nicht abbringen können.«[22]

Den Gegner hatte der furchtlose Kanzler schon sechs Monate zuvor gewarnt: »Diejenigen täuschen sich, die glauben, die Regierung durch ihre Terrorakte von innen oder von außen stürzen zu können. Wir haben die Machtmittel, die uns zur Verfügung stehen, noch lange nicht eingesetzt. Aber wenn es not tut, den Burgfrieden im Lande zu sichern, dann werden wir auch vor dem Äußersten nicht zurückschrecken.«[23]

Um der gleichzeitigen Bedrohung des Staates und seiner Unabhängigkeit von innen und außen konkret zu begegnen, ergriff die Bundesregierung eine Reihe von Maßnahmen, die *Österreich zum ersten Staat Europas machte, der schon am 19. Juni 1933 ein Totalverbot der NSDAP erließ* und seine militärische und allgemeine sicherheitspolitische Macht gezielt gegen das Dritte Reich verstärkte. Eine erste Maßnahme bestand in der Zentralisierung des zuvor stärker föderal strukturierten Sicherheitswesens, um bundesweit schneller und konzentrierter gegen Gewaltakte vorgehen zu können. Die Sicherheitsdirektoren der Länder wurden damit direkt dem Bundesminister für Sicherheit und der im Bundeskanzleramt errichteten Generaldirektion für Öffentliche Sicherheit unterstellt. Im Einvernehmen mit den führenden Völkerbundmächten Großbritannien und Frankreich stellte Österreich zum verstärkten Schutz seiner Grenzen ein sogenanntes *Militärassistenzkorps* auf, das das reguläre Bundesheer bei dieser Aufgabe unterstützte. Diese Institution wurde anschließend zum sogenannten Freiwilligen-Schutzkorps weiter entwickelt, das auch die Aufgabe hatte, die Hauptstadt zu schützen und eine größere Anzahl von Gendarmerieposten zu verstärken. Auf seinem Höchststand im Juli 1934 umfaßte das Schutzkorps einen Mannschaftsbestand von 45 263 Mann und war somit fast doppelt so groß wie die Effektivstärke des regulären Bundesheeres. Etwa 74,1 Prozent des damaligen Schutzkorps-Bestandes entstammte den politisch unabhängigen Heimwehren, deren Gesamtbewegung ab 1933 Österreichischer Heimatschutz genannt wurde. Die Einbeziehung vieler ihrer Kampfverbände gab der Regierung die innenpolitisch willkommene Gelegenheit, sie stärker unter ihre Kontrolle zu bringen.[24]

Angesichts überhandnehmender politischer Gewaltverbrechen wurde zu deren Abschreckung im November 1933 die Todesstrafe wieder eingeführt und in diesem Zusammenhang am 14. Juli 1934 ein Bundesgesetz zur Abwehr politischer Gewalttaten erlassen. Es richtete sich vornehmlich gegen die an Zahl und Intensität überhandnehmenden Sprengstoffverbrechen.

Zuvor hatte die Regierung die Errichtung sogenannter Anhaltelager für politische Gewalttäter und Aktivisten illegaler politischer Organisationen beschlossen. Deren konkrete Praxis unterschied sich allerdings von der Brutalität britischer Konzentrationslager im Burenkrieg, die ganze Bevölkerungsteile einschließlich ganzer Familien terrorisierten und noch mehr den Konzentrationslagern der Nationalsozialisten oder den Gulags der Sowjetunion, die auf die Erniedrigung, Folterung und Vernichtung von Menschen, oft nur auf Grund ihrer rassischen oder sozialen Abstammung, abzielten. Die Zustände in österreichischen Anhaltelagern entsprachen eher denjenigen durchschnittlicher Lager für Kriegsgefangene. Von Aufräumarbeiten abgesehen, gab es keinen Arbeitszwang, hingegen eine Auswahl von Sportarten, Gesangvereinen, Theateraufführungen und Bibliotheken. Einheimische Presseprodukte sowie die Betreuung durch Ärzte und Seelsorger standen zur Verfügung. Brief- und Paketpost durfte empfangen und versandt werden; Besuche waren gestattet. Im Zeitraum zwischen 1933 und 1938 gab es insgesamt ca. 1600 politische Gefangene in Anhaltelagern und Notarresten. Auf dem Höhepunkt seiner Belegung faßte das größte Lager Wöllersdorf am Stichtag des 1. Oktober 1934: 4747 Nationalsozialisten und 555 Austromarxisten, insgesamt also 5302 Insassen. Bis zum 1. Oktober 1937 war diese Zahl auf 133 Insassen zusammengeschrumpft.[25]

Um gegen politisch motivierte Gewalttaten schnell und unmittelbar am Ort des Geschehens Widerstand leisten zu können, wurden ab Juni 1933 sogenannte Freiwillige Ortswehren in einer möglichst großen Anzahl von Gemeinden errichtet. Sie unterstanden den örtlichen staatlichen Sicherheitsorganen und hatten ihren Richtlinien entsprechend im Falle folgender Tatbestandsmäßigkeiten einzuschreiten:

1. Bei Anschlägen auf das Leben und die körperliche Unversehrtheit von Personen;
2. Bei absichtlicher Sachbeschädigung öffentlicher Verkehrs- und Versorgungsanlagen (Eisenbahnen, Straßen, Brücken, Telegraphen- und Telefonanlagen, Starkstromleitungen, Elektrizitäts- und Gaswerken sowie Wasserleitungen);
3. Bei der öffentlichen Anbringung und Verbreitung von Hakenkreuzen oder anderen Symbolen verbotener Parteien;
4. Beim Hissen von Hakenkreuzfahnen oder Fahnen mit den Symbolen anderer verbotener Parteien;
5. Bei der Verbreitung propagandistischer Flug- und Hetzschriften verbotener Parteien;
6. Bei der Vorbereitung, Anbringung oder Explosion von Sprengsätzen aus politischen Motiven.

Der Waffengebrauch war den Ortswehren (auch »Ortsschutz« genannt) nur im Falle der Notwehr oder tätlichen Widerstandes gegen eine Amtshandlung gestattet.[26]
So hatte sich der von innen und außen angegriffene und bedrohte Kleinstaat auf allen ihm möglichen Ebenen zur Abwehr illegitimer Gewalt gerüstet. Nicht nur die Kräfte der Exekutive und sie unterstützende freiwillige Aktivisten wurden zum Widerstand aufgerufen, sondern die gesamte Bevölkerung des Landes. Nach Hinweisen auf ganz vergeblich unternommene Gesten der Entspannung und des guten Willens heißt es in einem an die ganze Bevölkerung gerichteten Aufruf der Bundesregierung Anfang Januar 1934 u. a.: »Es hat im Gegenteil seit Beginn des neuen Jahres eine Welle neuer Terrorakte eingesetzt; so wurden in den letzten Tagen nicht weniger als 140 Sprengstoffanschläge in allen Teilen des Bundesgebiets verübt, wodurch Fremdenverkehr und allgemeine Wirtschaft geschädigt werden sollten.« Die Bundesregierung habe erkennen müssen, daß ihre Entspannungsbemühungen absichtlich mißdeutet und zynisch mißbraucht wurden. Sie ist, so heißt es wörtlich weiter, »daher entschlossen nunmehr mit allen, auch den schärfsten Mitteln, diesen Akten des Terrors ... ein für alle Mal ein Ende zu setzen. Mit dem heutigen Tag wurden daher starke Abteilungen des Freiwilligen Schutzkorps aufgeboten, die gemeinsam mit Polizei und Gendarmerie alle Versuche, dieses verbrecherische Treiben fortzusetzen, zu-

nichte machen werden. Jeder Österreicher, der diese Abwehr mittätig zu unterstützen bereit ist, arbeitet damit zum Besten des allgemeinen Wohles.«[27]

Noch direkter wurde Österreichs Vizekanzler Fürst Starhemberg, als er auf einer Großdemonstration freiwilliger österreichischer Wehrverbände, absichtlich veranstaltet in Braunau, Hitlers Geburtsstadt, im Verlauf einer Rede im Juni 1934 unter stürmischem Jubel ausrief: »Schwach fühlen wir uns keineswegs, wir sind vielmehr entschlossen, mit denselben Mitteln zu kämpfen, mit denen wir angegriffen werden. Greift zur Selbsthilfe! ... Wir sind entschlossen in ausgiebigster Weise von dem jedem Volke zustehenden Rechte, das ist von der Notwehr, dem Notrechte, Gebrauch zu machen. Nicht lange fragen, wenn man Gefahr im Verzug sieht. Zugreifen, aber ordentlich!«[28]

Sich direkt an das Dritte Reich wendend, warnte Bundeskanzler Dollfuß am 18. Januar 1934: »Bei dieser Gelegenheit möchte ich ... sagen, daß es ein international nicht ... ungefährliches Spiel ist, wenn ein Land, dessen Bedeutung, wenn es auch territorial klein ist, für den mitteleuropäischen, ja auch für den gesamteuropäischen Raum allseits ... anerkannt wurde, von einer Großmacht ... in seiner Freiheit und Unabhängigkeit weiterhin ständig bedroht wird. ... Es war hierbei ungemein bedauerlich, als wir feststellen mußten, daß ein wesentlicher Teil des Sprengmaterials, das in den letzten Wochen und Tagen zu Terrorakten verwendet wurde, über die Grenze Deutschlands nach Österreich gekommen war. Es ist bedauerlich, daß über deutsche Sender eine unerhörte Rundfunkhetze gegen Österreich entfesselt werden konnte ... Österreich wird nunmehr mit aller Kraft und Rücksichtslosigkeit im eigenen Land Ordnung und Ruhe herstellen ... Die Bundesregierung hat in einem Aufruf ihre Entschlossenheit bekundet, daß sie den Kampf unter allen Umständen und mit allen Mitteln durchhalten wird.«[29]

Wie in der Folge zu zeigen sein wird, wurde die hier nur knapp charakterisierte mehrdimensionale Abwehrdisposition der Bundesregierung anläßlich des bewaffneten Aufstandes der SS und SA in Wien und in mehreren Bundesländern im Juli 1934 einer historischen Bewährungsprobe unterzogen, die sie, ungeachtet einiger Pannen, dank der Loyalität der Streitkräfte und der Bevölkerung erfolgreich bestand.

8. Für Österreich gilt kein Völkerrecht

Zu heftigen Protesten – nicht nur seitens der österreichischen Bundesregierung, sondern auch seitens anderer europäischer Regierungen – kam es, als deutsche Flugzeuge wiederholt und rechtswidrig den österreichischen Luftraum verletzten, um gegen die österreichische Regierung gerichtetes Propagandamaterial abzuwerfen. Während Bundeskanzler Dollfuß angesichts dieser unerträglichen Zustände eine Normalisierung der deutsch-österreichischen Beziehungen auf dem Wege von Verhandlungen »von Regierung zu Regierung« anstrebte, also eine Form des Kontaktes, die Österreichs Eigenstaatlichkeit und formale Gleichberechtigung mit dem Deutschen Reich unterstrichen hätte, lehnte Hitler dies wiederholt brüsk ab, obwohl die italienische Diplomatie ihm gegenüber die Annahme eines solchen Weges befürwortete.

Hitler betrachtete die Österreicher, die seit Anfang der Habsburger Ära nie von einem deutschen Staat, nie von jenseits ihrer Grenzen regiert worden waren, als potentielle Untertanen des angestrebten Großdeutschen Reiches. Er selbst, seine Anhänger und sogar einige seiner Kritiker operierten mit der simplen Gleichsetzung von Deutschtum und Nationalsozialismus und von Nationalsozialismus mit Führerwillen. Theo Habicht drückte dies in einer Rede vom 12. Mai 1933 wie folgt aus: »Das deutsche Volk gleicht einer belagerten Festung. Es ist eine eingeschlossene Armee, die alle ihre Kräfte daran wenden muß, um sich im Kampf gegen die Umwelt zu erhalten, um später einmal in diese Umwelt einzudringen, um neuen Lebensraum zu schaffen ... Das neue Reich ... wird nur dann seine Freiheit und Zukunft erkämpfen und sichern können, wenn es unter einer einzigen Leitung steht, und damit ist die Frage des staatspolitischen Verhältnisses klar: Österreich wird ein Teil des deutschen Reiches sein. Eines einmal kommenden Großdeutschland, so wie die anderen deutschen Staaten.«[30]

Wesentlich vorsichtiger und doch mit ominöser Deutlichkeit heißt es in einer deutschen Antwortnote auf einen österreichischen Protest gegen Einmischungen Deutschlands in innerösterreichische Angelegenheiten am 1. Februar 1934, es handle sich nicht um einen Konflikt zwischen zwei Staaten, der unter die »formalen Begriffe des Völkerrechts« falle, auf die sich die Regierung in Wien berufen habe, sondern »um die Auseinandersetzung der österreichischen Regierung mit einer historischen *Bewegung des ganzen deutschen Volkes*«.[31]

Während die NSDAP in Deutschland 1932 bereits zur stärksten Fraktion des Reichstages geworden war, verfügte sie in Österreich über kein Parlamentsmandat. Doch 1932 rückte die österreichische NSDAP bei Landtagswahlen stärkemäßig auf Platz 3 in der österreichischen Parteienskala. Wohl nicht zu Unrecht erwartete Hitler, daß sich die Machtergreifung der NSDAP im benachbarten Dritten Reich auch günstig auf die Wahlchancen der NSDAP in Österreich auswirken werde. Lauthals auf demokratische Rechte pochend, deren Abbau sie in Deutschland gleichzeitig in die Wege leiteten, forderten die Nationalsozialisten in Österreich die frühestmögliche Abhaltung von Neuwahlen. Wie auch die Kommunisten waren die Nationalsozialisten bestrebt, die Rechte und Freiheiten der pluralistischen Demokratie bewußt und parasitär zu deren Vernichtung mit dem Ziel eigener Machtergreifung auszunützen. Der Zynismus dieser Grundhaltung wurde im Dienstbuch der NSDAP Österreichs in einem Abschnitt »Der Nationalsozialistische Parlamentarier« überschrieben, mit so unüberbietbarer Deutlichkeit zum Ausdruck gebracht, daß es gestattet sei, aus diesem Abschnitt in extenso zu zitieren:

»Der parlamentarische Vertreter der Nationalsozialistischen Partei in den öffentlichen Körperschaften wird nicht vom ›Vertrauen des Volkes‹ gewählt, sondern von dem zuständigen Führer ernannt. Die öffentliche Wahl ist lediglich ein formaler Akt. Sinnentsprechend hat daher der nationalsozialistische Parlamentarier bei der Ausübung seines Mandats sich nicht durch Wünsche, Meinungen und Ansichten der Masse bestimmen zu lassen, sondern lediglich durch den Befehl seines Führers.«

Um die Durchsetzung des Führerbefehls zu gewährleisten: »... hat jeder Parlamentarier schon bei Annahme seiner Kandidatur einen Verpflichtungsschein zu unterschreiben, auf dem er unter Offenlassung des Datums im vorhinein seinen Rücktritt erklärt und dem ihn einsetzenden Führer das Recht zugesteht, nach seinem Ermessen davon Gebrauch zu machen ... Er ist nicht [in das Parlament] hineingeschickt worden, um Parlamentarier unter Parlamentariern, sondern um Hecht im Karpfenteich zu sein ... Er soll nicht ›positiv mitarbeiten‹, d. h. die Lebensdauer des Systems verlängern – sondern er soll ... seine ganze Aufgabe darin sehen, dafür zu sorgen, daß diese [Schäden des Systems] mit dem System, das sie bedingt, sobald als möglich beseitigt werden ... Er ist ins Parlament geschickt worden, um dort im Zentrum der feindlichen Stellung die Pläne der Gegner auszukundschaften und sie ... zu vereiteln.«[32]

Kapitel III
Der neue Wille zu Österreich als Basis und Waffe des Widerstandes

1. Anfänge der österreichischen Neubesinnung

Nationen sind historisch entstandene und geschichtlich geprägte Schicksalsgemeinschaften, die sich als solche empfinden und auf der Basis dieser Empfindungen – ungeachtet aller Divergenzen ihrer Teilelemente – ein integrierendes Wir-Gefühl entwickelt haben. Dieses Gefühl der Zugehörigkeit bildet für die einzelnen Bürger ein wesentliches Element ihrer Daseinsorientierung.

Gesellschaftlich, politisch und kulturell geprägte Seinsbedingungen haben bei Menschen aller Zeiten und Kulturen das Bedürfnis Standortbestimmung Umwelt- und Weltorientierung hervorgerufen. In einer Mehrheit europäischer Staaten des 19. und 20. Jahrhunderts wurde ein als fast selbstverständlich empfundenes Nationalgefühl zum wichtigen Bestimmungsfaktor dieser historisch-politischen Daseinsorientierung der Staatsbürger.[1]

Anders verlief die Entwicklung im alten Österreich der Donaumonarchie, wo der Nationalismus einzelner Völker notwendigerweise eine zentrifugal wirkende Antithese zur *übernationalen* und *integralen Reichsidee des Habsburger Vielvölkerstaates* darstellte. So gab es bei den reichstreuen Völkergruppen wohl eine österreichische Reichsidee und einen auf das Kaiserhaus, das Reichsganze sowie auf die jeweilige engere Heimat bezogenen *Patriotismus*, jedoch keinen österreichischen *Nationalismus*, der das Gesamtgebäude der Monarchie oder auch nur die Gesamtheit ihrer deutschsprachigen Gebiete zum Bezugspunkt gehabt hätte.

Ein politisch wirkungsmächtiges Bekenntnis zu einer Österreichs Staat ab 1918 bejahenden neuösterreichischen Identität ergab sich überhaupt erst aus dem aufrüttelnden Erlebnis der Machtergreifung des Nationalsozialismus in Deutschland und der daraus plötzlich re-

Kapitel III: Der neue Wille zu Österreich als Basis und Waffe des Widerstandes

sultierenden existenziellen Bedrohung Österreichs. Zuvor hatte Ignaz Seipel, der führende Staatsmann in der Frühphase der Ersten Republik, darauf hingewiesen, daß sich nach österreichischer Auffassung der Begriff der »Nation« auf die gesamte Kulturgemeinschaft des deutschen Sprachraumes ungeachtet ihrer staatlichen Gliederung beziehe und nicht bloß auf die Zugehörigkeit zu einem bestimmten Staat eingeengt werde. Die Konzeption der Nation verwirkliche sich für die Österreicher daher nicht notwendigerweise im Ziel eines Einheitsstaates.[2]

Seipel, der den Vorsitz des ersten österreichischen Paneuropa-Komitees übernommen hatte und zu den Ehrenpräsidenten des ersten 1926 in Wien tagenden Paneuropa-Kongresses gehörte, verkündete als Ziel einer konstruktiven Zukunftsgestaltung: »Ein einiges, friedliches Europa, eine bewußte Einheit, aus der Vielheit seiner Völker gebildet, mit ungeheurer geistiger und wirtschaftlicher Kraft, sobald es einig wird und solange es einig bleibt.«[3]

Mit ihrer Schrift, genannt »*Die österreichische Aktion*«, begründeten fünf Autoren – August M. Knoll, Alfred Missong, Wilhelm Schmid, Ernst Karl Winter und H. K. Zeßner-Spitzenberg (1927) eine sogenannte »Idee- und Tatgemeinschaft«. Deren Ziel war es: »Wege für Österreichs Erneuerung, für die Wiederbelebung des österreichischen Selbstbewußtseins, für die Wiederaufrichtung des österreichischen Menschen« zu weisen.[4] Die Geschicke Neu-Österreichs seien mehr denn je mit dem Schicksal Europas verknüpft. Wörtlich heißt es u. a.: »Der europäische Gedanke ist der Bewahrer des österreichischen.«[5] Eine Auflockerung der Fragmentierung Europas durch starre Staatsgrenzen auf dem Wege gegenseitiger Öffnung und paneuropäischer Zoll- und Währungskonventionen könne Härten und Trennlinien mildern, die durch die Friedensverträge von 1919 entstanden seien. Das Ziel sei, eine Wiederannäherung der seit 1919 getrennten Staaten im Rahmen einer übernationalen Union selbständiger, aber kulturverwandter und raumverknüpfter Völker.[6] Ein Anschluß an Deutschland wird rigoros abgelehnt. So wie der typische Schweizer unterscheide sich auch der typische Österreicher vom Reichsdeutschen. Ein Anschluß Österreichs an ein aufrüstendes und mit der Sowjetunion konspirierendes Deutschland könne für Europa, für die ganze Welt und vor allem für die kleineren Staaten Europas »furchtbare Gefahren« bringen. Im Lichte des späteren Hitler-Stalin-Paktes zu Beginn des Zweiten Weltkrieges eine fast prophetische Warnung.[7] Interessant und progressiv sind jene Vorschläge der Autoren, die die Gründung eines internationalen Strafgerichtshofes, eine neue Befestigung des Völkerrechts und die »Einsetzung von überstaatlichen Gerichtshöfen unabhängiger Richter« auch zur Entscheidung außenpolitischer Streitfälle und innenpolitischer Legitimationsfragen empfehlen. Zur kulturellen Wiederannäherung zwischen den Nachfolgestaaten der k.u.k. Monarchie solle fernerhin ein internationales Nationalitätenrecht beitragen, das sich sowohl humanitär als auch friedenserhaltend auswirken könne. Zur Wesensbestimmung der Österreicher heißt es hier u. a.: »Wir wohnen auf uraltem Kulturland, dem viele Völker ... ihr Erbe übereigneten. Drum sind wir kein deutscher Stamm wie etwa der Sachse oder der Bayer, sondern ein eigenständig Volk mit dem Blute und dem Geiste der Kulturen, die hier geblüht und ihre Früchte gezeitigt haben.«[8]

Einen besonderen, wenn auch so wohl nicht beabsichtigten Einfluß übte die durch ihre sprachliche Schönheit beeindruckende »Rede über Österreich« des Dichters *Anton Wildgans* vom Jahre 1930 aus.[9] Sie versteht die Österreicher als Erben eines übernationalen Reiches, in dessen Hauptstadt Wien, von deutschsprachigem Boden aus, nicht nur Jahrhunderte hindurch Weltpolitik mitbestimmt, sondern zugleich auch wichtige Teileelemente europäischer Weltkultur erzeugt wurden. So sei in Wien z. B. ein Großteil des »lebendigen Weltbesitzes an klassischer Musik« entstanden. Primärer Träger dieses Reiches und seiner Leistungen sei der idealtypisch zu verstehende *österreichische Mensch* gewesen. Auf Grund der Rolle und der Lage seines Reiches, buchstäblich im Zentrum Europas, sei der Österreicher an das unmittelbarste Erleben und Erleiden von großen Vorgängen der Geschichte gewöhnt. Beides habe ihn frühzeitig »über sich selbst erhoben und zum *Europäer* gemacht«. Seine jahrhundertelange Führungsrolle in diesem supranationalen Imperium habe den Österreicher zu einem Menschen werden lassen,»... der sich hineindenken konnte, ja hineindenken mußte in fremde nationale Gefühlswelten, in fremde Volksseelen; so wurde er Völkerkenner, Menschenkenner ... mit einem Wort: Psychologe«. Diese Einfühlungsgabe, die die »historische Natur des österreichischen Menschen« kennzeichnet, habe den Österreicher zwar immer wieder an der rücksichtslosen Entfaltung seines eigenen politischen Willens gehemmt, doch habe dies, menschlich gesehen, auch seine Vorteile: »Nicht ohne tiefere Ursachen«, so sagt Wildgans, »rührt der Ausspruch ›von der Humanität über Nationalität zur Bestialität‹ von einem Österreicher, von Grillparzer!« Die Bedingungen seiner Existenz in einem supranationalen Reichsgebilde hätten beim Österreicher »die besondere Fähigkeit zum Dienen an einer Idee« entwickelt. Denn im alten Österreich sei der »Begriff des Vaterlandes« vorbildhaft primär »im Mitimperium der kaiserlichen Beamtenschaft und in der Einheit der Armee« verwirklicht worden. Die »starke Idealität« der Reichsbürokratie und des Corpsgeistes seiner übernationalen Armee habe sich auf das ganze österreichische Volk ausgewirkt. Auch der im Reich numerisch vorherrschende römische Katholizismus habe als »eine Schule des Übernationalen, auf eine universelle Idee gerichteten Denkens, Fühlens und Dienens« gewirkt.

Als Träger dieser historisch bedingten Eigenschaften seien die Neuösterreicher als Erben ihrer großen Vergangenheit von der Geschichte vor die schwere Aufgabe gestellt, Werkleute eines österreichischen Neubeginns zu werden. Gerade die damals weithin noch vorherrschende Empfindung der Verunsicherung, der Depression und der Orientierungslosigkeit erklärt die magnetische Wirkung, die für viele seiner Landsleute von diesem von Wildgans kühn entworfenen Idealbild des »österreichischen Menschen« ausging. Inmitten der Trümmer des alten Reiches begründete es einerseits eine historisch geprägte Identität und errichtete andererseits Maßstäbe einer Orientierung für die Zukunft.[10]

Aus der Empfindung der Wirkung, welche die Wildgans-Rede auf viele nach neuer Orientierung suchende Österreicher ausübte, schrieb Kurt Schuschnigg: »Anton Wildgans hat uns wachgerufen in seiner Rede über Österreich.«[11]

Drei Jahre später wurde eine Mehrheit von Österreichern erneut von einer historisch bedingten Schockwirkung erschüttert. Im Staat des oft bewunderten deutschen »Brudervolkes« errichteten die Nationalsozialisten das erste totalitäre Regime auf deutschem Boden und vernichteten jene beiden großen deutschen Parteien, das Zentrum und die Sozialdemokratie, deren Varianten in Österreich von etwa 80 Prozent der wahlberechtigten Bürger gewählt wurden. Schlimmer noch: Der Bruderstaat von gestern verwandelte sich in einen unerbittlichen Feind, der gegen das verarmte, kleine Österreich

Teil I: Die Dollfuß-Ära

den Wirtschaftskrieg eröffnete und Propaganda- wie auch Terroroffensiven gegen den österreichischen Staat führte. Nach vergeblichen Kontakt- und Normalisierungsversuchen vor die Wahl zwischen Kapitulation oder Kampf gestellt, ergriff der damalige österreichische Bundeskanzler Dr. Engelbert Dollfuß die Initiative zur Neuformulierung eines österreichischen Selbstverständnisses, das zum geistigen Rückgrat des Widerstandes gegen das Dritte Reich und gegen den Nationalsozialismus von innen und außen werden sollte. Zu Recht konstatierte 1956 der Dollfuß in vieler Hinsicht äußerst kritisch gegenüberstehende österreichische Sozialphilosoph Ernst Karl Winter in einem Rückblick: »Es ist der leidenschaftliche Durchbruch der österreichischen Idee, der das erste Mal unter Dollfuß erfolgte, was wir nicht vergessen sollten, auch wenn wir seither noch bessere Gründe für die österreichische Wiedergeburt besitzen.«[12]

Auf die prinzipielle Schwierigkeit dieser Aufgabe der Schaffung eines neuen, staatstragenden österreichischen Identitätsgefühls, die angesichts eines Trommelfeuers nationalsozialistischer Propaganda von innen und außen vollzogen werden mußte, wies der Historiker Hugo Hantsch hin. Der mit dem supranationalen Imperium der Donaumonarchie verbundene Name Österreichs sei seit 1919 »auf den kleinen Staat beschränkt worden. Man beraubt den Begriff (eines supranationalen Reiches), den man beibehielt, seiner ideellen Funktion, indem man Österreich zu einem eigenen Nationalstaat ohne eigene Nation machte.«[13]

In einem immer noch vom Anschlußdenken der frühen Nachkriegsära beeinflußten Land konnten Dollfuß und seine Anhänger dem Nationalsozialismus keinen österreichischen Nationalismus entgegenstellen. Ein solcher war zu dieser Zeit nicht existent, weil die Mehrheit der Bürger des unter so ungewöhnlichen Umständen entstandenen neuen österreichischen Staates sich noch nicht als eigene Staatsnation empfand. So entwickelten die Träger des staatlichen Widerstandes gegen den Nationalsozialismus eine ihren Staat in seiner neuen Form bejahende *Österreich-Ideologie*. Sie entsprang einer in der Stunde existentieller Gefahr notwendig gewordenen Reflexion über das historische Werden und die neue Rolle des österreichischen Volkes, das die Geschichte jetzt in einen anderen, kleineren staatlichen Rahmen gestellt und mit einer neu strukturierten internationalen Umweltlage konfrontiert hatte. Charakteristisch für die Dynamik

Hitler und SA 1932. Mitte vorne: der Ex-Kommunist Theo Habicht, Hitlers »Landesleiter« für die NSDAP in Österreich

Von NS-Terroristen gesprengte Lokomotive

3 und 4 Bundeskanzler Engelbert Dollfuß bewußt kämpferisch in Kaiserschützen-Uniform und in Zivil

5 Bundeskanzler Dollfuß begrüßt vormalige Kriegskameraden.

6 Dollfuß verwundet nach dem ersten Mordanschlag, hier mit Kardinal Innitzer

7 Von links nach rechts: Schuschnigg, Starhemberg und Innitzer

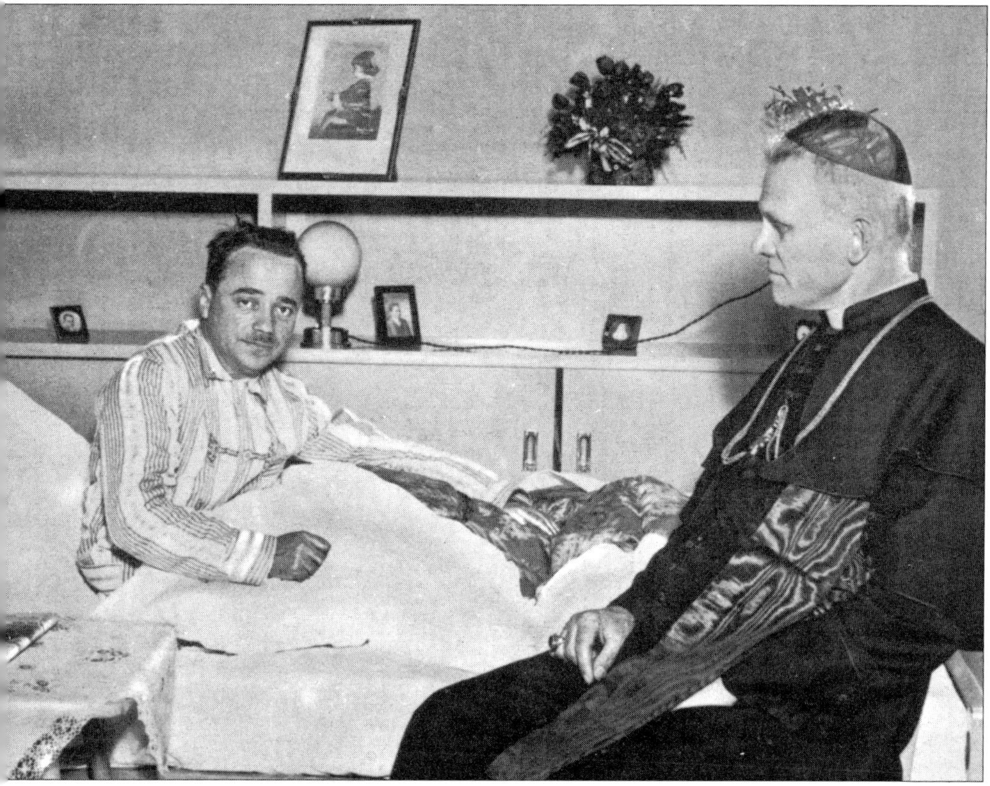

8 Major Emil Fey

9 Fürst Ernst Rüdiger von Starhemberg

10 Erschütterndes Zeugnis für die Tragik des Bruderkrieges im Februar 1934

dieser Wende in der politischen Geistesgeschichte Österreichs ist die Tatsache, daß führende Verkünder der neuen Österreich-Ideologie – so Engelbert Dollfuß und Ernst Rüdiger Starhemberg – ihrer geistigen Orientierung nach, ab 1918 zunächst primär katholische Großdeutsche im weiteren Sinne des Wortes gewesen waren. Die Verbreitung des neuen Österreich-Bewußtseins ergab sich praktisch erst als Resultat eines Kampfes auf Leben und Tod um Sein oder Nichtsein Österreichs als eigenständiger Staat. Die Situation spiegelt sich wider in einer Neujahrsansprache des Bundeskanzlers Dollfuß vom Jahresende 1933, indem er auf das Jahr zurückblickend davon sprach, daß »sehr planmäßig erzeugte Terrorakte und ein in der Geschichte der letzten Jahre noch nicht dagewesener Druck von außen« Österreich mit einer außergewöhnlichen Situation konfrontiert habe. Er fuhr wörtlich fort: »Der rohen Terrorgewalt mußte die Regierung im Interesse der friedliebenden Bevölkerung mit fester Ordnungsgewalt beggnen. Der Kampf der Nationalsozialisten gegen Österreich ... entwickelte sich immer mehr zu einem systematischen Kampf um die Eingliederung Österreichs ins Dritte Reich und damit zu einem Angriff auf die staatliche Selbständigkeit Österreichs. *Da wurde den Österreichern der Wert der Eigenstaatlichkeit, das Recht auf freie Selbstbestimmung und die Pflicht gegenüber ihrer Geschichte erst so recht ins Bewußtsein gerufen*: Österreich – Vaterland ist zum Lebensinhalt von Millionen Bürgern dieses schönen Landes geworden.... So wie im alten Jahre werden mich auch im neuen Jahre Drohungen, Beschimpfungen und persönliche Lebensgefahr [drei Monate zuvor hatte ein Nationalsozialist einen ersten Mordanschlag auf Dollfuß versucht] mich und meine Freunde von dem einmal recht erkannten Wege der Pflicht nicht abbringen können.«[14]

2. Leitideen der neuen Österreich-Ideologie

Die wichtigsten Elemente der neuen Österreich-Ideologie, soweit sie als geistige Waffe für die Erhaltung und Verteidigung der staatlichen Unabhängigkeit Österreichs von Bedeutung waren, können in Kurzform zusammengefaßt werden:

Teil I: Die Dollfuß-Ära

2.1 Geschichtliche Rückbesinnung als Basis ideologischer Standortbestimmung

Um der damals weitgehend von Desorientierung und Entmutigung gekennzeichneten Einstellung vieler Österreicher ihrem Staat gegenüber entgegenzuwirken, erinnerte die neue Österreich-Ideologie betont an die großen historischen Leistungen des zahlenmäßig kleinen Volkes deutschsprachiger Österreicher für die gesamte Donaumonarchie, für Deutschland und für Europa. Aus der Tatsache, daß die Habsburger Kaiser jahrhundertelang Träger der Krone des Heiligen Römischen Reiches und später Präsidenten des Deutschen Bundes gewesen waren, erkläre sich, daß Österreich im Commonwealth der souveränen deutschen Staaten vor 1866 ein Führungszentrum, nie aber ein provinzieller Kleinstaat unter anderen gewesen sei. Niemals seit dem frühen Mittelalter sei Österreich Befehlsempfänger eines Souveräns außerhalb seiner Grenzen, sondern als Staat stets selbstbestimmend gewesen. Von der Ära des Napoleonischen Imperialismus abgesehen, habe kein anderer europäischer Staat vor 1914 Österreich durch unnötige und vom Ehrgeiz seiner Herrscher betriebene Kriege soviel Schaden zugefügt wie Preußen in der Ära Maria Theresias und Friedrichs II. und dann wieder 1866, als Preußen im Bündnis mit Italien Österreich aus seiner Rolle im Kreise souveräner Staaten des Deutschen Bundes verdrängte, um faktisch selbst zum Hegemon der deutschen Stämme des Zweiten Deutschen Reiches zu werden. Auf Grund ihrer praktisch viel intensiveren Führungsaufgabe im Vielvölkerstaat der Donaumonarchie hätte die historische Rolle der Österreicher nicht nur eine deutsche, sondern zugleich auch eine noch ausgeprägtere, supranationale und europäische Dimension gehabt. Das neue Österreich sei Erbe dieser dualistischen Rolle des Kernvolkes der Donaumonarchie. Dollfuß sagte nur wenige Tage vor Hitlers Verhängung der »Tausend-Mark-Sperre« gegen Österreich: »Es ist ein schwerer Kampf, den Österreich gegenwärtig führt, um seine Wirtschaftsnot zu beheben, um seine staatliche Freiheit und eine jahrtausendalte Selbständigkeit zu bewahren und um vor allem seine österreichische Eigenart im Interesse des Gesamtdeutschtums zu erhalten. Österreich hat eine europäische Aufgabe. Inmitten des Kontinents gelegen, ist Österreich der berufene große Mittler zwischen der gesamtdeutschen Kultur, dessen ältester und vornehmster Träger seit Jahrhunderten gerade das österreichische Volk war, und den übrigen Nationen.«[15]

Ähnlich argumentierte sein Nachfolger Kurt Schuschnigg, als er zwei Jahre später erklärte, die aus seiner Geschichte hervorgehende Mission Österreichs erstrecke sich »sowohl auf die deutsche wie auf die gesamteuropäische Zivilisation«. Das alte Österreich sei »Erbe des großen Prinzips der Universalität« geworden, auf dem einst das Heilige Römische Reich beruht habe. Als Verfechter »einer auf den Grundlagen des Christentums beruhenden Gesellschaft der europäischen Völker« könne auch das kleinere, unabhängige Österreich seinen Beitrag zur einigenden Neugestaltung Europas leisten.[16]

Historische Rückbesinnung als Quelle der Ermutigung benützend hob Dollfuß hervor: »Ein Jahrtausend lang wurde auf österreichischem Boden europäische Geschichte entschieden, über sechshundert Jahre lang haben in Wien deutsche Kaiser regiert und von hier aus gestaltend in das Weltgeschehen eingegriffen. *Der Österreicher ist deswegen auch stolz auf seine Heimat, stolz auf sein Österreichertum. Österreich hat aber darum auch das Recht und den Willen, seine eigene Zukunft in Freiheit zu gestalten.*«[17]

Wie aber definierten die Träger der neuen Österreich-Ideologie dieses hier beschworene »Österreichertum«?

2.2 Österreichertum als deutsch-europäische Synthese

Bei ihrer Reflexion über das Wesen und die Eigenart ihres Volkes gingen die Schöpfer der neuen Österreich-Ideologie von der Annahme aus, daß die konkreten Kultur- und Verhaltensformen eines Volkes entscheidend durch sein kulturelles Umweltmilieu und seine historischen Erfahrungen mitgeprägt seien. Fast ein halbes Jahrtausend der im Habsburger Reich erlebten Koexistenz mit Madjaren, Westslawen und Italienern hätten die deutschsprachigen Österreicher zu einem Volk von entsprechend anderer Mentalität und Weltperspektive werden lassen. Im Völkerpluralismus der Donaumonarchie habe die Minorität der Deutsch-Österreicher eine Rolle gespielt, die nicht nur von Führung, Integration und Geben, sondern ebenso auch von der Aufnahme und Verschmelzung anderer Kulturgüter gekennzeichnet war. Diese jahrhundertealte Rolle und die

Fülle der mit ihr verbundenen, formenden Erfahrungen waren von keinem anderen deutschsprachigen Volksstamm geteilt worden. So sagte Dollfuß 1933: »*Gerade das jahrhundertelange Zusammenleben mit anderen Nationen hat den Österreicher weicher, duldsamer, verständnisvoller für fremde Kulturen gemacht, so sehr er auch auf die Erhaltung der Reinheit seiner eigenen Kultur und Art bedacht war und ist.*«[18]

Im gleichen Sinne erläuterte Schuschnigg 1934: »Österreich ist nach meiner festen Überzeugung ein Stück lebendigen europäischen Gedankens, *Sammler, Transformator*, die *Brücke zugleich* für jene Kräfte, die in ewig einander ergänzender Wechselwirkung von West nach Ost, von Nord nach Süden wirken.«[19] Im Brennpunkt der Begegnung konträrer europäischer Kultursysteme sei als Ergebnis und als Synthese eigener Art der Kultur- und Lebensstil des Österreichertums entstanden. Wie Dietrich von Hildebrand es darstellte, sei es »das Charakteristische an dem abendländischen Antlitz Österreichs«, daß es Kultureinflüsse vieler Länder in sich aufgenommen habe und »doch ein organisch einheitliches und völlig neues Gebilde gegenüber der geistigen Eigenart dieser Länder« geworden und geblieben sei.[20] »Der Österreicher« wurde hier gleichsam als *deutschsprachiger Europäer* verstanden. Da aber der Nationalismus wegen seiner sich abgrenzenden Selbstbezogenheit und Selbstüberschätzung eine Form von »geistigem Provinzialismus« darstelle, sei es sehr verständlich, daß die universale Mentalität des Österreichertums keinen »österreichischen Nationalismus« erzeugt habe. Das österreichische Volk verkörpere eine traditionsreiche, geschichtlich geformte *Schicksalsgemeinschaft*, die auf dem Boden eines deutschen Sprachraumes durch Integration vielseitiger Kultureinflüsse einen besonderen »Lebensstil und Menschentyp«[21] geschaffen habe. Idealtypisch gesehen, seien dessen Vorzüge durch Humanität, Universalität, Katholizität, Konzilianz sowie einen besonderen Hang zum Musischen, zum Schönen und zur Lebensfreude gekennzeichnet.

Die zeitbedingte, einerseits von nostalgischer Selbstreflexion und andererseits von kampfbereiter Abwehrhaltung gekennzeichnete Stimmungslage, in der damals diese bewußt idealisierende Charakterisierung des Österreichertums erfolgte, hatte anscheinend wiederum Anton Wildgans in Versen seines anderthalb Jahrzehnte zuvor verfaßten Gedichts »Das große Händefalten« vorweggenommen:

Kapitel III: Der neue Wille zu Österreich als Basis und Waffe des Widerstandes

[...]

Musik ist unserer jungen Menschen Schreiten,
Musik, von allen Hängen jubelt sie,
Und selbst der großen Städte Nüchternheiten
Berückt die allgemeine Melodie.

Das macht das Leben wert, die Herzen weicher,
Die Sinne fein, das Urteil menschlich-mild,
Das macht den Künstler, macht den Österreicher
Und schafft aus Träumern Helden, wenn es gilt.

Denn immer noch, wenn des Geschickes Zeiger
Die große Stunde der Geschichte wies,
Stand dieses Volk der Tänzer und der Geiger
Wie Gottes Engel vor dem Paradies.

Und hat mit rotem Blut und blanken Waffen
Zum Trotze aller Frevelgier und List
Sich immer wieder dieses Land erschaffen,
Das ihm der Inbegriff der Erde ist.

2.3 Auf dem Wege zur österreichischen Nation

Die These von einer aus den Trümmern Altösterreichs erwachsenen neuösterreichischen *Nation* wurde in den dreißiger Jahren nicht erst, wie oft gemeint, von dem kommunistischen Autor Alfred Klahr aufgestellt. In seiner mit einem Geleitwort Schuschniggs versehenen vaterländischen Geschichte Österreichs betont Joseph August Lux, der wie viele Denker der vaterländischen Richtung 1938 ins Konzentrationslager verschleppt wurde, jedes Volk suche seine besondere Auffassung von seinem Schicksal und von seiner Stellung in der Welt zu begründen und schaffe sich damit ein Geschichtsbild, das die »Idee seiner Existenz« in sich trägt. »Österreichische Geschichtsauffassung«, so Lux wörtlich, »verwirft die heidnische Überbetonung von Blut und Rasse, die zum Nationalhaß, zur Blutrache und zum Untergang Europas führen würde. ... Österreichische Geschichtsauffassung bekennt sich zum christlichen *Nationalismus*, der die heiligen Güter der eigenen Nation verteidigt und die der anderen Nationen achtet und wahrt in Volkstum, Brauchtum, Sprache und Bekenntnis. ...Vaterländisch österreichische Geschichte lehrt, daß es ein österreichisches Staatsvolk gibt, eine österreichische Kulturnation und einen österreichischen Menschen, wie sehr ihn auch eine alldeutsche, völkische Ideologie leugnen möchte.« Hinsichtlich des Menschentyps, der in Österreich aus dem Zusammenleben mit vielen Völkern entstanden ist, könne man »mit Fug und Recht ... von einer österreichischen Nation reden ...«.[22]

Kraftvoller noch ist die Darstellung von Alfons Freiherr von Stillfried – dem späteren Mitbegründer der überparteilichen österreichischen Widerstandsbewegung 05 – aus dem Jahre 1936. Vor dem Hintergrund des Konflikts mit dem Dritten Reich erklärt er, es sei außer Zweifel, daß Österreich zur Zeit eine Aufgabe von weltpolitischer Bedeutung zu erfüllen habe. Denn Österreichs Kultur, seine staatliche Selbständigkeit, sein Österreichertum und damit ganz Europa befänden sich in größter Gefahr. Insbesondere der drohenden Gefahr des Anschlusses gelte es entschieden entgegenzutreten. Dazu gebe es zwei Wege: Einmal die Wiederaufrichtung der Habsburger Herrschaft in Österreich oder aber das ohnedies in der eigenen Brust liegende Bekenntnis zum »*österreichischen Nationalbewußtsein*«. Er verstehe nicht die in Österreich häufige Betonung, die Österreicher seien im weiteren Sinne auch Deutsche. Es habe doch keiner der anderen Staaten das nach 1918 übriggebliebene Restösterreich für sich reklamiert. Es sei »Unverstand und Gedankenlosigkeit« nur aus gleicher Sprache auch die gleiche Nationalität ableiten zu wollen. Das Beispiel der Schweizer, der Belgier, der Südamerikaner oder der Staaten des englisch-sprachigen Raumes in drei Kontinenten genüge wohl, um das Gegenteil zu beweisen. Aufgrund seiner Koexistenz und Symbiose mit anderen Völkern habe Österreich »seit 300 Jahren eine eigene, von dem übrigen Deutschland gesonderte nationale Entwicklung durchgemacht, welche eben die österreichische Nationalität begründet hat«. Trotz aller Verbundenheit mit Deutschland müsse man es ablehnen, die Österreicher als »Deutsche« zu bezeichnen. Denn tue man das, so entstehe die absurde Idee, die Österreicher nur als deutsche »Separatisten« zu betrachten. Der Gedanke und das Bewußtsein der österreichischen Nationalität müsse Allgemeingut

Kapitel III: Der neue Wille zu Österreich als Basis und Waffe des Widerstandes

werden »nicht nur bei uns, sondern auch im gesamten Ausland«. Gelinge es den Österreichern nicht, die Wunden der Nachkriegszeit zu heilen und könne man nicht »das österreichische Nationalbewußtsein ... in der überwiegenden Mehrheit des Volkes zur Geltung und zum Durchbruch bringen«, dann höre Österreich auf zu bestehen. Stillfried schließt seine Überlegungen mit dem bemerkenswerten Satz: »Nur unser eigenes österreichisch-nationales Selbstbewußtsein und unsere eigene österreichisch-nationale Kraft – nie aber irgendwelche Garantiepakte – können uns unsere unabhängige Stellung in der Welt, die Achtung dieser Welt und damit die Erhaltung der katholischen Kultur Europas garantieren.«[23] Wie oben erwähnt, hatte sich auch die Denkrichtung der »Österreichischen Aktion« der späten zwanziger Jahre in ähnlichem Sinne geäußert.

Ein tragischerweise am Tag des Anschlusses, dem 13. März 1938, in der vaterländischen Kampfzeitschrift »Der Christliche Ständestaat« erschienener Beitrag von Hermann M. Görgen stellt die Frage nach der Beziehung zwischen Deutschtum und Österreichertum insbesondere auch im Denken von Engelbert Dollfuß. Der Beitrag kommt nach ausdrücklicher Begründung zu dem Schluß: »... wenn Dollfuß die Unabhängigkeit Österreichs vor allem in dem *Willen* des österreichischen Volkes begründet sieht, so ist mit dieser Berufung auf den willensmäßigen Akt eines Volkes ein wesentliches Kennzeichen für die Existenz und die Begründung einer eigenen politischen Nation gegeben.«[24]

Ähnlich wie Görgen argumentiert auch Ludwig Reiter, der in seinem Beitrag »Die Österreichische Nation« in der jüdischen Zeitschrift »Der Volksruf« im Jahr 1937 schreibt: »Ein Volk mit eigenem Staatswillen bildet eine Nation! Daraus folgt logisch, daß wir bei Angaben über unsere Nationalität ... die österreichische Nation, nicht aber die deutsche für uns beanspruchen.«[25]

Diese Begründungen entsprechen einer Begriffsbestimmung Max Webers, der die Nation als »eine gefühlsmäßige Gemeinschaft, deren adäquater Ausdruck ein eigener Staat wäre«, bezeichnet.[26]

Es muß jedoch hervorgehoben werden, daß es sich in den dreißiger Jahren bei diesen Postulierungen einer österreichischen Nation und der Förderung eines entsprechenden österreichischen Nationalbewußtseins zunächst nur um einzelne Stimmen gehandelt hat, deren Urheber allerdings die logische Konsequenz aus der neuen Selbstbestimmung des Österreichertums zu ziehen bestrebt waren. In der Praxis betrachteten die politisch und geistig führenden Vertreter der neuösterreichischen vaterländischen Bewegung die Österreicher als ein durch ihre Geschichte multikulturell mitgeprägtes Staatsvolk des mitteleuropäischen deutschen Kultur- und Sprachraumes, in dem es – so wie in Jahrhunderten zuvor – nicht nur einen gesamtdeutschen Einheitsstaat gäbe, sondern die Koexistenz mehrerer souveräner Staaten. Die Unabhängigkeit Österreichs sei ein Postulat, das sich einerseits aus dem geschichtlich stärker europäisierten Wesen des österreichischen Menschentyps ableiten lasse, jedoch andererseits auch aus einer Verantwortung Neuösterreichs für das Schicksal Europas. Denn die Vernichtung Österreichs, so glaubte man in diesem Lager, bedeute den ersten entscheidenden Schritt zum neuen großen Krieg in Europa.

2.4 Österreich für Europas Einheit und Abwehr

Von der Feststellung, die Österreicher verkörperten ein deutschsprachiges Volk, das sich auf Grund seiner historischen Sonderrolle und der entsprechenden Sonderform seines deutsch-abendländischen Kulturgepräges von allen anderen deutschen Volksstämmen unterscheide, war es nur ein gedanklicher Schritt hin zu der These, daß dieses Österreich seine Eigenstaatlichkeit erhalten müsse und nicht ein Anhängsel des damals erst 62jährigen, von Preußen beherrschten deutschen Nationalstaates werden dürfe. Im Widerspruch zu anderslautenden Äußerungen aus Teilen der österreichischen Öffentlichkeit verkündete Dollfuß kurz nach seiner Ernennung zum Bundeskanzler 1932, noch vor Beginn des Dritten Reiches: »*Ich glaube an Österreich und halte Österreich für lebensfähig.*«[27] Die Österreicher seien zwar Deutsche eigener Art, bestünden aber auf dem Recht »als freier, selbständiger deutscher Staat ... unabhängig, aus eigener, innerster Überzeugung über unser weiteres Schicksal zu entscheiden«.[28]

Hinsichtlich der Frage der Nation ging eine Mehrzahl der führenden Vertreter der neuen Österreich-Ideologie von dem Bestehen einer *deutschen Sprach- und Kulturnation* aus, die das Deutsche Reich, Österreich, die deutschsprachigen Teile der Schweiz, den Freistaat Danzig und das Auslandsdeutschtum umfasse. Dies aber ändere nichts an der realen Existenz größerer oder kleinerer deutschsprachiger Volksgruppen in verschiedenen *Staaten*. Bezugspunkt der staatsbürgerlichen Orientierung und Loyalität war für die Altösterreicher jahrhundertelang der *Staat*, nicht aber eine Nation gewesen. Da auch die Volksgruppen englischer, spanischer und französischer Sprache jeweils in mehreren Staaten lebten, sei dies auch bei den deutschen Volksgruppen keineswegs ein abnormaler oder speziell deutscher Zustand. »Österreich«, so sagte Starhemberg 1934, »ist ein Begriff der Vergangenheit, Gegenwart und Zukunft ... Für uns gibt es keinen Anschluß, weil wir wissen, daß der Anschluß nichts anderes bedeutet, als Österreich zu einer Kolonie von Preußen-Berlin zu degradieren.«[29]

Wie Dollfuß es sah, sei Österreich auf Grund seiner zentralen strategisch-geographischen Lage im Zentrum Europas von jedem europäischen Konflikt am ehesten berührt und habe daher »mehr noch als jeder andere Staat Verständnis und das größte Interesse für das Problem des Weltfriedens«.[30] Mit dem Festhalten an seinem »obersten Ziel«, d. h. mit der Verteidigung seiner inneren und äußeren Unabhängigkeit, leiste Österreich zugleich »einen wichtigen Beitrag zur Erhaltung des Friedens in Europa«.[31]

In deutlicher Anspielung auf das schwere Ringen des neuen Österreich mit dem nationalistischen Expansionsdruck von innen und außen, der im Falle eines Anschlusses die Landkarte Europas gefährlich verändern müsse, warnte Starhemberg: »*In Österreich wird es entschieden werden, ob Europa einen friedlichen Wiederaufbau durchmachen oder ein Weltkrieg die Staaten Europas verwüsten und die europäische Kultur vernichten wird.*«[32]

Diesen Gedanken betonte auch der Nachfolger von Dollfuß, Bundeskanzler Kurt Schuschnigg, als er im August 1934 erklärte, das neue Österreich werde nicht nur im eigenen Interesse, sondern auch im Interesse seiner europäischen Nachbarn nicht müde, »den Willen zum Frieden zu verkünden, weil wir es als Gewissenssache betrachten, die junge Generation vor unabsehbarem Unheil zu behüten«. Ohne ein unabhängiges Österreich sei der Friede Europas und der Welt auf das schwerste gefährdet.[33]

Im Sinne der Österreich-Ideologie beinhaltete Österreichs europäische Friedensmission jedoch noch mehr als nur Widerstand zur

Erhaltung der Friedensordnung oder die Erfüllung kultureller Brückenfunktionen. So wurde Österreich als »Mutterzelle der neuen europäischen Solidarität«[34] verstanden. In der Tat war Richard Coudenhove-Kalergi, der Sohn eines altösterreichischen Diplomaten, der Begründer der überparteilichen Paneuropäischen Bewegung. Der erste Paneuropa-Kongreß wurde 1926 in Wien von Bundeskanzler Seipel eröffnet und stieß auch bei sozialdemokratischen Spitzenpolitikern wie Dr. Karl Renner und Bürgermeister Seitz auf aktive Sympathie. In seinem faszinierenden Buch »Der Kampf um Europa« erwähnt Coudenhove-Kalergi, daß die Paneuropa-Bewegung nach Hitlers Machtergreifung vor der Wahl stand, entweder in Wien zu bleiben und sich in Österreichs Abwehrkampf gegen das Dritte Reich einzubinden oder in die Schweiz zu übersiedeln und von dort aus den Akzent der Bewegung weniger auf politische als vielmehr auf wirtschaftliche Fragen zu verlegen. Zu dieser Situation schrieb er im einzelnen: »Unser Entschluß hing im wesentlichen davon ab, ob die neue österreichische Regierung die potentielle Bedeutung der Paneuropa-Bewegung für ihren Existenzkampf begreifen würde. Die Entscheidung fiel in meiner ersten Unterredung mit Österreichs neuem Bundeskanzler, Engelbert Dollfuß. ... Im Bundeskanzleramt Wiens saß ich zum ersten Mal diesem Staatsmann gegenüber. Seine schmächtige Gestalt war gekrönt von einem ungewöhnlich sympathischen Kopf. In seiner hohen und steilen Stirn lag seine Klugheit und sein Trotz, in seinen leuchtend hellen, großen Augen sein Idealismus, und sein schöner Mund war umspielt von echt österreichischem Humor, Spott und Charme. Es war etwas Rastloses in ihm, wie in einem Manne, der Großes plant und im Unterbewußten fühlt, daß seine Tage gezählt sind. Dollfuß empfing mich, als wären wir alte Freunde gewesen. Ich brauchte ihm nicht erst die Bedeutung unserer Bewegung für Österreich zu erklären. Er wußte nur zu gut, daß Österreich ohne die Hilfe Europas verloren war und daß alles darauf ankam, den Großmächten zu erklären, daß sie in Wien ihre eigene Sicherheit verteidigten und ihre eigene Zukunft. Dollfuß übernahm das Ehrenpräsidium des österreichischen Paneuropa-Komitees. Er stellte unserer Organisation eines der schönsten Büros der Welt zur Verfügung: die Amtswohnung des Bundeskanzlers in der Hofburg. ... Dollfuß haßte Prunk und Repräsentation und zog es vor, in seiner kleinen Privatwohnung zu leben statt in diesen

Kapitel III: Der neue Wille zu Österreich als Basis und Waffe des Widerstandes

kaiserlichen Sälen. Wir einigten uns rasch auf einen Aktionsplan. Die österreichische Regierung würde unsere Bewegung auf jede Weise unterstützen, während wir alles tun sollten, um eine europäische Einheitsfront zur Garantie der Unabhängigkeit Österreichs zu fördern. ... Dollfuß, Barthou und Hodža waren die drei neuen Staatsmänner, die nach Hitlers Machtergreifung die Erneuerung und Umstellung unserer Bewegung ermöglichten. Ihnen ist auch zu danken, daß die Paneuropa-Förderungsgesellschaft den Rücktritt ihrer deutschen Förderer überlebte. Denn dieser Ausfall wurde wettgemacht durch Subventionen der Regierungen Österreichs, Frankreichs, der Tschechoslowakei und, solange Titulesco Außenminister war, auch Rumäniens.«[35]

Zu Österreichs europäischer Rolle schrieb Coudenhove an anderer Stelle 1933: »... der Kampf, den heute Österreich um seine Unabhängigkeit führt, [ist] nicht nur ein Kampf für Österreich, sondern zugleich ein Kampf für Europa. Ganz Europa ist der österreichischen Regierung Dank schuldig für den Mut, mit dem sie für die Erneuerung Österreichs kämpft. ... Denn die Zeit der Entscheidung ist nahe. Schon die nächsten Jahre werden entweder einen zweiten Weltkrieg bringen – oder den Zusammenschluß Europas. ... Die Weltpolitik hat ganz Österreich vor eine schicksalhafte Entscheidung gestellt. Es kann wählen: entweder Kriegsschauplatz zu werden eines neuen Weltkrieges – oder Mittelpunkt der europäischen Kulturgemeinschaft. Die Stadt Wien aber steht vor der Wahl, deutsche Provinzstadt zu werden oder europäische Bundesstadt.«[36]

Zur Funktion Österreichs in der paneuropäischen Bewegung sagte Coudenhove: Die Wiedergeburt des europäischen Gedankens in Gestalt der Paneuropa-Bewegung von Wien aus bedeute »den entscheidenden Schritt Österreichs aus europäischer Vergangenheit in europäische Zukunft«. Diese Rolle Österreichs bedeute auch »den Anspruch Wiens, eines Tages Hauptstadt zu werden der Vereinigten Staaten von Europa, Sitz des Europäischen Bundesrates, Residenz der Europäischen Bundesbehörden.«[37]

Diese u. a. auch von Stresemann, Adenauer, Briand und Masaryk geförderte Bewegung war der unmittelbare geistige Wegbereiter der europäischen Integrationsbewegung nach dem Zweiten Weltkrieg. Bezüglich eines anderen Praxisbereichs der europäischen Sendung Österreichs betonte Dollfuß häufig, daß er in Österreichs Politik gegenüber den *nationalen Minderheiten* in seinem Staat ein Vorbild für Europa sehe. Sollte sich dieses Modell durchsetzen, so könne dadurch der Friede unter den Nationalitäten Europas maßgeblich gefördert werden.[38]

Mitgeformt und gleichsam vorgeprägt durch das Nachwirken der altösterreichischen Supranationalität und Universalität habe das neue Österreich mit seiner zentralen, von gemeinsamen Grenzen mit sechs anderen Staaten gekennzeichneten Lage eine doppelte neue Aufgabe: Einerseits sollte es durch staatliche *Selbsterhaltung und Expansionsabwehr* einen Beitrag zur Bewahrung des europäischen Friedens leisten; und andererseits hätte es in Wort und Tat mitzuwirken an der Überwindung des nationalistischen Egozentrismus und der Erarbeitung einer Friedensordnung durch Schaffung eines vereinten Europa. In diesem Sinn verstand sich der zitierte Ausspruch, Österreich sei nicht nur rückblickende Nostalgie, sondern Österreich sei »ein Begriff der Vergangenheit, Gegenwart und Zukunft«.[39]

Diejenige politisch-ideologische Kraft, die alle Leitideen dieser österreichischen Vorstellungswelt vehement in Theorie und Praxis bekämpfte, war der ab 1933 über die gesamten Machtmittel des Deutschen Reiches verfügende Nationalsozialismus.

2.5 Zur Stellung und Haltung jüdischer Bürger im Ständestaat

Zwar gab es in Österreich auch in der Dollfuß- und Schuschnigg-Ära wie in vorangegangenen Jahrzehnten – und wie auch in den meisten Staaten Südost- und Osteuropas – ein unübersehbares Maß an Antisemitismus. Doch trat in dieser Hinsicht mit dem neuen System keine Verschlechterung in der Lage der jüdischen Bürger ein. Ihre gesellschaftliche Stellung und Rolle einerseits sowie die Haltung der Regierung ihnen gegenüber andererseits bildeten jedoch einen geradezu *überwältigenden Kontrast zum Schicksal der Juden im benachbarten Deutschland* nach Hitlers Machtergreifung, wo sie vom NS-Parteistaat systematisch terrorisiert und diffamiert wurden. Ein gemeinsamer Hirtenbrief aller österreichischen Bischöfe, der zu Weihnachten des Jahres 1933 von allen Kanzeln katholischer Kir-

Kapitel III: Der neue Wille zu Österreich als Basis und Waffe des Widerstandes

chen Österreichs verlesen wurde, erklärt an erster Stelle einer Auflistung von »Vier Grundwahrheiten«, mit denen der Nationalsozialismus kritisch konfrontiert wird, die These, die Menschheit sei »eine einheitliche Familie«, die auf Gerechtigkeit und Liebe beruhen solle. Wörtlich: »Darum verurteilen Wir den nationalsozialistischen Rassenwahn, der zum Rassenhaß und zu Völkerkonflikten führt, ja führen muß; desgleichen verurteilen Wir das unchristliche Sterilisationsgesetz, das mit dem Naturrecht und dem katholischen Christentum in unversöhnlichem Widerspruch steht.« In der »Zweiten Grundwahrheit« heißt es unter anderem: »Darum predigen Wir die Tugend des christlichen Patriotismus, verurteilen den Verrat am Vaterland und verurteilen den radikalen Rassen-Antisemitismus.« Die »Dritte Grundwahrheit« stellt fest, der Staat steht über der Nation. Deshalb werde der chauvinistische Nationalismus abgelehnt, jedoch »die Pflege des österreichischen Gedankens« begrüßt. Die »Vierte Grundwahrheit« stellt fest: »Über allem Nationalismus steht die Religion, die nicht national, sondern übernational ist. Die Religion vermag jede Nation zu veredeln. ... Aber sie ist nicht auf einzelne Völker beschränkt ...«[40] In der Präambel dieses Hirtenbriefes wird fernerhin gesagt: »Österreich steht heute sozusagen im Mittelpunkt des Weltinteresses als Vorbild und Beispiel einer christlichen Staatsordnung und einer aufrichtigen Friedenspolitik; Österreich will wieder werden, was es Jahrhunderte hindurch war: ein Bollwerk des Völkerfriedens, ein Zentrum abendländischer Kultur auf der Grundlage des christlichen Glaubens.«[41]

Die zitierten Passagen der »Vier Grundwahrheiten« mit ihrer massiven Kritik am Nationalsozialismus und seinem »Rassenwahn« wurden 1935 – im Jahr der infamen Nürnberger Rassegesetze zur diffamierenden Ausgrenzung der Juden – zur Gänze ins »Staatsprogramm« der Vaterländischen Front übernommen, das laut Vorwort des Generalsekretärs der Vaterländischen Front ein Handbuch für alle in der vaterländischen *Erziehungsarbeit* tätigen Funktionsträger und Lehrpersonen sein sollte.[42]

Es gab im damaligen Europa nur wenige regierende Parteien, deren Parteiprogramm eine derart klare Verurteilung des Rassismus beinhaltet hätte. Hinzu kam, daß offizielle Vertreter des österreichischen Judentums in Lenkungsorgane des Staates und der Hauptstadt berufen wurden. Zu ihnen gehörte als Mitglied des Staatsrates der

Präsident der Kultusgemeinde, Dr. Desider Friedmann, in den Bundeskulturrat wurde Dr. Frankfurter berufen, während im Rat der Stadt Wien Dr. Jakob Ehrlich als Vertreter der israelitischen Religionsgemeinschaft fungierte. Der Bankier Leopold Langer – zugleich Präsident des Gremiums der Wiener Kaufmannschaft – fungierte im Rat der Stadt Wien als Vertreter der Gruppe »Handel und Verkehr«. Da es sich bei Dr. Ehrlich um einen prominenten Zionisten handelte, kommentierte das Wiener jüdische Familienblatt vom 13. November 1934, Ehrlichs Berufung demonstriere, daß die Wiener Stadtverwaltung ein Bekenntnis zum Zionismus »mit der vollen Hingabe an das österreichische Vaterland« für vereinbar erachte.[43] In kaum einem anderen Staat jener Zeit gab es eine ähnliche ex officio Vertretung jüdischer Organisationen in Staatskörperschaften.

Hinsichtlich der neuen Verfassung des Bundesstaates Österreich begrüßte die Mehrheit der Juden, sofern sie nicht zur sozialdemokratischen Opposition gehörten, die Tatsache, daß in Artikel 16 u. a. festgestellt wird, daß die bürgerlichen und staatsbürgerlichen Rechte sowie die Zulassung zu öffentlichen Ämtern »vom Religionsbekenntnis unabhängig« seien, daß alle Bundesbürger vor dem Gesetz gleich seien und daß »Vorrechte der Geburt, des Standes oder der Klasse ausgeschlossen« seien. Hierzu kommentierte die »Jüdische Front« vom 1. Mai 1937: »Es dürfte daher auch keinen aufrecht österreichischen Juden geben, der diesen Staat nicht freudig bejaht und bereit ist, ihm bedingungslos zu dienen und nach Kräften zu seinem Wohl und Aufbau beizutragen.«[44]

Das Wirken von Bundeskanzler Dollfuß im Sinne dieser Prinzipien wurde von der jüdischen Presse in Österreich anläßlich seiner Ermordung durch die SS eindrucksvoll gewürdigt. So kommentierte die Zeitschrift »Jüdische Front« dieses Ereignis unter anderem mit den Worten: »Denn in dieser Zeit, als der Haß gegen unsere Brüder ... anstürmte, war Bundeskanzler Dollfuß derjenige, der unbeirrt von den Losungen einer verhetzten Minderheit in der neuen ständischen Verfassung unsere Gleichberechtigung verankerte, eine Tat, die vielleicht nicht populär war, aber dem Gefühl der Gerechtigkeit und der inneren Verantwortung ... entsprang. Wir wissen ihm Dank dafür, daß er uns nicht zu Menschen zweiter Sorte stempeln ließ, daß er der Kameradschaft, die im Weltkriege Christen und Juden verband, nicht vergaß.«[45] Zum gleichen Anlaß schrieb das »Wiener

Jüdische Familienblatt«: »Dollfuß heißt Österreich! Der Kanzler hat uns zum Vaterland geformt ... Dem neuen Österreich hat er mit seinem Leben und mit seinem Sterben den Helden geschenkt, in dessen Bild die Vaterlandsliebe ihr unauslöschliches Beispiel gefunden hat ...«[46]

Die auf intellektuell anspruchsvollem Niveau verfaßte Zeitschrift »Der Christliche Ständestaat«, die als hochrangiges weltanschauliches Sprachrohr der Führungseliten des Ständestaates fungierte, verurteilte nicht nur den Nationalsozialismus aufgrund seines brutalen Rassismus und Antisemitismus, sondern tat etwas, das in der damaligen Zeit und noch dazu im Rahmen eines Systems, das sich betont zum politischen Katholizismus bekannte, außerordentlich war. Gemeint ist hier das Bekenntnis zur Schuld der Christenheit an der grausamen Verfolgung der Juden. *Die Verfolgung der Juden im Abendland* sei »eines der dunkelsten Kapitel der Geschichte«. Doch es dürfe gesagt werden, »... daß die Schuld der Christen gerade in der Verleugnung der christlichen Liebe gegenüber den Juden zu suchen ist, und daß das unerschöpfliche Meer von Blut und Tränen, das im Zusammenhang mit zahllosen Judenverfolgungen die Geschichte fast aller Staaten erfüllt, eine furchtbare Anklage darstellt – zwar nicht gegen die Kirche Christi als solche, wohl aber gegen viele viele Träger des christlichen Namens.«[47]

Bemerkenswert ist auch die Tatsache, daß »Der Christliche Ständestaat« international zu den wenigen Stimmen gehört hat, die – wenn auch vergeblich – die Regierungen und Völker der Welt dazu aufforderten, die Veranstaltung der *Sommerolympiade 1936 nicht in Berlin* stattfinden zu lassen. Schon aus »Gründen der Selbstachtung Österreichs und jedes zivilisierten europäischen Staates« sollte mit einem *Boykott der Olympiade* in Berlin gegen die repressive Politik des Dritten Reiches »insbesondere in der Judenfrage und den christlichen Kirchen gegenüber« eine moralische Aufwertung des Dritten Reiches vermieden werden. Eine Veranstaltung der Olympiade in Berlin sei »geradezu eine Desavouierung der Verfolgten in Deutschland und ein Hohn auf ihre Leiden«.[48] In den von der Vaterländischen Front veröffentlichten »Richtlinien zur Führerausbildung« wird die nationalsozialistische Rassentheorie scharf als »fortschrittshemmend«, sachlich falsch und ähnlich der Behandlung der Viehzucht kritisiert. Der Staat werde von der NSDAP als »Zuchtanstalt«

verstanden und nicht als Träger von Kulturwerten. Eine von der jüdischen Presse besonders begrüßte Geste der Regierungsspitze gegenüber den jüdischen Bürgern bestand im Sommer des Jahres 1937 in dem Besuch des Bundeskanzlers Schuschnigg im Sommerlager der jüdischen Betar-Jugend. Wie ein Augenzeuge dem Verfasser in Israel erzählte, machte es auf die Betar-Buben einen besonderen Eindruck, daß Schuschnigg, ein vormaliger Kavallerieoffizier des Ersten Weltkrieges, hoch zu Roß in das Lager hineinritt.[49]

Wie aber schon zu Beginn dieses Abschnittes erwähnt, gab es auch in der Ära des Ständestaates in Österreich wie in vielen Staaten Ost- und Südosteuropas Manifestationen eines latenten Antisemitismus, die zu Kränkungen, versuchten oder wirklichen Zurücksetzungen und Irritationen führten. Bis zu einem schwer einzuschätzenden Teil hingen antisemitische Manifestationen auch mit der relativ starken Vertretung jüdischer Bürger in den Führungsgremien des Austromarxismus zusammen. Zu dieser Gruppe prominenter Marxisten gehörten auch deren Chefideologe Otto Bauer, der Kommandant des Schutzbundes Julius Deutsch, Robert Danneberg, Wilhelm Ellenbogen, Friedrich Austerlitz, der Chefredakteur der Arbeiterzeitung, deren Autor und Schriftsteller Otto Leichter, Julius Tandler, Victor und Max Adler und andere.

Insgesamt aber und vor dem entsetzlichen Hintergrund des Nationalsozialismus kann gesagt werden, daß die Juden während der ersten fünf Jahre von dessen Herrschaft im Reich in Österreich nicht nur rechtlich geschützt blieben, sondern in einigen gesellschaftlichen Bereichen wie den Medien, der Literatur und Kunst sowie der Medizin, der Rechtspflege und der Wissenschaft im allgemeinen prominent vertreten waren. Man kann mit Fug und Recht von jener Zeit vor 1938 als einer letzten großen Blütezeit jüdischer Kultur in Österreich sprechen. Mit Ausnahme derer, die zur Opposition gehörten, hat die Mehrzahl der Juden den Bundesstaat Österreich loyal unterstützt. Die Katastrophe für sie begann erst ab dem Tag, an dem der österreichische Staat weder sich selbst noch sie vor der Herrschaft des Dritten Reiches zu bewahren vermochte. Schon im ersten Transport, der nach dem »Anschluß« aus Österreich ins Konzentrationslager Dachau führte, fanden sich führende Persönlichkeiten der jüdischen Gemeinde tragisch vereint mit prominenten Vertretern des österreichischen Staatswiderstandes gegen den Nationalsozialismus.

2.6 Kritik am Nationalsozialismus – Verhältnis zu Deutschland

Politische Ideologien formulieren nicht nur Wertpostulate, Leitideen und Verhaltensstrategien zur Orientierung und Motivierung ihrer Anhänger, sondern beinhalten auch Elemente des geistigen Kampfes und der Kritik an ihren Gegnern.[50] Im Zusammenhang mit der Thematik dieses Bandes sollen deshalb die wichtigsten Aspekte der Nationalsozialismuskritik der Österreich-Ideologie kurz charakterisiert werden.

Im Berichtszeitraum 1933/34 hat die Regierung keines anderen an Deutschland angrenzenden Landes den Nationalsozialismus mit so großer Deutlichkeit und Intensität angegriffen wie die sich damals im Abwehrkampf auf Leben und Tod befindliche österreichische Bundesregierung.

Einen fast all sein Verhalten charakterisierenden Kernaspekt des Nationalsozialismus, d. h. die *Selbstrechtfertigung der Macht* unter hemmungslosem Einsatz aller Mittel durch den so erzielten Erfolg, kritisierte Dollfuß, als er sagte, daß »Menschen, die letzten Endes auf dem Standpunkt der Macht stehen und sich von aller sittlichen Pflicht einem Höheren gegenüber entbunden glauben«, in die Irre gingen. »Tiefe Trauer erfaßt uns, wenn wir sehen, zu welchen Ergebnissen eine Bewegung, die sich einbildet und versprochen hat, daß sie das deutsche Volk in eine glückliche Zukunft führen wolle, in kurzer Zeit gelangt.«[51] Bezugnehmend auf die gegen Österreich gerichteten Propaganda- und Terroraktivitäten des Nationalsozialismus innerhalb und außerhalb Österreichs erhob Dollfuß die Frage, ob denn irgend jemand, der es mit Österreich gut meine, glauben könne, das Land »mit Handgranaten, mit Bomben, mit aus dem Hinterhalt abgegebenen Schüssen, mit einem unerhörten System von Lügen« auf einen besseren Weg zu führen. Die Nationalsozialisten sollten aus der österreichischen Friedensbereitschaft lieber keine falschen Schlüsse ziehen. Österreich sei in seiner Geschichte stets »ein Bollwerk christlich-deutscher Kultur« gewesen. Hier hätten sich Awaren wie auch Türken die Schädel eingerannt, hier habe der Bolschewismus eine undurchdringliche Wand gefunden, und »hier wird auch der Nationalsozialismus sein ›halt‹ finden«.[52]

Nachdem die Nationalsozialisten zunächst versucht hätten, Österreich mit günstigen Kreditangeboten zu ködern, seien sie mit planmäßig erzeugten Terrorakten und einem in der neueren Geschichte beispiellosen Druck von außen zu dem Versuch übergegangen, in Österreich eine »Teilnahme an den Staatsgeschäften zu erzwingen«.[53]

Dollfuß warnte vor der irrigen Ansicht, das extreme Verhalten der Nationalsozialisten sei nur auf »falsche Taktik oder Methoden« zurückzuführen. In Wirklichkeit sei es so, »daß wir hier einer Welt- und Gesellschaftsanschauung gegenüberstehen, aus der heraus solche Verbrechen möglich sind«. Emphatisch wandte sich Dollfuß gegen die nationalsozialistische Politik der geistigen Gleichschaltung aller Lebensbereiche, gegen die man sich »*bis zum letzten Atemzug*« wehren müsse.[54] Angesichts dieses totalitären Transformationsprozesses, dem die deutsche Kultur und Gesellschaft im benachbarten Deutschland unterworfen sei, habe Österreich als zweiter deutscher Staat eine besondere Aufgabe: »Wir wollen in der Zeit, da die Welt vor einem gewissen Deutschtum erschrickt, der Welt zeigen, daß wir eine altchristlich-deutsche Kultur tragen.«[55]

Den vom Nationalsozialismus besonders umworbenen »nationalen Kreisen« in der österreichischen Gesellschaft rief Dollfuß zu: »*Wollt ihr mit diesem Verbrechertum etwas gemeinsam haben? Ich appelliere an euch, restlos und klar, den Trennungsstrich gegenüber solchen Methoden und gegenüber einer Weltanschauung, aus der heraus solche Methoden möglich sind, zu ziehen. Diesen Methoden gegenüber gibt es nur eine Stellungnahme, und die ist: Ich bin dagegen. Wer das nicht eindeutig sagt, ist mitschuldig.*«[56]

Sechs Wochen vor seiner Ermordung durch die SS hatte somit der österreichische Bundeskanzler in einer öffentlichen Rede deutlicher als jeder andere Regierungschef des damaligen Europa das Wesen des Nationalsozialismus im Zusammenhang seiner Idee und Aktion demaskiert. Er demonstrierte damit eine Einsicht, die sich der deutsche Widerstand gegen Hitler z.B. erst ein ganzes Jahrzehnt später zu eigen machte und die bei vielen führenden Kreisen in den Regierungen Europas erst ab dem Jahr 1939 Fuß zu fassen begann. Hand in Hand damit geht sein aufrüttelnder moralischer Appell – nicht nur an die Verführten, sondern auch an die passiv Gleichgültigen – zum Widerstand. Bereits im Juni 1935 veröffentlichte »Der Christliche Ständestaat« einen Beitrag, der auf den Mordterror der Konzentrationslager hinweist. Es heißt darin u. a.: »Der Keller der SA-Feldpolizei in Berlin-Schöneberg ... mit seinen blutbespritzten Wänden wird wie Mauern des Columbiahauses in alle Ewigkeit widerhallen von dem Jammer unglücklicher, gefolterter Menschen, von den gräßlichen, nie verstummenden Todesschreien deutscher Volksgenossen und Arbeiter, die hier unter namenlosen seelischen und körperlichen Qualen unter den Peitschen und Stiefelabsätzen menschlicher Bestien ihr Leben verhauchten oder für immer zu Krüppeln wurden. Wie Blut lesen sich die Namen ›Oranienburg‹, ›Sonnenburg‹, ›Dachau‹. ... Und kein Staatsanwalt und kein Richter fand sich – findet sich – diesem verbrecherischen Treiben Einhalt zu gebieten.«[57]

In einer weiteren Folge berührt der Verfasser einen anderen österreichischen Kritikpunkt gegen das Reich, und zwar die Vermutung, daß Hitler zugleich mit der Eroberung Österreichs auf die Entfesselung eines neuen europäischen Krieges abziele. Wörtlich heißt es hier: »*Die Zukunft für Deutschland ist der Krieg. – Nur der Krieg. – Und nichts als der Krieg. Alle anderen Prognosen ... zeugen darüber hinaus von einer Unkenntnis der wahren Verhältnisse im Reich, von einer Unkenntnis über die wahre Mentalität ... Es gibt nichts mehr in Deutschland, das nicht auf den nahen Krieg abgestimmt ist.*«[58]

Im Zusammenhang mit Gedanken über die internationale Relevanz der Verteidigung Österreichs schreibt der vormalige Außenminister Dr. Heinrich Mataja, die Unabhängigkeit Österreichs müsse auch im Interesse des europäischen Friedens gewahrt werden. »Denn der Eroberungswille des Dritten Reiches würde ins Ungemessene anschwellen, die ganze europäische Situation wäre auf den Kopf gestellt, wenn ihm dieser Streich (der Anschluß Österreichs) gelingen würde. Deshalb brauchen wir Österreicher eine Ausdehnung unseres Wehrsystems. Ein Tor, wer den Versicherungen des Dritten Reiches Glauben schenken würde. Wir werden uns nicht in Sicherheit wiegen lassen und wir müssen, wenn's einmal gilt, den Ansturm von drüben so lange aufhalten können, bis wir den europäischen Sukkurs bekommen. Wir wissen es, möge es auch Europa wissen.«[59]

Die Vertreter der Österreich-Ideologie betonten Österreichs Stellung als einziges in der wachsenden Brandung des Nationalsozialismus selbständig gebliebenes Land deutscher Sprache. Als solches habe Österreich die Mission, als letzter Hort und Bollwerk christlich-deutscher Kultur zu wirken. Im Gegensatz zur paradox-identischen

Meinung verblendeter Anhänger und oberflächlicher Kritiker sei der Nationalsozialismus nicht ein Kulminationspunkt der tausendjährigen deutschen Kultur- und Geschichtsentwicklung, sondern eine krankhafte Perversion des Deutschtums. Der Nationalsozialismus sei ebensowenig typisch deutsch, wie auch die Terrorregime des Jakobinertums oder des Bolschewismus nicht typisch französisch oder typisch russisch seien. Das Wesen jahrhundertealter Kulturgefüge manifestiere sich nicht in kurzfristigen Entgleisungskatastrophen ihrer Geschichtsentwicklung. Der sachlich unhaltbaren und propagandistisch gefährlichen Gleichsetzung von Deutschtum und Nationalsozialismus müsse mit allem Nachdruck Widerstand und Kritik entgegengesetzt werden. Denn ein Vergleich mit allen Grundwerten deutscher Kultur beweise klar die radikale Abkehr des Nationalsozialismus von diesen Werten und damit seinen pervertierten, normativ undeutschen Charakter.

Nach Dietrich von Hildebrand sei letzterer gekennzeichnet durch »den prinzipiellen Kampf gegen den Geist, die Vergottung des Vitalen, die lärmende, aufdringliche Propaganda, mit der man alles ›machen‹ zu können wähnt, mit der man sogar neue Religionen erfinden und einführen will, den hohlen Phrasenschwall, die völlig amusische Kulturlosigkeit, die aus allen nationalsozialistischen Enunziationen spricht, die Herrschaft des trivialen Kitsches, die Verachtung aller Wahrheit, die Herabwürdigung der Wissenschaft zu einer dienstfertigen Magd der Politik, die Proklamierung der nationalen Autarkie, die hochmütige Ablehnung alles fremden Kulturgutes«. Halte man sich all das vor Augen, so erscheine es »… unbegreiflich, daß man die tausend Jahre deutscher Geschichte und Kultur so vergessen hat, daß man nicht merkt, wie die ganze Gedankenwelt des Nationalsozialismus, sein Ethos, seine Geistesart, dem *deutschen Wesen zutiefst widerspricht*«.[60] Deshalb, so folgert der Verfasser, »… ist der Kampf gegen den Nationalsozialismus, der unerbittliche, unversöhnliche Kampf gegen ihn, eine unbedingte Pflicht jedes wahren Deutschen, ja jedes Menschen, der die deutsche Kultur versteht und deutsches Wesen liebt«.[61]

Ähnlich argumentierte Starhemberg, das Deutschtum werde erst dann wieder »deutsch und frei« sein, wenn »die Gegenrevolution des Deutschtums gegen die Barbarei« gelungen sei. »Wir Österreicher wollen der Hort dieser Revolution des Deutschtums gegen die Barbarei sein. Damit wir Österreicher dem Deutschtum gegenüber diese Aufgabe erfüllen können, müssen wir uns unter allen Umständen, komme was wolle, unabhängig und frei erhalten.«[62]

Der frühere Bundesminister Mataja stellte fest: »Wir kämpfen nicht gegen, sondern für das deutsche Volk, und Österreich ist heute die einzige Hoffnung von Millionen deutscher Volksgenossen im Deutschen Reich, die sich draußen des Terrors nicht erwehren können und die nur einen Wunsch haben: daß wir unsere Unabhängigkeit erhalten, um ihnen eine Stütze und einen Rückhalt bieten zu können.«[63]

Dem Nationalsozialismus wurde nicht nur die heidnische und größenwahnsinnige Selbstvergötterung der Rasse, des Volkes und des Führers zum Vorwurf gemacht, sondern auch die als katastrophal empfundene Selbstisolierung des Deutschen Reiches und die Verletzung des Völkerrechtes. Die auf »Gleichschaltung« Österreichs abzielende Außenpolitik des Dritten Reiches wurde seinen Formen nach mit dem »Annexionskampf Japans gegen die Mandschurei« verglichen. In beiden Fällen führe man »den modernsten aller Kriege, den *Krieg unter Beibehaltung des äußeren Friedenszustandes*«. Japan wie auch Deutschland wollten jeweils ein völkerrechtlich unabhängiges Territorium »nicht durch staatsrechtliche Annexion, sondern durch Aufrichtung einer hörigen Regierungsgewalt im Inneren, eines gleichgeschalteten Scheinregimes an sich reißen«.[64] Entsprechend dem dualistisch verstandenen Wesen Österreichs sollte somit die Nationalsozialismuskritik der neuen Österreich-Ideologie sowohl einem deutschen Anliegen dienen, d. h. der Verteidigung traditionaler deutscher Kulturwerte gegen den *revolutionären Traditionsbruch* des Nationalsozialismus, als auch dem gesamteuropäischen Interesse an einer Eindämmung dieses neuen Gefahrenherdes.

2.7 »Deutsche« und andere Aspekte der Österreich-Ideologie

Zum typologisch zu verstehenden Wesen politischer Ideologien gehört die Aufstellung von Wertpostulaten, die bei angesprochenen Bevölkerungselementen Zustimmung, machtbildende Unterstützung, Einsatz und Opferbereitschaft sowohl zugunsten ihrer Werte und Ziele, als auch zugunsten der sie vertretenden Organisationen und Führer erzeugen sollen. Mit der Aufstellung eigener Werte und Zielsetzungen wird die Kritik und Widerlegung entgegengesetzter gegnerischer Standpunkte verbunden. Angesichts der Propagandaoffensive einer totalitär vom Nationalsozialismus vereinnahmten Form des Großdeutschtums liegt das historische Verdienst der neu formulierten Ideologie des Österreichertums darin, in einer weltgeschichtlich neuen Situation den Wert österreichischer Eigenstaatlichkeit im Interesse Österreichs und Europas zu begründen und zugleich damit den Willen zu seiner Verteidigung zu erwecken. Den Erben Altösterreichs und Bürgern Neuösterreichs sollte so eine feste Basis neuer Identität, Selbstvertrauen und Weltperspektive auf der Grundlage eines österreichischen Standpunktes vermittelt werden, oft gegebene Minderwertigkeitsgefühle den »Reichsdeutschen« gegenüber sollten überwunden werden. Dabei wurde der deutsche Charakter der österreichischen Kultur auch sogleich mit dem Hinweis betont, das Österreichertum sei eine besondere und europäisierte Form deutscher Art. Der Begriff »deutsch« wurde nicht völkisch, sondern kulturell und historisch verstanden. Obwohl es, wie gezeigt, bereits in der Frühphase des Ständestaates Ansätze zur Postulierung einer österreichischen Nation gegeben hat, verstanden sich die Österreicher im vaterländischen Lager als Staatsvolk eines »zweiten deutschen Staates«, dessen Unterschiedlichkeit zum anderen Deutschland so schwerwiegend ist, daß es nicht gewillt sei, diesen seinen Staat vom andersartigen Deutschland absorbieren zu lassen. In der Frage der Eigenstaatlichkeit Österreichs unterschied sich das Deutschtumsgefühl des vaterländischen Lagers scharf von *drei Varianten des großdeutschen Denkens*, erstens im Lager der Nationalsozialisten, zweitens im Lager der Austromarxisten und drittens im Lager der National-Liberalen der vormaligen Großdeutschen Partei.

Zwei Hauptsäulen der neuösterreichischen Identität wurden von den Vertretern der drei großdeutschen Denkrichtungen wenn auch in unterschiedlicher Weise negiert. Es waren dies die Traditionen Altösterreichs, die man erhalten und einer neuen Weltsituation innovativ anpassen wollte, wie auch das Wertesystem des römischen Katholizismus. Die von Vertretern des vaterländischen Lagers auch immer wieder betonte deutsche Natur Österreichs ist ihnen im neueren Schrifttum immer wieder zum Vorwurf gemacht worden. Und gewiß

Kapitel III: Der neue Wille zu Österreich als Basis und Waffe des Widerstandes

hatte Alfons von Stillfried recht, wenn er sich schon 1934 für die Anerkennung der Realität einer österreichischen Nation als einer ja tatsächlich existierenden historischen Schicksalsgemeinschaft aussprach. Doch eine Mehrheit von Österreichern des vaterländischen Lagers empfanden sich als eine besondere – stärker europäisierte – Art von »Deutschen«. Psychologisch nachwirkend war damals auch die Tatsache einer vierjährigen engen Bündnispartnerschaft zwischen Deutschland und Österreich im Ersten Weltkrieg wie auch einer empfundenen Leidensgemeinschaft beider Völker als Folge der ihnen aufdiktierten und sie schädigenden Friedensverträge.

Hervorgehoben sei aber, daß dieses »deutsche« Empfinden die Vertreter der Österreich-Ideologie keineswegs daran hinderte, den Nationalsozialismus und das Dritte Reich damals ideell schärfer und kompakter zu bekämpfen als die Vertreter anderer Nationen und Regierungen. Es gehörte ganz im Gegenteil – zumindest aus deutscher Sicht – zu den historischen Verdiensten des vaterländischen Lagers, daß es – was Deutschland betraf – nicht dem primitiven Fehler verfiel, eine zeitweilige, noch dazu totalitäre Herrschaftsform und Regierungspartei mit dem deutschen Volk und mit seiner Wesenheit und Kultur gleichzusetzen. Als Miterben klassischer und christlicher deutscher Kultur betrachteten sie es als ihre Pflicht, den »neuheidnischen«, »braunbolschewistischen« und »blutmaterialistischen« Nationalsozialismus als unrepräsentative Perversion des Deutschtums zu bekämpfen. Die bundesrepublikanische deutsche Geschichtsschreibung der Nachkriegsära hat – von ganz wenigen Ausnahmen abgesehen – diese Tatsache einer argumentativen Widerlegung der Behauptung sowohl der Nationalsozialisten als auch der Germanophoben von einer essentiellen Identität von Deutschtum und Nationalsozialismus kaum je zur Kenntnis genommen. Zu den rühmlichen Ausnahmen gehören insbesondere die Arbeiten von Rudolph Ebneth, Paul Stöcklein und Ernst Wenisch, wobei zu bemerken ist, daß deutsche Emigranten vom Range eines Dietrich von Hildebrand und Klaus Dohrn maßgeblich in die ideologische Arbeit des Ständestaates eingebunden waren.[65]

Auf dem Boden ihres christlich-sozialen Selbstverständnisses grenzte sich die Österreich-Ideologie militant von drei Varianten des »Materialismus« ab: Erstens vom biologischen Materialismus der nationalsozialistischen Rassenideologie; zweitens vom dialektischen

Klassenkampf-Materialismus des Marxismus und drittens vom kapitalistischen Materialismus des liberalen *laissez faire*. Die überwiegende Stoßkraft ihrer Kritik richtete sich jedoch situationsbedingt gegen den Nationalsozialismus. Fünf Jahre lang blieb sie in Europa die deutschsprachige Hauptquelle politischer Kritik am Nationalsozialismus. Hervorgehoben sei im deutschsprachigen Raum die österreichische Kritik an Christenverfolgung, Antisemitismus und totalitärer Gleichmacherei der Kultur wie auch der hybriden Vergötzung von Führer, »Rasse«, Nation und Partei. Die terroristische und kriegsorientierte Mentalität des Systems – das Bundeskanzler Dollfuß wie gezeigt explizit als »kriminell« brandmarkte – wurde klar angesprochen. Als nicht nur eigenstaatliche, sondern zugleich auch internationale »Mission« Österreichs vertrat die Österreich-Ideologie die Verteidigung seiner staatlichen Existenz, bei der es zugleich um die Verteidigung der bestehenden europäischen Friedensordnung gehe. In ihrer Geschichtsauffassung betonte die Österreich-Ideologie die Ära des Heiligen Römischen Reiches und des Deutschen Bundes und betrachtete die Ereignisse des Jahres 1866 wie auch die anschließende Schaffung eines großpreußisch orientierten Deutschen Reiches als eine tragische Wende deutscher und europäischer Geschichtsentwicklung. Die Österreich-Ideologie bildete keine kompakte und in Einzelheiten reglementierte Denkweise, bei der jede Äußerung der Billigung irgendeiner höchsten Instanz bedurft hätte. Und so weist die Literatur dieses Lagers eine Vielfalt verschiedenster Stimmen auf. Sie bildet jedoch im Bereich der geistigen Auseinandersetzung die Seele des österreichischen vaterländischen Widerstandes gegen Nationalsozialismus und Drittes Reich. Ihre hier unternommene knappe Charakterisierung orientiert sich primär an politisch führenden Vertretern des vaterländischen Lagers im Berichtszeitraum, insbesondere Dollfuß, Starhemberg, Schuschnigg, Zernatto, am zitierten »Staatsprogramm« der Vaterländischen Front und an der mehrfach genannten, intellektuell auf hohem Niveau gehaltenen Zeitschrift »Der Christliche Ständestaat«, die als einflußreiches, obwohl formal inoffizielles Sprachrohr der Führung des vaterländischen Lagers gedient hat.

Abschließend sei noch auf die Idee der historisch bedingten Prädestiniertheit Österreichs zu verweisen, »als Mutterzelle der neuen europäischen Solidarität« – wie Schuschnigg es ausdrückte – zu wirken. »Sie können überzeugt sein«, so sagte der Bundeskanzler, »immer dort, wo die Rufer zur europäischen Gemeinschaft und zur Zusammenarbeit am Werk sind, immer dort wird unter den Bannerträgern auch das kleine Österreich sein, das genau weiß, daß es nicht nur geographisch, sondern auch in noch weit größerem und wichtigerem Belange tatsächlich verbunden ist mit dem größeren Gedanken, daß sein Schicksal zweifellos das Schicksal Europas bleibt«. Und an anderer Stelle heißt es bei Schuschnigg: »Es ist klar, daß wir Österreicher uns bedingungslos und nicht erst heute zum Gedanken einer großen europäischen Gemeinschaft bekennen, daß wir Österreicher ein Stück grundsätzlicher Ideologie des Staates darin sehen, dem Gedanken Europas, id est dem Gedanken des Friedens zu dienen.« Österreich selbst sei »ein Stück lebendigen europäischen Gedankens: Sammler und Brücke zugleich für jene Kräfte, die in ewig einander ergänzender Wechselwirkung von West nach Ost, von Nord nach Süd wirken.«[66]

Von der praktischen Förderung der Paneuropa-Bewegung durch die österreichische Regierung der dreißiger Jahre ist bereits die Rede gewesen. Ein entscheidender Mangel der Österreich-Ideologie lag jedoch im Fehlen irgendeiner Befassung mit Normen und Institutionen der Demokratie. Diesbezüglich blieb die Vaterländische Front weit hinter dem demokratischen Selbstverständnis der Christlich-Sozialen Partei zurück, aus der sie die Mehrheit ihrer Mitglieder rekrutiert hatte. Der Grund hierfür lag in der Sorge vor nationalsozialistischen und austromarxistischen Zugewinnen bei den von Hitler stürmisch verlangten Neuwahlen wie auch in der Befürchtung, in diesem Fall die bis zum März 1934 innegehabte hauchdünne Mehrheit und damit die Möglichkeit zur Führung und Verteidigung Österreichs zu verlieren.

2.8 Widersprüche zwischen Österreich-Ideologie und Nationalsozialismus

Ein Vergleich zwischen der Österreich-Ideologie, wie sie sich bis zum Ende der Dollfuß-Ära herausgebildet hatte, und dem Nationalsozialismus läßt insbesondere zwölf Bereiche markanter Gegensätze erkennen:

1. Hitlers kompromißlosem Willen zur Vernichtung Österreichs als Staat widerspricht das militante Bekenntnis zu Österreichs Eigenheit und Selbständigkeit als Staat; 2. dem biologischen Materialismus des pseudo-germanischen Rassismus steht die betonte Wertschätzung der multikulturellen Geprägtheit des österreichischen Volkes und seines Lebensstils gegenüber; 3. dem Hitlerischen Haß auf die multiethnische Geprägtheit Wiens und der Habsburger Dynastie, deren respektvolle Pflege als Schlüsselelement österreichischer Identität; 4. dem anti-christlichen Neuheidentum, die Hochwertung des universalen römischen Katholizismus, und 5. zum bewußt zur Hysterie gesteigerten Nationalimus im Dritten Reich kontrastierte Österreichs starkes Bekenntnis zur Friedensidee des Völkerbundes und insbesondere zur Programmatik der paneuropäischen Integrationsidee. 6. Nicht durch Konflikt und Krieg, wie Hitler ihn plante, sondern durch Prozesse einer europäischen Integration wollte Österreich die durch die Friedensverträge von 1919 geschaffenen Härten überwinden. 7. Während der Nationalsozialismus (hierin einig mit offenen und versteckten Germanophoben aller Schattierungen) sich selbst als Kulminationspunkt der deutschen Kultur- und Geschichtsentwicklung betrachtete, sah die Österreich-Ideologie in ihm deren zu bekämpfende atypische Entartung. 8. Österreich galt Hitler als geostrategischer Ausgangspunkt geplanter Expansion in Mittel- und Südosteuropa sowie als Reservoir von Kanonenfutter und Rohstoffen. Die Österreich-Ideologie erblickte in Österreich hingegen ein »Herzland« im Zentrum Europas, das im Interesse der Friedenserhaltung in Europa verteidigt werden müsse und dank seiner multi-ethnisch geprägten Vergangenheit die Befähigung und Sendung zur Vermittlung zwischen den Völkern Zentral- und Südosteuropas habe. 9. Der Nationalsozialismus sah es nach seiner Machtergreifung in Deutschland als seine »deutsche Aufgabe« an, zehn Millionen deutschsprachiger Menschen in Mittel-, Südost- und Osteuropa »heim ins Reich« zu bringen. Die »deutsche Sendung Österreichs« aber bestand zufolge der Österreich-Ideologie darin, in Österreich eine letzte Insel deutsch-christlicher Kultur in der Brandung der nationalsozialistischen Revolution zu erhalten und von hier aus – soweit als möglich – im Interesse des gesamten Deutschtums eine Gegenbewegung gegen den Nationalsozialismus in Gang zu bringen.

Kapitel III: Der neue Wille zu Österreich als Basis und Waffe des Widerstandes

Eine programmatische Schrift des Österreichischen Heimatdienstes sagt zur nationalen und internationalen Aufgabe des Österreichertums: »Als bewußten Hütern des europäischen Friedens ist uns die unentwegte Arbeit für die Verständigung und Versöhnung der Völker, vor allem derjenigen des Donauraumes, heilige und unverzichtbare Pflicht. Wir glauben an den österreichischen Menschen als der europagültigen Ausprägung deutschen Wesens und an die sowohl welt- als auch nationalpolitische Notwendigkeit seiner staatsrechtlichen und völkerrechtlichen Sicherung; darum stehen wir zum souveränen Staat Österreich ... Wir glauben an den Vorrang des Geistes vor dem Blut, der christlichen Kultur und der Menschlichkeit vor der einzelstaatlichen Macht und Geltung und an die Ewigkeit der österreichischen Sendung!« Österreich, so heißt es weiter, bilde ein christlich-abendländisches Bollwerk gegen die Gefährdungen Europas durch den roten und den braunen Bolschewismus.[67] 10. Der Nationalsozialismus vertrat die quasi-sozialdarwinistische Ethik vom ansonsten wertfreien »Recht des Stärkeren«, die Österreich-Ideologie hingegen betonte die Wertethik des katholischen Christentums. 11. Dem Kirchenkampf des Nationalsozialismus widersprach die Auffassung der Österreich-Ideologie von der harmonischen und unverzichtbaren Ergänzung zwischen Kirche und Staat. 12. Der Entrechtung, Marginalisierung und Drangsalierung der Juden im Dritten Reich stand in Österreich der Rechtsschutz der Juden und ihre vielfach eminente Rolle in allen gesellschaftlichen Bereichen gegenüber.

Ebenso wie der Nationalsozialismus verkörperte die Österreich-Ideologie kein systematisch strukturiertes Ideensystem, war sie doch vielmehr eine Verbindung von Ideen und Prinzipien, die nach dem traumatischen Ende der Habsburger Donaumonarchie den anfangs desorientierten Bürgern des neuen Österreich eine ideologisch-historische Standortbestimmung, eine auf das eigene Land und Volk bezogene Selbstachtung und ein klares Gefühl für die politisch-ideologischen Konfrontationslinien im Kampf um Österreichs Selbsthaltung vermitteln wollten. *Ihre historische Leistung bestand darin, einen sehr wesentlichen Teil des österreichischen Volkes fort von der vormaligen Verneinung zu einer bleibenden starken Bejahung Österreichs als Staat zu führen.* So war sie zugleich ein oft tief empfundenes Element einer österreichischen Weltanschauung wie aber auch –

modern gesprochen – ein Instrument der geistigen Landesverteidigung, dessen Bedeutung als gegnerische Kraft Hitler in seiner Kampfansage gegen Österreich vom 26. Mai 1933 vollauf verstanden hatte.[68]

2.9 Engelbert Dollfuß und die Vision des Ständestaates

Im Sinne des zentralen Themas dieses Bandes wurde die neue Österreich-Ideologie primär unter dem Aspekt der Selbstbehauptung des österreichischen Staates wie auch des geistigen Widerstandes gegen den Nationalsozialismus behandelt. Ohne die gedanklich oder sachlich notwendige Verbindung mit diesen Aspekten beinhaltete das Ideologiegebäude des Dollfuß-Regimes noch ein weiteres innenpolitisch motiviertes Element, das wegen seiner Rolle im Gesamtzusammenhang der damaligen politischen Kräftekonstellation ebenfalls erwähnt werden muß: Es betrifft das konkret angebahnte Experiment einer Ersetzung des parlamentarischen Parteien- und Verfassungssystems der Ersten Republik durch eine umfassende soziopolitische Systemveränderung, die in Österreich als erstem Land der Welt einen *christlichen Ständestaat* auf der Basis der päpstlichen Sozialenzyklika errichten sollte. Als unverhoffte Gelegenheit zum Bruch mit dem bisherigen Verfassungssystem und zur Anbahnung einer umfassenden Neuordnung bot sich Dollfuß die blamable, wenngleich behebbare Selbstparalyse des österreichischen Parlaments vom 4. März 1933[69] an (vgl. S. 121–124).

Das chronisch von schwersten Konflikten zwischen annähernd gleich starken Kräften gekennzeichnete parlamentarische Parteiensystem sollte durch ein neues System ersetzt werden, das – zumindest der Theorie nach – durch eine starke autoritäre – jedoch nicht diktatorische – Regierungsgewalt und andererseits durch die Mitbestimmung ständisch gegliederter Berufsverbände sowie durch föderalistische Elemente geprägt sein sollte. Nach Berufszweigen gegliedert, sollten Arbeitgeber und Arbeitnehmer jeweils Seite an Seite an der Organisation und Führung der Ständevertretungen beteiligt sein. Der parteipolitisch organisierte Klassenkampf sollte durch ein neues System christlicher Sozialpartnerschaft überwunden werden. Politische Parteien oder allgemeine Direktwahlen zu den obersten Legis-

Kapitel III: Der neue Wille zu Österreich als Basis und Waffe des Widerstandes

lativkörperschaften waren nicht vorgesehen. Der den Bundeskanzler nach eigenem Ermessen ernennende und entlassende Bundespräsident sollte von den Bürgermeistern aller Ortsgemeinden des Landes in geheimer Abstimmung gewählt werden.[70] Die als Massenbewegung neu gegründete Vaterländische Front wurde nicht als politische Partei alten Stils verstanden, sondern als gruppenübergreifende Organisation patriotischer Österreicher, die die Selbständigkeit des Landes ebenso bejahen wie auch seine soziale und politische Umformung im Sinne eines christlichen Ständestaates.[71]

Den Aufbau eines ersten christlichen Ständestaates der Welt im doppelseitigen Kampf gegen Marxismus und Nationalsozialismus betrachtete Dollfuß als innere Kreuzzugsmission Österreichs mit erhoffter internationaler Modell- und Signalwirkung. In seiner wichtigen programmatischen Rede beim ersten Generalappell der Vaterländischen Front am 11. September 1933 erklärte er in diesem Sinne, die Zeit des kapitalistischen Systems sei nun ebenso vorbei wie die des marxistischen Materialismus und der demagogischen Parteienherrschaft. »Wir lehnen«, so sagte Dollfuß damals, »Gleichschalterei und Terror ab, wir wollen den sozialen, christlichen, deutschen Staat Österreich auf ständischer Grundlage, unter starker, autoritärer Führung ... Autorität heißt nicht Willkür, Autorität heißt geordnete Macht ... «[72] Ständische Ordnung bedeute Absage an den Klassenkampf und Rechte wie auch Pflichten für beide, Arbeitnehmer und Arbeitgeber. In christlicher Sicht müßten Menschen in den Betrieben als Menschen und nicht als »Nummern« gewertet und behandelt werden. Seine Parole »*Österreich erwache!*« sei zur Fahne einer neuen Bewegung aller geworden, die sich zu Österreich bekennen und gewillt seien, »... das Einigende zu betonen, das Trennende beiseite zu schieben und keiner Bewegung anzugehören, die den Klassenkampf oder Kulturkampf zum Ziel hat«.[73] Österreich sollte mehr sein als nur ein funktionslos gewordenes Restgebilde der Donaumonarchie und zwar als Träger eines neuen, christlichen Staatsmodells.

Dollfuß schloß diesen Appell mit den bezeichnenden Worten: »Wenn ich nicht von dem tiefen Glauben durchdrungen wäre, daß der Weg, den wir gehen, uns von oben als Pflicht vorgeschrieben ist, wenn ich nicht von diesen Gedanken durchdrungen wäre, daß das neu erwachte Gefühl der Heimatliebe wieder so stark ist, daß wir allen Widersachern widerstehen können, so würde ich nicht die seelische Kraft fühlen, so zu Ihnen zu sprechen und diesen Weg Ihnen voranzugehen. Ich bin überzeugt, daß es der Wille einer höheren Macht ist, daß wir unser Heimatland Österreich mit seiner ruhmreichen Geschichte, wenn auch heute in kleinerer Form, erhalten; ich bin überzeugt, daß dieses Österreich in der Gestaltung des öffentlichen Lebens beispielgebend sein wird auch für andere Völker ... Wir alle gehen auch heute mit dem Glauben von hier weg, einen höheren Auftrag zu erfüllen. Wie die Kreuzfahrer von dem gleichen Glauben durchdrungen waren, so wie hier vor Wien ein Marco d'Aviano gepredigt hat ›Gott will es‹ – so sehen auch wir mit starkem Vertrauen in die Zukunft, in der Überzeugung, Gott will es!«[74]

Wie einer seiner erbittertsten Gegner, der Schutzbundkommandant Julius Deutsch, erwähnt, hatte Dollfuß diese Worte zitternd vor innerer Bewegung gesprochen. Berührten sie doch seine fast religiöse Empfindung, von einer »höheren Macht« als Retter des unabhängigen und christlichen Österreich vor den Gefahren des Nationalsozialismus und des Marxismus berufen worden zu sein. Zu diesem christlich geprägten »Erweckungserlebnis«, das ihm – so Deutsch – nicht nur Kraft und Zuversicht gab, sondern ihn auch mit einem »Mantel mystischer Geborgenheit umhüllte«, paßte die Vision eines ersten, päpstlichen Lehren entsprechenden und in Österreich errichteten »Christlichen Ständestaates«. »In der Kompliziertheit und auch Rauhheit der Ereignisse in den Dreißiger Jahren«, so schreibt Deutsch, »mochte der Glaube, eine Mission zu erfüllen, eine innere Stärkung sein. Sie half Dollfuß über manches hinweg, das niederdrückend wirkte. Objektiv betrachtet war ja tatsächlich die Situation, die zu meistern er berufen wurde, verzweifelt genug.«[75]

Als unmittelbarer Zeitzeuge schreibt der eminente Publizist Friedrich Funder, auf den sich Deutsch beruft, diese so gewonnene innere Überzeugung, Träger einer gottgewollten historischen Mission zu sein, habe Dollfuß Stärke nach innen und Überzeugungskraft nach außen hin verliehen. »Mit seinem heißen Glauben an die ihm von oben gewordene heilige Berufung zu dem Rettungswerk, das er verkündete, hatte seine Rhetorik eine erobernde Gewalt. Ihn konnte nur der Tod auf seinem Weg aufhalten.«[76]

Psychologisch gesehen sollte diese Berufung auf einen »höheren Willen« und auf die historische Mission einer von ihr gewollten

Kapitel III: Der neue Wille zu Österreich als Basis und Waffe des Widerstandes

österreichischen Erneuerung der vaterländischen Bewegung das ermutigende Gefühl geben, Träger eines gottgewollten geschichtlichen Wandels von Staat und Gesellschaft zu sein. Die praktische Funktion dieser ideologischen Berufung lag in dem bedenklichen Versuch, für die Regierung des neuen autoritären Minderheitsregimes eine Legitimationsbasis zu beanspruchen, die sie auf dem Boden der republikanischen Verfassung in Ermangelung absoluter Wählermehrheiten nicht erhalten konnte. Wie aus den Analysen des Dollfuß-Forschers Gerhard Jagschitz hervorgeht, beruhte dieses verfassungswidrige und auch religiös anfechtbare Verhalten des Bundeskanzlers letztlich nicht auf bewußt zynischer Machtmanipulation, sondern auf einem seit langer Zeit durch Theorie und Praxiserfahrung geformten einfachen Glauben an die Wünschbarkeit und Überlegenheit einer autoritätsbetonten, christlich-ständischen Staats- und Gesellschaftsordnung.[77]

Wie in einem späteren Abschnitt zu zeigen sein wird, lag ein weiteres Motiv wohl darin, daß eine von den extrem konträren Kräften der Austromarxisten, der Nationalsozialisten und der Christlich-Sozialen geprägte Parteienlandschaft keinerlei Hoffnung bot, den Österreich von innen und außen drohenden Gefahren auf dem Boden des bestehenden Verfassungssystems wirksam entgegenzutreten. Der von Dollfuß und seinen Anhängern idealisierte Entwurf einer ständischen Neuordnung von Staat und Gesellschaft gelangte zu keiner entsprechenden Verwirklichung in der Praxis. Vor allem unterblieben substantielle Versuche zur Entwicklung eines Systems der Ständedemokratie wie auch die Legitimierung des Systems durch eine Volksabstimmung. So blieb es im wesentlichen bei diesem institutionellen Torso und dieser Vision, die von einer im Kampf ums Überleben stehenden Minderheitsregierung als moralische Rechtfertigung für ihre diktatorische Machtkonzentration verwendet wurde.[78]

Zusammenfassend kann gesagt werden, daß es bei Dollfuß für die Schaffung eines christlichen Ständestaates zwar wertbedingte, aber zugleich auch eminent praktischer Motive gegeben hat. Versucht man die damals beim Bundeskanzler bestehende Sicht der Lage im Frühjahr 1933 zu rekonstruieren, so ergibt sich folgendes Bild:

Aus der Entstehung und rabiaten Feindseligkeit des Dritten Reiches, das sich in Österreich auf militante Fünfte Kolonnen stützen konnte, war für Österreich eine tödliche Bedrohung entstanden. Die im Parteienspektrum der Ersten Republik vormals bedeutsame Großdeutsche Partei war ins Lager der Feinde übergelaufen. Daneben gab es die Austromarxisten, die – wenn auch anders als die Nationalsozialisten – ebenfalls Österreichs Eigenstaatlichkeit als Dauerzustand ablehnten und ebenso den patriotischen Traditionalismus, das Herzstück der Österreich-Ideologie, und die katholische Kirche, einen Hauptanker österreichischer Kultur, bekämpften. Die sich innergesellschaftlich gegen vermeintliche »Klassenfeinde« abgrenzenden Austromarxisten hatten sich zudem wegen der Hirtenberger Waffenaffäre die intensive Feindschaft Mussolinis zugezogen, dessen Land jedoch unter allen Großmächten damals das intensivste Interesse an der Bewahrung der österreichischen Eigenstaatlichkeit hatte. Das österreichische Parlament hatte sich dank der Verantwortungslosigkeit seines Präsidiums selbst blamabel lahmgelegt, während die Nationalsozialisten zugleich im Deutschen Reich und im Freistaat Danzig vorexerziert hatten, wie sie durch demokratische Verfahren zur Macht gelangt waren. Sie und die Sozialdemokraten drängten auf Neuwahlen, von denen für das regierende vaterländische Lager nichts Gutes zu erwarten war. Das Verhältnis dieser beiden Parteien zur pluralistischen Demokratie erschien dem Kanzler suspekt. Für die NSDAP war die Demokratie ein Weg zu deren Beseitigung, während die Austromarxisten in ihr keinen Eigenwert, sondern nur ein Durchgangsstadium zu einem unumkehrbaren sozialistischen System zu erblicken schienen. Diese Sicht des Kanzlers wie auch sein Wissen, daß es für Österreich ums Ganze, d. h. um Sein oder Nichtsein als Staat, ging, erschienen ihm als Rechtfertigung bei der Verletzung gegebener rechtsstaatlicher Institutionen. Die wirtschaftliche Lage blieb weiterhin todernst und hatte sich aufgrund von Hitlers Wirtschaftskrieg verschlechtert.

Wie, so muß sich Dollfuß gefragt haben, konnte unter diesen Umständen in Österreich eine Regierung erhalten bleiben, die sich uneingeschränkt zum Wert der österreichischen Eigenstaatlichkeit, zur österreichischen Tradition und zum katholischen Glauben bekannte, und die im Kampf mit dem Nationalsozialismus über die Fähigkeit verfügte, alle Machtmittel des Staates wirksam integriert gegen einen übermächtigen Gegner einzusetzen. Unter den drei großen politischen Lagern des damaligen Österreich gab es nur eines, das sich zu diesen Grundwerten bekannte. Als Ausweg aus diesem vieldimensionalen Dilemma erschien Dollfuß die Errichtung eines von vaterländischen Kräften geführten »christlichen Ständestaates«. Legitimiert sei diese Neugründung zwar nicht politisch durch das Volk, sondern moralisch zumindest durch den Ratschlag päpstlicher Enzyklika. Hiermit konnte die Not einer fast hoffnungslos verfahrenen und gefahrvollen Situation in die Tugend eines auch international bahnbrechenden Experiments verwandelt werden, dessen Träger sein Österreich war. Mit dieser Vision vor Augen empfand er es als seinen von einer »höheren Macht« gegebenen Auftrag, Österreich nicht nur vor den Gefahren des Nationalsozialismus und des Marxismus zu bewahren, sondern sein Land zugleich in und für Europa zu einem Bollwerk christlicher politischer Kultur werden zu lassen.

3. Der Legitimismus als Stütze und Problem der Bundesregierung

Mit der Desintegration der Österreichisch-Ungarischen Monarchie hatten 641 Jahre der kontinuierlichen Herrschaft der Habsburger Dynastie in Österreich ein plötzliches Ende gefunden. In der Geschichte Österreichs hatten der Bestand und das Wirken dieser Dynastie über ein halbes Jahrtausend hindurch einen Anker der Kontinuität und für die Österreicher zugleich ein starkes Element der Identität bedeutet. Bis auf den heutigen Tag kann man sich kaum durch Österreichs Städte bewegen, ohne in ihren Zentren durch Baumonumente an die Existenz und das Wirken der Habsburger Dynastie erinnert zu werden. So ist es nicht erstaunlich, daß sich nach der Gründung der Republik Österreich Bürger des Landes in diversen Verbänden zusammenschlossen, die die Wiederherstellung der »legitimen« Herrschaft der Habsburger zu bewirken wünschten. Immer wieder wurde in ihren Versammlungen auf jene Worte aus der von Joseph Haydn so eindrucksvoll vertonten österreichischen Kaiserhymne hingewiesen: »Ewig bleibt mit Habsburgs Throne Österreichs Geschick vereint.« War auch die Mitgliederzahl dieser legitimistischen Verbände gering, so enthielt sie doch – entweder als

Teil I: Die Dollfuß-Ära

reguläre Mitglieder oder als Sympathisanten – eine beträchtliche Anzahl von Persönlichkeiten der gesellschaftlichen Elite Österreichs, die auch im politischen Leben Neuösterreichs eine Rolle spielten. Auf dem Boden der politischen Praxis kam es zu einer Art Symbiose mit der vaterländischen Bewegung, die durch das Entstehen des Dritten Reiches und dessen Monopolisierung und Radikalisierung großdeutscher Tendenzen existenziell bedroht zu einer ideologischen Gegenbewegung aufrief, die Altösterreichs Traditionen zu einem Kraftquell eines neuen österreichischen Identitätgefühls und Selbstbewußtseins zu machen trachtete. Damit war die Relevanz der österreichischen Geschichte für die Standortbestimmung des neuen Österreich angesprochen. Eine Erinnerung an Österreichs große Vergangenheit ohne das Mitbedenken der Rolle der Habsburger schien undenkbar. Hinzu kam, daß die Legitimisten die einzige nennenswerte Gruppe von Österreichern bildeten, die sich ab 1918 durchgängig für die Unabhängigkeit Österreichs als Staat ausgesprochen hatten. Sie und ihre Ideenwelt bildeten den ideellen Gegenpol zu den auf Österreichs Staat bezogenen Haßgefühlen Adolf Hitlers, der Anfang 1933 zusätzlich zu seiner vorherigen Position als Chef der gesamten – also auch der österreichischen – NSDAP zum bald total regierenden Leiter der deutschen Reichsregierung geworden war. Erinnert sei hier nochmals an die unheilschwangeren Worte in Hitlers erstem Buch »Mein Kampf«, in dem er berichtet, er sei frühzeitig schon zu der Erkenntnis gelangt, »daß nämlich die Sicherung des Deutschtums die Vernichtung Österreichs voraussetzte, und daß Nationalgefühl in nichts identisch ist mit dynastischem Patriotismus; daß v.a. das habsburgische Erzhaus zum Unglück der deutschen Nation bestimmt war. Ich hatte schon damals die Konsequenzen aus dieser Erkenntnis gezogen: ... *tiefen Haß gegen den österreichischen Staat*.«[79]

Hieraus ergab sich eine unüberbrückbare Gegnerschaft zwischen Nationalsozialismus und österreichischem Legitimismus, die für die vaterländische Bewegung insofern auch von Nutzen war, als die Anhänger des Legitimismus in Österreich zu den konsequentesten Gegnern eines Anschlusses an Deutschland und insbesondere auch des Nationalsozialismus gehörten. Zwar war Österreichs letzter Kaiser Karl im Alter von nur 35 Jahren in materiell eingeengten Bedingungen in seiner Verbannung auf der Insel Madeira 1922 gestorben.

Kapitel III: Der neue Wille zu Österreich als Basis und Waffe des Widerstandes

Doch sein 1912 geborener erster Sohn Otto, der 1916 noch als Thronfolger an der glanzvollen Krönung seiner Eltern in Budapest teilgenommen hatte, war ab Erlangung der Großjährigkeit Chef des Hauses Habsburg geworden und residierte ab 1930 in Belgien im Dorf Steenokkerzeel bei Brüssel. In Österreich entstand im Jahr 1932 eine, der »Eiserne Ring« genannte, legitimistische Dachorganisation, dessen Mitgliedschaft sich bis 1938 auf 50 Verbände erweiterte.[80] Zu Beginn seiner Kanzlerschaft hatte Dollfuß keineswegs zu den Legitimisten gehört und die Möglichkeit einer Wiederherstellung der Herrschaft der Habsburger in Österreich verneint. Die vaterländische Front verfolge keinerlei monarchistischen Pläne. Doch je mehr er in eine doppelseitige Frontstellung gegen Nationalsozialisten und Austromarxisten geriet und zugleich Österreichs Traditionen zum Zweck des geistigen Widerstandes zu redynamisieren versuchte, desto mehr begann er sich der Ideenwelt der Legitimisten anzunähern.[81] Sachlich richtig heißt es in einem von der deutschen Gesandtschaft in Wien ausgehenden Bericht vom 30. April 1934: »Der Legitimismus in Österreich hat im Laufe des letzten Jahres v. a. in Folge des im Kampfe gegen die nationalsozialistische Bewegung von der Regierung Dollfuß immer wieder stark betonten Österreichertums sowie der Sehnsucht weiter österreichischer Bevölkerungsschichten nach geordneten Verhältnissen den Anreiz zu einer regeren und durchaus nicht erfolglosen Betätigung und Werbung erhalten.«[82]

Eine Auflockerung österreichischer Politik gegenüber den Habsburgern erfolgte erstmals, als dem vormaligen Feldmarschall Erzherzog Eugen, dem Großmeister des Deutschen Ritterordens, wie auch Erzherzog Maximilian die permanente Rückkehr nach Österreich gegen das Versprechen genehmigt wurde, auf politische Betätigung zu verzichten.[83] Im Juli 1935 beschlossen der Ministerrat und Staatsrat des Bundesstaates Österreich die Aufhebung zweier Gesetze aus dem Jahr 1919, die die Landesverweisung des Hauses Habsburg-Lothringen wie auch dessen Enteignung rückgängig machten. Ausgenommen von der Rückgabe allerdings waren in Sammlungen vorhandene Gegenstände künstlerischen, wirtschaftlichen und historischen Wertes, die im Eigentum des Staates verblieben. Die Rückgabe von Privateigentum sollte nach und nach erfolgen.[84] Zur Vermeidung falscher Eindrücke im In- und Ausland legte Bundeskanzler Schuschnigg im gleichen Monat im Rahmen eines Interviews mit der französischen Nachrichtenagentur Agence Havas dar, dies sei eine rein innerösterreichische Angelegenheit, von Restauration sei keine Rede. Diese stehe in Österreich nicht zur Debatte.[85]

Schuschnigg, der selber keiner der legitimistischen Organisationen angehörte, war jedoch seiner inneren Einstellung nach durchaus Legitimist. Einerseits durch Mittelsmänner und andererseits auch im Verlauf mehrerer persönlicher Begegnungen nahm er direkte Kontakte zu Otto von Habsburg auf. Schuschnigg warnte den Chef des Hauses Habsburg vor überhasteten Aktionen, die angesichts der negativen Haltung des Auslandes von einer verfrühten Restauration zu erwarten seien. Sollte es überhaupt dazu kommen, so müßte eine Volksabstimmung die Grundlage dieser sein, sie dürfe aber nicht als »Restauration« erklärt werden, weil damit ein Anspruch auf nichtösterreichische Gebiete impliziert wäre, sondern es müsse sich um eine Änderung der Staatsform innerhalb der Grenzen der Republik bzw. des Bundesstaates Österreich handeln.[86]

Anläßlich des 25. Geburtstages von Otto von Habsburg veranstalteten die legitimistischen Verbände im Wiener Konzerthaus im November 1937 eine Großkundgebung, an der insgesamt 3000 Personen beteiligt waren. Der Leiter des Reichsbundes, der Gesandte Friedrich von Wiesner, der Leiter des Eisernen Ringes, zu dem damals 44 legitimistische Verbände gehörten, berichtete bei dieser Gelegenheit u. a., daß nicht weniger als 1582 österreichische Gemeinden Otto von Habsburg zu ihrem Ehrenbürger ernannt hätten. Hinsichtlich der Zielsetzungen der legitimistischen Bewegung erklärte Wiesner, sie beträfen »die Wiederherstellung der monarchischen Staatsform in Österreich unter dem legitimen Landesfürsten«. Österreich solle als ständisch gegliederter Rechts- und Kulturstaat zu einer »sozialen Monarchie« gestaltet werden. Die legitimistische Bewegung sei zu einer Zusammenarbeit mit der Vaterländischen Front bereit. Bundeskanzler Schuschnigg habe allerdings – wie Wiesner mitteilte – klar gemacht, daß die Vaterländische Front und die legitimistische Bewegung an sich »zwei verschiedene Dinge seien«. Zwischen beiden müsse das »Prinzip des Sich-Vertragens« gelten, wo immer eine Bekehrung zum Standpunkt des anderen nicht möglich sei. Gewiß sei der Legitimismus »*der berufenste und unbedingteste Vertreter ... des Unabhängigkeitswillens Österreichs*«. Das erfordere die Zusammenarbeit der beiden Organisationen. Zwar habe jeder Österreicher das Recht, die Einführung einer monarchischen Staatsform auf legalem Wege anzustreben, »doch dürfe dieses Bestreben das Österreich von heute nicht gefährden«. In der Ablehnung der Ideologie und des Staatsprinzips des Nationalsozialismus und seiner Kulturauffassung bestehe zwischen Vaterländischer Front und Legitimismus »kein Unterschied«.[87]

Anläßlich des Dritten Amtswalterappelles der Vaterländischen Front vom 14. Februar 1937 hatte Schuschnigg präzisiert, die legitimistische Betonung österreichischer Tradition entspreche ganz dem Geist und Ziel der Vaterländischen Front. Die Frage der Staatsform sei ausschließlich vom österreichischen Volk auf dem Boden der Verfassung zu entscheiden. Dazu könne nur die Staatsführung und die Vaterländische Front auffordern. »Die Monarchistische Propaganda hat sich in den innen- und außenpolitischen Rahmen des heutigen Österreich einzufügen.«[88]

Bis zur Katastrophe von 1938 blieben die Beziehungen zwischen der Bundesregierung und der Vaterländischen Front auf der einen Seite und den Legitimisten auf der anderen ambivalent. Diese Ambivalenz reflektierte ein Element der österreichischen Tragödie, denn zwar entsprach die Pflege altösterreichischer Tradition und damit auch österreichischer Identität und Unabhängigkeit durchaus den Interessen der Bundesregierung im Sinne eines ideellen Gegengewichts zur Anschlußpropaganda der NSDAP. Doch vom Standpunkt der außenpolitischen Staatsräson wirkte die legitimistische Restaurationspropaganda als Faktor der Irritation in Österreichs Beziehungen zu den benachbarten Nachfolgestaaten der k.u.k. Monarchie, die das Charisma der Habsburger Dynastie fürchteten, und insbesondere auch zum Dritten Reich, wo Hitler eine Wiederherstellung der Herrschaft der Habsburger als casus belli betrachtete und die deutsche Wehrmacht militärische Kriegsplanungen gegen Österreich vorbereiten ließ. Als kompromißloseste Verfechter der österreichischen staatlichen Unabhängigkeit und Identität in der Ära seit 1918 hatten die Legitimisten in besonderem Maße unter der Verfolgung der Nationalsozialisten ab 1938 zu leiden.

Kapitel IV
Die Demokratiekrise und der Führungsanspruch des Vaterländischen Lagers

1. Der Austromarxismus in der Sicht des Regierungslagers

Angesichts von mehr als einem halben Jahrhundert krisenfreien Funktionierens der Demokratie in der Zweiten Republik Österreich erscheint es manchen Zeitgenossen schwer verstehbar, daß Österreichs Großparteien in den dreißiger Jahren nicht in der Lage gewesen sind, selbst angesichts der existenziellen Bedrohung ihres Staates miteinander eine Koalition zur wirksamen Abwendung drohender Gefahren zu bilden. Besteht doch vielerseits noch die Erinnerung an die anfangs so konstruktive Rolle der »Großen Koalition« zur Wahrung und Durchsetzung österreichischer Interessen in der zehnjährigen Besatzungszeit nach dem Zweiten Weltkrieg. Wer aber Vergangenheit verstehbar machen will, bedarf der Fähigkeit, sich rekonstruierend in das Weltbild damaliger Akteure einschließlich ihres Wissensstandes, ihrer Sicht und Beurteilungsweisen und ihres Selbstverständnisses einzuarbeiten. Trotz gleicher Verfassung bestehen zwischen den Umständen und der Funktionsweise der Demokratie in der Ersten und in der Zweiten Republik Österreich gewaltige Unterschiede. Gemeinsames Leiden als Folge der Annexion und gemeinsame Herausforderungen in der Besatzungsära haben in einem Prozeß der historischen Läuterung einerseits zu einer relativen und wachsenden Entideologisierung der österreichischen Parteien geführt sowie andererseits zu einem entsprechenden Maß an reziproker Toleranz und zu einer von allen geteilten, diesmal unpathetischen Bejahung der staatlichen Existenz Österreichs. Die Sozialdemokratische Partei besteht nicht mehr aus klassenkämpferischen Marxisten und die Österreichische Volkspartei nicht mehr aus fundamentalistischen Katholiken. Selbst die Freiheitlichen fordern keinen Anschluß an Deutschland. Wer an diese »Gegebenheiten« als »Selbstverständlichkeiten« gewöhnt ist, hat Schwierigkeiten, sich in die Denk- und Aktionsmuster der politischen Kräfte der Ersten Republik hineinzuversetzen. Die oft grotesken Fehler heutiger Darstellungen der Ära der frühen dreißiger Jahre ergeben sich zumeist daraus, daß die damals Handelnden und ihre Interaktionssysteme irrig in Kategorien der Gegenwart gesehen werden und ihnen ein Wertbewußtsein unterstellt wird, das sich seither erst aus den oft schmerzlichen Ereignissen und Bewertungen der langen Zeitspanne seit Entstehung der Ersten Republik Österreich 1918 herauskristallisiert hat.

2. Klassenkampf und Kirchenkampf als Ursachen des Konsensmangels

Wie bereits erwähnt, lag eine der ernstesten Ursachen für die Demokratiekrisen der Ersten Österreichischen Republik im Fehlen zweier Konsensbereiche zwischen den Parteien: Zum einen fehlte die einigende Gemeinsamkeit eines alle Parteien umfassenden Bekenntnisses zum neuen österreichischen Staat; denn dieser galt zunächst weitgehend nur als *ungewolltes Provisorium*. Und zweitens wurde die Staatsform der pluralistischen Demokratie nicht als ein den Parteien übergeordneter Wert des Gesamtsystems betrachtet. Man sah in ihr zumeist nur ein bedingt nützliches Instrumentarium im Dienst des wertmäßig übergeordneten Parteieninteresses. Erst schmerzlichste historische Lernprozesse bewirkten bei den Wählern und Führern der großen Parteien der Zweiten Österreichischen Republik einen Einstellungswandel, der zu jenem *doppelten Konsensgewinn* führte, der den *radikalen Unterschied* zwischen der politischen Kultur der Ersten und der Zweiten Republik Österreich erklärt.

Die schwerwiegenden Folgen des Konsensdefizits nach 1918 wurden teils verschärft und waren teils mitbedingt durch das Phänomen der bewußt geförderten *Entfremdung* und *Polarisierung* zwischen den großen gesellschaftlichen Gruppen der Republik. Symbolisch trat dieser Polarisierungswille bereits bei der ersten konstituierenden

Sitzung der Provisorischen Nationalversammlung Deutsch-Österreichs in Erscheinung. Während Victor Adler einerseits die Bereitschaft seiner Partei zur Kooperation mit den anderen Parlamentsfraktionen ausdrückte, war er zugleich der *einzige* Sprecher, der den Willen zur Abgrenzung mit scharfen Worten zum Ausdruck brachte: »Wir deutschen Sozialdemokraten nehmen an den Arbeiten dieser Versammlung teil, weil sie im gegenwärtigen Augenblick das einzige mögliche Parlament Deutsch-Österreichs ist. *Wir wollen mit ihnen, unseren Klassengegnern, keine Parteigemeinschaft bilden, kein Bündnis, keinen Burgfrieden schließen, wir bleiben Gegner, wie wir immer Gegner waren.*«[1] In derselben Rede deutete Adler den Zusammenbruch des alten Österreich als »Teilerscheinung des allgemeinen Sieges der Demokratie ..., die die Arbeiterklasse in allen Ländern zur Macht führen und es ihr ermöglichen wird, auf den Trümmern der kapitalistischen Weltordnung den Sozialismus aufzurichten«.[2] Als wie real und vielseitig diese soziokulturelle Abgrenzung von maßgeblichen Führern der Sozialdemokratischen Partei verstanden wurde, geht aus den Worten Otto Bauers hervor, der ohne Zweifel der brillanteste und einflußreichste theoretische Denker der austromarxistischen Sozialdemokratie war. In seinem berühmten Buch »Die Österreichische Revolution« (1923) versteht Bauer Politik orthodox marxistisch als »*Kampf um Klassenmacht*«. Er fügt jedoch hinzu: »Wie in jedem großen Klassenkampf birgt sich auch in diesem ... ein Kampf zwischen zwei verschiedenen Typen staatlichen, gesellschaftlichen, kulturellen, geistigen Lebens, die durch die kämpfenden Klassen repräsentiert werden.«[3]

Die äußerst konkreten Auswirkungen dieser neuen Abgrenzungspolitik hat Hellmut Andics, selbst ein Sozialist, in seiner sozialpsychologisch hervorragend fundierten und ungemein realistisch konzipierten Geschichte der Ersten Österreichischen Republik geschildert. Seiner Darstellung zufolge war die sozialdemokratische Parteiführung der Ersten Österreichischen Republik im Sinne von Marx bestrebt, die österreichische Arbeiterschaft zu einer »*Klasse für sich*« zu entwickeln, »*in jeder ihrer Lebensäußerungen unabhängig und ohne Verbindung zum Bürgertum*«. Andics fährt fort: »Man kann diese Bestrebungen auf allen Gebieten des Alltags beobachten. Es gibt kaum eine bürgerliche Organisation, die nicht ein sozialdemokratisches ›Konkurrenzunternehmen‹ besitzen würde. Die totale

Erfassung reicht sozusagen von der Wiege bis zur Bahre.«[4] Andics zählt fast alle wesentlichen Bereiche auf, in denen die Austromarxisten in bewußter Konkurrenz zu bestehenden Institutionen bemüht waren, ein Netz paralleler sozialistischer Institutionen zu errichten, die ihre Mitglieder ideologisch einheitlich orientiert zu »neuen Menschen« und gleichsam zu Mitgliedern eines *Staates im Staat* machen sollten. Dies begann mit sozialistisch geführten städtischen Kindergärten, ging über Jugend- und Studentenorganisationen, erfaßte auch scheinbar unpolitische Tätigkeiten in der Organisation der »Naturfreunde« (in Konkurrenz zum Alpenverein) und bewirkte sogar die Begründung eines »sozialdemokratischen Parteitheaters«. Selbst Sportvereinigungen wurden parteipolitisch organisiert. Die sozialistische Grundhaltung reichte über den Tod hinaus, denn: »Was ein echter Sozialdemokrat ist, der hat sich nicht begraben, sondern verbrennen lassen – der Leichenbestattungsverein ›Die Flamme‹ steigert seine Mitgliedschaft von 1924 bis 1932 von 28 000 auf fast 170 000 Mitglieder.«[5] Fast alle der gewaltigen Arbeiterwohnbauten der sozialdemokratisch regierten Gemeinde Wien wurden mit sozialdemokratisch orientierten Kultureinrichtungen ausgestattet. Vielseitige Institutionen zur außerberuflichen Arbeiterbildung wurden mit Intensität vorangetrieben.

Alle diese verdienstvollen Bemühungen, das Selbstbewußtsein und das Kulturniveau ihrer Wählerschichten aus den Arbeiterbezirken in parteilich und ideologisch vorgeprägte Bahnen zu heben, erzeugten jedoch eine Nebenwirkung, die der zitierte sozialistische Historiker und Publizist nicht verschweigt. Er schreibt: »Wenn eines gelungen ist, so zweifellos die *Vertiefung des Grabens*, der sich schon durch die politische Auseinandersetzung zwischen Bürgertum und Arbeiterschaft gebildet hat. Der Gürtel teilt Wien buchstäblich in zwei geistige Welten, aus denen nur sehr wenige Wege hin- und herführen.« Für die anderen, das sogenannte »Bürgertum«, sei »die Welt der Gemeindebauten und der Parteiheime jenseits des Gürtels eine undurchschaubare, unheimliche Wildnis revolutionärer Ideen, die sich in den Demonstrationszügen von Hunderttausenden Arbeitern unter dem roten Fahnenwald dokumentiert und dem kleinen Geschäftsmann ... *das Gruseln vor der Weltrevolution* lehrt«.[6] So lag ein Schatten des gewollten psychologischen und organisatorischen Abgrenzungseffekts über diesen ansonsten gewaltigen und international zu Recht bewunderten kommunalpolitischen Leistungen der Wiener Sozialdemokratie. Ihre Führer wollten verhindern, daß eine Hebung des Lebens- und Bildungsniveaus verarmter Massen später zu deren Abdriften in einen »bürgerlichen« Lebens- und Verhaltensstil führe.[7]

Otto Leichter, einer der führenden Publizisten der österreichischen Sozialdemokratie dieser Zeit, schreibt zur Wirkung dieser Tätigkeit: »... das *Ideal der Totalität* war im Organisationsgebäude der österreichischen Arbeiterschaft in höherem, kulturellem Sinn verwirklicht. Es gab keinen Zweig menschlichen Lebens und proletarischer Betätigungsfreude, für welche nicht im Rahmen des großen Organisationskörpers vorgesorgt worden wäre. Die Arbeiter ... vor allem nicht dem korrumpierenden Einfluß des gesellschaftlichen Zusammenseins mit Klassengegnern auszusetzen, war der Leitsatz dieses Zweiges sozialdemokratischer Pionierarbeit.«[8]

Politisch vielleicht noch folgenschwerer als diese das Sozialismusbild der anderen Parteien unnötig negativ beeinflussende, *innergesellschaftliche Abgrenzungspolitik* des Austromarxismus war jedoch dessen damaliger Frontalangriff auf die älteste, einflußreichste und umfassendste Kulturinstitution des österreichischen Volkes, d. h. auf die Katholische Kirche Österreichs. Das auf dem Parteitag von Linz 1926 verabschiedete Programm der Sozialdemokratischen Arbeiterpartei Österreichs (»Linzer Programm«) macht klar, daß die Sozialdemokratie nicht die Religion bekämpfe, wohl aber »Kirchen und Religionsgesellschaften, welche ihre Macht über die Gläubigen dazu benützen, dem Befreiungskampf der Arbeiterklasse entgegenzuwirken«. Konkret fordert das Programm, die vom Staat völlig zu trennende Kirche müsse *alle Kosten ihrer Existenz aus privaten Spenden bestreiten.* »Aufwendungen aus öffentlichen Mitteln« für die Kirche und ihre Zwecke seien »ausgeschlossen«. Die konkrete Anwendung dieser Programmpunkte hätte in der Praxis wegen des Verlusts der Kirchensteuer und der gleichzeitig geplanten Enteignung des kirchlichen Grundbesitzes zu einem *sofortigen und totalen Zusammenbruch der materiellen Infrastruktur der Kirche geführt.* In einer Zeit allgemeiner Verarmung hätte sie mit freiwilligen Spenden nur einen Bruchteil ihrer Kosten decken können. Die Jugend dürfe ihren Religionsunterricht nur »außerhalb des Rahmens des allgemeinen Unterrichts« erhalten, forderten die Sozialisten; und weiter: »Die theologischen Fakultäten sind aus dem Verband der Universitäten auszuscheiden.«[9]

Den Ernst dieses Kulturkampfes zeigte die im folgenden Jahr intensivierte Kampagne der Austromarxisten zum Austritt aus der Kirche. Im Ton der Genugtuung berichtet Otto Leichter von deren Erfolg: »Im zweiten Halbjahr 1927 meldeten in Wien nicht weniger als 21 857 Personen ihren Austritt aus der Kirche an, etwa dreimal so viel wie in derselben Zeit des Jahres 1926. Die Kirchenaustrittsbewegung war zu einer Volksbewegung geworden.«[10] Die Kirchenaustrittsbewegung steigerte bei der anderen großen Massenpartei Österreichs, der Christlichsozialen Partei, dem einzig denkbaren Koalitionspartner gegen den Nationalsozialismus, das Gefühl, daß es bei der politischen Auseinandersetzung mit der Sozialdemokratie um etwas viel Tieferes und Existentielleres gehe als nur um die Gewinnung von Mandaten oder um die zeitweilige Bildung einer Regierung unter der Führung dieser oder jener Partei. Der Prälat Ignaz Seipel, der führende Staatsmann der Christlichsozialen Partei, begann die Sozialdemokraten nun als »Widersacher Christi« zu apostrophieren.[11] Für überzeugte Christen war dies wesentlich bedenklicher als jede andere rein politische Gegenposition des sozialdemokratischen Lagers. So verschärfte sich die *Polarisierung von beiden Seiten her*. Der im katholischen Österreich höchst kontraproduktive Kirchenkampf der Austromarxisten mußte sich bei den Christlichsozialen zumindest als Hemmfaktor einer Kooperation mit den Sozialdemokraten auswirken. Aber auch jenseits der Kirchenfrage bestanden zwischen den beiden großen Parteien tiefreichende Sphären weltanschaulicher Polarisierung.

3. Traditionsfeindschaft, Ablehnung der permanenten Eigenstaatlichkeit Österreichs und Anschlußstreben

Dem größten Teil des christlich-vaterländischen Lagers bedeutete, wie wir festgestellt haben, die Rückbesinnung auf die kulturelle und geschichtliche Größe Altösterreichs eine tief empfundene Quelle geistiger Kraft und Identität. Aus ihr wurde nun der Eigenwert des neuen, kleinen Österreich abgeleitet, von dem man die ideelle Fortsetzung vieler Werte Altösterreichs in neuen Formen erhoffte. Im Vergleich zu den Dynastien der europäischen *Nationalstaaten* hatte das Haus Habsburg für die reichstreuen Bürger der *supranationalen* Donaumonarchie emotional und institutionell eine vergleichsweise viel bedeutendere Rolle gespielt. Eine positive Haltung Altösterreich gegenüber bedeutete daher fast zwangsläufig eine ebensolche Haltung gegenüber den Habsburgern. Obwohl weite Kreise der christlich-vaterländischen Richtung nicht an die Möglichkeit oder Wünschbarkeit einer Habsburger Restauration glaubten, blieben die Habsburger dennoch ein zentrales Element ihres *Geschichtsbewußtseins*.

In der Ersten Österreichischen Republik war und galt aber den Führern der österreichischen Sozialdemokraten der Name und Nimbus der Habsburger und ihres Reiches als etwas Hassenswertes. Das scheint in mehrfacher Hinsicht paradox zu sein. Hatte doch das österreichische Staatsgrundgesetz vom 21. Dezember 1867 einen Katalog von Grundrechten proklamiert, der von den republikanischen Verfassungen von 1920 und 1929 übernommen wurde. 1907 war in der cisleithanischen Reichshälfte das allgemeine, gleiche und direkte Wahlrecht (Frauen noch ausgenommen) eingeführt worden. Dieses Ereignis wie auch die im selben Jahr stattfindenden ersten allgemeinen Wahlen kommentiert Walter Pollak in seiner Geschichte des österreichischen Sozialismus mit den Worten: »Die Sozialdemokraten fanden an diesem Tag den Sinn ihres Strebens nach dem allgemeinen Wahlrecht bestätigt; sie hatten einen glänzenden Durchbruch erzielt und waren mit 87 Mandaten als zweitstärkste Partei in den Reichsrat eingezogen.«[12] Niemand hatte bessere Pläne zur Lösung der schwerbelastenden Nationalitätenprobleme des Habsburger Vielvölkerreiches ausgearbeitet als Karl Renner und Otto Bauer, die wichtigsten und einflußreichsten geistigen Führer der österreichischen Sozialdemokratie. Die Nationalitätenpolitik des ermordeten Thronfolgers Franz Ferdinand und Kaiser Karls bewegte sich in gleicher Richtung. Dennoch wurde die Agitation gegen Altösterreich und Habsburg zu einem zentralen Element sozialdemokratischer Politik. Das ging so weit, daß Otto Bauer es beklagte, daß der Friedensvertrag der Republik »*den alten Namen Österreich ... den verhaßten Namen*« aufgezwungen habe.[13]

Als die mit einem erneuten Anschlußverzicht verknüpfte Völkerbundanleihe an Österreich zur Diskussion kam, verwarf Otto Bauer im Namen seiner, auf den Anschluß hin fixierten Partei auf der Nationalratssitzung vom 14. September 1922 die diesbezügliche Bitte des Bundeskanzlers, die Opposition möge im gemeinsamen Staatsinteresse die Anleihe unterstützen, mit den schroffen Worten: »Gegen offenen Landesverrat polemisiert man nicht; man gibt ihn der Verachtung preis, solange er ungefährlich ist, und man schlägt ihn nieder, wenn er gefährlich wird ...« Dr. Karl Renner ergänzte diese Polemik mit dem Hinweis, Deutsch-Österreich habe »keine Zukunft«. Es gehe nur darum, das Provisorium Deutsch-Österreich so lange am Leben zu erhalten, »bis die Stunde der Befreiung kommt«, bis man sich ans Deutsche Reich (der Weimarer Republik) anschließen könne.[14]

In der bedeutsamen und symptomatischen Erklärung der sozialdemokratischen Parteiführung vom Mai 1933, in der eine Eingliederung in das Dritte Reich scharf abgelehnt wird, heißt es zugleich aber auch: »*Der Anschluß an ein freies und friedliches Deutschland der Zukunft bleibt unser Ziel ... Ebenso* wie die Unterwerfung unter die Gewaltherrschaft Hitlers bekämpfen wir jede Restauration der Habsburger.«[15] Mit dem Wort »Jede« sollte hervorgehoben werden, daß die Wiederherstellung einer auf Rechtsstaatlichkeit beruhenden und mit Parteienpluralismus verbundenen konstitutionellen Monarchie – erfolge sie unter den Habsburgern – *ebenso* zu bekämpfen sei wie das, was man richtig als »Gewaltherrschaft Hitlers« bezeichnete. Unmittelbar nach dem gegen Österreichs staatliche Existenz gerichteten Naziputsch vom Juli 1934 stellte Otto Bauer fest: »Die sozialistischen Arbeiter und die nationalsozialistischen Kleinbürger, Bauern und Intellektuellen bilden zusammen eine gewaltige Mehrheit des österreichischen Volkes.« Und fast wie in Äußerung eines Wunsches fährt er fort: »Könnten sie gegen den Austrofaschismus zusammengehen, so würde er hinweggefegt werden.« Im Zusammenhang mit seiner Vermutung, die Vaterländische Front könne als »letzte Zuflucht« in einer schwierigen Situation die »Restauration der Habsburger« versuchen, sagte Bauer weiter: »Eine *proletarische Revolution* gegen die Restauration der Habsburger würde alles in Österreich, was deutsch-national fühlt und denkt, mitreißen.« Eine solche Revolution würde im *Dritten Reich* und in den Staaten der Kleinen Entente auf *große Sympathien* stoßen.[16]

Selbst nach dem Anschluß verwarf Bauer Österreichs Eigenstaatlichkeit mit den Worten: »Die Zukunft der österreichischen Arbeiterklasse liegt also in keinem *österreichischen Separatismus*.«[17] Der vollzogenen Tatsache der Annexion Österreichs durch das Dritte Reich gegenüber könne sich der österreichische Sozialismus »nicht reaktionär verhalten, sondern nur revolutionär«. Das Rad der Geschichte könne man nicht zurückdrehen. »*Österreich aber ist gewesen*. Österreichische Klerikale und Monarchisten mögen im Auslande Komitees gründen, die von der Wiederherstellung eines österreichischen Staatswesens phantasieren ... das ist kindisches Spiel.«[18] Seine Ablehnung der von Dollfuß und seinen Anhängern insbesondere auch als ideologische Abwehrwaffe gegen den Nationalsozialismus konzipierten Österreich-Ideologie kleidete Bauer in die Worte: »Wir österreichischen Sozialisten haben nichts zu schaffen mit dem Spuk des aus Katholizismus, Habsburger Tradition und Barockkultur zusammengebrauten ›österreichischen Menschen‹, den klerikal schwarz-gelber *Separatismus der nationalen Gemeinschaft* des deutschen Volkes entgegenstellt ... *Wir haben ebensowenig zu tun mit der Verherrlichung der österreichischen Kleinstaaterei*, die unsere Industrie zur Schrumpfung, unsere Arbeiter zur Arbeitslosigkeit verdammt ...«[19]

Diese damals fast durchgängig von der Hoffnung und dem Glauben an das Kommen einer sozialistischen großdeutschen Republik inspirierte Haltung der österreichischen Sozialdemokraten beleuchtet objektiv einen Teil der tiefen geistigen Kluft, die die großen Parteien der Ersten Republik in der Ära ihres Kampfes mit dem Nationalsozialismus in diesen existenziellen Grundsatzfragen voneinander trennte. In der subjektiven Sicht des christlich-vaterländischen Lagers, die hier untersucht wird, vertiefte sie gegebene Zweifel an der Gangbarkeit einer auf Vertrauen und Konsens beruhenden Kooperation mit den Trägern eines in Grundfragen dieser Art so antagonistischen Weltbildes. Der temporär – d. h. nur für die Dauer des Dritten Reiches – gemeinte Ausschlußverzicht, den die Sozialdemokraten im Oktober 1933 verkündeten, wirkte nur mildernd.

Die radikale Unterschiedlichkeit in dieser alle Österreicher betreffenden Schicksalsfrage einer Erhaltung oder Preisgabe der Eigenstaatlichkeit Österreichs wird aus einer Gegenüberstellung der

Standpunkte eminenter Führer beider Lager klar ersichtlich. So schreibt Karl Renner 1932, dem Jahr des von Hitler anbefohlenen »Generalangriffs auf Österreich«, *Österreich sei nichts weiter als »ein verkrüppeltes Zwergwirtschaftsgebiet«, das bei einer Neuordnung der Weltwirtschaft nie befriedigende Lösungen ergeben könne.« »Wir haben das Aufgehen dieses Zwerggebildes in ein größeres natürliches Wirtschaftsgebiet politisch zu betreiben. Das Natürlichste ist ..., daß wir ... ein Glied des gegebenen nationalen Wirtschaftsgebietes des Deutschen Reiches werden.«*[20]

Nach der Behauptung, der Souveränität Österreichs hafte »das Odium eines Krüppels« an, erklärt Renner kategorisch: »Hilfe bietet darum nur der Anschluß Österreichs an das Deutsche Reich. Das war am 12. November 1918 das erste Wort der jungen Republik; das ist und bleibt auch ihr letztes!«[21] Führer der Christlichsozialen Partei scharf angreifend kritisiert er, sie verkündeten ständig »das hohe Lied von Österreichs selbständiger Eigenart ... Wer aber sagt, Österreich solle auf eigene Faust Politik machen, sich von unserer Nation trennen, der muß uns verraten, was dieses selbständige Österreich in der Welt soll und kann.«[22]

In einer Schrift aus dem Jahre 1938 kritisierte Renner, daß sich maßgebliche christlichsoziale Politiker durch Engelbert Dollfuß dazu »verführen« ließen, »... den österreichischen Teil des deutschen Volkes nicht bloß als einen Stamm der Deutschen, sondern als besondere Nation anzusehen und die Unabhängigkeit Österreichs, diese harte Fessel aus St. Germain, geradezu als Panazee zu preisen!«[23]

In scharfem Kontrast hierzu erklärte Engelbert Dollfuß 1932, dem ersten Jahr seiner Kanzlerschaft: »... Ich bin der Überzeugung, daß wir ein *lebensfähiges Land* sind, und in diesem tiefen Bewußtsein habe ich die Leitung der Staatsgeschäfte übernommen ... Wir glauben mit tiefer Überzeugung an die Zukunft unseres Volkes.«[24] Im folgenden Jahr sagte der Bundeskanzler: »Das einzige Ziel unserer Außenpolitik kann nur sein, die Unabhängigkeit nach allen Seiten zu sichern und dazu beizutragen, daß für die weitere Gestaltung des Schicksals unserer Heimat niemand anderer als wir selbst die Entscheidung zu treffen haben.« Kurz danach stellt er fest: »Unsere Ehre, unsere Freiheit, die Unabhängigkeit Österreichs sind Dinge, über die es keine Verhandlungen gibt, die Voraussetzung sein und bleiben müssen.«[25]

Ebenso deutlich äußerte sich Vizekanzler Fürst Starhemberg, als er 1934 erklärte:»... Österreich ist ein Begriff der Vergangenheit, Gegenwart und Zukunft. Es umfaßt nicht ein Zufallsprodukt der Friedensverträge. Für uns muß dieses Österreich unabhängig sein ... Für uns gibt es keinen Anschluß, weil wir wissen, daß der Anschluß nichts anderes bedeutet, als Österreich zu einer Kolonie von Preußen-Berlin zu degradieren.«[26]

So klaffte zum Zeitpunkt des nationalsozialistischen »Generalangriffs auf Österreich« zwischen den beiden Großparteien ein unüberbrückbarer Meinungsunterschied hinsichtlich des Willens zum permanenten Sein oder Nichtsein Österreichs als selbständiger Staat. Zwar lehnten die Sozialdemokraten den Anschluß für die Dauer des Dritten Reiches kategorisch ab. Danach aber sollte er unter sozialistischem Vorzeichen erneut angestrebt werden. In dieser Prinzipienfrage blieb das vaterländische Lager allein auf sich gestellt. *Denn Großdeutsche, Sozialdemokraten und Nationalsozialisten lehnten – wenn auch mit sehr unterschiedlichen Begründungen und Absichten – eine Eigenstaatlichkeit als permanente Daseinsform des österreichischen Volkes ab.*

4. Das Hemmnis des »Bolschewismus«-Verdachts

Im gesicherten Rückblick auf die 57jährige Geschichte der Zweiten Republik Österreich erweist sich die Sozialistische Partei als einer der Hauptpfeiler der österreichischen Demokratie: sowohl in ihrer Entwicklung als auch in ihrem Abwehrkampf gegen Herausforderungen durch Kräfte des rechten und des linken Totalitarismus. So muß es merkwürdig erscheinen, daß diese Partei in der austromarxistischen Phase ihrer Geschichte seitens nichtsozialistischer Kreise der österreichischen Politik und Gesellschaft in der Ersten Republik zu Unrecht immer wieder in den Verdacht geraten ist, eine besondere und getarnte Form eines österreichischen Bolschewismus zu verkörpern. Diese zwar sachlich falsche, in der Ersten Republik jedoch für die genannten Kreise praktisch verhaltenssteuernde Auffassung trug in verhängnisvoller Weise zur *Entfremdung* und zum *Vertrau-*

Kapitel IV: Die Demokratiekrise und der Führungsanspruch ...

ensmangel zwischen jenen beiden großen Parteien Österreichs bei, deren Kooperation bei der Abwehr des Nationalsozialismus so wünschenswert gewesen wäre.

Zur realen Situation von damals schreibt Hellmut Andics sehr anschaulich: »Wir wissen heute, daß die Sozialdemokraten der Ersten Republik zumindest seit dem Linzer Programm von 1926 nicht mehr daran dachten, die heiße Revolution des Sozialismus tatsächlich durchzuführen. Wir wissen aber ebenso gut, daß das Bürgertum ernsthaft glaubte, mit einer parlamentarischen 51-Prozent-Majorität der Sozialdemokratischen Partei würde in Österreich der Bolschewismus ausbrechen. Und so wie die Heimwehren an den österreichischen Bolschewismus glaubten, weil die Ideologen des Austromarxismus in ihrem Parteichinesisch laut und viel von der ›Revolution‹ sprachen, so glaubte die sozialdemokratische Arbeiterschaft an die ›Reaktion‹, wenn die Heimwehren vom faschistischen Ständestaat fabulierten. Hinter den Haßgesängen der Sonntagsredner auf Bezirks- und Kreisversammlungen stand jedoch eine höchst bescheidene Realität.«[27]

Zur Verschärfung der gegenseitigen Feindvorstellungen trug ganz wesentlich ein schwerer Zwischenfall bei, der aus einem anfangs kleineren Zusammenstoß zwischen Wehrverbänden im burgenländischen Dorf Schattendorf entstanden war. Dort veranstalteten am 30. Januar 1927 rechtsgerichtete Frontkämpferorganisationen ein Kameradschaftstreffen. Um sie, wie dies in jener Zeit oft üblich war, in die Schranken zu weisen, hatte der sozialistische Wehrverband des Republikanischen Schutzbundes für eben diesen Tag und im selben Dorf eine Gegenveranstaltung geplant. Wie zu erwarten, ergaben sich daraus schwere Zusammenstöße, in deren Verlauf ein Schutzbündler und ein Kind getötet wurden. Die tödlichen Schüsse kamen aus einem Wirtshaus, in dem sich Frontkämpfer verschanzt hatten und auf das eine größere Anzahl von Schutzbündlern kampfbereit zugeeilt war. Ein Geschworenengericht – eine Institution, für deren Errichtung sich die Sozialisten besonders eingesetzt hatten – sprach die drei Angeklagten am 14. Juli 1927 frei (eine bedenklich gewordene Art der Behandlung politischer Verbrechen durch Geschworenengerichte!). Der Freispruch bewirkte, daß die sozialistische »Arbeiterzeitung« am 15. Juli 1927 vom bereits begonnenen »Bürgerkrieg« sprach und, Teile der öffentlichen Meinung zur Siedehitze anheizend, auch davon, daß der blindwütige Abschuß von Menschen für Frontkämpfer jetzt zum »erlaubten Jagdvergnügen« stilisiert worden sei. Ein am 20. Juli 1927 in der sozialistischen Arbeiterzeitung erscheinender Artikel »Das Vermächtnis der Toten« spiegelt die von Haß geladene Emotionalität der politischen Agitation wieder. Es heißt darin u. a.: »Versöhnung? Es gibt keine Versöhnung ... Was wir am Grabe der Toten geloben werden, ist nicht Versöhnung, sondern leidenschaftlicher Kampf gegen die bürgerlich-kapitalistische Welt, in der man Arbeiter niederknallt wie Tiere ... Wir werden die Schüsse nicht mit Schüssen erwidern, sondern mit wuchtigeren und radikaleren Methoden. Wir werden das ganze System vernichten. ... Das fordern die Toten von uns. Ihr Blut wird gesühnt sein, wenn der Sozialismus siegt.«

Ohne Veranlassung oder Führung seitens des sozialdemokratischen Parteivorstandes war es zuvor nicht nur zum Generalstreik, sondern am 15. Juli 1927 auch zu wilden Massendemonstrationen gekommen. Zunächst wurde versucht, die Universität und das Parlament zu erstürmen; als dies nicht gelang, brach eine wütende Menge in den Justizpalast ein und legte zielstrebig Feuer. Es wurde sogar versucht, den Obmann des betreffenden Geschworenengerichts zu lynchen. Demonstranten behinderten die zum Löschen anrückende Feuerwehr. Zeitungsredaktionen wurden gestürmt und geplündert. Vergeblich bemühte sich der sozialdemokratische Bürgermeister Seitz mit anderen Parteiführern darum, die Massen zu beschwichtigen und die Feuerwehr an den Brandherd heranzuführen. Die anrückende Polizei wurde beschossen und schoß zurück. Die tragische Gesamtbilanz dieses Schreckenstages ergab 86 Tote, 118 Schwerverletzte und noch wesentlich mehr Leichtverletzte.[28]

Im Rückblick urteilt der Historiker Walter Pollak: »Der 15. Juli 1927 war ein Bruch in der Entwicklung der österreichischen Sozialdemokratie. Noch schlimmer aber war die Tatsache, daß der Graben zwischen den politischen Lagern so sehr vertieft wurde, daß er in der Zukunft schier unüberbrückbar schien. Keiner wollte von Versöhnung etwas wissen.«[29] Die fanatisierende Polemik der »Arbeiterzeitung« gegen den Freispruch des Geschworenengerichts, den man als Symptom der Regierungspolitik brandmarkte, hatte nicht, wie gewollt, als Gefühlsventil der öffentlichen Meinung gewirkt. Zur echten Überraschung der Parteiführung hatte diese extreme Politik eine spontane, von der Partei weder geführte noch auch nachträglich unter Kontrolle gebrachte Massenbewegung von bürgerkriegsähnlichen Dimensionen ausgelöst. Die sozialdemokratische Parteiführung selbst wie auch ihre politischen Gegenspieler waren aus unterschiedlichen Gründen von diesem Ereignis zutiefst betroffen. Die Regierung warf den Sozialisten hemmungslose Volksverhetzung vor, und die Sozialisten beschuldigten die Regierung des exzessiven Schußwaffengebrauchs. Die für die ohnedies prekäre politische Einheit der Republik höchst schädlichen Folgen des 15. Juli beschrieb Karl Renner psychologisch brillant mit den Worten: »Der bis dahin hauptsächlich parlamentarisch ausgetragene Gegensatz verwandelt sich, gewiß auch in Folge der unbeherrschten Pressepolemik, in *die bittere Feindschaft zweier Heerlager ... In der Partei selbst verurteilten die radikalen Elemente den Abbruch des Kampfes und waren unzufrieden, daß man ihn nicht zur bewaffneten Revolution gesteigert hatte*, in der bürgerlichen Welt aber... nahm man die von den Heimwehren angefachte und bisher niedergehaltene *Kommunistenangst* – die Kommunisten hatten nicht ein einziges Mandat errungen – ... viel ernster. Jede auch zufällig losgebundene Äußerung der Gewalt weckt als Echo die Furcht vor Gewalt bei den Ängstlichen und den Willen zur Gewalt bei den Entschlossenen.«[30] Die Heimwehren erhielten nach diesem schockierenden Ereignis einen präzedenzlosen Zulauf von aktiven oder unterstützenden Mitgliedern. In einem Rückblick auf das Internationale Sozialistische Jugendtreffen in Wien im Frühjahr 1929 kritisierte Bruno Kreisky die Tatsache, daß damals Transparente mit der Aufschrift getragen wurden: »*Demokratie ist nicht viel – Sozialismus ist das Ziel!*« die den Verdacht der nicht-marxistischen Parteien, für die Austromarxisten sei Demokratie nur ein Mittel zum Zweck einer sozialistischen Ein-Parteien-Diktatur, wenn sie einmal demokratisch an die Macht gelangt seien, zu bestätigen schien.[31]

An den Folgen der jetzt wachsenden Polarisierung zwischen den beiden großen Parteien der Republik änderte auch die Tatsache nichts, daß die wegen Brandstiftung und Gewaltanwendung angeklagten Demonstranten des 17. Juli von Geschworenengerichten anschließend *ebenso freigesprochen* wurden wie zuvor die Angeklagten im Schattendorfer Prozeß.

Auf dem anschließenden Parteitag der Sozialdemokratischen Partei erklärte Otto Bauer, nachdem er zuvor eine Koalition mit der Regierung abgelehnt hatte: »Dieses Österreich ist die Summe zweier Teile, die sehr verschieden, aber beinahe gleich an Volkszahl sind.«[32] In fast prophetischer Erkenntnis der gefahrvollen Folgen falscher Vorstellungen bei den gegnerischen Parteien argumentierte Karl Renner: »Es ist eine Gefahr und ein Widerspruch, immer von Revolutionen zu reden und zugleich behaupten zu müssen, daß man sie nicht machen könne. Ein Widerspruch, der von uns die höchste Vorsicht in dieser Art von Propaganda fordert ...«[33]

Gegen solche höchst realen Fehlvorstellungen beim politischen Gegner schrieb Otto Bauer im Oktober 1932 einen Artikel mit der bezeichnenden Überschrift: »*Wir Bolschewiken. Eine Antwort an Dollfuß*«.[34] Bauer erwähnt darin, der neue Bundeskanzler Dr. Dollfuß habe ihm bei einer Parlamentssitzung zugerufen: »Sie sind ein Bolschewik! Sie haben sich nie ehrlich zur Demokratie bekannt.« Wenn aber er, Bauer, sich die Praxis der sowjetischen Diktatur vor Augen halte, so fühle er: »Da kann ich nicht mit, da scheidet mich vom Bolschewismus meine Schätzung des Wertes der individuellen geistigen Freiheit.« Um ihretwillen sei er »Demokrat«. Demokratie sei allerdings mehr als nur der Parlamentarismus. »Aber«, so fährt Bauer fort, »wenn ich die geistige Freiheit schätze, so hasse ich mit unauslöschlichem Haß den Kapitalismus.« Trotz seiner Kritik am Bolschewismus wolle er jedoch zur Sowjetunion folgendes sagen: Der Sturz der »Sowjetdiktatur« würde in Rußland nicht zur Freiheit, sondern zu einer »weißen Diktatur« führen. Wenn hingegen der Sowjetdiktatur »das Werk des sozialistischen Aufbaus« gelänge, wenn eine sozialistisch erzogene junge Generation nachgewachsen sei, »dann wird die Diktatur überflüssig geworden sein und abgebaut werden können«. Diese seine persönliche Distanzierung vom Bolschewismus, der sich dann aber eine bedingte, von Hoffnung getragene Zustimmung anschließt, ergänzt Bauer durch Worte, die die Stimmungslage und den extrem polemischen Diskussionsstil jener Zeit kennzeichnen: »Das, Herr Dollfuß, ist meine Stellung zum Bolschewismus. Sie ist, ich gebe es zu, zu subtil, als daß sie jener Ignoranz verständlich sein könnte, die Ihrem ›Sie sind ein Bolschewik‹ entzückt grinsend applaudiert hat.«[35]

Seinem Wunsch nach Annäherung an Moskau entsprechend hatte Otto Bauer auf dem Sozialdemokratischen Parteitag im November 1932 u. a. gesagt, es gäbe »nur einen Weg zur Einheitsfront des Proletariats im internationalen Maßstab, und das sind direkte Verhandlungen zwischen der Sozialistischen Internationale und der Komintern [Kommunistischen Internationale]. Nur von Internationale zu Internationale, nur zwischen Zürich und Moskau kann die Einheitsfront des Proletariats begründet werden.«[36]

Ein halbes Jahr später beklagt ein Leitartikel der »Arbeiterzeitung« erneut, daß Dollfuß aus den Äußerungen und Programmen des Austromarxismus zu Unrecht die Schlußfolgerung gezogen habe, die Sozialisten hätten sich »die Aufrichtung einer Diktatur des Proletariats zum Ziele gesetzt«. In Wirklichkeit wolle die Sozialdemokratie einen »Befreiungskampf mit Mitteln der Gewalt« und die Errichtung einer Diktatur nur dann in die Tat umsetzen, wenn ihr zuvor die Gegenseite den demokratischen Kampfboden entrissen habe. Die Arbeiterzeitung erinnerte Dollfuß daran, daß er zwei Jahre zuvor paradoxerweise noch zu jenen Führern der Christlichsozialen gehört habe, die eine »Koalition mit den Marxisten« befürwortet hätten. Der Artikel schließt mit der Forderung nach Neuwahlen, die allerdings zu diesem Zeitpunkt von den Nationalsozialisten noch wesentlich vehementer gewünscht wurden als von den Sozialisten.[37]

Wie eine indirekte Bestätigung der sozialistischen Befürchtungen wirkte es, daß Bundeskanzler Dollfuß nur wenige Tage darauf in einem Interview mit der französischen Tageszeitung »Petit Parisien« seine Überzeugung zum Ausdruck brachte, die Sozialdemokratie in Österreich habe nicht denselben Charakter wie in Frankreich, denn: *»Die österreichischen Marxisten haben den Klassenkampf auf ihre Fahnen geschrieben. Sie begnügen sich nicht mit dem demokratischen Regime, das sie nur als Etappe zur Diktatur des Proletariats ansehen.«*[38]

Denselben Verdacht, daß die Demokratie für die Austromarxisten »nur ein Übergangsstadium zur Diktatur des Proletariats« bedeute, sprach Schuschnigg in seinem Buch »Dreimal Österreich« aus.[39] Es hat den Anschein, als ob er sich mit dieser Ansicht auf bestimmte Stellen des Buches von Otto Bauer »Die österreichische Revolution«[40] beziehe. Am Ende dieses Bandes hatte es geheißen, die Sozialdemokraten müßten sich vor dem Irrtum kleinbürgerlicher Demokraten hüten, die Republik der pluralistischen Demokratie für den »Abschluß« der Entwicklung halten, obwohl sie doch nur eine *»Übergangsperiode«* sei.[41] Zwar sei es momentan die Aufgabe »des Proletariats«, die Ergebnisse der Revolution von 1918 zu verteidigen.[42] »Sobald aber die durch die Revolution von 1918 ungelösten Probleme ... einen neuen Prozeß einleiten, wird der aus der Revolution von 1918 hervorgegangene staatlich-gesellschaftliche Übergangszustand gesprengt, im Sturme einer *neuen Revolution* zu einem anderen, einem höheren Übergangszustand überführt.«[43] Diese durch Klassenkampf verursachten Ketten von Revolutionen fänden ihre Vollendung erst in einer sozialistischen Gesellschaft, die nach Beseitigung des Eigentums an Produktionsmitteln die Klassengegensätze aufhebe und eine sozialistische »Volksgemeinschaft« verwirkliche.[44]

Wie nicht nur Karl Renner prophetisch, sondern auch Bruno Kreisky im Rückblick auf den schwarz-roten Bruderkrieg vom Februar 1934 festgestellt hat, trug das Spiel des linken Flügels der Austromarxisten mit sehr leicht mißverständlich revolutionär klingenden Phrasen und Gesten – neben anderen, noch schwerer wiegenden Faktoren – maßgeblich zu jener Fehldeutung der christlich-vaterländischen Führungskreise bei, die trotz gutgemeinter Versuche das Zustandekommen einer anti-nationalsozialistischen Einheitsfront verhinderte. Nur wenige Tage nach dem Ende der bewaffneten Revolte des Schutzbundes vom Februar 1934 erließ Otto Bauer im Namen seiner Partei eine »Prinzipienerklärung«, in der es hieß, die austrofaschistische Diktatur habe »den Sozialdemokraten die Demokratie als Mittel zur sozialistischen Umgestaltung der Gesellschaft entrissen«. Die Ereignisse in Österreich hätten die Erfahrung bestätigt: »Es ist keine wirkliche, echte dauerhafte Demokratie möglich, ehe nicht den Kapitalisten, den Aristokraten und der Kirche die wirtschaftlichen Machtmittel entrissen werden, derer sie sich bedient haben, die Demokratie zu vernichten. Deshalb muß aus einer revolutionären Volkserhebung in Österreich zunächst eine *revolutionäre Diktatur* der Arbeiterklasse hervorgehen ...« Erst wenn diese Diktatur ihre Aufgaben der totalen Sozialisierung der gesamten Gesellschaft erfüllt habe, sei die Einführung einer neuen, einer »sozialistischen Demokratie« denkbar. Dementsprechend heißt es im Schlußteil dieser Erklärung – fast wie in ungewollter Bestätigung des von Dollfuß und Schuschnigg nicht nur gehegten, sondern auch verbreiteten propagandistisch verwerteten »Bolschewismus-Verdachts«: »*Nicht die Wiederherstellung der bürgerlichen Demokratie von gestern*, sondern eine *revolutionäre Diktatur* als *Übergangsform* zu einer echten, auf das Eigentum des Volkes an seinen Arbeitsmitteln und Arbeitsertrag gegründeten, also *sozialistischen Demokratie* ist unser Ziel.«[45] Das hochaktuell gebliebene Problem der Verteidigung der österreichischen Eigenstaatlichkeit gegen die militante Expansion des Nationalsozialismus findet in dieser Erklärung keine Beachtung.

Otto Leichter, einer der eminentesten Publizisten des *Austromarxismus*, beschrieb dessen besonderes Wesen u. a. mit den Worten: »Der Austromarxismus war in Wirklichkeit der Versuch einer entschiedenen Klassenpolitik der Arbeiter auf dem Boden und, unter Ausnützung der Demokratie.« Er sei der Versuch dazu gewesen, »… in den österreichischen Arbeitern das Machtgefühl, das sie aus den Tagen der Revolution gerettet hatten … zur Grundlage einer kraftvollen Politik auf dem Boden der Demokratie zu machen, diese Demokratie nicht zu überschätzen, aber in ihr doch zu versuchen, die Staatsmacht auf demokratischem Wege zu erobern.« Was aber hiernach geschehen sollte, wurde kaum je klar zum Ausdruck gebracht. Im Linzer Programm der Austromarxisten war die Möglichkeit einer sozialistischen Diktatur unter bestimmten Umständen erwähnt worden.[46]

Auch gewisse Oberflächlichkeiten mögen zu der Entstehung und zur Fortsetzung eines sachlich ungerechtfertigten Bolschewismusverdachts bei den christlich-vaterländischen Kreisen beigetragen haben. Hierzu gehört die partielle Analogie der Symbolik bei Sozialisten und Kommunisten wie z. B. das gemeinsame Führen roter Fahnen, das Absingen der Internationale, die zum politischen Gruß erhobene Faust und die gemeinsame – wenn auch in den Konsequenzen äußerst unterschiedliche – Berufung auf Karl Marx und seine Klassenkampflehre. In dieses Unvermögen, zwischen der Symbolik von »rot« und »rot« zu unterscheiden, mischten sich Erinnerungen an den Terror des Räteregimes in Ungarn, an den Ansatz zur Räterepublik in Bayern und an den untauglichen Versuch der kommunistischen Roten Garde vom April 1919, auch in Österreich einen Staatsstreich zur Errichtung einer Räterepublik durchzuführen. Übersehen wurde, daß es primär die Sozialdemokraten gewesen waren, die diesen Putsch vereitelt und trotz ihrer Oppositionsrolle ab 1922 manche konstruktiven Beiträge zur Bundespolitik – wie z. B. bei der Verfassungsreform von 1929 – geleistet hatten.

5. Von der Krise zur Selbstlähmung des Parlaments

Das Ende der parlamentarisch-demokratischen Staatsordnung der Ersten Republik in den Jahren 1933/34 kann somit keineswegs nur aus Ereignissen dieser Jahre selbst abgeleitet werden. Wie schon dargelegt, stand die demokratische Staatsordnung im Schatten des Konsensmangels hinsichtlich des Wertes österreichischer Eigenstaatlichkeit und auch hinsichtlich der pluralistischen Demokratie als eines allen Parteiinteressen *übergeordneten* gemeinsamen Grundwertes. In der Praxis hatte das höchst gefährliche Folgen, wie z.B. das Bestehen und die graduelle Vermehrung bewaffneter Parteiarmeen, deren numerische Gesamtstärke die Kräfte der staatlichen Exekutive bei weitem überstieg. Ein demokratisches System existiert jedoch nicht nur auf Grund des Buchstabens der es schaffenden Verfassungen und Gesetze. In den Augen der Staatsbürger und Wähler hängen die *Vitalität, die Glaubwürdigkeit und der Wert des Parlamentarismus von seiner praktischen Leistungsfähigkeit im Dienst von Gesellschaft und Staat ab.* Die Koexistenz zweier annähernd gleich großer Parteien, die einander ohne hinreichende Konsensbasis und in ideologischer und gesellschaftlicher Polarisierung gegenüberstanden, wirkte sich in negativer Weise auf die Entscheidungs- und Führungskapazität des Parlaments aus. Bereits in normalen Zeiten wäre eine effiziente Regierung mit einem numerisch und weltanschaulich so strukturierten Parlament nicht ganz einfach gewesen.

Psychologisch erschwerend wirkte die in der Ersten Republik alle Bevölkerungsteile mit Härte erfassende wirtschaftliche Notlage. Bereits lange vor den Krisenjahren 1933/34 gab es in weiten Kreisen der Bevölkerung ein von Vertrauensschwund begleitetes, wachsendes Unbehagen gegenüber der demokratischen Staatsform. Die Kernelemente der antiparlamentarischen Kritik faßte Kurt Schuschnigg in dem schon genannten Buch »Dreimal Österreich« wie folgt zusammen: Zunächst habe Österreich eine »große parlamentarische Tradition« deshalb gefehlt, weil der Parlamentarismus des Habsburger Reiches durch die mit höchster Emotionalität ausgetragenen parlamentarischen Nationalitätenkonflikte keine guten Erinnerungen hinterlassen habe. Die junge republikanische Demokratie aber sei vor der undankbaren Aufgabe einer Erfüllung »des Zwangsvertrages von St. Germain« gestanden wie auch vor dem Zwang zur Durchführung zahlreicher unpopulärer Maßnahmen. Angesichts gleich starker Großparteien und häufiger Parteienkoalitionen habe Politik nicht in klaren, sachlich in sich stimmigen Entscheidungen bestanden, sondern im ständigen Zickzackkurs eines mühsamen Suchens nach Kompromissen. Diese hätten nur »halbe Lösungen« zeitigen können, die niemand zur Gänze befriedigt hätten. Der Konkurrenzcharakter der Parteiendemokratie habe die Parteien dazu veranlaßt, auch an sich richtige Vorschläge dann auf das schärfste zu bekämpfen, wenn sie aus dem Lager des politischen Gegners kamen. Bei Wahlen sei die Aufstellung von Kandidaten durch die jeweiligen Parteiführungen erfolgt. Die Abgeordneten hätten ihre persönliche Einstellung nur in ihren jeweiligen Parteiklubs äußern können. Aber selbst deren Beschlüsse seien stärker vom Willen einzelner einflußreicher Parteiführer geprägt gewesen als von echten Mehrheiten der Mitglieder der Parteiklubs. Angesichts der bei hauchdünnen Majoritäten ganz besonders notwendigen Fraktionsdisziplin hätten die Plenarsitzungen des Nationalrates rein formalen Charakter gehabt.[47] Hinzu kam das oft hemmungslose Verhalten der Parlamentarier, die einander öffentlich verunglimpften, sogar in Handgemenge miteinander gerieten und einander wie ungebärdige Schulbuben mit Tintenfässern und anderen »Geschossen« bewarfen.

Die für den Fortbestand des österreichischen Staates und seine Wirtschaft so entscheidende Abstimmung über die Völkerbundanleihe von 1932 erfolgte vor einem wahrhaft makabren Hintergrund. Der neue Bundeskanzler Dollfuß gewann die eine der beiden entscheidenden Abstimmungen überhaupt nur dadurch, daß für den verstorbenen Bundeskanzler Seipel bei der ersten Abstimmung im Schnellverfahren ein christlichsozialer Nachfolger ernannt und stimmberechtigt gemacht wurde und daß bei dem anschließenden Beharrungsbeschluß des Nationalrates (notwendig wegen einer vorangegangenen Ablehnung des Gesetzes im Bundesrat) für den ebenfalls kurz zuvor verstorbenen vormaligen Bundeskanzler Schober ein Nachfolger aus den Reihen des Dollfuß unterstützenden Landbundes ernannt werden konnte. Unter diesen Umständen wurde dieses so wichtige Gesetz vom Nationalrat bei der ersten Abstimmung mit 81 gegen 80 und beim Beharrungsbeschluß mit 82 Stimmen gegen 80 Stimmen angenommen.

Als Augenzeuge kommentierte hierzu der frühere Staatskanzler Dr. Karl Renner: »*Es ist nur selbstverständlich, daß eine solche Mehrheit und mit ihr ein Parlament, das nur unter solchen Umständen funktionierte, die tiefste moralische Einbuße in der gesamten Bevölkerung erlitt.*«[48] Während Renner ehrlicher von wachsender Demokratieskepsis in der *gesamten* Bevölkerung sprach, meinte Otto Bauer *nur* die wirtschaftlich verelendeten Kleinbürger und Bauern, als er von diesen Bevölkerungskreisen schrieb: »Verelendet, erbittert haben sie sich von der Demokratie überhaupt abgewendet, haben sie etwas Neues, Unverbrauchtes, Unkompromittiertes gesucht, das sie retten könne. So wurden sie reif für den Faschismus.«[49] Die Zustände im Parlament, bei der die Regierung bei jeder Erkrankung oder jedem Todesfall im Lager der sie unterstützenden Abgeordneten erzittern mußte, beschrieb der führende Sozialdemokrat Otto Leichter als einen »abstoßend häßlichen und entwürdigenden Kleinkampf um jede einzelne Stimme, ... ein widerliches Spiel, das den ohnedies bedrohten Parlamentarismus noch weiter kompromittieren mußte. ... Aber die schwere Krise des Parlaments war unverkennbar. ... Noch lebte der Nationalrat weiter. Aber es war ein trauriges unfruchtbares Leben, denn die *Gegensätze im Parlament waren so groß, daß sie jede vernünftige Arbeit hemmten.*«[50]

Wesentlich wirkte wohl auch ein soziologisch-psychologischer Tatbestand. Generationsmäßig rekrutierten sich zahlreiche Aktivisten aller politischen Gruppierungen des damaligen Österreich aus der Generation der *Frontkämpfer*, die das Erlebnis von vier Kriegsjahren geprägt hatte. Vom praktischen Leistungsvermögen der parlamentarischen Demokratie zunehmend enttäuscht, begannen viele von ihnen zu hoffen, daß man auch die weitaus komplexeren Bereiche des Politischen mit quasi-militärischen Modellen der Menschenführung und Krisenbewältigung, d. h. durch klar geordnete Hierarchien und geschlossene Fronten der Bedrohten, organisatorisch besser in den Griff bekommen könne. In diese durch die ersten regionalen Wahlerfolge der österreichischen NSDAP sowie durch Hitlers Machtergreifung in Deutschland noch komplexer und noch bedrohlicher gewordene Situation platzte dann – von niemandem so gewollt oder vorhergesehen – am 4. März 1933 wie in dramatischer Bestätigung aller Demokratieskepsis die groteske *Selbstparalyse des österreichischen Parlaments.*

Angesichts drohender Stimmengleichheit bei einer wichtigen Abstimmung ersann Otto Bauer den Trick, daß sein Parteigenosse Karl Renner sein Amt als Parlamentspräsident niederlegen und dadurch als stimmberechtigter regulärer Abgeordneter der Partei eine zusätzliche Stimme sichern solle. Nach geltenden Verfahrensregeln mußte dann der Vizepräsident des Nationalrates, ein Christlichsozialer, das Präsidentenamt übernehmen, wodurch er für die Dauer der Wahrnehmung dieses Amtes sein Stimmrecht verlor, so daß die gegnerischen Christlichsozialen um eine Stimme schwächer wurden, während die Sozialisten dementsprechend eine zusätzliche Stimme gewannen. Der so nachrückende christlichsoziale Vizepräsident (Dr. Rudolf Ramek, ein vormaliger Bundeskanzler) durchschaute den Trick jedoch und legte das Präsidentenamt ebenfalls nieder. Empört oder schockiert durch dieses gegenseitige Trickspiel der großen Parteien legte auch der zur Großdeutschen Partei gehörende Zweite Vizepräsident des Nationalrates das nun ihm zufallende Amt des Parlamentspräsidenten nieder.

Das Präzedenzlose in der gesamten Parlamentsgeschichte Europas war geschehen: Das gegenseitige Sich-austricksen-Wollen der Nationalratspräsidenten, unter ihnen prominenteste Politiker der Ersten Republik, hatte den Nationalrat seines Lenkungsorgans beraubt. Niemand konnte die Sitzung mehr schließen, die Abgeordneten liefen verwirrt auseinander, und nach der Geschäftsordnung war auch niemand mehr da, der eine neue Sitzung des Nationalrates hätte einberufen können.[51] Dieser international belachte und in der europäischen Parlamentsgeschichte wahrhaft einmalige Schildbürgerstreich hatte dem damals ohnedies schon schwer angeschlagenen Ansehen des Parlaments im Blickpunkt der österreichischen Öffentlichkeit einen schweren Schlag versetzt. Otto Leichter kommentiert: »Der Nationalrat hat sich selbst die Beine abgeschlagen und liegt nun da, ein Krüppel.«[52] Die von Renner ausgelöste, selbstverschuldete größte Krise und Blamage des rufmäßig bereits angeschlagenen Parlamentarismus der Ersten Republik ereignete sich nur fünf Wochen nach Hitlers Machtübernahme im benachbarten Deutschland.

Dem sich in vielseitiger Bedrängnis befindlichen Bundeskanzler Dollfuß erschien diese unvorhergesehene Selbstausschaltung des Parlaments wie ein Wink des Schicksals. Auch erntete er öffentlichen

Jubel, als er am folgenden Tag in einer Rede in Villach von einer »Absage an den Parlamentarismus« sprach.⁵³ Bereits am 13. März präzisierte er:»Es ist uns klar, daß wir die durch die Selbstausschaltung des Parlamentes geschaffene Lage dazu benützen müssen, entsprechende Reformen der Verfassung durchzusetzen ... es muß ein Weg und eine Form gefunden werden, die in der so schweren und harten Zeit eine stärkere Führung der Regierung ermöglichen und eine dem Wohle des gesamten Volkes gerecht werdende und nicht nur auf den Stimmenfang eingestellte Gesetzgebung gewährleisten kann.«⁵⁴

Die von ihm geleitete Bundesregierung erklärte, die Parlamentskrise sei keine Staatskrise; die Regierung werde vorerst mit Hilfe des aus dem Jahre 1917 stammenden und in den Übergangsbestimmungen der Bundesverfassung vom 1. Oktober 1920 enthaltenen »*Kriegswirtschaftlichen Ermächtigungsgesetzes*« regieren. Dieses Gesetz wurde auf Empfehlung des juristischen Beraters des Bundeskanzlers, Sektionschef Dr. Robert Hecht, in der Regierungsära Dollfuß am 1. Oktober 1932 erstmals angewandt und anschließend zu einem Verfassungsgesetz erklärt, das vom Nationalrat nur mit einer Zweidrittelmehrheit aufgehoben werden konnte.⁵⁵ Diese, unter damaligen Staatsrechtlern heftig umstrittene Rechtsgrundlage einer nun ohne Parlament erfolgenden Regierungsführung wurde von den Sozialdemokraten und auch von Vertretern anderer Parteien heftig kritisiert. Dieses Gesetz bildete einen hauchdünnen Schleier von »Recht« über der so beginnenden autoritären Amtsführung der Bundesregierung. Im gleichen Monat, im März 1933, bestätigte Adolf Schärf allerdings bei einer Sitzung der Niederösterreichischen Sozialistischen Landesparteileitung:»Wir haben im Jahre 1920 das kriegswirtschaftliche Ermächtigungsgesetz in die Verfassung eingebaut, um es einmal gegen die anderen anwenden zu können. Und nun ist die Büchse rückwärts losgegangen.«⁵⁶ Zu der vom dritten Präsidenten des Nationalrates Straffner (einem Großdeutschen) am 15. März 1933 einberufenen Sitzung des Nationalrates erschienen nur großdeutsche und sozialdemokratische Abgeordnete. Die Sitzung wurde aber wegen des Anrückens von Kriminalbeamten vertagt, bevor diese eingreifen konnten. In sozialdemokratischen Kreisen ist im Rückblick auf den 15. März 1933 oft die Meinung vertreten gewesen, hier sei eine historische Gelegenheit zu einem Aufstand zur Verteidigung der parlamentarischen Demokratie versäumt worden. Allerdings hatten sozialdemokratische Führer, an ihrer Spitze Otto Bauer, immer wieder richtig gemeint, ein massives Vorgehen der Sozialdemokraten gegen die Regierung sei nur möglich, wenn sich die »Massen« in einem Zustand äußerster Empörung befänden. Doch der jedem Bürger ersichtliche blamable Schildbürgerstreich des Parlaments hatte damals in der öffentlichen Meinung mehr Enttäuschung oder auch Schadenfreude ausgelöst als den Willen zur riskanten aktiven Verteidigung dieses Systems im Moment seiner selbstverschuldeten Diskreditierung.

Vermutlich wurde die Parlamentskrise vom 4. März so empfunden, wie Rudolf Neck sie rückwirkend charakterisiert hat: »*Der Rücktritt der drei Präsidenten des Nationalrates offenbarte eine unglaubliche Leichtfertigkeit und bewies, wie geringschätzig das Parlament von eigenen Organen behandelt wurde.*«[57] Ominös forderte Dollfuß am 2. April 1933, man müsse die Ereignisse der letzten Wochen unter einem »größeren und weiteren Gesichtspunkt« betrachten, denn, so fuhr er fort, »wir befinden uns gegenwärtig in einer Epoche der Erneuerungen des ganzen staatlichen und gesellschaftlichen Lebens«.[58]

6. Visionen auf dem »Marsch zwischen zwei Abgründen«

Von einer Reise nach Villach Anfang März zurückgekehrt, teilte Dollfuß seinen Parteifreunden Richard Schmitz und Vaugoin mit, der spontane Enthusiasmus der bäuerlichen Massenversammlung wegen der »Selbstlähmung des Parlaments« habe ihn tief beeindruckt: Während der nächtlichen Rückreise habe er beschlossen, »diese einzigartige Gelegenheit zum gründlichen Um- und Neubau Österreichs zu benützen«. Es dürfe keine Reaktivierung des Parlaments mehr geben, »ohne daß eine gründliche Verfassungs- und Geschäftsordnungsreform gesichert wäre, die auf Dauer Ruhe und Arbeit verbürgt«.[59]

Ein Blick in die Protokolle der internen und vertraulichen Beratungen des Klubvorstandes der Christlichsozialen Partei Österreichs vom Frühjahr 1933 zeigt sehr deutlich die Stimmungs- und Meinungslage dieses Führungsgremiums der primären Regierungspartei. Der triumphale Siegeszug der nationalsozialistischen Machtergreifung im benachbarten Deutschland brandete psychologisch an und über die Grenzen Österreichs, wo die Nationalsozialisten im Jahr zuvor in Landtagswahlen in Wien, Niederösterreich und Salzburg fast vom Nullpunkt zur drittstärksten Partei aufgerückt waren. Auch den ebenfalls mit Mißtrauen betrachteten Sozialdemokraten hatten die Wahlen einen leichten Zuwachs gebracht. Die kleineren Parteien der Mitte (Großdeutsche Volkspartei und Landbund für Österreich) waren vom nationalsozialistischen Wahlerfolg aufgesogen und vernichtet worden. Bei den letzten Parlamentswahlen vom Jahr 1930 hatten sich die Sozialdemokraten mit 41 Prozent der Stimmen (im Vergleich zu nur 36 Prozent der Christlichsozialen) als relativ stärkste Partei der Republik erwiesen. Angesichts der in Österreich zu erwartenden Auswirkungen der Machtergreifung der NSDAP in Deutschland mußten die Christlichsozialen bei Neuwahlen für die österreichische Parteienlandschaft insgesamt und insbesondere für ihre eigene Partei mit schwerwiegenden Konsequenzen rechnen. So nimmt es nicht wunder, daß einer ihrer Spitzenpolitiker, Richard Schmitz, die groteske Selbstparalyse des österreichischen Parlaments mit den Worten kommentierte: »... der Bundeskanzler hat sachlich vollkommen recht. *Gott hat uns noch einmal eine Gelegenheit geschickt, das Land und die Partei zu retten.*«[60]

Ähnlich äußerte sich Ex-Bundeskanzler Buresch: »Die Regierung ist in der Lage eines kriegführenden Heeres, der 4. März hat eine Wendung gebracht durch Gottes Fügung.«[61] Und Richard Schmitz ergänzte: »Es geht um Österreich überhaupt. Wenn uns die Naziwelle überschwemmt, die süddeutschen Staaten werden abgesetzt, kommen dran [sic]! Wenn wir in diese andere Flut hineinkommen, sind wir erledigt. Wir werden künftiges Schlachtfeld. Es geht wirklich hier um ungeheure Dinge.« Er fragt dann weiter, ob man nicht irgend etwas machen könne, »um die erschreckende propagandistische Wirkung vom Reich aus zu unterbinden«.[62] Ex-Bundeskanzler Ramek stellte fest: »Ich ... begrüße es, daß der Kampf gegen die NS [sic] von uns aufgenommen wird, nach dem Beispiel der Nazi im Reich.« Er forderte ein allgemeines Versammlungs- und Aufmarschverbot, jedoch auch Gegenagitation. Der Bundeskanzler, die Regierungsmitglieder und führende Landeshauptleute müßten im Radio reden können. Die Massenmedien dürften nicht nur Nationalsozialisten und Sozialisten überlassen werden. Auch hier müsse der Kampf aufgenommen werden.[63] Die von Dollfuß gestellte Frage, ob man Neuwahlen für möglich und ratsam halte, wurde verneint. Hierzu Richard Schmitz: »Neuwahlen, vom Standpunkt der Partei, würden einen außerordentlichen Verlust bringen ... Die Entwicklung im Volk nähert sich dem Punkt wie in Deutschland ... Es ist die Vorbereitung zur Revolution. Es geht um die Kernfrage, ob die Nazi Österreich in die Hand bekommen. Wenn sie es bekommen, proklamieren sie den Anschluß an Deutschland ... *Es wird sein wie im Krieg*, ganze Front bedrängt [sic]. Einen Stützpunkt haben wir aber noch. Wenn wir die Regierung und Führung im Staat verloren haben, haben wir den letzten Stützpunkt verloren, den wir noch besitzen. So peinlich es ist, die Rechtskontinuität in Gefahr zu bringen, wichtig ist die Sorge um das Vaterland. Die *Partei* kann geopfert werden, das *Vaterland* aber nicht ... Die Regierung will mit aller Kraft ... eine bessere Verfassung auf gesetzlichem Weg. Um das zu erreichen, müssen die Machtverhältnisse so geändert werden, daß die Sozi sich fügen. Es muß ein Diktat der Regierung werden. Es muß die verfassungsmäßige Form eingehalten werden. *Es ist ein Marsch zwischen zwei Abgründen.*«[64] Am Ende der Sitzung sagte Dollfuß abschließend, die Partei müsse jetzt mit Festigkeit und Autorität weiterschreiten. Es gehe nicht nur um die Christlichsoziale Partei, sondern um ganz Österreich. Man gehe großen Risiken entgegen, aber man habe keine andere Wahl.[65]

Bei einer weiteren Sitzung brachte auch Schuschnigg zum Ausdruck, daß man jetzt vielleicht vor »der letzten Chance« stehe. Man sei sich einig, daß es zu einer Verfassungs- und Geschäftsordnungsreform und damit zu einem Parlamentsumbau kommen müsse.[66]

7. Das Sendungsbewußtsein des Engelbert Dollfuß

In der Geschichte von Völkern und Staaten gibt es – insbesondere in Zeiten des Umbruchs und der Krise – Situationen, die einzelne Führungspersönlichkeiten vermöge besonderer Umstände und Initiativen dazu in die Lage versetzen, entscheidende Weichenstellun-

Teil I: Die Dollfuß-Ära

gen für den weiteren Verlauf des Geschehens zu bewirken. Zu einer solchen geschichtsmächtigen Gestalt entwickelte sich Engelbert Dollfuß dank seiner Persönlichkeit wie auch dank der Umstände in der von Turbulenzen, Krisen und Ungewißheiten gekennzeichneten Ära der Jahre 1933 und 1934. Bei seinem Regierungsantritt hielt man ihn vielfach für einen der nach Seipel und Schober jeweils eher kurzfristig und wenig spektakulär amtierenden Bundeskanzler. Diesen Eindruck vertiefte die wahrhaft katastrophale, nahezu hoffnungslose Lage, in der sich seine Partei und Regierung bei und kurz nach seinem Amtsantritt befand.

Nur einen Monat zuvor hatten die bis dahin in Österreich – im Vergleich zu Deutschland – unbedeutenden Nationalsozialisten im April 1933 bei den Wahlen in drei Bundesländern ihre Stimmenzahl von 66 000 noch im Jahr 1930 auf 336 000 erhöhen und damit fast versechsfachen können! Die eigene Christlichsoziale Partei regierte vermöge der Unterstützung der eigenwilligen und ihr anfangs oft unheimlich scheinenden Heimwehr mit einer Mehrheit im Parlament von nur einer einzigen Stimme. Noch dazu war vor dem Hintergrund dieser Konstellation das Parlament durch die Unverantwortlichkeit seines eigenen Präsidiums selbstverschuldet paralysiert worden. Fast gleichzeitig war im benachbarten Deutschland ein Politiker Reichskanzler und bald Diktator geworden, der sich offen und haßerfüllt zum Ziel der Vernichtung Österreichs als Staat bekannt hatte und der zugleich als oberster Führer auch der österreichischen Nationalsozialisten fungierte. Stürmisch forderten er und seine Anhänger Neuwahlen in Österreich, von denen sie – wohl zu Recht – nach der NS-Machtergreifung in Deutschland einen beträchtlichen Stimmenzuwachs erwarteten. Zusätzlich verschlimmernd wirkte, daß die zuvor rechtsstaatlich korrekt fungierende »Großdeutsche Partei« bereits im Mai 1933 ein sogenanntes »Kampfbündnis« mit der NSDAP geschlossen hatte.[67]

Und Hitlers Politik hatte praktisch vorexerziert, wie eine totalitäre Großpartei in einer Demokratie trotz des Verfehlens der absoluten Mehrheit mit Hilfe naiver, kleinerer Parteien eine scheinbar legale Machtergreifung bewerkstelligen konnte. Alle anderen – darunter die Katholische Zentrumspartei und die Sozialdemokratische Partei – gingen damit dem organisatorischen Untergang entgegen.

Kapitel IV: Die Demokratiekrise und der Führungsanspruch ...

Nach dem Abdriften der Großdeutschen ins NS-Lager verblieben in Österreich die regierenden Christlichsozialen in Koalition mit der Heimwehr und die austromarxistische Sozialdemokratie, der die Regierungsparteien wegen ihres erwähnten Klassen- und Kirchenkampfes, ihrer Traditionsfeindlichkeit und ihrer prinzipiellen – nur temporär ausgesetzten – Ablehnung der österreichischen Eigenstaatlichkeit mit einer zumeist zwischen Skepsis und Aversion liegenden Haltung gegenüberstanden. Allerdings gab es zumindest einzelne Landesregierungen – insbesondere in Niederösterreich – in deren Rahmen beiderseits erträgliche Formen der Koexistenz zwischen Christlichsozialen und Sozialdemokraten weiterhin bestanden, auch nachdem die Sozialdemokraten 1931 die ihnen zuerst von Seipel und danach im Oktober 1931 und im Januar 1932 von Bundeskanzler Buresch angebotene große Koalition abgelehnt und es in einer Zeit bitterster Wirtschaftsnot bevorzugt hatten, in der bequemeren und populäreren Oppositionsrolle zu verharren. Italiens diktatorischer Regierungschef Mussolini und seine Regierung aber hegten nicht nur aus ideologischen Gründen einen grimmigen Haß auf die österreichischen Sozialdemokraten, sondern auch deshalb, weil sie skandalöses italienisches Fehlverhalten im Zuge der sogenannten Hirtenberger Waffenaffäre aufgedeckt und Rom damit international bloßgestellt hatten. Zugleich war die Regierung Dollfuß durch den Skandal dieses illegalen italienischen Waffentransports durch Österreich für Ungarn an den Rand des Rücktritts getrieben und auch die ungarische Regierung international blamiert worden.[68]

Ironisch war die Aktion der Sozialdemokraten u. a. auch deshalb, weil diese selbst zur Stärkung ihrer Parteiarmee Republikanischer Schutzbund einen schwunghaften illegalen Waffenhandel aus der Tschechoslowakei nach Österreich betrieben. Ein von Dollfuß geführtes Sondierungsgespräch mit Hitlers Stellvertreter in Österreich, dem Ex-Kommunisten Theo Habicht, ergab beides, eine Verlockung und eine Drohung. Habicht hatte ihm gesagt, sollte er helfen, den Anschluß herbeizuführen, würde er mit Ruhm bedeckt in die deutsche Geschichte eingehen. Stelle er sich aber der unüberwindlichen historischen Strömung zum Anschluß hin in den Weg, werde er zerschmettert und so enden wie der später auf Hitlers Befehl ermordete deutsche General Schleicher. Mit den ominösen Worten »Sie haben die Wahl« hatte Habicht seine Ausführungen beendet.[69]

Teil I: Die Dollfuß-Ära

Faßt man alle die vorgenannten Aspekte zusammen, so ergab sich insgesamt eine buchstäblich katastrophale, fast aussichtslose Lage. Von der Parlamentskrise war Dollfuß ebenso überrascht worden wie alle anderen Zeitgenossen. Als er im folgenden Monat in Villach vor einer Bauernversammlung kritische Worte über die Arbeitsweise des Parlaments äußerte, erhielt er ebenso unerwartet einen so orkanartigen Applaus, daß er diesen als Dokumentation des Volkswillens auffaßte. In seiner psychologisch einfühlsamen Biographie des Bundeskanzlers schreibt Gordon Shepherd: »Da sie aber von einer schwer beweglichen Menge österreichischer Bauern kam, in denen Dollfuß sein eigenes Herz schlagen fühlte ... erschien ihm diese ganz unerwartete Welle der Begeisterung als ein göttlicher Segen. Jedenfalls sagte er dem aufstrebenden jungen sozialistischen Führer Oskar Helmer, den er auf der Rückfahrt nach Wien im Zug traf: ›In diesem Augenblick spürte ich den Finger Gottes.‹ Bei jedem anderen, der nicht die tiefe und einfache Frömmigkeit Dollfuß' hatte, wäre eine solche Äußerung Gotteslästerung ... gewesen; bei ihm war sie der Ausdruck einer ganz und gar echten Regung – ein *Gefühl der Sendung, seine Heimat vor sich selbst und vor ihren Feinden zu retten*, was immer dabei ihren Einrichtungen widerfahren mochte.«[70]

Bereits am 9. März 1933 hatte er geäußert: »... nur stärkste Aktivität und Festigkeit kann das Vaterland jetzt retten. ... Ich bin mir klar, daß persönliches Interesse und Geschick meiner Familie davon abhängt. Ich bin niemals davongelaufen. Schwierige Lage wird mich nur verpflichten ... auszuhalten. Nicht nur die Christlichsoziale Partei wollen wir erhalten, sondern das Österreich.«[71]

Einen Monat später, soeben aus Italien zurückgekehrt, erwähnte Dollfuß im Klubvorstand, er werde mit Robert Danneberg, einem Führer und Sprecher der Sozialdemokratischen Partei, in Kürze zusammenkommen. Danach berichtete er von seiner Romreise in der ersten Aprilhälfte 1933. Diese hatte er, wie bereits erwähnt, terminlich so gelegt, daß sie mit einem gleichzeitigen Besuch Görings und von Papens in Rom zusammenfiel. Da er von einem deutschen Plan gehört hatte, in Rom eine Einigung über Österreich – hinter dessen Rücken – zwischen dem Dritten Reich und Italien zustande zu bringen, wollte er dieser Gefahr nach Kräften entgegenwirken. Denn »wenn zwei Großstaaten verhandeln«, besteht die Gefahr, daß »der dritte Kleine zerdrückt würde«.[72] Mussolini habe sich zum Glück konstruktiv gezeigt. Für Österreich sei es wichtig, daß es, dank Italien, außen- und innenpolitisch rückenfrei handeln könne. Italien sei an Österreichs Selbständigkeit und am jetzigen Kurs seiner Politik positiv interessiert. Im Falle des Konflikts mit der Heimwehr werde Mussolini nicht diese, sondern die Christlichsoziale Partei und Dollfuß unterstützen.[73]

Die obengenannten Äußerungen Dollfuß' im Zeitraum zwischen der Parlamentskrise vom 4. März und seiner ersten Begegnung mit Mussolini am 13. April zeigen sehr klar, wie Dollfuß sich die Durchschlagung des Gordischen Knotens im Sinne der Dreieckskonstellation zwischen christlichsozialer Regierung, NSDAP und Austromarxisten im Zeichen der Parlamentskrise in Österreich und Hitlers Machtergreifung in Deutschland vorstellte. Die als »gescheitert« betrachtete Parteiendemokratie sollte durch eine neuartige Staats- und Verfassungsordnung ersetzt werden, deren konkrete Konturen ihm selbst zwar noch *unklar* waren, die aber jedenfalls zu mehr Autorität der Regierung und zu einer Verfestigung des gesellschaftlichen Friedens führen müsse. Die Erhaltung Österreichs als Staat und die Durchsetzung der neuen Ordnung erforderten gleichermaßen eine Bekämpfung des Nationalsozialismus wie auch eine schrittweise Entmachtung der austromarxistischen Sozialdemokratie, die dann erst nach Einbuße ihrer stärksten Machtmittel eventuell zum Einlenken und Mitmachen bewegt werden könne.

Den Ausweg aus einer Lage, in der nicht nur in seiner Sicht das parlamentarische System der ersten Republik versagt hatte und der andererseits auch eine Kopie des italienischen Faschismus in Österreich ablehnte, bestand, zumindest konzeptionell, in der Idee, die an ihren eigenen Widersprüchen entgleiste und durch Hitlers Methode der Machtergreifung gefährdete Parteiendemokratie durch die Einführung einer Art »Ständedemokratie« und eines »Christlichen Ständestaates« auf der Basis päpstlicher Sozialenzyklika zu ersetzen. Die neue Verfassungsform sollte vielmehr auf geistesgeschichtlichen Traditionen Österreichs aufbauen.

Im Bewußtsein der existenziellen Bedrohung ganz Österreichs und in dem Bewußtsein, daß es nun um einen Kampf um Sein und Nichtsein Österreichs als Staat gehe, ergriff Dollfuß ab April 1933 die am 21. Mai offiziell verlautbarte Initiative zur Gründung einer neuen, überparteilichen Sammelbewegung genannt Vaterländische

Front zur Wiedererweckung eines neuösterreichischen Selbstbewußtseins und Patriotismus und zur Erhaltung und autonomen Weiterentwicklung Österreichs als eigener Staat. Die selbst die Organisatoren der Vaterländischen Front überraschende landesweite Zustimmung zu diesem Akt zeigt, daß viele Bürger diesen Schritt hin zu einer neuen Definition der österreichischen Identität begrüßten.[74]

Die Rolle, die Dollfuß bei der Gründung dieser Organisation spielte, hat Gerhard Jagschitz wie folgt beschrieben: »Dollfuß wußte um die Umklammerung, in der er sich befand, und hoffte, sich daraus durch die Weckung der Massen befreien zu können. Er rief in seinen unkomplizierten, unbedingte Wahrhaftigkeit ausströmenden Reden unermüdlich zur Mitarbeit auf, beschwor die Abseitsstehenden, Frontkameraden, Katholiken und Bauern, sprach zu allen Österreichern guten Willens, gab ihnen das Gefühl, einer aus ihrer Mitte zu sein, und verlangte daraus deren selbstverständliche Unterstützung. Gegen die Macht der Heimwehr setzte er Demonstrationen seiner eigenen Hausmacht in vaterländischen Kundgebungen, katholischen Großveranstaltungen oder in Aufmärschen der Bauern. Parallel dazu gingen seine Bestrebungen, den neu entstehenden Staat mit Inhalt zu füllen. Das christliche Bekenntnis war ihm dabei ebenso aufrichtiges Anliegen wie sozialer Ausgleich, Antimarxismus und Antikapitalismus. *Zentrale Bedeutung erhielt jedoch die Weckung eines Österreichbewußtseins ...*, das auf die Tradition der Monarchie zurückgriff und die Verteidigung der Heimat durch die Frontgeneration beschwor. Diese Propagierung war aber nicht bloß politisches Mittel ... Sie war Ausdruck eines Bewußtseins in einem Teil der österreichischen Bevölkerung und markierte gleichzeitig auch den Wandel in den persönlichen Anschauungen des Kanzlers.«[75]

Gemeint damit war, daß Dollfuß trotz seiner bei ihm nach 1918 feststellbaren gesamtdeutschen Tendenzen angesichts der Entstehung des Dritten Reiches und der Bedrohung Österreichs einen klaren Bruch mit dieser Vergangenheit insofern vollzogen hatte, als er von nun an sich zur Verteidigung Österreichs und zur Erweckung seiner zugleich alten und neuen Identität berufen fühlte.

Hinzu kommt wohl auch eine psychobiographische Komponente. Wie gezeigt, scheint Dollfuß die Parlamentskrise wirklich als historische »Schicksalsfügung« gedeutet zu haben, die ihm wider alles Erwarten die einmalige Chance zur Neuformung des österreichischen Staates, entsprechend seinen romantisch christlichen Gesellschaftsidealen, in die Hand gab.[76] In einer Art, die entfernt an das Selbstverständnis de Gaulles erinnert, empfand sich Dollfuß nun plötzlich als Kreuzfahrer und Herold einer ihm von »höherer Gewalt« zugewiesenen Sendung, ein besseres, christliches und soziales Österreich zu erbauen und sein Vaterland zugleich, notfalls unter Einsatz seines Lebens, gegen machtvolle äußere und innere Feinde zu verteidigen.

In einer Reihe von Äußerungen hatte Dollfuß bereits im Frühjahr 1933 die Kernelemente seines programmatischen Generalappells an die Vaterländische Front vom 11. September 1933 vorweggenommen. Friedrich Funder, der ihn gut kannte, schildert ferner ein Treffen christlichsozialer Parteiführer Mitte November 1933, bei dem Dollfuß die Entstehung eines neuen Österreich auf der Basis seelischer, sozialer und staatlicher Neuorientierungen gefordert habe. Dollfuß meinte: »Jetzt sei die Zeit gereift, da alles eingesetzt werden müsse, um zu gewinnen, was durch ein halbes Jahrhundert das Planen und die Sehnsucht großer christlicher Denker gewesen sei: die Neuformung der gesellschaftlichen Ordnung im berufsständischen christlichen Geist.« Dollfuß habe dabei von seinen christlichsozialen Parteigefährten das Opfer gefordert, »die alten Parteiformen zurückzustellen und sich mitformend in die neue Stellung einzugliedern – in großherzigem Verzicht auf sich, um noch Größeres für Österreich zu gewinnen«. Er, Funder, habe den dabei innerlich sichtbar erregten Kanzler genau beobachten können. »Mit einem fast visionären Ausdruck in den Augen, aufwärtsblickend, sagte der Kanzler, seine Stimme zu einem Flüstern dämpfend... jede Silbe abmessend: ›... jeder von uns muß alles, was er kann, daran setzen. Es ist das Befreiungswerk, das wir für unser Volk zu vollbringen haben. Ich bin mir bewußt, daß ich mit meinem Unternehmen viel aufs Spiel setze, vielleicht auch die Existenz meiner Familie, vielleicht‹ – einige Sekunden lang hielt er inne – ›vielleicht auch mein Leben. Aber es muß sein!‹«[77]

Man kann nur vermuten, daß für Dollfuß diese Vorstellung, er sei von höherer Fügung als Retter des Vaterlandes und Ritter des Glaubens berufen, zugleich auch ein Mittel war, um etwaige Schuldgefühle wegen gravierender Rechtsbrüche seiner Regierung zu betäuben. Obwohl sich die Regierung Dollfuß mit Hilfe des kriegswirtschaftlichen Ermächtigungsgesetzes und anderer ebenso bedenklicher rechtlicher Manipulationen den Anschein einer Wahrung des Rechtes unter Bedingungen eines faktisch vorhandenen kriegsähnlichen Staatsnotstandes zu geben trachtete, konnte die sozialdemokratische Opposition ihre Argumente in weitaus fundierterer Weise auf das geltende Staats- und Verfassungsrecht der Ersten Republik stützen. Aber angesichts (1) des erfolgreichen Mißbrauchs der demokratischen Staatsordnung im benachbarten Deutschland durch die totalitäre NSDAP und (2) noch immer erfüllt von tiefem Mißtrauen gegen die wirklichen Ziele der austromarxistischen Sozialdemokratie, zudem (3) in der irrigen Annahme, der Parlamentarismus verkörpere eine geschichtlich überholte Staatsform, (4) in dem geschilderten echten Glauben, für Österreich und als Beispiel darüber hinaus auch für andere Länder das Modell einer neueren, besseren, christlichsozialen und ständischen Staats- und Gesellschaftsform aufbauen zu können, und (5) im Wissen, daß nur seine Partei Trägerin des Willens zur Erhaltung der permanenten staatlichen Unabhängigkeit Österreichs war, beharrte die Dollfuß-Regierung *de facto* auf der Fortsetzung einer Minderheitsdiktatur. Deren immer drakonischer werdende Maßnahmen zur Kontrolle des politischen Lebens sollten einerseits die nach Hitlers Machtergreifung immer aggressiver und gefährlicher werdenden österreichischen Nationalsozialisten an dem Versuch hindern, so wie in Deutschland verfassungsrechtlich gegebene Freiheiten zum Zweck der Zerstörung der österreichischen Unabhängigkeit zu mißbrauchen. Andererseits sollten Machtpositionen der Austromarxisten, auf denen deren Rolle als »Staat im Staat« beruhte, Schritt um Schritt abgebaut werden.

Bereits im Frühjahr 1933 wurde der Verfassungsgerichtshof durch eine Notverordnung und durch den manipulierten Amtsverzicht von drei Richtern faktisch außer Funktion gesetzt. Man wollte den politischen Gegnern dadurch die Möglichkeit nehmen, sich auf dem Rechtsweg gegen die immer einschneidender werdenden Kontroll- und Abwehrmaßnahmen der Regierung zu wenden.[78]

8. Entwicklung des Schlagabtausches Berlin–Wien im Jahr 1933

Hitlers unter zynischem Mißbrauch demokratischer Verfahren erfolgende Machtergreifung vom 30. Januar 1933 hatte die Republik Österreich mit einer Großmacht konfrontiert, deren totalitäre Regierung die Vernichtung der Eigenstaatlichkeit Österreichs als hochrangiges außenpolitisches Ziel betrachtete. Die zuvor zahlenschwachen, jedoch ab 1932 erstarkten österreichischen Nationalsozialisten, die dieser Regierung als »Fünfte Kolonne« dienten, hatten seither eine siegesgewisse Aggressivität entfaltet. Sie werteten Österreichs blamable Parlamentskrise als Symptom österreichischer Schwäche wie auch der Richtigkeit ihrer Ideologie. Zu Ostern 1933 kam es zu gleichzeitigen Rombesuchen von Dollfuß und Hermann Göring, letzterer im Auftrag Hitlers. Miteinander konkurrierend waren beide bestrebt, Italien im beginnenden Konflikt ihrer beiden Staaten jeweils als Verbündeten der eigenen Seite zu gewinnen. Dollfuß erhielt Italiens Unterstützungszusage für Österreichs Unabhängigkeit und ermahnte den Vatikan zu dezidierterem Vorgehen gegen den Nationalsozialismus. Göring scheiterte hingegen mit seinem Versuch, italienischen Druck auf Österreich mit dem Ziel von Neuwahlen zu erwirken. Einer Großdemonstration des Österreichischen Heimatschutzes mit einer Treuezusage für Dollfuß und einer Zerschlagung nationalsozialistischer Störversuche am 14. Mai 1933 folgt am nächsten Tag die Ausweisung von Hitlers Reichs-Justizkommissar Hans Frank wegen in Österreich gegen die Regierung gehaltener Hetzreden. Zehn Tage zuvor hatte Dollfuß Hitlers Stellvertreter in Österreich, Theo Habicht, hinsichtlich eines Kooperationsangebots der NSDAP eine Absage erteilt. Kurz darauf schloß diese am 15. Mai mit der österreichischen Großdeutschen Volkspartei ein »Kampfbündnis« gegen die Regierung. Ein Abkommen zwischen diesen Parteien behauptet: »Der Endkampf um Österreich hat begonnen«. Der Feind sei eine Minderheitsregierung, »gestützt auf Legitimismus und Judentum, auf ausländische Mächtegruppen und nicht zuletzt auf den Marxismus, den sie nur zum Schein angreift, in Wahrheit sich aber als stillen Bundesgenossen erhält … während sie selber sich offen in Wort und Tat zu einer gegen Deutschland gerichteten außenpolitischen Linie bekennt.«[79]

Fünf Tage darauf, am 21. Mai, reagiert die Dollfuß-Regierung mit einer Proklamation zur Gründung der Vaterländischen Front, die sich als parteienüberwölbende Sammelbewegung aller Österreicher versteht, die sich »mit tatenfreudigem Bekenntnis zu Österreich« für ihr Land und seine Unabhängigkeit einsetzen wollen. In ihrem Lager stehe heute Österreich. Vaterlandsbewußtsein und Heimatstolz seien neu erwacht.[80] Die selbst die Organisatoren der Vaterländischen Front überraschende landesweite Zustimmung zu diesem Akt zeigt, daß viele Bürger diesen Schritt hin zu einer neuen Definition der österreichischen Identität spontan begrüßten.[81]

In einer über den Rundfunksender CBS ausgestrahlten Botschaft an Amerika hatte der Bundeskanzler eine Botschaft des US-Präsidenten F. D. Roosevelt an das Weltgewissen begrüßt, auf die historische Rolle Österreichs in Europa und auf seine multikulturelle Geprägtheit hingewiesen und abschließend gesagt: »Der Österreicher ist darum auch stolz auf seine Heimat, stolz auf sein Österreichertum. *Österreich hat aber darum auch das Recht und den Willen, seine eigene Zukunft in Freiheit zu gestalten.*«[82]

Hitler, der diese neuartigen Manifestationen eines österreichischen Unabhängigkeitswillens als politische Kampfansage verstand, reagierte am 26. Mai mit der Initiierung eines kalten Krieges gegen Österreich, an dessen Beginn der Erlaß eines totalen Tourismusboykotts (»Tausend-Mark-Sperre«) und Abdrosselungen deutscher Importe aus Österreich standen. Hier waren damals 440 000 Arbeitslose registriert, und 80 Prozent der ausländischen Touristen waren zuvor aus Deutschland hierher gekommen. Zur Unterstützung von Hitlers explizit gemachtem Ziel, bis zum Sommer 1933 den Sturz der Regierung Dollfuß, die Durchsetzung von Neuwahlen in Österreich und dessen nachfolgende »Gleichschaltung« mit dem Dritten Reich zu erzwingen, begann die NSDAP in Österreich unterstützend ab Juni 1933 mit einem landesweiten Sprengstoffterror und einem ebensolchen von Deutschland aus unterstützten aggressiven Propagandakrieg gegen die österreichische Regierung. Wie bereits dargestellt, reagierte Österreich als erster Staat Europas im Juni 1933 mit einem Totalverbot der NSDAP, im September mit einer Verstärkung seines Heeres, im gleichen Monat mit der Errichtung von Anhaltelagern für politische Gewalttäter, fernerhin durch die Wiedereinführung der Todesstrafe für politische Gewaltverbrechen und im Dezember 1933 mit dem berühmten weihnachtlichen Hirtenbrief aller österreichischen Bischöfe gegen Nationalsozialismus, Rassismus, Antisemitismus und nationalistischen Chauvinismus. In diesem Schlagabtausch des Jahres 1933 demonstrierten Österreichs konkrete Abwehrmaßnahmen vor dem In- und Ausland den Willen der Bundesregierung und der sie tragenden Kräfte, sich dem brutalen Druck der benachbarten Großmacht nicht zu beugen. Eine neuartige Form der Kriegführung zwischen zwei Staaten, bei der es um Sein oder Nichtsein Österreichs als Staat ging, hatte begonnen.

Im Zuge der patriotischen Erweckungsbewegung war in Österreich im September 1933 eine glanzvolle Feier zum 250. Jahrestag der erfolgreichen Verteidigung Wiens und Europas gegen die Invasion und Belagerung durch die Heere des islamischen Osmanischen Reiches veranstaltet worden. Die Erinnerung an Österreichs damalige Selbstbehauptung sollte mit seinem *neuen Selbstbehauptungswillen angesichts einer neuen Gefahr* verknüpft werden.

Am 9. Juni 1933 wurden »Der völkische Beobachter«, das Hauptorgan der NSDAP, sowie anschließend auch dreizehn weitere, an der Propagandahetze gegen Österreich beteiligte NS-Zeitschriften von der Bundesregierung verboten.[83] Ein nationalsozialistischer Bombenanschlag auf eine Gruppe von Turnern (achtzehn Schwerverletzte) wurde der Anlaß zu dem *am 19. Juni 1933 verhängten Betätigungsverbot für die österreichische NSDAP einschließlich der SA, SS und anderer Formationen.* Zum Zweck einer organisatorischen Konzentration ihrer Abwehrpolitik entzog die Bundesregierung im selben Monat den Bundesländern die bisherige Kompetenz über das Sicherheitswesen und bestellte von sich aus Sicherheitsdirektoren für alle Bundesländer.[84] Die im April 1933 beschlossene Aufstellung sogenannter militärischer Assistenzkörper (rekrutiert aus staatstreuen Wehrverbänden) zur Unterstützung des Bundesheeres und anderer Exekutivorgane bei der Verhinderung und Abwehr nationalsozialistischer Gewaltaktionen wurde ab 1. September 1933 in Kraft gesetzt.[85] Notverordnungen vom Monat Mai hatten Gemeinde- und Landtagswahlen vorläufig untersagt und allen politischen Kampfverbänden, die nicht zu den militärischen Assistenzkörpern herangezogen werden sollten, das Tragen von Uniformen verboten. Aufgelöst wurde im Juni auch der mit der NSDAP sympathisierende Steirische Heimatschutz. Die Vermögenswerte der NSDAP wurden beschlagnahmt. Gesetzliche Maßnahmen ermöglichten es, Nationalsozialisten, die im Ausland gegen Österreich aktiv tätig wurden, die österreichische Staatsbürgerschaft zu entziehen und ihr Vermögen zu beschlagnahmen. Ein erster Fall dieser Art war derjenige des Landesleiters der NSDAP für Oberösterreich, Alfred Proksch. Der Errichtung von Anhaltelagern für Naziaktivisten, insbesondere Terroristen, vom September 1933 folgte im November die Einführung des Standrechts zur Eindämmung von Mord-, Brandlegungs- und Sprengstoffdelikten und damit in diesem Zusammenhang die Einführung der Todesstrafe für solche Verbrechen. Angesichts einer landesweit anwachsenden Welle nationalsozialistischer Sprengstoffverbrechen wurde im Juni 1934 auch im ordentlichen Gerichtsverfahren die Todesstrafe wieder eingeführt und auf den bloßen Besitz von Sprengstoff ausgedehnt. Zum Schutz, insbesondere der dörflichen Bevölkerung, vor Naziterrorismus wurde im Juni 1934 die Möglichkeit zur Errichtung sogenannter freiwilliger Ortswehren in allen Gemeinden geschaffen.[86]

9. Der Heimatschutz als Machtfaktor und Problem des Staatswiderstandes

Die die Bundesregierung zum Teil eigenwillig unterstützenden *Heimwehren* waren ursprünglich am Ende des Ersten Weltkriegs als lokale und regionale Selbstschutzverbände entstanden, die Grenzgebiete gegen fremdstaatliche Einfälle und die Bevölkerung im Landesinnern vor Übergriffen entlassener Soldatenhorden aus sämtlichen Nationalitäten der alten Monarchie verteidigen sollten. Nach der Normalisierung der Lage gestalteten sie sich vielfach zu Kameradschaftsverbänden vormaliger Frontkämpfer um. Da viele der aus dem Feld in die Heimat zurückkehrenden Frontkämpfer von den damals zunächst regierenden Sozialisten mit Hohn und Feindseligkeit empfangen und gleichsam mit der alten Reichsregierung identifiziert wurden, und obwohl ein so prominenter Sozialdemokrat wie Karl

Renner noch im Juni 1915 von der Österreich-Ungarischen Armee geschrieben hatte: »Wohl niemals in der Geschichte hat ein Heer in solcher phrasenloser Nüchternheit so gewaltige Kriegswerke getan wie heute unsere Truppen«[87], entwickelte sich bei einer Mehrheit der Frontkämpferverbände eine antimarxistische Grundhaltung, die nur vom marxistischen Schutzbund nicht geteilt wurde. Die einzelnen nach Bundesländern und dortigen Führern stark differenzierten und nur schwach koordinierten Heimwehrverbände schlossen sich keiner der österreichischen Parlamentsparteien an. Dennoch verkörperten sie einen potentiellen Machtfaktor. Nach den für ihn zutiefst schockierenden Ausschreitungen vom Juli 1927 in Wien ergriff Bundeskanzler Seipel seitens der Christlichsozialen Partei erste Initiativen zu einer Annäherung an die Heimwehren. Doch auch Mächte des an Österreich angrenzenden Auslandes, insbesondere Deutschland, Italien und Ungarn, sahen in der parteipolitisch noch nicht festgelegten Heimwehr einen potentiellen Machtfaktor von einigem Gewicht.

Ein Versuch zur Präzisierung der Heimwehrideologie wurde im Mai 1930 mit dem rasch improvisierten sogenannten »Korneuburger Gelöbnis« unternommen. Dieses fordert u. a. Österreichs Erneuerung »von Grund auf«, Heimatliebe und »den Volksstaat der Heimwehren«. Die Heimwehr wolle »nach der Macht im Staat greifen«, um Staat und Wirtschaft neu zu ordnen. Verworfen wird der »demokratische Parlamentarismus und der Parteienstaat«, an dessen Stelle die »Selbstverwaltung der Stände« gesetzt werden solle, deren führende Personen die Regierung übernehmen sollten. Überwunden werden sollten der »marxistische Klassenkampf und die liberal-kapitalistische Wirtschaftsgestaltung«. Der Staat als Verkörperung des Volksganzen solle die Tätigkeit der Stände und ihrer Vertreter koordinieren.[88]

Der zwar militärisch starke, jedoch politisch schwache Heimatschutz, dessen Partei »Heimatblock« bei den Nationalratswahlen von 1930 nur 6,16% der Stimmen und damit nur acht Mandate im Nationalrat erhielt, bildete die einzige politische Bewegung im damaligen Österreich, deren Führer und Publikationen sie als »austrofaschistisch« bezeichneten. Eine Reihe ihrer Führer zeigten sich vom Modell scheinbarer Effizienz des italienischen Faschismus beeindruckt, betonten aber, daß die Verwirklichungsmöglichkeiten dieses

Teil I: Die Dollfuß-Ära

Systems in jedem Land notwendigerweise unterschiedlich sein müßten. »Daher«, so sagte ihr prominentester Führer, Fürst Starhemberg, »lehnen wir schärfstens jede Nachahmung von Formen ab, die in einem anderen Lande vorteilhaft, unter Umständen zu uns gar nicht passen würden.« In der gleichen Rede vom März 1934 fügte Starhemberg hinzu: »Wir stehen unverrückbar und kompromißlos auf dem Standpunkt, daß Österreich ... in jeder Weise ein unabhängiger Staat bleiben muß, während der Nationalsozialismus den Begriff Österreich vernichten will. Wir haben eine absolut positive Einstellung zur christlichen Weltanschauung ..., während der Nationalsozialismus die unsinnige Idee einer deutschen Religion bzw. einer deutschen Kirche fordert. Wir lehnen jene utopistischen Formen der Rassenlehre und ihre sinnlosen Folgerungen ab, die ein Glaubensdogma des Nationalsozialismus bilden. ... Eines ist sicher, daß wir Heimatschützer auch einem nationalsozialistischen Angriff gegenüber, wenn es sein muß, selbst mit der Waffe in der Hand, genauso unsere Pflicht erfüllen werden, wie wir bereit waren, dem Bolschewismus gegenüber aufzutreten.«[89]

Mit Zustimmung druckte die Zeitschrift »Der Heimatschützer« vom 12. Mai 1934 einen vom italienischen Staatstheoretiker Guido Bortolotto stammenden Artikel ab, in dem Faschismus und Nationalsozialismus miteinander verglichen werden. Als wesentliche Unterschiede hebt der Verfasser hervor: »Wir Faschisten (sic) ... haben keine Rassenmentalität, schon gar keinen Rassenwahn.« Der Nationenbegriff des Faschismus sei geistiger Art, derjenige des Nationalsozialismus sei »rein materialistischer Auffassung« und reduziert auf die Begriffe von »Fleisch und Blut«.[90]

Die Jahre 1930 bis 1932 waren für die richtungsmäßige Festlegung der Heimwehren von großer Bedeutung. Der einer berühmten österreichischen Adelsfamilie entstammende Fürst Ernst Rüdiger Starhemberg (dessen Vorfahre Rüdiger von Starhemberg als Stadtkommandant Wien 1683 erfolgreich gegen die Belagerungsarmee der Türken verteidigt hatte), damals Landesführer des Oberösterreichischen Heimatschutzes und später der bedeutendste Führer der österreichischen Heimwehr, nahm 1930 unverbindliche Kontakte zuerst mit Hitler und dann mit Mussolini auf. Während Hitler dabei von einer wünschbaren Expansion Deutschlands bis an die Küsten der Adria sprach, erklärte ihm Mussolini ganz im Gegenteil: »Österreich muß bleiben, und zwar Österreich als österreichisches Österreich ... Sie müssen auch den Mut haben, den Kampf gegen eine falsche Auffassung des nationalen Gedankens aufzunehmen. Politisch ist Österreich eine Notwendigkeit für die Erhaltung Europas. *An dem Tag, an welchem Österreich untergeht und von Deutschland verschluckt wird, beginnt die Auflösung Europas.* Und kulturell muß Österreich bleiben, da es die Bastion der Mittelmeerkultur ist.«[91] Starhemberg selbst erklärte später zu diesem Gespräch: »Ich hatte mich immer als Österreicher gefühlt... doch eigentümlich war es mir, festzustellen, wie sehr durch die Worte des Italieners Mussolini meine gefühlsmäßige Einstellung zu Österreich zu einer klar verstandenen Sache wurde.«[92]

Wenig später, am 2. September 1930, wurde Starhemberg zum Bundesführer der österreichischen Heimwehrbewegung gewählt. Hitler entsandte daraufhin seinen Mitarbeiter Gregor Strasser, um Starhemberg eine Position als Hitlers »Unterführer für Österreich« und einen bedeutenden Geldbetrag anzubieten. Der Fürst sollte dafür eine völkische Einheitsfront aus NSDAP und Heimwehr schaffen und Hitler unterstellen.[93] Starhemberg, der zuvor in das christlichsoziale Kabinett des Bundeskanzlers Vaugoin als Innenminister eingetreten war, lehnte das Angebot trotz direkter Drohungen Strassers, der sich dabei in vulgären Verunglimpfungen Österreichs erging, ab.[94]

Von Mussolini, der ausdrücklich die Bekämpfung der NSDAP in Österreich anriet, mit zusätzlichen Geldmitteln unterstützt, ging die Heimwehr 1930 zum ersten Mal in einen Wahlkampf. Den nationalsozialistischen Parolen »Deutschland erwache!« und »Es lebe Großdeutschland!« stellte die Heimwehr damals die Parolen gegenüber: »Österreich erwache!« und »Es lebe das neue Österreich!«[95] Mit Mühe erreichte der Heimatblock der Heimwehren mit insgesamt 227 197 Stimmen acht von insgesamt 165 Parlamentsmandaten. Die NSDAP erhielt jedoch nur 111 843 Stimmen und kein einziges Parlamentsmandat.

Ein dilettantischer Putschversuch des steirischen Heimwehrführers Walter Pfrimer vom September 1931, der unter operettenhaft anmutenden Umständen niedergeschlagen werden konnte, trug zu der sich entfaltenden Spaltung der Heimwehr in eine kleinere pronationalsozialistische Gruppe (steirische Heimwehr) und eine weitaus größere österreichisch-vaterländische Gruppierung bei.[96] Der Putsch zeigte aber auch eine gefährliche Schwäche der damaligen österreichischen Demokratie, der es trotz gutgemeinter Vorschläge aus fast allen Lagern nicht gelang, die existierenden Parteiarmeen abzubauen und den Monopolanspruch des Staates auf den Alleinbesitz von Streitkräften wiederherzustellen. Nach einem Bericht des österreichischen Verteidigungsministeriums hatte das österreichische Bundesheer Anfang Februar 1934 eine Stärke von 25 000 Mann, während die Gendarmerie und Polizei des Landes nur 14 000 Mann zählten. Der Heimatschutz (Heimwehr) wie auch der Schutzbund der Sozialisten verfügten jeweils über eine Mannschaftsstärke von etwa 30 000 Mann. Zahlenmäßig war jeder dieser beiden Wehrverbände dem regulären Bundesheer überlegen, jedoch natürlich nicht an Ausbildung und Ausrüstung.[97]

Nach einer letzten Begegnung mit Hitler im April 1932, der ihn dabei durch einen Irrsinnsanfall befremdete, lernte Starhemberg den Anfang Mai des Jahres mit der Regierungsbildung betreuten Engelbert Dollfuß näher kennen. Dieser bat ihn einerseits um die Unterstützung des Heimatschutzes, sagte ihm jedoch andererseits mit Nachdruck, daß er sich um eine aktive Regierungsbeteiligung der Sozialdemokraten bemühen werde.[98] Obwohl die Mehrheit der Heimwehrführung zunächst entweder gegen eine Beteiligung an einer Regierung Dollfuß eingestellt war oder eine solche Beteiligung mit gravierenden Bedingungen verknüpfen wollte, gelang es Starhemberg nach eigener Schilderung, den Heimatschutz zur Unterstützung von Dollfuß zu veranlassen. Aus der Zusammenarbeit mit Dollfuß habe sich trotz gelegentlicher heftiger Meinungsverschiedenheiten ein freundschaftliches Verhältnis ergeben.[99] Staatspolitische Bedeutung und Regierungsbeteiligung verdankte der Heimatblock der Ablehnung der von Seipel 1931 angebotenen »großen Koalition« durch die Sozialdemokraten und der Weigerung der Großdeutschen sich an der Regierung Dollfuß zu beteiligen. Die Koalition mit dem Heimatblock verschaffte den Christlich-Sozialen ihre hauchdünne Regierungsmehrheit.

Vermutlich mit Wissen und Zustimmung von Dollfuß begab sich Starhemberg Anfang Juni 1932 nach Rom, wo er Mussolini darlegte, die Erhaltung eines lebensfähigen und selbständigen Österreich bedürfe seiner Hilfe in Gestalt von Geld, Waffen und außenpolitischer

Rückendeckung. Mussolini sagte dies zu und schlug vor, Dollfuß solle ihn in Rom besuchen.

Als die Bundesregierung Anfang 1933 durch das militante Vorgehen der NSDAP in Bedrängnis geriet, die siegessicher verkündete, heute gehöre ihnen Deutschland, morgen Österreich und dann Europa, unterbreitete Starhemberg Dollfuß einen Plan. Die Straßen Österreichs dürften künftig nicht mehr nur für die werbenden und zugleich auch einschüchtern wollenden Massenaufmärsche brauner und roter Oppositionsformationen da sein. Gerade auch die Wählerschaft des christlich-vaterländischen Lagers bedürfe einer demonstrativen Kraft, die ihren Anhängern Mut und Selbstvertrauen zu geben vermöge. Einen ersten Auftakt hierzu bildete der große Aufmarsch vaterländischer Heimwehrverbände am 14. Mai 1933, anläßlich der Türkenbefreiungsfeier. Provozierende Störtrupps der Wiener Nationalsozialisten wurden dabei in nie dagewesener Weise zusammengeschlagen. Nach Ausschaltung des Schutzbundes blieb die Heimwehr die einzige politische Kampforganisation Österreichs, die von der österreichischen NSDAP wirklich gefürchtet wurde.[100]

Wie auch die Geschichte des Juli-Aufstands von 1934 zeigt, wurde der vaterländische Flügel der Heimwehr so zu einem der wichtigsten Kampfinstrumente des innenpolitischen Widerstands der Dollfuß-Regierung gegen den Terrorismus und Putschismus der österreichischen NSDAP. Dollfuß war tiefbewegt und beeindruckt, als Starhemberg in seiner Eigenschaft als Bundesführer der Heimwehren bei deren Großaufmarsch vor dem Schloß Schönbrunn ihm im Namen der dort in Doppelreihen angetretenen 35 000 Heimatschützer den Treueid leistete.[101] Schuschnigg schrieb über diese Erinnerungsfeier an die Verteidigung Wiens und Österreichs gegen die Türkeninvasion, die zugleich eine Demonstration des österreichischen Verteidigungswillens gegen eine neue große Gefahr bildete, dies sei nicht nur ein »unvergeßliches Erlebnis« gewesen, sondern »die *Geburtsstunde des neuen Österreich*«.[102] Zwar könne man, so schrieb er an anderer Stelle, über den Heimatschutz recht unterschiedlicher Meinung sein.»Jedoch: Jeder Österreicher hat Anlaß, sich dankbar der Opfer zu erinnern, die die freiwilligen Waffenträger an Blut und Leben dem bedrängten Vaterland brachten. Es steht außer Zweifel, daß der Weg zum neuen Österreich ohne die Selbstschutzverbände und insbesondere ohne den Heimatschutz nicht denkbar war.«[103]

Wie Walter Wiltschegg es in seiner kritischen Geschichte der Heimwehr beschreibt, ging (ab Juni 1933) eine ungeheure Terrorwelle über ganz Österreich, die»... dazu führte, daß sich Nationalsozialisten und Regierungsanhänger – vor allem natürlich die zur Terrorbekämpfung eingesetzten Heimwehrabteilungen – in einer Weise bekriegten, die selbst im Verhältnis zu den Sozialdemokraten nie dagewesen war. ... Am 21. Juni proklamierte Starhemberg in einem Aufruf an die Heimwehr die »rücksichtslose Notwehr«.[104]

Über Dollfuß, den er von seinem Gespräch mit Mussolini informiert hatte, schrieb Starhemberg: »Mit Leib und Seele war Dollfuß Österreicher. Aber mit Leib und Seele war er vor allem Europäer. Und ich gestehe, daß mich die Zusammenarbeit ... und zahllose Unterredungen mit ihm über das österreichische Problem nachhaltig beeinflußt haben. Im Kontakt mit Dollfuß lernte ich einen europäisch-österreichischen Patriotismus kennen.«[105] Zwar gelang es Dollfuß – nach vorherigen Schwierigkeiten –, die Heimwehr am 27. September 1933 zum kollektiven Eintritt in die am 21. Mai gegründete überparteiliche »Vaterländische Front« zu veranlassen.[106] Dennoch aber blieb die Heimwehr de facto eine autonome, mit der Bundesregierung nur eigenwillig kooperierende Organisation. Sie verfügte über vorzügliche außenpolitische Beziehungen zu den Regierungen in Rom und Budapest, wo man sie als Bundesgenossen manchmal noch höher einschätzte als Dollfuß und seine Christlichsoziale Partei.[107] Zu Beginn des Jahres 1934 unternahm der Heimatschutz insbesondere in Tirol und Niederösterreich grobschlächtige Versuche dazu, ein autoritäres System unter maßgeblicher Mitbeteiligung des Heimatschutzes zu erzwingen. Auf seiten der Bundesregierung war der Heimatschutz die Kraft, die am stärksten zum Konflikt mit den Austromarxisten drängte. Die Heimwehr wurde im Februar 1934 zur Unterstützung der Bundesregierung bei der Niederwerfung der Schutzbundrevolte eingesetzt.

Analysiert man interne Äußerungen, die Dollfuß in den Schicksalsjahren 1933/34 zumeist vertraulich im Kreise des Christlichsozialen Klubvorstandes über die Heimwehr machte, so ergibt sich ein ambivalentes Verhältnis. Er berichtete zwar, wie erwähnt, im April 1933, Mussolini habe ihm zugesagt, eher die Bundesregierung als die Heimwehr zu unterstützen. Anfang Oktober 1933 äußerte Dollfuß jedoch, »die Hauptsorge« sei, ob die Heimwehr einen Putsch machen wolle. Zwar schätze er den der Heimwehr entstammenden Staatssekretär für Sicherheitsfragen Emil Fey, doch könne es sein, daß dieser unter irgendeinem Druck stehe, dem er sich schwer entziehen könne. »Daher habe ich die ganze Sicherheitsexekutive übernommen.« (Anläßlich der Regierungsumbildung vom 21. September 1933 übernahm Dollfuß, neben anderen Ressorts, auch die Landesverteidigung und das Sicherheitswesen, behielt jedoch den Heimwehrführer Major Fey, allerdings nur als Vizekanzler.) Die Kooperation mit der Heimwehr habe er gesucht »als Stoßkraft gegen die NS«, wobei er der Vaterländischen Front für die Zukunft »ein absolutes Übergewicht« sichern werde. Es dürfe nicht zur »Totalität der Heimwehr« kommen, sondern man müsse den Weg gemeinsam gehen. Man bewege sich weder zurück zur »formalen Demokratie«, aber auch nicht hin zu einer Imitation des Faschismus.[108] Das bedeutet, daß die Heimwehr Juniorpartner der Vaterländischen Front sein und bleiben sollte, daß sie jedoch an der Spitze des österreichischen Staates ideologisch und organisatorisch nicht in Führung gehen durfte.

Angesichts wachsender Kritik an der Heimwehr in der Führungsspitze der Christlichsozialen warnte Dollfuß andererseits seine Parteifreunde am 20. Dezember 1933: »Wenn wir in der Diskussion nur noch die Heimwehr als unsere Gegner erkennen, was ist dann die Folge? Daß das innenpolitische Schicksal Österreichs zwischen Rom und Berlin ausgemacht wird. Wir das Objekt sind. Das Zusammengehen mit der Heimwehr hat hier seinen Sinn. *Die Heimwehr positiv zum Kampf in Österreich und gegen die Nationalsozialisten einzuschalten, muß das Ziel bleiben.* Wenn wir heute anfangen, diese Leute loszuwerden, dann wird die Innenpolitik nicht mehr von uns, sondern von anderen bestimmt werden … wenn aber hier Heimwehr und Nationalsozialismus sich finden, dann wird zwar auch Österreich ein unabhängiges Land sein, aber die Machtpolitik wird zwischen diesen beiden Gruppen gebildet werden.«[109]

Geheime Sondierungskontakte, die Starhemberg und Fey gelegentlich mit den Nationalsozialisten anknüpften – die Polizei hatte soeben zwei NS-Führer während eines Geheimgesprächs mit zwei Heimwehrführern ertappt und verhaftet –, veranlaßten Dollfuß, die gleiche Warnung am 12. Januar 1934 nochmals im selben Kreis eindringlich zu wiederholen. Nicht die derzeitige Führung der Heimwehr, sondern nur gewisse »Kreise« in ihr seien in Opposition gegangen. Die Heimwehr würde in letzter Zeit bei den Christlichsozialen stärker kritisiert als die Sozialisten. Aber die Aktiven seien die Heimwehr. Mit spürbarem Nachdruck drängte Dollfuß: »Man muß den Ernst der Lage sehen. Den Kampf darf man nicht einzelnen überlassen. Es muß Kampffreudigkeit eintreten, sonst sind wir ein reiner Polizeistaat. Umstellungen im Apparat sind nebensächlich. Entscheidend ist, ob wir durchhalten.« Bezugnehmend auf die trotz ideologischer Unterschiede gegebene katholische Grundorientierung auch beim patriotischen Flügel der Heimwehren erinnerte Dollfuß: »Die Heimwehr steht kulturpolitisch hinter uns. Sie hat kulturpolitisch uns immer unterstützt und niemals uns gestört.«[110]

Politische Bedeutung auf Regierungsebene verdankte der Heimatschutz mit seiner Partei Heimatblock indirekt den Austromarxisten, nachdem die Sozialdemokraten 1931 die angebotene große Koalition mit den Christlichsozialen zweimal verweigert hatten, und sich die Großdeutsche Partei ab Januar 1932 auch in der Opposition befand. In dieser Situation verschaffte der Heimatblock trotz seiner nur acht Mandate im Nationalrat den regierenden Christlichsozialen eine hauchdünne Mehrheit, war aber in der Regierung mit zwei Ministerposten, darunter dem Sicherheitswesen, vertreten. Ungeachtet häufiger martialischer Kraftsprüche seiner Führer gelang es dem Heimatschutz wohl auch aufgrund der Rivalität seiner beiden prominentesten Führungspersönlichkeiten – dem Fürsten Starhemberg und Major Emil Fey – nie in der Regierung eine Position grundsätzlicher Steuerungsgewalt zu erhalten. Fey, der sich nach seiner sicherheitspolitischen Rolle bei der Niederwerfung der Schutzbundrevolte vom Februar 1934 als »Retter des Vaterlandes« darstellte, wurde von Bundeskanzler Dollfuß mit der Rückendeckung Starhembergs das Sicherheitsressort kurz danach entzogen. Starhemberg, der als Vizekanzler nach der Ermordung von Dollfuß einen Anspruch auf die Nachfolge ins Kanzleramt hätte erheben können, ließ sich durch die Entscheidung von Bundespräsident Miklas im Verbund mit Schuschnigg davon abhalten. Er selbst und der Heimatschutz wurden zwei Jahre später von Schuschnigg aus bisherigen Machtpositionen verdrängt. Man kann ab 1936 von einer Entmachtung des Heimatschutzes sprechen. Zur politischen »Zähmung« des Heimatschutzes trug bei, daß viele seiner militärischen Verbände in das »Freiwillige Schutzkorps« eingegliedert und hierdurch unter staatliche Kontrolle gestellt wurden. Das Schutzkorps war wegen der Bedrohung Österreichs durch das Dritte Reich mit Zustimmung führender Völkerbundmächte zur Verstärkung und »Assistenz« des Bundesheeres gegründet worden.

Der Heimatschutz beteiligte sich nicht nur in militärischer, sondern auch in ideologischer Hinsicht – durch Schriften, Demonstrationen und Reden – am Abwehrkampf des vaterländischen Lagers. Als wortgewaltiger Redner trug Starhemberg zwischen 1933 und 1935 insbesondere zum Aufbau eines neuen österreichischen Selbstverständnisses bei. Zu den diesbezüglich originelleren Aktionen gehörte eine im Juni 1934 absichtlich in Braunau, Hitlers Geburtsstadt, und an dessen Namenstag veranstaltete Großkundgebung des Heimatschutzes, an der auch andere heimattreue Wehrformationen teilnahmen. Der die Versammlung eröffnende Landeshauptmann von Oberösterreich, Heinrich Gleißner, erklärte dabei, die Österreicher seien »die letzte warnende Stimme des Deutschtums«. Als solche müßten sie dazu beitragen, daß das deutsche Volk nicht erneut in ein Katastrophe gerate, die ihm langfristigen Schaden zufügen könne. In seiner anschließenden Rede bedauerte Starhemberg, daß es notwendig geworden sei, hier an der Grenze »gegen das Deutsche Reich eine Grenzlandkundgebung« zu veranstalten. Doch dies sei zugleich die Grenze zwischen dem unabhängigen Österreich und jenem Deutschtum, das unter nationaler Flagge dem Bolschewismus gleichgestellt worden ist«. Österreichs Kampf gegen den NS-Terror diene zugleich auch den Interessen des gesamten deutschen Volkes. Den Bürgern rief er zu: »Greift zur Selbsthilfe!« Es gäbe Zeiten, in denen man nicht nur auf das Eingreifen der Behörden warten könne. Wörtlich: »Diese Zeiten sind nun da, und wir sind entschlossen, in ausgiebigster Weise von dem jedem Volke zustehenden Rechte, das ist von der Notwehr, ... Gebrauch zu machen. Nicht lange fragen, wenn man Gefahr im Verzug sieht. Zugreifen, aber ordentlich!«[111]

Auf dem Höhepunkt des Abwehrkampfes im Juli 1934 standen bei der Niederwerfung des nationalsozialistischen Versuchs zur bewaffneten Machtergreifung etwa 50 000 Freiwillige diverser Wehrverbände, insbesondere des Heimatschutzes, an der Seite des Bundesheeres und der weiteren Exekutive. Dazu kommentierte eine Publikation des Heimatschutzes: »*60 frische Gräber deckten grünweiße Kämpfer für Österreichs Ehre ... Die ... energische Selbstver-*

teidigung Österreichs hatte allerorts die Verteidigung der österreichischen Idee mit neuem Mut erfüllt. Die internationale Stellung Österreichs war entscheidend verstärkt ... worden. Er [der Heimatschutz] hatte in vorderster Reihe gegen die heimatverachtende Idee des neoborussischen Nationalsozialismus gekämpft und gesiegt. Er hatte dem Österreicher den Stolz auf die Heimat ... wiedergegeben. Er hatte Österreich wieder wehrhaft gemacht, er hatte es instandgesetzt, jeden Angriff auf das Leben des Staates und die Kultur des Volkes aus eigener Kraft abzuweisen.«[112]

Trotz seiner bedenklichen Imitationsversuche des nur oberflächlich verstandenen italienischen Faschismus und trotz seiner ebenso bedenklichen und untauglichen Versuche zur primären politischen Entscheidungskraft im Lande zu werden, wirkte der Österreichische Heimatschutz in den Kampf- und Krisenjahren 1933 und 1934 als wesentlicher und effektiver Machtfaktor des österreichischen Abwehrkampfes gegen das Dritte Reich und den Nationalsozialismus. Ab Ende 1931 verkörperte der Österreichische Heimatschutz neben den Christlich-Sozialen die aktivste politische Kraft, die sich für die Erhaltung der österreichischen Eigenstaatlichkeit eingesetzt hat.

10. Realität und Grenzen italienischer Interventionen

Daß Politik auch mit Bundesgenossen ein Geben und Nehmen ist, trifft selbstverständlich auch für die Beziehungen von Dollfuß zu Italien und zur Heimwehr, seinen beiden Hauptstützen im Widerstand gegen die österreichische NSDAP und das dahinterstehende Dritte Reich, zu. Teils direkt und teils indirekt, d. h. über Italien, versuchte die Heimwehr auf Dollfuß Druck zur Erreichung bestimmter Ziele auszuüben. Aber durch flexibles Taktieren zwischen den miteinander rivalisierenden Heimwehrführern Starhemberg und Fey, vermochte er es, die Heimwehr bei der Stange zu halten, ohne damit von ihr in eine unangemessene Abhängigkeit zu geraten. Dies bestätigt ein Bericht des britischen Gesandten in Wien, Selby, vom 17. Februar 1934, in dem gesagt wird: »Dr. Dollfuß war unzweifelhaft recht geschickt darin, bei mehr als einer Gelegenheit, Heimwehrforderungen abzulehnen oder ihnen auszuweichen ...«[113], aber das Anwachsen der Nazigefahr habe seinen Widerstand gegen Heimwehrforderungen immer schwieriger gemacht. Hinsichtlich des Gesprächs zwischen Dollfuß und Mussolini in Riccione vom 19. und 20. August 1933 heißt es in der österreichischen Amtserinnerung u. a.: »Mussolini suchte eine Pression auf den Herrn Bundeskanzler im Sinne der stärkeren Beteiligung der Heimwehren auszuüben. Der Herr Bundeskanzler ist diesen Versuchen jedoch mit Erfolg ausgewichen.«[114]

Die Kompromißbereitschaft bezüglich anderer von Mussolini gemachter Vorschläge war für Dollfuß keine wirkliche Konzession, weil er, wie oben dargestellt, längst vor seinen ersten Kontakten mit Mussolini den Beschluß gefaßt hatte, Österreich mittels einer von ihm selbst geistig und politisch zu führenden Systemveränderung im Zeichen christlichsozialer und ständischer Idealvorstellungen zu erneuern. Auch die vermutlich auf Betreiben der Heimwehr empfohlene Entfernung der Landbundminister Winkler und Schumy aus dem Kabinett stellte kein wirkliches Nachgeben dar, hatte doch der Landbund Dollfuß zuvor dadurch provoziert, daß er eine sogenannte »Nationalständische Front« in Konkurrenz zu seiner »Vaterländischen Front« gegründet hatte. In einem Bericht des österreichischen Gesandten Richard Schüller über ein Gespräch, das er im Auftrag von Dollfuß am 15. September 1933 mit Mussolini geführt hatte, heißt es: »Ich sagte, der Herr Bundeskanzler lasse Herrn Mussolini mitteilen, daß an der Verfassung sehr ernst gearbeitet werde... Der Herr Bundeskanzler habe das Bild gebraucht, daß er rasch marschiere, es aber *nicht liebe, wenn ihn dabei Freunde von rückwärts stoße*n – das störe den Marsch.« In Erinnerung daran, daß er Dollfuß vor dessen berühmter programmatischer Rede vom 11. September 1933 ausdrücklich eine »Faschisierung des österreichischen Staates« angeraten hatte und daß Dollfuß jedoch in dieser Rede mit keinem Wort einen Import des Faschismus nach Österreich erwähnt hatte, fügte Mussolini – dem Bericht Schüllers zufolge – hinzu: »Natürlich müsse die Verfassung in jedem Staate anders sein, je nach seiner Geschichte und seinen Verhältnissen, aber die von Herrn Bundeskanzler verkündeten Grundsätze seien gesund und entsprächen der Zeit.«[115]

Teil I: Die Dollfuß-Ära

Unter Berufung auf dieses Gespräch legte Dollfuß Mussolini in einem Brief vom 22. September 1933 nochmals dar, daß er »unter Rücksichtnahme auf die besonderen österreichischen Verhältnisse« sein Erneuerungsprogramm energisch in die Tat umsetzen werde.[116] Als Augenzeuge des letzten zwischen Dollfuß und Mussolini geführten Direktgesprächs in Riccione vom 20. August 1933 schreibt der damalige Leiter der Politischen Abteilung im österreichischen Außenamt, Gesandter Theodor Hornbostel: »Als letzter überlebender Kronzeuge und Dolmetscher dieser zweitägigen Unterredungen kann ich nur bestätigen, daß Mussolini und sein Staatssekretär Dr. Suvich ... wohl Bundeskanzler Dollfuß in sehr eindringlicher Weise die Notwendigkeit einer straffen Führung der Innenpolitik angesichts der nationalsozialistischen Gefahr vor Augen führten, daß aber irgendwelche schriftlichen oder mündlichen Vereinbarungen österreichischerseits *nicht* eingegangen worden sind. Unleugbar haben aber diese in völlig ungezwungener Form – zum Teil sogar in Anwesenheit von Mussolinis Familie – durchgeführten Gespräche starken Einfluß auf die weitere Entwicklung in Österreich ausgeübt. *In diesem Zusammenhang muß auch die immer wieder auftauchende Legende dementiert werden, Dollfuß hätte sich bei der Planung seiner »Ständischen Verfassung« auf Ratschläge und Anweisungen Mussolinis gestützt.*«[117]

Für die Unterredung mit Dollfuß in Riccione im August 1933 war für Mussolini ein Katalog der Dollfuß zu unterbreitenden Erwägungen ausgearbeitet worden. In Punkt 2a wird der Eintritt zweier Heimwehrführer (Steidle und Starhemberg) in die Bundesregierung vorgeschlagen. Bei der anschließenden Kabinettsumbildung vom 21. September wurde dieser Rat von Dollfuß jedoch nicht befolgt. Der Heimwehrführer Fey verlor sein seit 1932 innegehabtes Sicherheitsressort und wurde zum Vizekanzler ernannt. Die Schaffung einer Einheitsfront mit dem Ziel der »Unabhängigkeit Österreichs und Erneuerung Österreichs« sowie ein diktatorischer Charakter der neuen Regierung (Punkte 2b und 2c) entsprachen voll der Absicht von Dollfuß. Punkt 2d, die Ersetzung des Bürgermeisters von Wien durch einen Regierungskommissär, wurde im Dezember 1933 zwar vom Kronjuristen der Bundesregierung, Sektionschef Hecht, im Hinblick auf die Rechtsproblematik eines solchen Schrittes behandelt, jedoch erst nach der Schutzbundrevolte vom Februar 1934 in die Tat umgesetzt. Die nochmals geforderte Reform der österreichischen Staats- und Verfassungsordnung »auf faschistischer Basis« erfolgte ebenfalls nicht.[118]

Eine von Rom angeratene Maßnahme betraf die Vorbereitung einer Regierungsübernahme im Rathaus von Wien. Dieses letztgenannte Ziel vertrat mit Nachdruck auch die Heimwehr, in deren Namen Starhemberg am 13. September bei einer öffentlichen Kundgebung auf dem Ballhausplatz emphatisch ausrief: »Für das Wiener Volk ist es unerträglich, daß da drinnen«, und hierbei zeigte der Redner in Richtung auf das Rathaus, »die Bolschewiken herrschen. Herr Kanzler, schaffen Sie die heraus, die drinnen sitzen. Warten Sie nicht zu lange; man muß das Eisen schmieden, solange es heiß ist!«[119]

In dieser Frage stand Dollfuß also unter doppelseitigem Druck beider Bundesgenossen. Doch in der Frage eines von der Bundesregierung und der Heimwehr unter außenpolitischer Rückendeckung Italiens mit wachsender Entschlossenheit zu führenden Abwehrkampfes gegen die vom Reich unterstützte österreichische NSDAP bestand zwischen Dollfuß, Mussolini und den beiden Heimwehrführern zu diesem Zeitpunkt vollständige Übereinstimmung. Mussolini hatte Verständnis für die von Dollfuß der Reichsregierung wie auch der NSDAP vorgelegte Bedingung, daß eine Normalisierung der Beziehungen nur auf der Basis einer uneingeschränkten Anerkennung der inneren und äußeren Souveränität Österreichs erfolgen könne. Mussolini hatte seinerseits ein Optimum dessen gegeben, was vom Standpunkt des außenpolitischen Staatsinteresses Österreichs überhaupt denkbar war, nämlich die apodiktische Zusicherung, diese Unabhängigkeit Österreichs diplomatisch und bei Gewaltanwendung der Gegenseite *auch* mit Waffengewalt zu verteidigen. Dies änderte sich erst ab seinem imperialistischen Aggressionskrieg gegen Abessinien, der ihn mit den Westmächten verfeindete und damit vom Dritten Reich abhängig machte.

Kapitel V

Konflikt und Krieg zwischen »Schwarz« und »Rot« als Schwachpunkt des österreichischen Widerstandes

1. Ergebnislose Kontaktsuche zwischen »Schwarz« und »Rot«

Wie bereits dargestellt, hatten die äußerst blutig endenden Massendemonstrationen vom 15. Juli 1927 die Kluft zwischen den Lagern Schwarz und Rot im Hause Österreich und ihre Furcht voreinander beträchtlich vertieft. So ging – wie Karl Renner es beschreibt – »das aufregende Schauspiel der einander bedrohenden, einander kompensierenden und überbietenden militärischen Aufmärsche der Heimwehren und des Schutzbundes fort«.[1]

1931 kam es zum letzten Mal kurz vor der Machtergreifung Hitlers und der Amtsübernahme von Dollfuß zur Chance der Bildung einer großen österreichischen Koalition. Im allzu bequemen Rückblick könnte man behaupten, daß sie dem Land beim Heranbrechen der braunen Flut die bestmögliche Infrastruktur eines inneren Widerstandes gegeben hätte. Denn im Juni hatte zuerst Seipel seitens der Christlich-Sozialen den Sozialdemokraten die Bildung einer großen Koalition angeboten. Ein gleiches Angebot machte im Oktober Bundeskanzler Buresch. Doch das Mißtrauen der Sozialdemokraten gegenüber der größten anderen demokratischen Partei Österreichs war unüberwindlich. So wurden die Koalitionsangebote abgelehnt.

Vielleicht hat auch Andics recht, der daran erinnerte, daß die Weltkonferenz der Sozialistischen Internationale einige Wochen später in Wien zusammentreten sollte. Er unterstellt den Parteiführern den Gedankengang: »Sollen die österreichischen Gastgeber die Genossen aus aller Welt als Koalitionspartner des Prälaten Seipel und der faschistischen Heimwehren empfangen? Unausdenkbar!«[2] Auch bevorzugten es die Marxisten, die regierenden Christlich-Sozialen die

Last unpopulärer Maßnahmen gegen die furchtbare Weltwirtschaftskrise tragen zu lassen. Dies werde die Regierung Stimmen kosten, zugleich aber die Siegeschancen der Sozialdemokraten erhöhen. Daher keine Unterstützung für die Regierung, jedoch die Forderung nach Neuwahlen. In marxistischer Sicht waren der Kapitalismus als System und Österreich als Staat ohnedies dem Untergang geweiht.

So rückte das Jahr 1932 heran. Die erste Regierung Dollfuß entstand mit einer Parlamentsmehrheit von nur einer Stimme. Auf seine Bitte um Unterstützung der Regierung in einer Zeit vielseitiger Krisen antwortete Otto Bauer im Namen der Partei, die im Vorjahr das Koalitionsangebot Ignaz Seipels abgelehnt hatte, mit einer Rede, die mit den Worten schloß: »*Aber für die allererste Aufgabe zur Rettung des Landes ... halten wir den schärfsten, entschiedensten und rücksichtslosesten Kampf gegen diese Regierung ... deswegen erlaube ich mir, den Antrag zu stellen: Der Nationalrat wolle beschließen: der Nationalrat versagt der Bundesregierung das Vertrauen.*«[3]

Außerdem forderten die Sozialisten trotz der zuvor erzielten Stimmengewinne der NSDAP ebenso wie diese in Österreich Neuwahlen. Im Rückblick auf die Schutzbundrevolte von 1934 gab Otto Bauer sehr redlich zu, daß dies »ein Fehler« gewesen sei.[4] Anfang 1933 deckten die Sozialdemokraten – die allerdings selbst Waffen illegal aus der Tschechoslowakei nach Österreich schmuggelten – einen großen völkerrechtswidrigen Waffentransfer von Italien durch Österreich nach Ungarn auf. Diese Enthüllung der sogenannten »Hirtenberger Waffenaffäre« war moralisch und rechtlich sicherlich zulässig. Doch schuf sie für die damit bloßgestellten Regierungen in Wien, Rom und Budapest auch für die Heimwehr blamable Gesichtsverluste und Unannehmlichkeiten, die deren Gegnerschaft gegenüber den österreichischen Sozialdemokraten erheblich verschärfte. Insbesondere wurde dabei Italien, die Großmacht mit dem stärksten Eigeninteresse an der Erhaltung der Unabhängigkeit Österreichs, scharf brüskiert.

Hinsichtlich der zur Parlamentskrise vom 4. März 1933 führenden Verfahrenstaktik seiner Fraktion schreibt rückblickend und selbstkritisch Otto Bauer: »So haben wir durch Renners Demission der Regierung Dollfuß den Vorwand zur Ausschaltung des Parlaments geliefert. Das war unzweifelhaft ein Fehler!«[5] Falsch ist diese Darstellung nur insofern, als das Parlament durch die verantwortungslosen Tricks seiner Präsidenten – die Renner initiiert hatte – sich *selbst* lahmgelegt hatte.

Die Bundesregierung benützte ihre neue Machtstellung zunächst dazu, den Republikanischen Schutzbund aufzulösen. Die Haltung der Sozialdemokraten ermöglichte es ihr, dies ohne wirksamen Widerstand zu tun. Am 25. März 1933, dem Tag, an dem diese Auflösung beschlossen wurde, argumentierte Dollfuß in seinem Parteiklub, es sei leichter, mit den Sozialdemokraten über eine Verfassungsänderung zu verhandeln, solange diese nicht mehr im Besitz von Machtmitteln, wie z. B. dem Schutzbund und den Gewerkschaften, seien.[6] Am 20. April erwähnte Dollfuß im Klub, er müsse mit Dr. Robert Danneberg, einem führenden Politiker und Vermittler der Sozialdemokraten, reden. Nach Kontakten mit prominenten Führern der Christlich-Sozialen (Buresch und Reither) ermächtigte der sozialdemokratische Parteivorstand eine Gruppe niederösterreichischer Sozialisten, den Landesrat Heinrich Schneidmadl, den Parteivorstand und Landeshauptmannstellvertreter Oskar Helmer, den Nationalrat Pius Schneeberger und den Landtagsabgeordneten Franz Popp, mit Dollfuß offiziell zu verhandeln. Schneidmadl teilte dies Dollfuß persönlich mit, der – so Schneidmadl – erfreut schien und versicherte, man werde schon eine Lösung finden. Zunächst aber sollten die sozialdemokratischen Unterhändler mit Dr. Karwinsky, dem Staatssekretär für Sicherheitswesen, Kontakte aufnehmen. Diese fanden im Innenministerium statt.[7]

In den folgenden Monaten, hieß es, hätten die Unterhändler fast wöchentlich mit Staatssekretär Karwinsky verhandelt, und dieser habe stets versichert, der Bundeskanzler verfolge diese Verhandlungen »mit großem Interesse«.[8]

Als Verhandlungsbasis für eine Gruppe sozialistischer Unterhändler arbeitete Dr. Karl Renner den Entwurf einer neuen österreichischen Verfassung aus, der zwei Häuser des Parlaments vorsah, ein sogenanntes »Ständehaus« (120 Mitglieder, teils von den Berufskörperschaften entsandt, teils ernannt) und ein »Volkshaus« (gewählt durch allgemeines Stimmrecht).[9] In einem Artikel der »Arbeiterzeitung« vom 27. Dezember 1933 wie auch in einem Artikel von Otto Bauer: »Klassenkampf und Ständeverfassung«, in Nr. 1 der sozialistischen Parteizeitschrift »Der Kampf« vom Januar 1934, heißt es, daß den Sozialisten eine »berufsständische Ordnung, freie berufsgenossenschaftliche Selbstverwaltung, also echte Wirtschaftsdemokratie« akzeptabel sei, wenn sie »die politische Demokratie nicht aufhebt, sondern ergänzt und ausbaut«. Bauer und die »Arbeiterzeitung« betonten, daß solche Formen eines Ständestaates nichts mit dem faschistischen Korporationssystem zu tun hätten. Die »Arbeiterzeitung« schrieb sogar von einer »antifaschistischen Quadragesimo-Anno-Enzyklika«, die »das freie Organisationsrecht und Streikrecht der Arbeiter nicht zerstört, sondern voraussetzt ...«[10]

Äußerungen von Dollfuß während einer vertraulichen christlichsozialen Klubsitzung vom 12. Januar 1934 verraten sein inneres Schwanken in der Frage eines wie auch immer gearteten Kompromisses mit den Sozialdemokraten. Denn laut stenographischem Protokoll sagte Dollfuß einerseits: »Vielleicht wieder eine Fühlungnahme von den Sozi, in der sie eine Teilnahme an dem Kampf gegen NS anbieten. Ich meine nach wie vor, daß die Sozi interessiert sind, daß das Dritte Reich sich nicht auf Österreich ausdehnt, daß sie als Österreicher die Pflicht haben, den Staat vor der Vernichtung zu bewahren.«[11] Andererseits fügte Dollfuß sogleich hinzu: »Aber wenn heute in einer Form mit den Sozi ein Kompromiß gemacht würde, ist es der beste Nährboden für NS.« Dieser Sorge, ein schwarz-rotes Zusammengehen könne die Bumerangwirkung einer Stärkung der NSDAP in Österreich erzeugen, folgten dann psychologische Bedenken: »Wir haben die Bekämpfung des Marxismus durch die ganzen Jahre unseren Leuten eingehämmert, Packeleien würden in der Bevölkerung nur Mißtrauen erwecken.«[12]

In der zweiten Novemberhälfte 1933 nahm Renner mit Dr. Emmerich Czermak, dem Geschäftsführenden Bundesparteiobmann der Christlich-Sozialen Kontakt auf. Renner bot der Regierung dabei ein größtmögliches Entgegenkommen seitens der Sozialdemokraten an und fügte hinzu, dieses Angebot gelte bis Januar 1934.

Am 18. Januar 1934 – wohl bewußt an dem Tag, an dem der italienische Staatssekretär für Auswärtige Angelegenheiten Fulvio Suvich zu einem Staatsbesuch nach Wien kam (!) – gab Dollfuß den Sozialisten im Rahmen einer Rede, die auch die »Arbeiterzeitung« in ausführlichen Auszügen wiedergab, hierauf eine Antwort. Fast sensationell über den Schatten bisheriger Äußerungen und Anschauungen springend, erklärte Dollfuß hierbei, er könne es verstehen, daß die

Teil I: Die Dollfuß-Ära

Praxis des liberalistischen Kapitalismus auf der Gegenseite zur Proklamation des Klassenkampfes »als Basis des Organisationslebens« geführt habe. Aber die zur Zeit beginnende christlichsoziale Neuordnung von Staat und Gesellschaft beruhe auf der Grundlage eines neuartigen »gegenseitigen« Verpflichtungsverhältnisses. Damit falle von jetzt an der Klassenkampf als scheinbar notwendige Antithese weg, und »die Arbeiterschaft muß ernstlich erwägen, ob nicht auch für sie die Pflicht besteht, mit voller innerer Bereitschaft für diese Zusammenarbeit und ihre neuen Formen einzustehen«. Sollte dies von den »ehrlichen Arbeiterführern« verstanden werden, so hoffe er, »daß schon die allernächste Zeit ganz neue Möglichkeiten der Einbeziehung auch der bisher abseits stehenden Kreise in die große Front der Verteidiger der österreichischen Unabhängigkeit und des Aufbaus eines neuen Österreichs bringen wird«.[13]

Das Angebot war kristallklar. Die Sozialdemokraten waren gefordert, auf das Element ihrer Programmatik zu verzichten, das ihnen bei allen anderen Parteien (Kommunisten ausgenommen) stets nur Mißtrauen und Gegnerschaft eingetragen hatte, nämlich auf den kategorischen Klassenkampf. Dollfuß stellte ihnen im sozioökonomischen Bereich gemäß der christlichen Soziallehre eine paritätische Partnerschaft in Aussicht und ersuchte sie, sich dann in den Kampf zur Verteidigung der österreichischen Unabhängigkeit und in das Werk eines ständischen Neuaufbaus Österreichs einzureihen. Als der Chefredakteur der christlichsozialen »Reichspost«, Dr. Friedrich Funder, im Dezember 1933 die Bitte des sozialdemokratischen Bürgermeisters Karl Seitz nach Verhandlungen zwischen den Großparteien vortrug, reagierte Dollfuß binnen zwanzig Stunden positiv. Er verlangte die Nominierung eines geeigneten sozialdemokratischen Verhandlungspartners. Aus ungeklärten Gründen ließen ihn die Sozialdemokraten warten. Dann erfolgte sein zitiertes Angebot vom 18. Januar.

Als Hypothese ergibt sich, daß Dollfuß einerseits bereit war, mit einer geschwächten Sozialdemokratie über deren Partnerschaft in einer neuen, ihrer konkreten Form nach damals noch offenen Ständeverfassung Österreichs zu verhandeln. Es konnte nur in seinem Interesse sein, die Führung eines großen Teiles der österreichischen Arbeiterschaft als Partner für beides zu gewinnen: für die große Erneuerung Österreichs im Sinne seiner Pläne und für einen dadurch noch viel wirksamer werdenden Abwehrkampf gegen die innere und äußere Bedrohung durch den Nationalsozialismus. Vor dieser Gefahr aber konnte ihn die Sozialdemokratie allein nicht retten. Ohne die Rückendeckung Italiens, der einzigen Großmacht, die gewillt war, dies außenpolitisch und notfalls auch militärisch zu tun, war die Festung Österreich auf Dauer nicht zu halten. Dies war der eine Hemmfaktor.

Der andere ergibt sich aus dem tief verwurzelten Mißtrauen des Kanzlers gegen die Führer des Austromarxismus. In seiner bereits geschilderten Auffassung hatten sie ihm nur als *Temporär-Österreicher* gegolten, denn sie wollten weiterhin den Anschluß nach dem Ende des Dritten Reiches. Ihre radikale Theorie veranlaßte ihn ferner, in ihnen nur *Temporär-Demokraten* zu sehen, die die partnerschaftliche pluralistische Demokratie als Mittel und Durchgangsstadium zur Erreichung einer absoluten und einseitig sozialistischen Herrschaft über Staat und Gesellschaft werteten.[14]

2. Waffenlager und Kampfplan des Schutzbundes

In eine zu Beginn des Jahres 1934 drastisch gesteigerte Phase der nationalsozialistischen Terrorkampagne gegen Österreich platzte sowohl von der Bundesregierung als auch von der zentralen Leitung der Sozialdemokratischen Arbeiterpartei unvorhergesehen die militärische Revolte einer Abteilung des republikanischen Schutzbundes, die – mit der offen erklärten Absicht, hierdurch die gesamte Partei in einen Bürgerkrieg gegen die Regierung hineinzuzwingen – in den Morgenstunden des 12. Februar 1934 das Feuer auf eine Abteilung der Linzer Polizei eröffnete. Strukturell gesehen hing eine solch katastrophale Entwicklung mit einem bereits angesprochenen Grundübel in der Politik der Ersten Republik Österreich zusammen. Es war dies eine Situation des potentiellen und gelegentlich aktualisierten Faustrechts, dessen Träger militärisch bewaffnete und geschulte außerstaatliche Parteiarmeen waren, die neben der staatlichen Exekutive existierten und das reguläre Bundesheer in zwei Fällen sogar an Mannschaftsstärke beträchtlich übertrafen. Die Initiative der vorsätzlichen Feuereröffnung war von der lokalen Linzer Abteilung des Schutzbundes ausgegangen. »Die erste große, unmittelbar drohende Gefahr eines Bürgerkrieges« (Otto Leichter) hatte sich bereits 1927 ergeben. Als die Regierung aus dem Arsenal in Wien dort verborgene Waffen – 665 Maschinengewehre, 21465 Infanteriegewehre und weitere Waffenbestände –, für deren Verwendung die Sozialisten Mitbestimmung forderten, durch Einheiten des Bundesheeres abtransportieren lassen wollte, hatte der Bürgermeister von Wien, Karl Seitz, Bundeskanzler Seipel mit einem »Blutbad« gedroht. Gegen das Bundesheer waren die Wiener Einheiten des Republikanischen Schutzbundes mobilisiert worden. Es hätte nur eines Schusses bedurft, um damals bereits einen Bürgerkrieg auszulösen. Nur mit Mühe und würdelosen Kompromissen vermochte der Staat letztlich seinen Anspruch durchzusetzen.[15]

Die Ereignisse vom 12. Februar 1934 sind für die vorliegende Schrift insofern von besonderer Bedeutung, als sie in der Kette historischer Kausalitäten jener Zeit einen Hauptgrund für das Unterbleiben der Bildung einer großen Koalition der beiden Volksparteien zur Abwehr des Nationalsozialismus ergeben.

Wohlmeinend wenngleich irrig wird der damals beginnende Schutzbundaufstand oft als Aufstand »der österreichischen Arbeiter« zur Verteidigung bzw. Wiederherstellung der zuvor bestehenden pluralistisch-demokratischen Ordnung dargestellt. Die Untersuchung der konkreten Tatsachen und Kausalitäten vermittelt ein anderes Bild. Der Bürgerkrieg war ausgelöst worden durch den in die Tat umgesetzten völlig eigenwilligen Beschluß des oberösterreichischen Schutzbundführers Richard Bemaschek, auf die österreichische Polizei zu schießen und dann den Schutzbund in ganz Oberösterreich zum Angriff auf die Exekutive übergehen zu lassen, falls am 12. Februar in irgendeiner oberösterreichischen Stadt eine polizeiliche Waffensuche oder eine Verhaftung von Funktionären der Partei oder des Schutzbundes erfolgen sollte.

Suchaktionen der Polizei nach illegal versteckten Waffen hatte es in Österreich bereits seit den späten zwanziger Jahren immer wieder gegeben. Ende 1933 hatte die Polizei umfangreiche illegale Transporte festgestellt, mit denen Waffen für den schon im März 1933 verbotenen Republikanischen Schutzbund aus der Tschechoslowakei nach Österreich geschmuggelt wurden. Von diesem Waffenschmuggel informiert, begann die Polizei nach Orten zu suchen, wo diese und andere illegale Waren in Österreich versteckt sein könnten. Zugleich wurden die für solches illegales Tun jeweils verantwortlichen Schutzbundfunktionäre verhaftet. Dabei gelang der Polizei am 24. Januar 1934 – d. h. nur 18 Tage vor Ausbruch des Bürgerkrieges – ein großes Waffenlager in Schwechat zu entdecken, in dem nicht nur Maschinengewehre, Gewehre und Handgranaten, sondern auch neuartige Sprengkörper von solcher Sprengkraft entdeckt wurden, daß nur einer von ihnen genügt hätte, um ein großes Gebäude in die Luft zu sprengen (die Sprengung von Regierungsgebäuden in der Wiener Innenstadt gehörte in der Tat zu dem von Major Eifler entworfenen Kriegsplan des Schutzbundes).

Friedrich Funder, der Chefredakteur der Reichspost, war unmittelbar hiernach am 26. Januar zu Dollfuß geeilt, um diesem den Namen des Gemeinderates Richter als soeben beauftragten Verhandlungspartner seitens der Sozialdemokratischen Partei zu nennen. Der Bundeskanzler erwiderte zwar, daß er Richter persönlich schätze, zeigte Funder aber dann mit dem Ausdruck größter Entrüstung Berichte über den Waffenfund in Schwechat. Dazu Funder wörtlich: »Vorgefundene Aufzeichnungen ließen erkennen, daß diese Sprengkörper für Unternehmungen bestimmt gewesen seien, die von den Kanälen aus gegen öffentliche Gebäude hätten zur Entladung gebracht werden sollen. Es handle sich um einen Attentatsplan von besonderer Tücke. Offenbar habe im sozialistischen Lager die revolutionäre Gruppe die Oberhand gewonnen. In diesem Zustand Verteidigungsverhandlungen zu eröffnen, sei unmöglich.«[16]

Zwar erklärte sich der Schutzbund auch als Instrument zur Verteidigung der Demokratie. Doch Otto Bauer und der linke Flügel der Sozialdemokraten betrachteten damals die pluralistische Demokratie nicht als übergeordneten Grundwert, sondern als Durchgangsstadium zu einer ohne Gewaltanwendung nicht mehr umkehrbaren, rein sozialistischen Staats- und Gesellschaftsformation. Norbert Leser, Österreichs bedeutendster Historiker des Austromarxismus, schreibt von Bauers »ungebrochener Überzeugung, daß der Sozialismus das Ziel und der eigentliche Grundwert, dem es nachzustreben gelte, die Demokratie demgegenüber aber bloß als Mittel zum Zweck und Aufmarschterrain sei ...«, und spricht von Bauers »Überzeugung von der sozialistischen Zielvorgabe, die die

Demokratie in die Rolle eine bloßen Mittels zum Zweck versetzt und damit instrumentalisiert, ihres selbständigen Wertes entkleidet«.[17]

Wie der damalige Schutzbundkommandant Alexander Eifler – ein innerparteilicher Gegner Theodor Körners – am 2. April 1935 in dem gegen ihn geführten Hochverratsprozeß aussagte, hatte die Militarisierung des Schutzbundes ab 1927 auch zu dessen Entdemokratisierung geführt. Eifler selbst sagte dazu: »Ich konnte mir nicht vorstellen, daß ein solcher Verein (Schutzbund) anders als militärisch mit eiserner Disziplin zu führen sei. (Julius) Deutsch stimmte bei. ... Es wurden Versammlungen abgeschafft, statt dessen Appelle eingeführt, bei denen niemand anders etwas zu reden hatte, außer dem höchstanwesenden Führer. Ich stand damals ganz und gar auf dem autoritären Standpunkt. ... Ich habe auch die Führerwahl abgeschafft und dafür die Führerernennung durchgesetzt ...«[18]

Eiflers Bürgerkriegsplan weist durchaus terroristische und quasibolschewistische Elemente auf und verpflichtet die Schutzbündler dazu, von den Erfahrungen kommunistischer Aufstände in Moskau, Hamburg und Kanton zu lernen. Voraussetzung für die Aufnahme des Bürgerkrieges sei, daß die »Masse« sich im Zustand »revolutionärer Gärung« befinde. Wörtlich: »Im Kampfe gegen das Bundesheer sind die Offiziere sofort unschädlich zu machen, bei der Polizei alle Vorgesetzten bis zum Leutnant. ... Jene, die uns durch Gemeinheiten bekannt sind, sofort bestrafen.« Jeder Aktionsplan müsse u. a. enthalten: »Feststellung der ... Angehörigen der gegnerischen Führer und ihrer Wohnungen.« Fernerhin »Adressen der Regierungsmitglieder, der Banken, der Direktoren und Unternehmerverbände, der Redaktionen gegnerischer Blätter und Papierlager. ... Ortslage der Gefängnisse und die Möglichkeit der Befreiung der Gefangenen.« Zu Maßnahmen innerhalb eroberter Stadtgebiete wird befohlen: »Der aktive Teil der Bourgeoisie ist zu isolieren und die Anwendung des *Klassenterrors* gegenüber verhafteten Gegnern der bürgerlichen Parteien zu verkünden. Der nicht-aktive Teil der bürgerlichen Bevölkerung ist zu öffentlichen Arbeiten heranzuziehen ...« Nach Beginn der Kämpfe seien nicht nur Kasernen, Polizeikommissariate, sondern auch das Bundeskanzleramt am Ballhausplatz, das Justizministerium am Minoritenplatz, das Heeresamt am Stubenring und die Polizeidirektion sofort in die Luft zu

11 Fanfarenzug des Republikanischen Schutzbundes mit roten Fahnen

12 Verhaftung von SS-Männern nach ihrer Erstürmung des Rundfunkgebäudes in Wien

13 NS-Putschisten während der Julikämpfe im Kärntner Lavanttal

14 Niederösterreichischer Heimatschutz kämpft in Kärnten.

15 Der Heimatschutz unterstützte das Bundesheer bei der Niederwerfung des NS-Aufstandes.

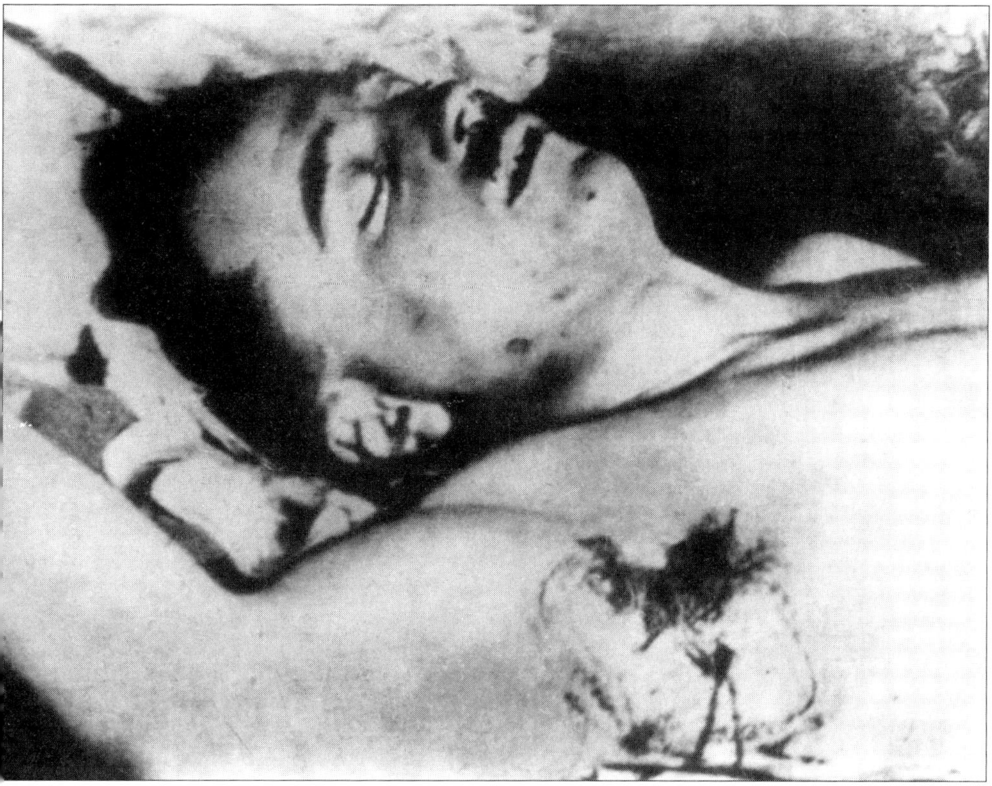

16 Engelbert Dollfuß – das prominenteste Opfer des österreichischen Widerstandes

7 Der Sarg des Kanzlers wird aus dem Bundeskanzleramt getragen.

18 Die Totenmaske von Dollfuß

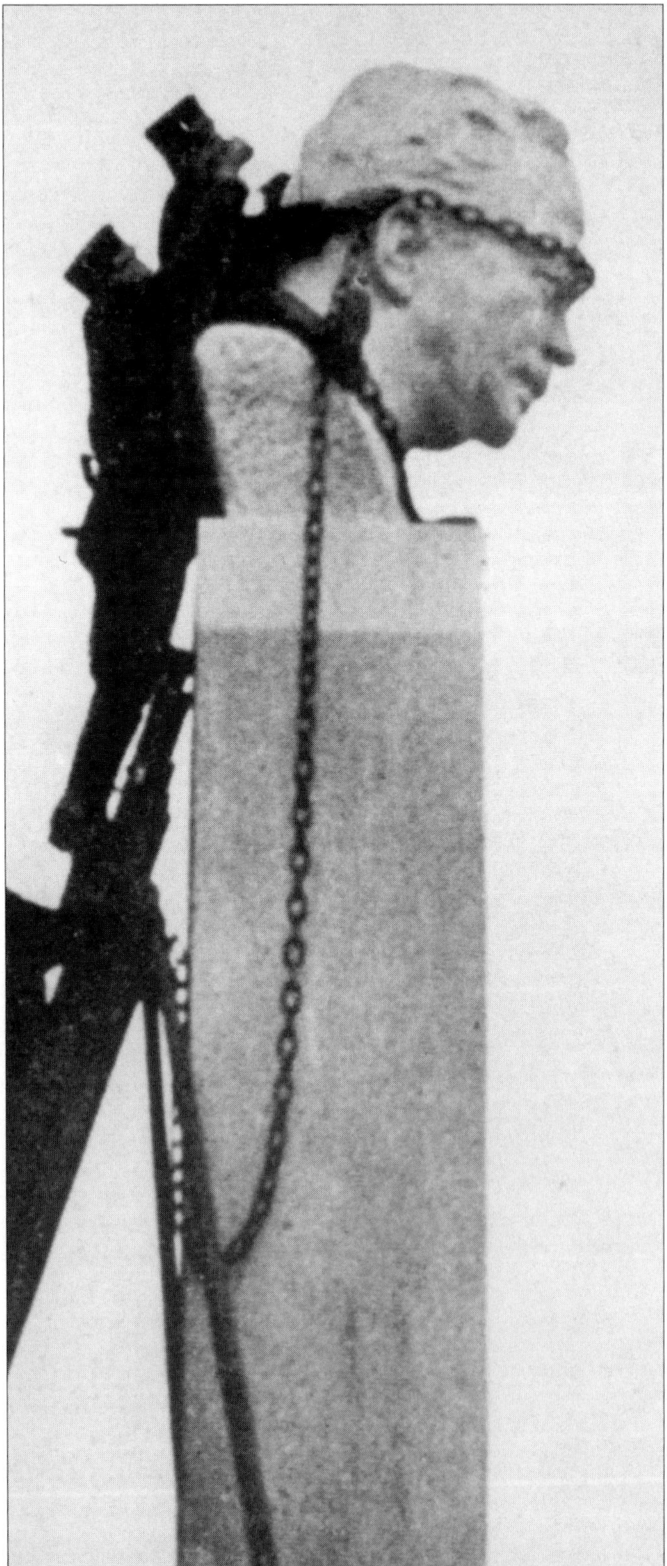

19 Der Abriß eines Dollfuß-Denkmals durch die Nationalsozialisten 1938

sprengen. Taktisch richtig wird ermahnt: »Das Zeitelement spielt im ersten Moment der Aktion eine ungeheure Rolle.« Auf dem Lande gelte der Kampf »in erster Linie gegen Gutsbesitzer, Kaufleute, Gendarmerie, gegnerische Gemeindefunktionäre und Leiter der faszistischen Organisationen« und bestehe u. a. in der »Vernichtung der Verbindungswege, Beschlagnahme von Geldern, Brandstiftungen und Beunruhigungen ...«.[19] Der zu dieser Zeit für das Sicherheitswesen zuständige parteilose Staatssekretär Carl Karwinsky berichtet, daß im Zuge der Schutzbundrevolte vom Februar 1934 »schwarze Listen« von gegnerischen Persönlichkeiten und Pläne zur Einsetzung von »Revolutionstribunalen« aufgefunden wurden.[20]

Von einem der Parteileitung vorgelegten warnenden Memorandum schreibt Theodor Körner: »Am Schlusse dieser Ausführungen ... faßte ich mein Urteil zusammen, verurteilte nochmals die Soldatenspielerei des Schutzbundes, stellte fest, daß diese überflüssige Reizung zu Zusammenstößen und zu gewaltsamen Auseinandersetzungen mit der Staatsgewalt führen werde. Das Ende müsse die unbedingte Niederlage und Vernichtung der Partei sein.« Otto Bauer habe er gewarnt: »Jeder Versuch einer Gewaltäußerung unsererseits hat nicht die geringste Chance und ist Selbstmord.« Doch niemand in der Parteileitung habe auf seine prophetischen Warnungen hören wollen.[21]

Als Stabschef des Republikanischen Schutzbundes hatte Alexander Eifler oft sehr detaillierte »Aktionspläne« für die Strategie und Taktik des sozialrevolutionären Bürgerkrieges in verschiedensten Regionen und Ortschaften Österreichs entwickelt.[22] Nachdem Theodor Körner von diesen Aktionsplänen Kenntnis genommen hatte, richtete er ein vom 7. Dezember 1931 datiertes Schreiben »an die Genossen Seitz, Bauer, Danneberg, Deutsch«, in dem er erwähnt, Eifler habe dabei »jede Kritik ausgeschaltet«, da er sich auf die Zustimmung des Präsidiums des Parteivorstandes, auf den Gewerkschaftsvorstand und die Zentralleitung der Partei berufe. Diese Ausschaltung jeglicher Kritik sei höchst gefährlich. Körner wörtlich u. a.: »*Die Genossen gestatten, daß ich in aller Schärfe den Aktionsplan für einen Unsinn und ein Verbrechen an der Arbeiterschaft bezeichne*, er die größte Gefahr für Heraufbeschwörung eines neuen 15. Juli [1927] birgt und der Partei unermeßlichen Schaden zufügen kann. Der

Schutzbund wird zu Ungesetzlichkeiten aufgeheizt, statt daß man die Gesetzlichkeit als Grundlage für die ganze Tätigkeit des Schutzbundes nimmt ...«[23]

Mit bewundernswerter Klarsicht hatte der vormalige Staatskanzler, Dr. Karl Renner, auf dem Sozialistischen Parteitag von 1927 vor Disziplinlosigkeiten dieser Art eindringlich gewarnt: »... Wir stehen in jener Epoche des Klassenkampfes, wo beide Klassen, die Besitzenden und die Besitzlosen, vollgerüstet, beide kampfbereit und beide wachsam einander gegenüberstehen. Wir stehen sozusagen in offener Feldschlacht. Und in einer solchen Lage kann die Disziplinlosigkeit einer einzelnen Gruppe die sichere Niederlage bedeuten.« Renner bezog dies auf die Katastrophe des 15. Juli 1927, in deren Verlauf man erkannt habe, »daß eine einzelne Gruppe das ganze Proletariat einer zerschmetternden Niederlage [hätte] aussetzen können ...« Nochmals zu strenger Disziplin auffordernd, rief Renner: »Zum Handeln soll in Hinkunft nur die Gesamtheit aufrufen und nicht ein Teil. Das ist kategorisches Gebot. Wer auf eigene Faust handelt, gefährdet unter Umständen die Klasse.«

Genau das aber geschah am 12. Februar 1934.

Die sozialdemokratische Partei hatte am 17. September 1933 beschlossen, ihre Mitglieder zum Bürgerkrieg aufzurufen, falls eines der vier folgenden Ereignisse eintreten sollte: 1) Die Auflösung der Partei; 2) die Auflösung der Gewerkschaften oder die Einsetzung eines Regierungskommissärs für die Gewerkschaften; 3) die Besetzung des Rathauses oder die Einsetzung eines Regierungskommissärs; 4) das Oktroi einer faschistischen Verfassung. Diese Parolen wurden in Hunderttausenden von Exemplaren in ganz Österreich verbreitet und waren dadurch der Regierung bekannt. Bis zum 12. Februar 1934 war keines dieser Ereignisse eingetreten.[24]

Doch vor dem Hintergrund dieser potentiellen und konditionierten Bürgerkriegsdrohung verfolgte die Bundesregierung mit gesteigerter Aufmerksamkeit den illegalen Besitz von Waffen des Schutzbundes, die im Fall des offenen Konflikts gegen die Organe des Staates gerichtet sein würden. Die Aufdeckung von umfangreichem Waffenschmuggel aus der Tschechoslowakei bei Jahresende 1933 und weitere Waffenfunde, die der Verrat eines Schutzbündlers ermöglicht hatte, und bei denen, wie erwähnt, neuartige Sprengkörper von gewaltiger Explosionskraft entdeckt worden waren, hatten einerseits zu einer hektischen Intensivierung der Waffensuchaktionen der Exekutive geführt, wie auch dazu, daß neben anderen für verantwortlich gehaltenen Schutzbundführern auch deren Stabschef Major Alexander Eifler und sein Adjutant Hauptmann Rudolf Löw Anfang Februar 1934 verhaftet wurden. Die Folge beschreibt Otto Leichter mit den Worten: »Sonntag, den 11. [Februar] stand der Schutzbund ohne seine wirklichen Führer da – eine Armee, die man geköpft hatte.«[25]

3. Der »schwarz-rote« Bruderkrieg als Gefahr und Schwächung des österreichischen Abwehrkampfes

In dieser hochbrisanten Situation entsandte der genannte oberösterreichische Schutzbundführer Richard Bernaschek einen vom 11. Februar 1934 datierten Brief an die sozialdemokratische Parteileitung in Wien. Sollte es am Morgen des 12. Februar 1934 in einer oberösterreichischen Stadt zu einer Waffensuche der Exekutive kommen oder Funktionäre des Schutzbundes verhaftet werden, würde »gewaltsamer Widerstand geleistet und in Fortsetzung des Widerstandes zum Angriff übergegangen werden. Dieser Beschluß sowie die Durchführung ist unabänderlich«. Er erwarte von Otto Bauer und dem Parteivorstand, daß er in diesem Fall der gesamten Arbeiterschaft »das Zeichen zum Losschlagen« gebe. Der Beschluß könne nicht mehr rückgängig gemacht werden. Noch in gleicher Nacht würden sämtliche zur Verfügung stehende Waffen des Schutzbundes in ganz Oberösterreich bereitgestellt.[26]

Nach Erhalt dieses Briefes um Mitternacht erklärte Otto Bauer, »ein Widerstand sei augenblicklich zwecklos und sinnlos, am 12. Februar kämen die Landeshauptleute nach Wien, und es bestehe daher die Möglichkeit, die Verfassung noch zu retten.«[27] Durch ein schlecht verschlüsseltes Telegramm und einen ebensolchen Anruf wurde Bernaschek von der Ablehnung seines Ultimatums durch die Parteileitung in Kenntnis gesetzt. Die Polizei, die durch Zensur von dieser geheimen Kommunikation erfuhr, schöpfte Verdacht und beschloß für den 12. Februar eine der seit langem routinegemäß praktizierten

Waffensuchaktionen, diesmal gegen die Zentrale der Linzer Sozialdemokraten, wo sich tatsächlich ein Waffenarsenal befand.

In Linz hatte die Polizei bereits seit Tagen wegen verdächtiger Schiffstransporte aus der Tschechoslowakei – die harmlos deklariert waren, tatsächlich aber Waffen und Munition für den Schutzbund enthielten – Verdacht gefaßt. Der Linzer Polizeidirektor Viktor Bentz, der zufällig neben dem Hauptquartier der oberösterreichischen Sozialdemokraten im Hotel Schiff wohnte, hatte in der Nacht zuvor diverse verdächtige Bewegungen in dieser Nachbarschaft beobachtet. Als deshalb in der Früh des 12. Februar eine Polizeiabteilung vor dem Hotel Schiff auf der Suche nach dort etwa – und tatsächlich – verborgenen Waffen erschien, wurden sie mit Gewehr-, Maschinengewehrfeuer und Handgranaten beschossen und zum Rückzug gezwungen. Kurz darauf ging der Schutzbund an vielen anderen Stellen in Oberösterreich in die Offensive. Die Stadt Linz verwandelte sich stellenweise in ein Schlachtfeld und der Sicherheitsdirektor von Oberösterreich, Hans von Hammerstein, mußte das Bundesheer um Militärassistenz bitten.[28]

Otto Bauer scheint zunächst angenommen zu haben, daß Bernaschek sich dem ausdrücklichen Verbot der Wiener Parteizentrale beugen würde. Als aber am 12. Februar gegen acht Uhr der Beginn des Bürgerkrieges telefonisch aus Linz berichtet wurde, fand in der Parteizentrale in Wien eine Besprechung statt, an der neben Otto Bauer auch der Schutzbundkommandant Julius Deutsch, der Chefredakteur der Arbeiterzeitung Oscar Pollak, der Gewerkschaftsführer Schorsch und eine Reihe von Schutzbundführern beteiligt gewesen sein sollen. Trotz Befragung auch von Karl Renner, Karl Seitz und General Theodor Körner soll zunächst kein klarer Beschluß zustandegekommen sein. Dennoch soll es danach zur Bildung einer »zentralen Kampfleitung«, geführt von Otto Bauer und Julius Deutsch, gekommen sein, die ihren Sitz im 10. Bezirk im Ahornhof, später dann im George-Washington-Hof gehabt haben soll. Bezüglich des Übergreifens des Bürgerkrieges von Linz nach Wien berichtete der Schutzbundkommandant Ludwig Dinstl, er habe um 10.30 Uhr zunächst den Befehl zu höchster Alarmbereitschaft übermittelt bekommen. Dem sei dann um 12.30 Uhr der Befehl »Sofort Schutzbund bewaffnen!« und um 15 Uhr der weitere Befehl »Bewaffneter Widerstand gegen die Exekutive!« gefolgt.[29]

Vom Standpunkt seiner Partei bedeutete Bernascheks provokative Eigenmächtigkeit einen gravierenden Verstoß gegen die übliche und von Renner beschworene Parteidisziplin. Autoritär in dem von Eifler ab 1927 eingeführten Stil war es zudem eine eigenwillige Vorgangsweise, die ohne Information oder Zustimmung selbst des oberösterreichischen Parteivorstandes in einer Art psychologischer Erpressung vorsätzlich darauf abzielte, die gesamte Partei gegen den ausdrücklichen Willen der Parteiführung zu einem willkürlich gewählten Zeitpunkt in einen Bürgerkrieg hineinzureißen. Zwei weitere Aspekte verstärken die Unverantwortlichkeit dieses Vorgehens. Bernaschek kannte den von Eifler entworfenen Bürgerkriegsplan der Partei, in dem taktisch richtig und ausdrücklichst auf die ungeheure Bedeutung des *Zeitfaktors* bzw. des *Überraschungseffekts* bei dem primär entscheidenden Kampf um die Bundeshauptstadt Wien hingewiesen worden war. Dieser Kernaspekt des Kriegsplanes aber war durch die vom Parteivorstand untersagte und daher auch nicht erwartete Eröffnung des Kampfes gegen die Exekutive in Linz zunichte gemacht worden. Den Preis in Blut und Frustration hierfür zahlten die Schutzbundgenossen in Wien, die zwar stellenweise dem Kriegsplan gemäß auf das Stadtzentrum vorstoßen wollten, doch fast überall auf abriegelnde Einheiten der durch die Schüsse in Linz gewarnten Exekutive stießen. Ebenso hatte Bernaschek nicht die Folgen der kurz zuvor erfolgten Verhaftung des Stabschefs und anderer Kommandanten des Schutzbundes für den militärischen Ablauf des Aufstandes bedacht. Nur Tage zuvor hatte sich Bernaschek in einem Schreiben vom 5. Februar 1934 an die Parteileitung bitterlich über die Abwanderung zahlreicher sozialdemokratischer Genossen zu den Nationalsozialisten beklagt.[30]

Doch die Tatsache des gerade zu Jahresbeginn 1934 drastisch gesteigerten Terrors der Nationalsozialisten gegen die österreichische Bundesregierung fand bei seiner schicksalsvollen Entscheidung keinerlei wesentliche Beachtung. Auch die Führung der Austromarxisten, die sich mit ihrem Entschluß, sich von Bernaschek das Gesetz ihres Handelns aufzwingen zu lassen, offensichtlich sehr schwer getan hat, entschloß sich zum Bürgerkrieg zu einem Zeitpunkt, als sich die von innen und außen bedrängte österreichische Bundesregierung in einem erbitterten und schwierigen Abwehrkampf gegen Nationalsozialismus und Drittes Reich befand. Sie ging dabei wissentlich das schwerwiegende Risiko ein, daß der innerösterreichische Bruderkampf von den nationalsozialistischen Gegnern des eigenen Landes massiv zum Schaden Österreichs ausgenützt werden konnte.[31]

Die Empfindung, daß dieser Bürgerkrieg ihr in einer besonders schwierigen Phase des österreichischen Abwehrkampfes gleichsam in den Rücken fiel, steigerte auf seiten der Bundesregierung deren Aversion gegen die sozialdemokratische Parteileitung. Umgekehrt hatten es die Sozialdemokraten als unfair und unrichtig empfunden, daß die Bundesregierung einseitig die Abrüstung und Auflösung des Schutzbundes verfügte, während der Österreichische Heimatschutz weiter bestehen und zeitweilig an Einfluß gewinnen konnte. Doch angesichts der Arithmetik politischer Kräfteverhältnisse im damaligen Österreich mußten die Sozialdemokraten vorausgesehen haben, daß ihre Absage an die ihnen von Seipel noch 1931 angebotene Große Koalition zu einer Abhängigkeit der Christlichsozialen von kleineren Parteien, darunter dem Heimatblock der Heimwehren, führen müßte. Da jede der beiden spannungsreich koexistierenden Parteiarmeen – Schutzbund und Heimatschutz – zahlenmäßig stärker war als das reguläre Bundesheer, überstieg es das militärische und politische Vermögen der Bundesregierung, gegen beide gleichzeitig vorzugehen. Die Politik der Bundeskanzler Dollfuß und Schuschnigg orientierte sich vielmehr am Ziel, den Heimatschutz, der ab Anfang der 30er Jahre die Eigenstaatlichkeit Österreichs prinzipiell als politischen Grundwert bejahte, in die Verteidigung Österreichs einzubinden und schrittweise unter die Kontrolle der politischen Führung zu bringen, was unter Schuschnigg 1936 auch vollständig erreicht wurde. Zudem verkörperte der Heimatschutz in Österreich die einzige Organisation, vor der die österreichischen Nationalsozialisten echte Furcht empfanden, weil sie ihrem Terror ihrerseits mit geballter Faust begegnete.

Wie die Ereignisse vom Juli 1927, so zerstörte auch der konkrete Ablauf des Bürgerkrieges vom Februar 1934 den so oft beschworenen austromarxistischen Mythos von einer angeblich durchgängigen Willenseinheit »der Arbeiter« oder »der Massen« mit der Partei. Wie weit sich die Austromarxisten durch ihren eigenen Dogmatismus von gegebener gesellschaftlicher Realität entfernt hatten, zeigt die Tatsache, daß die von ihnen mythisierten Kollektive »Proletariat«,

»Masse«, »Arbeiterschaft« sich in einer Stunde des Existenzkampfes der Partei in keiner Weise zu deren Unterstützung in einen innerösterreichischen Bruderkrieg hineinkommandieren ließen. Ernst Fischer zitiert in seinen Erinnerungen eine Lageschilderung von Elias Canetti mit dessen Worten: »Einzelne Gruppen leisten Widerstand, Inseln im Meer der Passivität. Auseinandergesprengt das Gefüge der kämpfenden Arbeiterschaft. Kampf einer winzigen Minderheit gegen einen überlegenen, wenn auch in Verwirrung geratenen Gegner. Die Zentren des Widerstandes werden nicht zu Massenkernen.«[32]

Es herrschte nirgends eine Aktionsgemeinschaft zwischen Partei und Massen wie etwa 1968 in der Tschechoslowakei oder zwischen der Gewerkschaft »Solidarität« und den Massen im Polen der achtziger Jahre. Eine der strategisch wichtigsten Gewerkschaften, diejenige der Eisenbahner – wie Otto Bauer sagte: »einst eine Elitetruppe der österreichischen Arbeiterbewegung« –, streikte nicht einmal. Die Züge fuhren! Selbst Teile des Schutzbundes machten nicht mit. Dazu wieder Otto Bauer: »Manche Bezirke haben überhaupt nicht zu den Waffen gegriffen ... In anderen Bezirken hat es der lokalen Führung des Schutzbundes wohl auch an Mut, an Offensivgeist gefehlt. Aber wo der Schutzbund in den Kampf getreten ist, dort war seine Haltung von bewundernswürdigster Tapferkeit, Zähigkeit und Heldenhaftigkeit. Dollfuß selbst hat in einer Rede vom 17. Februar den ›Heroismus‹ der kämpfenden Schutzbündler anerkennen müssen.«[33]

Zu dem populärgeschichtlich mythisierten Kampf um die vielfach festungsähnlich strukturierten Gemeindebauten schrieb Carl Karwinsky: »Die Brechung des Widerstandes in den von den Schutzbündlern besetzten Gemeindehäusern war für die Polizei und die ... Selbstschutzverbände eine unlösbare Aufgabe. Im Maschinengewehrfeuer der Aufständischen brachen alle Versuche, die Gebäude zu stürmen, unter schweren Verlusten der Exekutive zusammen. ... In der Erkenntnis, daß nur durch die Verwendung schwererer Waffen dem Kampf rasch ein Ende gesetzt und noch höhere Verluste vermieden werden könnten, entschloß sich die militärische Führung zum Einsatz von Artillerie gegen die mit leichten Waffen nicht zu nehmenden Gebäude. Vor Eröffnung des Feuers wurden in jedem einzelnen Falle die Aufständischen durch Parlamentäre und Trompetensignale zur Kapitulation aufgefordert. Dort, wo dieser Aufforderung nicht Folge geleistet wurde, genügte meist die Abgabe weniger Schüsse, um die Verteidiger von der Aussichtslosigkeit eines weiteren Widerstandes zu überzeugen. Es steht außer Zweifel, daß die Verwendung von Geschützen die rasche Beendigung des Aufstandes am dritten Kampftag herbeigeführt und damit beiden Parteien weitere schwere Verluste erspart hat.«[34]

Eine raschestmögliche Beendigung des Bürgerkrieges war in der Sicht der Bundesregierung auch deshalb ein vordringliches Ziel, um den Nationalsozialisten, denen jedes Übel zugetraut wurde, eine Ausnützung des Konflikts zum Schaden Österreichs zu verwehren. Auf diese Gefahr anspielend berichtete der Botschafter der Vereinigten Staaten in Berlin, William E. Dodd, am 16. Februar 1934 nach Washington: »Es ist so klar, daß die Sozialdemokraten einen Teil der Arbeit der Nazis in ihrem Kampf gegen das verhaßte Dollfuß-Regime leisten, daß sich Habicht, der Nazi-Führer in Österreich, veranlaßt fühlte, ausdrücklich festzustellen, daß die Nazi-Bewegung es ablehne, sich mit den Sozialdemokraten solidarisch zu erklären.«[35] In einer anderen Situationsanalyse der Amerikanischen Gesandtschaft in Wien heißt es, die Nichtbeteiligung der großen Mehrheit der österreichischen Arbeiter zeige, »... daß sie für die von der [sozialistischen] Partei bis zum Ausbruch der Kämpfe proklamierte Politik der Toleranz der Regierung, als das kleinere Übel, bis zum logischen Ende der Auflösung der sozialdemokratischen Partei zu gehen gewillt war.«[36]

Eine Betrachtung und Beurteilung der Ereignisse vom Februar 1934 muß sich aber auch der zumeist vermiedenen *Frage* stellen, *wie der Bürgerkrieg im Falle eines Gelingens der Schutzbund-Offensive in Wien weiter verlaufen wäre.* Gemeint damit ist die Frage, was wohl geschehen wäre, wenn dem Schutzbund – Eiflers teils terroristischem Kampfplan entsprechend – mit ungeschmälerter Stärke und Bewaffnung ein militärischer Überraschungsschlag samt Generalstreik gegen die Regierung geglückt, wenn in Wien zunächst von den Kanalisationsanlagen aus die wichtigsten Regierungsgebäude samt ihrem Personal in die Luft gesprengt worden, wenn die Exekutive in der Bundeshauptstadt geschlagen, ihre Führung und auch Wirtschaftsführer vor Revolutionstribunale gestellt und Offiziere des Heeres und der Polizei »unschädlich« gemacht worden wären. Wie auch in Eiflers Planung für diesen Fall einer anfänglichen Eroberung

Wiens erwartet, hätten dann vermutlich überlebende Führungselemente der Bundesregierung von den Bundesländern her – etwa analog den Ereignissen von 1848 – das »rote Wien« belagert, während zugleich schwere Kämpfe in Oberösterreich und in der Steiermark im Gange gewesen wären. In manchen Regionen der Bundesländer wäre zudem ein agrarischer Klassenkampf gegen Grundbesitzer und Kirchen entfacht worden. Selbst wenn sich – wie von Theodor Körner vorausgesagt und wie auch 1848 geschehen – letztlich die Exekutive durchgesetzt hätte, wäre es zeitlich ein langwieriger, materiell viel destruktiverer und qualitativ wesentlich grausamerer und blutigerer Bürgerkrieg geworden, der fremden Mächten Chancen zu diversen miteinander konkurrierenden Interventionen in Österreich eröffnet hätte. Hitler hätte sich auf eine angemaßte »Fürsorgepflicht für die Ostmarkdeutschen« und Italien und Ungarn auf die Bekämpfung des Marxismus im Nachbarland berufen. Auf dem Boden der *Wirklichkeit* des Februar 1934 sorgten die Vorwarnung der Exekutive durch Bernascheks Eigenwilligkeit, die Passivität von Gewerkschaften und »Massen« sowie die vorherigen umfangreichen Beschlagnahmungen illegaler Waffenbestände des Schutzbundes und die Verhaftung vieler seiner Kommandanten, einschließlich Eiflers selbst, dafür, daß der ohnedies zutiefst tragische Bruderkrieg wesentlich kürzer und wesentlich weniger grausam verlief als dies in Eiflers Kampfplan impliziert war.

Ethisch gesehen beeindruckt die Schutzbundrevolte als ein trotz Aussichtslosigkeit unternommener heroischer Widerstand einer Parteiarmee gegen ihre als ungerechtfertigt empfundene Auflösung und Entwaffnung mitsamt der Verhaftung einer Reihe ihrer maßgeblichen Führer. Zwar richtete sich der Aufstand gegen eine sich formierende Diktatur. Doch muß im Lichte der im Schutzbund seit 1927 herrschenden Verhältnisse daran gezweifelt werden, daß es sich bei den kämpfenden Aufständischen primär um das Ziel der Wiedererlangung einer pluralistischen Demokratie als erwünschter Grundwert und Endzustand österreichischer Politik gehandelt hat. Für die Richtigkeit dieser Annahme spricht auch Bernascheks spätere naive Bewunderung des Dritten Reiches, in das er mit Hilfe von Nationalsozialisten fliehen konnte, wie auch die Tatsache, daß zahlreiche Schutzbundkämpfer sehr leicht den Übergang zum stalinistischen Kommunismus gefunden haben.[37]

Vor ihrer Ausreise in die Sowjetunion verlasen 300 geflüchtete Schutzbündler in Prag am 23. April 1934 ein gemeinsames »Manifest«, in dem es hieß: »Wir wollen von unseren russischen Genossen lernen, wie der Kapitalismus überwunden und der Sozialismus verwirklicht werden muß.« Es heißt dort weiterhin: »Wir sind überzeugt, daß ihr die demokratische Illusion überwunden habt ... Wir sind überzeugt, daß ihr nicht von der Wiederkehr des Parlamentarismus ... träumt, sind überzeugt, daß ihr die proletarische Revolution ... vorbereitet. Das Ziel dieser Revolution muß die Diktatur des Proletariats, die Zerschlagung des bürgerlichen Staatsapparats ... und der Aufbau ... nach dem Muster des Sowjetverbandes sein. ... Mit unserem Kampfe fällt der letzte Rest der Demokratie in sich zusammen. Mit unserem Kampfe hat die proletarische Revolution begonnen.« Den Nationalsozialisten wird vorgeworfen: »Sie haben von dem Kampfe gegen Dollfuß gesprochen, als aber wir den Kampf eröffnet haben, sind sie feige beiseitegekrochen.«[38]

Diese Haltung trifft selbstverständlich nicht auf den pragmatischeren Flügel der Sozialdemokratischen Arbeiterpartei zu, wie er z. B. von Karl Renner oder der stark engagierten Gruppe der niederösterreichischen Sozialdemokraten vertreten wurde. Schockierend aber für viele Sozialdemokraten und insbesondere für die Schutzbündler war die Tatsache, daß zwei Führer des Wiener Aufstandes, Otto Bauer, der Chefideologe der Partei, und Julius Deutsch, der Kommandant des Schutzbundes, noch während der Kämpfe in die Tschechoslowakei flohen und die Genossen, die sie selbst zum Kampf gerufen hatten, noch kämpfend ihrem Schicksal überließen. Als erstaunlich galt auch die Tatsache, daß Richard Bernaschek, unmittelbar nachdem er telefonisch Schutzbundverbände in diversen Orten Oberösterreichs zum Kampf gerufen hatte, sich selbst kampflos gefangennehmen ließ, wodurch er den Folgen des erst später verkündeten Standrechts entging.[39]

An Verlusten erlitt die staatliche Exekutive einschließlich der freiwilligen Wehrverbände 128 Tote und 409 Verwundete, der Schutzbund 193 Tote und über 300 Verwundete. Auch 109 unbeteiligte Zivilisten waren getötet und 257 verwundet worden.[40] Obwohl die Waffensuche der Exekutive schon *vor* der Revolte 685 Maschinengewehre und 38 370 Gewehre samt einer halben Million Patronen mitsamt diversen Typen von Sprengkörpern zu beschlagnahmen vermochte, wurden als Ergebnis der Kämpfe immer noch weitere 90 Maschinengewehre, 5000 Gewehre, 3800 Pistolen, eineinhalb Millionen Patronen sowie Handgranaten und andere Sprengstoffe sichergestellt.[41] Von 150 Angeklagten vor dem Standgericht wurde an acht die Todesstrafe vollzogen. Schuschnigg kommentierte hierzu, die Todesstrafe, die ursprünglich zur Abschreckung nationalsozialistischer Gewaltverbrechen eingeführt worden war, hätte ihre Abschreckungswirkung verloren, wenn sie angesichts einer Revolte, die 321 Tote und 709 Verwundete zur Folge hatte, nicht in diesem relativ minimalen Umfang angewandt worden wäre. Gravierend sei die Tatsache gewesen, daß die Putschisten Österreichs Staat in einem Moment angegriffen hätten, in dem sich dieser in einem existentiellen Abwehrkampf gegen Nationalsozialismus und Drittes Reich befunden habe. Rückblickend betrachtete jedoch eine Mehrheit von Meinungen trotz dieser Gegebenheiten die ergangenen und vollstreckten Todesurteile als moralisches und taktisches Fehlverhalten. Als allerdings Fürst Starhemberg bei der Totenfeier für die im Februar gefallenen Heimatschützer erklärte: »In einem Bürgerkrieg darf es weder Sieger noch Besiegte geben, denn ein Bürgerkrieg ist eine Katastrophe, aus der alle geschlagen hervorgehen«, und hinzufügte, an dem besiegten Gegner solle man sich nicht rächen, sondern ihm helfen, aus seiner moralischen Depression herauszukommen, wurde er von Fey und anderen Vertretern eines radikalen Kurses scharf kritisiert.[42]

Zu den Legenden, die sich um den 12. Februar 1934 ranken, gehört auch die Behauptung eines direkten Kausalzusammenhanges zwischen einer Rede Emil Feys bei einer Gedächtnisfeier in Langenenzersdorf am 11. Februar, in deren Verlauf er u. a. sagte: »Wir werden morgen an die Arbeit gehen, und wir werden ganze Arbeit leisten für unser Vaterland, das nur uns Österreichern allein gehört ...«, mit der am nächsten Morgen in aller Früh durchgeführten Waffensuche der Polizei im Hauptquartier der oberösterreichischen Sozialdemokraten im Hotel Schiff in Linz. Jedoch bereits die Textanalyse Friedrich Funders wie auch eine wissenschaftliche Arbeit über die Rolle Feys in den dreißiger Jahren beweisen die faktische Unrichtigkeit eines direkten Zusammenhanges.[43]

Richtig ist jedoch, daß Fey wesentlich radikaler als Dollfuß es wünschte gegen die Sozialdemokraten vorgegangen war, wobei ihm allerdings die Aufdeckung illegal verborgener Waffenbestände des Schutzbundes willkommene Anlässe bot. Obwohl er sich nach den Kämpfen im Februar, in die er selbst direkt eingegriffen hatte, als »Retter des Vaterlandes« darzustellen bestrebt war, ersetzte Dollfuß ihn schon im Mai 1934 als Vizekanzler durch Fürst Starhemberg und im Juli des gleichen Jahres durch Karwinsky als Inhaber des Sicherheitsressorts.

4. Zur Frage der Vermeidbarkeit des Bruderkrieges zwischen Österreichs Großparteien

Der für Österreichs Widerstand gegen die Übermacht des Dritten Reiches durch den Bruderkrieg zwischen Schwarz und Rot entstandene Nachteil war von solchen Dimensionen, daß es schwer fällt, sich nicht die Frage nach seiner Vermeidbarkeit zu stellen. Wie gezeigt, hatte sich die innergesellschaftliche Kluft zwischen den beiden Großparteien seit dem Linzer Programm der Austromarxisten 1926 und den bereits bürgerkriegsähnlichen Turbulenzen des Jahres 1927 bedrohlich erweitert. Die Ablehnung des hochherzigen Angebots des durch die Kirchenaustrittskampagne der Austromarxisten tief verletzten Priesters Ignaz Seipel an diese zur Bildung einer großen schwarz-roten Koalition im Juni 1931, der sich kurz darauf zwei weitere solche Koalitionsangebote des christlich-sozialen Bundeskanzlers Karl Buresch angeschlossen hatten, war – im Rückblick und vom Standpunkt der Sicherheit Österreichs her gesehen – ein Versäumnis von historischen Dimensionen zu einem Zeitpunkt, als die Weltwirtschaftskrise in Deutschland 1930 eine Verzehnfachung des nationalsozialistischen Wählerpotentials bewirkt hatte. Vom parteilichen Standpunkt der Austromarxisten hätte ihre Beteiligung an einer Koalition aber eine historisch kontraproduktive Stützung des ihrer Meinung nach ohnedies zum Untergang verurteilten kapitalistischen Systems bedeutet. Sie wollten die extrem unpopulären Maßnahmen zur Sanierung eines in seinen Grundfesten erschütterten Wirtschaftsgefüges den sich damit in der Wählergunst schadenden Christlich-Sozialen überlassen, um dadurch ihre eigenen Siegeschancen bei den nächsten Wahlen zu erhöhen. Da sich auch die Großdeutschen, die sich den Nationalsozialisten annäherten, von den Christlich-Sozialen distanzierten, wurden diese – wie leicht zu berechnen war – zum Zweck der Mehrheitsbildung von kleineren Parteien einschließlich des ihnen manchmal bedrohlich erscheinenden austrofaschistischen und pro-italienischen Heimatblocks der Heimwehren abhängig. Unter Führung des Fürsten Starhemberg hatte sich allerdings deren große Mehrheit zum Prinzip der Verteidigung der permanenten österreichischen Unabhängigkeit bekannt und teilten mit den Christlich-Sozialen zumindest die Hochschätzung des römischen Katholizismus wie auch der allösterreichischen Tradition. Austromarxisten und Nationalsozialisten forderten von der Bundesregierung emphatisch Neuwahlen, von denen sich beide Parteien einen beträchtlichen Stimmenzuwachs für sich selbst und Stimmenverluste für die Christlich-Sozialen erwarteten. Deren Lagebeurteilung führte zu ähnlichen Resultaten. Neuwahlen konnten für sie den politischen Selbstmord – im Sinne des Verlustes ihrer Führungsposition – bedeuten und zugleich den Machtanstieg zweier Parteien, deren Weltanschauung jeweils eine radikale Negierung christlich-sozialer und vaterländischer Grundwerte und mehr noch den Machtanstieg zweier Kräfte bedeutete, die beide die Eigenstaatlichkeit Österreichs als Prinzip ablehnten (die Austromarxisten mit dem Vorbehalt: kein Anschluß an ein Hitlerreich). Manche Führer der Christlich-Sozialen fürchten eine taktische Kooperation dieser beiden Parteien. Die bloße Fortsetzung der bestehenden Situation mit dem extrem prekären Stimmenverhältnis von 81 zu 80 im Parlament wird von allen Parteien als bedrückend empfunden. In diese Situation platzen zwei schwere Krisen demokratischer Systeme. In Deutschland gelangt Hitler im Januar 1933 quasi-legal zur Macht, und in Österreich bewirkt im März 1933 eine von Karl Renner ausgehende Serie von Geschäftsordnungstricks unbeabsichtigt die groteske Selbstausschaltung des österreichischen Parlaments. Ohne zunächst klare Vorstellungen zu haben, erwägt die Regierung eine Verfassungsreform. Als aber die Bundesregierung einen noch im gleichen Monat unternommenen Versuch zur Wiederbelebung des Parlaments verhindert, wagen die Austromarxisten keine entscheidende Aktion, da sie sich fragen müssen, wer im damaligen Österreich zur Verteidigung eines durch die blamable Krise derart diskreditierten

Parlaments bereit wäre. Zugleich beginnt nur Wochen später der sich bereits 1932 abzeichnende »Generalangriff« der Nationalsozialisten. International scheint nur eine Macht zum direkten Schutz Österreichs dem Dritten Reich gegenüber bereit zu sein: Italien, noch dazu die einzige an Österreich angrenzende Großmacht. Von ihr erhält Dollfuß im August 1933 sogar die Zusage militärischer Schutzmaßnahmen im Bedarfsfall, während sich London und Paris zurückhalten, um dadurch im eigenen Interesse den deutsch-italienischen Konflikt über Österreich zu verschärfen. Doch Italiens Staatschef und Diktator Mussolini haßt die Austromarxisten, die ihn anläßlich der sogenannten »Hirtenberger Waffenaffäre« (verdientermaßen) international bloßgestellt hatten. Eine Regierung mit ihrer direkten Beteiligung kann daher auf keine Unterstützung Italiens rechnen.

Spätestens ab der Verweigerung der Austromarxisten und der Großdeutschen und dem Beginn der NS-Generaloffensive hatten Dollfuß und seine Partei nur noch die Wahl zwischen zwei grundsätzlichen Konstellationen: *Entweder* mit den Austromarxisten (die überhaupt erst ab der von ihnen verschuldeten Parlamentskrise eine bedingte Kooperationsbereitschaft zeigten) gegen das Dritte Reich und die NSDAP, gegen Italien und Ungarn sowie gegen die Heimwehr *oder* mit Italien, der einzigen am Schicksal Österreichs intensiv interessierten Großmacht und mit der kleinen, aber kampfstarken und prinzipiell für Österreichs ständige Eigenstaatlichkeit eintretenden Heimwehr gegen die NSDAP, gegen das Dritte Reich und notfalls auch gegen die Austromarxisten. Dollfuß, bei dem als Regierungschef die Hauptverantwortung für Initiativen lag, entschied sich letztlich zwar für die zweite Option. Doch sich einer Differenzierung im Lager der Sozialdemokraten zwischen Vertretern einer stärker pragmatischen »evolutionären« Linie und einer dogmatischen »revolutionären« Linie bewußt werdend, hoffte er zunächst auch auf eine Verständigung mit den Sozialdemokraten. So sagte z.B. der einflußreiche Landeshauptmann von Oberösterreich, Josef Schlegel, in der gemeinsam mit den Landeshauptleuten veranstalteten Vorstandssitzung des Christlich-Sozialen Parlamentsklubs vom 9. März 1933 und somit zwei Monate nach Hitlers Machtergreifung, nicht das Interesse der Partei, sondern die Bewahrung der Selbständigkeit Österreichs sei das Gebot der Stunde. Und hinsichtlich der in Krise befindlichen verfassungsmäßigen Verhältnisse: »... ich habe das

Empfinden, die Regierung kann mit Rücksicht auf unverläßliche Mitglieder in der Regierung [Heimwehr? Landbund?] einen Kampf gegen zwei Fronten, Nazi und Sozi, schwer aushalten. Ich würde es begrüßen, bitte mich nicht mißzuverstehen, mit den Sozi in Fühlung zu bleiben, in der Absicht, Nazi und Sozi [insbesondere in der Forderung beider nach Neuwahlen] zu trennen und zu sprengen ... Vielleicht gibt sich die Möglichkeit, einen Unterschied zu machen zwischen vernünftigen und unvernünftigen Leuten.« Dollfuß selbst sagte in der Sitzung des Christlich-Sozialen Parteivorstandes vom 22. Juni 1933 hinsichtlich der noch in der Entstehungsphase befindlichen, als Sammelbewegung zur Verteidigung der österreichischen Unabhängigkeit geplanten Vaterländischen Front: »Wir werden den Boden für die Wiedergewinnung jener schaffen, die sonst nicht zu gewinnen sind: die Sozi [Sozialdemokraten]. Wer den Revers [d. h. die Grundprinzipien der Vaterländischen Front] unterschreibt (Punkt 4), der ist willkommen.« (Punkt 4 bedeutete den Verzicht auf Klassenkampf und Kulturkampf, d. h. Kampf gegen die Kirche).[44]

Mit Starhemberg hatte Dollfuß bereits nur einen Tag nach seiner Ernennung als Bundeskanzler ein Gespräch geführt, in dem er gesagt hatte: »Ich betrachte meine Betreuung als Bundeskanzler nicht als vorübergehendes politisches Mandat, sondern als eine Sendung. ... Aus dieser Krise müssen wir Österreich herausführen. ... Zur Lösung dieser Aufgabe ist mir jeder Bundesgenosse ... recht. ... Ich sage Ihnen ganz offen, für die Aufgaben, die ich mir gestellt habe, brauche ich Sie. Und ich appelliere an Ihren vaterländischen Opfersinn, mir keine unmöglichen Bedingungen zu stellen. ... Zwischen uns soll Klarheit herrschen, und ich sage Ihnen daher ganz offen, daß ich auch die Sozialdemokraten auffordern werde, in unserer Regierung aktiv mitzutun. Es muß einmal mit der ... ungesunden Gepflogenheit Schluß gemacht werden, daß die in der österreichischen Sozialdemokratie organisierte österreichische Arbeiterschaft grundsätzlich in Opposition steht und von dem Mittragen der Verantwortung und vom Teilhaben an der Regierung ausgeschlossen bleibt.«[45]

In seinen Memoiren erinnert der Schutzbundkommandant Julius Deutsch daran, daß er Dollfuß unmittelbar vor seiner ersten Regierungsbildung 1932 auf einer Zugreise getroffen habe und daß er von diesem um die Unterstützung oder zumindest Tolerierung seiner neuen Regierung bei der Abstimmung im Parlament gebeten worden sei.⁴⁶ Anläßlich der entsprechenden Abstimmung im Parlament erklärte Otto Bauer jedoch – wie erwähnt – im Namen der Sozialdemokraten: »... für ... [die] erste Aufgabe halten wir den schärfsten, entschiedensten und rücksichtslosesten Kampf gegen diese Regierung ...«⁴⁷ Dazu kommentiert Franz Schausberger: »Damit wurde also das versöhnliche Angebot von ... Dollfuß, [Appell in der Regierungserklärung um Zusammenarbeit auch mit der auf Neuwahlen beharrenden Opposition] durch eine totale Kriegserklärung beantwortet, bei der Christlich-Sozialen Partei und vor allem bei Dollfuß der Eindruck erweckt, daß eine Zusammenarbeit mit den Sozialdemokraten nicht mehr möglich sei.«⁴⁸

Ähnlich feindselig wie bei den Austromarxisten fiel die Reaktion bei den Nationalsozialisten aus. Die Regierung Dollfuß bedeute innenpolitisch eine Erhöhung der bolschewistischen Gefahr und außenpolitisch eine Kapitulation vor Frankreich. Zum Ziel der NSDAP in Österreich sagte deren Wiener Gauleiter, Alfred Frauenfeld, im April 1933 in höchst bezeichnender Weise: »Auftreten gegen die marxistischen Parteien ... Propagierung des Antisemitismus, Christlich-Soziale und Sozialdemokraten in eine Koalition zwingen, damit sie sich unmöglich machen, Erzwingung von Nationalratswahlen und schließlich, innen- wie außenpolitisch, die Verwirklichung der Hitlerischen Prinzipien und Anweisungen«.⁴⁹

Vier Tage nach der Parlamentskrise vom 4. März 1933 hatte Dollfuß dennoch mit Robert Danneberg, einem der Führer der Austromarxisten, Kontakt aufgenommen.⁵⁰ Und am 1. Juli 1933 berichtet der deutsche Gesandte in Wien, Rieth, dem deutschen Staatssekretär von Bülow über ein Gespräch mit Dollfuß, wobei er u. a. schrieb: »Es wird noch einiger Mühe bedürfen, Herrn Dollfuß von seiner jetzt noch gehegten Illusion abzubringen, daß es ihm gelingen wird, einerseits mit Hilfe der Heimwehren den Nationalsozialismus gewaltsam zu unterdrücken und andererseits mit den Sozialdemokraten auf parlamentarischem Wege – er hat mir diesen Plan angegeben – eine Verfassung durchzusetzen, die praktisch das Parlament ausschalten und Neuwahlen für zumindest ein Jahr unmöglich machen werde.«⁵¹

Der damalige Staatssekretär für Sicherheitsfragen, Carl Karwinsky, erinnert hinsichtlich der Kontakte zwischen Dollfuß und den Sozialdemokraten daran, daß dieser trotz des am gleichen Tag in Wien stattfindenden Besuches des italienischen Staatssekretärs Fulvio Suvich am 18. Januar 1934 in einer Rede vom gleichen Datum an die Arbeiterführer appelliert hatte, mit der Regierung zusammenzuarbeiten. Schon ab Dezember 1933 hatte Friedrich Funder, der Chefredakteur der »Reichspost«, im Auftrag des Bundeskanzlers mit dem sozialdemokratischen Bürgermeister von Wien, Karl Seitz, Verhandlungen geführt, die Karwinsky im Januar 1934 mit dessen Parteigenossen, Landesrat Schneidmadl, aus Niederösterreich weiterführte. Dazu Karwinsky wörtlich: »Als Verhandlungsgrundlage diente folgender Vorschlag Dollfuß': Verzicht auf den Klassenkampf seitens der sozialdemokratischen Partei und deren Mitarbeit in der Vaterländischen Front unter Zusicherung der Betätigungsfreiheit für die sozialdemokratischen Gewerkschaften im Rahmen der [Vaterländischen] Front.« Schneidmadl habe ihm dann aber Ende Januar mitgeteilt, die Parteileitung habe es abgelehnt auf diese Vorschläge einzugehen.[52]

Insgesamt aber hatte es auf beiden Seiten vor dem Bürgerkrieg vom Februar 1934 Vorschläge und Überlegungen gegeben, wie man zu einem gegenseitigen Einvernehmen gelangen könnte. Dabei waren die Austromarxisten auch zu der Einsicht gelangt, daß Österreichs damalige Situation zeitweilig ein Ausnahmesystem erfordere. Sie bestanden jedoch auf dessen parlamentarischer Bewilligung, auf dem Ausscheiden der Heimwehr aus der Regierungskoalition und darauf, daß die Leitung der Ministerien für das Heerwesen, das Sicherheitswesen und die Justiz »von zuverlässigen Demokraten« verwaltet würden, womit indirekt ein Vetoanspruch bei der Besetzung dieser Schlüsselressorts angedeutet wurde. Auch sollte die Position des Bundespräsidenten auf Kosten des Bundeskanzlers gestärkt werden.[53]

Nachdem sie durch ihre Ablehnung der Koalitionsangebote Seipels und Bureschs die letzte Chance zur gleichberechtigten Partnerschaft mit den Christlich-Sozialen in einer großen Koalition für Österreich verspielt hatten, wäre den Sozialdemokraten angesichts der von ihnen unterschätzten Machtverhältnisse zugunsten der Regierungskoalition wohl nur die Option offen geblieben, das Angebot Dollfuß' zu akzeptieren, die Heimwehr zu tolerieren und auf die offene Befürwortung von Klassen- und Kirchenkampf zu verzichten, um zugleich in Richtung auf eine stärker demokratische Gestaltung des Ständestaates Einfluß zu nehmen und die Abwehrkraft Österreichs gegen das Dritte Reich zu stärken. Es mußte ihnen vor dem Februar 1934 angesichts der gleichzeitigen wilden Terrorkampagne der Nationalsozialisten klar sein, daß ein militärischer Kampf ihrer Partei gegen die Bundesregierung ganz Österreich innen- und außenpolitisch in tödliche Gefahr bringen mußte. Doch ihre Führer unterschätzten nicht nur die inner-österreichischen Machtverhältnisse, sondern auch die vom Dritten Reich her drohenden Gefahren. Die Führungen beider großen Volksparteien waren damals bis zu einem gewissen Grade Gefangene der radikalen Flügel im eigenen Lager, auf die sie jedoch aus grundsätzlichen und praktischen Erwägungen heraus nicht zu verzichten gewillt waren. Die von den Austromarxisten geforderte Politik eines Ausschlusses der Heimwehr aus der Regierung hätte deren Lager von einer hauchdünnen Mehrheit zu einer relativen Minderheit verwandelt, hätte die patriotischen Kräfte des vaterländischen Lagers gespalten und das Bündnis zur einzigen Österreich damals energisch unterstützenden Großmacht ernsthaft beschädigt oder zerstört.

Vor dem 12. Februar 1934 waren von beiden Seiten aufeinander zugehende Vorschläge und Gesten gemacht worden. Sie bedeuteten eine Annäherung, doch sie reichten bis dahin nicht zu einer Einigung aus. Auf seiten der Sozialdemokraten forderte der Kärntner sozialdemokratische Landesrat Matthias Zeinitzer in einem Schreiben von Ende Januar 1934 die Sozialdemokraten auf, das Interesse an der Erhaltung des Staates über das Parteiinteresse zu stellen. Die Partei habe nur dann ein Recht an der Neuordnung Österreichs mitzuwirken, wenn »auch die Arbeiterschaft bedingungslos und ohne Vorbehalte für den Kampf um die Unabhängigkeit eingesetzt wird«. Praktisch bedeute dies eine Zusammenarbeit zwischen Sozialdemokraten und Christlich-Sozialen oder mit jeder Regierung, die Österreich verteidigt, gegen die Nationalsozialisten.[54] Dollfuß wiederum hätte es dem pragmatischen Flügel der Sozialdemokraten leichter machen können, hätte er seinerseits den Entwurf einer Form von Ständedemokratie mit klar definierten Möglichkeiten der Mitbestimmung offerieren können. Tragischerweise war ausgerechnet für den 12. Februar ein Gespräch zwischen dem Bundeskanzler und einer Gruppe kooperationsbereiter Kärntner Sozialdemokraten anberaumt.[55] Holtmanns Analyse kommt zu dem berechtigten Schluß:

»Erst durch den Ausbruch des offenen Bürgerkrieges wurden die verschiedenen Versöhnungsdemarchen abrupt beendet.«[56]

Doch gerade die unübersehbare Tatsache, daß die dem gegen den Nationalsozialismus kämpfenden Staat in den Rücken fallende Revolte vom Februar 1934 faktisch – ungeachtet des Aufrufs der sozialistischen Parteileitung an alle Mitglieder und Gewerkschaften zum Kampf und Streik – nur von Mitgliedern des Schutzbundes befolgt worden war, hätte der Bundesregierung einen Anreiz zu einem betont schonenden Umgang mit Funktionären und Institutionen des geschlagenen Gegners, soweit sie nicht zum Schutzbund gehörten, geben müssen. Diese Unterlassung einer Politik, die differenzierend versucht hätte, die nicht direkt Beteiligten zu gewinnen, gehört mit zu den *schwersten Fehlern des vaterländischen Lagers.*

Dennoch scheint es zumindest Ansätze in dieser Richtung gegeben zu haben. Diesbezüglich bezeichnend für die Haltung von Dollfuß nach dem 12. Februar ist ein Bericht des am 9. April 1934 ernannten Landesleiters der Vaterländischen Front von Wien, Josef Seifert, über ein mit Dollfuß nur fünf Tage vor dessen Ermordung am 20. Juli 1934 geführtes Gespräch. Der Bundeskanzler eröffnete ihm dabei seine Pläne für eine Befriedungsaktion gegenüber der sozialdemokratischen Arbeiterschaft. Die Aktion sah die Einstellung der Gerichtsverfahren gegen die sozialdemokratischen Führer – insbesondere für Bürgermeister Karl Seitz – vor sowie die Rückgabe des Vermögens der Arbeitervereine. Für der Herbst 1934 war ebenso eine Volksabstimmung über die neue Verfassung vorgesehen, bei der Dollfuß mit einer Zustimmungsrate von 70 Prozent rechnete. Im Sommer 1935 sollten dann erste berufsständische Wahlen folgen. Major Fey, der radikalste Gegner der Austromarxisten im Regierungsteam sollte im Interesse der Befriedung sein Regierungsamt verlieren.[57]

Drei Geheimberichte, einer vom Landesleiter der NSDAP, Habicht, vom 18. Juni 1934, einer vom deutschen Gesandten in Wien vom 23. Juli 1934 sowie einer des US-amerikanischen Gesandten in Wien, George Messersmith, vom 1. August 1934 weisen ebenfalls, wenn auch ohne Angaben der Informationsquelle, jedoch in ähnlicher Weise auf wahrgenommene Bestrebungen Dollfuß' vor seinem Tod hin, mit den gemäßigten Kreisen der Sozialdemokraten zu einer

Verständigung hinsichtlich einer Kooperation gegen die Nationalsozialisten zu kommen.[58] Sein grausamer Tod am 25. Juli hat Dollfuß aber an der Verfolgung dieser Pläne gehindert, und sein Nachfolger Kurt Schuschnigg hat sie erst zu einem Zeitpunkt und in anderen Formen aufgegriffen, als es – vor allem auch aus internationalen Gründen – zur Rettung Österreichs bereits zu spät war.

Kapitel VI
Österreichs außenpolitischer Widerstand: Feindeindämmung und Selbsterhaltung

1. Vom Genfer Protokoll zum Beginn des NS-Terrors

Wie bereits erwähnt, kennzeichnen dramatische und weichenstellende Ereignisse das zeitliche Vorfeld unseres Berichtszeitraumes der Jahre 1933 und 1934. Bei den Landtagswahlen in Wien, Niederösterreich und Salzburg gelang der österreichischen NSDAP im April 1932 auf der Basis von 336 000 Wählerstimmen (nur 66 000 im Jahre 1930) ein erster Einzug in ein österreichisches Landesparlament. Einen Monat später kam es am 20. Mai 1932 auf der schmalen Parlamentsmehrheit von 83 gegen 82 Stimmen zur Bildung der ersten Regierung des Bundeskanzlers Dr. Engelbert Dollfuß, der zugleich auch die Leitung des Außenministeriums übernahm. Ähnlich wie sein großer Vorgänger Bundeskanzler Seipel erstrebte Dollfuß eine Absicherung der wirtschaftlichen Existenz Österreichs durch eine Völkerbundanleihe. Verhandlungen hierüber waren bereits von der unmittelbaren Vorgängerregierung des Bundeskanzlers Buresch angebahnt worden. Leidenschaftlich umstritten waren die politischen Implikationen der Anleihe, d. h. eine Fortsetzung und Neubekräftigung des Verbots eines österreichischen Anschlusses oder einer Zollunion mit dem Deutschen Reich. Großdeutsche, Sozialdemokraten und Nationalsozialisten bezichtigten die Regierung deswegen des nationalen Verrats.

Einem Aktenfund des ungarischen Historikers Lajos Kerekes verdanken wir die Information, daß deutsche Industrie- und Finanzkreise, von Hitler hierzu veranlaßt, vor der Unterzeichnung des Abkommens von Lausanne Dollfuß einen deutschen Kredit in gleicher Höhe angeboten hatten, wenn er dafür die französischen Bedingungen ablehne und seine angeblich »pro-französische« Politik einstelle. Wie Hitler behauptete, habe Dollfuß das deutsche Angebot jedoch nur dazu verwendet, auf Frankreich Druck wegen einer schnelleren Flüssigmachung der Anleihe auszuüben, während er mit den deutschen Wirtschaftskreisen keinerlei Anleiheverhandlungen geführt habe.[1]

Vielleicht liegt hier eines der Motive der sich zum Haß steigernden Aversion Hitlers gegen die Person Dollfuß. Mit dem erst vierzigjährigen Bundeskanzler, der die Zustimmung des österreichischen Parlaments zur Völkerbundanleihe unter dramatischen Umständen mit einer knappen Mehrheit von 82 zu 80 Stimmen durchbrachte, hatte sich zugleich auch eine neue Grundsatzorientierung an der Spitze der österreichischen Staatsführung durchsetzen können. Mit allem Nachdruck versicherte Dollfuß bereits am 3. September 1932: »... ich bin der Überzeugung, daß wir ein lebensfähiges Land sind, und in diesem tiefen Bewußtsein habe ich die Leitung der Staatsgeschäfte übernommen.«[2] Das Genfer Protokoll, so kommentierte Dollfuß, sichere »Österreichs Unabhängigkeit gegen Bestrebungen, es gegen seinen Willen in Kombinationen politischer oder wirtschaftlicher Natur einzubeziehen«.[3]

Entschiedener als je ein anderer Regierungschef der Republik Österreich vor ihm erklärte Dollfuß am 6. Mai 1933: »Das einzige Ziel unserer Außenpolitik kann nur sein, die Unabhängigkeit nach allen Seiten zu sichern und dazu beizutragen, daß für die weitere Gestaltung des Schicksals unserer Heimat niemand anderer als wir selbst die Entscheidung zu treffen haben.«[4] Einen Monat später erläuterte er auf einer Pressekonferenz in London: »Wir kämpfen heute für die Erhaltung Österreichs als eines selbständigen staatlichen und wirtschaftlichen Gebildes in Mitteleuropa, und wir glauben, daß wir durch das Festhalten an diesem obersten Ziel unseres Strebens auch einen wichtigen Beitrag zur Erhaltung des Friedens in Europa leisten.«[5]

Die Art von Außenpolitik, die Dollfuß, nachdem die Würfel zugunsten der Anleihe von Lausanne gefallen waren, vorschwebte, umriß bald danach Theodor Hornbostel, einer der bedeutendsten österreichischen Diplomaten der dreißiger Jahre, indem er feststellte, Österreichs Außenpolitik beschränke sich nach wie vor darauf, sich »... durch eine anpassungsfähige und elastische ›Neutralität‹ nach allen Richtungen hin am Leben zu erhalten, um womöglich einen günstigen Zeitpunkt für die grundlegende Verbesserung seiner Lebensbedingungen abwarten zu können«.[6]

Vom Frühjahr 1933 an machte der vom NS-Regime in Deutschland gegen Österreich mehrdimensional betriebene kalte Krieg die erfolgreiche Einhaltung eines solchen Kurses unmöglich. Die faktische Kriegserklärung erfolgte zunächst in der erwähnten Rede an die österreichische NSDAP, die der NS-Reichsjustizkommissar Hans Frank am 18. März 1933 über den Münchner Rundfunk hielt. Einem Gruß an die »unterdrückten Parteigenossen in Österreich« folgte die schon zitierte Erklärung, daß Österreich jetzt »der letzte Teil Deutschlands« sei, in welchem man es noch »wagen könne, das deutsche nationale Wollen zu unterdrücken«. Frank warnte die österreichische Regierung vor Maßnahmen, die die deutsche NSDAP dazu veranlassen könne, »die Sicherung der Freiheit der deutschen Volksgenossen in Österreich zu übernehmen«.[7] Die Rede demonstrierte der österreichischen Regierung die Einheit des anti-österreichischen Kampfwillens der deutschen NSDAP, der österreichischen Nationalsozialisten und der deutschen Reichsregierung.

Im Mai 1933 erschien Frank in Österreich, wo er diffamierende Hetzreden gegen Dollfuß hielt, die Bevölkerung zum offenen Widerstand gegen die Staatsgewalt aufrief und Zwangsmaßnahmen der Reichsregierung gegen Österreich androhte, wobei er insbesondere die Möglichkeit eines Reiseboykotts gegen Österreich erwähnte.[8] Die Tatsache, daß Frank, nachdem Berlin der Wiener Bitte um Rückrufung Franks nicht entsprochen hatte, über die Grenze nach Deutschland abgeschoben wurde, benützte Hitler, um am 27. Mai mit der Tausend-Mark-Sperre den Wirtschaftskrieg gegen Österreich zu eröffnen.

Zwei Wochen später begann ein zunächst bis Anfang September dauernder beispielloser Terror der nationalsozialistischen Kampfeinheiten in verschiedensten Teilen Österreichs. Es kam zu Attentaten auf Funktionsträger des Staates oder heimattreuer Bewegungen sowie zu Sprengstoffanschlägen gegen Eisenbahnen und andere Verkehrsbetriebe, gegen Regierungsämter, Warenhäuser, Brücken und sonstige Objekte.

Nach einem Bombenanschlag auf eine Gruppe christlich-deutscher Turner, der 29 Verletzte und einen Toten forderte, wurde die NSDAP in Österreich verboten. Daraufhin rief die NS-Landesleitung zu einem mit allen Mitteln und »mit rücksichtsloser Härte zu führenden Kampf«, zum Sturz der Regierung Dollfuß und zur »Befreiung« Österreichs auf.[9]

Kurz zuvor hatte die NS-Propaganda – insbesondere von München aus – mit systematischen Hetzsendungen deutscher Rundfunkstationen gegen Österreich und dem Überfliegen österreichischen Hoheitsgebiets durch deutsche Flugzeuge zum Zweck des Abwurfs von Propagandamaterial begonnen. Der auf mehreren Ebenen gleichzeitig geführte kalte Krieg gegen Österreich hatte damit konkrete Gestalt angenommen.

2. Italien und die Westmächte als Partner der Wiener Abwehrstrategie

Angesichts dieser Angriffe und Bedrohungen von innen und außen entwickelte Dollfuß nicht nur innerstaatliche, sondern auch außenpolitische Abwehrstrategien zur Verteidigung des jetzt in seiner Existenz bedrohten österreichischen Staates. Im Wissen um einen gleichzeitigen Besuch Görings und von Papens in Rom und aus Sorge vor Absprachen zwischen Berlin und Rom zu Lasten Österreichs beschloß Dollfuß, an Ostern ebenfalls zu Mussolini zu fahren. Mussolini, dem Göring eine Fortdauer deutscher Pressionen gegen Österreich in Aussicht gestellt hatte, teilte Dollfuß jedoch mit, daß Italien, wie von Hassell es formulierte, »in der Erhaltung eines selbständigen Österreich einen der Angelpunkte seiner europäischen Politik erblickt«.[10] Als der deutsche Botschafter in Rom Dollfuß warnte, Italien könne seine Österreichpolitik ändern, wenn es dort zu einem großen nationalsozialistischen Sieg »nach deutschem Muster« gekommen sei, entgegnete der österreichische Bundeskanzler mit Zuversicht, die österreichische Situation sei anders. Die Entwicklung in Deutschland und insbesondere die Einsetzung eines Reichsstatthalters für Bayern seien von seiner Partei als »Warnung« gewertet worden.[11]

Nachdem noch vor Beginn des großen NS-Terrors ein Versuch der österreichischen Bundesregierung, die NSDAP durch das Angebot von zwei Ministersitzen zu beschwichtigen und sie in die Regierungsverantwortung einzubeziehen, gescheitert war, erklärte Dollfuß dem deutschen Gesandten in Wien am 1. Juli 1933, er wolle gern »den Frieden mit dem Deutschen Reich wiederherstellen«. Mit der österreichischen NSDAP würde er angesichts der wachsenden Stärke der neugegründeten »Vaterländischen Front« fertig werden, falls die Nationalsozialisten in Österreich nicht vom Dritten Reich aus unterstützt würden. Der deutsche Gesandte wies Dollfuß auf die Unvereinbarkeit eines Friedens mit dem Reich bei gleichzeitiger Fortführung des von Wien begonnenen scharfen Kampfes gegen die österreichische NSDAP hin. In seinem Bericht über das Gespräch mit Dollfuß zieht er das Fazit, daß Dollfuß zu keiner Verständigung mit der österreichischen NSDAP und zu keinem Nachgeben ihren Forderungen gegenüber bereit sei. Dollfuß habe ihm vielmehr gesagt, daß er versuchen werde, die Nationalsozialisten mit Hilfe der Heimwehren zu unterdrücken und gleichzeitig »mit den Sozialdemokraten« eine Verfassungsreform durchzusetzen, die »das Parlament ausschalten und Neuwahlen für mindestens ein Jahr unmöglich machen würde«.[12]

Ganz so zuversichtlich, wie er sich dem Deutschen gegenüber gab, war Dollfuß jedoch nicht. Denn er veranlaßte gleichzeitig den Völkerbundsvertreter Rost van Tonningen, dem britischen Außenministerium seine Sicht der Lage darzulegen. Großbritannien, so ließ Dollfuß wissen, sympathisiere zwar mit Österreich, halte sich aber sehr zurück. Frankreich sei zu unzuverlässig und außerdem prinzipiell antideutsch. Unter diesen Umständen sei er gezwungen, sich weitgehend an Italien anzulehnen. Er sei jedoch keineswegs überzeugt, daß Mussolini seine Unterstützung für Österreich fortsetzen werde, falls die österreichische Bundesregierung ein Zusammengehen mit den österreichischen Sozialdemokraten erwirkte. Von Ungarn befürchtete er, daß es einer Annexion Österreichs durch Deutschland zustimmen könne, falls es von letzterem durch die Abtretung des Burgenlandes entschädigt werde. Seine diesbezügliche Anfrage sei von der ungarischen Regierung unbeantwortet geblieben. Den Besuch des ungarischen Ministerpräsidenten bei Hitler Mitte Juni 1933 betrachte er als Dolchstoß in Österreichs Rücken. Dollfuß bemerkte auch, er befürchte den Ausbruch einer internationalen Krise, falls bewaffnete Nazibanden von deutschem Boden aus in Österreich eindringen sollten. Er hoffe, Großbritannien werde rechtzeitig Maßnahmen für den Fall eines künftigen Angriffs auf Österreich planen und zusammen mit Frankreich und Italien einen solchen Friedensbruch vor den Völkerbund bringen.[13]

Wenige Tage später erwähnte Dollfuß in einem Gespräch mit dem britischen Gesandten in Wien die Möglichkeit eines von Deutschland aus gesteuerten Putsches gegen Österreich.[14] In einer vom 18. Juli 1933 datierten Anweisung an den österreichischen Gesandten in Berlin erläuterte Dollfuß die beiden ihm am wichtigsten scheinenden Aspekte des deutsch-österreichischen Konflikts. Zum einen maße sich Deutschland an, Österreich »als seine höchst eigene und ausschließliche Domäne« zu betrachten, in der es, »nach gleichen Methoden wie im Reiche frei schalten und walten zu können glaubt«.[15] Zum anderen unterstütze das Deutsche Reich den Offensivkampf der österreichischen NSDAP gegen die Bundesregierung in derart vielgestaltiger Weise, daß die österreichischen Nazis das Gefühl haben müßten, die Macht des 60-Millionen-Reiches stehe hinter ihnen. Österreichs Abwehrverhalten verkörpere eine »berechtigte Abwehr von unablässigen, terroristischen und völkerrechtswidrigen Einmischungen des heutigen deutschen Regimes in die inneren Angelegenheiten Österreichs«. Österreich bestehe auf der vorbehaltlosen Anerkennung seiner Selbständigkeit, wie auch auf der Einstellung der interventionistischen Unterstützung der österreichischen NSDAP durch das Deutsche Reich.[16]

Umgekehrt beklagte sich der deutsche Gesandte in Wien am 21. Juli 1933 bei seinem dortigen britischen Amtskollegen, obwohl vermutlich ein Drittel der Bevölkerung mit den Nazis sympathisiere, habe Dollfuß ein Kooperationsangebot der österreichischen NSDAP, das mit dem relativ bescheidenen Anspruch auf zwei Kabinettssitze verbunden sei, ebenso abgelehnt, wie auch jede weitere Annäherung der österreichischen NSDAP. Die Bundesregierung versuche in unfairer Weise, die Aufmerksamkeit der Weltöffentlichkeit auf eine vornehmlich interne österreichische Angelegenheit zu lenken.[17]

Am 24. Juli 1933 erinnerte der österreichische Gesandte in London die britische Regierung auftragsgemäß an deren Verpflichtung, sich für die jetzt gefährdete Unabhängigkeit Österreichs einzusetzen.[18] Wiens Diplomatie richtete ähnliche Forderungen an die Regierungen in Rom und Paris. Sie bezogen sich auf *vier* konkrete *Punkte*. Erstens den Sprengstoff- und Mordterror; zweitens deutsche Rundfunkhetze gegen Österreich; drittens das Überfliegen österreichischen Hoheitsgebietes zum Abwurf von Propagandamaterial; und viertens die Organisation und militärische Ausrüstung von Tausenden geflüchteter österreichischer Nationalsozialisten auf deutschem Reichsgebiet in Grenznähe, wo diese als *Österreichische Legion* bezeichneten Verbände zu Grenzüberwachungs- und Sabotagezwecken eingesetzt würden. Es war dies eine zusätzliche neue Dimension des kalten Krieges gegen Österreich. Die österreichische Regierung befürchtete, daß diese Legion eines Tages grenzüberschreitend als strategische Reserve eines bewaffneten NS-Putsches gegen die österreichische Regierung eingesetzt werden könnte.[19]

Anläßlich eines neuerlichen Besuches bei Mussolini in Riccione am 19. und 20. August 1933 erhielt Dollfuß die ausdrückliche Zusage Mussolinis, daß Italien im Falle einer Invasion aus Bayern *militärisch* reagieren werde. Gleichzeitig aber drängte Mussolini den Bundeskanzler, die Heimwehren stärker an der österreichischen Regierung zu beteiligen und seine Pläne zur organisatorischen Zusammenfassung der patriotischen Kräfte zu beschleunigen.[20] Dies entsprach durchaus der von Dollfuß *schon vorher* am 13. März 1933, neun Tage nach der absurden Selbstparalyse des österreichischen Parlaments, öffentlich ausgesprochenen Ansicht, daß in dieser schweren und harten Zeit ein Weg und eine Form gefunden werden müßten, die »eine stärkere Führung der Regierung« im Interesse des gesamten Volkes ermöglichen. Die neue Lage solle dazu benützt werden, um das politische System Österreichs zu erneuern.[21] Zehn Tage später rief er zum Eintritt in die neu geschaffene »Vaterländische Front« auf, die eine Parteigrenzen und Gruppeninteressen übergreifende Trägerin »der neuen österreichischen Staatsidee« werden solle.[22]

3. Die Blamage des Drei-Mächte-Einspruchs in Berlin

Ungern und mit Zögern trafen Großbritannien, Frankreich und Italien Vorbereitungen, um in Berlin gegen die Verletzung und Gefährdung österreichischer Souveränität zu protestieren. Ein aktiver Teilnehmer dieser diplomatischen Protestaktion, der französische

Botschafter in Berlin, André François-Poncet, berichtet darüber sehr anschaulich in seinen Memoiren: »Um wirksam zu sein, hätte der Schritt der drei Mächte geheimgehalten und mit Festigkeit gemeinsam getan werden müssen. Das Gegenteil geschah, allerdings wohl durch die Schuld der Pariser Presse, die den Entschluß der Mächte laut ankündigte und ihm zudem einen drohenden Charakter gab, der nicht beabsichtigt war.« Auf Grund ungeklärter Indiskretionen berichtete auch die führende amerikanische Tageszeitung »New York Times« am 3. August 1933 über die bevorstehende Aktion. Italien distanzierte sich daraufhin von der geplanten Aktion.[23] Die Bereitschaft zu einem gemeinsamen Drei-Mächte-Protest war dahin. Die Protestnoten wurden getrennt überreicht, wozu François-Poncet bemerkt: »Wir überreichten am 7. August unsere Noten getrennt in der Wilhelmstraße. Und es ist nicht sicher, ob Italien sein Versprechen überhaupt gehalten hat. Der britische Geschäftsführer schwächte die Vorstellungen, die ich zuvor erhoben hatte, nach Kräften ab. Das Resultat war dementsprechend. Die Reichsregierung antwortete mit Würde, der Schritt der Mächte sei gegenstandslos ... Schwierigkeiten zwischen Österreich und dem Reich seien eine deutsche, eine innere Angelegenheit, in die sich niemand einzumischen habe. Die drei Mächte nahmen die Zurechtweisung hin, so daß man Hitler nicht eingeschüchtert, sondern noch ermuntert hatte, ihm auch Gelegenheit bot, das Zögern, die Lauheit und Uneinigkeit der Mächte festzustellen. Niemals war ich in eine so klägliche Angelegenheit verwickelt worden, die von einem so offensichtlichen Mißerfolg gekrönt war.«[24]

Dabei fehlte es bei einigen, wenn auch wenigen, westlichen Staatsmännern durchaus nicht an der Einsicht in die potentielle Gefährlichkeit der Lage und die Notwendigkeit des Kampfes für die Erhaltung der österreichischen Unabhängigkeit. In seinem oben erwähnten, noch im selben Monat verfaßten, ausführlichen Memorandum, das im Rückblick durch die Treffsicherheit zahlreicher Prognosen tief beeindruckt, schrieb der britische Unterstaatssekretär, Sir Robert Vansittart, dies sei kein isolierter Fall, sondern nur die erste in einer ganzen Serie nachfolgender *Kraftproben*. Jede dieser Kraftproben bedeute eine Erhöhung der Gefahr für Großbritannien. Sollte Hitler im Falle Österreichs gewinnen, werde er kaum noch zu halten sein. Danach sei Polen an der Reihe. Wolle man eine sonst drohende Kette sich jeweils bedingender und eskalierender Expansionsakte Hitlers von vornherein verhindern, so müsse man Hitlers erste Offensive in Richtung auf Österreich abwehren, obwohl dies recht kostspielig werden könne.[25]

4. Dollfuß und die Großmächte: Vom Sommer 1933 bis zum Frühjahr 1934

Unerschüttert vom kläglichen Ausgang des Protestes der Großmächte fuhr Dollfuß fort, diese zu stärkerem Druck auf Berlin zu ermutigen. Er selbst sei entschlossen, so sagte er Mitte September dem britischen Gesandten in Wien, Selby, den Kampf mit Deutschland bis zum letzten (»to the last«) durchzukämpfen, obwohl ihm der Ernst der Lage klar sei.[26]

Zwei Wochen zuvor hatte die österreichische Bundesregierung an alle Signatarmächte des Vertrages von St. Germain eine identische diplomatische Note gesandt. Unter Hinweis auf den Terrorismus im eigenen Land und die schweren Spannungen an den deutsch-österreichischen Grenzen, erklärte die Regierung, sie wolle das österreichische Bundesheer, das damals 22 000 Mann zählte, mit einem bewaffneten Schutzkorps bis zu 8000 Mann verstärken und ersuche die genannten Mächte um ihre Zustimmung.[27] Innenpolitisch entsprang diese Maßnahme der Not der Situation. Nach außen hin aber unterstrich sie Deutschland und den anderen Mächten gegenüber den Ernst des österreichischen Willens zur Verteidigung der staatlichen Unabhängigkeit. Seitens der anderen Mächte war nur Italien zu konkreten Aktionen bereit.

Mussolini hingegen ließ London wissen, er habe erstens Hauptquartiere der italienischen Armee nach Bozen und Verona verlegt. Dies sei zwar nur eine Geste, aber die Deutschen würden es schon verstehen. Zweitens widersprach er der seitens der britischen Regierung geheim geäußerten Meinung, mit Dollfuß verteidige man »eine verlorene Sache«.[28]

Vom Sonderfall Italiens abgesehen, scheint Dollfuß unter den auswärtigen Mächten das größte Vertrauen zu Großbritannien gehabt

Teil I: Die Dollfuß-Ära

zu haben. Das spiegelt sich in seiner oft rückhaltlosen Offenheit in Gesprächen mit dem britischen Gesandten in Wien wider. Diesem teilte er seine Sorge mit, daß Österreichs Unabhängigkeit eines Tages als Preis eines Kompromisses zwischen den Westmächten und Deutschland geopfert werden könnte. Insbesondere fühle er sich der künftigen Haltung Frankreichs nicht sicher. Man möge im Westen aber bedenken, welchen großen Machtzuwachs für das Dritte Reich eine Eroberung Österreichs bedeuten würde. Tief enttäuscht sei er darüber, daß den Freundschaftsbeteuerungen der Westmächte für Österreich keine entsprechenden Taten folgten. Um Österreichs Unabhängigkeit nach außen hin erfolgreich verteidigen zu können, brauche er – insbesondere angesichts der schädlichen Folgen des deutschen Wirtschaftskrieges gegen Österreich – wirtschaftliche Erfolge, ohne die auf die Dauer alle Ideologie nutzlos sei.[29]

Bei diesen und bei anderen Gelegenheiten machte Dollfuß klar, daß er von Großbritannien und Frankreich, wenn möglich, gemeinsame, wirksame politische und wirtschaftliche Unterstützungsaktionen im Interesse Österreichs, aber auch im Eigeninteresse der Westmächte erwarte. Bezüglich westlicher Bedenken, er stütze sich zu sehr auf Italien, sagte er dem britischen Gesandten im Ton der Erbitterung, er selbst bedaure sehr, daß er sich, wenn es um Fragen praktischer Hilfe gehe, nur auf Italien verlassen könne. Mit dem Rücken gegen die Wand kämpfe er für Österreich und Europa gegen die politischen und ideologischen Offensiven der Nationalsozialisten. Solange er von anderen Staaten keine wirksame Unterstützung erhalte, müsse er seinerseits den Wünschen und Interessen Italiens entgegenkommen.[30]

Ähnlich äußerte er sich in seinem Gespräch mit dem französischen Außenminister Barthou am 19. Juni 1934. Als Barthou ihm sagte, alle Parteien Frankreichs würden Österreich unterstützen, obwohl sie dem autoritären Charakter seiner Regierung kritisch gegenüberstünden, antwortete Dollfuß, daß er für Italiens Unterstützung manche Gegenleistungen erbringen müsse, und forderte auch Frankreich zu stärkerer wirtschaftlicher Absicherung Österreichs auf.[31] Die Wirkungslosigkeit westlicher Reaktionen auf Hitlers Maßnahmen zur Zerrüttung der bestehenden europäischen Friedensordnung hatte sich freilich bereits anläßlich des ohne zwingende Gründe erfolgten

Austritts Deutschlands aus dem Völkerbund und dem gleichzeitigen Ende der deutschen Beteiligung an der Abrüstungskonferenz gezeigt.[32]

Einer österreichischen Warnung, Wien werde sich im Falle weiterer interventionistischer reichsdeutscher Unterstützung der terroristischen NSDAP in Österreich mit einer Beschwerde an den Völkerbund wenden, begegnete die deutsche Reichsregierung in brüsk ablehnender Weise. Berlin antwortete am 1. Februar 1934 mit der schon erwähnten Behauptung, der deutsch-österreichische Konflikt falle nicht in den Bereich des Völkerrechts, da es sich um einen Kampf der österreichischen Regierung »mit einer historischen Bewegung des ganzen deutschen Volkes« handle.[33] Angesichts dieser schroffen und indirekt gegen Österreichs Eigenstaatlichkeit polemisierenden Antwort Berlins beschloß der österreichische Ministerrat am 5. Februar 1934 einstimmig, die Deutschland angedrohte Anrufung des Völkerbundrates in die Tat umzusetzen.

Laut Sitzungsprotokoll hatte Dollfuß bei der Beratung folgendermaßen argumentiert: »Wenn Österreich sich die Angriffe seitens Deutschlands weiterhin gefallen ließe, würde sich dies schwer rechtfertigen lassen. Auch ein kleines Land habe seine Ehre zu verteidigen. Man müsse daher den angekündigten Schritt unternehmen, um zu zeigen, daß Österreich entschlossen sei, sich in bester Form gegen derartige Angriffe zur Wehr zu setzen.«[34] Sollte sich der Völkerbund für Österreich einsetzen, so würden sich künftige deutsche Aktionen gegen Österreich letzten Endes »gegen den Völkerbund« richten.[35] Italien befürchtete jedoch die Möglichkeit weitergehender Beschlüsse des Völkerbundes, die seine eigene außenpolitische Manövrierfähigkeit in Mittel- und Südosteuropa einengen konnten. Auch hatte, wie erwähnt, Deutschland nur Monate zuvor seine Mitgliedschaft im Völkerbund aufgekündigt. Der sich gegen die Unterdrückung der österreichischen Sozialdemokratie durch die autoritäre Regierung wendende Aufstand des Schutzbundes (Parteiarmee der austromarxistischen Sozialdemokraten), der von der österreichischen Regierung Mitte Februar in wenigen Tagen mit Härte niedergeworfen wurde, schuf zusätzliche Komplikationen.

Der britische Außenminister empfahl, die an die Adresse Berlins gerichtete Protestnote der Mächte so zu formulieren, daß keinerlei

Stellungnahme zu diesen innenpolitischen Entwicklungen in Österreich herausinterpretiert werden könnte.[36] Am 16. Februar 1934 telegrafierte der britische Gesandte in Wien an seinen Außenminister, die an der Unabhängigkeit Österreichs interessierten Regierungen Frankreichs und der Tschechoslowakei seien zweifellos gewillt, Dollfuß ihre Unterstützung als letzte vorhandene Garantie gegen die deutsche Gefahr weiterhin zu gewähren. (Wörtlich: »... both powers vitally interested in maintaining Austrian independence ... unquestionably desire to continue their support of Dollfuß as the last guarantee available against danger from Germany«.) Beide Mächte glaubten zwar, daß der Einfluß der Heimwehr gewachsen sei, hielten es jedoch für unrichtig, Dollfuß nicht mehr als Entscheidungsfaktor der österreichischen Politik zu betrachten.[37] Die nach all diesen Erwägungen letztlich formulierte gleichlautende Erklärung der drei Großmächte vom 17. Februar 1934 besagte, daß sie auf Grund des österreichischen Belastungsmaterials über »die deutsche Einmischung in die inneren Angelegenheiten Österreichs« Besprechungen abgehalten hätten. Diese hätten zu »... einer übereinstimmenden Auffassung über die Notwendigkeit geführt, die Unabhängigkeit und Integrität Österreichs gemäß den geltenden Verträgen aufrechtzuerhalten«.[38]

Die Erklärung an sich war ein Erfolg der österreichischen Außenpolitik. Der österreichische Gesandte in Budapest begründete die Zaghaftigkeit der Formulierung mit der Hoffnung der Westmächte, das Deutsche Reich doch eines Tages wieder in den Völkerbund zurückzubringen.[39] Wie später zu zeigen sein wird, wurde diese während der Jahre 1933/34 immer wieder erkennbar werdende übergroße Behutsamkeit der Westmächte gegenüber dem Dritten Reich im allgemeinen und seiner Expansionspolitik gegenüber Österreich im besonderen sogar dann noch fortgesetzt, als dieser Konflikt im Juli 1934 mit der Ermordung von Bundeskanzler Dollfuß und dem bewaffneten Aufstand der SS und SA in Wien und fünf weiteren Bundesländern seinen dramatischen Höhepunkt erreichte.

5. Das Quasi-Bündnis Wien–Rom–Budapest

Die Interessenlage und Haltung Italiens dem deutsch-österreichischen Konflikt gegenüber unterschied sich markant vom Vorgehen Großbritanniens und Frankreichs. Die Tatsache mehrfacher gemeinsamer Stellungnahmen Italiens mit den beiden Westmächten für Österreich und gegen dessen Annexion durch Deutschland beleuchtet zwar eine bis 1935 gegebene grundlegende Interessengemeinschaft der drei Großmächte an der Erhaltung der inneren und äußeren Selbständigkeit Österreichs. Jedoch gingen die beiden Westmächte von der Annahme aus, daß Italien sich an seinen Nordgrenzen mit einem kleinen, ihm freundlich gesonnenen Österreich weitaus sicherer fühle, als mit einem um sechs Millionen Menschen angereicherten Machtblock des Dritten Reiches. Indem sie ganz bewußt Italien die Hauptrolle bei der Eindämmung des nationalsozialistischen Expansionismus in Richtung auf Österreich hin überließen, konnten sie gleichzeitig hoffen, daß dieser Konflikt zwischen Rom und Berlin die Bildung einer deutsch-italienischen Koalition gegen die Westmächte verhindern oder doch auf voraussehbare Zeit erschweren könnte. Zwar riskierten Frankreich und Großbritannien durch ihre Zurückhaltung einen verstärkten Einfluß Italiens auf Österreich. Doch konnten sie bis zu einem gewissen Grad auf das potentielle Gegengewicht der Tschechoslowakei und vor allem Jugoslawiens rechnen, die Italiens Politik im Donauraum mit mißtrauischem Interesse verfolgten und sogar die Bereitschaft bekundet hatten, im Falle eines militärischen Eingreifens Italiens in Österreich selbst militärisch dort zu intervenieren. Somit lag auch ein Element taktischer Berechnung hinter der hier mehrfach betonten Zurückhaltung westlicher Politik dem Dritten Reich gegenüber. Umgekehrt aber benützte Italien, das sich aus dieser Zurückhaltung der Westmächte in der Österreichfrage ergebende stärkere Angewiesensein Österreichs auf Italien zu dem Versuch, Österreich zu einem Quasi-Alliierten der Mittel- und Südosteuropapolitik Roms zu machen. Dollfuß hatte, wie gezeigt, die Westmächte mehrfach zu einem stärkeren Engagement für Österreich aufgefordert und dabei betont, daß er es *vorziehen* würde, die außenpolitische Absicherung Österreichs nicht primär von der Unterstützung *einer* Macht, d. h. Italiens, abhängig zu machen. Ein gleich starkes Engagement der beiden Westmächte hätte der österreichischen Außenpolitik ein wesentlich höheres Maß an Bewegungsfreiheit verliehen.

Einen wichtigen, sowohl innen- als auch außenpolitischen Faktor im Rahmen der Beziehungen zwischen Wien und Rom spielten die *Heimwehren*. Es waren dies mächtige »austro-faschistische« Wehrverbände und unabhängige, zuweilen bedrohlich unbequeme Bundesgenossen des Bundeskanzlers Dollfuß. Da sie von Mussolini gefördert wurden, bildeten sie für Dollfuß nicht nur ein innen-, sondern auch ein außenpolitisches Problem, von dem in folgenden Kapiteln die Rede sein wird.

Im Verlauf einer ausführlichen Aussprache zwischen dem britischen Außenminister Sir John Simon und Mussolini in Rom im Januar 1934 beantwortete Simon den Hinweis des italienischen Staatschefs, Italien habe bisher die Hauptlast einer Eindämmung Deutschlands im Falle Österreichs getragen, mit dem Hinweis, daß Großbritannien zwar auch die Unabhängigkeit Österreichs prinzipiell unterstütze. *Doch sei Großbritannien nicht in der Lage, stärker zu intervenieren. (»We could not, of course, intervene more actively.«)*[40]

Auf der Basis einer Reihe jeweils bilateraler Gespräche und Vereinbarungen zwischen Mussolini, Dollfuß und dem ungarischen Ministerpräsidenten Gömbös entstand vor dem geschilderten Hintergrund unterschiedlicher Haltungen der Großmächte zum Konflikt Berlin-Wien auf Veranlassung von Mussolini eine Reihe von Abkommen zwischen Italien, Österreich und Ungarn, die in der Geschichte als »*Römische Protokolle*« bekanntgeworden sind. Im veröffentlichten Teil der am 17. März 1934 in Rom unterzeichneten Abkommen heißt es in Protokoll 1, daß die drei Staaten auf der Basis früher zwischen ihnen geschlossener Freundschaftsverträge sowie in Anerkennung zahlreicher gemeinsamer Interessen beschlossen hätten, »... zu einer übereinstimmenden Politik zu kommen, die auf die Förderung einer tatsächlichen Zusammenarbeit zwischen den europäischen Staaten und im besonderen zwischen Italien, Österreich und Ungarn hinzielt. Zu diesem Zweck werden die drei Regierungen zu gemeinsamen Beratungen schreiten, sooft es wenigstens eine von ihnen für zweckmäßig hält.«[41] Diese Zusammenarbeit werde auf »der Achtung der Unabhängigkeit und der Rechte jedes Staates« beruhen und weiterhin die »Voraussetzungen einer umfangreicheren

Zusammenarbeit mit den anderen Staaten« bilden. Das gleichzeitig unterzeichnete und veröffentlichte *Geheimprotokoll* betont, daß das Verhältnis zwischen Österreich und Deutschland im Zentrum der politischen Problemstruktur der neuen Dreierverbindung Rom-Wien-Budapest stehe. Zwar erstrebe man ein besseres Verhältnis zwischen Wien und Berlin, doch verlange der österreichische Bundeskanzler als Voraussetzung einer Kooperation mit Deutschland »eine Garantie, daß Deutschland die Selbständigkeit Österreichs anerkennt, sowohl auf außen- wie auch auf innenpolitischem Gebiete«.[42] In weiteren Teilen reflektiert das Geheimprotokoll auch Ungarns zuvor oft betonten Standpunkt, daß es im Interesse seiner territorialen Revisionsforderungen auch mit Deutschlands Unterstützung rechnen wolle.

Zwar verkörperten die Römischen Protokolle keinen normalen Bündnisvertrag. In Berlin wurde der Konsultativpakt Rom-Wien-Budapest jedoch mit Betroffenheit und Ärger registriert. Deutscherseits, so schrieb Staatssekretär v. Bülow, erfordere er »stärkste Beachtung ... Denn, was Österreich anlangt, liegt der Effekt der politischen Abmachung in erster Linie in ihrer *gegen Deutschland* gerichteten Tendenz.«[43] Der Staatssekretär wies die deutsche Gesandtschaft in Budapest an, der dortigen Regierung warnend klarzumachen, daß die künftige Entwicklung der deutsch-ungarischen Beziehungen nun wesentlich davon abhängen werde, wie sich der Konsultativpakt praktisch auswirke.[44] Von einer benachbarten Großmacht – dem Dritten Reich – von innen und von außen machtpolitisch attackiert und wirtschaftspolitisch unter Druck gesetzt, hatte Österreich somit zum ersten und bisher letzten Mal in seiner republikanischen Geschichte ein bündnisähnliches Verhältnis mit zwei weiteren Nachbarstaaten begründet. Diesen Rückversicherungscharakter betonte Mussolini anschließend in einer Rede, in der er hervorhob, daß Österreich zur Verteidigung seiner Unabhängigkeit als souveräner Staat auf die Hilfe Italiens zählen könne.[45]

Theo Habicht, Hitlers wichtigster Vertrauensmann für Fragen deutscher Österreichpolitik, behauptete in einem haßerfüllten Kommentar zu den Römischen Protokollen, Dollfuß, Starhemberg und Fey hätten »... die Loslösung Österreichs aus der gesamtdeutschen Schicksalsgemeinschaft vollzogen ...« und Österreich in einen Ring von Staaten gegen Deutschland eingegliedert. »Für diesen Verrat an der deutschen Sache gibt es keine Entschuldigung und keine Ausrede...« Wenn Wien glaube, daß das Dritte Reich auf Grund der Römischen Protokolle Österreich gegenüber zu größeren Konzessionen bereit sei, so habe man sich in Wien total geirrt. Denn das Ziel des national-sozialistischen Kampfes sei »ein deutsches Österreich unter deutscher Führung«. Von diesem Ziel werde man keinen Schrittbreit abweichen. Habichts Kommentar endet mit der unüberhörbaren *Drohung, für Deutschland sei dieser Dreimächtepakt von Rom nur* »*eine Episode, für jene österreichischen Menschen aber, die ihn unterzeichneten, wird er das Ende sein*«.[46]

Drei Monate später erfüllte sich diese Drohung mit der Ermordung von Dollfuß im Zuge des von Habicht mitgeplanten NS-Putsches in Österreich. In Italiens brüsk entschlossener Drohhaltung zugunsten Österreichs *bestand* der Dreierpakt von Rom während dieses Putsches *seine historische Bewährungsprobe*.

6. Die Haltung Prags und Belgrads zum deutsch-österreichischen Konflikt

Bezüglich der Tschechoslowakei klagte Dollfuß bereits im Dezember 1933, es sei ihm unmöglich, die Haltung der Prager Regierung zu begreifen. Anstatt zu helfen, präsentiere sie ihm eine lange Liste von Forderungen. Er frage sich, ob man in Prag überhaupt begriffen habe, wieviel für die Tschechoslowakei bei der Frage der Erhaltung der österreichischen Unabhängigkeit auf dem Spiel stehe.[47] Kurz nach der Unterzeichnung des Konsultativpakts zwischen Rom, Wien und Budapest hielt der tschechoslowakische Außenminister Benesch eine bemerkenswerte Rede über Lösungsvorschläge zur österreichischen Frage. Er erwähnte, daß Präsident Masaryk und er selbst während des Krieges eine Vereinigung Österreichs mit dem Deutschen Reich vorgeschlagen hätten, weil »damit die für uns ungünstige Lösung in Form des sogenannten Klein-Österreich wegfällt«.[48] Tschechische Propaganda-Landkarten hätten damals das neue Europa »mit Groß-Deutschland« in diesem Sinne gezeigt. Die Großmächte der Entente hätten aber diesen Vorschlag resolut abgelehnt.

Bezüglich des Konsultativpaktes Rom-Wien-Budapest vom 17. März 1934 meinte Benesch, die Tschechoslowakei und die Kleine Entente betrachteten diese Versuche nicht von vornherein als ungünstig. Doch müsse man mit einem definitiven Urteil warten, bis konkretere Folgen dieses neuen Paktes erkennbar seien. Ein auf Italien gestützter Zusammenschluß Österreichs und Ungarns unter der Herrschaft der Habsburger würde jedoch eine politische Teilung der Donaustaaten in zwei sich ständig bekämpfende Blöcke bedeuten. Die einzig wirklich gute Lösung der österreichischen Frage bestehe in einer von Europa garantierten absoluten Selbständigkeit und Integrität Österreichs. Diese Lösung müsse allerdings »im Einvernehmen sowohl von Rom und Paris als auch von Berlin und der Staaten der Kleinen Entente« erfolgen.[49] Wie jedoch ein solcher Konsens zwischen den genannten Mächten in einer Situation zu erwirken sei, in der das Dritte Reich einen vielseitigen und intensiven kalten Krieg gegen Österreich führte, vermochte Benesch nicht zu sagen. Er schloß seine Ausführungen jedoch mit den Worten: »Der europäische Krieg könnte in der Zukunft seinen Anfang ebenso auf dem Boden Österreichs nehmen, wie er im Jahre 1914 auf serbischem Boden seinen Anfang genommen hat.«[50]

Großes Erstaunen löste die zu dieser Zeit von Benesch mehrfach geäußerte Überzeugung aus, daß die Tschechoslowakei auch jetzt (1934) einen Anschluß nicht zu fürchten habe.[51]

Dem italienischen Gesandten Rocco, der ihm auftragsgemäß vorschlug, im Eigeninteresse der Tschechoslowakei etwas gegen die Gefahr des Anschlusses zu unternehmen, entgegnete Benesch, die Länder der böhmischen Krone hätten bis 1620 »mit und in Deutschland« gelebt, wobei es ihnen im Rahmen dieser »Symbiose« nicht so schlecht gegangen sei. Nicht Deutschland, sondern die Habsburger hätten das Königreich in Böhmen vernichtet. *Die Tschechoslowakei habe deshalb auch in der Gegenwart keinen Grund, eine Umklammerung durch das Deutsche Reich zu fürchten.*[52] Dem österreichischen Gesandten in Prag, Dr. Marek, hatte Benesch zuvor in einem Gespräch vom 3. März 1934 versichert, sollte es zu einer österreichisch-ungarischen Zollunion kommen, so werde die Kleine Entente an Berlin, das sich von jetzt an »gegen Italien und die italienische Lösung der Kleinen Entente zu nähern trachte«, einen »Bundesgenossen« haben.[53] Am selben Tag brachte der britische Gesandte in Prag,

Teil I: Die Dollfuß-Ära

Sir J. Addison, in Erinnerung, daß Benesch ihm dargelegt habe, die Tschechoslowakei könne weder einen Anschluß zulassen noch aber auch enger mit Österreich zusammenarbeiten. Denn beide Alternativen führten in unterschiedlichen Wegen zur Vernichtung der Tschechoslowakei. Im selben Atemzug widerspreche Benesch aber sich selbst mit der Behauptung, sein Land habe nichts von Deutschland zu fürchten.[54]

Was Jugoslawien betrifft, so berichtete der britische Botschafter Sir N. Henderson Anfang März 1934 aus Belgrad, der König und der Außenminister seien innerlich überzeugt, daß der »Anschluß« in irgendeiner Form früher oder später unvermeidlich sei. Einen weiteren »Drang nach Osten« seitens des Dritten Reiches halte man für »höchst unwahrscheinlich«. Der König hege eine gewisse Vorliebe für Deutschland und habe dies dem Gesandten auch mehrfach zu verstehen gegeben. Der Gesandte kam zu der Schlußfolgerung, Jugoslawien suche nur eine geeignete Gelegenheit, um mit Deutschland zu einer engen Verständigung zu kommen. Außenminister Jevtich habe apodiktisch behauptet, Deutschland anerkenne Jugoslawien als bleibenden Faktor in Europa und werde mit ihm zusammenarbeiten. Der Anschluß sei zwar primär ein Problem für die Großmächte. Nach wie vor gelte jedoch der Standpunkt, daß eine Restauration der Habsburger in Österreich oder in Ungarn, sollte sie eintreten, von der Kleinen Entente als relativ größere Gefahr betrachtet werden würde.[55]

Fünf Tage später berichtete der deutsche Gesandte aus Wien, sein dortiger jugoslawischer Amtskollege habe ihm mitgeteilt: »Nicht nur Jugoslawien, sondern auch die Tschechoslowakei würden mobilisieren, wenn eine Habsburger Restauration tatsächlich versucht werden sollte. Auch habe der jugoslawische Gesandte erkennen lassen, daß sein Land auf Deutschland als »Gegengewicht« gegen Italien und dessen fortschreitende Annäherung an Ungarn und Österreich hoffe.[56]

Insbesondere in der ersten Hälfte 1934 ergaben sich für Österreich tendenziell nicht ungefährliche Geheimkontakte zwischen NSDAP-Führern und jugoslawischen Politikern. Letzteren wurde offensichtlich angedeutet, sie könnten als Gegenleistung für eine Unterstützung der österreichischen Nationalsozialisten nach einem Anschluß mit der Abtretung gewisser Grenzstreifen in Kärnten rechnen. Im jugoslawischen Grenzgebiet wurden geheime Stützpunkte und Waffenlager für österreichische Nationalsozialisten toleriert.[57]

So fehlte auch auf seiten der unmittelbar an Österreich angrenzenden Staaten der Kleinen Entente der Wille, sich, von Hoffnungen und guten Ratschlägen abgesehen, in irgendeiner aktiven Form, auch gegen deutschen Widerstand, für die Erhaltung der staatlichen Unabhängigkeit Österreichs einzusetzen. Die Natur und Gefährlichkeit der nationalsozialistischen Expansionsdynamik war von Führungskräften in Prag und Belgrad weitaus weniger klar erkannt worden als von der allerdings unmittelbar bedrohten österreichischen Bundesregierung des Bundeskanzlers Dr. Dollfuß.

Im Hinblick auf Deutschland hatte dieser, wie erwähnt, mehrfach Sondierungsversuche mit dem Ziel irgendeiner Form der Normalisierung und Entspannung unternommen. Trotz geringer Erfolgschancen hätte dies wohl jeder Regierungschef eines von einer benachbarten Großmacht ernstlich bedrohten kleinen Staates zumindest erproben müssen. All diese Versuche scheiterten an der Unvereinbarkeit der österreichischen und deutschen Standpunkte und der dahinterliegenden Interessenkonzeptionen. Während Dollfuß kontinuierlich auf der absoluten Anerkennung der inneren und äußeren Unabhängigkeit Österreichs bestand, hielt Hitler ebenso hartnäckig an seiner Forderung nach Neuwahlen, nach angemessener Beteiligung der Nationalsozialisten an der österreichischen Regierung und an politischer Betätigungsfreiheit für die österreichische NSDAP fest. Die Aufrechterhaltung der österreichischen Unabhängigkeit war praktisch mit einem derartigen Machtzuwachs der die Selbständigkeit Österreichs vehement ablehnenden Nationalsozialisten nicht vereinbar gewesen. So ging der Kampf weiter, der im Juli 1934 seinen tragischen Höhepunkt fand.

Aus der Perspektive der damaligen österreichischen Bundesregierung hatte diese zwischen drei außenpolitischen *Hauptalternativen* zu wählen: erstens der Kapitulation vor Deutschland; zweitens einer Außenpolitik allseitiger Isolation bei Fortdauer des Kampfes mit Deutschland; drittens der mit Auflagen verbundenen Rückendeckung im Rahmen des Dreierpaktes mit Italien und Ungarn. Wie gezeigt, fiel die Entscheidung zugunsten des Dreierpaktes. Die für Österreich und seine außenpolitische Bewegungsfreiheit günstigere Lösung eines ähnlich starken Engagements auch von London und

Paris zusammen mit Rom hatte Dollfuß zwar gefordert. Doch glauben die beiden Westmächte, es diene ihrem Interesse mehr, wenn Italien – im Gegensatz zu Deutschland – die Rolle einer außenpolitischen Rückendeckung des existentiell bedrohten Österreich übernehme. Inmitten eines von außen und innen geführten Wirtschafts-, Propaganda- und Terrorkrieges konnte eine von Deutschland abgelehnte Neutralität für den österreichischen Staat keine kurzfristig praktikable Alternative darstellen. Ging es bei diesem Kampf doch buchstäblich ums Ganze, d. h. um Sein oder Nichtsein des Staates Österreich.

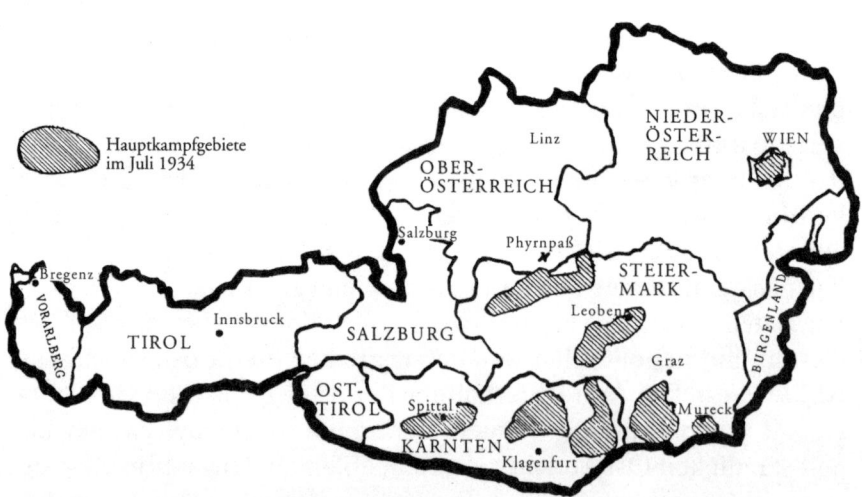

Hauptkampfgebiete gegen den NS-Aufstand im Juli 1934

Kapitel VII

Die versuchte Machtergreifung:
Der bewaffnete Aufstand der SS und SA in Wien und in den Bundesländern

1. Blitzputsch und Kanzlermord in Wien am 25. Juli 1934

1.1 Hitler und die Verhärtung des österreichischen Widerstandes

Hitler hatte anläßlich der Verhängung der Tausend-Mark-Sperre gegen Österreich im Mai 1933 vor versammeltem Reichskabinett siegesgewiß die Prognose gestellt, daß Österreich bis Ende des Jahres in die Knie gezwungen sein werde. Weniger als ein Jahr später mußte er im Frühjahr 1934 erkennen, daß Österreichs außen- und innenpolitischer Widerstand trotz des zusätzlich verschärften Wirtschaftskrieges gegen das kleine Nachbarland und trotz allen Sprengstoff-, Propaganda- und Mordterrors der österreichischen NSDAP gegen das Dollfuß-Regime eher an Boden gewonnen hatte. Es erfüllte ihn mit größtem Zorn, daß es nach den Triumphen seiner Machtergreifung im Deutschen Reich in einem anderen »deutschen« Land eine Regierung und Bewegung gab, die nicht nur aktiv und passiv Widerstand leistete, sondern die ihn und seine Politik öffentlich »im Namen des Deutschtums« kritisierte und zusätzlich seine Beziehungen zu Italien – der einzigen europäischen Großmacht, die mit dem Dritten Reich sympathisierte – immer wieder trübte.

Während eines von Herrmann Rauschning bezeugten internen Gesprächs vom Mai 1933 hatte Hitler in höchster Erregung geschrieen: »Ich werde diesem Dollfuß den Prozeß machen lassen. *Dieser Mann wagt, mir zu widersprechen. Stellen Sie sich vor, meine Herren!* Sie [gemeint war die österreichische Bundesregierung] werden noch auf den Knien vor mir liegen. Aber ich werde sie eiskalt als Verräter hinrichten lassen.«[1] Im Verlauf dieses Gesprächs deutete Hitler die Planung eines Putsches in Österreich an. Seine Worte gaben Rauschning das Gefühl, daß Hitler einen solchen Putsch als Form der Eroberung Österreichs wünschte und daß er emotional den Widerstand der Dollfuß-Regierung begrüßte, weil er annahm, ihn zur eigenen Genugtuung gewaltsam brechen zu können. »Aus der Leidenschaftlichkeit seiner Äußerungen«, so folgerte Rauschning, »mußte man schließen, daß er nach blutiger Aktion, nach Verschwörung, nach irgendeiner Vergeltung fieberte.« Ein »heißer, krankhafter, versengender Hauch« sei von diesem Gespräch ausgegangen.[2]

Diese psychobiographische Komponente, die sich auch in jenen Stellen von »Mein Kampf« äußert, wo Hitler auf Seite 1 des Buches den Anschluß fordert und sich anschließend zum Haß auf Altösterreich und alles, was es verkörperte, bekannte, gehört zum Verständnis der Österreichpolitik einer Partei und eines Staates, die beide auf der wachsenden Realität eines totalitären Führerprinzips aufgebaut waren.

Im »Österreichischen Pressedienst«, dem in München erscheinenden Hauptkampforgan der seit Juni 1933 illegalen österreichischen NSDAP, schrieb der aus Wiesbaden stammende Ex-Kommunist Theo Habicht, der gleichsam als rechte Hand und Generalstabschef der Hitlerschen Revolutionierungspolitik in Österreich fungierte, Anfang Januar 1934, daß dieses Jahr (1934) im Kampf um Österreich »*das Jahr der Entscheidung, das Jahr unseres Sieges*« sein werde.[3] Ebenso ominös heißt es eine Woche später in einer anderen Publikation Habichts: »*Die Geduld aber ist zu Ende und der Wille: Volk will zu Volk* – bricht sich mit elementarer Wucht allerorts in Österreich Bahn ... *die Revolution von unten ist in Österreich in vollem Gange*, sie siegt so gewiß, wie das herrschende System elend zugrunde geht ... «[4] Bereits im September des Vorjahres hatte Habicht in seinem Organ über ein Gespräch mit Dollfuß berichtet, das vor Beginn des Kampfes um Österreich stattgefunden habe. Er habe Dollfuß am Ende dieses Gespräches vor zwei Alternativen gestellt: entweder in die Geschichte des deutschen und österreichischen Volkes als der Kanzler einzugehen, der den Anschluß ermöglichte und sich damit »unvergängliche Verdienste um die Zukunft der deutschen Nation erwarb«, oder aber wegen des Irrglaubens, mit Bajonetten eine Idee aufhalten zu können, in Österreich ebenso kläglich zu stürzen wie in Deutschland der noch im gleichen Jahr von der SS ermordete General Schleicher.[5] In einem späteren Kommentar bezeichnet

Habicht die Politik der Regierung Dollfuß als den letzten Versuch zerstörender Mächte der Vergangenheit, »das Einswerden des deutschen Volkes und die Erfüllung seiner weltgeschichtlichen Sendung zu verhindern«.[6] Hitler selbst hatte am ersten Jahrestag seiner Machtergreifung drohend erklärt, der Nationalsozialismus sei eine die ganze deutsche Nation erfassende Idee, die vor den Grenzpfählen Österreichs nicht haltmachen werde. Wenn die österreichische Regierung eine solche Bewegung »unter Einsatz äußerster staatlicher Mittel« unterdrücke, so sei das ihre eigene Sache. Sie müsse jedoch dann »auch persönlich« die Verantwortung für die Folgen dieser Politik übernehmen. Die Drohung an die Träger des österreichischen Widerstandes, von denen viele später im KZ zu leiden hatten, ist unüberhörbar.[7]

Über die Weise, in welcher zum selben Zeitpunkt die italienische Regierung die Lage in Österreich beurteilte, berichtet der deutsche Botschafter in Rom, von Hassell, am 26. Januar 1934.[8] Man glaube in Rom, daß sich die Dollfuß-Regierung dem Ansturm der Nationalsozialisten gegenüber zwar in bedrängter Lage befinde, man sehe aber auch, daß sie »fest entschlossen sei, sich mit allen Mitteln zu wehren«. Der Kampf zwischen der Bundesregierung und den Nationalsozialisten gehe um die Gewinnung der Massen. Diese wirkten vorläufig noch unentschlossen. Der Kampf in Österreich und um Österreich habe Formen angenommen, die eine Verständigung in absehbarer Zeit als ausgeschlossen erscheinen ließen.[9] In seinem vergeblichen Ringen um eine deutsche Prinzipienerklärung gegenüber einer nicht nur außen-, sondern auch innenpolitisch zu verstehenden Souveränität Österreichs hatte Dollfuß seine Bemühungen um eine Entspannung der deutsch-österreichischen Beziehungen auf der offiziellen Ebene von Regierung zu Regierung vollziehen wollen. Als Hitler dies – auf Grund seiner inneren Sicht Österreichs als eines letzten ihm gegenüber noch unbotmäßigen Teiles der deutschen Nation – verweigerte, entstand der Plan eines Gesprächs von Dollfuß mit Habicht unter der ausdrücklichen Bedingung, daß Habicht dabei als bevollmächtigter Vertreter des deutschen Reichskanzlers sprechen sollte. Dieses Einlenken von Dollfuß in einer Formsache von jedoch symbolischem Wert führte zu einem so massiven Protest des Fürsten Starhemberg, der dabei von Fey unterstützt wurde, daß Dollfuß nachgab und die bereits für den 8. Januar vereinbarte Begegnung buchstäblich in letzter Stunde absagte. Der bereits im Anflug auf Wien befindliche Habicht mußte per Funkspruch von der deutschen Regierung zurückgerufen werden.[10] Wuterfüllt – sowohl über die Verhinderung eines Treffens durch die Heimwehrführer als auch über die Nachgiebigkeit Dollfuß' ihnen gegenüber – schrieb Habicht Anfang Februar 1934, diese Absage habe die Reichsregierung »in unerhörter Weise brüskiert«. Im Ton offener Drohung gegen den österreichischen Bundeskanzler fuhr er fort: »*Es ist die Frage, ob Herr Dollfuß in allerletzter Minute noch den Mut und die Kraft aufbringt, diese Tür [zu Verhandlungen mit dem Reich] zu öffnen. Wenn nicht, dann ist auch sein Schicksal besiegelt.*«[11] Bedeutungsschwer schloß Habicht seine Darstellung mit den Worten: »Der Nationalsozialismus kommt wie im Reich auch in Österreich zur Macht. So oder so!«[12]

In einer als »ganz geheim« klassifizierten Aufzeichnung des deutschen Gesandten in Wien, Rieth, über ein Gespräch mit Hitler am 9. Februar 1934 berichtet Rieth, Hitler habe die »Eventualität« von »Gewaltsamen Aktionen« der illegalen Nationalsozialisten in Österreich und ein Übergreifen solcher Aktionen »auf ganz Österreich« erörtert. Zuvor habe Hitler mit dem österreichischen SA-Führer Hermann Reschny gesprochen. Hitler habe zwar gemeint, Aktionen solcher Art könnten eine Kompromißlösung sehr erschweren. Am Ende des Berichts von Rieth steht aber der bemerkenswerte Satz: »Die Unterredung endete, ohne daß der Herr Reichskanzler bestimmte Schlußfolgerungen zog oder mir konkrete Weisungen für meine weitere Haltung gab.«[13] Der Bericht läßt den Schluß zu, daß sich Hitler analytisch mit der Frage eines Gewaltputsches der NSDAP Österreichs befaßte, es jedoch vorzog, sich gegenüber einem Vertreter des prinzipiell vorsichtiger taktierenden Auswärtigen Amtes nicht festzulegen.

Kurz darauf berichtet der Stabsleiter der NSDAP-Landesleitung Österreichs, Rudolf Weydenhammer, über ein Gespräch mit dem österreichischen Gesandten in Rom, von Rintelen, der sich zu diesem Zeitpunkt insgeheim und verräterisch den Nationalsozialisten angeschlossen hatte. Rintelen habe mitgeteilt, bei der österreichischen Regierung bestehe »der feste Glaube«, Deutschland werde Österreich gegenüber »bald klein beigeben«. Italien sehe hierin einen Erfolg seiner negativen Haltung Deutschland gegenüber in der Österreich-Frage.[14]

Die österreichische Abwehrposition erfuhr eine weitere Stärkung durch die sogenannten *Römischen Protokolle* vom 17. März 1934, mit denen sich ein bündnisähnliches Verhältnis zu Italien und Ungarn anbahnte. Dieses Quasi-Bündnis wurde in Berlin mit Ärger registriert und als Teilniederlage im Kampf um Österreich verbucht. Nüchtern kommentierte dazu der deutsche Gesandte in Rom: »*Österreich hat damit ein neues, nach außen hin sichtbares Unterpfand seiner Unabhängigkeit erhalten.*«[15] Als Sprecher der deutschen und der österreichischen NSDAP schrieb Habicht: »Vor die Wahl gestellt, ob sie auf die Seite Deutschlands oder auf die Seite Italiens treten wollten, die hier im Donauraum – nach Ausscheiden Frankreichs – sich allein noch als Gegner gegenüberstanden, haben Dollfuß, Starhemberg und Fey ohne Besinnen für Italien optiert ... Das Ziel unseres Kampfes ist ein deutsches Österreich unter deutscher Führung ... Für uns ist der Pakt von Rom – mehr noch als jener von Lausanne – eine Episode, *für jene österreichischen Menschen aber, die ihn unterzeichneten, wird es das Ende sein.*«[16] So verband sich der nationalsozialistische Protest gegen diesen außenpolitischen Schachzug der Regierung in Wien mit einer erneuten Todesdrohung gegen Dollfuß.

Charakteristisch für die Stimmung der österreichischen Nationalsozialisten ist eine an Hitler gerichtete Denkschrift eines gewissen Hans Köhler aus Hainfeld, Niederösterreich, die er der deutschen Gesandtschaft in Wien mit der Bitte um Weiterleitung an Hitler übermittelte. In dieser Ende März 1934 überreichten Schrift heißt es, die Chancen einer inneren Durchsetzung der Nationalsozialisten in Österreich seien angesichts der Abwehrmaßnahmen der österreichischen Regierung im Schwinden. Die Situation erfordere eine »kraftvolle Tat«. Deshalb solle »nach wiederholt bewährtem Muster aus der Geschichte« eine tapfere und verläßliche kleine Schar »durch einen überraschend geführten Handstreich die Träger und Hauptakteure des gegenwärtigen Systems unblutig beseitigen ... um den Weg zu einer völkischen Erneuerung im Sinne des Nationalsozialismus und späteren Heimkehr zum großen Vaterlande ... freizumachen.« Der Verfasser fährt dann aber fort: »Ohne prinzipielle Zustimmung und Unterstützung seitens der obersten Führung [der NSDAP, d. h. Hitler] sowie der Landesleitung ist die geplante Unternehmung selbstverständlich nicht durchführbar ...« Man könne schon aus »disziplinären Gründen« der Führung nicht vorgreifen.[17]

Mit Hilfe des Auswärtigen Amtes, dessen Politik mit derjenigen der NSDAP keineswegs in allen Fragen konform ging, versuchte die Gesandtschaft in Wien, etwas zu tun, um die Durchführung solcher Pläne zu verhindern. Aus zwei Berichten des Auswärtigen Amtes vom April 1934 geht hervor, daß Hitler nach einem Gespräch mit Habicht eine Verschärfung des Wirtschaftskrieges gegen Österreich, und zwar die Abdrosselung der für Österreich ökonomisch wichtigen Exporte von Holz, Obst und Vieh, befahl.[18]

1.2 Italien und Frankreich stellen sich hinter Dollfuß

Am 14. und 15. Juni 1934 kam es in Venedig zu einem ersten Zusammentreffen zwischen Hitler und Mussolini. Das Österreich-Problem bildete eines der wichtigsten Themen ihres Gesprächs. Hitler erklärte zwar beruhigend, die Anschlußfrage sei für ihn zur Zeit nicht aktuell. Aber an die Stelle von Dollfuß, dem Leiter der staatstragenden Widerstandsorganisation in Österreich, solle eine neutrale, parteilich ungebundene Person treten. Es solle in Österreich Neuwahlen und ihrem Ausgang entsprechend eine Beteiligung der österreichischen NSDAP an der Regierung geben. Im Protokoll des Auswärtigen Amtes heißt es ferner wörtlich: »Außerdem übermittelte der Reichskanzler Mussolini seinen Wunsch, er möge doch die schützende Hand abziehen, die er bisher über Österreich gehalten habe.«[19]

Der wirkliche Hergang der Gespräche ist deshalb nicht zu rekonstruieren, weil Mussolini über hinreichende Deutschkenntnisse zu verfügen glaubte und die beiden Diktatoren daher ihre wichtigsten Gespräche ohne Zeugen führten. Während Hitler später behauptete, Mussolini habe seine genannten Forderungen akzeptiert, heißt es im Gegensatz dazu in einem italienischen Protokoll, Verhandlungen über Österreich setzten eine Einstellung der nationalsozialistischen Terrorkampagne in Österreich voraus, die aber gerade im Juni 1934 einen ihrer ärgsten Höhepunkte erreicht hatte.[20]

Eine weitergehende Darstellung des Gesprächs zwischen Hitler und Mussolini gab jedoch der italienische Unterstaatssekretär für Auswärtiges, Fulvio Suvich, der dem britischen Botschafter in Rom, Sir E. Drummond, am Abend des 19. Juni 1934 mitteilte, Mussolini habe auf die Vorschläge von Hitler entgegnet, man mute Dollfuß

Selbstmord zu, wenn man ihn zwinge, unter den gegenwärtigen Umständen Wahlen abzuhalten. Italien würde dem niemals zustimmen. Was die Aufnahme einzelner Nazis in die österreichische Regierung betreffe, so müßte das davon abhängen, ob sie Österreichs *Unabhängigkeit ehrlich* unterstützten. Seien sie lediglich Agenten der NSDAP oder der Regierung in Berlin, so sei Hitlers Vorschlag unakzeptabel. Dem deutschen Außenminister von Neurath sei mitgeteilt worden, daß Rom das Ausmaß des Naziterrors in Österreich für untragbar erachte. Wenn er nicht aufhöre, würde Dollfuß drastische Maßnahmen zu ergreifen haben.[21]

Mussolinis gleichartige Haltung wurde von der deutschen Gesandtschaft in Rom Anfang Juli nach Berlin berichtet. Mussolini habe hinzugefügt, daß ein Wink aus Berlin ganz ohne Zweifel genügen werde, um den Naziterrorismus in Österreich abzustoppen.[22]

Nach dem Ende der Hoffnung, durch das Gipfeltreffen Hitler-Mussolini, dem Ziel einer Gleichschaltung Österreichs näherzukommen, konnten die Nationalsozialisten über den damaligen Stand des Kampfes um Österreich keine für sie günstige Bilanz ziehen. Nach den tragischen Ereignissen des Februar 1934 hatte sich die innenpolitische Konstellation in Österreich von einer doppelseitigen Konfrontation des Dollfuß-Systems mit Austromarxismus und Nationalsozialismus zu einer einseitigen Konfrontation zwischen Regierung und NSDAP entwickelt. Kurzfristig gesehen, hatten sich die Februar-Ereignisse für die Nationalsozialisten nicht günstig ausgewirkt.

Dazu kommentierte Karl Renner: »Mit der Auflösung der Sozialdemokratischen Partei und mit der Vernichtung aller ihrer Einrichtungen hatte Dollfuß den Nationalsozialisten eine ihrer bisherigen propagandistischen Hauptwaffen aus der Hand geschlagen: Nun war es schlechterdings unmöglich, vor Groß- und Kleinbürgern, Intellektuellen und Bauern zu behaupten, die Regierung stelle sich schützend an die Seite der Kommunisten und Hitlers Eingreifen sei zur Vernichtung des Kommunismus unentbehrlich.«[23]

Auch in den diplomatischen Lageberichten des Auslands spiegelte sich, zu Recht oder zu Unrecht, die Meinung wider, die Möglichkeit der Konzentration auf nur einen Gegner habe die Dollfuß-Regierung eher gestärkt.[24] Zu den für Berlin unerfreulichen Folgen der im März besiegelten Quasi-Allianz Rom-Wien-Budapest kam als weiterer negativer Faktor, daß der französische Außenminister Barthou in einem autorisierten Presseinterview nach einem Zusammentreffen mit Dollfuß in Wien am 19. Juni 1934 die Erklärung abgegeben hatte*: »Die ganze Macht Frankreichs steht hinter Österreichs Unabhängigkeit, einer Unabhängigkeit, wie sie durch die Person des Bundeskanzlers verkörpert wird.«* Zum Naziterrorismus kommentierte Barthou: »Wir sind ganz auf der Seite der Dollfuß-Regierung. Die Freiheit und der Friede Österreichs müssen unter allen Umständen garantiert werden. Wir werden diese Freiheit mit allen Mitteln schützen.« Die französische Gesandtschaft in Wien fügte hinzu, Barthou habe Dollfuß das Vertrauen der französischen Regierung in seine Staatsführung zum Ausdruck gebracht.«[25] Verbal zumindest hatte Frankreich somit nach der Aussprache Dollfuß-Barthou ähnlich reagiert wie Italien.

1.3 Starhembergs Anti-Hitler-Demonstration in Braunau

Auch im innenpolitischen Kampf gab sich die Bundesregierung trotz einer Häufung von Sprengstoffanschlägen der Nationalsozialisten nicht geschlagen. Zur lokalen Eindämmung und Bekämpfung des Terrors gründete sie im Juni 1934 die bereits erwähnten Ortswehren. Für die Art ihres psychologisch-ideologischen Widerstandes bietet eine Großkundgebung vaterländischer Kampfverbände in Hitlers Heimatstadt Braunau am Inn und gezielt an Hitlers Namenstag ein besonders drastisches Beispiel. Während dieser Massenkundgebung vom 17. Juni 1934 sagte der (erst 1984 verstorbene) Landeshauptmann Dr. Gleißner, Österreich sei »der letzte Wortführer des europäischen Gewissens«. Es sei kein nationaler Verrat am Deutschtum, wenn Österreich den Weg nicht mitmache, »von dem wir wissen, daß er in einen Abgrund führt«. Er fügte hinzu: »Wir Deutschösterreicher sind die letzte warnende Stimme des Deutschtums ...«[26]

In einer anschließenden Rede forderte Starhemberg die Deutschen im Reich dazu auf, sich zu erheben, »um diesem für das deutsche Volk schändlichen und unwürdigen Zustand ein Ende zu bereiten«. In diesem Sinne sei Österreichs Kampf gegen den Nationalsozialismus nicht nur ein Abwehrkampf, sondern zugleich auch »ein Kampf für das Deutschtum überhaupt, für die Interessen des gesamten deutschen Volkes«. Gegen Ende seiner Rede forderte Starhemberg die Aussöhnung mit den Gegnern der Februarkämpfe. Denn »Österreich wird nur dann aufgebaut werden, wenn auch die bisher marxistisch organisierten Arbeiter in den Reihen der vaterlandstreuen Bevölkerung zu finden sein werden...« Dies setze die »Richtung einer wirklich sozialen Gerechtigkeit und eines dementsprechenden Verhältnisses zwischen Arbeitgeber und Arbeitnehmer« voraus. Dem Pressebericht zufolge schloß die Rede mit der Kampfparole: »Österreich über alles, weil wir es wollen!« Tausende von Händen hätten sich dann zum damals üblichen Schwurgruß mit dem Ruf erhoben: »Österreich den Österreichern!«[27]

1.4 Der Aufstand als letzte Alternative

Kurz vor dem Treffen Hitler-Mussolini hatte der deutsche Militärattaché in Wien, Generalleutnant Muff, in einem bedeutsamen Geheimbericht hinsichtlich des Kampfes um Österreich drei alternative Strategien skizziert:
1. Die Fortführung des »bestehenden Stellungskampfes« im Sinne einer weiteren Verschärfung wirtschaftlicher Druckmittel und terroristischer Einzelaktionen zum Zweck der Zermürbung der Österreicher. Hier fügte er allerdings hinzu, »auch der Gegner hat seine Abwehrmittel noch nicht erschöpft und findet weiterhin auswärtige Unterstützung, vielleicht in steigendem Maß«.
2. Eine Beseitigung des herrschenden Regimes auf friedlichem Wege *im Einvernehmen mit Italien als relativ einfachste Lösung.* Doch das neun Tage später stattfindende Treffen Hitler-Mussolini machte diese Hoffnung zunichte.
3. *»Gewaltsamer Angriff zum Sturz des gegnerischen Regimes.«* Da ein solcher ein Risiko sei, solle man diese Alternative nur dann wählen, »wenn keine andere Möglichkeit mehr bleibt«. Zugleich warnte er äußerst realistisch, die »bewaffnete Macht« Österreichs sei noch immer sicher in Händen der Regierung. Der Februaraufstand biete eine gute Lehre.[28]
Folgte man dem Gedankengang Muffs trotz seiner Warnungen, so konnte, ja mußte man auf seiten der NSDAP nach dem Scheitern des deutsch-italienischen Gipfeltreffens fast zu der Schlußfolgerung kommen, daß trotz gegebener Risiken nur noch ein »gewaltsamer

Angriff« übrigblieb, um eine rasche und entscheidende Wende im Kampf um Österreich herbeizuführen. Angesichts der negativen Haltung Mussolinis schien eigentlich nur ein Plan erfolgversprechend, der eine blitzartige Machtergreifung der Nationalsozialisten und ihrer Strohmänner am Sitz der Regierung zugleich mit einer großdeutschen Massenerhebung im ganzen Land bewirken konnte. Ein so herbeigeführter schneller und massiver Umschwung hätte Mussolini vor vollendete Tatsachen gestellt. Es hätte dann einer förmlichen militärischen Besetzung Österreichs durch das Ausland und einer Niederkämpfung der Volkserhebung bedurft, um den so erzielten Systemwandel wieder rückgängig zu machen.

Darüber schrieb einer der Hauptdrahtzieher der braunen Verschwörung, Otto Gustav Wächter, der Hauptabteilungsleiter der NSDAP Österreichs: »*Der Gegner* [die Dollfuß-Regierung] *dachte*, wie im Frühsommer feststand, *nicht an ein Nachgeben*, sondern verschärfte seinerseits den Kurs. Es wurde die unbedingte Todesstrafe, auch für den bloßen Besitz von Sprengstoffen, gesetzlich eingeführt. Dies mußte mit Sicherheit zum Vollzug von Todesstrafen gegen Nationalsozialisten führen.« Solche Todesurteile hätten aber die Nationalsozialisten in Österreich mit »blutigen Einzelaktionen« zu rächen versucht. Das hätte voraussichtlich zu Gegenaktionen der Regierung geführt, »und die Bewegung wäre niedergeknüppelt worden, ohne daß auch nur der Versuch einer gesammelten Erhebung gegen das verhaßte Regiment« gemacht worden wäre. Um der erkannten Gefahr einer stückweisen Zerschlagung der NSDAP Österreichs vorzubeugen, habe man somit die Flucht nach vorn angetreten und einen konzertierten Aufstand in Wien und in den Bundesländern ins Auge gefaßt. Somit war die wachsende innere Festigkeit der Bundesregierung einer der Verursachungsfaktoren des Aufstandsplanes.[29]

Geschichtlich nicht hinterfragt ist noch ein anderer Aspekt, der deswegen nur am Rande erwähnt sein soll. Es handelt sich um die in verschiedenen Geheimberichten aufgestellte Behauptung, daß Dollfuß mit »gemäßigten« Kreisen der illegalen Sozialdemokraten »auf der Grundlage eines gemeinsamen Vorgehens gegen die Nationalsozialisten« Verhandlungen führe. Der diesbezügliche, von Habicht in München am 18. Juni 1934 konzipierte Bericht behauptet, es sei zwischen Dollfuß und den Sozialisten bereits »eine weitgehend prinzipielle Übereinstimmung« erzielt worden.[30]

Am 23. Juli berichtete der deutsche Gesandte Rieth aus Wien nach Berlin und vermutete, daß Dollfuß diese Kombination anstrebe, um sie »mit französisch-tschechischer Hilfe« notfalls auch gegen die Italiener ausspielen zu können,»wenn diese ihn nicht mehr oder nicht ausreichend unterstützen«. Er (Rieth) habe jedenfalls die Italiener wie auch die Ungarn von diesen Machenschaften informiert.[31]

Ähnlich heißt es in einem Geheimbericht des amerikanischen Gesandten in Wien, Messersmith, Dollfuß habe vor seinem Tod fast schon eine Einigung mit den Sozialisten erreicht: »He was on the point of making political peace with the Socialists, which would probably have materialized within the next few weeks.«[32] Auch die erwähnte Rede Starhembergs in Braunau enthält diesbezüglich einen Hinweis.

Wie die parteiinterne Untersuchung des Putsches durch die Historische Kommission der SS zeigt, gab es bei den österreichischen Nationalsozialisten schon im Jahre 1933 Pläne zu einem Blitzputsch ähnlicher Art, wie er dann im Juli 1934 tatsächlich durchgeführt wurde. Der Plan konnte zunächst nur deshalb nicht realisiert werden, weil Hitler ihm seine Zustimmung verweigerte. Die Strategie des Aufstandsplans vom Jahr 1933 sah, wie auch der Umsturzversuch des Jahres 1934, mehrere Stufen vor:[33]

1. Enthauptungsschlag gegen die Regierung durch Gefangennahme des gesamten Kabinetts (Ministerrats) während einer Sitzung durch bewaffnete und als reguläre Armee-Einheit verkleidete Putschisten;
2. Besetzung der Hauptzentrale des Österreichischen Rundfunks in Wien und Verbreitung der Nachricht, die Regierung des Bundeskanzlers Dollfuß sei durch die Regierung einer den Nationalsozialisten gefügigen und im In- und Ausland bekannten Persönlichkeit ersetzt worden; den Befehlen der neuen Regierung sei Folge zu leisten;
3. auf das verabredete Signal dieser Radiodurchsage hin sollten sich in weiten Teilen des Landes Einheiten der SA bewaffnet erheben und mit Drohung oder Gewaltanwendung die faktische Übernahme lokaler Regierungs- und Verkehrszentren erzwingen;
4. unter dem Eindruck dieser mit großem Propagandaeffekt landesweit durchzuführenden Aktionen wurde eine großdeutsche Mas-

senerhebung gegen das Dollfuß-Regime und für eine pro-nationalsozialistische neue Regierung erwartet;
5. um die in Punkt 1 geplante organisatorische Enthauptung der Bundesregierung zu vervollständigen, sollte ein Sonderkommando den Bundespräsidenten in seiner verfassungsmäßigen Eigenschaft als Legitimator der jeweils amtierenden Bundesregierung überfallen und ihn entweder unter Druck zur Legitimierung der neuen Regierung zwingen oder ihn beseitigen;
6. eine neutrale oder kooperative Haltung des Bundesheeres wurde erwartet.

1.5 Hitler und die Putschplanung

Interessant ist, daß Hitler selbst das strategische und taktische Grundmuster eines solchen Putsches bereits im August 1932 in einem Gespräch mit Herrmann Rauschning und anderen Augenzeugen entwickelte. Er betrachtete einen solchen Putsch als eine Form des *Krieges*. In den Kernpunkten dieses Szenarios sagte er:»Wenn ich Krieg führe ... dann werde ich eines Tages mitten im Frieden etwa Truppen in Paris auftreten lassen. Sie werden französische Uniformen anhaben. Sie werden am hellen Tage durch die Straßen marschieren. Niemand wird sie anhalten. Alles bis aufs kleinste vorbereitet ... Sie besetzen die Ministerien, das Parlament. Binnen wenigen Minuten ist Frankreich, ist Polen, *ist Österreich* ... seiner führenden Männer beraubt ... Die Verwirrung wird beispiellos. Aber ich stehe längst auch mit Männern in Verbindung, die eine neue Regierung bilden. Eine Regierung, wie sie mir paßt.«[34] Hitler fügte hinzu, die Kunst des Staatsstreiches habe er aus der Geschichte der Revolutionen gelernt, insbesondere von den Bolschewiken.[35]

Für eine Bewertung des hier behandelten Falles vom Juli 1934 ist wohl auch seine abschließende Bemerkung wichtig, in der es heißt: »Ich spiele nicht Krieg. Ich lasse mich nicht durch ›Feldherren‹ kommandieren. Den Krieg führe ich. Den geeigneten Zeitpunkt zum Angriff bestimme *ich*.«[36]

Angesichts des in allen Formationen der NSDAP – ungeachtet ihrer Rivalitäten untereinander – bestehenden Kadavergehorsams dem »Führer« gegenüber und in Anbetracht der Tatsache, daß Hitler im Rahmen der berüchtigten Röhm-Affäre nur einen Monat zuvor große Teile der SA-Führung, die ihm unbequem wurde, buchstäblich hatte niedermetzeln lassen, erscheint es *im allerhöchsten Maße unwahrscheinlich,* daß die Führer des NS-Putsches in Österreich es *ohne Wissen* des »Führers« gewagt haben sollten, ein ganzes Land, an dem noch dazu Hitlers wichtigster außenpolitischer Partner, Italien, vital interessiert war, mit einem Handstreich zu erobern. Wenn die Putschisten bereits 1933 die Genehmigung Hitlers als unerläßliche Voraussetzung eines solchen Vorhabens erachteten, warum sollten sie dann nach wachsender Bedeutung Italiens für das Dritte Reich und nach Hitlers barbarischer Bestrafung der SA anders gedacht haben?

Schon einen Monat vor dem Putsch, der Dollfuß stürzen und an seine Stelle den Nazi-hörig gewordenen Gesandten Rintelen stellen sollte, forderten prominente deutsche Tageszeitungen, darunter das Hauptorgan der NSDAP, der »Völkische Beobachter«, die Bildung einer neuen österreichischen Regierung unter jenem erwähnten Rintelen.[37] Anzunehmen ist vielmehr, daß Hitler den Putschisten entweder befahl oder sie mit vollem Wissen und Einverständnis dazu ermächtigte, den Putsch auf eigenes Risiko durchzuführen. Im Erfolgsfall hätte er versucht, die neue »nationale«, in Richtung auf Gleichschaltung mit dem Reich steuernde Regierung in Österreich zu unterstützen. Im Falle eines Scheiterns würde er jegliche Komplizenschaft leugnen müssen.

In seinen Erinnerungen berichtet Generaloberst Wilhelm Adam, ab Herbst 1933 Befehlshaber und Kommandierender General des Wehrkreises VII mit Standort München, Hitler habe ihn am Tag des Putsches, dem 25. Juli 1934 um 9 Uhr in Bayreuth zu sich bestellt und erklärt: »Die österreichische Regierung wird heute gestürzt werden. Rintelen wird dort Reichskanzler. Er wird befehlen, daß alle österreichischen Emigranten und Legionäre in ihre Heimat zurückkehren.« Hitler habe weiter gesagt, diese Mitglieder der Österreichischen Legion würden die Grenze ohne Waffen überschreiten, aber dann in Österreich deutsche Waffen erhalten. »Treffen Sie alle Vorbereitungen, diese Waffen nach Orten, die noch angegeben werden, abzuschicken.«[38] Um drei Uhr nachmittags habe ihn Hitler angerufen und erklärt, die Sache in Wien gehe tadellos, das Bundeskanzleramt sei besetzt, Dollfuß sei verwundet, weitere Nachrichten stünden noch aus. Er würde bald wieder anrufen. Dies habe er jedoch nicht getan.[39]

1.6 Beginn und Verrat des Putsches

Nach der internen Darstellung der SS-Untersuchung[40] trugen zwei Reichsdeutsche, Theo Habicht und Rudolf Weydenhammer, sowie der österreichische SS-Sturmbannführer Fridolin Glass die Hauptverantwortung für die konkrete Putschplanung. Fridolin Glass hatte in Wien die sogenannte »SS Standarte 89« organisiert, die als Sturmtruppe des bewaffneten Aufstandes fungieren sollte. Sie bestand weitgehend aus vormaligen Soldaten des österreichischen Bundesheeres, die wegen nationalsozialistischer Umtriebe und damit wegen politischer Unzuverlässigkeit aus dem wichtigsten Machtinstrument des Staates entlassen worden waren.

Am entscheidenden 25. Juli 1934 startete in Wien um 12.45 Uhr eine Lastwagenkolonne mit ca. 150 bewaffneten Putschisten von der Siebensterngasse aus in Richtung auf das Bundeskanzleramt am Ballhausplatz, wo bereits seit 11 Uhr das als Ministerrat bezeichnete Bundeskabinett tagte. Um die dortigen Wachen zu täuschen, hatten sie sich teils Uniformen des berühmten Wiener Hoch- und Deutschmeisterregiments Nr. 4 angezogen und teils auch als Polizisten verkleidet. Nur einer von ihnen war ein regulärer Soldat. Nach siebenminütiger Fahrt erreichten sie das Bundeskanzleramt. Was die Gruppe nicht wissen konnte war, daß einer der Verschwörer, der Polizeirevierinspektor Johann Dobler, vormaliger Wirtschaftsleiter im »Braunen Haus« in Wien, Gewissensbisse bekommen und der Regierung eine Warnung zugespielt hatte. Da gerade er von der nationalsozialistischen Durchsetzung bestimmter Teile der Wiener Polizei wußte, versuchte er – typisch wienerisch –, in einem Kaffeehaus mit Funktionären der Vaterländischen Front Kontakt aufzunehmen. Auf Umwegen erhielt der Gendarmeriemajor Robert Wrabel, der persönliche Adjutant des Ministers Fey, um 10.45 Uhr Kenntnis von Doblers Warnung.[41] Wrabel verständigte Fey, der bereits Minuten zuvor, aus einer anderen Quelle, von Doblers Information gehört hatte.[42] Wie erinnerlich, hatte Dollfuß dem radikalen Heimwehrführer Fey Anfang Mai 1934 das Amt des Vizekanzlers und am 10. Juli auch das Sicherheitsressort entzogen. Zum Zeitpunkt des Putsches gehörte er dem Kabinett als Minister ohne Portefeuille und als »Generalstaatskommissär für Außerordentliche Sicherheitsmaßnahmen« an.

1.7 Der fatale Plan des Ministers Fey

Bereits Tage zuvor waren aus unterschiedlichsten Quellen Gerüchte über einen bevorstehenden Putsch bis zum Ballhausplatz gelangt.[43] Damit erhöht sich die Wahrscheinlichkeit einer Darstellung Starhembergs, derzufolge Fey im konkreten Wissen um einen geplanten Großeinsatz gegen das Bundeskanzleramt absichtlich den Bundeskanzler und die anderen Minister nicht mit entsprechendem Nachdruck informiert und gewarnt habe. Statt dessen habe er militärische Einheiten des ihm unterstellten Wiener Heimatschutzes »ohne irgendeinen besonderen Grund für die frühen Morgenstunden des 25. Juli alarmiert und zu Exerzierübungen in den Prater befohlen«. Entgegen sonstigem Brauch seien scharfe Patronen mitgeführt worden. Fey, so argumentiert Starhemberg, wollte im Moment der Gefahr mit dieser Truppe eingreifen, um ein zweites Mal »den Retter des Vaterlandes« spielen zu können und den geretteten Dollfuß, der ihn aus Führungsstellen entfernt hatte, zu beschämen. Zeitgleich damit sollte sein Nachfolger im Sicherheitsressort, Carl Karwinsky, als unwissend und unfähig hingestellt werden. Dem von Ehrgeiz zerfressenen Emil Fey, der sich bereits nach der Schutzbundrevolte vom Februar 1934 als »Retter des Vaterlandes« hatte feiern lassen und durch Dollfuß dennoch von Führungsposten entfernt worden war, war diese Motivation samt dem entsprechenden Verhalten offenbar durchaus zuzutrauen. Wenn dem so war, so wurde, laut Starhemberg, Feys Plan dadurch durchkreuzt, »daß sich alles rascher abwickelte, als er selbst es dachte, und daß der Schuß Planettas den Bundeskanzler tödlich traf, noch bevor die Bataillone des Wiener Heimatschutzes erscheinen konnten.«[44]

Im Besitz der neuen Warnung Doblers bestand Fey darauf, sein Assistent solle sich zunächst von Dobler den in dessen Wohnung befindlichen schriftlichen Alarmbefehl der Putschisten zeigen lassen.

Das geschah, und Fey erhielt darüber um 11.45 Uhr einen bestätigenden Bericht seines Adjutanten Wrabel.[45] Um diese Zeit muß Fey der erwähnten militärischen Einheit des Heimatschutzes im Prater telefonisch den Befehl zur sofortigen Rückkehr ins Stadtzentrum erteilt haben. Danach informierte er um 12 Uhr den Bundeskanzler und auf dessen Bitte hin den in Sitzung befindlichen Ministerrat bewußt salopp und unklar nur mit den Worten: »Ich hab a Meldung kriegt, es soll was gegen den Ballhausplatz beabsichtigt sein. In der Siebensterngasse ist eine Turnhalle, die soll dabei eine Rolle spielen.«[46] Zwanzig Minuten später trat Major Wrabel ein und berichtete von der Meldung zweier Kriminalbeamter, daß Soldaten, Polizisten und Zivilisten in eine Turnhalle in der Siebensterngasse (Versammlungsort der Putschisten) strömten und daß dort ein Lastauto mit Kisten beladen werde.

1.8 Der Todeskampf des Bundeskanzlers Dollfuß

Dollfuß, dem von Zeitgenossen eine starke Kapazität für intuitives Verhalten nachgesagt wurde, verfügte trotz der Spärlichkeit dieser Information die Auflösung der Ministerratssitzung und veranlaßte die Bundesminister zur Rückkehr in ihre Ministerien. Laut Aussage von Minister Berger-Waldenegg bemerkte er dabei, er glaube zwar nicht so ganz an die Stichhaltigkeit dieser Warnungen, jedenfalls sei es aber besser, wenn sich die Regierung nicht zur Gänze in einer Mausefalle befinde. Zugleich beauftragte er Generalmajor Wilhelm Zehner, den Staatssekretär für Landesverteidigung, die Bundesheergarnison Wien in Alarmbereitschaft zu versetzen. Es waren dies seine letzten Befehle.[47] Sie verhinderten in der Tat die Verwirklichung des Putschzieles, d. h. die Gefangennahme der gesamten Bundesregierung. Lediglich der Bundeskanzler selbst, Staatssekretär Karwinsky und Minister Fey verblieben im Bundeskanzleramt.

Vierzig Minuten später gelang es den Putschisten, mit einer Lastwagenkolonne ungehindert vor das Bundeskanzleramt zu fahren, die dortigen Wachen zu überrumpeln und das Gebäude im Laufschritt zu besetzen. Der Lärm wurde oben gehört. Der Torhüter des Bundeskanzleramtes wollte den Bundeskanzler zu einer wenig bekannten Wendeltreppe führen, über die er aus dem Amt in ein Archiv und von dort auf den Minoritenplatz hätte entkommen können. Während sie durch die Zimmer eilten, fragte Dollfuß den Torhüter, ob er eine Pistole bei sich habe. Dieser verneinte. Auf dem Fluchtweg stießen sie jedoch auf etwa zehn hinaufstürmende Putschisten. Einer von ihnen, Otto Planetta, gab aus etwa 15 Zentimeter Entfernung einen Pistolenschuß auf Dollfuß ab, der den Halswirbel und das Halsmark des Bundeskanzlers durchschlug. Dollfuß stürzte zu Boden. Als Folge traten eine partielle Lähmung, eine starke innere Blutung und eine aufsteigende Rückenmarkslähmung ein.[48] Die Obduktion ergab einen zweiten Einschuß. Die Urheberschaft dieses Schusses ist nie restlos geklärt worden. Doch auch die SS-Untersuchung gelangt zu der festen Annahme, daß die putschenden SS-Leute, die den schwerverwundeten Dollfuß im Verlauf eines Streitgesprächs beschimpften, aus Wut einen zweiten Schuß auf ihn abgaben, der den Sterbenden jedoch nur relativ leicht verletzte.[49]

Als Dollfuß nach dem ihn lähmenden ersten Schuß das Bewußtsein wiedererlangte, bezog sich charakteristischerweise seine erste Frage auf das Ergehen der anderen Minister. Er sagte Fey, daß Schuschnigg die Bildung einer neuen Regierung übernehmen solle und daß Mussolini, bei dem seine Familie damals zu Besuch weilte, sich seiner Frau und Kinder annehmen möge. Vergeblich bat der Bundeskanzler, man möge einen Arzt rufen, denn er leide an steigenden Erstickungsgefühlen. Auch bat er um Herbeirufung eines Priesters. Beides wurde ihm von den SS-Leuten roh verweigert. Die Putschisten versuchten den Kanzler zu verwirren und auf ihn Druck auszuüben, indem sie ihm die entstandene Lage falsch darstellten. Nach einander widersprechenden Zeugenaussagen soll er entweder gesagt haben, Rintelen solle Frieden schließen oder – nach der Aussage eines SS-Mannes – Rintelen solle Kanzler werden, doch habe er dies nach einer Weile mit den für seine Grundhaltung charakteristischen Worten relativiert: »... aber ich will Österreich nicht denen geben, die Österreich nicht wollen.«[50]

Die Tragik des Sterbens von Dollfuß wird vor allem im amtlichen Bericht der Bundesregierung deutlich: »Wie immer die letzten politischen Äußerungen des Bundeskanzlers Dr. Dollfuß gelautet haben mögen – es ist gewiß, daß er keinen Überblick über die Situation haben konnte. Er muß in seiner Sterbestunde unter dem furchtbaren

Eindruck gestanden sein, daß sich das Bundesheer und die Polizei gegen ihn und seine Regierung erhoben haben; er sah den Tod vor Augen und mußte dabei annehmen, daß sein Lebenswerk zusammengebrochen sei.«[51] In Wirklichkeit aber war die Stunde seines Todes der Beginn seines Sieges über Hitler.

Zu zwei Wachbeamten, die ihn bis zum letzten Moment betreuten, sagte er wörtlich: »Kinder, ihr seid so lieb zu mir, warum sind die anderen nicht auch so? Ich habe ja nur den Frieden haben wollen, wir haben nie angegriffen, wir mußten uns immer wehren, *der Herrgott soll ihnen vergeben.*« Nach einem Gruß an Frau und Kinder starb Dollfuß um ca. 15.45 Uhr nach fast dreistündigem Todeskampf.[52]

Hitlers Hauptwidersacher in Österreich war tot. Er starb für Österreichs Unabhängigkeit, für die er seit Übernahme des Kanzleramtes gelebt und gekämpft hatte. Nach seinem Tod wurde er als »Märtyrerkanzler Österreichs« zur Symbolfigur des österreichischen vaterländischen Widerstandes.

1.9 Weitere Fehlschläge für die Putschisten

Bereits um 13 Uhr war es einer etwa 15 Mann starken Gruppe von NS-Putschisten gelungen, das Hauptgebäude des Österreichischen Rundfunks in Wien mit einem blitzartigen Handstreich zu besetzen. Der Rundfunksprecher wurde mit vorgehaltener Pistole zur Durchgabe der falschen Nachricht gezwungen, die Regierung Dollfuß sei zurückgetreten und die Regierungsbildung sei vom bisherigen Gesandten in Italien, Dr. Anton Rintelen, übernommen worden. Danach hörte man Marschmusik, Schüsse und – der Ton fällt aus.[53] Der Rundfunkleitung war es gelungen, über eine zweite, den Putschisten nicht bekannte Telefonverbindung die Polizei zu alarmieren und die Ausschaltung des großen Senders am Bisamberg zu verfügen. Schüsse der Polizei hatten eine Senderöhre zertrümmert. Nach heftigem Kampf konnte das SS-Kommando um 14.45 Uhr überwältigt und der Rundfunk wieder der Regierung zur Verfügung gestellt werden.[54] Somit war diese zweite Aktion der Putschisten ebenso gescheitert wie auch der erste Plan einer Gefangennahme der gesamten Bundesregierung.

Kapitel VII: Die versuchte Machtergreifung ...

Auch das dritte Kommandounternehmen, das den in Velden am Wörthersee zum Sommeraufenthalt befindlichen Bundespräsidenten Miklas unter Druck setzen oder ausschalten sollte, blieb erfolglos. Unter der damaligen Verfassung hatte Miklas das Recht zur Ernennung des Bundeskanzlers. Konnte man ihn zur Ernennung von Rintelen zwingen, so hatte man die Legitimation für den gewünschten Regierungswechsel. Weigerte er sich, so mußte man ihn ausschalten, da er der Zielsetzung der Putschisten ansonsten hätte schaden können. Jedoch erfuhr die Polizei durch unbekannt gebliebene Informanten von diesem Kommando und verhaftete zwei ihrer Führer, bevor diese noch die lokale Kärntner SS zum Handstreich gegen den Bundespräsidenten mobilisieren konnten.[55]

In Wien versammelten sich um halb drei die übriggebliebenen Bundesminister im Verteidigungsministerium, im vormaligen Gebäude des k.u.k. Kriegsministeriums, vor dem ein Denkmal Feldmarschall Radetzkys mit dem ihm von Grillparzer zugedachten Wort steht: »In Deinem Lager ist Österreich.« Hier kam es zur Planung von Gegenaktionen. Beunruhigt von der Rundfunknachricht über eine angebliche Einsetzung Rintelens zum Bundeskanzler, hatte der Bundespräsident von Velden aus in Wien angerufen und wurde vom Vizepräsidenten der Wiener Polizeidirektion, Dr. Skubl, sowohl von der Besetzung des Bundeskanzleramtes als auch von dessen nachfolgender Belagerung durch Militär und Polizei informiert. Der Bundespräsident rief dann die versammelten Minister des Rumpfkabinetts im Verteidigungsministerium an und teilte ihnen mit, er werde sich durch keinerlei Beschlüsse der gefangenen und möglicherweise erpreßten Regierungsmitglieder im Bundeskanzleramt gebunden fühlen. Einen neuen Bundeskanzler könne nur der Bundespräsident einsetzen.

Da sich Vizekanzler Starhemberg am 25. Juli in Italien befand, betraute Miklas den Bundesminister Schuschnigg mit der vorläufigen Führung der Bundesregierung und erteilte ihm gleichzeitig den Befehl: »Sie haben ... sogleich mit Einsatz aller Machtmittel des Staates die gesetzliche Ordnung wiederherzustellen, die Aufrührer zur Verantwortung zu ziehen und vor allem die im Bundeskanzleramt auf dem Ballhausplatz eingeschlossenen Mitglieder der Regierung zu befreien ...«[56] Nach langen Verhandlungen gelang es um 19 Uhr, die Putschisten zur Räumung des Bundeskanzleramtes zu veranlassen.

Ihnen war freies Geleit für den Fall zugesichert worden, daß »kein Menschenleben auf Seite der widerrechtlich ihrer Freiheit beraubten Mitglieder der Regierung« zu beklagen seien.[57] Die Putschisten nahmen an. Dollfuß war aber – was sie verschwiegen – tot. So wurden sie verhaftet.

Der Gesandte und vormalige Landeshauptmann der Steiermark, Dr. Anton Rintelen, der sich den Nationalsozialisten für den Putschplan gegen seine eigene Regierung verräterisch zur Verfügung gestellt hatte, war im Hotel Imperial einquartiert. Zum 25. Juli schreibt er in seinen Erinnerungen: »Ich erwartete mittags voll innerer Spannung den Ruf, ins Kanzleramt zu kommen.« Es erschienen jedoch im Hotel Otto Wächter und Dr. Weydenhammer, zwei der hauptverantwortlichen Drahtzieher des Putsches. Sie schilderten die unerwartete Lage, und alle drei kamen übereinstimmend zur Schlußfolgerung: »Die Aktion sei verraten worden. Die Gefangennahme des gesamten Kabinetts sei gescheitert. Ein Teil der Regierung, darunter der Leiter des Heeresministeriums, General Zehner, sei in der Lage, über die Machtmittel des Staates ungehindert zu verfügen.«[58] Während Weydenhammer und Wächter ihm noch zuredeten, doch etwas zu tun, um die Putschisten zu retten, erreichte Rintelen ein Anruf von Bundesminister Schuschnigg, der ihn aufforderte, ins Verteidigungsministerium zu dem dort tagenden Rumpfkabinett zu kommen.[59] Er wurde vom Chefredakteur der »Reichspost«, Friedrich Funder, gestellt und praktisch gezwungen, ihn ins Verteidigungsministerium zu begleiten. Nach der Konfrontation mit den Ministern wurde er verhaftet und unternahm teils aus Wut, teils aus Scham einen Selbstmordversuch.[60] So ging den Putschisten in Wien auch die letzte ihrer Trumpfkarten verloren.

Die in Wien ausgestrahlte Radionachricht vom angeblichen Rücktritt der Dollfuß-Regierung und ihrer Ersetzung durch eine neue Regierung unter Rintelen war landesweit das Geheimsignal für nationalsozialistische Aktivisten zur Erhebung gegen die Bundesregierung. Der verbleibende andere Teil des Machtkampfes um Österreich vollzog sich somit in den Bundesländern.

2. Die NS-Kampfplanung und die Niederwerfung der bewaffneten Aufstände in den Bundesländern

Der hochdramatische Putsch in der österreichischen Hauptstadt hat dazu geführt, daß die Ereignisse in fünf der insgesamt neun Bundesländer der Republik Österreich – oft auch bei historisch gebildeten Zeitgenossen – in Vergessenheit geraten sind oder gar nicht zur Kenntnis genommen wurden. Wie aber schon dargestellt, beruhte der Plan des Aufstandes auf drei strategischen Hauptkomponenten: einerseits der Enthauptung der österreichischen Bundesregierung durch Gefangennahme sowohl des Bundeskabinetts als auch des Bundespräsidenten; zweitens einer Aufstandsbewegung bewaffneter Nationalsozialisten in den Bundesländern; und drittens auf der Erwartung, daß diese beiden Offensivschläge der Naziputschisten eine unterstützende massenhafte Volkserhebung gegen das Dollfuß-Regime und für eine neue großdeutsche Bundesregierung auslösen und vom Bundesheer stillschweigend toleriert oder aktiv unterstützt würden. Wie auch erwähnt, sollte Österreich dann unter dieser neuen Bundesregierung vorläufig noch de jure unabhängig bleiben, um kein Übermaß an ausländischen Interventionen hervorzurufen. De facto aber sollte sich die neue Regierung in ihrem Verhalten der Führung des Dritten Reiches und des Parteichefs der NSDAP, Adolf Hitler (der als Führer der Gesamt-NSDAP zugleich auch Führer der österreichischen NSDAP war), unterordnen.

Ausländische Interventionen, insbesondere von seiten Italiens, konnten mit Aussicht auf Erfolg jedoch nur dann vermieden werden, wenn der Putsch erstens mit großer Schnelligkeit einen Regierungswechsel an der Spitze des österreichischen Staates bewirkte und wenn er zweitens von einer so umfassenden Volkserhebung begleitet wurde, daß jede Interventionsmacht sich sagen mußte, sie werde bei einem Eingreifen mit dem geschlossenen Widerstandswillen der gesamten Bevölkerung zu rechnen haben.

Für die geplante und an vielen Orten dann tatsächlich auch durchgeführte oder versuchte Taktik des Aufstandes ist ein Dokument bezeichnend, das nach seinem Fundort den Namen »Kollerschlager-Dokument«[61] erhielt. Punkt 1 dieses Dokuments stellt ominös fest, die Regierung Dollfuß könne eines Tages »zum Rücktritt gezwungen« werden. Dann komme es entweder zu einer neuen Regierung oder zum Machtkampf um die Nachfolge. Punkt 2 des Dokuments besagt, daß es dann auf eine gewisse Zeit ein Machtvakuum geben werde, in dem die Exekutive der alten Regierung nicht mehr unterstellt, jedoch auch noch keine Führung durch eine neue Regierung vorhanden sei. Folglich werde die Exekutive deswegen »in ihren Entschlüssen und in ihrer Tatkraft gelähmt« sein. Punkt 3 folgert mit Bestimmtheit: »Dieser tote Punkt muß ausgenützt werden.« Die Nachricht vom Rücktritt der Dollfuß-Regierung müsse die SA überall zu selbständigen Propagandamärschen veranlassen.

Nach außen hin solle es so erscheinen, als wolle man vor allem für Neuwahlen demonstrieren.« In Wahrheit« organisiere man Aufmärsche, »um sofort in den Landeshauptstädten und Bezirksamtssitzen die öffentlichen Gebäude und Ämter zu besetzen und die Macht zu ergreifen«. Die zuständigen SA-Brigadeführer hätten in jedem Bundesland zu proklamieren, daß der jeweilige Gauleiter der illegalen NSDAP »als Landeshauptmann« (d. h. als Regierungschef des betreffenden Bundeslandes) und der SA-Brigadeführer als »Sicherheitsdirektor« desselben Landes die Macht übernommen hätten. Nach dem Köpenickiade-Prinzip »Frechheit siegt« hätten diese selbsternannten Nazifunktionäre »energische Befehle« als »neue Vorgesetzte« der Länderbehörden zu erteilen. Doch wird angeordnet, zunächst vorsichtshalber weder gegen noch auch für einen etwa neuernannten Bundeskanzler Stellung zu nehmen, damit es für die Bevölkerung eine offene Frage und vor allem auch eine Vermutung bleibe, daß diese Machtübernahme mit seiner Billigung erfolgt sei. Denn es gäbe, so erläutert Punkt 5, bei einem Regierungswechsel zwei Möglichkeiten. Entweder: »Die neue Regierung erkennt die nationalsozialistische Bewegung an und fügt sich«, oder aber, falls nicht, sei ein aktiver Widerstand der neuen Regierung gegen die NSDAP zu erwarten, »kurz, es entwickelt sich ein Kampf um die Macht«. In Berücksichtigung der Eventualität, daß der Blitzputsch gegen die Bundesregierung in der Hauptstadt Wien nicht zum Erfolg führe, heißt es dann in bezeichnender Weise: »*Gelingt es uns so, die Länder zu erobern, dann wird Wien sich nicht allein halten können*, sondern wird folgen müssen.«

Sehr charakteristisch für die bekannten Taktiken rechts- und linkstotalitärer Bewegungen mahnt dann Punkt 6, es sei sehr wichtig,

»daß die Bewegung *scheinbar spontan* aus dem Volke kommt«. Deshalb müsse sie »rein innerpolitisch« aufgezäumt sein und dürfe »keinesfalls irgendwie von außen her geleitet erscheinen«. Die Geheimhaltung erfordere, daß der Plan nur den Brigadeführern und ihren Stabsführern bekannt gemacht werde. Die Unterführer dürften dann jeweils nur so viel erfahren, wie sie zur Erfüllung ihrer Funktionen brauchten.

Punkt 7 befaßt sich mit der konkreten Durchführung. Nach außen hin »unbewaffnete Propagandamärsche« in Uniform oder mit Hakenkreuzarmbinden seien so zu organisieren, daß Waffen heimlich mitgeführt oder zumindest bereitgestellt würden. Ziel dieser Demonstrationsmärsche sei die Besetzung der öffentlichen Gebäude. Auf diesen sei sofort die Hakenkreuzfahne zu hissen. Anschließend sei die Machtübernahme durch die erwähnten NSDAP-Funktionäre als neue Leiter der Landespolitik und eine Amnestie für alle politischen Vergehen zu proklamieren; die Landesflüchtigen (»Österreichische Legion«) seien zurückzurufen. Unter den politischen Gefangenen seien auch »die Roten« (Sozialisten und Kommunisten) zu befreien. Die von der deutschen NSDAP an den bayerischen Grenzen zu Österreich aufgestellten und aus geflüchteten österreichischen Nazis bestehende »Österreichische Legion« werde dann schnellstens nach Wien geführt. Wie erinnerlich hatte Hitler diese Maßnahmen tatsächlich in seinem Gespräch mit Generaloberst Wilhelm Adam vom 25. Juli 1934 vorgesehen.[62]

Wiederum höchst charakteristisch für die Kampfmethoden einer totalitären Bewegung befiehlt der nächste Punkt des Kollerschlager-Plans: »Führende, uns feindlich gesinnte Köpfe aus Regierung und den gegnerischen Wehrverbänden sind umgehend festzusetzen, bei Widerstand unschädlich zu machen. Gegen die *Roten* Neutralität, solange sie uns nicht schädigen.«

Mit dem Bundesheer, als bedeutendstem Machtfaktor des Staates, sei Kampf, wenn möglich, zu vermeiden; ebenso mit der Polizei und der Gendarmerie. wenn ein Kampf aber unumgänglich werde, sei »mit äußerster Energie und Gewalt vorzugehen«. Nach der Übernahme der Gewalt sei diese überall zu festigen, die SA sei zu bewaffnen und »als sicherer Machtfaktor der neuen Regierung zu organisieren«. Gegnerische Wehrverbände seien zu entwaffnen und aufzulösen. Diejenigen Organe der Exekutive, die sich unterstellen, seien mit Hakenkreuzbinden zu versehen und im Dienst neu zu bestätigen. Der offene Widerstand der Aufständischen gegen die Polizei oder Gendarmerie sei gewaltsam und so zu organisieren, »daß die meist in geringer Zahl auftretenden Exekutivorgane sich einer zum äußersten entschlossenen Überzahl gegenübersehen«. Es heißt wörtlich: »*Der einzelne Mann der Exekutive muß wissen, daß er sein Leben riskiert, wenn er gegen uns vorgeht.*«

Die ganze Verhaltensweise sei als »Kleinkrieg mit dem Zweck der Zermürbung« der Exekutive zu führen. Fast an Mao Tse-tungs Direktiven der Partisanenkriegführung erinnert nicht nur die Idee, das Regierungszentrum in Wien notfalls von der »Peripherie« der Bundesländer her zu erobern, sondern auch die Weisung der Exekutive, überall da auszuweichen, wo sie geschlossen und in größerer Menge auftritt, damit sie ins Leere stoße. Zwischen Frühjahr und Sommer 1934 erhielten die Aufständischen geheime Lieferungen reichsdeutscher Waffen (Maschinengewehre, Gewehre, Handgranaten, Maschinenpistolen, Pistolen, zugehörige Munition und Sprengstoffe samt Zubehör aller Art), oder sie konnten sich zum kleineren Teil auch durch Diebstähle aus österreichischen Waffenbeständen eindecken.[63]

Wenngleich es auch in anderen Bundesländern zu heftigen Kämpfen kam, lagen die hauptsächlichen Schwerpunkte der bewaffneten Aufstände und damit auch der Kampfschauplätze außerhalb Wiens: in den beiden südöstlichen Bundesländern Kärnten und Steiermark. Der Plan bestand hier darin, zunächst an einer ganzen Reihe von Orten die Aufständischen zu organisieren und mit schnell geführten Handstreichen die örtlichen Gendarmerieposten, Polizeistationen und freiwilligen Wehrverbände zu überwältigen. Durch diese Aktionen sollten die Aufständischen einerseits Macht demonstrieren sowie andererseits sich zusätzliche Waffen und Fahrzeuge aneignen, um dann nach Erringung einer gewissen strategischen Raumtiefe auf die Hauptstädte der Bundesländer zum Zweck ihrer Eroberung vorstoßen zu können.[64]

In Wolfsberg in Kärnten kam es am frühesten zu einer Aufstandsbewegung, die den Einfluß der taktischen Direktiven des Kollerschlager-Dokuments klar erkennen läßt. »Es war«, so heißt es in einer parteiamtlichen Geschichte der NSDAP und ihrer Kämpfe in Österreich, »ein *regelrechter Krieg*, der da in den kritischen Hoch-

sommertagen des Jahres 1934 im Lavanttale durchgefochten wurde.«
Die erwartete Radiomeldung über die fälschlich behauptete Regierungsumbildung in Wien löste bei der lokalen SA Alarmbereitschaft aus, bis am folgenden Tag, dem 26. Juli, mittags, ein Kurier mit dem Befehl zum Losschlagen kam. Die SA versammelte sich außerhalb der Stadt und ging in drei Stoßtrupps zum Angriff auf die Stadt vor. Angriffsziele waren die Gebäude der Exekutive und ihre Führung. Wie an vielen anderen Stellen auch sollte eine möglichst schnelle Besetzung des Bahnhofs, des Postamtes und des Telegrafenamtes erfolgen, um die Kommunikationsmittel unter Kontrolle zu bringen. Die Stadt wurde von etwa 1500 Putschisten, die dort neue Waffenarsenale erbeutet hatten, besetzt. Auf den Amtsgebäuden und an anderen Stellen wurden die Hakenkreuzfahnen gehißt. Kurz darauf eroberten die Aufständischen auch St. Leonhard und die Orte Lavamünd, St. Paul und St. Andrä.

Am 27. Juli befand sich das ganze Lavanttal unter der Kontrolle der Putschisten. Diese beschlossen nun, mit vereinten Kräften über den Griffenberg gegen die Landeshauptstadt Klagenfurt vorzustoßen. Hier allerdings stellten sich ihnen von Norden her der Lavant entlang vordringende Einheiten des Bundesheeres entgegen. Noch einmal gelang den Putschisten ein Vorstoß in das inzwischen von Regierungseinheiten zurückeroberte Lavamünd, wo sie gefangengehaltene Gesinnungsgenossen befreien konnten. Angesichts der immer effektiver werdenden Gegenoffensive der Regierungsstreitkräfte beschloß die SA-Sturmbannführung am 30. Juli 1934 die Flucht dieser Einheiten über die jugoslawische Staatsgrenze.[65]

Im offiziellen Bericht der österreichischen Bundesregierung über die Julirevolte heißt es: »Das Bild, das die Wolfsberger Aufruhraktion bot, wiederholte sich in den meisten vom Aufstande betroffenen Orten mit einer Ähnlichkeit, die die wohlorganisierte Vorbereitung und Schulung der Rebellen für Putsch und Bürgerkrieg erkennen ließ. Zusammengerottete Abteilungen nationalsozialistischer Parteigänger ... bemächtigten sich schwerbewaffnet und unter schärfster Gewaltandrohung der Bahnhöfe, Postämter, Bezirkshauptmannschaften und sonstigen öffentlichen Gebäude, beschossen die Kasernen der Gendarmerie und des Schutzcorps, entwaffneten und internierten deren Besatzungen, führten Verhaftungen im öffentlichen Dienste stehender oder als staatstreu bekannter Personen durch und richteten, sofern sich Bevölkerung und behördliche Organe ihrem Terror nicht unterwarfen, ein Gewaltregiment ein ... In Wolfsberg wurden von den Aufrührern in großer Auflage gedruckte Plakate angeschlagen, mit denen die Übernahme der Macht bekanntgegeben, zur Unterwerfung und Ruhe, zur Beflaggung der Häuser und zur Meldung ›aller wehrfähigen Volksgenossen bei der nächsten SA-Stelle‹ aufgefordert wurde.«[66]

Weitere Hauptschauplätze der Kämpfe in und um Kärnten waren St. Veit an der Glan, das die Putschisten zeitweilig besetzten und das zurückerobert werden mußte, sowie Feldkirchen, Bleiburg und Rabenstein an der jugoslawischen Grenze. Zum Zweck des bewaffneten Widerstandes in *Kärnten* mußte die Bundesregierung insgesamt 6000 Mann einsetzen, die Verluste in Höhe von 36 Toten und 62 Verwundeten allein in diesem einen Bundesland erlitten.[67]

Auch im Bundesland *Steiermark* fanden Kämpfe an so vielen Orten statt, daß es hier gar nicht möglich ist, sie alle zu nennen. Besonders schwere Gefechte ereigneten sich im Raum Leoben/Donawitz, wo sich eine Mehrheit der Belegschaften der unter deutschem Einfluß stehenden Industrieunternehmen den Putschisten anschlossen.[68] Auch in Liezen gelang beispielsweise die Eroberung der gesamten Ortschaft durch die aufständischen Nationalsozialisten. Das gleiche galt für Stainz, Radkersburg und andere Orte. Die Exekutive hatte hier 41 Tote und 84 Verwundete zu beklagen. Der Gesamtverlust der Aufständischen betrug 88 Tote und 164 Verwundete. Die Regierung, die hier dreitausend Verhaftungen vornahm, erbeutete zwanzig schwere und fünf leichte Maschinengewehre, tausend Gewehre, 36 000 Schuß Gewehrmunition und zahlreiche Sprengkörper.[69] Auch im Bundesland Oberösterreich kam es zu Kämpfen im oberen Ennstal sowie im Salzkammergut. Erbitterte und besonders verlustreiche Kämpfe entbrannten um den strategisch bedeutsamen Pyhrnpaß.

Im Bundesland *Salzburg*, in dem es relativ ruhig blieb, kam es am 28. Juli zu einem besonders heftigen Gefecht um die Ortschaft Lamprechtshausen.[70] Insgesamt, d. h. im ganzen Bundesgebiet, waren auf seiten aller Beteiligten 269 Tote und ca. 600 Verletzte zu beklagen. Anfang August war der mehrtägige Aufstand in den Bundesländern erloschen. An keiner einzigen Stelle waren aktive Angehörige des Bundesheeres, der Gendarmerie, der Polizei oder des Schutzcorps zu den Putschisten übergelaufen. Die Fahnentreue der österreichischen Exekutive hatte sich bewährt.

Es ist im nachhinein die Frage aufgeworfen worden, ob der Aufstand nicht dennoch hätte gelingen können, wenn es zur Gefangensetzung der gesamten Bundesregierung in Wien gekommen wäre. Das ist eine hypothetische Frage, die selbstverständlich mit keinerlei Gewißheit beantwortet werden kann. Gegen die Annahme eines Erfolges unter diesen Umständen spricht, daß die Putschisten eine außerordentlich wichtige Tatsache außer acht gelassen hatten. Der österreichische Vizekanzler, Fürst Starhemberg, befand sich zum Zeitpunkt des Putsches, wie bekannt war, in Italien. Als Vizekanzler und gleichzeitig auch als Bundesführer des bewaffneten Heimatschutzes und nicht zuletzt auch auf Grund seiner engen persönlichen Beziehungen zu Mussolini wäre es ihm ohne Zweifel gelungen, sich zum legitimen Leiter der österreichischen Bundesregierung zu erklären. Bereits am späten Vormittag des 25. Juli erfuhr Starhemberg in Venedig durch Telefonausruf aus Wien vom Putsch und erteilte zwanzig Minuten später der Stabsleitung des Heimatschutzes den Befehl: »Der gesamte österreichische Heimatschutz ist sofort aufzubieten und in höchste Alarmbereitschaft zu stellen. Wo sich die Nazis rühren, ist sofort offensiv vorzugehen.«[71]

Starhemberg traf am Abend des 26. Juli in Österreich ein. Der von Freiwilligenverbänden getragene Heimatschutz hatte jedoch bereits am 25. mobilgemacht und griff an den meisten Kampfschauplätzen früher und oft noch energischer ein als das Bundesheer.[72] Insgesamt hatten nicht weniger als *52 820 Österreicher als Angehörige der Freiwilligenwehrverbände dem Aufgebot des Schutzcorps Folge geleistet und sich zur Verteidigung ihrer Heimat zur Verfügung gestellt.*[73]

Kapitel VIII
Hitlers Niederlage und der Abwehrsieg des österreichischen Widerstandes

1. Erste Reaktionen

Die bewaffnete Erhebung der österreichischen Nationalsozialisten vom Juli 1934 bildete den jetzt bis zu kriegsähnlicher militärischer Gewaltanwendung gesteigerten Höhepunkt des von Hitler, dem Dritten Reich und der deutschen sowie österreichischen NSDAP mit verteilten Rollen geführten politischen und wirtschaftlichen Kampfes zur faktischen Vernichtung der österreichischen Eigenstaatlichkeit. Österreichs erfolgreiche Abwehr verhinderte damals auch die von Hitler mit der Eroberung Österreichs erstrebte bedeutsame Veränderung der politisch-strategischen Landkarte Europas zugunsten weiterer Expansionsakte des Dritten Reiches. Eine erste Bilanz der Niederlage zog in einem Geheimbericht[1] vom 26. Juli Generalleutnant Muff, der deutsche Militärattaché in Österreich. Er erwähnte, daß es ihm schon »seit langer Zeit« bekannt gewesen sei, daß »von nationalsozialistischer Seite« der Plan zu einer blitzartigen Gefangensetzung der österreichischen Regierung durch als Soldaten verkleidete Putschisten bestand. Einen »dauernden Erfolg« hätte ein solches Unternehmen aber nur unter zwei Bedingungen haben können, und zwar entweder, wenn es zu einer großdeutschen »*Volkserhebung*« gekommen wäre oder zu einem »Eingreifen der Armee zugunsten der neu zu bildenden Regierung«. Die Putschisten hätten offensichtlich auf eine Unterstützung seitens des österreichischen Bundesheeres gehofft. Er habe eine solche Haltung des österreichischen Heeres stets für ausgeschlossen gehalten, obwohl es angeblich einige Verbindungen mit einzelnen Persönlichkeiten des Offizierscorps gegeben habe. Tatsächlich aber, so schreibt Muff, blieb »die Armee fest in der Hand des Staatssekretärs der Landesverteidigung«. Der Versuch der NSDAP, sich angesichts der bisherigen Erfolglosigkeit aller Bemühungen zur Unterminierung der österreichischen Eigenstaatlichkeit aus dieser Situation durch »einen gewaltsamen Angriff« zu befreien, sei gescheitert. »Die moralische Einbuße des Angreifers ist groß, die Initiative ist an den Gegner übergegangen.« Vielleicht beginne nun »unter Ausnützung des Eindrucks der Bluttat am Kanzler auf die Bevölkerung«, ein Vernichtungskampf gegen den Nationalsozialismus in Österreich überhaupt. Er hoffe jedoch, daß auch der NSDAP Österreichs die Erkenntnis dämmere, daß »wer Gewalt sät, nur Gewalt erntet«.[2]

In einem späteren Bericht vom 30. August 1934 erklärt Muff nach vorheriger Analyse der deutsch-österreichischen Beziehungen: »Somit trägt die Partei, d. h. die bisherige Führung, die Landesleitung in München, die volle und ausschließliche Verantwortung für die heutige Lage. Sie hat ihre politische Unfähigkeit unter offensichtlichen Beweis gestellt.« Ein für die deutsche Sache verlorengegangenes Österreich könne sich aber »zur unmittelbaren innerpolitischen Gefahr für das Reich« entwickeln. Es könne zum Nährboden für destruktive Kräfte werden, die das Gebäude des nationalsozialistischen Staates zu unterminieren vermögen. Schon einmal sei im Zeitalter der Gegenreformation von Österreich aus eine Kraft entwickelt worden, die die religiöse und politische Teilung des deutschen Volkes verursacht hätte. »Dieselben Mächte sind heute hier wieder am Werk.« Auch auf Grund der ungeheuer großen strategischen Bedeutung Österreichs müsse der Kampf, wenn auch mit anderen Mitteln, fortgesetzt werden. In Österreich glaube man jetzt einfach noch nicht, »daß es dem Reich wirklich ernst ist, mit dem Willen, die Methoden Österreich gegenüber zu ändern«.[3]

Eine andere Geheimanalyse[4] der Niederlage in Österreich wurde dem Auswärtigen Amt in Berlin von Dr. Hans Steinacher, dem Vorsitzenden des Volksbundes für das Deutschtum im Ausland, übermittelt. Steinacher bemängelt, daß die Nationalsozialisten illusorisch mit den Waffen der Exekutive gerechnet hätten. Jedoch: »*An keiner Stelle ist es zu Gehorsamsverweigerungen der Executive gekommen. Damit war das Schicksal des militärischen Aufstandes besiegelt.*« Selbst zwei Offiziere, die insgeheim Mitglieder der NSDAP gewesen seien, hätten sich in ihrer Staatstreue nicht erschüttern lassen und hätten die aufständischen Putschisten energisch bekämpft. Die Ereignisse hätten, und dies sei fast noch schlimmer, der österreichischen Bundesregierung mit ihrer Behauptung Recht gegeben, daß nur verhältnismäßig kleine Gruppen im Kampfe gestanden hätten. »*Die* ›*Massen*‹ *fehlen. Wir haben keine Möglichkeit, ihr Vorhandensein nachzuweisen* ...« Im Innern werde nun unter dem Beifall ganz Europas die Verfolgung gegen die österreichische NSDAP hereinbrechen. Man habe das Gegenteil von allem erreicht, was man erstrebt hatte. »Die Ära Schuschnigg ist doch gerade das, was wir unter allen Umständen verhindern wollten.«

Mit kaum zu überbietender Deutlichkeit wird die Tatsache der Niederlage der NSDAP und des Dritten Reiches von dem während des Juliaufstandes in Österreich anwesenden und die Tatsachen und Reaktionen an Ort und Stelle registrierenden deutschen Militärattaché in einer Lageanalyse vom 30. August 1934 eingestanden. Wörtlich heißt es in seinem Geheimbericht: »Der mißlungene Putsch vom 25. Juli hat einen Abschnitt des ›deutschen‹ Kampfes um Österreich beendet. ... Der Kampf der Partei um Österreich führte unter Auslösung immer schärferer Gegenzüge auf der Regierungsseite von der Legalität zur Illegalität, über propagandistische Verfahren zu terroristischen, um schließlich zwangsläufig in einem gewaltsamen Putschversuch und in offenen Aufruhraktionen zu enden.

Das Ergebnis dieser Politik war, wie alle Einsichtigen vorausgesagt hatten, eine glatte Niederlage. Es war zugleich eine Niederlage des in die Parteipolitik verquickten Reichs. Eine außenpolitische Lage voll höchster Gefahren enthüllte sich plötzlich vor den erschrockenen Blicken. ... Die Bedeutung Österreichs in gesamtdeutschem Sinn ist einmal defensiver Art: Dem geschlossenen Reichsgebiet vorgelagert, versperrt es als Südostmark italienischem Vorrücken über die Alpengrenze den Weg und zwingt als Gegenbastion von Schlesien die Tschechei in den deutschen Wirkungsbereich. Offensiv aber bedeutet Österreich das Sprungbrett nach dem Südostraum Europas. ... Deshalb muß der Kampf um ein ›deutsches‹ Österreich weitergeführt werden, jedoch auf anderer Ebene und mit anderen Mitteln als bisher.«[5]

2. Hitlers Konsequenzen: Ein posthumer Sieg für Dollfuß

Als Machtpolitiker begriff Hitler sofort die Tragweite seiner Niederlage und zog daraus angemessene Konsequenzen. Er beschloß die Abberufung des deutschen Gesandten in Wien, Rieth, weil dieser das Reich dadurch kompromittiert habe, daß er sich auf Bitten der im Bundeskanzleramt belagerten Putschisten zu Vermittlerdiensten hinsichtlich der Gewährung freien Abzuges hergegeben habe. Staatssekretär von Bülow berichtet über ein Gespräch vom 25. Juli 1934 wörtlich: »Der Herr Reichskanzler sagte ... er werde die abgeschobenen Putschisten in Schutzhaft nehmen und in ein Konzentrationslager überführen lassen.« (!!!)[6] Das Organ der NSDAP, »Der Völkische Beobachter« (Berliner Ausgabe) druckte dementsprechend am 26. Juli 1934 auf der ersten Seite einen Bericht ab, in dem es heißt, für die deutsche Reichsregierung hätten die Abmachungen zwischen der österreichischen Regierung und den Putschisten keinerlei Rechtsverbindlichkeit. »Die deutsche Reichsregierung hat daher den Befehl gegeben, die Aufständischen im Falle einer Überschreitung der deutschen Grenze sofort zu verhaften.« Der österreichischen Bundesregierung sei das Beileid zum Tode von Bundeskanzler Dollfuß übermittelt worden, der Reichskanzler habe »mit Rücksicht auf die traurigen Vorgänge in Österreich ...« seinen Aufenthalt bei den Festspielen in Bayreuth abgebrochen.

Am 1. August erklärte Hitler dem General von Reichenau mit größter Deutlichkeit: »... er beabsichtige, die nationalsozialistische Politik in Österreich zu *liquidieren*, die Österreichische Legion aufzulösen und lediglich eine Wohltätigkeitsorganisation zur Betreuung der geflüchteten Österreicher unter dem unverdächtigen Deckmantel des Roten Kreuzes beizubehalten.«[7] Am 7. August gab der Leiter der österreichischen SS, Brigadeführer Rodenbücher (ein Reichsdeutscher), dem Auswärtigen Amt folgende von Hitlers Stellvertreter Heß unterschriebene Anordnung vom 3. August bekannt: »Der Führer hat befohlen, daß die Landesleitung Österreich [der NSDAP] sofort aufzulösen ist. Die Gründe für die Auflösung sind *außenpolitischer* Natur.«[8]

An Stelle des abberufenen deutschen Gesandten in Wien bat Hitler den ihm damals aus guten Gründen keineswegs wohlgesonnenen Vizekanzler Franz von Papen den für Deutschland so wichtigen und nun extrem heikel gewordenen Posten in Wien zu übernehmen. Er tue dies, so schrieb er von Papen, weil sich »die an sich schon labile politische Lage Europas ohne unsere Schuld noch weiter verschärft«. Er wolle jetzt »zu einer Entspannung der Gesamtlage« beitragen und das Verhältnis zu Österreich normalisieren. In seiner Stellung als deutscher Gesandter in Wien würde von Papen direkt ihm selbst, Hitler, unterstehen.[9] Dementsprechend verfügte Hitler in einem Schreiben vom 8. August 1934 an die Reichsminister Heß und Goebbels, daß Probleme der deutsch-österreichischen Beziehungen in den Massenmedien nur im Einvernehmen zwischen dem Propagandaminister und dem Gesandten in Wien behandelt werden dürften.[10] Weiterhin verbot Hitler in einem Schreiben vom 19. August 1934 dem in Deutschland eigens zur Unterstützung des politischen Krieges gegen Österreich gegründeten »Kampfring der Österreicher im Reiche« jegliche politische Tätigkeit im Hinblick auf eine »Einmischung in innerösterreichische Verhältnisse«. Der »Kampfring« sei nun in einen »Hilfsbund« umzuwandeln, der sich mit der Fürsorge für seine Mitglieder befasse.[11]

Wie das Auswärtige Amt der deutschen Gesandtschaft in Wien am 28. September mitteilte, sei die deutsche Presse angewiesen worden, alle Betrachtungen zu unterlassen, »die als eine einseitige Einmischung Deutschlands in die österreichische Innenpolitik gedeutet werden könnten«. Grotekerweise heißt es anschließend weiter, die deutsche Presse brauche der österreichischen Regierung »keine Ratschläge zur Beseitigung der innenpolitischen Krise« zu geben. Das österreichische Verhältnis zu Deutschland sei vielmehr jetzt vom Standpunkt der gesamteuropäischen Lage her zu sehen und weniger als ein Sonderproblem.[12]

Den Höhepunkt des Hitlerischen Rückzugsmanövers bildete jedoch ein Brief, den sein Stellvertreter, Reichsminister Rudolf Heß, am 21. August an den Gauleiter von Wien, Frauenfeld, richtete. Es heißt darin, daß es der reichsdeutschen NSDAP laut Führerbefehl ab sofort verboten sei, sich mit den Nationalsozialisten in Österreich zu befassen. »Ebenso ist es den österreichischen Führern in Deutschland aufs strengste untersagt, von hier aus in irgendeiner Weise Einfluß zu nehmen auf die NSDAP.« Drohend wird hinzugefügt: »Der Befehl des Führers ist keine äußerliche Formsache, sondern ein *tatsächlicher Befehl*, der unbedingt befolgt werden muß. Nichtbefolgung dieses Befehls hat schwerste Strafe im Gefolge, die in den Fällen, in denen die Interessen des Deutschen Reiches gefährdet werden, bis zur Freiheitsstrafe ausgedehnt werden können.«[13] Am Ende dieses extrem ungewöhnlichen Schreibens bittet Heß, man möge glauben, daß es dem Führer und seinen Mitarbeitern »*sehr schwer fällt*«, diese »scharfe Haltung« einzunehmen. Aber es stünden in der Tat »lebenswichtige Interessen Deutschlands und indirekt damit auch die Interessen des Deutschtums und nicht zuletzt der NSDAP in Österreich selbst« auf dem Spiel, und *Hitler habe ja schließlich auch in Deutschland nach dem Scheitern eines revolutionären Kurses im November 1923 einen »neuen und absolut legalen Kurs der NSDAP« eingeschlagen. Man hoffe, Österreich »trotz allem« in der Zukunft auf völlig legalem Wege anschließen zu können.*[14] Der von Heß hier gebrauchte Hinweis vergleicht somit den gescheiterten NS-Putsch in Österreich mit *der schwersten Niederlage* der NSDAP in Deutschland vor 1933.

Von seinem Antrittsbesuch in Wien am 16. August berichtete der neue deutsche Gesandte von Papen, die Begegnung mit dem neuen Bundeskanzler und dem Bundespräsidenten habe ihm das Gefühl gegeben, eher »Besuch auf einem Kirchhof zu machen, anstatt einem Begrüßungsakt mit deutsch-österreichischen Staatsmännern beizuwohnen«. Im Namen Hitlers habe er dabei festgestellt: »Der Herr *Reichskanzler* sei entschlossen, im Sinne einer europäischen Entspannung *nicht nur die formelle Unabhängigkeit Österreichs zu respektieren, sondern er anerkenne auch das Recht Österreichs, seine eigenen Angelegenheiten intern zu regeln.*« Halb entschuldigend und halb im Ton versteckter Drohung führte Papen jedoch weiterhin aus, die Machtergreifung des Nationalsozialismus in Deutschland sei eben ein revolutionärer und weltanschaulicher Vorgang. Als solcher müsse er sich »selbstverständlich« auch jenseits der deutschen Grenzen auswirken. Die Grenze sei kein Hemmnis gegen die Ausstrahlungskraft eines bestimmten Zeitgeistes. Dennoch werde Deutschland – und er verbürge sich dafür – »*von heute ab*« alle Maßregeln treffen, um eine Einmischung der in Deutschland lebenden Österreicher oder anderer Stellen und Persönlichkeiten in innerösterreichische Verhältnisse zu verhindern. Mehr allerdings könne man für eine Normalisierung nicht tun. Für den inneren Frieden habe Wien selbst zu sorgen. Setze man dort die Verfolgungen und Verurteilungen von Nationalsozialisten fort, so könnten sich »möglicherweise ... neue Aufruhrakte ergeben ...« Angesichts seiner neuen Haltung müsse Deutschland dafür jedoch »schon heute« jede Verantwortung ablehnen. Über die Reaktion des neuen Bundeskanzlers Dr. Kurt von Schuschnigg berichtete von Papen dessen Entgegnung, er sei trotz aller Sympathie für das Deutschtum »... *fest entschlossen, Österreich keine Kolonie oder Provinz des Deutschen Reiches werden zu lassen*«. Sein neugebildetes Kabinett umfasse nur mehr »Österreicher in diesem Sinne«. Er freue sich zwar über die angekündigte Haltung der deutschen Reichsregierung, schränkte aber skeptisch ein: »Man werde abwarten, ob dieses Versprechen gehalten werde.«[15]

Für die Tatsache, daß Hitler bei seiner Österreichpolitik nun weitgehend auf die Linie des Auswärtigen Amtes eingeschwenkt war, sprechen auch die internen »Leitsätze für die deutsche Politik gegenüber Österreich für die nächste Zeit« vom 13. August 1934, denen er selbst ausdrücklich zugestimmt hatte. Neben all den bereits erwähnten Neuerungen, die hier wiederholt werden, tritt nun noch mit besonderer Präzision die Weisung: »*Beruhigung der Atmosphäre ohne falsche Rücksicht auf Prestige. Dazu gehört: Unterbindung jeder aggressiven Presse- und Rundfunkpropaganda. Am besten wird im Reiche für einige Zeit möglichst wenig von Österreich gesprochen ...*«[16]

Hitlers eigenem Willen entsprechend und für seinen Charakter höchst bezeichnend, ist die Opferung derjenigen Nationalsozialisten, die ihrerseits mit dem Ruf »Heil Hitler« unter großem Einsatz gekämpft hatten und von denen viele mit dem gleichen Ruf – so z. B. die hingerichteten Dollfuß-Mörder – in den Tod gegangen waren. Denn im Hinblick auf die überlebenden Nazikämpfer hieß es: »Ausschluß aller durch die bisherige Kampfführung belasteten Persönlichkeiten von der Leitung der österreichischen Partei. Solche dürfen auch nicht für ihre ›Leistungen‹ durch Verwendung auf wichtigen Posten im Reich ›belohnt‹ werden ...«[17]

Überblickt man Hitlers Reaktionen nach dem gescheiterten Aufstand in Österreich, so muß man sagen, daß er *niemals während der gesamten Periode seiner außenpolitischen Staatsführung im Dritten*

Reich einen analog drastischen Rückzug vollzogen hat. Bedenkt man, daß Dollfuß 1933 und 1934 immer wieder mit größtem Nachdruck das Ende nationalsozialistischer Interventionen in Österreich über die Grenzen hinweg und eine Abkoppelung der österreichischen NSDAP von ihrer reichsdeutschen Führung und von der Reichsregierung gefordert hatte, so kann man nicht umhin festzustellen, daß Hitlers Rückzugsmaßnahmen einer *posthumen Kapitulation vor diesen Kardinalforderungen der Deutschlandpolitik des österreichischen Bundeskanzlers Dr. Engelbert Dollfuß* gleichkamen. So scheint es nicht unangemessen, zu sagen, daß Dollfuß, der Hitlers zutiefst verhaßter Hauptwidersacher in Österreich war und von dem Hitler ironisch und empört zu Rauschning gesagt hatte, »dieser Mann wagt es, mir zu widersprechen«, nach seinem Tod und mit seinem Tod Hitler in der ersten großen Runde des historischen Kampfes um Österreich eindeutig geschlagen hatte. Zu Hitlers Niederlage kommentiert der deutsche Historiker *Golo Mann:* »*Das rasche Nachgeben des Mannes* [Hitler] *in dieser Phase, sobald er auf festen Widerstand trifft, ist interessant, und man könnte wohl daraus lernen. Es bleibt aber das einzige Mal zwischen 1933 und 1938, daß eine fremde Macht ihm widersteht.*«[18]

3. Zur Rolle und Reaktion Italiens und anderer Mächte

Daß Mussolini wegen des NS-Aufstandes, vor allem aber wegen des Mordes an Dollfuß, den er am folgenden Tag zu Besuch erwartete und dessen Frau und Kinder bereits als Gäste bei ihm weilten, auf das äußerste erregt war, ist leicht zu verstehen. Er durchschaute den nationalsozialistischen Plan, ihn durch einen blitzschnell herbeigeführten Regierungswechsel, unterstützt von einer landesweiten Volkserhebung, gleichsam vor ein *fait accompli* zu stellen. Wie er selbst einmal sagte, glaubte er aber, die einzige Sprache zu beherrschen, die Hitler wirklich verstehe und respektiere. Wie Mussolini in einem Kommuniqué der italienischen Regierung vom 26. Juli 1934, während noch schwere Kämpfe in mehreren Bundesländern im Gange waren, bekanntgab, hatte er bei Eintreffen der Nachricht von

Teil I: Die Dollfuß-Ära

der Ermordung des Bundeskanzlers am Nachmittag des 25. Juli demonstrative »Bewegungen von Land- und Luftstreitkräften gegen die Brennergrenze und Kärnten« angeordnet. Das Kommuniqué behauptet, diese Streitkräfte seien »ausreichend, um jeglicher Eventualität entgegenzutreten«.[19]

Am 26. Juli sandte Mussolini an den österreichischen Vizekanzler, Fürst Starhemberg, ein offenes Beileidstelegramm, in dem es u. a. hieß: »Die Unabhängigkeit Österreichs, für die er [Dollfuß] gefallen ist, ist ein Grundsatz, der von Italien verteidigt worden ist und jetzt nur noch entschlossener verteidigt werden wird ... sein Gedächtnis wird nicht nur in Österreich, sondern überall in der Kulturwelt geehrt werden, welche bereits mit ihrer moralischen Verdammung die unmittelbaren *und ferneren* Verantwortlichen getroffen hat.«[20] Mit »ferneren Verantwortlichen« waren Hitler und seine Helfer in der deutschen NSDAP wie auch in der Reichsregierung gemeint. Hitler erhielt am selben Tag Meldungen der deutschen Gesandtschaft in Rom, wonach Mussolini die Unterstaatssekretäre im Kriegs- und im Luftfahrtministerium, einige Generäle wie auch den britischen Botschafter, Sir Eric Drummond, und den französischen Botschafter, Louis-Charles Comte de Chambrun, demonstrativ empfangen habe.[21] Am folgenden Tag berichtete das Reichswehrministerium, in Sterzing/Südtirol seien große italienische Truppenlager in Stärke von etwa einer Division festgestellt worden. Eine weitere italienische Division sei im Sarntal nördlich von Bozen aufmarschiert. Die Einheiten seien am 26. Juli mit scharfer Munition versehen worden.[22] Bemüht, den erregten Hitler zu beruhigen, versicherte ihm Reichsaußenminister von Neurath, Italien werde sicher nicht in Kärnten einmarschieren, da das Krieg mit Jugoslawien bedeuten würde.[23] Diplomatisch und atmosphärisch bedeutete der NS-Aufstand in Österreich die *schwerste Krise zwischen Rom und Berlin vor 1941*.

Die Reaktion der italienischen Massenmedien auf den Putsch war so heftig, daß der deutsche Gesandte in Rom sich wegen der in Zeitungen enthaltenen »offenen Drohungen mit Gewalt« sowie wegen »schamloser Karikaturen«, die den »Führer« beleidigten, ausdrücklich beschwerte.[24] In einem kurz nach dem Putsch geführten Privatgespräch mit Vizekanzler Starhemberg sagte Mussolini erregt: »Es ist sicher, daß die nationalsozialistische Regierung diese Revolution angezettelt hat. Es ist sicher, daß der Reichskanzler Hitler Dollfuß ermorden ließ.« Er bezeichnete – so Starhemberg – Hitler als »einen scheußlichen, sexuell entarteten, gefährlichen Narren!« Abschließend habe Mussolini einerseits behauptet, der italienische Faschismus unterscheide sich trotz mancher Ähnlichkeiten entschieden von Hitlers Nationalsozialismus. Im Gegensatz zu diesem anerkenne er individuelle Rechte, die Religion und die Familie. Der Nationalsozialismus hingegen verkörpere die Barbarei einer atavistischen Hordenmentalität. Andererseits warnte Mussolini den österreichischen Vizekanzler ausdrücklich, daß Italien »*nicht immer allein am Brenner aufmarschieren*« könne. Auch die anderen Mächte müßten sich engagieren. Vielleicht würden auch diese die deutsche Gefahr erkennen. Vielleicht werde es möglich sein, »eine große Koalition gegen Deutschland zu organisieren«. Hitler werde Deutschland bewaffnen und dann Krieg führen. »*Ich allein kann ihm nicht widerstehen.*«[25]

Im Sinne dieser Worte ergriff Italien im Herbst 1934 Initiativen, um gemeinsam mit Großbritannien und Frankreich eine Dreimächtegarantie zugunsten der österreichischen Unabhängigkeit zu erwirken. Das Projekt scheiterte jedoch an der Unvereinbarkeit der Durchführungsvorstellungen. Frankreich erstrebte einen multilateralen Nichtinterventionsvertrag aller Nachbarn Österreichs und dessen Neutralisierung unter einer Garantie des Völkerbundes, dem Deutschland jedoch nicht mehr angehörte und der überdies sein klägliches Versagen zwei Jahre zuvor angesichts der weltweit verurteilten japanischen Aggression gegen China und seiner Annektierung der Mandschurei unter Beweis gestellt hatte. Italien schlug einen *britisch-französisch-italienischen Garantiepakt für Österreich* vor, den England aber aus Furcht vor prinzipiellen Bindungen auf dem europäischen Kontinent ablehnte.[26] Das äußerst dürftige Endresultat dieser Versuche bildete die gemeinsame Erklärung von Paris, London und Rom vom 27. September 1934, daß die drei Mächte nach erneuter Prüfung der österreichischen Situation übereingekommen seien, »anzuerkennen, daß die Erklärung vom 17. Februar 1934 über die Notwendigkeit, die Unabhängigkeit und Integrität Österreichs in Übereinstimmung mit den geltenden Verträgen aufrecht zu erhalten, voll in Kraft bleibt, und weiterhin ihre gemeinsame Politik inspirieren wird«.[27]

Teil I: Die Dollfuß-Ära

Die geheimen französisch-italienischen Abkommen, die Mussolini und Laval im Januar 1935 unterzeichneten, verkörperten eine Interessengemeinschaft zur Erhaltung des territorialen Status quo in Europa, in der das beiderseitige Interesse an einer Abschirmung der österreichischen Unabhängigkeit als Kodeterminante wirkte.[28]

Frankreich und Italien beschlossen damals Konsultationen miteinander und mit Österreich, wenn eine Bedrohung der Unabhängigkeit und Unversehrtheit Österreichs »Maßnahmen« zu dessen Absicherung notwendig machen sollte. Dies wurde mit dem Vorschlag eines vor allem zugunsten Österreichs konzipierten Nichtinterventionspaktes verbunden, der von allen Nachbarstaaten Österreichs – also auch Deutschland – wie auch von Polen und Rumänien unterzeichnet werden sollte. Im Falle einer künftigen neuerlichen Bedrohung Österreichs sollten auch diese Staaten an französisch-italienischen Beratungen von Abwehrmaßnahmen beteiligt werden.[29]

Im Rahmen der sogenannten »Stresa-Front« vom 13. April 1935 zeichnete sich ein letztes Mal eine gemeinsame außenpolitische Linie Frankreichs, Großbritanniens und Italiens ab, die den Expansionismus des Dritten Reiches einzudämmen trachtete. Die drei Mächte beschlossen u. a., »sich gemeinsam über Maßnahmen zu beraten, die im Falle der Bedrohung der Unversehrtheit und Unabhängigkeit Österreichs ergriffen werden müssen ...«[30] Einen Monat später warnte Mussolini die anderen Mächte erneut in einer öffentlichen Rede vom 5. Mai, daß das Problem der österreichischen Unabhängigkeit ein »*europäisches Problem*« sei und damit »auch ein italienisches Problem«, aber eben »*nicht nur ein italienisches Problem*«.[31]

Italiens sehr natürliches außenpolitisches Eigeninteresse an einer weiteren Rückendeckung des österreichischen Ringens um die Erhaltung der Eigenstaatlichkeit hätte sicherlich ein weiteres Engagement Mussolinis zur Folge gehabt, wäre er nicht wegen seines imperialistischen Aggressionskrieges gegen Abessinien in einen Gegensatz zu Großbritannien geraten, der ihn in die Arme Hitlers trieb. Von einem italienischen Versuch, die Schutzrolle für Österreich zu monopolisieren, kann nicht die Rede sein. Italien unternahm mehrere Versuche, auch England, Frankreich und andere Mächte stärker in diese Bemühungen mit einzubinden. Zwei Tage nach dem Putsch sondierte der italienische Unterstaatssekretär für Auswärtige

Angelegenheiten, Suvich, in einem Gespräch mit dem britischen Gesandten in Rom, ob Großbritannien, Frankreich und Italien nicht gemeinsam erklären könnten, daß sie in Zukunft eine Verletzung der österreichischen Unabhängigkeit als *casus belli*, d. h. als Kriegsfall, betrachten würden.[32] Großbritannien war jedoch zu nicht mehr zu bewegen als zu einem Hinweis darauf, daß seine Haltung auch weiterhin der sehr vorsichtig formulierten Drei-Mächte-Erklärung vom 17. Februar 1933 entspreche.[33]

In der mit bemerkenswerter Offenheit zugegebenen Einsicht, daß Italien allein zu schwach sei, um auf Dauer Österreich gegen ein zügig aufrüstendes Drittes Reich abzuschirmen, bemühte sich Rom, wie erwähnt, bis 1935 intensiv um wirksame internationale Garantien für die von Deutschland potentiell auch weiterhin bedrohte Alpenrepublik. Bald nach dem Putsch stellte sich jedoch heraus, daß die an der Erhaltung der europäischen Friedensordnung interessierten Staaten den mit der Rückendeckung Italiens gewonnenen Abwehrsieg Österreichs und die mit dem Putschereignis verbundene historische Warnung nicht zu nutzen verstanden. So führten Wunschdenken, Uneinigkeit und Entscheidungsschwäche zur psychologisch so gefahrvollen Politik der »Beschwichtigung« gegenüber den machtpolitischen Expansionsbestrebungen des Dritten Reiches. Denn die Maßnahmen jener, die Hitler durch Nachgiebigkeit zur Einhaltung des Friedens bewegen wollten, vermittelten ihm nur den Eindruck gegnerischer Schwäche und ermutigten so ungewollt seine Expansionspläne.

Kapitel IX
Europas erster Widerstand gegen das Dritte Reich
Ein Rückblick auf die Dollfuß-Ära 1933/34

Wie die Tatsachen zeigen, hatten Hitler und die NSDAP bereits 1932 den »Generalangriff« zur Eroberung Österreichs – zunächst auf dem Wege faktischer Gleichschaltung – beschlossen. Das Hauptmotiv war nicht »völkische Gefühlsduselei« – um einen Ausdruck Hitlers zu verwenden –, sondern die Erwartung eines bedeutsamen geographisch-strategischen und auch demographischen Machtzuwachses für die weiteren Expansionspläne des Dritten Reiches. Hitlers Partei begann diesen Generalangriff im Zeichen der intern ausgegebenen Parole: »... Österreich ist die Schlüsselstellung im Herzen Europas. Wer Österreich besitzt, beherrscht Mitteleuropa.«[1] Auf Grund seiner Bündnislosigkeit, seiner Schwäche als Kleinstaat und der großdeutschen Tendenzen vieler seiner politischen Kräfte galt Österreich den Nationalsozialisten als schwächstes Glied in der seit 1918/19 bestehenden europäischen Staatenordnung, die Hitler zu zerschlagen gedachte. So war der Kampf gegen Österreichs Unabhängigkeit und Eigenstaatlichkeit von Anfang an als *erste Schlacht gegen den in Europa bestehenden Status quo konzipiert*. Nur relativ wenige der im Berichtszeitraum aktiven Staatsmänner Europas – so zum Beispiel der britische Unterstaatssekretär Sir Robert Vansittart und Winston Churchill – vermochten mit voller Klarheit zu erkennen, daß es hierbei nicht allein um den Bestand und die Unabhängigkeit der Alpenrepublik ging, sondern um den ersten, weltpolitisch folgenschweren Präzedenzfall einer gewaltsamen Durchbrechung der bestehenden europäischen Friedensordnung. Dieser würden im Fall eines Gelingens weitere Expansionsakte folgen.

Der »Generalangriff«, der ab Frühjahr 1933 anlief, vollzog sich auf vier einander direkt und indirekt stützenden Ebenen: (1) der Tourismussperre und Importdrosselung für österreichische Ausfuhren; (2) einem von innen und außen geführten Propagandakrieg, für den sämtliche der inzwischen parteipolitisch gleichgeschalteten Massenmedien des Reiches eingesetzt wurden; (3) auf der Ebene der Außenpolitik in Gestalt einer versuchten Isolierung Österreichs und einer Unterminierung seines Charakters als unabhängiger Staat; sowie (4) auf der Ebene der Gewaltpolitik, mit der für Österreich völlig neuartigen Kampfform eines landesweiten Sprengstoff- und Mordterrors durch Hitlers »Fünfte Kolonne«, die NSDAP Österreichs. Die an den Grenzen Österreichs in Drohhaltung aufmarschierte und bewaffnete »Österreichische Legion« leistete dabei direkte und indirekte Hilfe.

Angesichts dieses Druckes von außen bei gleichzeitiger Unterwanderung von innen schien die damalige österreichische Bundesregierung in einer fast hoffnungslosen Lage. Nur auf schmalster Mehrheitsbasis zustande gekommen, ohne Bündnispartner und mit einer schweren Wirtschaftskrise konfrontiert, hätten es andere Regierungen wahrscheinlich vorgezogen, direkt oder indirekt, auf dem Wege von Kompromissen, vor dem übermächtig scheinenden Gegner zu *kapitulieren*. Dollfuß wie auch Schuschnigg waren scheinbar verlockende Angebote gemacht worden, für Beihilfe beim Anschluß belohnt zu werden, statt den aussichtslosen Kampf mit einem weit überlegenen Gegner aufzunehmen. Doch die seit Mai 1932 unter dem jüngsten Bundeskanzler der Republikgeschichte, Engelbert Dollfuß, gebildete Bundesregierung stellte sich angesichts zwar versuchter, aber gescheiterter Normalisierungsversuche mit dem Gegner auf allen vier Ebenen des Angriffs zum Kampf. Hitler und manchen innenpolitischen Kritikern zum Trotz erklärte Dollfuß als *erster* österreichischer Regierungschef vor seinem Volk und vor der Weltöffentlichkeit, er glaube fest an die *Lebensfähigkeit* dieses neuen kleinen Österreich, das, trotz seines deutschen Kulturcharakters, ein uneingeschränktes Recht auf innere und äußere Unabhängigkeit beanspruche. Obwohl er diesbezüglich nur auf spärliche, zuvor gegebene Denkanstöße ähnlicher Art zurückgreifen konnte, entwickelte Dollfuß mit seinen Anhängern in der Stunde der Konfrontation mit dem Nationalsozialismus die neue *Österreich-Ideologie* als Instrument des geistigen und psychologischen Widerstandes gegen den drohend formulierten Vorwurf der inzwischen das Reich beherrschenden Hitler-Diktatur, Österreich verkörpere das letzte deutsche Land, wo man es verräterisch noch wage, sich dem grenzüberflutenden Zeitgeist einer neuen großdeutschen, nationalen

Revolution zu widersetzen. Da die Idee einer »österreichischen Nation« weder seiner eigenen Vorstellungswelt noch derjenigen der österreichischen Bevölkerung entsprach, betonte Dollfuß die Idee des *Österreichertums*. Er meinte damit die besondere Prägung des österreichischen Volkscharakters, aber auch einen Kultur-und Verhaltensstil, der im Bereich des Politischen eines eigenen Staates bedürfe.

Diese Österreich-Ideologie, eines der Hauptmotive des österreichischen Widerstandes, war eine *Vorform* des dann erst in der Zweiten Republik entwickelten österreichischen Selbstverständnisses und spielte eine bis heute nachwirkende, konstruktive Rolle in der politischen Geistesgeschichte Österreichs. *Sie bedeutete eine bahnbrechende Abkehr von den in Österreich nach 1918 weithin verbreiteten Tendenzen des Zweifels an Österreich und eines dementsprechenden Willens zum Anschluß an das Deutsche Reich.* Sie untermauerte aber auch nach außen hin die *Glaubwürdigkeit des österreichischen Selbstbehauptungswillens* und unterschied sich markant von der – Deutschland betreffenden – Programmatik anderer österreichischer Parteien und ihrer Führer. Die vom Geist Altösterreichs geprägten und auf der Grundlage eines christlich-abendländischen Universalismus beruhenden Fundamente dieser Österreich-Ideologie bildeten zugleich die Ausgangsbasis einer gezielten österreichischen Kritik an der biologistischen und chauvinistischen Gewaltphilosophie und Herrschaftspraxis des Nationalsozialismus.

Selbst aus der heutigen Perspektive und einer zeitlichen Distanz von 50 Jahren zeigt sich, daß diese Kritik bereits jene Aspekte des Nationalsozialismus enthüllte, in denen auch später die Hauptwurzeln seiner Schädlichkeit erkannt wurden. Bundeskanzler Dollfuß und seine Anhänger erwiesen dem *deutschen Volk* einen Dienst dadurch, daß sie klar und unmißverständlich betonten, wie sehr die Theorie und Praxis des Nationalsozialismus den ethischen und kulturellen Traditionen und Grundnormen deutscher Kultur widersprachen. Das wurde auch im Ausland gewürdigt. So schrieb die »London Times« vom 30. Juli 1934: »Durch seinen Tod hat Dr. Dollfuß Zeugnis dafür abgelegt, daß es in der Tat eine deutsche Kultur gibt, die würdig ist, daß man sie rette.« Der US-amerikanische Gesandte in Wien hatte bereits im Juli 1933 nach Washington berichtet: »Die unablässige Maßnahme der Regierung, die Versuche der Nationalsozialisten, das gegenwärtige Regime zu stürzen, zu durchkreuzen, waren bemerkenswert erfolgreich ... Trotz widriger Aussichten wird Österreichs kleiner Eiserner Kanzler verbissenen Widerstand mit der moralischen Unterstützung Großbritanniens, Frankreichs und Italiens leisten, welcher – wie ich hoffe – von Erfolg gekrönt sein wird.«[2] Wie erwähnt, nahm die Nationalsozialismuskritik des österreichischen Widerstandes viele Argumente vorweg, die zehn Jahre später unter Umständen, die von noch größerer Tragik gekennzeichnet waren, von den Trägern des damaligen deutschen Widerstandes geäußert wurden.

Läßt man das bedenkliche, improvisierende und unvollendet gebliebene Experiment des »Ständestaates« beiseite, so erweisen sich die Vertreter der Österreich-Ideologie – im Rahmen der Ideen ihrer Zeit – in mancher Hinsicht als relativ fortschrittlicher und weitblickender als andere Parteien der Republik. Ihre Gegnerschaft zum selbstisolierenden nationalen Chauvinismus und ihre Berufung auf altösterreichische Traditionen machte sie auch zu entschiedenen Verfechtern der Paneuropäischen Bewegung, die heute als geistige Wegbereiterin der europäischen Integration gewürdigt wird. So verstanden die Politiker der Ersten Österreichischen Republik ihren Widerstand gegen das Dritte Reich nicht nur als Notwendigkeit zur Verteidigung Österreichs, sondern auch Europas und seiner Friedensordnung.

Im Bereich des außenpolitischen Abwehrkampfes mußte es das wichtigste Ziel der Dollfuß-Regierung sein, derjenigen Konstellation entgegenzuarbeiten, in der die Nationalsozialisten den »leichtesten Weg« zur Eroberung Österreichs sahen, d. h. dem Zustandekommen einer Einigung zwischen den mächtigen Nachbarstaaten Deutschland und Italien auf Kosten der österreichischen Eigenstaatlichkeit. In diesem Sinne war Wien darum bemüht, den wirksamen Schutz Italiens »zum kleinstmöglichen Preis« zu erhalten. In geheimen Gesprächen, die Dollfuß und seine Beauftragten mit Diplomaten und Staatsmännern der Westmächte führten, versuchten sie letztere zu einem stärkeren Engagement für Österreich zu bewegen, damit Österreich nicht nur auf Italien angewiesen sei. Auch unter Hinweis auf die zentrale strategische Lage Österreichs in Europa betonte Dollfuß den Westmächten gegenüber die Notwendigkeit einer Stärkung des österreichischen Widerstandes durch wirtschaftliche Konzessionen für österreichische Exporte. Wie aber Karl Renner richtig gesehen hat, glaubten die Westmächte der Gefahr einer Achse Berlin-Rom dadurch entgegenwirken zu können, daß sie es primär Mussolini überließen, sich eindämmend Hitlers Expansionsgelüsten in Österreich in den Weg zu stellen. Im Rahmen seiner eigenen Interessenlage unterstützte Italien *tatsächlich und wirksamer als jeder andere Staat* und bis zur Ebene militärischer Drohgesten gegen Deutschland den außenpolitischen Widerstand des kleinen Österreich. Nicht unrealistisch meinte Mussolini, solche militärischen Drohgesten – die seitens der Westmächte bis 1939 unterblieben – seien die einzige Sprache, die Hitler verstehe.

Im Kampf gegen den *NS-Terror*, der Österreich mit neuartigen Methoden der psychologischen Kriegführung und einer Serie von Sprengstoffanschlägen überzog und das Land schon vor dem Juliputsch von 1934 in einen *bürgerkriegsähnlichen* Zustand versetzte, zeigte die Dollfuß-Regierung große Härte und Entschlossenheit. Den zitierten nationalsozialistischen Quellen ist zu entnehmen, daß die NSDAP im Frühsommer 1934 deshalb daran zweifelte, daß es ihr gelingen würde, sich auf Dauer gegen diese Eskalation drastischer Abwehrmaßnahmen durchzusetzen. Deren Wirksamkeit und Mussolinis Weigerung im Juni 1934, sich von Österreich zu distanzieren, lösten dann im Juli bei den Nationalsozialisten – gleichsam als »Sprung nach vorn« – den Blitzangriff des bewaffneten Aufstandes aus. Dieser bildete den Kulminationspunkt der »Gegenoffensive« und gleichzeitig die *härteste historische Belastungsprobe des österreichischen Widerstandes.*

Der Putschversuch scheiterte am festen Widerstand der österreichischen Regierung und ihrer von *Zehntausenden freiwilliger Helfer* unterstützten Exekutive. *Auch Österreichs Quasi-Bündnis mit Italien bewährte sich in der Praxis.* Hitler verstand Italiens militärische Drohgeste. So unterblieb das offensichtlich geplante Eingreifen der »Österreichischen Legion«. Die Wirksamkeit österreichischer Abwehrmaßnahmen im Inneren machte eine Intervention fremder Truppen – etwa ein Eingreifen der Kleinen Entente, das zu internationalen Komplikationen hätte führen können – unnötig. *Der Erfolg und die Geschlossenheit des österreichischen Widerstandes dokumentierten im In- und Ausland Österreichs Willen und Fähigkeit zur staatlichen Selbstbehauptung.* Dieser Anspruch war mit Blut und Opfern besiegelt worden. Hitlers im Ausland nicht ohne Erfolg vermittelte Propagandaversion von anschlußfreudigen österreichischen Volksmassen, die nur mit Mühe von einer volksfremden Minderheitsdiktatur am Vollzug des Zusammenschlusses mit Deutschland gehindert würden, wurde als unrichtig entlarvt. Die Putschisten blieben isoliert. Es gelang ihnen in den Bundesländern nicht einmal die Eroberung auch nur einer einzigen Landeshauptstadt. »Die Massen fehlten ...!«

Hitler war nicht nur *geschlagen*, er war auch zutiefst *blamiert*. Seine ungewöhnlichen Reaktionen zeigen, daß er das selbst so empfunden haben muß. Von Österreichs unerwartetem Widerstand und von Italiens flankierenden Drohgesten beeindruckt, warf Hitler das Steuer seiner bisherigen Österreichpolitik um 180 Grad herum. Mit einer Reihe drastischer und teils brutaler Maßnahmen gegen seine eigenen »Parteigenossen« unterband er jede weitere parteipolitische Einmischung in Österreichs innere Angelegenheiten. »Ohne falsche Rücksicht auf Prestige«, wie es in Hitlers Anweisung hieß, wurde der Propagandakrieg gegen Österreich eingestellt. Auch der Mord- und Sprengstoffterror hörte schlagartig auf.

Der Abwehrsieg des österreichischen Widerstandes bewirkte die plötzliche Erfüllung fast aller früheren Forderungen der Dollfuß-Regierung. Vergleicht man Hitlers ursprüngliche Zielsetzungen und Erwartungen mit diesem radikal veränderten Verhalten sowie der sonstigen Geschichte seiner Außenpolitik, so muß man zu dem Schluß gelangen, daß *Hitler 1934 in Österreich die größte außenpolitische Niederlage seines Lebens vor 1941 erlitt*!

Gewiß wurde sein wichtigster Gegenspieler in Österreich, der Hauptarchitekt des damaligen österreichischen Widerstandes, Bundeskanzler Dollfuß, getötet. Aber selbst das ließ sich – zunächst zumindest – nicht als Erfolg verbuchen. Denn die dramatischen Umstände des Dollfuß-Mordes und die Art seines Sterbens hatten im In- und Ausland Reaktionen hervorgerufen, die Hitler nicht wünschen konnte. Charakteristisch für viele ähnliche Kommentare in der westlichen – vor allem aber der italienischen – Presse waren folgende Äußerungen der »London Times« vom 26. Juli 1934:

»Der im Alter von 41 Jahren ermordete Herr Dollfuß ... wird als jener Kanzler Österreichs in Erinnerung bleiben, der, zum Führer des patriotischen Widerstandes seines Landes berufen, trotz gegnerischer Übermacht mit äußerster Tapferkeit gegen die Versuche des deutschen

Nazismus gekämpft hat, Österreich mit Zwangsgewalt dem Dritten Reich einzuverleiben ... Als der Ansturm der Nazis begann, erwies sich Dollfuß der Herausforderung gewachsen. Er wurde zwar mit jedem der Nazipropagandamaschinen bekannten Tricks verunglimpft und bedroht ... Er aber hielt unerschrocken seine Position und erklärte, nachdem er einem Mordanschlag nur knapp entronnen war: ›jetzt erst recht‹. Mit Hilfe fähiger Mitarbeiter führte er nicht nur den Kampf gegen die Ausschreitungen, die Verschwörung und die Propaganda der Nazis... mit einer in Österreich nicht erwarteten Dynamik, sondern er organisierte zugleich auch eine stärkere Anhängerschaft zu jener Erneuerung des Patriotismus, in der er die notwendige Voraussetzung für eine wirksame Abwehr der Nazisturmflut erblickte.«

Aber auch im österreichischen Inland wurde Dollfuß stärker als zu Lebzeiten als Verkörperung des österreichischen Widerstandswillens betrachtet. Zum Dollfuß-Mord schrieb aus dem Lager der gegnerischen Sozialdemokraten der vormalige Staatskanzler Dr. Karl Renner: *»Der Sieg der Exekutive war vollkommen ... Die Führerschaft der siegenden Front ehrte ihn [Dollfuß] in dankbarer Hingabe. Sein erschütternder Tod warb für seine Sache und ließ die gewundenen Wege, auf denen sein Erfolg errungen war, bald vergessen. Er wurde der Reaktion zum Märtyrer und Heros, und sein Prestige stellte das Luegers und Seipels in den Schatten. Er wurde neben Seipel in der ›Kanzlerkirche‹ beigesetzt und diese zur vornehmsten Kultstätte der Vaterländischen Front.«*[3]

Seine Anhänger und die offiziöse Presse feierten ihn als »Heldenkanzler« und »Märtyrerkanzler«, dessen Leiden und »Golgatha« das Tor zu einer weiteren Erneuerung und »Auferstehung« Österreichs geöffnet habe. In vielen Orten wurden Straßen, Plätze und Kapellen nach ihm benannt oder Gedenkkreuze und Erinnerungsplaketten zu seinen Ehren aufgestellt. Natürlich förderte die Vaterländische Front den neuen Heldenkult. Auch die Kirche tat das auf ihre Weise. Wie viele Opfer politischer Mordanschläge sterben schließlich mit der ausdrücklichen Bitte auf den Lippen, der Herrgott möge den Tätern verzeihen? Aber das war es nicht allein. Dollfuß hatte sich bereits zu Lebzeiten durch seine natürliche und warmherzig wirkende Art des Umgangs mit Menschen in weiten Kreisen der christlich-sozialen Wählerschaft und vor allem auch im

Bauerntum echte Sympathien erworben, die sich durch seinen dramatischen Tod nur erhöhten.

Auch die europäische Dimension des österreichischen Abwehrsieges vom Juli 1934 wurde damals bereits vielerseits empfunden. An die »*bewaffnete Macht Österreichs*«, die den Naziaufstand niederwarf, obwohl die NSDAP auf ihre Hilfe oder Duldung zumindest gerechnet hatte, richtete die neue Bundesregierung einen Aufruf, in dem es u. a. hieß: »Euer Kampf und eure Blutopfer galten aber diesmal nicht nur der Wiederherstellung des Friedens im eigenen Lande, sondern auch *der Erhaltung des Friedens in Europa*. Einem Sieg des Aufruhrs wäre ja nicht eine neue Ordnung gefolgt, sondern unselige Verwirrung und schwerste Kriegsgefahr. Eure Opfer haben der Welt tausendmal größere Opfer erspart ...!«[4]

Die britische Wochenzeitschrift »Observer« kommentierte am 28. Juli 1934, der Tod von Dollfuß sei der historische »Preis« gewesen, der für den »Weiterbestand Österreichs« bezahlt werden mußte. Der Kommentar fuhr fort: »... aber *damit hat Dollfuß in unvergeßlicher Weise sowohl Österreich als auch Europa gedient*. Durch seinen einsamen Tod hat Dollfuß der Sache des *Friedens* gedient und zu dessen Festigung beigetragen.«

In einer Ära, die in vielen Staaten Europas von folgenreichen Diskussionen über die Frage gekennzeichnet war, wie man der Herausforderung des nationalsozialistischen Expansionismus am besten begegnen könne, hatte der kombinierte Erfolg des österreichischen Abwehrkampfes und der konkreten Drohhaltung Italiens gezeigt, daß entschlossener und vereinter Widerstand ein taugliches Mittel zur Eindämmung des Expansionsstrebens sein konnte. Und noch etwas hatte dieser Widerstand bewirkt. Er hatte Österreich und Europa *Zeit* gebracht, die man in Erwartung neuer Expansionsakte nutzen konnte – oder auch nicht. Die *Chance* hierzu war jedenfalls gegeben.

Teil II
Die Schuschnigg-Ära
Vom hinhaltenden Widerstand bis zum Einmarsch der Wehrmacht

Kapitel X
Nach dem Sieg Scheinerfolge und echte Gefahren

Die dramatischen Ereignisse zwischen Frühjahr 1933 und Sommer 1934 hatten in unheilvoller Weise die existentielle Bedrohung der Republik Österreich durch die Konfrontationspolitik des benachbarten Hitlerreiches gezeigt, für dessen Führung die Vernichtung des österreichischen Staates zu den vorrangigsten Zielen ihrer Außenpolitik gehörte. Als ersten wesentlichen Schritt in Richtung auf eine expansive Außenpolitik und hierbei taktische Fehler Frankreichs wie auch dessen Dissens mit England ausnützend, verließ das Dritte Reich bereits am 14. Oktober 1933 sowohl die internationale Abrüstungskonferenz als auch den Völkerbund. Wenn die Staatsmänner des Westens ihr Handwerk verstünden, so hatte es in einer geheimen Weisung Hitlers geheißen, dann würden sie jetzt gegen Deutschland vorgehen, nachdem dieses ab 1933 insgeheim und ab 1935 ganz offiziell mit einer dynamischen Wiederaufrüstung begonnen hatte. Doch von Protesten abgesehen taten sie nichts dergleichen. So war einerseits ein Prozeß sich ständig verschiebender militärischer Machtverhältnisse eröffnet, und bald sollte das Rüstungsvolumen des Dritten Reiches dem kombinierten militärischen Investitionsvolumen Englands, Frankreichs und der USA entsprechen. Andererseits, hierin dem Beispiel Japans folgend, hatte das Dritte Reich jenes im Völkerbund institutionalisierte System der kollektiven Sicherheit verlassen, dem Neuösterreich seine politische und finanzielle Existenz verdankte.

1. Polens Vertrag mit Berlin verharmlost Hitlers Strategie

Kaum vier Monate später vollzog Hitlers Diplomatie einen Schachzug, der Europa in Staunen versetzte und die Sicherheitsarchitektur der französischen Außenpolitik erschütterte. Er bestand in einem am

26. Januar 1934 unterzeichneten Freundschafts- und Nichtangriffspakt mit Frankreichs traditionellem Bündnispartner Polen. Hierzu schrieb der damalige französische Botschafter in Berlin: »Übrigens wurde die Schaffnung des [Polnischen] Korridors, der Ostpreußen von dem übrigen Reich abschnitt, sowie der Freistaat Danzig, der ebenfalls vom Reich getrennt war, von allen Deutschen als eine Ungeheuerlichkeit betrachtet. Niemals, so schien es, würden sie sich damit abfinden. Zwischen Deutschland und Polen hatte das Versailler Diktat einen Zankapfel geworfen, der jeden Verständigungsversuch unmöglich machte.«[1] Zu Recht vermutet François-Poncet, Hitler habe mit diesem im In- und Ausland völlig unerwarteten Schachzug zwei Ziele erreichen wollen: Erstens die Demonstration seiner vermeintlichen und damals ständig beteuerten »Friedfertigkeit« gerade jenem Staat gegenüber, dessen Gestaltung Deutschland die größten Gebietsverluste zugefügt hatte. Tatsächlich berichtete der britische Botschafter in Berlin am 30. Januar 1934 nach London, Hitler habe mit diesem Vertrag bewiesen, daß er ein Staatsmann sei, der im Interesse praktischer Vernunft keine Furcht vor unpopulären Maßnahmen habe.[2] Zweitens, so meinte François-Poncet, habe Hitlers Pakt mit Polen eine Auflockerung des 1921 schon geschlossenen und gegen Deutschland gerichteten Eindämmungsbündnisses zwischen Frankreich und Polen bewirkt.[3] Schon einige Monate zuvor hatte Polens Außenminister seinem deutschen Amtskollegen von Neurath mitgeteilt, Polen sei es leid, sich immer wieder gegen Deutschland ausspielen zu lassen.[4] Zudem glaubte die Regierung in Warschau, Polens Sicherheit beruhe auf der Rivalität zwischen Berlin und Moskau. Denn weder werde Deutschland eine sowjetische Expansion in Polen dulden, noch auch Moskau eine deutsche Expansion in Polen. Die Möglichkeit eines Zusammengehens der beiden sich durch Polen territorial geschädigt fühlenden Großmächte gegen das räumlich zwischen ihnen liegende Polen wurde von diesem, insbesondere in der Ära Hitlers und Stalins, nicht ernsthaft in Erwägung gezogen. Polens führender Staatsmann Józef Piłsudski hatte auf Grund dieser Fehlperzeption mit Nachdruck erklärt, er jedenfalls wolle Hitler »gern so lange wie möglich an der Macht sehen«.[5]

Alle drei Maßnahmen – der Beginn der Wiederaufrüstung, der Rückzug aus dem Völkerbund und der Pakt mit Polen – hatten die materielle Macht wie auch den außenpolitischen Spielraum des Dritten Reiches gestärkt, bevor die Nationalsozialisten im Juli 1934 mit ihrem Versuch einer bewaffneten Machtergreifung in Österreich zum ersten großen Schlag gegen die bestehende europäische Friedensordnung ausholten. Wie gezeigt, hatte Österreich für sich selbst, aber bewußt auch für Europa, diesen Schlag erfolgreich abwehren und Hitler damit eine erste außenpolitische Niederlage zufügen können. Das dramatische Geschehen hatte Europa alarmiert, das durch die Roehm-Affäre bereits angeschlagene Bild Hitlers zu Recht verdüstert und seine Beziehungen zu dem von ihm stark umworbenen Italien drastisch verschlechtert.

2. Die weitere Rückversicherung Österreichs durch Italien, die »Stresa-Front« und der Militärpakt Paris–Rom

Nach dem Abwehrerfolg des von Italien hierbei unterstützten Österreich hatte es in Wien zunächst einen problemlosen Übergang in der Führung des Landes insofern gegeben, als der ansonsten eher kämpferische Fürst Starhemberg trotz seiner Position als Vizekanzler und ungeachtet der noch starken Stellung der Heimwehr in der Staatsführung aus bisher noch ungeklärten Gründen darauf verzichtete, mögliche Ansprüche auf das nach dem Tod von Dollfuß neu zu besetzende Amt des Bundeskanzlers geltend zu machen. Bundeskanzler wurde hingegen der von Bundespräsident Miklas stark favorisierte Unterrichtsminister Dr. Kurt von Schuschnigg.

Starhemberg blieb Vizekanzler, wurde aber gleichzeitig Bundesführer der Vaterländischen Front mit Schuschnigg als seinem Stellvertreter. Dadurch war an der Spitze der politischen Führung des Landes zunächst ein Duumvirat zwischen zwei äußerst unterschiedlichen Persönlichkeiten entstanden. Schuschnigg, der mit 37 Jahren Bundeskanzler und damit die führende Gestalt im politischen System des damaligen Österreich wurde, entstammte einer altösterreichischen Offiziersfamilie. Er besuchte die Jesuitenschule Stella Matutina in Feldkirch, die ihren Zöglingen Katholizismus, patriotische Treue zur Habsburger Monarchie und das Gefühl der Zugehörigkeit zum deutschen Kulturkreis vermittelte. Während des Ersten Weltkrieges diente er als Offizier der k.u.k. Armee insbesondere an der italienischen Front. Er studierte nach dem Krieg Jura, wurde Rechtsanwalt, trat der Christlich-Sozialen Partei bei und wurde von 1927 bis 1932 einer ihrer Abgeordneten im Nationalrat [Parlament]. Anders als sein Vorgänger Dollfuß war Schuschnigg kein Vollblutpolitiker mit ausgeprägtem kämpferischem Sendungsbewußtsein und Volksnähe, sondern ein feinsinniger, hochgebildeter, aber eher zurückhaltender und fast introvertierter Intellektueller, der auch seinen hochrangigsten und loyalsten Mitarbeitern gegenüber stets ein Maß an Distanz wahrte.

Der mit vielen Opfern erkaufte Abwehrsieg Österreichs über den Versuch einer bewaffneten Machtergreifung der Nationalsozialisten warf für die neue Regierung des Bundeskanzlers Kurt von Schuschnigg die zentrale Frage auf, wie die Frucht dieses Sieges – die Aufrechterhaltung der gefährdeten staatlichen Unabhängigkeit Österreichs – weiterhin gesichert werden könne. In seiner Rede vom 2. September 1934 heißt es: »Österreich den Österreichern. ... Darum der Kampf um die Freiheit und Selbständigkeit, die heute in der ganzen Welt geachtet wird mit Ausnahme derer, die zum Unheil ... des ganzen deutschen Volkes ihre parteipolitischen Machtansprüche über unsere Grenzen tragen wollten.« In einer weiteren Rede vom 25. Oktober des gleichen Jahres sagt er: »Die Erhaltung der vollen Selbständigkeit und Unabhängigkeit unseres Landes übernehmen wir als unverrückbaren Grundsatz unserer Außenpolitik.« Um dieses Ziel des neuösterreichischen Kleinstaates, d. h. seine Behauptung im Konflikt mit einer expansiven benachbarten Großmacht praktisch durchsetzen zu können, bedurfte er der wirksamen Unterstützung seitens zumindest einer anderen Großmacht. Da sich die drastische Rückendeckung durch Italien – paradoxerweise war es die einzige Großmacht Europas, die Hitler gegenüber vor 1939 direkte militärische Drohgesten unternahm – im Verlauf der Krise vom Juli 1934 bewährt hatte, lag es für Wien nahe, zunächst einmal eine Fortsetzung dieser Rückversicherung anzustreben. In seiner Einschätzung weiterer Folgen des Krisenverlaufs vom Juli 1934 hatte Frankreichs Botschafter in Deutschland François-Poncet allerdings geschrieben: »Aber weder England noch Frankreich scheinen geneigt seinem [Italiens] Beispiel zu folgen und eine militärische Demonstration [gegen Hitler] zu unterstützen. Ihre Regierungen rühren sich nicht. Sie glauben, die Ereignisse hätten von sich aus Hitler eine genügende Lektion erteilt, so daß er künftig Ruhe geben werde. ... Aber Hitler wird nicht vergessen, daß seine Befürchtungen unbegründet waren, daß die westlichen Demokratien weniger Entschlußkraft, weniger Tatkraft besitzen als er glaubte. Ihnen gegenüber – so denkt er – kann man allerhand wagen ... Und Mussolini wird seinerseits auch nicht vergessen, daß England und Frankreich ihn im kritischen Moment nicht gestützt haben.«[6]

Kurz nach dem Mord an Dollfuß hatte sich zunächst Fürst Starhemberg nach Italien begeben, wo er mit Mussolini im Campo Austria, einem Sommerlager österreichischer Buben der Jung-Vaterland-Organisation, zusammentraf. Mussolini, der eigentlich einen Besuch des Bundeskanzlers Dollfuß verabredet hatte, war zutiefst entrüstet, als er statt einer Konferenz mit dem Kanzler dessen vorangereister Gattin und ihren Kindern persönlich die Nachricht von der entsetzlichen Ermordung ihres Gatten bzw. Vaters überbringen mußte. In einer Ansprache an die österreichischen Jugendlichen betonte Mussolini, Österreich habe sich »seiner alten Sendung getreu« erneut als »der Hort der europäischen Zivilisation gegen die Barbarei« erwiesen, indem es diesen Anschlag auf seine Unabhängigkeit erfolgreich abgewehrt habe. Im nachfolgenden privaten Gespräch mit Starhemberg äußerte Mussolini, es würde »das Ende der europäischen Zivilisation« bedeuten, wenn sich »dieses Volk von Mördern und Päderasten« in ganz Europa ausbreiten könne.[7]

Kurz darauf war der neue Bundeskanzler Kurt von Schuschnigg ebenfalls in Italien eingetroffen, wo er im August 1934 in Florenz mit Mussolini zu einer Aussprache über Grundsatzfragen zusammentraf. In deren Rahmen bejahte Schuschnigg Mussolinis Frage, ob die Nationalsozialisten eine neue Gewaltlösung unternehmen könnten. Beide Regierungschefs kamen überein, Österreich müsse seine Verteidigungskapazität stärken, wobei Mussolini Italiens Materialhilfe in Aussicht stellte. Auf dessen weitere Frage, ob Schuschnigg einen Kompromiß Österreichs mit dem Nationalsozialismus für möglich halte, antwortete der Bundeskanzler, dies sei »ausgeschlossen«, handle es sich hier doch um einen unlösbaren weltanschaulichen Widerspruch. Zwar seien die Österreicher ein deutschsprachiges Volk, die sich an keinen grundsätzlich anti-deutschen Kombinationen beteiligen würden. »Aber wir lehnen es ab, Kolonie zu werden; und darum sind wir auf gar keinen Fall für einen Anschluß.« Auch werde Österreich keine Territorialforderungen an die Tschechoslowakei stellen, obwohl sich auf deren Gebiet Millionen vormaliger deutschsprachiger Bürger der k.u.k. Monarchie befänden. Als Mussolini des Kanzlers Meinung wissen wollte, ob denn Österreich italienische Truppen zu seinem Schutz nicht nur vor seinen Grenzen, sondern auch innerhalb derselben akzeptieren könne, antwortete Schuschnigg ehrlich, wenn auch nicht gerade diplomatisch, dies sei »politisch nicht tragbar«. Insbesondere seit seiner krassen Verletzung des österreichischen Selbstbestimmungsrechtes durch seine imperialistische Annexion des südlichen Tirol hatte Italien vielen Österreichern als »Erbfeind« gegolten. Der selbst aus Tirol stammende Kanzler brachte schließlich auch die Lage der Südtiroler zur Sprache, die einer entsetzlich repressiven Italienisierungspolitik unterworfen waren, die nicht einmal vor der Forderung nach Grabsteinen nur mit italienischer Inschrift halt machte. Schuschnigg dankte jedoch auch für Italiens Schützenhilfe vor den Grenzen Österreichs und betonte dessen Absicht, militärisch mit aller Kraft aufzurüsten.[8]

Ein Kommuniqué am Ende des Staatsbesuchs hob die völlige Übereinstimmung hinsichtlich der Unabhängigkeit Österreichs hervor, zu der ebenfalls die »vollkommene innere Autonomie« gehöre und die sowohl dem allgemeinen europäischen Frieden diene als auch der Aufrechterhaltung des Friedens im Donauraum.[9] Gewisse Irritationen auf italienischer Seite ergaben sich allerdings daraus, daß Schuschnigg aus Italien nach Paris weiter reiste und daß er den Vorschlag Mussolinis zu einem bilateralen Rom-Wien-Vertrag mit dem Gegenvorschlag eines italienisch-französisch-britischen Vertrages mit gleicher Zielsetzung pariert hatte.[10]

Drei Wochen später, am 12. September 1934, sprach Schuschnigg vor der Vollversammlung des Völkerbundes, wobei er sagte, seine Regierung werde in Nachfolge von Dollfuß – der ein Jahr zuvor im Völkerbund mit Ovationen bedacht worden war – am »fundamentalen Grundsatz von der inneren und äußeren Unabhängigkeit Österreichs« festhalten, denn das liege nicht nur im Interesse Österreichs, sondern diene auch dem »Friedensschutz Europas«.[11] Wenige Tage hiernach unterzeichneten führende Staatsmänner Englands, Frankreichs und Italiens (Anthony Eden, Jean Louis Barthou und Pompeo Aloisi) in Genf am 27. September 1934 eine Drei-Mächte-Erklärung, die erneut die Aufrechterhaltung der österreichischen Unabhängigkeit als Ziel ihrer »gemeinsamen Politik« bezeichnete.[12]

Auch mehrere Ereignisse in den ersten Monaten des Jahres 1935 konnten im Sinne einer internationalen Absicherung der österreichischen Unabhängigkeit verstanden werden. Die im Dritten Reich im März dieses Jahres erfolgende Wiedereinführung der allgemeinen Wehrpflicht mit dem Ziele einer Armee von 36 Divisionen selbst in Friedenszeiten wie auch der beginnende Wiederaufbau einer deutschen Luftwaffe waren bei den Regierungen in Paris, Rom und London zunächst als aufrüttelnde Alarmzeichen verstanden worden. Als die Ministerpräsidenten Großbritanniens, Frankreichs und Italiens deshalb schon vom 11. bis 14. April 1935 im italienischen Stresa zusammentraten, verlangte Mussolini die Bildung einer Koalition mit »absoluter Überlegenheit gegen Deutschland«.[13] Diese sog. »Stresa-Front« der drei Großmächte beschloß gemeinsame Beratungen im Falle einer Bedrohung Österreichs und verurteilte Hitlers unilaterale Aufkündigung von Verfahren zur Rüstungsbegrenzung. Sie bekräftigte die Bestimmungen des Locarno-Paktes und verkündete ihren gemeinsamen Willen, »sich mit allen geeigneten Mitteln jeder einseitigen Aufkündigung von Verträgen zu widersetzen, durch die der Friede in Europa gefährdet werden könnte«.[14]

Die österreichische Regierung begrüßte die zugunsten der Unabhängigkeit Österreichs konzipierte Drei-Mächte-Erklärung mit Genugtuung und Erleichterung. Außenminister Egon Berger von Waldenegg, der der Heimwehr angehörte, kommentierte dieses Ereignis u. a. mit den Worten: »Es war uns klar, daß Anschluß oder Gleichschaltung den Tod Österreichs, seiner uralten deutschen Kultur und der österreichischen Nation bedeutet hätte. Inzwischen setzte die weitere diplomatische Arbeit ein, die ich schon in Genf angebahnt hatte, … alles beizutragen, um Italien und Frankreich auf einen Nenner zu bringen. Das Zusammengehen dieser beiden Großmächte, sozusagen mit dem Segen Englands, bedeutete für uns die verbreiterte Basis unserer auswärtigen Politik. Unsere Bemühungen waren nicht umsonst. Wir ließen keinen Zweifel darüber, daß die Eigenstaatlichkeit Österreichs für uns ein Ewigkeitsbegriff ist.«[15] Unmittelbar nach der Konferenz in Stresa verurteilte auch der Völkerbund die unilateralen Vertragsverletzungen durch das Dritte Reich, die explizit als »Störelement« der internationalen Lage sowie als »Bedrohung der europäischen Sicherheit« gebrandmarkt wurden.[16]

Außerdem war als Folge vorheriger militärischer Besprechungen zwischen Rom und Paris in der zweiten Juni-Hälfte 1935 ein geheimes Militärabkommen geschlossen worden, das für den Fall eines deutschen Angriffs auf Österreich gemeinsame französisch-italienische Abwehrmaßnahmen einschließlich eines Durchmarsches durch Österreich mit dem Ziel eines Kontaktes mit jugoslawischen und tschechoslowakischen Streitkräften vorsah. Frankreichs damaliger Ministerpräsident Pierre Laval sagte hierüber später aus, das konkrete Ziel dieses Geheimvertrages sei es gewesen: »... uns im Falle eines deutschen Angriffs auf Österreich verteidigen zu können. ... Mit Italien als unserem Vertragspartner und unseren osteuropäischen Verbündeten hatten wir die Möglichkeit, jedwedem Angriff mit der Unterstützung Jugoslawiens, der Tschechoslowakei, Polens und Rumäniens entschieden entgegenzutreten.«[17] Offiziell bekanntgemacht wurde hinsichtlich Österreichs nur ein italienisch-französischer Vertrag vom 7. Januar 1935, der Konsultationen einschließlich Österreichs und anderer interessierter Mächte für den Fall einer Bedrohung Österreichs vorsah.[18] Mit beiden Verträgen, dem öffentlichen und dem geheimen, schien sich eine Bedrohung des Dritten Reiches anzubahnen, die dessen Staatssekretär im Auswärtigen Amt, Bernhard von Bülow, in einem Memorandum vom 13. März 1933 in die Worte gekleidet hatte: »Die französische und italienische Politik gegenüber Österreich deckt sich in dem negativen Ziel der Verhinderung des Anschlusses, kreuzt sich aber in dem ... Ziele der Einbeziehung Österreichs in die eigene Machtsphäre. Das Ergebnis der französisch-italienischen Rivalität ist ein Schwebezustand, von dem wir nur wünschen können, daß er so lange bestehen wird, bis der Zusammenschluß Österreichs mit dem Reich erfolgen kann. Die größte Gefahr für eine gesamtdeutsche Entwicklung wäre eine französisch-italienische Einigung auf der Basis der Einbeziehung Österreichs in eine der beiden [französischen bzw. italienischen] Machtsphären.«[19]

3. Die Katastrophe des Abessinienkrieges – London und Paris zwischen Scylla und Charybdis

Die Tatsache, daß diese für Österreichs Sicherheit so vielversprechenden Abmachungen in der Praxis noch im gleichen Jahr unwirksam wurden, hing mit einem Mißverständnis von wahrhaft historischen Dimensionen zusammen. Denn Mussolini, dem im französisch-italienischen Vertragswerk vom Januar 1935 – den sog. »Accords de Rome«– eine Reihe teils auch auf Kosten Abessiniens gehender Zugeständnisse gemacht worden waren, glaubte sich durch seine Beteiligung an der »Stresa-Front« die stillschweigende Zustimmung Frankreichs und Großbritanniens zur insgeheim schon geplanten Eroberung Abessiniens erworben zu haben.[20] Bezeichnend war u. a., daß Mussolini in die Schlußerklärung der Stresa-Konferenz an der Stelle, wo von Friedenserhaltung und Bewahrung des Status quo die Rede ist, die einschränkenden Worte »in Europa« einfügen ließ, ohne dabei seitens der Staatsmänner Frankreichs und Englands auf Widerspruch zu stoßen. »Ein solch beredtes Schweigen«, so kommentiert Jens Petersen, mußte Mussolini zu der Annahme verleiten, daß auch England seine Abessinienpläne tolerieren werde.«[21] In der Tat äußerten führende Vertreter der italienischen Außenpolitik britischen Diplomaten gegenüber, Rom habe bei seinem Abessinienkrieg nicht mit dem Widerstand Englands und Frankreichs gerechnet und habe sogar geglaubt, diesbezüglich einen Anspruch auf die Unterstützung der beiden Westmächte zu haben.[22] Auf der anderen Seite versicherte Frankreichs Ministerpräsident Pierre-Etienne Flandin, in der Sicht Frankreichs sei das Vertragswerk mit Italien nicht primär gedacht gewesen, um Rom Zugeständnisse hinsichtlich Ostafrikas zu machen, sondern um Italiens Beteiligung an der Absicherung des europäischen Status quo »vor allem hinsichtlich der Sicherheit Österreichs« zu erwirken.[23] Doch bei dem am 2. Oktober 1935 beginnenden Krieg Italiens gegen das afrikanische Kaiserreich Abessinien handelte es sich um den ersten seit Gründung des Völkerbundes begangenen Aggressionskrieg eines europäischen Mitgliedstaates. Erneut, wie zuvor anläßlich der japanischen Eroberung des chinesischen Gebiets der Mandschurei, stand der Völkerbund vor einer historischen Bewährungsprobe seines Prinzips der kollektiven Sicherheit. Doch für England und Frankreich, die beiden führenden Völkerbundmächte, ergab sich hierbei ein qualvolles Dilemma. Denn während die Prinzipien des Völkerbundes von ihnen effektive und Maßstab setzende Gegenmaßnahmen gegen diesen eklatanten imperialistischen Friedensbruch erforderten, waren sich ihre Regierungen darüber im klaren, daß ein Konfrontationskurs gegen Italien dieses an die Seite des Dritten Reiches drängen und damit zu einer für den Westen und für den Status quo in Europa gefährlichen Kombination zwischen Berlin und Rom führen könne.

Als vermeintlichen Ausweg aus diesem Dilemma wählten London und Paris eine Politik, die einerseits wohl Sanktions- und Embargobeschlüsse des Völkerbundes gegen Italien unterstützte, andererseits aber die Inhalte dieser Beschlüsse in der Hoffnung abmilderten, Italien nicht allzusehr zu provozieren, damit es dennoch Mitglied der gegen Hitler begründeten Stresa-Front und ihrer Kombination Paris–London–Rom zur Absicherung der österreichischen Unabhängigkeit bleiben könne. Wie Hitlers Dolmetscher Paul Schmidt als Augenzeuge berichtet, gestand Mussolini im Gespräch mit Hitler 1938, daß er im Abessinienkrieg zu einem schmählichen Rückzug gezwungen gewesen wäre, hätten die Völkerbundmächte gegen Italien ein effektives Erdölembargo verhängt. Es wäre für das faschistische Italien »eine unausdenkbare Katastrophe« gewesen.[24]

In Wirklichkeit führte diese halbherzige Politik zu einem für Österreich und die Westmächte selbst negativsten Ergebnis. Denn die fatale Abschwächung der Sanktionen gerade bei kriegswichtigsten Gütern trug einerseits entscheidend zum Erfolg des italienischen Aggressionsaktes bei. Sie verhinderte die von Mussolini als Möglichkeit erachtete Niederlage der Aggression durch den Verzicht auf eine effektive Embargopolitik. Andererseits vermochte es diese Taktik nicht, Italiens dennoch erfolgende Hinwendung zum Dritten Reich als Partner einer militanten Anti-Status quo-Politik abzuwenden. Der britische Staatssekretär Vansittart kommentierte das katastrophale Scheitern der zwiespältigen Politik der Völkerbundmächte mit den denkwürdigen Worten: Damit »*verloren wir Abessinien, verloren wir Österreich, schufen wir die Achse [Berlin–Rom] und machten den nächsten Krieg mit Deutschland unvermeidlich*«.[25]

4. Hitlers Aufwertung und Legitimierung durch den Flottenpakt mit Großbritannien

Dem Ziel der Stresa-Front Paris–London–Rom, d. h. einer Solidarität dieser Mächte im Bemühen um eine bestmögliche Bewahrung des Status quo in Europa, hatte aber selbst eine seiner westlichen Signatarmächte nur zwei Monate nach Gründung dieser Drei-Mächte-Front eklatant zuwider gehandelt. Ohne Konsultation oder Zustimmung der beiden anderen Signatarmächte hatte Großbritannien am 18. Juni 1935 mit dem Dritten Reich ein Flottenrüstungsabkommen geschlossen, das seiner Wirkung nach die vertragswidrige Wiederaufrüstung des Dritten Reiches legitimierte. Zwei Wochen zuvor hatte Hitler London seinen »unerschütterlichen Entschluß« mitgeteilt, zur See zwar wieder aufzurüsten, jedoch Großbritannien vertraglich ein Stärkeverhältnis der Seestreitkräfte von 100 für das Britische Empire zu 35 für Deutschland anzubieten. Wie die britische Presse kommentierte, bildete das einen erfreulichen Kontrast zur Politik Kaiser Wilhelms II., der eine deutsche Seerüstungsparität mit Großbritannien beansprucht hatte. Da London keinen Krieg zur Verhinderung der deutschen Wiederaufrüstung führen wollte und dieser im Prinzip bereits vor 1933 zugestimmt hatte, schien es ihm vorteilhaft, dieses »vernünftige« Angebot von »Herrn Hitler« anzunehmen. »Es war«, so kommentiert Joachim Fest, »ein ungewöhnlicher Erfolg« für Hitler, der »den Umschwung der europäischen Verhältnisse erst wirklich besiegelte«.[26] Hitler selbst hatte den Tag der Unterzeichnung dieses Vertrages mit Großbritannien als »den glücklichsten Tag seines Lebens« bezeichnet.[27] Erich Kordt, ein führender deutscher Diplomat, schrieb jedoch im Rückblick auf das Flottenabkommen: »Großbritannien rückte mit dem Abkommen von der zwei Monate früher in Stresa gefaßten Entschließung, in der die deutsche Aufrüstung für illegal erklärt worden war, ab und stimmte ausdrücklich der deutschen Seeaufrüstung ... zu. Die Koalition, die Hitler hätte in Schranken halten können, hatte, kaum entstanden, bereits den ersten Sprung erhalten.«[28]

Hitlers Freude ist verständlich, hatte doch eine der führenden Völkerbundmächte selbst dem Vertrag von Versailles zuwider gehandelt, hatte die Prinzipien der gegen das Dritte Reich gerichteten Stresa-Front verletzt und Deutschlands Wiederaufrüstung durch den Flottenpakt legitimiert. Großbritanniens Annäherung an Berlin hatte zudem die psychologische Wirksamkeit des im Monat zuvor, am 2. Mai 1935, unterzeichneten Beistandspaktes zwischen Frankreich und der Sowjetunion gemindert, dem zwei Wochen danach ein sowjetisch-tschechoslowakisches Militärbündnis gefolgt war. Bemerkenswerterweise war Italien – ungeachtet des faschistischen Systems seiner Innenpolitik – von den Westmächten zuvor als eine der Status quo-Mächte des Völkerbundes betrachtet worden, fungierte es doch gemeinsam mit Großbritannien als Garantiemacht des Rheinpaktes von Locarno aus dem Jahr 1926, der so wesentlich zur Entspannung zwischen Deutschland und Frankreich beigetragen hatte. Italiens Unterstützung des österreichischen Abwehrkampfes 1933 und 1934, seine zum gleichen Zweck erfolgenden Abmachungen mit Frankreich und seine Beteiligung an der Stresa-Front hatten ebenfalls zu dem in London und Paris gegebenen Eindruck beigetragen, daß mit Italien als positiver Kraft für die Erhaltung der europäischen Friedensordnung gerechnet werden könne.

5. Italiens Wende zur Komplizenschaft mit Berlin und Tokio

Die monumentale Bedeutung des italienischen Aggressionskrieges und seiner Folgen für die Geschichte Europas und vornehmlich Österreichs liegt darin, daß Italien ab diesem Zeitpunkt die Eindämmungsfront der Mächte verläßt, die die bestehende Friedensordnung zu erhalten bestrebt sind und sich an jene Mächte und Kräfte anschließt, die diese Ordnung vernichten wollen. Nur sieben Monate nach der Bildung der Stresa-Front erklärt Mussolini dem deutschen Botschafter in Rom, Ulrich von Hassell, im Januar 1936, »*Stresa ist ein für alle mal tot.*«[29] Der Diktator, der nun auf Rückhalt beim Dritten Reich hofft, legte dem Botschafter dar, die Lösung des österreichischen Problems könne darin liegen, Österreich auf der Basis entsprechender Verträge zu einem »zuverlässigen Satelliten« Deutschlands zu machen. Dies werde erstens den Vorteil einer Beseitigung des deutsch-italienischen Mißtrauens mit sich bringen und werde zweitens Österreich daran hindern, sich zum Nachteil Roms oder Berlins enger an Frankreich oder die Tschechoslowakei anzuschließen.[30] Diese Wende Italiens, fort von einer vormals militanten Verteidigung der Unabhängigkeit Österreichs seitens der einzigen ihm territorial benachbarten Großmacht hin zu der zynischen Preisgabe dieser Haltung und zu ihrer Entartung ins Gegenteil, bedeutete eine der Schicksalsstunden nicht nur der Geschichte der österreichischen Außenpolitik, sondern auch derjenigen Europas. Denn 1936 vollziehen sich zwei für die Entwicklung der weltpolitischen Gesamtkonstellation bedrohliche Entwicklungen. Am 1. November proklamiert Mussolini die »Achse Berlin-Rom« und am 25. November wird zwischen dem Dritten Reich und Japan der sog. Anti-Kominternpakt unterzeichnet, dem sich Italien im folgenden Jahr anschließen wird. So beginnt die Formierung der Kräftekombination jener drei Mächte, deren Angriffe auf die bestehende Weltordnung sowohl das Vorspiel als auch den Kerngehalt des in den Zweiten Weltkrieg einmündenden internationalen Kampfes um den Status quo verkörpern. *Ähnlich wie Stalin nach ihm 1939 hatte Mussolini an Hand der Abessinienkrise erkannt, daß man mit dem Hitlerreich auf territorialen Raub ausgehen konnte, nicht aber mit den am Status quo orientierten und territorial saturierten Westmächten und ihren Kolonialimperien.* Die ersten Schauplätze des Kampfes um die Erhaltung der bestehenden Weltfriedensordnung oder deren Zerstörung sind in Ostasien China bzw. die Mandschurei 1931/32, in Europa ist es Österreich 1933/34 und in Afrika ist es Abessinien 1935/36. Bezeichnenderweise hatten bis 1937 nacheinander Japan, Deutschland und Italien den Völkerbund verlassen.

6. Hitler bricht den Rheinpakt – Frankreich weicht zurück

Nur wenige Wochen nach Mussolinis Versicherung, die zur Eindämmung des Dritten Reiches konzipierte Stresa-Front sei »tot«, wurde Europa von einem neuen Vertragsbruch des Hitlerreiches erschüttert. Frankreichs Ratifizierung seines gegen Deutschland gerichteten

Bündnisvertrages mit der Sowjetunion als Vorwand verwendend, brach Hitler am 7. März 1936 den Rheinpakt von Locarno (1928) und ließ deutsche Truppen ohne Vorwarnung in das vertragsgemäß entmilitarisierte Rheinland einrücken. »In Paris«, so schreibt Frankreichs damaliger Botschafter in Berlin, »wirkte die Kündigung des Locarno-Paktes, der Einmarsch der deutschen Truppen in die entmilitarisierte Zone, wie ein Donnerschlag. ... Hitlers Haltung kommt einem Angriff gleich und schafft einen casus belli [Kriegsgrund].«[31]

Theoretisch könnte sich Frankreich auf die beiden Garantiemächte des verletzten Vertrages von Locarno – Italien und Großbritannien – stützen. Doch Rom hat sich wegen des Abessinienkrieges mit Paris und London entzweit und sich dem Dritten Reich angenähert. In Großbritannien gibt der Staatssekretär des Foreign Office zwar das Vorliegen eines ernsten Vertragsbruches zu, mildert diesen Vorwurf aber mit den Worten ab: »Glücklicherweise besteht kein Grund in der Handlung Deutschlands eine feindseligen Drohung zu sehen.« Frankreichs Botschafter in Berlin kommentiert zur englischen Haltung in dieser Krise: »Nicht nur, daß England uns nicht ermutigt, mit Waffengewalt gegen das Reich vorzugehen, es gibt uns noch dazu zu verstehen, daß es uns bei Zwangsmaßnahmen nicht unterstützen werde.«[32] Frankreichs damaliger Kriegsminister Maurin und der französische Generalstabschef Maurice Gustave Gamelin erklärten Anfang 1936, daß sich Frankreich ohne die Unterstützung der beiden anderen Locarno-Mächte, Großbritannien und Italien, nicht in der Lage sähe, militärisch gegen das Dritte Reich vorzugehen.[33] Hitler selbst war sich seines Risikos und seiner damaligen Schwäche wohl bewußt. Rückblickend gestand er, hätten die Franzosen militärische Gegenaktionen unternommen, hätten sich die deutschen Truppen »mit Schimpf und Schande« zurückziehen müssen. In der Anfangsphase der deutschen Wiederaufrüstung hätte die militärische Macht des Dritten Reiches »keineswegs auch nur zu einem mäßigen Widerstand ausgereicht«.[34] Auch Bundeskanzler Schuschnigg gegenüber hatte Hitler 1938 in Berchtesgaden gesagt: »Wenn Frankreich damals marschiert wäre, hätten wir uns zurückziehen müssen.«[35]

Wie oft in seiner politischen Laufbahn hat Hitler va banque gespielt, hat alles auf eine Karte gesetzt und gewonnen. Sein Vertragsbruch war allerdings begleitet von friedlich klingenden Alternativvorschlägen einschließlich eines Nichtangriffspaktes zwischen vormaligen Signatarmächten des Locarno-Paktes und einer eventuellen Rückkehr Deutschlands in den Völkerbund.[36]

7. Bemerkenswerte österreichische Analysen und Prognosen

Obwohl in Analogisierung zu eigenen Empfindungen hinsichtlich des Vertrages von St. Germain in Österreich einerseits ein grundsätzliches Verständnis für deutsche Bestrebungen bestand, belastende Bestimmungen des Vertrages von Versailles zu revidieren, erweckte die von Frankreich gezeigte Schwäche zugleich auch Sorgen, da sie sich auf Frankreichs Fähigkeit auswirken mußte, sich effektiv für Österreichs Unabhängigkeit einzusetzen. Zur Reaktion österreichischer Medien auf die Rheinlandbesetzung heißt es in einer NS-Geschichte der österreichischen NSDAP:»Diese für jeden Deutschen erhebende Tat wurde von der Wiener Presse aller Schattierungen mit einem wahren Wutgeheul beantwortet. Die ›Reichspost‹ des Herrn Schuschnigg schämte sich nicht, von einem ›Paktbruch‹ zu sprechen …«. Als konkretes Beispiel wird ein Kommentar der Salzburger Chronik zitiert:»Die Befestigung des Rheinlands bietet dem Deutschen Reich die Möglichkeit, seine gesamte Offensivkraft gegen Osten, das heißt in erster Linie gegen die Tschechoslowakei und Österreich zu richten. Daher wird die Entscheidung in der Rheinlandfrage ganz automatisch auch für Österreich eine weittragende Entscheidung bringen. In dem Augenblick, da Frankreich nicht mehr in der Lage sein wird, einen Stoß gegen Österreich durch einen raschen wirksamen Gegenstoß gegen Deutschland zu beantworten, scheidet für Österreich der größte Teil des militärischen Wertes einer französischen Unterstützung aus. Österreich und die unmittelbar betroffenen Nachbarstaaten müssen daher alles aufwenden, um ihre Verteidigung aus sich heraus oder durch die Erwerbung neuer Bundesgenossen zu verstärken. Von diesem Gedanken wird und muß die österreichische Politik, sofern sie an dem Grundsatz der österreichischen Selbständigkeit festhält, in Zukunft beherrscht sein.«[37]

Im Rückblick besonders beeindruckend sind auf Grund ihrer bemerkenswerten Voraussicht kommender Entwicklungen die Kommentare jener Zeitschrift »Der Christliche Ständestaat«, von der schon erwähnt wurde, daß sie im vaterländischen Lager als Sprachrohr militant patriotischer Elemente der politischen und kulturellen Elite fungierte. Bezugnehmend auf einen Beitrag der »Times« in London, der zwar Hitlers Rechtsbruch beklagte, jedoch auch die »positiven Vorschläge« betonte, mit denen er gleichzeitig die Schockwirkung der Rheinlandbesetzung abzumildern suchte, schrieb die Zeitschrift u. a.: »Mit unüberwindlicher Illusionsfähigkeit glaubt man also in England, daß Hitler, obwohl er bisher keinen einzigen Vertrag eingehalten hat, nun dennoch geneigt sei, einen neuen Vertrag ... zu respektieren. Sollte die englische Politik der nächsten Monate sich weniger um die Aufrüstung und um Militärverbindung kümmern, als um die Pflege dieser Illusionen, so sieht es um den europäischen Frieden schlecht aus. ... mit Fetzen Papier [das Wort stammt von einem deutschen Reichskanzler] wird man das Dritte Reich nicht an der Durchführung seiner Eroberungspläne hindern können; jeder Vertrag, den man mit Deutschland schließt, dient der Tarnung der kriegerischen Vorbereitung und ist daher selbst Kriegsvorbereitung.«[38]

In einem weiteren Kommentar der gleichen Zeitschrift heißt es: »Die Ziele der Nazipolitik, die heute zum Unglück Europas die des Deutschen Reiches geworden sind, sind keine auf Befriedung gerichteten. Deutschland will Land ... Entsprechend der Phrase [in »Mein Kampf«] wird man sich dieses Land in Rußland zu verschaffen suchen. Deshalb Aufrüstung, deshalb Kündigung eines Vertrages, der ein volles Jahrzehnt das wirksamste Instrument europäischer Friedenssicherung war.«[39] An anderer Stelle im gleichen Heft der Zeitschrift wird warnend vorausgesagt: »Deutschland ist jetzt mit der Rheinlandbesetzung an den Grenzen seines Territoriums angelangt – der nächste Schritt wird darüber hinausgehen.« Sollte ihm eine vertragliche oder militärische Rückendeckung im Westen gelingen, so würde Hitler damit die Möglichkeit erreicht haben »... dann über Österreich und die Tschechoslowakei herzufallen«. Es sei auffallend, daß bei der Aufzählung friedlicher Absichten in Hitlers die Rheinlandbesetzung begleitender Reichstagsrede von diesen beiden Ländern keine Rede gewesen sei. Diese Auslassung sei wohl nicht nur zufällig erfolgt.[40]

Kapitel X: Nach dem Sieg Scheinerfolge und echte Gefahren

In ähnlicher Weise argumentiert der Beitrag von K. G. Bittner in der folgenden Nummer von »Der Christliche Ständestaat«. Auch hier heißt es: »... täuschen wir uns nicht – der Bruch von Locarno war nur ein Vorspiel. Der militarisierte Rhein soll die Rückendeckung sein für den Vorstoß des Hakenkreuzes an die Donau. ... Mit Recht dürfen wir heute sagen: Europa ist in Gefahr, wenn Österreich in Gefahr ist.«[41] Die gleiche Ansicht, daß nämlich die Remilitarisierung des Rheinlandes nur das strategische Vorspiel einer anschließend geplanten Expansion gegen Österreich und die Tschechoslowakei sei, vertritt auch ein Beitrag von Klaus Dohrn. Dieser gelangt zu der Schlußfolgerung: »*Nach allem Geschehen wäre es ein Wahnsinn zu glauben, daß dem nationalsozialistischen Expansionswillen irgendwelche anderen Grenzen gesetzt werden könnten, als die kompromißloser Negierung und entschlossenen Widerstandes von Anfang an, – selbst da, wo er sich mit scheinbar gerechtfertigten Forderungen maskiert. Das Bollwerk Europas aber ist und bleibt Österreich ...*«[42]

Der im gleichen Heft schreibende Dietrich von Hildebrand fordert eine Beseitigung des nationalsozialistischen Regimes in Deutschland im Interesse Europas. Denn: »Es lebt von einem Geist, der zwangsläufig früher oder später zu einer kriegerischen Entladung führen muß.« Daher gelangt der Autor zu der Schlußfolgerung: »Nur die geschlossene Front Europas gegenüber dem Dritten Reich, die der nationalsozialistischen Regierung keinerlei Konzessionen macht, kann ganz Europa vor einer Katastrophe retten, die sich vor allem für das deutsche Volks am furchtbarsten auswirken würde.«[43]

Der prognostische Realismus und die militante Haltung der zuvor zitierten Kommentatoren in Österreich kontrastiert mit Elementen des Defaitismus und teilweise auch des Illusionismus auf seiten der westlichen Diplomatie.

Kapitel XI
Österreich im Sog der Beschwichtigungspolitik – Der Pakt mit Hitler vom Juli 1936

Angesichts der deutschen Wiederbewaffnung, der widerstandslosen Rheinlandbesetzung und der Annäherung zwischen Berlin und Rom hatten London und Paris allerdings erkannt, daß sich innerhalb der Staatenkonstellation in Kontinentaleuropa eine Schwergewichtsverlagerung der Machtverhältnisse auf Kosten Frankreichs und zugunsten des Dritten Reiches angebahnt hatte. Eine Bewertung des scharfsinnigen britischen Analytikers Edward Hallett Carr schon vom Februar 1936 war zu der Schlußfolgerung gekommen, die Unabhängigkeit sowohl Österreichs als auch der Tschechoslowakei hänge primär vom »guten Willen« Deutschlands ab.[1]

Im Wirkungszusammenhang des europäischen Geschehens wird im Verhalten vieler Staaten eine Tendenz ersichtlich, die von der Geschichtsschreibung als »Beschwichtigungspolitik«(englisch: »appeasement«) bezeichnet worden ist. Gemeint damit ist eine den sogenannten Achsenmächten Deutschland, Italien und Japan gegenüber praktizierte Politik des Nachgebens und der unilateralen Zugeständnisse selbst im Falle von deren völkerrechtswidrigem Verhalten nicht nur mit dem Ziel, durch Entgegenkommen Krisen zu entschärfen, Krieg zu vermeiden und Zeit für eigene Rüstung zu gewinnen, sondern auch in der Hoffnung, den Frieden durch die Akzeptierung eines neuen Status quo zu stabilisieren. Hatte nicht beispielsweise Otto von Bismarck nach drei Kriegen, die 1871 zur Wiedervereinigung Deutschlands führten, das neue deutsche Reich für territorial »saturiert« erklärt und hiernach eine entsprechend maßvolle Politik betrieben? Ein weiteres Motiv der Beschwichtigungspolitik speziell Deutschland gegenüber bildete die im Westen, insbesondere in Großbritannien, wachsende Einsicht in die Kontraproduktivität und langfristige Unhaltbarkeit mancher Bestimmungen des Vertrages von Versailles. Auch Präsident Wilson war sich solcher Mängel bewußt geworden, er hatte jedoch optimistisch geglaubt, daß sie sich im

Laufe der Zeit durch den Völkerbund in völkerrechtlichen Formen korrigieren lassen würden.

Ein weiteres Motiv der Beschwichtigungspolitik, das in der Antike bereits als »furor teutonicus« bekannt war, erwähnte der seinerzeitige amerikanische Gesandte in Wien, George B. Messersmith, in seiner schriftlichen Aussage für den Hochverratsprozeß gegen Guido Schmidt im Jahr 1947, in der es u. a. hieß: »... letzten Endes war es nicht Vertrauen auf Deutschlands Versprechungen, sondern *Furcht* vor Deutschlands Macht, ... welche seine Nachbarn veranlaßte, ... sich nach und nach seine Vorhaben gefallen zu lassen.«[2]

In seiner brillanten Geschichte des Ersten Weltkrieges hatte Winston Churchill die furchterregenden Manifestationen deutscher Macht in diesem Krieg u. a. wie folgt beschrieben: »Vier Jahre lang kämpfte Deutschland zu Lande, zu Wasser und in der Luft gegen die fünf Kontinente der Erde. Deutsche Armeen hielt die wankenden Verbündeten aufrecht, intervenierten auf jedem Kriegsschauplatz mit Erfolg, standen überall auf erobertem Boden und brachten ihren Gegnern Blutverluste bei, doppelt so schwer als jene, die sie selber erlitten. Um die Macht ihrer Wissenschaft und Wut zu brechen, war es notwendig, alle großen Nationen der Menschheit gegen sie ins Feld zu bringen. Überwältigende Bevölkerungszahlen, unbegrenzte Hilfsmittel, unerhörte Opfer, die Blockade zur See konnten 50 Monate lang sie nicht bezwingen. Kleine Staaten wurden im Kampf niedergetrampelt; ein mächtiges Reich zerschlagen, in unkenntliche Fragmente aufgelöst; nahezu 20 Millionen Menschen starben oder vergossen ihr Blut, bevor das Schwert dieser furchtbaren Hand entwunden war.« Der britische Staatsmann fügte warnend hinzu. »Deutsche, das ist genug für die Geschichte.«[3]

Am stärksten betroffen von den sich in Europa ab Mitte der dreißiger Jahre anbahnenden Machtverschiebungen war Frankreich, das im Ersten Weltkrieg nur mit Hilfe des Britischen Empire und der USA hatte siegen können. Nach Deutschlands Niederlage und Entwaffnung war es hingegen zur stärksten Macht auf dem europäischen Kontinent und neben Großbritannien zur Führungsmacht des Völkerbundes geworden. Doch ab dem Beginn der deutschen Wiederaufrüstung ergab sich eine dramatische Verschlechterung seiner Position. Die USA waren schon nach dem Krieg zu ihrer traditionellen Isolationspolitik zurückgekehrt. Frankreichs Verbündeter Polen paktierte 1934 mit Hitler ebenso wie 1935 Großbritannien. Das scheinbar hoffnungsvolle Bündnis Roms mit Frankreich von 1935 war noch im gleichen Jahr zerbrochen, Italien suchte Rückhalt bei Hitler. Gewiß, es gab den 1935 unterzeichneten Pakt Paris–Moskau. Doch die Sowjetunion sah sich ab 1936 durch den Antikominternpakt zwischen Deutschland und Japan von West und Ost umklammert und ebenso Frankreich, als Hitler und Mussolini damit begannen, den Aufstand der Falange unter Francesco Franco gegen die republikanische Regierung in Spanien militärisch zu unterstützen. Frankreichs zaghafte Passivität angesichts der Rheinlandbesetzung hatten seinem Prestige und der Glaubwürdigkeit seiner Rolle als europäischer Ordnungsmacht geschadet. Zudem hatte diese Passivität den beiden Garantiemächten des von Hitler gebrochenen Locarno-Paktes – England und Italien – den Vorwand dazu geliefert, auch ihrerseits keine Maßnahmen zu ergreifen. Selbst Belgien rückte von seinem Bündnis mit Frankreich ab, und Staaten Südosteuropas begannen Deutschland eher denn Frankreich als jene europäische Großmacht zu betrachten, die künftig die größte Ausstrahlungskraft für den südosteuropäischen Raum haben würde. Und Großbritannien verweigerte Paris feste Bündnisgarantien in Friedenszeiten. Der Völkerbund und sein theoretisch so überzeugendes Prinzip der kollektiven Sicherheit hatten angesichts von Aggressionsakten zweier Großmächte, die noch dazu Mitglieder des Völkerbundes gewesen waren, in seiner Hauptfunktion als Wahrer des Weltfriedens und der internationalen Sicherheit unübersehbar versagt. Der Austritt von zunächst zwei und dann insgesamt drei Großmächten hatte zudem die universale Natur der Weltorganisation beschädigt. Neu in diese war 1934 allerdings die Sowjetunion zugelassen worden, und Österreich hatte zum Ärger Berlins und Roms für diese Zulassung votiert.

Mehr noch als das sich plötzlich weitgehend isoliert und hinsichtlich seines Einflusses reduziert sehende Frankreich fühlte sich das wesentlich kleinere Österreich durch die einschneidenden Veränderungen in der Konstellation der europäischen Sicherheitslage beunruhigt. Galt es doch, laut Hitlers »Mein Kampf«, als erstes Ziel der Expansion des Dritten Reiches. Von innen bedroht durch die nationalsozialistischen Staatsfeinde, litt es in seinen Außenbeziehungen durch die es schädigenden Maßnahmen des deutschen Wirtschaftskrieges. Die grundsätzlich auf Schädigung und letztendliche Beseitigung des eigenen Staates abzielende, haßerfüllte Politik der Regierung einer benachbarten Großmacht mitsamt deren Fünfter Kolonne im eigenen Land bildeten für den wirtschaftlich verarmten und innenpolitisch gespaltenen österreichischen Kleinstaat eine fast unerträgliche Belastung.

In seinem ausführlichen Bericht über die Vorgeschichte und Inhalte des österreichisch-deutschen Abkommens vom 11. Juli 1936 schrieb der britische Gesandte in Wien, Sir Walford Selby, an Außenminister Anthony Eden, die österreichische Regierung habe zur Absicherung ihres Landes vergeblich auf Prozesse der kollektiven Sicherheit gehofft. Doch mit dem Zerbrechen der Stresa-Front und der weichen Art der Reaktionen der Westmächte auf die Rheinlandbesetzung und die Eroberung Abessiniens hätten sich die Österreicher vermutlich gesagt, angesichts solcher Präzedenzfälle sei mit Aktionen der Großmächte zum Schutze Österreichs nicht zu rechnen. So habe Österreich hinsichtlich seiner Sicherheit mehr auf das definitive Interesse Italiens und das 1936 erneut bestätigte und inhaltlich erweiterte Arrangement der sog. Römischen Protokolle zwischen Österreich, Italien und Ungarn gesetzt als auf ungewisse und wohl eher unwahrscheinliche Möglichkeiten irgendeines noch nicht bestehenden Arrangements kollektiver Sicherheit für Österreich.[4]

Der britische Botschafter in Paris, Sir G. Clerk, informierte Außenminister Eden Anfang Februar 1936 von einem Gespräch mit dem französischen Außenminister Pierre-Etienne Flandin. Diesen habe er gefragt, wie sich Frankreich im Falle einer deutschen Bedrohung der Existenz Österreichs und im Falle eines deutschen Einmarsches in das Rheinland verhalten würde. Flandin habe geantwortet, »*alles hänge von Italien ab*«. Flandins Ausführungen machten ersichtlich, wie schwierig es für Frankreich – nach dem Zerbrechen seines Bündnisses mit dem an Österreich angrenzenden Italien – im konkreten Ernstfall sein würde, Österreich militärisch zur Hilfe zu kommen. Selbst wenn Frankreich im Einvernehmen mit Belgrad Streitkräfte nach Jugoslawien verschiffen würde, so hatte Flandin argumentiert, könnten sie dort der Entfernung wegen nicht rechtzeitig eintreffen, um Österreich noch zu retten. »Die Alternative eines Vorstoßes der französischen Armee nach Deutschland sei, angesichts der diesbezüglichen Haltung der französischen öffentlichen Meinung, völlig auszuschließen.« Im Falle eines deutschen Einmarsches in das

Rheinland werde Frankreichs Reaktionsweise hochgradig vom Verhalten Großbritanniens abhängen. In einem Schreiben vom 29. April 1936 an Clerk bemerkte Eden, die Bedrohung Österreichs ergebe, aus französischer Sicht, ein »ausgezeichnetes Argument«, die Sanktionen gegen Italien zu beenden. Er habe dem französischen Botschafter in London klar gesagt, Italiens Eroberung Abessiniens habe das Vertrauen der britischen öffentlichen Meinung in den Völkerbund und sein System der kollektiven Sicherheit schwer erschüttert. Die Frage des französischen Botschafters in London, ob deshalb die Gefahr eines britischen Austritts aus dem Völkerbund drohe, habe er bejahen müssen. Großbritannien sei nicht bereit den Völkerbund zu unterstützen, wenn Frankreich ihn nur im Falle einer deutschen Aggression zu unterstützen gedenke.[5]

Bereits 1936 wird seitens der Regierungen in London und Paris eine bis zum Anschluß bestehende Haltung ersichtlich, die den Standpunkt vertritt, Großbritannien und Frankreich könnten nur in wirksamer Kooperation mit dem faschistischen Italien und somit nur durch eine revitalisierte Drei-Mächte-Kombination im Sinne der Stresa-Front eine effektive Politik in Mitteleuropa und damit auch eine Eindämmung deutscher Expansionsgelüste betreiben. Der Leiter der Südeuropa-Abteilung des britischen Außenministeriums, Owen St. Clair O'Malley, hatte zwar einerseits im Dezember 1935 erklärt, Österreich bilde den Schlüssel zur politischen und wirtschaftlichen Beherrschung Mitteleuropas. Doch in einem Memorandum vom 24. Februar 1936 hatte er andererseits nüchtern festgestellt, »*nur Italien hätte bisher verhindert, daß der Anschluß vollzogen worden wäre*«. Auf seiten Frankreichs teilte der Generalsekretär des französischen Außenministeriums, Josef Avenol, dem britischen Unterstaatssekretär Lord Cranborne bereits im März 1936 im Ton der Resignation mit, angesichts des Einrückens der Wehrmacht in das Rheinland werde Frankreich seine Verpflichtungen in Osteuropa schrittweise abbauen. Das sei ebenso unvermeidlich wie die Entwicklung Deutschlands zur Hegemonialmacht in Mittel- und Osteuropa. Für die Westmächte sei es daher am ratsamsten, ihre Positionen in Westeuropa zu festigen und Deutschland – im Rahmen des Völkerbundes – möglichst freie Hand im Osten zu lassen. Noch deutlicher wurde Avenol mit einer Äußerung vom 25. November 1936, die Lord Cranborne mit den Worten wiedergab: »Eine französische

Intervention in Zentraleuropa sei nun nicht mehr möglich. Das einzige Ergebnis französischer Versuche, die Ereignisse in Mittel- und Osteuropa zu beeinflussen, könne nur eine Schwächung des französischen Ansehens sein.«[6]

Von Bundeskanzler Schuschnigg im Februar 1935 nach Paris und London unternommene Sondierungsreisen hatten, von guten Worten abgesehen, seitens der Regierungen der Westmächte keinerlei Bereitschaft zu einer konkreten machtpolitischen Absicherung Österreichs erkennen lassen. Ein Besuch in Prag, dem ein Gegenbesuch in Wien folgte, hatte zwar die Beziehungen zwischen den Spitzenpolitikern beider Länder merkbar verbessert, doch waren Bemühungen Schuschniggs und des ihm wohlgesonnenen tschechoslowakischen Ministerpräsidenten Milan Hodža, eine Annäherung und ein Abkommen zwischen den Staaten der Römer Protokolle (Österreich, Italien, Ungarn) und jenen der sog.»Kleinen Entente« (Tschechoslowakei, Jugoslawien, Rumänien) zustande zu bringen, am Widerstand Ungarns gescheitert.[7]

Angesichts der sich verdüsternden Sicherheitslage in Europa, und insbesondere auch für Österreich, warnte der Bundeskanzler bei einer Sitzung des Ministerrates vom 22. März 1935, die Ansicht, ein neuer Weltkrieg könnte auf lange Frist hin verhindert werden, »müsse in Anbetracht der gegenwärtigen Situation unbedingt fallengelassen werden«. Es komme darauf an, eine solche Gefahr von Österreich fernzuhalten. Die passive Hinnahme deutscher Vertragsbrüche seitens der anderen Mächte biete Anlaß zur Besorgnis.[8]

Angesichts der unterschiedlich motivierten wachsenden Zurückhaltung einerseits der Westmächte und andererseits Italiens hinsichtlich einer Eindämmung des Dritten Reiches sah sich Österreich isolierter als zuvor. Die Tatsache, daß Hitler in dieser Situation in einer Reichstagsrede vom 21. Mai 1935 erklärt hatte, Deutschland habe weder die Absicht, Österreich zu annektieren noch auch sich in dessen innenpolitische Verhältnisse einzumischen, war von Hitlers Sonderbotschafter in Wien, Franz von Papen, zum Anlaß genommen worden, um der österreichischen Regierung am 11. Juli 1935 ein Abkommen mit Berlin vorzuschlagen, das zur Entspannung und Normalisierung der immer noch spannungsreichen Beziehungen zwischen beiden Ländern führen solle. Doch erst im Mai 1936 trat die Bundesregierung in mehrwöchige Verhandlungen mit dem deutschen Botschafter ein. Zuvor hatte in Rom im März 1936 eine erneute Gipfelkonferenz der Mitgliedstaaten der Römischen Protokolle stattgefunden, die engere Konsultationsmechanismen zwischen ihren Regierungen beschloß. Die Dreierkombination Wien–Rom–Budapest bildete den einzigen institutionalisierten Rückhalt des damals isolierten Österreich. Im Monat vor der Unterzeichnung des schon in Vorbereitung befindlichen Abkommens mit Berlin traf Schuschnigg nochmals mit Mussolini auf dessen Landsitz in Rocca delle Caminate zusammen. Zwar behauptete Mussolini, Italiens Haltung Österreich gegenüber bleibe unverändert. Doch er teilte Schuschnigg ominös mit, daß Italien, wegen anderweitiger Bindungen, Österreich raten müsse, außenpolitisch auf eigenen Beinen zu stehen. Er fügte hinzu: »Es wird für Italien leichter sein, Österreich zu helfen, wenn *beide*, Italien und Österreich, mit Deutschland in guten Beziehungen stehen.«[9]

Österreichs Unabhängigkeit sollte nun also nicht mehr durch die Kampfbereitschaft Italiens, sondern durch Kompromisse mit Berlin gesichert werden. Mussolini hatte den Kanzler auch vor dessen Vorhaben davor gewarnt, mit den sog. »nationalen Kreisen« in Österreich einen »modus vivendi« zu vereinbaren, denn worauf diese großdeutschen Kreise für Österreich abzielten, sei ein »modus moriendi«. Nur kurz nach dieser Begegnung mit Schuschnigg entließ Mussolini seinen Staatssekretär Fulvio Suvich, der dem Dritten Reich mit betonter Skepsis gegenüber gestanden und eine starke Stützung Österreichs durch Italien befürwortet hatte. Er ersetzte ihn durch seinen eine engere Bindung an Hitler bevorzugenden Schwiegersohn Galeazzo Ciano.[10]

Der für den Beschluß zu diesem Abkommen und für dessen Inhalt primär verantwortliche Bundeskanzler Schuschnigg hat seine Motive für einen Kompromiß mit Berlin wie folgt beschrieben: »Ziel und beeidete Pflicht der verantwortlichen politischen Führung war es, den selbständigen und freien Staat Österreich zu erhalten. Die Erkenntnis – daß dieser einzig und allein vom nationalsozialistischen Deutschland bedroht war. Das Spiel mit ungleichen Kräften war nur zu gewinnen, wenn Österreich entweder mit der aktiven und wirksamen Unterstützung der übrigen Mächte sicher rechnen konnte, oder sich von Deutschland selbst Garantien verschaffte. Die praktische Unterstützung durch die übrigen Mächte wurde in dem Augenblick problematisch, als infolge der Politik des italienischen Imperialismus die europäische Großmächtefront auseinanderbrach. ... Aus dieser Sachlage ergab sich ein zwingender Schluß: *Die Österreichpolitik war so zu führen, daß Zeit gewonnen wurde, bis die internationale Lage sich klärte.*«[11]

Das österreichisch-deutsche Abkommen vom Juli 1936 zerfällt in zwei Teile, in ein sogleich veröffentlichtes Drei-Punkte Abkommen und ein zunächst geheimgehaltenes sog. Gentleman's Agreement. Die Präambel spricht von der Absicht »der beiden deutschen Staaten«, ihre Beziehungen »wieder normal und freundschaftlich zu gestalten«.

Artikel 1 beinhaltet die von Österreich primär geforderte Anerkennung »der vollen Souveränität des Bundesstaates Österreich«. Damit waren die Beziehungen zwischen beiden Staaten wieder auf jene völkerrechtliche Ebene verlagert, die Berlin zuvor im Hinblick auf Österreich bestritten hatte. Der von Wien ebenfalls dezidiert verlangte Artikel 2 lautet: »Jede der beiden Regierungen betrachtet die im anderen Land bestehende innerpolitische Gestaltung, einschließlich der Frage des österreichischen Nationalsozialismus, als eine innere Angelegenheit des anderen Landes, auf die sie weder mittelbar noch unmittelbar Einwirkung nehmen wird.«

Artikel 3 beginnt mit dem Satz: »Die österreichische Bundesregierung wird ihre Politik ... gegenüber dem Deutschen Reich stets auf einer grundsätzlichen Linie halten, die der Tatsache, daß Österreich sich als deutscher Staat bekennt, entspricht.« Obwohl Artikel 1 in diesem Sinne gedeutet werden könnte, fehlt hier der Hinweis, daß nur Österreich bestimmen würde, welche praktischen Folgen es von Fall zu Fall aus diesem »Bekenntnis« ziehen werde. Ein weiterer Satz dieses Artikels erklärt zumindest explizit, daß dadurch »die Römischen Protokolle ex 1934 und deren Zusatz 1936 sowie die Stellung Österreichs zu Italien und Ungarn, ... nicht berührt« werden.

Die bedenklichen Aspekte des Abkommens sind nicht in dem genannten Hauptteil, sondern in dem zunächst geheimgehaltenen Gentleman's Agreement enthalten, die ihm den Charakter einer societas leonina (eines Vertragsverhältnisses primär zum Nachteil der einen und zum Vorteil der anderen Seite) geben. Das Gentleman's Agreement ist in zehn Punkte gegliedert. Punkt II verpflichtet beide Seiten u. a. unter Berufung ihrer »Zugehörigkeit zum deutschen Kulturkreise« »sogleich von jeder aggressiven Verwendung in Funk-, Film-, Nachrichten- und Theaterwesen gegen den anderen Teil Abstand zu nehmen«.

Punkt III verbietet der Presse beider Länder auf die politischen Verhältnisse im anderen Land Einfluß zu nehmen und sachliche Kritik »auf ein Maß zu beschränken, das auf die Öffentlichkeit des anderen Landes nicht verletzend wirkt«. Eine Reihe von nun an beiderseits zuzulassender Zeitungen werden erwähnt. Punkt IV verlangt eine Lösung des Rückkehrwunsches österreichischer, zumeist wegen Strafverfolgung in Österreich nach Deutschland emigrierter, Nationalsozialisten.

Scheinbar harmlos gewährt Punkt V den Staatsangehörigen beider Länder das Recht im anderen Land das Zeigen der Hoheitszeichen ihres eigenen Landes. Doch schon bald nach dem Tod des Reichspräsidenten Paul von Hindenburg hatte Hitler mit charakteristischem Größenwahn die seit 1871 geltende deutsche National- und Reichsfahne schwarz-weiß-rot durch die Hakenkreuzfahne seiner Partei ersetzt, womit die totalitäre Einheit von Partei, Staat und Nation demonstriert werden sollte. In Österreich bedeutete ein Zeigen der Hakenkreuzfahne insofern eine Provokation, als sie nicht nur die offizielle Fahne des Dritten Reiches war, sondern zugleich auch die Fahne und das Fanal der illegalen NSDAP, die sich die Vernichtung Österreichs als Staat offen zum Ziel gesetzt hatte. Punkte VI und VII behandeln die Normalisierung der Wirtschaftskontakte und des Reiseverkehrs, wovon sich Österreich eine Erleichterung seiner prekären Wirtschaftslage erhoffte. In einem Bericht an Hitler vom 28. Juli 1936 beschreibt Papen u. a., bei einer Versammlung des deutsch-österreichischen Alpenvereins, an dem 500 Reichsdeutsche teilnahmen, seien in Innsbruck Hakenkreuzfahnen gehißt worden. Die über einer jubelnden Menge über dem Marktplatz von Innsbruck wehenden Hakenkreuzfahnen hätten eindrucksvoller als Berichte gezeigt, wie richtig die neue Politik Österreich gegenüber sei.[12]

Punkt VIII verpflichtet die österreichische Bundesregierung, ihre Außenpolitik »unter Bedachtnahme auf die friedlichen Bestrebungen der Außenpolitik der deutschen Reichsregierung zu führen«. Hinsichtlich von Fragen, die beide Seiten betreffen sollten, wurde ein »Meinungsaustausch« vereinbart. Wiederum wurde vermerkt, daß dies nicht Österreichs Beziehungen zu Italien und Ungarn betreffe.

Punkt IX verpflichtet Österreich zu einer »weitreichenden politischen Amnestie«, mit der nationalsozialistische Straftäter gemeint waren.

Der kontroversielle Punkt IX besagt, der österreichische Bundeskanzler sei bereit, in Kürze »Vertreter der sogenannten ›nationalen Opposition in Österreich‹ zur Mitwirkung an der politischen Verantwortung heranzuziehen, wobei es sich um Persönlichkeiten handeln wird, die das persönliche Vertrauen des Bundeskanzlers genießen und deren Auswahl er sich vorbehält.« Diese »Vertrauenspersonen des Bundeskanzlers« hätten die von den Vertrag schließenden Parteien einvernehmlich definierte Aufgabe »nach einem mit dem Bundeskanzler zuvor festgelegten Plan für die innere Befriedung der nationalen Opposition und ihre Beteiligung an der politischen Willensbildung in Österreich zu sorgen«.

Mit dem nie präzise definierten Begriff der »*nationalen Opposition*« waren anfangs seitens des Bundeskanzlers Personenkreise gemeint, die zwar großdeutsch dachten und somit einen Anschluß an Deutschland langfristig, evolutionär und auf legalem Wege im Sinn hatten, die jedoch vorläufig an der Eigenstaatlichkeit Österreichs festhielten und die Terrortätigkeit des radikalen Flügels der NSDAP ablehnten. Somit konnten sie dem vom vaterländischen Lager vertretenen österreichischen Staatsgedanken nur mit bedingter Loyalität gegenüber stehen. Schuschnigg wiederum hoffte mit dieser Maßnahme einen Keil zwischen die traditionell großdeutsch denkenden Bevölkerungsteile und die nationalsozialistische Partei treiben zu können, um die ersteren von der letzteren fernzuhalten. Schuschnigg unterschied zwischen der relativ geringen Zahl echter Nationalsozialisten in Österreich und der wesentlich größeren Zahl derer, die deshalb bereit waren, mit ihnen zu sympathisieren, weil sie großdeutsch dachten. Soweit als möglich wollte der Kanzler einer Monopolisierung und Pervertierung großdeutscher Tendenzen durch die NSDAP entgegenwirken. Berlin wiederum hoffte, daß sich die vom Kanzler zur Mitarbeit herangezogenen nationalen Elemente im Sinne »trojanischer Pferde« für die NSDAP betätigen würden. In der Tat waren bald auch Nationalsozialisten in den Reihen nationaler Gruppierungen zu finden.

Im Vertragswerk bildete die im ersten Teil festgeschriebene Anerkennung der »vollen Souveränität des Bundesstaates Österreich«

und die Versicherung der gegenseitigen Nichteinmischung in innere Angelegenheiten »einschließlich der Frage des österreichischen Nationalsozialismus« einen Widerspruch zu jenen Teilen des »Gentleman's Agreement«, die Österreich dazu verpflichteten einzelne Vertreter der »nationalen Opposition« zur Regierungsverantwortung heranzuziehen und nationalsozialistische Straftäter zu amnestieren.

Ideologisch hoffte Berlin, die Hitler zutiefst verhaßte und als gefährlich erachtete Österreich-Ideologie des vaterländischen Lagers durch die Pressebestimmungen in Punkt III des »Gentleman's Agreement« einerseits behindern zu können, gleichzeitig aber selbst andererseits Möglichkeiten zur geistigen und ideologischen Penetration Österreichs zu erhalten. Hinsichtlich der außenpolitischen Vereinbarungen erhielt Berlin eine Garantie dafür, daß sich das an Deutschlands Südgrenzen gelegene Österreich keiner prinzipiell gegen Deutschland gerichteten Machtkombination anschließen würde. Die formale Anerkennung der österreichischen Unabhängigkeit konnte Italiens Unbehagen hinsichtlich einer möglichen Absorbierung Österreichs durch das Dritte Reich zu einem Zeitpunkt beschwichtigen, als sich die Ende 1936 proklamierte »Achse Berlin–Rom« zügig anbahnte.

Innerhalb des vaterländischen Lagers ließ die Kritik an diesem Abkommen nicht auf sich warten. So sagte der für seine direkte Kritik bekannte Fürst Starhemberg, diese Art von Abkommen sei geeignet »in der ganzen österreichischen Exekutive und innerhalb der politischen Gefolgschaft Unsicherheit auszulösen«, dies könne sogar zu einer Vertrauenskrise führen. Wörtlich sagte der Fürst zum italienischen Gesandten Preziosi: »Gerade wegen des für Österreich ungünstigen Kräfteverhältnisses ist Österreich nur dann zu halten, wenn in der österreichischen Front ständig eine geradezu aggressive Kampfstimmung erhalten bleibt. Diese Stimmung ist zu Dollfuß' Zeiten erzeugt worden. Und sie hat Österreich gerettet. ... Und wegen des Kräfteverhältnisses Österreich zu Deutschland müßte unter allen Umständen vermieden werden, daß Österreich Deutschland allein als Verhandlungspartner gegenüber steht.«[13]

Die wirkliche Haltung des Hitlerregimes gegenüber Österreich nach dem Abkommen vom 11. Juli 1936 geht klar aus einem Geheimbericht des Botschafters von Papen an Hitler vom 3. März 1937 hervor. Mit unübertreffbarer Deutlichkeit heißt es hier: »Innerpolitisch gesehen bleibt das konsequente Fortschreiten der nationalen Opposition und die Durchdringung Österreichs mit dem Gedankengut des Nationalsozialismus die Voraussetzung für die geschichtliche Fortentwicklung der ›deutschen‹ Frage, die nicht in Österreich selbst, sondern nur im Zuge der machtpolitischen Neugestaltung Europas entschieden wird.«[14]

Mit dieser »Neugestaltung« meinte Papen die sich zugunsten des Dritten Reiches und zu Ungunsten der Westmächte rasch verändernden Kräfteverhältnisse in Europa. die eine der Hauptursachen für die Beschwichtigungspolitik der letzteren Hitler gegenüber bildeten.

Im Verlaufe des Prozesses gegen Guido Schmidt erklärte der Generalsekretär des Österreichischen Bundesministeriums für Auswärtige Angelegenheiten in den dreißiger Jahren, Theodor Hornbostel, zwar sei die Regierung von der Sicherheit des Juli-Abkommens keineswegs überzeugt gewesen. Jedoch angesichts der Verhaltensänderung der Westmächte und Italiens sei das Abkommen »der einzige Weg« gewesen, »der uns eine Rechtsbasis gegen Deutschland gab und die Aussicht, dem unerträglichen Terror im Lande ein Ende zu setzen«.[15]

Gewiß, Hitler hatte bis dahin mehrere Verträge gebrochen, die seine Regierung allerdings von deutschen Vorgängerregierungen geerbt hatte. Das Juli-Abkommen war jedoch ein originärer Vertrag seiner Regierung. Und Hornbostel verwies im Laufe seiner Aussagen zweimal auf den Präzedenzfall des so erstaunlichen Vertrages zwischen dem Dritten Reich mit dem »Todfeind« Polen vom Jahr 1934, den Berlin bis 1939 in der Tat eingehalten habe. Hitler habe sich dadurch den Anschein gegeben, auch potentiell gegnerischen Staaten gegenüber versöhnlich, friedfertig und vertragsfähig sein zu können. Nur sei im Rückblick besser als damals zu erkennen, daß während Schuschnigg das Juli-Abkommen zu optimistisch als »*Schluß*punkt« einer vorangegangen Periode des deutsch-österreichischen Konflikts gesehen habe, Hitler hingegen dasselbe als »*Ausgangspunkt*« zu einer neuen Strategie der evolutionären Erdrosselung der österreichischen Souveränität betrachtet habe.[16]

Vielleicht haben Historiker wie Walter Goldinger und Peter Streitle mit der Meinung recht, daß eine Volksabstimmung über das Juli-Abkommen eine »letzte Chance« für eine indirekte plebiszitäre

Bestätigung der österreichischen Unabhängigkeit ergeben hätte. Eine Mehrheit von Österreichern hatte zunächst gehofft, das Abkommen werde den »Kalten Krieg« mit Deutschland beenden, die innenpolitische Situation entspannen und vor allem für die schwierige Wirtschaftslage Österreichs weithin spürbare Erleichterungen bringen. Hätte sich die Volksabstimmung nur auf den Inhalt des Abkommens bezogen, das ja explizit Hitlers Anerkennung der »vollen Souveränität des Bundesstaates Österreich« beinhaltete, hätte Berlin hiergegen kaum protestieren können, war es doch selbst Vertragspartner. Aber das ist freilich Spekulation.

Um mögliche Mißdeutungen des Juli-Abkommens in einem Österreich abträglichen Sinne zu vermeiden, erließ das Bundeskanzleramt am 8. Juli 1936 ein »Rundschreiben an alle österreichischen Missionschefs im Ausland«, sozusagen als authentische Interpretation des Abkommens durch die Regierung. Bei Kontakten in ihren Gastländern sollten Österreichs Diplomaten darlegen, daß »... jeder Zweifel des In- und Auslandes an dem unbeugsamen Willen der Bundesregierung und der vaterländischen Bevölkerung zur Erhaltung und Entwicklung des unabhängigen selbständigen Österreich jeder Grundlage entbehren würde«. Es handle sich bei dem Abkommen zwar um eine Entspannung des dreieinhalb Jahre lang krisenhaft gespannten Verhältnisses zwischen den beiden Signatarstaaten, aber der Grundsatz »Kein Paktieren mit dem Nationalsozialismus« bleibe bestehen. Anschlußpropaganda werde weiterhin nicht geduldet. Die Amnestierung nationalsozialistischer Gefangener bilde auch keinen Anlaß zur Befremdung, wenn bedacht werde, daß Weihnachten 1935 eine vergleichbare, weitreichende Amnestierung der nach dem Februar 1934 verhafteten Austromarxisten schon erfolgt sei.[17]

Kapitel XII
Österreich verliert den Heimatschutz – Der Grundsatzstreit zwischen Schuschnigg und Starhemberg

Im Vorfeld des Juliabkommens zwischen Wien und Berlin ergab sich zwischen den beiden führenden Persönlichkeiten des vaterländischen Lagers ein Streit über Grundsatzfragen der österreichischen Politik im Schatten der Bedrohung durch das benachbarte Hitlerreich. Der bedächtigere Schuschnigg setzte diesem gegenüber auf eine Politik des Zeitgewinns durch tragbar scheinende Kompromisse. Der temperamentvollere Starhemberg hingegen glaubte, wie gezeigt, nur eine von militanten Bewegungen gestützte Politik der weltanschaulichen Konfrontation könne Österreich vor dem Nationalsozialismus retten. In diesem Zusammenhang ergab sich eine gravierende Meinungsdifferenz hinsichtlich der Waffenträger, die Österreich verteidigen sollten. Der Bundeskanzler wollte die Verteidigung Österreichs ausschließlich in die Hände des regulären Bundesheeres und einer von diesem geleiteten Frontmiliz legen, in welche die Mitglieder der bestehenden freiwilligen Wehrverbände integriert werden sollten. Obwohl die Heimwehr korporativ der Vaterländischen Front beigetreten war, hatte sie dennoch ein nicht unbedeutendes Maß an politischer und organisatorischer Eigenständigkeit behalten. In einer Zeit, in der Schuschnigg als Resultat des Juli-Abkommens einem damit verbundenen taktisch prekären Balanceakt in der Innen- und Außenpolitik entgegenging, erstrebte er eine bisher so nicht gegebene Geschlossenheit des vaterländischen Lagers wie auch des militärischen Sicherheitspotentials. Im Bewußtsein der immer geringer werdenden Bereitschaft der Großmächte zur machtpolitischen Eindämmung des Dritten Reiches argumentierte Schuschnigg, das reguläre Bundesheer müsse zahlenmäßig um ein Vielfaches verstärkt und mit modernsten Waffen und Geräten ausgestattet werden. Österreichs Wirtschaft könne von dementsprechenden Aufträgen profitieren. Die Einführung einer allgemeinen Dienstpflicht werde das Heer der Arbeitslosen verringern. Politisch sei eine starke Armee ein wirksamer Garant für Ordnung und Sicherheit.[1]

Starhembergs Gegenargument lautete, Österreich sei derzeit nur vom Dritten Reich bedroht. In einem regulären Krieg werde das Kräfteverhältnis zwischen den regulären Streitkräften eins zu zehn sein. Einen solchen Krieg könne auch ein besser gerüstetes Bundesheer nicht gewinnen. Der Kampf gegen den Nationalsozialismus sei primär »ein politischer Kampf«, der innerhalb Österreich geführt werde. Es sei ein Kampf auch auf der Straße um Meinung und Stimmung. »Die politischen Soldaten« – so Starhemberg wörtlich – »seien aber das aktivistische Österreich, das in den Wehrorganisationen der Vaterländischen Front zusammengefaßt ist«. Die allgemeine Wehrpflicht bringe die Gefahr mit sich, daß auch illoyale Elemente im Waffengebrauch ausgebildet würden. Die für den Ausbau des Bundesheeres geplanten Staatsmittel sollten lieber zur Belebung der Wirtschaft, für Projekte zur Bekämpfung der auch politisch gefährlichen Arbeitslosigkeit und für politische Meinungsbildung zugunsten des Vaterlandes im Abwehrkampf gegen den Nationalsozialismus ausgegeben werden.[2]

Noch schwerwiegender war Starhembergs grundsätzliche Opposition gegen den bevorstehenden Kompromiß mit dem Dritten Reich in Gestalt des Juliabkommens. Doch Schuschnigg hatte als Regierungschef die stärkere Hand. Er benützte die Gelegenheit eines törichten und außenpolitisch schädlichen Glückwunschtelegramms, das der oft unberechenbare Starhemberg unautorisiert anläßlich des italienischen Sieges über Abessinien an Mussolini geschickt hatte, um ihn bei einer Kabinettsumbildung vom 14. Mai 1936 aus seiner Position als Vizekanzler ebenso zu entlassen wie auch den der Heimwehr angehörenden Außenminister Egon Berger von Waldenegg, einen Legitimisten, der einem Ausgleich mit Berlin ebenfalls mit starker Skepsis gegenüberstand.[3]

Gleichzeitig übernahm Schuschnigg an Stelle Starhembergs die Position eines Landesführers der Vaterländischen Front. Am 9. Oktober wurden alle freiwilligen Wehrverbände durch eine Verfügung der Bundesregierung aufgelöst. An ihre Stelle trat die wenig effektive Frontmiliz, anfangs als Organisation der Vaterländischen Front und ab Juli 1937 als eine Art Reservekraft des regulären Bundesheeres.[4]

Einen fast drohenden Putsch entrüsteter Mitglieder des Heimatschutzes vermochte Starhemberg durch einen Aufruf zu Besonnenheit, Disziplin und Verantwortungsbewußtsein, das er in diesem kritischen Moment selbst vorlebte, gegenüber dem Einigkeit benötigenden Vaterland zu verhindern.[5]

Schuschnigg selbst schrieb zu dieser folgenreichen Maßnahme: »Gewiß gab es ein schweres Bedenken; sollte die Vergrämung der ehemaligen Heimatschützer tief genug reichen, dann konnte eine weitere Verkleinerung der Regierungsbasis die Folge sein. Dem stand entgegen, daß auf der anderen Seite [gemeint waren Sozialdemokraten und sog. Nationale] Ressentiments wegfallen mochten und die innere Befriedung im Rahmen der Vaterländischen Front bessere Chancen hatte als früher.«[6]

Der im Frühjahr 1936 zum Generalsekretär der Vaterländischen Front ernannte Guido Zernatto bemerkte, daß Schuschnigg einerseits aus den Reihen seiner Anhänger in der Tat eine zu große Nachgiebigkeit gegenüber dem Heimatschutz vorgeworfen worden war. »Andererseits«, so schreibt Zernatto, »entstand in der Anhängerschaft des Heimatschutzes eine große Unzufriedenheit. Die Heimatschützer verziehen es Schuschnigg nie, daß er sich von Starhemberg getrennt hatte. Damit traten aktive österreichische Kräfte ... trotz der ... loyalen Haltung des Fürsten Starhemberg in eine passive Resistenz und nahmen der vaterländischen Bewegung viel von ihrer Schwungkraft und ihrem Kampfgeist. ... *Rückschauend muß man feststellen, daß die Auflösung der Wehrverbände ... der schwerste Fehler gewesen ist, den die Regierung Schuschnigg gemacht hat.*« Schuschnigg habe wohl geglaubt, mit dieser Maßnahme indirekt den Nationalen wie auch den Sozialdemokraten entgegenzukommen: den Nationalen, »weil sie im Heimatschutz das Lager des integralen und kampfbereiten Österreichertums sahen, das ... der nationalsozialistischen Partei viel Wind aus den Segeln nahm«, den Sozialdemokraten, weil sie die Hauptverantwortung für die Ereignissen vom Februar 1934 beim Heimatschutz liegen sahen.[7]

Indirekt wird diese Sicht durch Hitlers Sonderbotschafter Papen in geradezu eindringlicher Weise bestätigt, als dieser Hitler berichtete: »Für den deutschen Charakter Österreichs und für die Zukunft des Gesamtdeutschtums überhaupt ist die von Starhemberg vertretene Richtung die gefährlichere; vor allem, weil sie die bequemste ist, um die augenblicklich in Österreich herrschenden Kreise vor Sturz und Vergeltung möglichst zu sichern. Starhemberg arbeitet deshalb allen etwaigen Versöhnungsversuchen, mögen sie nun von der Bewegung oder von Schuschnigg ausgehen, im Einverständnis mit Italien entgegen.«[8]

Nicht lange vor Starhembergs Entlassung hatte dieser von einem Treffen zwischen Schuschnigg und prominenten Vertretern der sog. »nationalen Opposition« erfahren, zu denen u. a. berufsmilitärisch bewährte hohe Offiziere der vormaligen k.u.k. Armee – die Generalmajore Bardolff und Glaise-Horstenau –, der Rechtsanwalt Seyß-Inquart und der Landwirtschaftsexperte Reinthaller gehörten. Ohne eingeladen zu sein, nahm Starhemberg in seiner damaligen Position als Vizekanzler an diesem Treffen teil. Es wurde von Schuschnigg mit einer vorsichtig formulierten Erklärung über die Wünschbarkeit einer innenpolitischen Entspannung, bei deren Mißlingen der Kampf gegen den Nationalsozialismus allerdings fortgesetzt werden würde, eröffnet. Nachdem einige der sog. »Nationalen« in eher salbungsvoller und anbiedernder Tonlage von der Bereitschaft des nationalen Lagers gesprochen hatten, sich in der einen oder anderen Weise, doch gleichberechtigt mit der Vaterländischen Front, an der Führung Österreichs zu beteiligen, ergriff Starhemberg das Wort. Mit grob formulierter Direktheit warf er der Nationalen vor, hinter ihren Äußerungen verberge sich nichts »als Taktik, um die Wachsamkeit der Regierung einzuschläfern und um Zeit zu gewinnen, den nächsten Anschlag auf Österreich vorzubereiten«. Sie seien in Wirklichkeit »die geistigen Väter des nationalen Radikalismus«. Sie hätten seit Jahren bereits »jene österreichfeindliche Stimmung erzeugt, die dem jungen Nationalen die Waffen in die Hand drückt«. Als Bardolff hierauf argumentierte, zwischen den Auffassungen des Bundeskanzlers und des Vizekanzlers scheine es doch wesentliche Unterschiede zu geben, schaltete sich Schuschnigg ein, um dem zu widersprechen. Er denke wie Starhemberg, nur pflege sich dieser rauher und temperamentvoller auszudrücken als er selbst. Hierauf beendete Bardolff die Aussprache mit dem Hinweis, eine weitere Aussprache sei zur Zeit zwar zwecklos, doch hoffe er auf eine Fortsetzung zu einem späteren Zeitpunkt. Unter vier Augen ließ Schuschnigg Starhemberg wissen, er halte dennoch eine Fühlungnahme mit den nationalen Gruppen für durchaus nützlich und glaube, daß der Fürst mit seiner Darstellung den Sachverhalt übertrieben habe.[9]

Wie gezeigt hatte Schuschnigg auf Grund der bedrohlicher werdenden internationalen, innenpolitischen und wirtschaftlichen Lage Österreichs gemeint, das Wagnis einer Entspannungspolitik mit dem Dritten Reich unternehmen zu müssen.

Kapitel XIII
Der Machtkampf um die Formen der »Befriedung«

Dem Abschluß des Juli-Abkommens folgte nicht echte Befriedung, sondern ein vielmonatiger zäher Machtkampf um deren praktische Gestaltung. Einigkeit zwischen den beiden führenden Gegenspielern – Schuschnigg und Hitler – bestand nur in einem zentralen taktischen Aspekt, wenn auch aus völlig entgegengesetzten Motiven. Beide wollten mit diesem Kompromiß Zeit gewinnen: Schuschnigg in der Hoffnung, daß sich mit der Aufrüstung der Westmächte und mit einem Erfolg von deren Bemühungen, Italien wieder als Eindämmungspartner gegen das Dritte Reich gewinnen zu können, eine für Österreich günstige Wende in der europäischen Politik ergeben könne. Hitler wiederum wollte Zeit für die Vollendung der deutschen Aufrüstung gewinnen und im Stadium der Formierung der Achse Rom–Berlin jede unnötige Irritation Italiens vermeiden. Ansonsten aber wollte die deutsche Seite mit dem Juli-Abkommen Breschen in die Front der österreichischen Eigenstaatlichkeit schlagen, die eine nachfolgende Annektierung Österreichs anbahnen und erleichtern sollten. Denn durch jede der durch das Abkommen geschlagenen Breschen sollten »trojanische Pferde« ins vaterländische Lager geschoben werden, denen dann jeweils Serien weiterer Akte der Unterwanderung der österreichischen Souveränität folgen würden. Auf seiten Österreichs hofften Schuschnigg und die Vaterländische Front durch Zugeständnisse mit kontrollierbaren Folgeerscheinungen die für das vielfach geschädigte Österreich schwer tragbaren Belastungen des fortgesetzten innenpolitischen Terrorkampfes und des auswärtigen Wirtschaftskrieges beenden zu können. Das Staatsschiff sollte trotz einiger Lecks über Wasser und in Fahrt gehalten werden. Schuschnigg verstand das Abkommen als primär statische Regelung, d. h. als ein einmaliges Quidproquo, das die deutsch-österreichischen Beziehungen auf ein neues, danach im wesentlichen unverändertes Niveau schieben würde. Die Nationalsozialisten hingegen sahen in dem Abkommen den Startschuß und die Ausgangsbasis eines dynamisch fortschreitenden Durchdringungs- und Eroberungsprozesses.

Wie an Hand der Auflösung des Heimatschutzes gezeigt wurde, hatte es im vaterländischen Lager schwerwiegende Meinungsverschiedenheiten hinsichtlich der Sinnhaftigkeit einer »Befriedungsaktion« mit dem Hitlerreich und den großdeutschen Elementen im eignen Land gegeben. Gravierende Kontroversen über die tauglichste Strategie zur Vernichtung der österreichischen Souveränität gab es auch im Lager der Nationalsozialisten. Während Hitlers Sonderbotschafter in Wien, Franz von Papen, die Überwindung der österreichischen Unabhängigkeit durch sukzessive Verabreichung sorgfältig dosierter Giftspritzen zu bewerkstelligen dachte, erstrebte der radikale Flügel der österreichischen Nationalsozialisten den Kampf um Österreich durch die Verbindung eines neuerlichen Aufstandes im Inneren mit einer militärischen Invasion des Dritten Reiches zu gewinnen.

Im Ringen um institutionelle Folgen des Juli-Abkommens gelang es Schuschnigg, die Forderung nach Bildung einer Art Koalitionsregierung zwischen Vaterländischer Front und Vertretern der Nationalen abzuwehren. Anläßlich seiner vierten Kabinettsumbildung im November 1936 ernannte Schuschnigg Glaise-Horstenau, dem er zeitweilig ein unverdientes Vertrauen schenkte, zum Innenminister, zu dessen Zuständigkeit allerdings nicht das innere Sicherheitswesen gehörte, für das es ein eigenes Ministerium gab. Einer Anregung Papens folgend, konstituierte sich ein sog. »Siebener Komitee« nationaler Elemente, dem aber auch drei Nationalsozialisten angehörten, das, unterstützt von einer von 275 Prominenten unterzeichneten Denkschrift, die Bildung eines sog. »Deutsch-Sozialen Volksbundes« als organisatorisches Rückgrat der nationalen Elemente verlangte. Der Bundeskanzler verhandelte am 11. und 12. Februar 1936 aber nur mit einem sog. »Dreier-Ausschuß«, der aus zwei Nationalsozialisten, dem radikalen Landesleiter der illegalen österreichischen NSDAP Josef Leopold, Hugo Jury und dem katholisch-nationalen Professor Oswald Menghin bestand. Der Kanzler sagte dieser Gruppe zwar zu, ihre Geschäftsstelle so weit wie möglich von Polizeiaktionen freizuhalten, lehnte aber mehrfach die verlangte Vereinsbildung ab.[1]

Im Juni 1936 berief er allerdings den in »nationalen« Kreisen einflußreichen Rechtsanwalt Arthur Seyß-Inquart als Mitglied des Staatsrates, jedoch nicht der Regierung. Seyß organisierte später den von der Regierung ursprünglich abgelehnten Österreichisch-Deutschen Volksbund als institutionelle Basis nationaler Elemente, wobei er auch bei Nationalsozialisten um Mitgliedschaft warb und sich für diese Organisation um die Entwicklungen von Zweigstellen in den Bundesländern wie auch auf Ortsebene bemühte. Bei verschiedenen Gelegenheiten hatte Seyß dem Bundeskanzler wie auch Starhemberg dargelegt, er sei zwar ein Anhänger des großdeutschen Reichsgedankens, doch deute er diesen nicht imperialistisch, sondern moralisch und kulturell. Er befürworte ein engstes Zusammengehen mit Deutschland, doch nur auf der Basis der Erhaltung Österreichs als eigener Staat. Starhemberg hatte ihm entgegnet: »Für mich ist die Unabhängigkeit Österreichs Selbstzweck. Für Sie nur ein vorübergehender Zustand, der einmal zugunsten eines Zusammengehens mit Deutschland beendet werden muß.«[2]

Die von Josef Leopold geführten radikalen Kräfte der illegalen österreichischen NSDAP, die Schuschniggs Ziel einer Spaltung des nationalen Lagers erkannten, entfachten zornerfüllt eine erbitterte Kampagne gegen Seyß, in deren Verlauf Leopold allen NS-Parteigenossen Kontakte mit Seyß verbot, gegen den sich widersetzenden NS-Bauernführer Anton Reinthaller ein Parteigerichtsverfahren eröffnete und ihn aller Parteiämter enthob.[3]

Die Tatsache, daß Hitler, geschockt von seiner Niederlage in Österreich 1934, die organisatorischen Verbindungen zwischen der in Deutschland regierenden NSDAP und der in Österreich verbotenen NSDAP trennte und zudem im Juli-Abkommen von 1936 den Nationalsozialismus in Österreich zu einer rein inner-österreichischen Angelegenheit erklärte, hatte die österreichischen Nationalsozialisten in eine nicht unschwierige Lage gebracht. Wie sich die in Österreich weiterhin illegale NSDAP dieser Problemlage stellte, geht drastisch aus einem Beitrag in der Dezember-Nummer 1937 der NS-Zeitschrift »Aufbruch« hervor. Darin heißt es u. a.: »Will der Führer, daß nach dem 11. Juli der Kampf bei uns aufhören soll? Will er, daß wir nun auf ›friedlichem Wege‹ mit Schuschnigg Kompromisse schließen? Nein, kein Wort davon! Im Gegenteil: Das Reich hat sich durch den Vertrag vom Vorwurf einer Einmischung – losgelöst.

Kapitel XIII: Der Machtkampf um die Formen der »Befriedung«

... Die Aufgabe zu handeln, liegt nunmehr bei uns. ... Wir können frei gegen Schuschnigg vorgehen, wie wir wollen, ohne damit das Reich zu belasten. ... Bezweckt der 11. Juli (1936) den endgültigen Frieden zwischen den beiden Staaten? Niemals. Wie heißt das Buch unseres Führers? ›Mein Friede‹ oder ›Mein Kampf‹? ... Warum also hat der Führer den Vertrag geschlossen? ... Zum Vorteil des Deutschen Reiches. ... Wir haben im Inneren den Kampf um Österreich auszukämpfen. Draußen aber steht der Führer auf der Wacht.« Dieser Einstellung entsprechend wurden auch Taten gesetzt. Als am 29. Juli 1936 auf dem Wiener Heldenplatz anläßlich der Sommer-Olympiade eine große Feier für die österreichische olympische Sportmannschaft und die Fackelträger des olympischen Feuers veranstaltet wurde, hatten illegale Nationalsozialisten eine insgeheim sorgfältig vorbereitete Umfunktionierung der Feier zu einer demonstrativen Störaktion bewerkstelligt. Zu diesem Zweck hatten sie die meisten der 30000 ausgegebenen Platzkarten aufgekauft, dazu gefälschte Platzkarten gedruckt und ihre Störtrupps in unmittelbarer Nähe der Balustrade plaziert, auf der sich die Vertreter der Bundesregierung und des diplomatischen Korps befanden. Durch wüstes Gebrüll mit »Heil Hitler«- und »Heil Großdeutschland«-Rufen wurden die Reden des Bundespräsidenten und aller weiterer Redner unterbrochen. So mußten sie vorzeitig die chaotisch gestörte Feier verlassen. Die Veranstaltung und ihre Radioübertragung mußte unter tumultartigen Umständen abgebrochen werden. Fürst Starhemberg, der Bundesbeauftragte für Sportangelegenheiten, wurde tätlich angegriffen. Nur einen Tag darauf antwortete die Vaterländische Front mit einer groß angelegten Gegenveranstaltung, ebenfalls auf dem Heldenplatz und der Ringstraße. Auf deren Höhepunkt rief der Generalsekretär der Vaterländischen Front, Guido Zernatto, in einer Rede u. a.: »Wir haben uns hier zusammengefunden, um eindeutig zu demonstrieren, daß uns in Wien und Österreich die Straße gehört ... Der Nationalsozialismus in Österreich ist eine innerösterreichische Frage – wir werden sie lösen im Geiste Dollfuß' und mit unserer Kraft und werden nicht einen Millimeter nachgeben.« Unter den 155 verhafteten NS-Störern befanden sich viele, die erst kurz zuvor von einer Amnestie der Regierung profitiert hatten und vorzeitig aus Haftstrafen entlassen worden waren. Viele der Demonstranten waren eigens aus ganz Niederösterreich nach Wien gebracht worden.

Teil II: Die Schuschnigg-Ära

Diese gezielte Stördemonstration der österreichischen NSDAP war kaum 40 Tage nach dem »Befriedungsabkommen« vom Juli 1936 erfolgt.[4]

Nachdem in Wien Informationen über Äußerungen Hitlers und Görings über einen in Kürze und auf jeden Fall bevorstehenden Anschluß bekanntgegeben worden waren, beschloß Bundeskanzler Schuschnigg, mit einer Grundsatzrede im Rahmen einer Großveranstaltung der Vaterländischen Front erneut Stellung zu beziehen. Im Grundtenor dieser Rede hieß es, Österreichs Staat und Volk hätten drei Gegner: den Kommunismus, den Nationalsozialismus und den Defaitismus. Zum größten Ärger der Hitlerregierung, die soeben dabei war, den Anti-Kominternpakt mit Japan zu schließen und beide Staaten international als Dämme gegen den Weltkommunismus darzustellen, versicherte Schuschnigg, der Kommunismus bedürfe zwar aufmerksamer Beobachtung, doch stelle er »keine akute Gefahr« dar. Der Bildungsgrad und das Kulturniveau der österreichischen Bevölkerung immunisiere sie gegen die kommunistische Irrlehre. Jedoch: »*Der Nationalsozialismus in Österreich ... steht uns als Feind und Gegner gegenüber.*« Im Lager der Nationalen gebe es zwei Gruppen. Neben einer Gruppe von Idealisten stehe eine andere, die durch kein noch so großes Entgegenkommen für ein friedliches Nebeneinander gewonnen werden könne. Sollten sie zum Kampf provozieren, so werde man sich nichts gefallen lassen. Das Juli-Abkommen sei von Staat zu Staat geschlossen worden und bedeute in keinerlei Hinsicht eine Gefährdung des vaterländischen Gedankens. »Wir haben daher«, so sagte der Kanzler, »nicht einen Beistrich des V.F.-Programms der Dollfuß-Zeit zu ändern und sind in der glücklichen Lage einen geraden Weg weiter zu gehen.«[5]

Daß es nicht nur bei Worten blieb, zeigt ein Bericht der Deutschen Botschaft in Wien vom 16. Januar 1937, der Berlin mitteilte, daß seit Abschluß des Juli-Abkommens nicht weniger als 4000 Nationalsozialisten verhaftet und mit Strafen belegt worden seien. Göring sprach wenige Tage danach von einer »neuen Verfolgungswelle gegen nationalsozialistische Elemente«.[6]

Als wenige Wochen hiernach der deutsche Außenminister Konstantin von Neurath am 22. Feburar 1937 in Wien eintraf, benützten illegale Nationalsozialisten die Gelegenheit erneut zu turbulenten Demonstrationen. Taktisch gezielt und entlang des Weges vom West-

Kapitel XIII: Der Machtkampf um die Formen der »Befriedung«

bahnhof zur Deutschen Botschaft verteilt umgaben Tausende von ihnen den Wagen des Ministers, der eingekeilt von »Heil Hitler«- und »Heil Deutschland«-Rufern sich nur sehr langsam den Weg durch die Massen bahnen konnte. Empört über diese Provokation, die natürlich auch auf weite Publizität in in- und ausländischen Medien abzielte, veranlaßte der Bundeskanzler bei Neuraths Abreise eine noch größere vaterländische Gegendemonstration. Als Augenzeuge berichtete der von beiden Demonstrationen höchst peinlich berührte Botschafter Papen: »Unsere Fahrt zum Bahnhof – diesmal der Bundeskanzler neben seinem Gast – begleitete ein Aufruhr ohnegleichen. Die losgelassene Menge brüllte zur Begrüßung des Gastes ›Heil Österreich!‹, ›Heil Schuschnigg!‹, ›Nieder mit Hitler!‹ ... Glücklicherweise gab es außer einigen Schlägereien kein Blutvergießen, und ich war sehr erleichtert Neurath ... unbeschädigt in seinen Salonwagen abliefern zu können. Schuschnigg schien sehr befriedigt.«[7]

Zwar brachten die Folgen des Juli-Abkommens für die österreichische Wirtschaft in mehrfacher Hinsicht spürbare Erleichterungen, darunter eine Erhöhung des deutsch-österreichischen Warenverkehrs und eine Verringerung der Zahl der Arbeitslosen. Wie aber u. a. auch eine Weisung des deutschen Auswärtigen Amtes vom 5. November 1936 an die deutsche Botschaft in Wien klar zum Ausdruck bringt, sollten die wirtschaftspolitischen Verhandlungen mit der österreichischen Regierung mit dem Ziel geführt werden, von Wien eine den deutschen Vorstellungen entsprechende Erfüllung des Juli-Abkommens zu erzwingen.[8]

Großzügige Amnestierungen nationalsozialistischer Straftäter trugen in keiner Weise zu einer »Befriedung« der Situation bei, sondern verstärkten einerseits im Gegenteil die politischen Kampfverbände der illegalen NSDAP und vermittelten andererseits Nachgiebigkeit und Schwäche auf seiten der Bundesregierung. Die scheinbar harmlosen Vereinbarungen über die reichsdeutschen Staatsbürgern in Österreich erteilte Genehmigung zum Zeigen »nationaler« Symbole, die aber seit 1934 mit den Parteisymbolen der NSDAP identisch war, war immer wieder zum Zweck anti-österreichischer Provokationen mißbraucht worden. Reichsdeutsche Touristen erhielten Listen mit zu bevorzugenden Hotels, Pensionen oder Gaststätten mit »national« denkenden Eigentümern oder Pächtern. Ebenso wurde bei der Vergabe wirtschaftlicher Aufträge auf die »Gesinnung« der österreichischen Vertragspartner geachtet. Auch fielen der österreichischen Polizei Berge von Belastungsmaterial in die Hände, aus dem eine vertragswidrige Kollusion zwischen den Machthabern im Reich und der österreichischen NSDAP ersichtlich wurde. So verwundert es nicht, daß in einer geheimen Weisung des Bundeskanzleramtes an die österreichische Botschaft in Rom diese beauftragt wurde, die italienischen Regierung in »unmißdeutbarer Weise« darauf hinzuweisen, daß die Bundesregierung »*die Möglichkeit einer Kündigung*« des Juli-Abkommens von 1936 erwäge, da die deutsche Art der Handhabung dieses Abkommens von der österreichischen Regierung mehr und mehr »als eine schwere und beinahe untragbare Belastung der Innen- und Außenpolitik Österreichs« empfunden werde.[9]

Verständlicherweise wäre Österreich ohne eine nachhaltige Unterstützung Italiens nicht in der Lage gewesen, deutsche Vergeltungsaktionen für eine solche Kündigung durchzustehen. Italien befand sich jedoch auf einem neuen Kurs der Annäherung an das Dritte Reich und Japan, bei dem es sich versagen mußte, Österreichs wegen den neuen Kurs aufs Spiel zu setzen.

In einem Streitgespräch vom 25. Mai 1937 beschwerte sich Botschafter Papen beim Bundeskanzler, »der ganze 1934 zur Unterdrückung des Nationalsozialismus geschaffene Apparat bestehe [in Österreich] fast unvermindert weiter«. Schuschnigg hingegen hielt Papen »die zunehmende Radikalisierung der österreichischen Nationalsozialisten und die dadurch hervorgerufene Gegenwirkung im Lager der Vaterländischen Front« vor. Papens Forderung, »Persönlichkeiten nationalen Charakters« in sein Kabinett aufzunehmen, wich der Kanzler mit dem Hinweis aus, solche Persönlichkeiten verlören ab einer solchen Ernennung ihren Einfluß im nationalen Lager. In seinem Bericht über diese Unterredung gab Papen das tatsächliche Bestehen von belastendem Material über vertragswidriges Verhalten, so z. B. über Kontakte zwischen der deutschen und der österreichischen SS-Führung zu.[10]

Die Zielsetzungen seiner Politik in Österreich hatte Hitlers Botschafter in drei Hauptpunkten zusammengefaßt: 1. Das Problem Österreich soweit wie möglich aus der internationalen Diskussion herauszuhalten, um ihm den Charakter einer intensiven Beziehung

Kapitel XIII: Der Machtkampf um die Formen der »Befriedung«

Berlin–Wien zu geben. 2. Eine Restauration der Habsburger Dynastie in Österreich zu verhindern. 3. Österreich durch »geistige Beeinflussung« im Sinne des Nationalsozialismus und durch die Überwindung der Österreich-Ideologie für den Anschluß reif zu machen.[11]

Mit Sorge die Bemühungen der österreichischen Bundesregierung um engere Beziehungen zur Tschechoslowakei wie auch um effektive Kontakte zwischen der sog. Kleinen Entente und den Römer Pakt-Staaten zur Kenntnis nehmend, unternimmt es die deutsche Botschaft in Wien in einem Bericht vom 7. Oktober 1937, die Persönlichkeit und Politik Schuschniggs in einer Weise darzustellen, die klar ihren Ärger über die Hartnäckigkeit des österreichischen Widerstandes zum Ausdruck bringt. So heißt es hier u.a.: »Schöne Worte und manch dem Deutschtum ... heuchelndes Wort können nicht darüber hinwegtäuschen. Anstatt daß die Festigung der deutsch-italienischen Beziehungen Herrn Schuschnigg zum Einlenken in die Achse Berlin–Rom veranlassen, hat sie bei ihm vielmehr die Besorgnis um die über alles gestellte Selbständigkeit Österreichs vermehrt. *Slowenischen Blutes, aus Kreisen der habsburgisch eingestellten Militärkaste stammend und klerikal erzogen, fällt es ihm nicht allzu schwer, in unverhohlener Weise eine Sicherungspolitik gegen das Reich zu betreiben, indem er sich allen hier gegen das Reich tätigen Kräften verbindet. Daß außer dem Vatikan auch Frankreich und die Tschechoslowakei dazu gehört, ist bekannt. ... Aus dieser Lage der Dinge geht deutlich hervor, daß auch auf dem Gebiete der Außenpolitik von der Regierung Schuschnigg ... nicht nur keine loyale Ausführung des Juli-Abkommens zu erwarten ist, sondern sogar angenommen werden kann, daß sie sich nicht einmal mehr der Zusammenarbeit mit jenen Kräften versagen würde, welche ihre Politik im Donauraum gegen das Reich einstellen.*«[12]

Dem gegenseitigen Nichteinmischungsgebot des Abkommens vom Juli 1936 drastisch widersprechend und moralisch illoyal berichtet Papen dem Außenminister Neurath am 1. September 1937, er habe an Hitler den Gedanken herangetragen, Schuschnigg zu stürzen und durch eine Berliner Vorstellungen aufgeschlossenere Persönlichkeit zu ersetzen.[13]

Das beachtlich gut informierte Österreichische Generalkonsulat in München warnte in einer Mitteilung vom 21. Jänner 1938 vor einem neuerlich geplanten bewaffneten Aufstand der österreichischen NSDAP – dies habe man über einen Mitarbeiter des britischen Faschistenführers Oswald Mosley erfahren. Auch habe ein hoher NS- Funktionär aus Hitlers »unmittelbarer Umgebung« erwähnt, für das Frühjahr sei »ein Stoß gegen Österreich« geplant. Und sollte Schuschnigg keine Vernunft annehmen, »dann würde er das Schicksal weiland des [von der SS ermordeten] ... Bundeskanzlers Dollfuß zu teilen haben.«[14]

Tatsächlich gelang es der Wiener Polizei bei einer Haussuchung im Büro des Gauleiters der illegalen NSDAP in Wien am 25. Januar 1938 zahlreiche Unterlagen, genannt »Tavs Pläne« zu beschlagnahmen, aus denen die Absicht der Partei hervorging einen Putsch anzuzetteln, eventuell auch den deutschen Botschafter oder seinen Militärattaché zu ermorden, den Mord der Vaterländischen Front in die Schuhe zu schieben und eine militärische Intervention des Dritten Reiches zu erzwingen. Vor Gericht sagte Botschafter von Papen hierzu aus: »Es sollte jemand gedungen werden, um mich umzubringen – das wäre die einfachste Methode ... gewesen. Der Mord an einem Gesandten konnte nur mit dem Schwerte gesühnt werden, wie zum Beispiel der Mord des Gesandten Baron Ketteler in Peking [1900 bei Beginn des Boxeraufstandes in China]. Dann würde der Anschluß durchgeführt werden und Europa könnte nicht einmal Protest erheben! Aber die österreichische Regierung mit ihrem fähigen Intelligence Service ... warnte mich ...« Eine Reihe führender Nationalsozialisten wurde verhaftet und Tavs des Hochverrats angeklagt.[15]

Vier Monate zuvor hatte eine umfassende Analyse der deutschen Botschaft in Wien zur innenpolitischen Lage in Österreich nach Berlin berichtet, zwar habe die österreichische Regierung »unter dem Drucke des Reiches« bestehende Ausnahmegesetze gemildert, doch biete insbesondere das Staatsschutzgesetz »Handhaben genug zur weiteren rücksichtslosen Unterdrückung der Nationalsozialisten, die weiterhin nicht nur eine ›polizeiliche Angelegenheit‹ sind, sondern wirtschaftlich auf das Schwerste verfolgt werden. Es vergeht kein Tag, an dem nicht Verurteilungen von Nationalsozialisten wegen verbotener politischer Betätigung erfolgen.« Das erinnere an die Gegenreformation und es sei höchst symptomatisch, daß im Sommer 1937 die 300. Wiederkehr des Todestages von Kaiser Ferdinand II. (1578–1637), einem Gegenspieler Gustav Adolfs, »mit besonderem kirchlichen und behördlichen Gepränge«gefeiert worden sei. Weiterhin müsse zugegeben werden, daß der Legitimismus an Boden gewonnen habe.»Während noch vor zwei Jahren ... Versammlungen [des monarchistischen Reichsbundes der Österreicher] einen ... kläglichen Eindruck machten, sind sie jetzt von allen Volksschichten gut besucht.« Hauptthemen seien hierbei die Rettung Österreichs vor dem Nationalsozialismus durch Wiederaufrichtung der Habsburger Herrschaft und die wirtschaftliche Gesundung des Landes. Zwischen den Nationalsozialisten und der Vaterländischen Front sei eine Gruppe »nationaler Persönlichkeiten« tätig,»die sich das kaum lösbare Problem gestellt haben, die sich ideenmäßig wie Feuer und Wasser gegenüber stehenden Gruppen auf eine gemeinsame Linie zu bringen. ... Bei der bekannten feindlichen Einstellung des Bundeskanzlers zum Nationalsozialismus ist man allerdings gezwungen, diese Versuche mit Skepsis zu verfolgen.« Da es die Politik des Kanzlers sei, das nationale Lager zu spalten, müsse auf eine engere Kontaktnahme zwischen den nur Nationalen und den Nationalsozialisten hingearbeitet werden. Mit kommender Wirkung vom 1. November 1937 habe die Vaterländische Front eine Mitgliedersperre verhängt. Ziel dieser Maßnahme war es, eine subversive Unterwanderung der Front durch die taktisch gezielte Einschleusung nationalsozialistischer Elemente zu verhindern.[16]

Kapitel XIV
Kriegsdrohung und Erpressung –
Das Trauma von Berchtesgaden

Im historischen Rückblick gesehen bahnt sich zwischen Ende 1937 und Anfang 1938 eine schicksalhafte neue Wende in der Außenpolitik des Dritten Reiches an. Denn auf einer Geheimkonferenz mit den Spitzenvertretern der außenpolitischen und militärischen Führung des Reiches enthüllt Hitler am 10. November 1937, deutlicher als je zuvor, seine Pläne für kriegerische Expansion in Europa. Das Ziel ist die Erringung einer deutschen Weltmachtstellung. Laut Protokoll des anwesenden Obersten Hoßbach erklärt Hitler: »Zur Lösung der deutschen Frage könne es nur den Weg der Gewalt geben, dieser niemals risikolos sein.« Geostrategisch konkret werdend heißt u. a. es weiter: »Zur Verbesserung unserer militärstrategischen Lage müsse [es] ... unser 1. Ziel sein, die Tschechei und gleichzeitig Österreich niederzuwerfen«. Von seiten Italiens seien gegen die »Beseitigung der Tschechei keine Einwände zu erwarten, wie dagegen seine Haltung in der österreichischen Frage zu bewerten sei, entziehe sich der heutigen Beurteilung ...«[1]

Die Hitlers Plänen widersprechenden Generäle Blomberg und Fritsch ebenso wie 16 ältere Generäle werden pensioniert, 44 andere Generäle werden versetzt. Außenminister Neurath, ein Karrierediplomat, wird durch den dilettantischen nationalsozialistischen Quereinsteiger Joachim von Ribbentrop ersetzt. Hitler will ein Team, das widerspruchslos dazu bereit ist, ihm in den Krieg zu folgen. Ominös ernennt sich der kriegslüsterne Diktator selbst zum Oberbefehlshaber der Wehrmacht.

Hinsichtlich Österreichs werden Pläne zu einer persönlichen Begegnung zwischen Hitler und Schuschnigg, die Papen schon 1935 und dann Ende 1937 artikulierte, dadurch akut, daß der soeben entlassene Botschafter Hitler Anfang Februar 1938 mitteilt, Schuschnigg habe sich nach langem Zögern zum Einverständnis hinsichtlich eines Treffens mit Hitler durchringen können. Mit dem Rufe: »Aber das ist

Kapitel XIV: Kriegsdrohung und Erpressung – Das Trauma von Berchtesgaden

herrlich ...« – so Papen – habe Hitler die Idee seines Botschafters sofort aufgegriffen, die Entlassung Papens wieder rückgängig gemacht und diesen nach Wien zurückbeordert, um dem Bundeskanzler die Einladung zur Gipfelkonferenz der beiden Regierungschefs zu überbringen. Da dies am 7. Februar mit dem Hinweis geschah, Hitler habe nur am 12. Februar hierfür Zeit, blieben für den Bundeskanzler im Falle der Annahme dieses Termins nur fünf Tage bis zum Ereignis selbst. Allerdings hatte Papen dem Staatssekretär Schuschniggs, Guido Schmidt, bereits am 7. Januar mitgeteilt, Hitler sei zu einem Treffen mit dem Bundeskanzler etwa Ende Januar bereit. Schuschnigg hatte erwidern lassen auch er sei dazu bereit, falls eine eindeutige Einladung von deutscher Seite erfolge. Damit ergab sich für die österreichische Seite für Vorbereitungen eine Vorlaufzeit von über einem Monat. Wie Schuschnigg später erläuterte, wurde – trotz einer von Hitler abgeschlagenen Bitte Wiens um eine Vertagung des Termins um 14 Tage – der Termin des 12. Februar schon deshalb angenommen, »weil es österreichischerseits unvertretbar schien, den internationalen, zumal aus London zu erwartenden Vorwurf zu riskieren, man habe die zur Versöhnung ausgestreckte Hand zurückgewiesen«.[2] Allerdings scheint Hitler sich trotz der Zusage aus Wien überhaupt nicht sicher gewesen zu sein, ob Schuschnigg tatsächlich bereit sein würde, das Risiko eines Besuchs in der Höhle des Löwen auf sich zu nehmen. Deshalb war Papen noch am 26. Januar 1938 instruiert worden, er solle im Auftrag Hitlers »feststellen, ob noch [seitens Schuschniggs] Geneigtheit für den Besuch [bei Hitler] bestehe.« Falls ja, werde Hitler seine diesbezügliche Entscheidung am 30. Januar bekanntgeben. Obwohl Hitler selbst an der Begegnung interessiert war, scheint er doch nicht sicher gewesen zu sein, ob sich Schuschnigg auf dieses Risiko einlassen würde.[3]

Spätestens ab dieser Rückanfrage ergab sich eine – wenn auch versäumte – Chance, das in einer solchen Begegnung liegende Risiko zu verringern. Denn es gibt zwei Arten von Gipfelkonferenzen. Bei der einen werden die Verhandlungen von den einander begegnenden Staatsmännern selbst geführt. Die andere Art von Gipfelkonferenz hat nur ratifizierenden Charakter. Hier wird die eigentliche Verhandlungsarbeit zuvor von Diplomaten beider Seiten geleistet, deren Ergebnisse dann von ihren Staats- oder Regierungschefs nur mehr bestätigt werden. Oder die Staatsmänner begegnen einander und beschließen Vereinbarungen, mit denen dann ihre Diplomaten beauftragt werden. Angesichts der Rückfrage Hitlers hatte Schuschnigg eine Chance, seine Zusage mit der Bedingung einer Vorbereitung der Gipfelkonferenz durch führende Diplomaten und von diesen zu erarbeitenden Verhandlungsergebnissen in schriftlicher Form verbinden zu können. Wie Schuschnigg aber in einer Zeugenaussage bestätigte, hatte er von Papen zwar eine »Vorauseinigung« über zentrale Punkte verlangt, hatte sich aber von Hitlers bekanntermaßen aalglattem Botschafter mit unverbindlichen mündlichen Zusagen abspeisen lassen. Bereits das deutsch-österreichische Juliabkommen hatte sich als Belastung für Österreichs Souveränität erwiesen. Um so wichtiger war es, dafür durch schriftlich fixierte Vorverhandlungen Sorge zu tragen, daß sich neue Forderungen in erträglichen Grenzen halten würden.[4]

Aber die letzte Strecke des Kreuzweges im Ringen um die Erhaltung der Unabhängigkeit Österreichs ist immer wieder von gravierenden taktischen Fehlgriffen gekennzeichnet. Für das Treffen mit Hitler hatte Schuschnigg zusammen mit Seyß-Inquart und Guido Zernatto ein Geheimdokument – genannt »Punktationen« – ausgearbeitet. Diese enthielten, so Schuschnigg, eine Festlegung des »Äußersten an Zugeständnissen«, das die österreichische Regierung eingehen wollte. Unverständlich ist, daß dieser brisante diplomatische Entwurf den außenpolitischen Hauptberatern des Bundeskanzlers – dem Generalsekretär des Außenministeriums Hornbostel und Staatssekretär Schmidt – erst im Augenblick der Abreise nach Berchtesgaden gezeigt wurde! Beide waren über den einerseits kompliziert und andererseits nicht präzise genug formulierten Inhalt der Punktationen entsetzt. Schmid protestierte noch auf dem Bahnhof. Hornbostel meinte, die Formulierungen seien für einen Realpolitiker unverständlich und würden zu einem »unentwirrbaren Formelkram« führen. Beide Diplomaten glaubten zu Recht, daß Schuschnigg angesichts seiner Persönlichkeitsstruktur kein für ein Streitgespräch mit Hitler geeigneter Dialogpartner sei.[5] Fatal war weiterhin, daß die Inhalte der Punktationen durch Verrat Hitler vor dem Treffen mit dem österreichischen Bundeskanzler bekannt gemacht wurden.[6]

Der Verlauf des Treffens mit Hitler, das am 12. Februar 1938 am Berghof in Berchtesgaden stattfand, bestätigte die schlimmsten Er-

Kapitel XIV: Kriegsdrohung und Erpressung – Das Trauma von Berchtesgaden

wartungen Schmidts und Hornbostels. Der feinsinnige, etwas introvertierte und gradlinig denkende Schuschnigg erwies sich nicht als tauglicher Partner eines Streitgesprächs mit einem der raffiniertesten und brutalsten Demagogen des 20. Jahrhunderts. Die taktische Unterlegenheit deutete sich bereits in der Unterschiedlichkeit der Anrede im Gespräch an. Während Hitler von Schuschnigg als »Herr Reichskanzler« tituliert wurde, redete dieser ihn herabsetzend nur mit »Herr Schuschnigg« an. Anstatt dementsprechend sofort auf ein »Herr Hitler« umzuschalten, ließ sich der Bundeskanzler diese protokollarische Herabstufung ebenso gefallen wie z. B. auch die Tatsache, daß Hitler ihn während einer Gesprächspause wie einen Bittsteller zwei Stunden lang in einem Vorzimmer warten ließ. Nur ein einziges Mal im Verlauf des mehrstündigen Gesprächs wurde Schuschnigg von Hitler als »Herr Bundeskanzler« tituliert. Der Anlaß hierzu war symptomatisch – Schuschnigg hatte an Engelbert Dollfuß erinnert, den Hitler allerdings als Gegenspieler eines ganz anderen Kalibers empfunden hatte. »Sie haben recht, Herr Bundeskanzler« hatte Hitler erwidert, »ich anerkenne, daß Dollfuß zwischen uns steht.«[7]

Hitlers Verhandlungsstil bestand aus einer Kombination von aggressiven Bezichtigungen, größenwahnsinnigem Selbstlob und erpresserischer Drohung bei gleichzeitiger Behauptung völliger Isolation und Hilflosigkeit der gegnerischen Seite. So herrschte er Schuschnigg wegen Österreichs Verbleiben im Völkerbund an. Österreich hätte »selbstverständlich« ebenso wie Deutschland die Weltorganisation verlassen müssen, und er fügte hinzu: »Übrigens hat Österreich ... nie etwas getan, was dem deutschen Reich genützt hat. Seine ganze Geschichte ist ein einziger Volksverrat.« Er selbst, so prahlte Hitler zweimal, sei der größte Deutsche der Geschichte. Eine Großmacht wie Deutschland lasse sich von einem Kleinstaat wie Österreich nicht ungestraft provozieren, wie z.B. durch den Bau militärischer Verteidigungsanlagen an den gemeinsamen Grenzen. Er werde laufend auch über kleinste Entwicklungen in Österreich informiert. »Wer weiß«, drohte Hitler, »vielleicht bin ich über Nacht auf einmal in Wien ... Dann sollen Sie etwas erleben! ... Das wird viele Opfer kosten; nach den Truppen kommt dann die SA und die Legion; und niemand wird die Rache hindern können, auch ich nicht! *Wollen Sie aus Österreich ein zweites Spanien machen?*« Dieser letzte

Hinweis bezog sich auf den in äußerst grausamen Formen abspielenden Bürgerkrieg in Spanien. Und nicht zufällig hatte Hitler den Befehlshaber der deutschen Luftwaffenlegion in Spanien, Hugo Sperrle, und andere Generäle zur Einschüchterung Schuschniggs ebenfalls auf den Berghof beordert. Angesichts dieser Kriegsdrohung zumindest wagte Schuschnigg Widerspruch, indem er sagte: »... das wird ein Blutvergießen geben; wir sind nicht allein auf der Welt. Das bedeutet wahrscheinlich Krieg.« Höhnend wies Hitler auf die auch Schuschnigg zu dessen Bedauern nur allzu gut bekannte internationale Lage hin. Mit dem eng befreundeten Italien habe er sich geeinigt. Frankreich hätte 1936 anläßlich seiner Rheinlandbesetzung seine einzige Chance, ihn noch rechtzeitig zu schlagen, versäumt. Jetzt aber sei es für Frankreich zu spät. England werde keinen Finger rühren.

Von europäischer Relevanz ist eine Äußerung Hitlers im zweiten Teil seiner Kontroverse mit Schuschnigg. Denn er, der sich kurz zuvor nach der Eliminierung traditionell denkender Generale selbst zum Oberbefehlshaber der deutschen Wehrmacht gemacht hatte, sagte, nach vorheriger Erwähnung der gewaltigen militärischen Aufrüstung in Deutschland, es sei »*unverantwortlich vor der Geschichte*«, wenn das Instrument Wehrmacht von ihm nicht eingesetzt würde. »Ich hätte der Welt gerne einen neuen Weltkrieg erspart«, hatte er zwar gesagt, jedoch hinzugefügt, ein Weltkrieg könne nur vermieden werden, wenn die Welt sich seinen Wünschen füge. So war Kurt von Schuschnigg zum ersten Staatsmann der Welt geworden, dem Hitler mit dieser Direktheit und dieser amoralischen Begründung seinen Willen zum neuen Weltkrieg klar verständlich bekundet hatte.

Als es nach diesen Tiraden der Einschüchterung zum eigentlichen Thema der Verhandlungen kam, wurden Hitlers Forderungen in einem zweiseitigen Papier zusammengefaßt, zu dem er barsch kommentierte: »Hier ist der Entwurf. Verhandelt wird nicht; ich ändere keine Beistrich. Sie haben zu unterschreiben oder alles andere ist zwecklos. ... Ich werde dann im Laufe der Nacht meine Entschlüsse zu fassen haben.« Als Schuschnigg einwarf, er könne die für eine Entscheidung Österreichs hinsichtlich dieser Forderungen verlangte Frist von nur drei Tagen nicht garantieren, mimte Hitler einen Wutanfall, schrie brüllend nach General Keitel und unterbrach das Gespräch. Als Keitel kam und beflissen fragte: »Was befehlen Sie, mein Führer?«, entgegnete Hitler maliziös lächelnd: »Ach gar nichts, ich wollte Sie nur hier oben haben.« So bildete auch diese kleine Episode einen Teil der Serie von Bluffs zur erfolgreichen Terrorisierung Schuschniggs.[8]

Dieser hatte im Direktgespräch mit Hitler an keiner Stelle gewagt sich auf die sogar noch im Juli-Abkommen von 1936 verbriefte Souveränität des österreichischen Staates und seinen Anspruch auf Nichtintervention in innere Angelegenheiten zu beziehen. Dennoch, obwohl einem Nervenzusammenbruch nahe, gelang es Schuschnigg und Schmidt, einige Änderungen des von Hitler präsentierten Entwurfs auszuhandeln. An die Stelle der von Hitler verlangten obligatorischen Beratung in Fragen der Außenpolitik trat der Begriff des »außenpolitischen Gedankenaustauschs«. Ebenso entfiel die verlangte Erklärung, »daß der Nationalsozialismus mit den Gegebenheiten Österreichs« sowie mit den Prinzipien der Vaterländischen Front »vereinbar ist«. Unter bestimmten Voraussetzungen sollte aber Nationalsozialisten der Zugang zur Vaterländischen Front ermöglicht werden können. Hitlers Forderung nach Entlassung loyal österreichischer Spitzenbeamten wie des Staatssekretärs für Verteidigung, General Wilhelm Zehner, des Ministers Eduard Ludwig und des Bundeskommissärs Walter Adam wurde ebenfalls gestrichen. Weiterhin entfiel die von Hitler geforderte Ernennung von Dr. Hans Fischböck als Wirtschaftsminister. Auch die verlangte Ernennung Glaise-Hostenaus zum Heeresminister konnte abgebogen werden. Ein vereinbarter »planmäßiger Offiziersaustausch« konnte zahlenmäßig halbiert werden.[9]

Was dennoch blieb, war schädlich genug. Eine weitreichende Amnestie für nationalsozialistische Straftäter ermöglichte diesen die Rückkehr in ihre vormaligen Positionen sogar in den Bereichen des Heeres und der Polizei. Ihnen wurden sogar »Wiedergutmachungsleistungen« zugesagt. Der zwischen Schuschnigg und Hitler hin und her schwankende Arthur Seyß-Inquart sollte zum »Innenminister mit Unterstellung des Sicherheitswesens« ernannt werden und als oberste Autorität für erlaubte und verbotene Aktivitäten der österreichischen Nationalsozialisten fungieren. Andererseits sagte die deutsche Reichsregierung in Artikel III des Berchtesgadener Abkommens Maßnahmen zu, »die eine Einmischung reichsdeutscher Parteistellen in innerösterreichische Verhältnisse ausschließt«.[10] Zumindest aber erschien bezüglich der Berchtesgadener Gipfelkonferenz ein deutsch-österreichisches Kommuniqué, das die Resultate dieser Aussprache als Bemühung um eine wirksamere Anwendung des Abkommens vom 11. Juli 1936 darstellte und damit dessen fortgesetzte Gültigkeit, einschließlich der deutschen Anerkennung der österreichischen Souveränität, bestätigte.[11]

Noch während sich ein nervlich und seelisch gebrochener Schuschnigg auf der Rückfahrt nach Salzburg und Wien befand, beriet und veranlaßte Hitler in Fortsetzung seiner Taktik bluffender Drohpolitik eine großangelegte und auffallende Dislozierung deutscher Streitkräfte des Heeres und der Luftwaffe entlang den bayerischen Grenzen mit Österreich, um dessen Führung vom Ernst seiner Schuschnigg gegenüber geäußerten Drohungen zu überzeugen.[12]

Der im Zustand tiefer Erschütterung nach Wien zurückgekehrte Schuschnigg traf am 14. Februar mit Bundespräsident Miklas sowie Altkanzler Ender, dem Bürgermeister von Wien, Richard Schmitz, und Nationalbank-Präsident Kienböck zu einem Bericht über das Berchtesgadener Treffen und zur Beratung der Reaktion Österreichs hierauf zusammen. Der Bundeskanzler stellte hierbei alternativ drei Reaktionsformen zu Diskussion: 1. Rücktritt des Kanzlers und Ernennung eines durch das Abkommen von Berchtesgaden nicht gebundenen neuen Regierungschefs; 2. Durchführung des Abkommens durch die Regierung eines neuen Bundeskanzlers; 3. Durchführung des Abkommens durch den bisherigen Kanzler. Die Art und Weise, in der Schuschnigg die Sachlage darstellte, veranlaßte den Bundespräsidenten sich zugunsten der dritten Option zu entscheiden.

Rückblickend läßt sich sagen, daß sein erster Vorschlag in der Weise denkbar gewesen wäre, daß der Bundespräsident Hitler davon informiert hätte, daß Schuschnigg bei den Verhandlungen in Berchtesgaden seinen Kompetenzrahmen weit überschritten habe, daß aber die neue Bundesregierung durchaus dazu bereit sei auf der Basis des Juli-Abkommens von 1936 in weitere Verhandlungen auf Außenministerebene mit der Reichsregierung einzutreten. Tatsächlich hatte Schuschnigg in Berchtesgaden Hitler darauf hingewiesen, daß letztlich nur der Bundespräsident österreichischerseits über Annahme oder Ablehnung des Verhandlungsergebnisses entscheiden könne, und Hitler hatte das akzeptiert. Gleichzeitig hätten die Regierungen der Großmächte – wie ohnedies geschehen – vertraulich über den Hitlerischen Vergewaltigungsversuch informiert und das Bundesheer auf die Möglichkeit eines hinhaltenden Widerstandes vorbereitet werden können. Einem neuen Bundeskanzler wäre es eventuell auch leichter gefallen durch Sonderreferate innerhalb der Vaterländischen Front einerseits sozialistische Elemente und andererseits von Schuschnigg vor den Kopf gestoßene Heimwehr-Anhänger sowie Legitimisten und gemäßigte Nationale auf der Basis eines alle Gruppen überwölbenden Bekenntnisses zur Souveränität und Eigenstaatlichkeit Österreichs in einer so verbreiterten Vaterländischen Front zu vereinen. Schuschnigg selbst schrieb dazu: »Die einzige Möglichkeit« (zu einem für Österreich ungefährlichen Einbau der gemäßigten Nationalen in das bestehende politische System) »schien die ... ideologische Sektionierung, wobei Nationalsozialisten wie Sozialisten und Legitimisten ihren eigenen national-gesellschafts- und staatspolitischen Ideen dienen konnten, sofern sie sich auf die reale Grundlage des unabhängigen österreichischen Vaterlandes stellten. ... Stand erst einmal das Bekenntnis zum Staat und seinen Farben außer Frage, dann war auch ... der Weg frei für friedlich diskutierte Reformen und Änderungen und die Ventile ließen sich öffnen, bevor der angestaute innere Druck zu neuer Explosionsgefahr führte.« Gewiß hätte ein gewisses Maß an Risikobereitschaft zur Durchführung dieses Programms ebenso gehört wie eventuell auch eine integrationsfähigere Persönlichkeit an der Spitze von Regierung und Vaterländischer Front. Über den Bundespräsidenten Miklas, der eine solche Lösung hätte sanktionieren müssen, schrieb Schuschnigg, dieser hätte dem Dollfußschen Ständestaatsystem »... einen Ausgleich mit der gemäßigten sozialdemokratischen Observanz, somit ein christlich-sozial-sozialdemokratisches Zweckbündnis vorgezogen ... Ihm schwebte – in rohen Linien gezeichnet – ein demokratischer Drei-Parteien-Staat als wünschenswertes Ideal vor, beruhend auf der politischen Richtung der Katholiken, Sozialdemokraten und Nationalisten.«[13]

In einem Bericht, den der Botschafter der USA in Paris, William C. Bullitt, datiert vom 16. Februar 1938, nach Kenntnisnahme eines Telegramms von Schuschnigg an den österreichischen Gesandten in Paris an den US-Außenminister sandte, heißt es dementsprechend: »Die Amnestie würde sofort nicht nur auf die Nationalsozialisten, sondern auch auf die Sozialdemokraten ausgedehnt werden. ... Das

Recht zur politischen Propaganda würde nicht nur den Nationalsozialisten zugestanden, sondern auch auf die Monarchisten und Sozialdemokraten ausgedehnt werden.«[14]

Eine amtliche Verlautbarung vom 18. Februar bestätigte zwar, daß einzelne Nationalsozialisten die Möglichkeit legaler Betätigung im Rahmen der Vaterländischen Front haben würden. Einschränkend aber hieß es: »Diese Betätigung kann jedoch nur auf dem Boden der Verfassung, die politische Parteien (insbes. die NSDAP) nach wie vor ausschließt, in gleicher Stellung *mit allen anderen Gruppen* erfolgen.«[15] Der Bundeskanzler hatte somit eine gleichsam pluralistische Umstrukturierung der Vaterländischen Front in Erwägung gezogen, in deren Rahmen den »nationalen« Elementen drei andere Gruppierungen gegenüber gestanden wären. Doch die von ihm selbst befürwortete Akzeptanz der am Berghof erhobenen Forderungen Hitlers verbaute *die letzte Chance* den in diesen Forderungen enthaltenen Fallstricken für Österreichs Souveränität zu entkommen. Gewiß lag hier ein damals begreiflich überschätztes Risiko. Im Lichte geschichtlicher Erfahrungen und prinzipieller Erwägungen hatte der damalige Vizebürgermeister von Wien, Ernst Karl Winter, recht, als er in seiner bemerkenswerten, für Schuschnigg verfaßten Denkschrift vom 1. März 1938 u. a. schrieb: »*Auch der kleinste Staat muß den größten Schicksalsschlägen gegenüber den Mut zum Widerstand besitzen.*«[16]

So wie auch der politisch wesentlich versiertere Neville Chamberlain und kurz danach der tschechische Präsident Emil Hacha hatte Schuschnigg mit psychologischer Kontraproduktivität angenommen, es sei möglich, den Berserker Hitler durch Entgegenkommen zu beschwichtigen. Für den Regierungschef eines viel kleineren und teilweise feindlich penetrierten Landes bedurfte es eines wesentlich besseren Nervenkostüms und größerer taktischer Geschicklichkeit, als Schuschnigg sie von Natur aus besaß, um im Verhandlungsgespräch mit dem brutalen und scheinbar kriegswilligen Diktator einer totalitär regierten Großmacht diplomatisch wirksam zu pokern.

Kapitel XV
Trotz und Tragik von Österreichs »letztem Aufgebot«

Hitlers lang erwartete Reichstagsrede, die auch zu Berchtesgaden Stellung nahm, erfolgte am 20. Februar 1938. Zur Unzufriedenheit des vaterländischen Lagers wurde eine Anerkennung der österreichischen Unabhängigkeit an keiner Stelle direkt, sondern nur einmal indirekt dadurch erwähnt, daß die Gültigkeit des nunmehr perfektionierten Abkommens vom 11. Juli 1936 bestätigt wurde. Das Berchtesgadener Zusatzabkommen habe durch »eine Ergänzung im Rahmen des Abkommens vom 11. Juli« eine »unerträglich gewordene Lage« durch eine »endgültige Aussöhnung« ersetzt. Es sei ein Interesse des Dritten Reiches für die »zehn Millionen Deutschen« (gemeint waren die Österreicher und die dreieinhalb Millionen Altösterreicher in der ČSR, die allesamt nie deutsche Staatsbürger gewesen waren) das Recht zu sichern, ihre Verbundenheit mit Deutschland und darüber hinausgehend mit dem deutschen »Gesamtvolk« zum Ausdruck zu bringen.[1]

Wie schon zuvor seit dem Berchtesgadener Abkommen ging die als Partei immer noch illegale NSDAP, die im Untergrund ihre Organisationsstrukturen erhalten hatte, offen dazu über, durch Demonstrationen, das offene Tragen von Hakenkreuzfahnen, durch den Hitlergruß und Fackelzüge zu Ehren der Rede des »Führers« Macht und Einfluß zu demonstrieren. Insbesondere in Graz kam es immer wieder zu fast bürgerkriegsähnlichen Turbulenzen. Die einzelnen »Nationalen« fielen freilich viel weniger ins Gewicht als die straff organisierten Kampfverbände der an sich noch illegalen Partei.

Hier spätestens rächte sich die im Interesse der »Befriedung« erfolgte und von ihren Mitgliedern als schmählich empfundene Auflösung und Entmachtung der Heimwehr. Gleiches gilt von der dilatorischen Art der Annäherung an die Parteien der Linken. Das am 2. Juni 1947 gehaltene Plädoyer des Ersten Staatsanwalts im Hochverratsprozeß gegen Guido Schmidt erteilte diesbezüglich eine scharfe Rüge. Darin heißt es u. a.: »Man kann über die Zielsetzung der in der autoritären Zeit bestandenen Wehrverbände verschiedener Meinung sein. Sie waren sicherlich nicht demokratisch. ... Aber eines ist sicher: Im nackten Kampf um Österreichs Unabhängigkeit ..., wo es galt Bajonett gegen Bajonett, Gewehr gegen Gewehr zu stellen, in dieser Zeit haben die Wehrverbände ihren Mann gestellt, ihren Einsatz für Österreich mit ... Todesopfern besiegelt und waren nach wie vor bereit, gegen die deutsche Aggression auch mit der Waffe in der Hand zu kämpfen. Und da geschah unter Bundeskanzler Schuschnigg das Merkwürdige: Es werden diese Wehrverbände aufgelöst. Eine an sich verständliche und richtige Maßnahme, wenn sie den Zweck gehabt und auch bewirkt hätte, daß dafür die Arbeiterschaft, die demokratische Volksmenge sich zur Mitarbeit entschlossen hätten, beziehungsweise daß man ihnen ihre demokratischen Rechte zurückgab. Keineswegs! Man hat also seine eigenen Wehrverbände, die immerhin gegen die deutschen Aggression tauglich waren, entwaffnet und hat sich auf der anderen Seite ... die sozialistische Arbeiterschaft nicht zur Mitarbeit herangezogen.«[2]

Während also in der Folge des Berchtesgadener Zusatzabkommens die sich ungemein ermutigt und gestärkt fühlenden Nationalsozialisten zur politischen Demonstrationsoffensive antraten, verbreiteten sich sowohl im vaterländischen Lager als auch in der Meinung des Auslands Niedergeschlagenheit, Verunsicherung und Skepsis hinsichtlich der Zukunft Österreichs. Nur vier Tage nach Hitler hielt Schuschnigg deshalb vor einer außerordentlichen Sitzung des Bundestages eine im In- und Ausland stark beachtete leidenschaftliche Rede. Sie sollte unter den für Österreichs Unabhängigkeit eintretenden Kreisen des In- und Auslands die gesunkene Stimmung wieder hochreißen, sollte beruhigen, motivieren und vor allem auch klar definieren, wo die Grenzen der sog. »Befriedung« lägen.

Er verwies auf die ein halbes Jahrtausend hindurch gegebene Realität eines unabhängigen Österreich. Fünf Jahre hindurch habe es um und in Österreich einen »Bruderkampf« gegeben, doch nun solle es einen »ehrenvollen Frieden« geben, dessen Ziel die Zusammenkunft in Berchtesgaden gewesen sei. Hinsichtlich der Ursachen des bisherigen Konflikts gelte unverrückbar, was Engelbert Dollfuß noch in seinem Todeskampf gesagt habe: »Ich habe ja nur den Frieden haben wollen. Wir haben nie angegriffen, wir mußten uns immer wehren. Der Herrgott soll ihnen vergeben.« Unveränderte Geltung behielten auch die Grundprinzipien des österreichisch-deutschen Abkommens vom Juli 1936, nämlich Hitlers Anerkennung der »vollen Souveränität des Bundesstaates Österreich« sowie der gegenseitige Verzicht auf Einmischung in innere Angelegenheiten und dementsprechend die Einigung darüber, daß der Nationalsozialismus in Österreich ein internes österreichisches Problem darstelle, in das sich das benachbarte Reich nicht einmischen wolle. Es sei in Berlin darauf hingewiesen worden, daß es mit der Würde der deutschen Großmacht unvereinbar sei, »wenn Österreich« – wie fünf Jahre hindurch geschehen – »die herrschende Staatsauffassung des Reiches bekämpfe«. Darauf könne man im Interesse der Befriedung allgemein verzichten, »insofern nicht innerösterreichische Auseinandersetzungen und insbesondere eine gegen die österreichische Staatsauffassung und -gestaltung gerichtete illegale Betätigung mit einer Stellungnahme zum deutschen Staatsverständnis gleichgesetzt werden«. Zur Dimension der inneren Befriedungspolitik kommend, betonte Schuschnigg, seine Regierung habe immer wieder ihren guten Willen demonstriert. Wörtlich: »Wir haben die ehemaligen parteigebundenen Sozialdemokraten zur Mitarbeit in der Vaterländischen Front eingeladen; wir haben den ehemaligen parteigebundenen Nationalsozialisten wie den Angehörigen aller anderen Gruppen unter vollkommen gleichen Bedingungen die Möglichkeit der Mitarbeit eröffnet. Dennoch gebe es in Österreich Elemente, die mit dem Gedanken an Gewalt und Terror spielten. Stürmischen Beifall erntete der Bundeskanzler, als er das Leitmotiv seiner Ausführungen in die Worte kleidete: »*bis hierher und nicht weiter*«, womit gesagt sein sollte, Österreich habe mit dem Zusatzabkommen von Berchtesgaden die Grenze seiner Konzessionsbereitschaft erreicht. Nachdem er Wiens freundschaftliche Beziehungen zu England, Frankreich, den Vereinigten Staaten und der Schweiz hervorgehoben hatte, wobei hier die Auslassung Italiens auffiel, sagte der Kanzler, Österreich sei ein »Fixpunkt der Landkarte Europas ..., der aus dem europäischen Gesamtbild nicht wegzudenken ist.« Er hoffe, daß ein »geschlosseneres Europa nach neuen Formen der Organisation und Garantie den Frieden suchen« könne. Für Österreich selbst gehe es heute »nicht um die Staatsform, sondern um den Staat, das Vaterland«. Jeweils minutenlange Ovationen erntete Schuschnigg, als er mit tief empfundener Leidenschaft ausrief, ungeachtet aller Neuentwicklungen sei es seines Volkes fester Wille, daß »*unser Österreich Österreich bleiben muß!*« und seine Rede mit dem Ruf beendete: »*Bis in den Tod Rot-Weiß-Rot! Österreich!*«[3]

Auch der den Sozialdemokraten nahestehende britische Korrespondent G. E. Gedeye berichtete in der »New York Times« vom 25. Februar von »unkontrollierbaren Beifallsstürmen« (wörtlich: »uncontrollable storms of enthusiasm«), die anscheinend nicht aufhören wollten. In England schrieb der »Daily Telegraph« vom gleichen Datum: »Das österreichische Volk hat für Dr. v. Schuschnigg nun eine größere und tiefere Verehrung als vor dem schicksalvollen Berchtesgadener Zusammentreffen«. Schuschniggs »glückliche Kombination von Leidenschaft und Sachlichkeit für die gerechten Interessen Österreichs« sei beeindruckend gewesen. Im Gespräch mit dem österreichischen Gesandten in Prag, Dr. Marek, kommentierte laut dessen Bericht der tschechische Staatspräsident Eduard Benesch: »*Der Mut des österreichischen Bundeskanzlers, seine zwingende Logik, sein glühender Patriotismus seien zu bewundern und nicht umsonst applaudiere ihm die ganze Welt ...*«.[4]

Auch aus dem Inland wurde Schuschnigg mit zahlreichen Glückwunschbriefen oder Telegrammen überschüttet. Die zuvor zutiefst verunsicherten vaterländischen Kreise der Bevölkerung begannen in diesem Moment wieder Mut zu fassen und empfanden Dank für die zwar maßvoll formulierte, doch sehr klare Abgrenzung gegenüber der »evolutionären« Unterwanderungspolitik der Nationalsozialisten. Zugleich mit der Rede des Kanzlers im Bundestag hatte eine Großkundgebung der Vaterländischen Front in der Wiener Innenstadt stattgefunden. Als Augenzeuge schreibt Guido Zernatto: »Als er [der Kanzler] aus dem Parlament heraustrat, erhob sich ein ungeheurer Jubel. ... Auf der ganzen Wegstrecke drängten sich die Menschen an den Kanzler heran, um ihm die Hand zu geben, um ihm eine Parole zuzurufen, die ihn in seiner Haltung bestärken sollte, um ihn wenigstens zu berühren.« Dieses Ereignis wie auch die Flut der per Post erhaltenen Demonstrationen der Zustimmung hätten gezeigt, »daß die Stimmung vollständig umgeschlagen« war.[5]

Die Nationalsozialisten zeigten sich von diesem Ereignis zwar verägert, fuhren aber fort, ihrerseits mit aller Kraft an der Stärkung ihrer

Kapitel XV: Trotz und Tragik von Österreichs »letztem Aufgebot«

Organisationen und ihres Einflusses in der Öffentlichkeit zu arbeiten. In klarem Bruch der vertraglichen Vereinbarung vom 11. Juli 1936 über die Nichteinmischung deutscher Autoritäten in innerösterreichische Angelegenheiten ernannte Hitler Hubert Klausner zum neuen Landesleiter der illegalen NSDAP und NS-Gauleiter für Österreichs einzelne Bundesländer. Diese aber forderten von der Bundesregierung Mandate für Nationalsozialisten in Gemeinden, Landtagen und den vorberatenden Organen der Bundesgesetzgebung wie auch die Erteilung von Rechten in den Sphären des Presse-und Vereinswesens.[6]

Die sich in Österreich ausbreitenden Turbulenzen werden von Zernatto u. a. wie folgt beschrieben: »Unter der Patronanz der volkspolitischen Referenten [Vertretern der »Nationalen« in der Vaterländischen Front] wurden nun in einzelnen Ländern Aufmärsche veranstaltet, die die Masse der Anhänger des Nationalsozialismus zeigen sollten. Es kam tatsächlich in einigen Städten zu großen [NS-]Kundgebungen. ... Die Anhänger der Vaterländischen Front wollten ... nicht zurückstehen. Deshalb wurden auch dort durch die Front Kundgebungen in den gleichen Orten veranstaltet, die gleichviel mehr Menschen auf die Straßen brachten als die Nationalen. Es entstand ein wilder Demonstrationswettbewerb, der die Unruhe, die allenthalben vorhanden war, noch mehr steigerte ... In einigen Orten fanden die Pro-und-contra-Demonstrationen zugleich statt. Die Polizei mußte sich bemühen, die feindlichen Gruppen auseinanderzuhalten. ... Es besteht kein Zweifel darüber, daß die Aktionen der Nationalsozialisten von reichsdeutscher Seite unterstützt wurden. Die einzelnen Aufmärsche erforderten bedeutende Geldmittel, die nur aus Deutschland gekommen sein konnten. ... Der Quantität der deutschen Propaganda hatten wir ... so gut wie nichts entgegenzustellen. ... Die moderne politische Propaganda hat ... [das] Ziel den Gegner einzuschüchtern. ... In Angst wird der versetzt, der sich schwächer fühlt, sich einer übergroßen Übermacht gegenüber sieht. In dieser Situation befand man sich in Österreich.«[7]

Hinzu kam, daß Hugo Keppler, Hitlers Sonderbeauftragter für Österreich, ein SS-Führer im Range eines Unterstaatssekretärs, am 5. März 1938 bei Schuschnigg erschien, um von ihm die Erfüllung einer Reihe von Forderungen zu verlangen, denen Schuschnigg sich in Berchtesgaden erfolgreich hatte widersetzen können. Der Kanzler lehnte sie auch diesmal ab. Doch es verblieb bei ihm der Eindruck, mit einer korrekten Erfüllung der für Österreich ohnedies so harten Bedingungen seitens des Dritten Reiches nicht rechnen zu können. Angesichts dieser Situation klarer Verletzungen der als Österreichs äußerste Zugeständnisse geschlossenen Vereinbarungen und schnell wachsenden Drucks der illegalen NSDAP in Österreich auf der einen Seite und der von ihm entfachten neuen Welle des patriotischen Aktivismus auf der anderen Seite, faßte ein nervlich zermürbter Schuschnigg den folgenschweren Beschluß zu einer ihm von Funktionären der Vaterländischen Front empfohlenen Volksbefragung über Österreichs staatliche Unabhängigkeit und Verfaßtheit. Mit dieser Absicht beauftragte er Guido Zernatto, den damaligen Generalsekretär der Vaterländischen Front, die Voraussetzungen für eine solche Volksbefragung zu überprüfen und konkrete Vorschläge auszuarbeiten. Als Resultat wurde Schuschnigg von Zernatto gewarnt eine Volksabstimmung mit der hierfür vorgesehenen Formel – *»Für ein freies und deutsches, unabhängiges und soziales, für ein christliches und einiges Österreich! Für Friede und Arbeit und Gleichberechtigung aller, die sich zu Volk und Vaterland bekennen«* – werde von den Nationalsozialisten als konfrontative Herausforderung und direkte Kampfansage gewertet werden. Die internationale Lage zeige aber, daß Österreich im Fall eines bewaffneten Angriffs nicht auf irgendeine wirksame Unterstützung auswärtiger Mächte rechnen könne. Vergeblich gewarnt worden war Schuschnigg auch von Mussolini. Dieser hatte ihm durch den österreichischen Militärattaché in Rom, Oberst Liebitzky, eine von unbestreitbar machtpolitischem Realismus gekennzeichnete Warnung zukommen lassen. Das geplante Plebiszit sei ein Fehlgriff (»E un errore!«). Denn erhalte Schuschnigg eine bedeutsame Mehrheit, werde Hitler das Ergebnis als gefälscht und ungültig erklären. Sollte das Ergebnis nur sehr knapp ausfallen, habe es keinen wirklichen Wert. Sollte sich eine Mehrheit aber gegen Schuschniggs Formel aussprechen, bestehe die Gefahr, daß die Lage der Bundesregierung dadurch unhaltbar werde. Daher solle diese Bombe in der eigenen Hand durch Absagung der Volksbefragung entschärft werden.[8]

Die Warnung zeigt, wie trefflich Mussolini Hitlers Gangsterethik verstand, vermutlich weil er selbst ähnlich dachte. Doch Schuschnigg, der Ratschlägen zumeist nur schwer zugänglich war und für einen

Kapitel XV: Trotz und Tragik von Österreichs »letztem Aufgebot«

Politiker wohl oft auch zu unilinear dachte, konnte selbst durch höchst realistische Argumentation nicht von diesem äußerst gefährlichen Vorhaben abgebracht werden.

Vermutlich wäre es ratsamer gewesen, zum Gegenstand einer Volksbefragung nicht Österreichs Sein oder Nichtsein als unabhängiger Staat so *direkt* zur Diskussion zu stellen, sondern verpackt in einer Abstimmung über die Grundprinzipien des Abkommens vom 11. Juli 1936 mit ihren Schlüsselelementen österreichisch-deutscher Verständigung, österreichischer Souveränität, deutscher Nichteinmischung, der Mitbeteiligung »nationaler« und anderer Elemente der Gesellschaft im Rahmen der Vaterländischen Front. Eine andere Alternative hätte darin bestanden – mit oder ohne Volksabstimmung – eine erweiternde Umstrukturierung der Vaterländischen Front durch institutionalisierte Vertretungen der christlich-sozialen, nationalen, sozialistischen, legitimistischen und Heimwehr-Elemente, vereint durch ein verpflichtendes gemeinsames Bekenntnis zur Eigenstaatlichkeit Österreichs anzustreben. Wahrscheinlich wäre es nur so gelungen, in Österreich eine Kräftekonstellation zu bilden, die die Macht der österreichischen NSDAP wirksam in Schach gehalten hätte. Obwohl einige Führer der Vaterländischen Front und auch Schuschnigg selbst Überlegungen und sogar halbherzige Sondierungen in dieser Richtung angestellt hatten, konnten sie dies nicht rechtzeitig in die Tat umsetzen. Der Betrachter dieser Entwicklungen fühlt sich dabei an Grillparzers berühmtes Wort aus seinem Drama »Ein Bruderzwist in Habsburg« erinnert:

> Das ist der Fluch von unserm edlen Haus:
> Auf halben Wegen und zu halber Tat
> Mit halben Mitteln zauderhaft zu streben.

In seiner taktischen Dimension beruhte Schuschniggs Abstimmungsplan auf den Prinzipien strenger Geheimhaltung und raschest möglicher Durchführung. Der Gegner sollte gleichsam überrumpelt werden. Doch eine insgeheim nationalsozialistische Sekretärin Zernattos verriet den Plan schon am 8. März der NSDAP. Damit entfiel der Effekt der Überraschung. Am gleichen Tag erhielt Schuschnigg aber für seinen Plan die förmliche Zustimmung des Bundespräsidenten, der die Ansicht vertrat, es würde sich »trotz des eingedrungenen Giftstoffes die überwältigende Mehrheit des Volkes für Österreich als freien Staat« entscheiden.⁹

Fünf Tage nach Schuschniggs traumatischer Begegnung mit Hitlers Erpressungspolitik in Berchtesgaden schrieb Otto von Habsburg, der letzte Thronfolger der Österreichisch-Ungarischen Monarchie, aus seinem belgischen Exil einen vom 17. Februar 1938 datierten Brief an den Bundeskanzler. Daran erinnernd, daß er bereits das Juli-Abkommen von 1936 für bedenklich gehalten, eine »Politik weitestgehender Befriedung gegenüber der Masse der Arbeiter« gefordert und »eine Politik der Nachgiebigkeit gegenüber den Mördern Dollfuß', gegenüber den nationalsozialistischen Volks- und Vaterlandsverrätern stets verurteilt habe«, warnte der Kaisersohn, das neue Berghof-Abkommen habe für Hitlers weitere Einmischung »Tür und Tor geöffnet«. Er entwarf sodann einen »Plan zur Rettung der schwer bedrohten Heimat«. Österreich müsse mit strenger Geheimhaltung eine Politik der Annäherung an die Westmächte betreiben. Militärisch müsse es nach Kräften aufrüsten. Zur Innenpolitik riet er: »Vorerst muß die Politik der Befriedung nach links aktiv betrieben werden. Die Arbeiter haben in den letzten Tagen bewiesen, daß sie Patrioten sind. Die verläßlichste Kraft im Kampf um Österreichs Unabhängigkeit sei der Legitimismus. Sollte Schuschnigg glauben, dem Druck der Nationalsozialisten nicht mehr widerstehen zu können, möge er ihm – Otto von Habsburg – das Amt des Kanzlers übergeben. Dies wolle er nicht mit einer Restauration der Monarchie verbinden, »… denn wenn Österreich in Gefahr ist, hat der Erbe des Hauses Österreich mit diesem Land zu stehen und zu fallen«.¹⁰

Schuschniggs Antwort vom 2. März 1938 argumentierte, wenn auch in ehrfurchtsvollem Ton, ein Pfeiler der Österreich-Ideologie sei »Dienst am Frieden«. Das bedeute: »In dem Moment, in welchem Österreich, um seine Existenz zu sichern, genötigt ist, einen internationalen Krieg heraufzubeschwören, gibt es zu, daß es seiner Aufgabe nicht getreu bleiben konnte.« Die geopolitische Lage Österreichs erfordere zwingend Frieden mit Deutschland – um welchen Preis jedoch wurde vom Kanzler nicht zur Diskussion gestellt. Das Schicksal Österreichs und der Habsburger Dynastie wäre aber besiegelt, wenn eine vorübergehende Restauration »nur mit schweren Blutopfern und mit fremdstaatlicher Hilfe« erkauft werden könne. Er wisse aus eigenem Erleben, was Krieg und Bürgerkrieg bedeute. Fast prophetisch werdend fügte der Bundeskanzler hinzu, wenn es aber zum Schlimmsten komme »und Österreich der Gewalt weichen müßte, der es sich in Ehren lange und hartnäckig widersetzt hat«, dann würde einmal auch wieder »die Zeit der Wiederauferstehung kommen mit einer völlig neuen Gestaltung Europas; daß dies voraussichtlich erst nach einem neuen großen Krieg sein dürfte, ist eine unendlich tragische, aber wahrscheinliche Gegebenheit«. Es gehe jetzt nicht darum »in Ehren zu bestehen«, sondern »für bessere Zeiten, die einmal kommen müssen, gerüstet zu sein«.[11]

Was beide Kontrahenten dieses Dialogs nicht wußten, war, daß auf Hitlers Veranlassung von der deutschen Wehrmacht – wenn auch gegen Bedenken führender Generäle wie z.B. Ludwig Beck – ein Kriegsplan gegen Österreich mit dem Codenamen »Sonderfall Otto« entwickelt worden war, der aus Vorarbeiten schon im Jahr 1936 hervorgegangen war. Zu Beginn dieses Kriegsplanes gegen Österreich heißt es: »Bewaffnete Intervention gegen Österreich für den Fall, daß dieses die Monarchie wiederherstellen sollte. Ziel dieser Intervention wird es sein, Österreich mit Waffengewalt zum Verzicht auf eine Restauration zu zwingen. Hierzu ist unter Ausnutzung der innenpolitischen Spaltung des österreichischen Volkes in allgemeiner Richtung auf Wien zu marschieren und jeder Widerstand zu brechen.«[12]

Hitler verstand sehr gut, daß die staatsbezogene Loyalität der Österreicher Jahrhunderte hindurch nicht der Idee einer »österreichischen Nation« gegolten hatte, sondern der mehr als ein halbes Jahrtausend lang in Österreich regierenden Habsburger Dynastie als supranationalem Angelpunkt eines Vielvölkerreiches. Auf Grund dieser historisch und emotional verwurzelten fundierten Beziehung zwischen Dynastie und Staatlichkeit sowie zwischen Dynastie und der historischen Größe Altösterreichs, dessen Ende damals nur zwei Jahrzehnte zurücklag, erwiesen sich die Legitimisten in der Ersten Republik als entschiedenste und konsequenteste Gegner eines Anschlusses an das Deutsche Reich. Aber auch in Jugoslawien und der Tschechoslowakei gab es Dispositionen zu politischen und selbst militärischen Maßnahmen gegen Österreich im Falle einer dortigen Erneuerung der Habsburger Dynastie. In Jugoslawien fürchteten insbesondere serbische Kreise die Anziehungskraft der Dynastie für katholische Bevölkerungselemente vor allem in Kroatien, und die herrschenden Kräfte in der Tschechoslowakei waren sich der Tatsache bewußt, daß sie dreieinhalb Millionen Altösterreicher gegen deren Willen mit Gewalt in diesen neuen Multinationalitäten-Staat hineingezwungen hatten.

Bundeskanzler Schuschnigg, der trotz berechtigter Warnungen nicht nur Mussolinis, sondern auch bewährter Mitarbeiter seines Regierungsteams – darunter Skubl, Hornbostel, Guido Schmidt, Hoffinger und Zernatto – am Plan der Volksbefragung eigensinnig festhielt, gab diese allgemein im Rahmen einer ebenfalls aufrüttelnden Rede in Innsbruck am 9. März 1938 bekannt. Er betonte darin seine Bereitschaft, zu den Abkommen mit dem Dritten Reich vom Juli 1936 und vom Februar 1938 zu stehen. Jetzt aber wolle und müsse er wissen, »ob das Volk von Österreich dieses freie und deutsche und unabhängige und soziale, christliche und einige, dabei keine Parteienzerklüftung duldende Vaterland will.« Daher rufe er zur Volksbefragung auf, um vor Gott und der Welt unter Beweis zu stellen, daß die Österreicher »eingedenk unserer Pflicht und im Bewußtsein der historischen Stunde für unsere Unabhängigkeit, für die deutsche Unabhängigkeit Österreichs einzustehen bereit sind«. Gegen Ende seiner Rede rief Schuschnigg seinen Zuhörern die berühmte Parole Andreas Hofers: »*Mander's ischt Zeit*« zu. Mit diesem Aufruf hatte dieser große Bauernführer den Tiroler Volkskrieg von 1809 gegen Napoleon I. wie auch gegen die Bayern eröffnet, die Tirol mit dessen Hilfe annektiert hatten. Der Bundeskanzler schloß seine Rede mit der Aufforderung: »*Sagt Ja zu Österreich!*«[13]

Sein Motiv war, mit einer ihm unanfechtbar scheinenden Formulierung eine Zustimmung zu Österreichs Unabhängigkeit erzielen zu können, die auch von den Nationalsozialisten und allen anderen Gruppen nicht abgelehnt werden könne. Ein Hauptmoment seiner Taktik lag in der geplanten Form der Durchführung. Zwischen der Ankündigung in Innsbruck und dem Abstimmungstermin lagen kaum vier Tage. Dem Gegner solle so die Möglichkeit zu wirksamen Gegenmaßnahmen genommen werden. War dies die Absicht, so hätte er das Verfahren nicht mit einer kämpferischen, sondern einer versöhnlichen Rede eröffnen und dabei erklären müssen, daß ihn Kritik diverser Seiten am deutsch-österreichischen Vertragswerk dazu veranlasse, hierzu die Meinung der gesamten Bevölkerung einzuholen. Eine auch in der Sicht Berlins relativ unanfechtbare Abstimmungsformel hätte dann etwa lauten müssen: »Für deutschösterreichische Entspannung und Befriedung im Sinne des Abkommens vom Juli 1936, für gegenseitige Nichteinmischung in innere Angelegenheiten, für die volle Souveränität des Bundesstaates Österreich, für dessen deutsche Politik und sein Festhalten an den Römischen Verträgen, für eine Heranziehung auch nationaler und anderer Kreise zur Vaterländischen Front unter der Voraussetzung ihres Bekenntnisses zur Eigenstaatlichkeit Österreichs.« Der psychologische Fehler in der Taktik des Bundeskanzlers – auf den ihn allerdings auch enge Berater hingewiesen hatten – bestand darin, daß er sich geistig nicht in die Lage, in die Bewertung und in vermutbare Reaktionsweisen seiner Gegner hinsichtlich seiner Initiative hineingedacht hatte. Denn die Verbindung einer rhetorischen Kampfansage mit Schuschniggs Formulierung und einer überhasteten verfahrensmäßig angreifbaren Durchführung mußte als eine Provokation bewertet werden. Und die gegebenen Machtverhältnisse gestatteten es den Gegnern, dieser Herausforderung mit überlegenen Machtmitteln zu begegnen.

Ein Augenzeuge berichtet, Hitler habe sich am 9. März im Gespräch mit ihm zornerfüllt beschwert, Schuschnigg wolle ihn betrügen. Hitler wörtlich: »Nach allen meinen großzügigen Abmachungen mit ihm bereitet er heimlich, wie wir rechtzeitig erfahren haben, eine Überrumpelungsvolksabstimmung vor, die über die österreichische Unabhängigkeit bestimmen soll. Und das mit faulen Tricks, wie offene Stimmabgabe, Ausschluß jüngerer Jahrgänge, Verbot von Gegenpropaganda usw. Das ist unerhört, das werde ich nicht dulden! Und dabei hatte ich doch die Absicht gehabt, mit ihm zusammen die Österreichfrage in Ruhe und mit der Zeit zu lösen. ... Was er jetzt macht, ist eine Unverschämtheit. Ich lasse mich nicht begaunern. 600 Flugzeuge werde ich über Österreich fliegen lassen und mit gigantischen Propagandaflügen und Millionen von Flugzetteln die österreichische Bevölkerung aufklären. Der Schoschnik [Schuschnigg] wird seinen primitiven Schwindel noch bereuen. Meine Entschlüsse sind gefaßt.« Und dann teilte er seinem Gesprächspartner, dem für das Auswärtige Amt tätig gewesenen und als Pilot ausgebildeten SS-Funktionär Reinhard Spitzy mit, er solle sofort als Hitlers Kurier mit einer Sondermaschine nach London fliegen. Dort solle der damalige deutsche Botschafter Ribbentrop sofort sondieren, mit welchen englischen Reaktionen im Falle außerordentlicher deutscher Maßnahmen gegen Österreich zu rechnen sei. Er – Hitler – habe weiterhin Prinz Philipp von Hessen mit einer persönlichen Botschaft zu Mussolini nach Rom entsandt.[14]

Hitlers Darstellung Spitzy gegenüber entsprach insofern den Tatsachen, als eine Fülle dokumentarischer Evidenz darauf hinweist, daß er bis Anfang März tatsächlich die Österreichfrage »evolutionär«, d. h. durch langsame Strangulierung der österreichischen Unabhängigkeit in einem Zeitraum von vier bis fünf Jahren zu lösen gedachte und nicht durch den Einsatz der Wehrmacht. Wie oben gezeigt, hatte ihn die Niederlage der NSDAP im bewaffneten Kampf gegen die Dollfuß-Regierung im Juli 1934 derart schockiert, daß er die offenen Kampfmaßnahmen abbrach und ab damals die Einhaltung eines »evolutionären« Kurses befahl. Dieser hatte nicht nur in Deutschland 1933, sondern 1934 auch im Freistaat Danzig, dort sogar mit einer absoluten Mehrheit, zu einer quasi-legalen Machtergreifung der NSDAP geführt. Doch eine Wiederholung dieser Taktik der NSDAP in Österreich zu verhindern war ein Hauptmotiv der Vaterländischen Front bei der Einführung eines autoritären Ständestaatssystems in Österreich gewesen. Für Hitler bestanden Sinn und Wert der erpreßten Abkommen mit Österreich von 1936 und 1938 darin, den Nationalsozialisten und ihren großdeutschen Sympathisanten in Österreich – *trotz* dessen autoritärer Staatsordnung – vertraglich abgesicherte und graduell zu erweiternde Wirkungschancen zu ermöglichen. Nach Hitlers Ansicht war dank seiner erfolgreichen Einschüchterung Schuschniggs mit dem Berchtesgadener Abkommen ein bedeutsamer Fortschritt in der Anwendung des evolutionären Ansatzes zur graduellen Durchdringung Österreichs erzielt worden, ein Erfolgsplateau, mit dem man einige Jahre leben könne. In diesem Zeitraum würden die durch die Breschen der österreichischen Souveränität geschobenen »trojanischen Pferde« der NSDAP ihre destruktive Wirkung entfalten können.[15]

Schuschniggs für Österreich wohlgemeintes, aber taktisch kontraproduktives Vorhaben einer Volksbefragung mit einer für Hitler provokativ wirkenden Formulierung der Fragestellung hatte auf diesen wie der Versuch eines Striches durch die Rechnung seiner evolutionären Strategie gewirkt. Damit aber entstand die Alternativkon-

Kapitel XV: Trotz und Tragik von Österreichs »letztem Aufgebot«

zeption einer durch die Wehrmacht zu erzwingenden sofortigen Gewaltlösung.

Mit einer solchen Reaktion auf seine vermeintlich unanfechtbare Fragestellung für die Volksabstimmung hatte Schuschnigg nicht gerechnet. Zernatto und Seyß-Inquart erwarteten bei der geplanten Volksbefragung eine Zustimmung von zwischen 68 und 75 Prozent. Der Deutschlandreferent im Wiener Außenministerium Max Hoffinger rechnete sogar mit 70 bis 75 Prozent.[16]

Mit ein Grund für diese recht optimistische Erwartung lag in der kurz vor dem Abstimmungstermin erfolgenden Annäherung zwischen Regierungslager und den seit 1934 in den Untergrund gedrängten Kräften der politischen Linken, einer Politik, die Otto von Habsburg bereits ab 1933 intensiv angeraten hatte.[17] Im Zusammenhang mit Reaktionen auf seine Rede vom 23. März 1938 berichtet Schuschnigg: »Unter den vielen Eingaben befand sich auch ein besonders beachtetes Dokument, welches die Unterschrift zahlreicher sozialdemokratischer Vertrauensleute aus den Wiener Betrieben trug. Darin wurde die volle Unterstützung der österreichischen Selbständigkeitspolitik zum Ausdruck gebracht, wie sie in der Bundestagsrede vom 24. Februar enthalten war. Die Regierung könne auf die aktive Unterstützung und Mitarbeit der Wiener Arbeiterschaft rechnen.«[18]

Unter den Aufrufen der politischen Linken zur Volksbefragung äußerte sich die Kommunistische Partei Österreichs am eindeutigsten. Es gehe nicht um Schuschnigg und sein Regime, sondern um Österreichs staatliche Unabhängigkeit. Die Arbeiter sollten sich nicht nur durch ein »Ja« bei Stimmabgabe, sondern auch Demonstrationen und andere Aktionen konkret für dieses Ziel einsetzen.[19]

Allerdings hatte der VII. Weltkongreß der Kommunistischen Internationale schon 1935 auf Stalins Geheiß für alle kommunistischen Parteien der Welt die Weisung erlassen, in ihren jeweiligen Ländern eine »Volksfront«-Politik zu betreiben, d. h. selbst mit vormaligen Todfeinden wie z.B. den Sozialdemokraten, aber auch mit liberalen und konservativen Parteien eine »Einheitsfront« gegen die drei späteren Achsenmächte und andere faschistische Kräfte zu bilden, durch die sich die Sowjetunion bedroht fühlte. Umgekehrt sabotierte die Kommunistische Partei Frankreichs in der Zeit des Raubbündnisses zwischen Stalin und Hitler Frankreichs Krieg gegen

Deutschland mit dem Hinweis, dies sei nur ein Krieg zwischen kapitalistischen Mächten. Doch ab Hitlers unerwartetem Angriff gegen die Sowjetunion 1941 wurde die Kommunistische Partei – wegen der Bedrohung der Sowjetunion – zu einer der aktivsten Kräfte des französischen Widerstandes.

Schuschnigg hatte kurz nach der Berchtesgadener Begegnung im Rahmen einer Kabinettsumbildung mit der Ernennung des vormaligen Sozialdemokraten Adolf Watzek ein Signal gesetzt und am 3. März eine 20köpfige Delegation der illegalen sozialistischen Gewerkschaften unter Führung von Friedrich Hillegeist empfangen. Bei dieser Verhandlung legten die Vertreter der Sozialisten dar, sie seien zu einer Unterstützung der Regierung gegen Hitler bereit, doch die Voraussetzung hierfür sei eine institutionalisierte Entfaltungsmöglichkeit etwa analog dem »volkspolitischen Referat« der »Nationalen«. Schuschnigg aber zögerte bei der Erfüllung dieser in der damaligen Situation sehr sinnvollen Forderung. Er fürchtete die Wiederentstehung eines Parteiensystems, das dann die österreichische NSDAP mit all ihren aggressiven Formationen legalisieren würde. Selbst Hitler habe das in Berchtesgaden akzeptiert. Daher sei er nicht an die Parteiführer, sondern an die Gewerkschaftsvertreter der Opposition herangetreten.[20]

Laut Aussage von Karl Hans Sailer, seit dem Feburar 1934 Vorsitzender des Zentralkomitees der Revolutionären Sozialisten, konnte mit der Regierung noch am 11. März 1938 die Gründung einer »Sozialen Arbeitsgemeinschaft« – analog der Stellung des Volkspolitischen Referats der »Nationalen« – im Rahmen der Vaterländischen Front vereinbart werden.[21]

Anders als die Kommunisten erließen auch die Revolutionären Sozialisten einen Aufruf zugunsten der geplanten Volksabstimmung, der klarmachte, dies sei eine Stimme nicht für die »Austrofaschisten«, sondern gegen den Hitlerfaschismus. Im Gegensatz zum erwähnten Aufruf der KPÖ ist in diesem Aufruf von Österreichs Unabhängigkeit explizit nicht die Rede.[22]

So hatte sich in der Tat und in letzter Minute für Schuschniggs Volksbefragung ein beachtliches Stimmenpotential gebildet, das sich aus Anhängern der Vaterländischen Front, der Revolutionären Sozialisten, der Legitimisten und der Kommunisten zusammensetzte. Wie der vormalige Innenminister und Vizekanzler Eduard Baar-

Kapitel XV: Trotz und Tragik von Österreichs »letztem Aufgebot«

Baarenfels aussagte, hatte er in Abwesenheit des Fürsten Starhemberg kurz vor dem 11. März ein Treffen von Heimwehrführern veranlaßt, bei dem diese beschlossen, sich im Ernstfall jedem bewaffneten Widerstand anzuschließen und dabei selbst auch mit dem Republikanischen Schutzbund der Sozialisten zu kooperieren.[23] Auch der frühere Stabschef des Republikanischen Schutzbundes, Major Eifler, sprach sich für bewaffneten Widerstand »selbst um den Preis der Niederlage« aus.[24]

Ein zutiefst verärgerter Hitler hatte Papen zunächst beauftragt in Wien zu intervenieren und dafür zu sorgen, daß die Volksbefragung entweder verschoben oder zur Gänze abgesagt würde. Doch Papen stellte in Österreich fest, daß die Vaterländische Front und andere Organisationen mit ganzer Kraft an der Vorbereitung der Abstimmung arbeiteten. Hitlers beide Vorschläge wurden von der Bundesregierung abgelehnt. Dazu kommentierte Papen in einer Prozeßaussage: »*Schuschnigg entscheidet, auf alle Fälle zu kämpfen. Er will nichts von einem Kompromiß hören, den ich bis zur letzten Minute erzielen versuche. ... Während der ganzen Jahre hatte er sich zu stark und zu innerst mit dem Kampf gegen den Nazismus identifiziert, um abzudanken.*«[25]

Am Abend des 10. März versuchte Göring vergeblich Glaise-Horstenau den Text eines von ihm konzipierten Telegramms auf die Reise nach Wien mitzugeben, in dem der Empfänger Seyß-Inquart die deutsche Reichsregierung um den Einmarsch deutscher Truppen in Österreich bitten sollte. Glaise lehnte es jedoch ab, Kurier einer solchen kriminellen Aktion zu werden.[26]

Am Vormittag des 11. März brachte ein regulärer Kurier Seyß-Inquart einen Brief Hitlers, in dem dieser die Vertagung der Volksbefragung, bevorzugt jedoch die Abhaltung einer regulären Wahl in Österreich forderte und drohte, widrigenfalls werde es Gewaltaktionen der österreichischen NSDAP oder eine Invasion der Wehrmacht geben. Als Anlage war wiederum der Entwurf eines Schreibens beigefügt, mit dem Seyß-Inquart um die Hilfe deutscher Streitkräfte bitten sollte. In Hitlers Brief war ultimativ eine Antwort bis 12.00 Uhr mittags gefordert.[27]

Bereits am Tag zuvor hatte Hitler dem Chef des Generalstabes des deutschen Heeres, General Ludwig Beck, befohlen, eine Planung für eine Invasion Österreichs am 12. März zu erarbeiten.[28] Eine Gruppe von fünf hochrangigen Vertretern der »Nationalen« in der Regierung – darunter auch Seyß-Inquart und Glaise-Horstenau – richteten daraufhin ein schriftliches Ultimatum an Schuschnigg, in dem sie mit ihrem Rücktritt drohten, falls der Kanzler nicht die Volksbefragung verschiebe bzw. an ihrer Stelle nach einigen Wochen eine reguläre Wahl veranlassen würde, bei der dann die NSDAP die Chance gehabt hätte als reguläre Partei aufzutreten. Dieses um 13.00 Uhr dem Kanzler übermittelte Ultimatum war auf 14.00 Uhr des gleichen Tages befristet. Der so von zwei Seiten hart unter Druck gesetzte Kanzler lehnte diese Zumutungen zunächst ab und veranlaßte eine Verstärkung der öffentlichen Sicherheitsvorkehrungen. Im Rückblick hätte er hier vielleicht eine kleine Chance dazu gehabt, durch eine sofortige Verschiebung der Volksbefragung und durch eine oben bereits diskutierte Abänderung ihrer Fragestellung die Situation zu retten. Ein um 15.00 Uhr eintreffender Anruf Görings bei Seyß-Inquart bringt Berlins Forderung, Schuschnigg müsse zurücktreten und bis 17.30 Uhr durch Seyß-Inquart als neuen Bundeskanzler ersetzt werden, obwohl die Bundesregierung zuvor bereits die Absetzung der Volksbefragung beschlossen hatte. Die Mehrheit der Mitglieder des neuen Bundeskabinetts müsse aus Nationalsozialisten bestehen. Sollte all dies nicht geschehen, so begänne um 19.30 Uhr der Einmarsch der deutschen Wehrmacht in Österreich. Guido Zernatto definiert die in dieser Stunde ersichtlich gewordene Lage Österreichs mit den Worten: »Wir stehen vor einem Bürgerkrieg im Inneren und einem Krieg mit Deutschland. Zwar nimmt Bundespräsident Miklas Schuschniggs Rücktritt an, doch weigert er sich Seyß-Inquart, dessen Loyalität Österreich gegenüber er mißtraut, zum neuen Bundeskanzler zu ernennen. Der Kommentar des Präsidenten: ›Also läßt man mich in der entscheidenden Stunde ganz allein.‹«[29]

Um 18.15 Uhr jenes 11. März meldet sich der deutsche Militärattaché Generalleutnant Muff auf Befehl Görings bei Bundespräsident Miklas an, um ihm zu drohen, falls bis 19.00 Uhr noch keine Ernennung von Seyß-Inquart als Bundeskanzler vollzogen wird, erfolgt der Einmarsch deutscher Truppen in Österreich. Miklas jedoch lehnt erneut das deutsche Ultimatum ab. Nachdem das Außenministerium negative Anworten auswärtiger Regierungen auf dringende Hilferufe Wiens mitgeteilt hat, hält Bundeskanzler Schuschnigg eine

20 Bundeskanzler Schuschnigg auf einer Großveranstaltung der Vaterländischen Front im Oktober 1936

21 Bundeskanzler Schuschnigg und Staatssekretär Guido Schmidt auf dem Weg nach Italien

22 Von links nach rechts: Bundeskanzler Schuschnigg, der tschechoslowakische Ministerpräsident Milan Hodža und Bundespräsident Wilhelm Miklas

23 Schuschnigg (Mitte) berichtet Feldmarschalleutnant Jansa und General Zehner (rechts) von Hitlers Ultimatum in Berchtesgaden.

24 Die Vaterländische Front wirbt für Schuschniggs Volksbefragung.

25–27 Von oben nach unten: Theodor Hornbostel, Feldmarschalleutnant Alfred Jansa, Erzherzog Otto von Habsburg 1938

28 Einberufung des Reservistenjahrganges 1915 durch Bundeskanzler Schuschnigg

Rundfunkansprache, in der er über die militärische Drohung des Dritten Reiches berichtet, die von dort kommenden Falschmeldungen über bürgerkriegsähnliche Zustände in Österreich dementiert und wörtlich hinzufügt: »Der Herr Bundespräsident beauftragt mich, dem österreichischen Volk mitzuteilen, daß wir der Gewalt weichen. Wir haben, weil wir um keinen Preis ... deutsches Blut zu vergießen gesonnen sind, unserer Wehrmacht den Auftrag gegeben, für den Fall, daß der Einmarsch durchgeführt wird, ohne ... Widerstand sich zurückzuziehen und die Entscheidung der nächsten Stunden abzuwarten. ... So verabschiede ich mich in dieser Stunde von dem österreichischen Volk mit einem deutschen Wort und einem Herzenswunsch: Gott schütze Österreich!«

Der britische Historiker und Journalist Gordon Brook Shepherd rekonstruiert auf Grund der Aufeinanderfolge der Ereignisse die Hypothese, es sei eigentlich erst die resignierende Rede Schuschniggs gewesen, die dieser in der irrigen Meinung, der deutsche Einmarsch habe schon begonnen, gehalten habe, die bei Hitler den allerletzten Anstoß zum Beschluß ausgelöst habe, den militärischen Einmarsch definitiv zu veranlassen.[30]

Abgesehen von der Dementierung behaupteter schwerer Unruhen in Österreich versagte es sich der scheidende Bundeskanzler, das österreichische Volk und die Welt auf die hinter den unmittelbaren Ereignissen stehenden unglaublichen Vertragsverletzungen, erpresserischen Drohungen und lügnerischen Betrugsmanövern Hitlers, Görings und seiner Genossen hinzuweisen. Während sich der einsame Bundespräsident Miklas immer noch standhaft weigert, den aus Berlin kommenden Ultimaten gegenüber nachzugeben und vergeblich einen geeigneten Nachfolger für Schuschnigg zu gewinnen sucht, fordern zwei Telefonanrufe aus Berlin von Seyß-Inquart erneut ein vorformuliertes Ansuchen um den Einmarsch deutscher Truppen. Seyß verweigert eine Komplizenschaft mit diesem Betrug. Fünfzehn Minuten vor Mitternacht erfährt Hitler, daß Mussolini auf seinen langen, wenn auch verlogenen Brief, in dem er um Verständnis für außergewöhnliche Maßnahmen gegen Österreich bittet, zu keinen Gegenmaßnahmen bereit sei, sondern Hitlers Argumentation freundlich aufgenommen habe. Ein zutiefst erleichterter Hitler instruiert seinen Boten, den Prinz von Hessen: »... Sagen Sie bitte Mussolini, ich würde ihm dies nie vergessen. Nie, nie, was immer geschehen mag.« Im Gespräch mit dem Prinzen fügt Hitler u. a. hinzu: »... ich bin bereit mit ihm durch dick und dünn zu gehen ... Ich mache jetzt auch jedes Abkommen – *ich fühle mich jetzt auch nicht mehr in der furchtbaren Lage, die wir doch eben militärisch hatten, für den Fall, daß ich in den Konflikt gekommen wäre.*«[31]

Verzweifelte Anfragen des österreichischen Außenministeriums bei den Regierungen der Großmächte brachten nur entmutigende Resultate. Der Generalsekretär Theodor Hornbostel sagte zu den Ereignissen vom 10. März diesbezüglich aus: »Bis zum Abend wurde die ganze Welt in Bewegung gesetzt. Nach mehreren vergeblichen Versuchen ... erhielt ich die Erklärung, daß die italienische Regierung nicht in der Lage sei, eine Äußerung über die Vorfälle abzugeben. ... *Kurz darauf erfuhren wir durch Telefonate, daß Frankreich und England erklärten, wenn die Italiener mithielten, wollten sie in Berlin eingreifen. ... Wir waren mutterseelen allein!*«[32]

In der Tat aber hatte der italienische Außenminister Gaetano Ciano dem deutschen Geschäftsträger in Rom am 11. März 1938 laut dessen Bericht mitgeteilt: »Französische Regierung habe versucht, gemeinsames Vorgehen auch mit England in österreichischer Frage mit Italienischer Regierung zu erörtern. Italienische Regierung habe abgelehnt.« Als der deutsche Diplomat am folgenden Tag Ciano gefragt habe, was er von Schuschniggs Rücktritt halte, habe Ciano daraufhin plötzlich zu erkennen gegeben, »daß er es eilig hatte, Unterredung zu beenden«. Zuvor aber habe der Italiener zumindest gesagt: »*Wir beobachten und beteiligen uns an nichts, was gegen Deutschland gerichtet ist.*«[33]

Geradezu klassisch in der Formulierung und fast der Sprache eines klassischen Dramatikers entsprechend war die Antwort der britischen Regierung vom 11. März 1938. Sie endet mit den Worten: »Die Regierung Sr. Majestät kann keine Verantwortung dafür übernehmen, dem Kanzler irgendeine Richtung seines Handelns anzuraten, welche sein Land Gefahren aussetzen könnte, gegen die die Regierung Sr. Majestät nicht in der Lage wäre einen Schutz zu garantieren.«

Um Mitternacht des gleichen Tages, der erneut Österreichs internationale Isolation, den wachsenden innenpolitischen Druck der Nationalsozialisten, die in Abwesenheit der aufgelösten Heimwehr vielerorts das Straßenbild durch Demonstrationen beherrschten und

Kapitel XV: Trotz und Tragik von Österreichs »letztem Aufgebot«

die kriminellen Machinationen der Regierung des benachbarten Hitlerreiches ersichtlich gemacht hatte, beschloß Miklas die mit soviel Macht geforderte Regierungsübernahme von Seyß-Inquart in der nur schwachen Hoffnung zu bewilligen, daß hiermit der drohende Einmarsch der deutschen Militärmaschine in letzter Minute vielleicht doch verhindert werden könnte. Zwei Stunden später ließ der deutsche Militärattaché in Wien Hitler die mit der Ernennung Seyß-Inquarts erfolgte Erfüllung des deutschen Ultimatums mitteilen. Damit entfalle der Grund für einen militärischen Einmarsch. Diese Ansicht wurde gleichzeitig auch von Staatssekretär Wilhelm Keppler geteilt. Hitler, gegen 02.00 Uhr früh mit dieser Nachricht und diesen Stellungnahmen geweckt, entgegnete erneut wortbrüchig, der Befehl zum Einmarsch könne jetzt nicht mehr rückgängig gemacht werden. Um 05.30 Uhr des 12. April 1938 überschreiten Truppen der Wehrmacht ohne Kriegserklärung und trotz der Erfüllung der mit Kriegsdrohung erpreßten Ernennung der Regierung Seyß-Inquart die Grenze zu Österreich. Damit beginnt in großem Stil die Auflösung der von Österreich fünf Jahre lang verteidigten europäischen Friedensordnung. Die Stunde des nächsten Weltkrieges ist näher gerückt.

Bundespräsident Miklas trat am 12. März von seinem Amt zurück, um kein Dokument betreffend den »Anschluß« unterzeichnen zu müssen. Zuvor aber vereidigte er das neue Kabinett unter Seyß-Inquart auf die seit 1934 bestehende österreichische Bundesverfassung. Über Miklas schrieb der ihm nie wirklich nahestehende Schuschnigg: »Der in Ehren ergraute Politiker, untadelige Katholik und Österreicher, der – von Beruf Historiker – die volle lastende Wucht der Verantwortung in dieser Stunde fühlte, kämpfte in seinem Inneren einen harten, erschütternden Kampf, den härtesten, der einen Menschen treffen kann und der erbarmungslos allein entschieden werden muß: Gewissen gegen praktische Einsicht – ohne jede Möglichkeit des persönlichen Rückzugs.«[34]

Kapitel XVI
Die europäische Dimension des österreichischen Widerstandes – Ein Vergleich mit anderen Staaten

André François-Poncet, Frankreichs Botschafter in Deutschland 1931–1938 und einer der führenden Deutschlandkenner seines Landes im 20. Jahrhundert, schildert in seinen bemerkenswerten diplomatischen Memoiren Österreichs Abwehrkampf mit dem Dritten Reich als »Zweikampf«, in dem sich mehrere Jahre lang der »verbrecherische Goliath« des Hitlerreiches und »der mutige österreichische David« gegenüberstanden. Doch, fügt er hinzu, »war dieser mit einer schlechten Schleuder bewehrt und er wurde durch die eigenen Landsleute verraten«. »Die Eingliederung Österreichs«, so fährt er fort, »läßt auch wieder eine charakteristische Seite der internationalen Lage klar zutage treten, und zwar die Schwäche der Reaktion der Großmächte gegenüber deutschen Gewaltstreichen.« Eigentlich gelte gerade auch in der Praxis der internationalen Politik der römische Grundsatz: »principiis obsta« (Wehret den Anfängen!). Er sieht diese Schwäche im Friedenswillen der Demokratien verwurzelt, die nach den Schrecken des Ersten Weltkrieges einen neuen Krieg wenn möglich verhindern wollen. Hinzu tritt – so muß man hinzufügen – die Illusion, potentiell expansionistische Mächte durch partielle Zugeständnisse beschwichtigen und gleichsam zur Vernunft bringen zu können. Wie oben erwähnt, spielte wohl auch die Einsicht in die langfristige Unhaltbarkeit der Friedensverträge von 1919 und die Bereitschaft, sie durch partielle Konzessionen im Interesse der Friedenserhaltung korrigieren zu können, eine gewisse Rolle.[1] Aber, wie sein Außenminister Yvon Delbos noch am 12. Februar 1938, d. h. nur zwei Wochen vor dem Einmarsch der Wehrmacht in Österreich darlegt, versteht Paris sehr wohl, »daß das europäische Gleichgewicht auf der Unabhängigkeit Österreichs ruht und daß dies das Problem der internationalen Sicherheit und der Ehre ist«.[2]

In einer vom 7. März 1938 datierten realistischen Analyse französischer Außenpolitik berichtet Österreichs Gesandter in Paris,

Frankreich sei zwar aus dieser Einsicht heraus im Prinzip zur Verteidigung Österreichs bereit. Jedoch: »In der Praxis muß es darauf sehen, daß dieser extreme Einsatz unter möglichst günstigen Bedingungen erfolge, die natürlich in der gesicherten Teilnahme Englands liegen. Wäre England bereit, die Unabhängigkeit Österreichs nötigenfalls auch mit Waffen ... zu verteidigen, dann würde Frankreich auch schon zur Erhaltung der Unabhängigkeit Österreichs einen Krieg führen.« Sollte London hierbei nicht mittun, so würde Paris auf eine deutsche Vergewaltigung der Tschechoslowakei warten, denn dann müsse doch auch Großbritannien zum Kampfe bereit sein. Natürlich wäre auch der Wille des österreichischen Volkes zur Selbstverteidigung für Frankreichs Haltung von Bedeutung.[3]

So gab es in *Frankreich* zwar eine zutreffende Erkenntnis der geostrategischen Bedeutung Österreichs, und dies hatte Frankreich sowohl zur führenden Beteiligung an der Stresa-Front Paris–Rom–London von 1935 zur Eindämmung des Dritten Reiches insbesondere Österreich gegenüber und zum Militärabkommen mit Italien vom gleichen Jahre veranlaßt. Doch diese beiden Instrumente zur Absicherung Österreichs waren im gleichen Jahr ihrer Entstehung durch Italiens Aggressionskrieg in Afrika zunichte gemacht worden. Rückschläge für Frankreichs Außenpolitik bedeuteten im gleichen Jahr fernerhin der Beginn der offenen Wiederaufrüstung des Dritten Reiches, Englands Flottenpakt mit Hitler und Frankreichs Konflikt mit Italien. Ein Jahr zuvor hatte Polens Pakt mit Hitler das System der französischen Osteuropapolitik erschüttert. Im folgenden Jahr 1936 wagt Frankreich in eigenster Sache keine Maßnahmen gegen die Remilitarisierung des Rheinlandes an seinen Ostgrenzen, während im Westen Frankreichs, in Spanien, deutsche und italienische Streitkräfte in den Bürgerkrieg gegen die republikanische Linksregierung eingreifen. Im gleichen Jahr wird die »Achse« Berlin–Rom proklamiert. Gewiß hat Frankreich 1935 gegen Deutschland gerichtete Bündnisverträge mit der Tschechoslowakei und der Sowjetunion schließen können. Doch nicht nur entgegen dieser vertraglichen Verpflichtung, sondern diametral entgegengesetzt gibt Frankreich 1938 Hitlers Pressionspolitik nach und schließt – über die Köpfe der nicht beteiligten tschechischen Regierung hinweg – mit drei anderen Mächten einen völkerrechtlichen Vertrag, durch den die Tschechoslowakei seine von deutschsprachigen Bürgern bewohnten, wirtschaftlich und strategisch bedeutsamen Randgebiete an das Dritte Reich verliert.

Großbritannien war führend an dieser Operation beteiligt und sein mit Hitler zähe Verhandlungen führender Ministerpräsident Neville Chamberlain winkte mit dem Vertrag von München in der Hand jubelnden, weil von Kriegsfurcht befreiten, englischen Massen mit dem Ruf zu, der Friede sei für diese Generation gesichert (»peace for our time«), weil dies seiner innersten Überzeugung entsprach. Damit war er nicht allein. Denn als Winston Churchill im britischen Unterhaus feststellte, Großbritannien habe mit dem Vertrag von München »eine totale und umfassende Niederlage erlitten«, antwortete ihm ein wahrer Sturm des Protestes seitens einer Mehrheit von Abgeordneten.[4]

Im Jahr vorher bereits hatte einer der bedeutendsten britischen Staatsmänner dieser Ära, Englands Lordsiegelbewahrer und Sprecher des Oberhauses Lord Edward F. Halifax (Außenminister ab 1938), mit Hitler am Obersalzberg ein intensives Grundsatzgespräch über die Beziehungen Großbritanniens mit dem Dritten Reich geführt. In Großbritannien, so sagte Halifax, »erkenne man die großen Verdienste, die sich der Führer um den Wiederaufbau Deutschlands erworben habe«. Zu Fragen, die »Änderungen der europäischen Ordnung beträfen, die wahrscheinlich früher oder später eintreten würden ... gehöre Danzig und Österreich und die Tschechoslowakei. England sei nur daran interessiert, daß diese Änderungen auf dem Wege friedlicher Evolution zustande gebracht würden.«[5] Psychologisch war dies die *Preisgabe Österreichs und der ČSR* und erklärt die britische Haltung im März 1938. In Erinnerung an dieses Gespräch vom 19. November 1937 konnte Hitler drei Monate später an gleicher Stelle Schuschnigg höhnisch darauf hinweisen, daß Österreich von den Westmächten im Ernstfall keine Hilfe zu erwarten habe. Das habe er kürzlich erst hier in Berchtesgaden aus dem Mund eines führenden englischen Staatsmannes vernommen.[6]

Was *Italien* betrifft, so hatte Mussolini, der frühzeitig die Einsicht formuliert hatte: »Politisch ist Österreich eine Notwendigkeit für die Erhaltung Europas. An dem Tag, an welchem Österreich untergeht und von Deutschland geschluckt wird, beginnt die Auflösung Europas«, und der Österreich als Glacis Italiens bis 1935 energischer als jede andere Großmacht unterstützt und in diesem Jahr einen interessanten Artikel über die »Historische Mission Österreichs« veröffentlicht hatte, das gleiche Österreich kurz danach als »Bauern« im Schachspiel um die Eroberung eines italienischen Imperiums im Raum des Mittelmeeres bedenkenlos geopfert.[7] Zu diesem Zweck erklärte Italien ohne vitale Notwendigkeit dem schon am Boden liegenden Frankreich sowie Großbritannien und Griechenland 1940 den Krieg wie ebenfalls im Jahr danach auch Jugoslawien und den USA. Denn Mussolini – ebenso wie Stalin – hatte verstanden, daß man nicht mit den territorial saturierten Westmächten und ihrem Interesse am Status quo, sondern nur mit Hitlers expansionistischem Dritten Reich auf Landraub ausgehen konnte.

Die *Sowjetunion* war zwar 1934 in den Völkerbund aufgenommen worden, wurde aber 1939 als einziger Mitgliedstaat strafweise wegen seines Aggressionskrieges gegen Finnland aus dieser Weltorganisation ausgeschlossen. Stalin teilte sich mit Hitler Polen und das Baltikum und wurde lediglich durch Hitlers von ihm unerwartete Aggression gegen die Sowjetunion notgedrungen zum »großen Verbündeten« der Westmächte. Die mit Hitler geraubten Gebiete in Osteuropa behielt er auch nach dem Zweiten Weltkrieg. *Polen* selbst zeigte Österreich, seit Warschaus Vertrag mit Hitler, kaum Sympathie und brüskierte – wie Churchill in seiner Geschichte des Zweiten Weltkrieges bitter bemerkte – seine alten Freunde England, Frankreich und die USA, um sich von Hitler an der Aufteilung der Tschechoslowakei mit einem Gebietsgewinn beteiligen zu lassen.[8]

Die *Tschechoslowakei*, schließlich, findet sich 1938 und 1939 – trotz ihrer Bündnisverträge mit Paris und Moskau – international ähnlich isoliert wie zuvor Österreich. Doch anders als dieses verfügt sie über ein funktionierendes demokratisches System, über eine vorzüglich bewaffnete Armee und über starke Grenzbefestigungen. Dennoch beschließt sie, wie auch Österreich, auf bewaffneten Widerstand zu verzichten. Gewiß, das autoritäre *System* des österreichischen Ständestaates war in den westeuropäischen Demokratien nicht geschätzt. Doch die noch weniger geschätzten Systeme des italienischen Faschismus oder des stalinistischen Kommunismus hinderten Frankreich, die größte Demokratie Kontinentaleuropas, nicht daran mit Moskau und Rom diplomatisch zusammenzuarbeiten und mit diesen Mächten Verträge zu schließen, so lange das möglich und nützlich erschien. Ein ähnliches galt für Frankreichs Beziehungen zu den Diktaturen in Polen und Jugoslawien. Das pragmatische außenpolitische Interesse wog hier stets mehr als weltanschaulich-systemische Erwägungen. In Deutschland schließlich war Hitler – anders als in Österreich – quasi legal zur Macht gelangt.

Ein grundsätzliches Dilemma damaliger österreichischer Außenpolitik kommt in einer an den britischen Außenminister gerichteten Kommunikation des österreichischen Bundeskanzleramtes vom 14. April 1937 zum Ausdruck. Es heißt darin, die Bundesregierung begrüße das den Prinzipien des Völkerbundes entsprechende britische Interesse an einer Befriedung des Donauraumes. Wörtlich heißt es dann aber weiter: »Die Bundesregierung stellt mit allem Nachdruck fest, daß Österreich in der Wahrung und Sicherung seiner politischen Unabhängigkeit und territorialen Unversehrtheit auf Italien angewiesen ist und mit der besagten Tatsache unbedingt rechnen muß, solange das vom Völkerbund verkündete Prinzip der kollektiven Sicherheit und die Organisation des alleuropäischen Friedens nicht die effektive international rechtliche Geltung haben. ... Die Bundesregierung ist sich jedoch dessen völlig bewußt, daß sie eine engere Anlehnung Österreichs an Großbritannien, Frankreich und die Kleine Entente nur dann ernstlich in Erwägung ziehen könnte, wenn alle obenerwähnten Mächte, vor allem aber Großbritannien und Frankreich, in der Lage wären, *effektive* Garantien für die politische Selbständigkeit und territoriale Integrität Österreichs zu übernehmen.«[9]

Ein zweites vom 15. April 1937 datiertes Dokument, eine Weisung des Bundeskanzleramtes an die österreichische Gesandtschaft in Rom, beauftragt letztere, die italienische Regierung »in unzweideutiger Weise« von den ständigen und planmäßigen Verletzungen des österreichisch-deutschen Abkommens vom Juli 1936 hinzuweisen. Warnend wird hinzugefügt, die Bundesregierung sehe sich gezwungen, die italienische Regierung »auf die Möglichkeit einer Kündigung des besagten Abkommens mit dem Deutschen Reich aufmerksam zu machen«. Die deutschen Vertragsverletzungen hätten Wien dazu veranlaßt, »das Abkommen vom 11. Juli 1936 als eine schwere und beinahe untragbare Belastung der Innen- und Außenpolitik Österreichs zu empfinden. Die Bundesregierung ist ferner nicht in der Lage, die Politik des Deutschen Reiches gegenüber der Tschecho-Slowakei [sic] mitzumachen«. Die Bundesregierung, so heißt es weiter, »muß unbedingt darauf bestehen, daß sich die ... italienische Regierung entschließen möge, sich von der politischen Zielsetzung des deutschen Nationalsozialismus bezüglich des Donaugebiets eindeutig zu trennen ... .« Dieses offensichtlich höchst geheime Dokument – sofern es authentisch ist – gelangte durch Verrat in den Besitz der deutschen Botschaft in Wien und wurde von Botschafter Papen am 17. April 1937 an Hitler weitergereicht. In österreichischen Archiven konnte das Original bisher noch nicht aufgefunden werden.[10]

Kaum fünf Monate nach der Proklamation der »Achse Berlin–Rom« vom November 1936 bestand für Österreich keinerlei Chance, von Italien eine effektive Rückendeckung für eine an sich sehr sinnvolle Kündigung des Juliabkommens von 1936 zu erhalten.

Ingesamt zeigt sich *im europäischen Vergleich*, daß Österreich zwar in den letzten 19 Monaten der Schuschnigg-Ära, trotz allem guten Wollen der Bundesregierung, Fehler ähnlicher Art begangen hat wie die großen westeuropäischen Demokratien. Nur ist Österreich militärisch, wirtschaftlich und politisch schwächer und verwundbarer als jene. *Anders* als Italien, die Sowjetunion und Polen macht es sich aller trotz seiner nicht unbedenklichen und oft mißverstandenen Selbstdarstellung als »zweiter deutscher Staat« praktisch nicht zum Komplizen der Hitlerischen Außenpolitik. Bis zuletzt trotzt es den Forderungen aus Berlin und Rom, aus dem Völkerbund auszutreten und Mitglied des Antikominternpaktes Berlin–Rom–Tokio zu werden. Doch die Schuschnigg-Regierung irrte gutgläubig, ebenso wie die Regierungen der Westmächte, mit ihrer objektiv verharmlosenden Selbsttäuschung hinsichtlich der Ziele und Methoden des Hitlerregimes und ihrer Fehlmeinung, durch teilweises Nachgeben Frieden, Normalisierung und Stabilisierung erkaufen zu können. Was die Beschwichtigungspolitik in Wirklichkeit erntete, war aber nicht Dank, Anerkennung und Mäßigung, sondern, ganz im Gegenteil, das in Aggressivität umgesetzte Gefühl der Gegenseite, nun erst recht mehr fordern und nehmen zu können.

Mit Österreich aber stand und fiel Hitlers erstes Angriffsziel und Europas erste Abwehrfront und mit dieser ein Kernelement der europäischen Friedensordnung. Und wie von der österreichischen Regierung richtig vorausgesagt, begann nur 18 Monate nach dem Einzug Hitlers in Wien der Zweite Weltkrieg.

Kapitel XVII
Zur Streitfrage eines militärischen Widerstandes

Im Rahmen seines Schlußplädoyers am Ende des Hochverratsprozesses gegen Guido Schmidt 1947 befaßte sich der Erste Staatsanwalt u. a. auch mit der Frage eines militärischen Widerstandes gegen die Invasion Österreichs durch die Wehrmacht. Andere Kleinstaaten, darunter die Niederlande und Belgien und – für einige Stunden – selbst Dänemark hätten sich 1940 militärisch zur Wehr gesetzt. »Und es klingt merkwürdig«, so fuhr er fort, »wenn Schuschnigg die Parole ausgegeben hat: Rot-Weiß-Rot bis in den Tod! Wenn diesem Vordersatz sofort der Nachsatz folgt: aber geschossen darf nicht werden. ... Und wenn wir nur einen Blick in unsere vaterländische Geschichte machen, denken wir an Andreas Hofer.« Wie erinnerlich hatte Schuschnigg seine letzte große Rede in Innsbruck vom 9. März 1938 mit Andreas Hofers historischem Aufruf zum Kampf gegen die von Frankreich gestützte Herrschaft Bayerns in Tirol »Mander 's ischt Zeit!« beendet. »Hat Andreas Hofer nicht«, so fragte der Staatsanwalt in diesem Zusammenhang, »den Widerstand in einer viel auswegloseren Situation aufgenommen, hat er nicht unter viel, viel schlechteren Bedingungen gekämpft, hat er nicht gegen eine viel mächtigere Armee Widerstand geleistet. hat er nicht den Versuch unternommen, sein Land freizuhalten?«[1]

Noch Anfang März 1938 war diese Frage des Widerstandes in einer beeindruckenden Denkschrift aufgeworfen worden. Sie stammte von einem Vizebürgermeister Wiens, Ernst Karl Winter, den Dollfuß mit der Anbahnung von Kontakten zur sozialistischen Mehrheit der österreichischen Arbeiterschaft beauftragt hatte. Zur Frage der Sinnhaftigkeit eines militärischen Widerstandes hatte er dem Kanzler u. a. geschrieben: »Ein totaler Angriff Deutschlands auf Österreich, der überraschend erfolgt, scheint auf den ersten Blick ein Elementarereignis, gegen das es keine Vorkehrungen gibt.« Jedoch: »Auch der kleinste Staat muß den größten Schicksalsschlägen gegenüber den Mut zum Widerstand besitzen.« Bei der Verteidigung gehe es angesichts der extrem ungleichen Kräfteverhältnisse nicht um eine breitflächige territoriale Verteidigung, sondern darum, unter Ausnützung strategisch vorteilhafter Gebirgsregionen eine österreichische Staats- und Regierungsgewalt irgendwo auf österreichischem Territorium acht Tage lang handlungsfähig [zu] erhalten.« Diese Demonstration des österreichischen Selbsterhaltungswillens werde entweder die Großmächte zur Intervention veranlassen oder jedenfalls Österreichs internationale Stellung am Ende des zu erwartenden großen Krieges maßgeblich kräftigen. »*Österreich und Europa*« müsse die Parole eines solchen Widerstandes sein. Die Rettung der Ehre sei auch die Rettung der Zukunft.[2]

Die zentrale Figur bei der generalstabsmäßigen Planung und vorbeugenden Organisation eines miltärischen Widerstandes Österreichs gegen das Dritte Reich war der 1884 geborene Chef des Generalstabs für die bewaffnete Macht Österreichs, Feldmarschalleutnant Alfred Jansa von Tannenau, der daher auch zu von den Nationalsozialisten meist gehaßten ihrer Gegner in Österreich gehörte. Im Ersten Weltkrieg in der k.u.k. Armee bewährt und hoch dekoriert war er von Bundeskanzler Dollfuß zum Militärattaché in Berlin ernannt worden, wo er die nationalsozialistische Politik und den Beginn der deutschen Aufrüstung aus unmittelbarer Anschauung kennenlernte. Man müsse, so sagte er, »einen Trennungsstrich ... ziehen, zwischen dem Deutschland, das wir liebten, und dem alles Üble aufputschenden Nationalsozialismus.« 1935 berief ihn Schuschnigg nach Österreich zurück, ernannte ihn zum Generalstabschef und betraute ihn mit der Aufgabe des Ausbaus der österreichischen Streitkräfte, die nach dem offiziellen Beginn der Wiederaufrüstung des Dritten Reiches für erforderlich gehalten wurde.[3]

Mit dem Generalstab der Schweizer Armee enge Kontakte haltend, bekannte sich Jansa auch für Österreich zum Prinzip der allseitigen bewaffneten Neutralität. Ebenso wie Winter sah er den Sinn eines österreichischen militärischen Widerstandes im Gewinn von Zeit, um den Großmächten die Gelegenheit »zu Entschlüssen und folgenden Taten« zu geben. Auch hoffte er, daß sich in Deutschland und hier insbesondere bei den militärischen Führungskräften Widerwillen und Opposition gegen einen Krieg gegen das »Bruderland« Österreich entwickeln würde. Eine ernsthafte Opposition dieser Art gab es 1938 allerdings erst, als Hitler einen Krieg gegen die mit Moskau und Paris verbündete Tschechoslowakei forcieren wollte. Er vermutete, eine deutsche militärische Invasion würde eine Strategie des »Stoßes ins Herz« mit dem Ziel Wien versuchen.[4]

Die strengstens geheimgehaltene Abwehrplanung, genannt »Jansa Plan«, sah eine von Grenzsperren und der Zerstörung von Anmarschwegen ergänzte »hinhaltende Kampfführung in dem ... 50 km tiefen Raum zwischen Inn, Salzach und Traun« vor. Hier sollte das Gros des österreichischen Bundesheeres einen den Angriff aus Deutschland verzögernden Widerstand leisten, jedoch ohne sich dabei total aufreiben zu lassen. »Ich erwog«, so schrieb Jansa, »für die weitere Folge das Heer nach Süden ins Hochgebirge abzudrehen, aus dem heraus es in kleineren Gruppen elastisch in Flanke und Rücken der nach Wien marschierenden deutschen Kolonnen immer wieder vorzustoßen gehabt hätte.« Letztlich hätten die Streitkräfte den Kampf im Stil des Partisanenkrieges führen können.[5]

Im Prozeß gegen Guido Schmidt als Zeuge geladen, sagte Jansa aus: »Alle Überfallsmöglichkeiten Deutschlands waren in Rechnung gezogen. Durch die Tiefengliederung wäre es uns möglich gewesen, jeden vorgeprellten Teil deutscher Einheiten zu zerschlagen.... Ende 1937 verdichteten sich die Nachrichten, daß Deutschland eine gewaltsame Aktion plane. Ich habe daraufhin den Auftrag zum Ausbau der Befestigungen an der deutschen Grenze gegeben.« Es habe im Ernstfall nur des Einsatzbefehls bedurft. »Innerhalb von sechs Stunden standen rund 5000 Mann unmittelbarer Grenzschutz bereit, die ihren Rückhalt in den Hindernissen und Sperren ... finden sollten. 150 Geschütze standen in Position. Innerhalb von 48 Stunden konnte der Alarmstand des Bundesheeres und zwar in Tirol und Vorarlberg, die 6. Division an der Traun bereitstehen. Es handelte sich hierbei um rund 25 000 Mann mit etwa 350 Geschützständen.«[6]

Politisch hatte sich das Bundesheer durchgängig als verläßliche Kraft der österreichischen Regierung erwiesen. Ab 1923 hatte der langjährige Heeresminister und spätere Bundeskanzler Carl Vaugoin, ein betonter Gegner des Nationalsozialismus, im Heer eine an der Armee des kaiserlichen Österreich orientierte Traditionspflege eingeführt, die österreichischen Patriotismus und christliche Gesinnung fördern sollte.[7]

Kapitel XVII: Zur Streitfrage eines militärischen Widerstandes

Der vorzüglich informierte deutsche Militärattaché in Wien, Generalleutnant Muff, hatte im Rahmen eines Lageberichts über Österreich dem Auswärtigen Amt u. a. mitgeteilt, »... daß auch im [österreichischen] Bundesheer ein Gesinnungswandel nach dem 11. Juli [1936] noch nicht eingetreten ist. Es stelle sich immer mehr heraus, daß General Zehner (Staatssekretär für das Heerwesen) ein Gegner des Dritten Reiches sei«.[8]

Ein Jahr später schreibt Muff in einem Geheimbericht vom Juni 1937, daß »die derzeitigen maßgebenden Männer der österreichischen Wehrmacht ... eine ausgesprochene deutschfeindliche und legitimistische Politik betreiben.«[9] Zwar gab es im Offizierskorps und bei den Mannschaften einen mit fünf Prozent geschätzten Anteil von Nationalsozialisten, doch hatten die Kämpfe vom Juli 1934 gezeigt, daß diese im Ernstfall dennoch zur Fahne standen und einige von ihnen kämpfend gefallen sind. Nach Hitlers Ultimatum von Berchtesgaden wurde auch FMlt. Jansa von Schuschnigg anläßlich eines Gesprächs beim Bundespräsidenten darüber informiert, daß Hitler faktisch eine Kapitulation Österreichs verlangt habe. Jansa schlug ihm daraufhin vor, er möge per Rundfunkansprache die ganze Welt von der Österreich und damit Europa drohenden Gefahr informieren. Der General erinnert sich: »Mein Hinweis, daß das *Bundesheer bereit stehe*, wurde überhört. Präsident Miklas erklärte, zum Einsatzbefehl verfassungsmäßig nicht das Recht zu haben und der Kanzler wolle nicht.«[10]

Schuschnigg scheint hinsichtlich der Frage eines bewaffneten Widerstandes zeitweilig geschwankt zu haben. In Berchtesgaden hatte er zumindest gewagt, Hitler zu sagen, ein deutscher Einmarsch in Österreich bedeute »Blutvergießen ... wahrscheinlich den Krieg«.[11] Und noch am 5. März 1938 hatte er Hitlers Beauftragten für Österreich, Wilhelm Keppler, gesagt, ihn hätten die Drohungen Hitlers am Obersalzberg verärgert. »Falls man den Kampf wolle, so ist er auch dazu bereit, obgleich er wisse, daß Deutschland die Macht habe, Österreich zu überrennen.«[12]

So scheint Schuschnigg hinsichtlich eines militärischen Widerstandes diesen zwar in Verhandlungen und Reden angedroht zu haben, um dem Gegner den Eindruck zu vermitteln, er müsse mit diesem Widerstand rechnen, während er aber innerlich, im Sinne seines oben zitierten Schreibens an Otto von Habsburg, hierzu nicht bereit war.

Andererseits war er der einzige nichtdeutsche Staatsmann in Europa, dem Hitler zweimal im Verlauf des Dialogs in Berchtesgaden gesagt hatte, daß er auf einen neuen Weltkrieg zusteuere. Ein solcher Krieg nach vorheriger Annektierung Österreichs mußte den Tod zahlreicher Österreicher für nicht-österreichische Belange bedeuten. Da Schuschnigg es nach Berchtesgaden unterließ, die von Jansa gemeldete prinzipielle Bereitschaft des Bundesheeres zum Anlaß eines Bereitschaftsbefehls zu nehmen, d. h. zur Möglichkeit einer vollen Verteidigungsbereitschaft, die fristgemäß ca. acht Tage benötigt hätte, konnte ein Widerstand des Bundesheeres nur improvisierten Charakters sein. Immerhin waren ab dem 9. März militärische Sicherungsmaßnahmen in Oberösterreich eingeleitet, war am 10. März noch der Jahrgang 1915 zu den Waffen gerufen und war am 11. März Alarmbereitschaft anbefohlen worden. Somit konnte praktisch nur ein demonstrativer Widerstand – u. a. durch die Sprengung von Brücken, Straßen und Eisenbahnstrecken, insbesondere in Grenznähe und solange die nur für zwei volle Kampftage ausreichende Munition vorhanden war – durch Artilleriebeschuß eindringender Panzerverbände geleistet werden, um vor der Welt Österreichs Abwehrwillen zu demonstrieren. Da die historischen Quellen zeigen, daß Hitler bis kurz vor dem 11. März innerlich stark schwankte, ob er zur militärischen Aktion gegen Österreich schreiten sollte oder nicht, wäre eine rechtzeitige Vollmobilisierung des Bundesheeres, dessen vorzügliche Ausbildungsqualität den deutschen Militärs durchaus bekannt war, vermutlich auch ohne Kampf eine zeitweilig wirksame Abschreckung gewesen. Was Hitler offensichtlich verunsicherte, war seine Befürchtung, eine kriegerische Auseinandersetzung mit Österreich könne den inzwischen von Paris und London wieder umworbenen Mussolini zu einer Änderung seiner Haltung Deutschland gegenüber veranlassen. Daher seine überschwenglich geäußerte Erleichterung und echte Dankbarkeit, als Mussolini bei seiner neuen Politik Berlin gegenüber verblieb.

Gewiß, die größere, militärisch ungleich besser ausgerüstete, durch vorzügliche Befestigungsanlagen an den Grenzen geschützte sowie mit Paris und Moskau verbündete Tschechoslowakei hat im gleichen Jahr 1938 – und später nochmals 1939 – ebenfalls selbst auf einen bloß demonstrativen militärischen Widerstand verzichtet. An-

Kapitel XVII: Zur Streitfrage eines militärischen Widerstandes

dererseits hat nur ein Jahr darauf das kleine und international ebenfalls isolierte Finnland mit einer Bevölkerung von nur vier Millionen zu den Waffen gegriffen und sich unter geschickter Ausnützung des Terrains drei Monate lang mit äußerster Tapferkeit und Wirksamkeit gewehrt, als es von der mit Hitler verbündeten Sowjetunion mit ihrer Bevölkerung von fast 200 Millionen 1939 angegriffen wurde. Das Beispiel Österreichs und der Tschechoslowakei wie aber auch der internationalen Politik der dreißiger Jahre und die Entwicklung der Weltpolitik nach Beginn des kalten Krieges zeigen, daß expansionsorientierte Großmächte nur durch starke Bündniskombinationen anderer Mächte eingedämmt werden können, wie z.B. durch den Nordatlantik-Pakt, der in bewußter Erinnerung an die Katastrophen der dreißiger Jahre geschaffen wurde. So ist es nicht inkonsequent, daß die österreichische Regierung, vom Einmarsch der Wehrmacht bedroht, auf ihre verzweifelten Hilferufe aus London und Paris zur Antwort erhielt, nur auf der Basis einer Wiederherstellung und Dynamisierung der Mächtekombination London–Paris–Rom könne Österreich von der Staatengemeinschaft wirksam unterstützt werden. Doch unter den damals in Wirklichkeit gegebenen Zuständen mangelnder Koordination unter den führenden Mächten und deren im Rückblick erstaunlichen Fehleinschätzungen des Dritten Reiches waren sowohl Österreich als auch die Tschechoslowakei in der Stunde der Gefahr international isoliert und der vielfach stärkeren Macht des Dritten Reiches ausgeliefert. Ihr Schicksal entschied sich jeweils primär nicht im Bereich ihrer inneren Angelegenheiten, sondern war das Ergebnis eines verhängnisvollen Wandels in den Konstellationen der europäischen Großmachtpolitik, den die beiden Kleinstaaten von sich aus nicht zu ändern vermochten. Entscheidend für Österreich, angesichts von Hitlers Anschlußwillen, war der Verrat des faschistischen Italien am Quasi-Bündnis mit Österreich wie auch am Völkerbund, sein Krieg gegen Abessinien und der dadurch bewirkte Zerfall der Stresa-Front Rom–Paris–London wie auch des Bündnisses zwischen Italien und Frankreich. Dadurch verlor Österreich die Unterstützung der einzigen Großmacht, die geostrategisch zu unmittelbarer Hilfe fähig war, und verlor ebenso die zu seinem Schutz wenn auch nur locker konzipierte Drei-Mächte-Front. *Damit waren die Würfel über Österreichs Geschick gefallen.* Ein Übergang in Österreich von der Einheitsfront zu einer demo-

Teil II: Die Schuschnigg-Ära

kratischen Koalitionsregierung hätte vielleicht die Form des Untergangs verändert, nicht aber die strukturell durch den Wandel der Großmachtpolitik und ihrer Kräfteverhältnisse entstandene Unabwendbarkeit.

Schuschniggs Aufruf zur Volksabstimmung

Kapitel XVIII
Sieger-Rache am patriotischen Widerstand

Wie erinnerlich hatte Hitler im Verlauf seines Terrorgesprächs mit Bundeskanzler Schuschnigg in Berchtesgaden von 12. Februar 1938 die Drohung ausgesprochen: »Wer weiß – vielleicht bin ich über Nacht auf einmal in Wien ... Dann sollen Sie etwas erleben! ... Nach den Truppen kommt dann die SA und die Legion; und niemand wird die *Rache* hindern können, auch ich nicht!«[1]

Tatsächlich kamen die Totenkopfverbände der SS sowie Einheiten der deutschen Polizei und der Österreichischen Legion (gebildet aus in Österreich strafverfolgten, nach Deutschland geflohenen illegalen österreichischen Nationalsozialisten) nicht nach, sondern zugleich mit der Wehrmacht. Am 12. März bereits wurden die Polizeidienststellen in Wien, Oberösterreich und Salzburg von Einheiten der deutschen Polizei und SS übernommen. Ab dem gleichen Tag begannen schwere Ausschreitungen, politisch motiviert, vornehmlich gegen Träger des vaterländischen Widerstandes, aber auch gegen einige Vertreter der Linksopposition, und aus rassischen Motiven vornehmlich gegen Österreichs Juden, die bis dahin in voller Freiheit und Rechtssicherheit in ihrer österreichischen Heimat gelebt hatten. Angehörige beider Gruppen wurden terroristischen und oft sadistischen Quälereien ausgesetzt, während ihr Eigentum straflos geraubt wurde. Bereits am 1. April 1938 rollte der erste Großtransport von NS-Opfern aus Österreich ins Konzentrationslager Dachau.

Da konkrete Angaben über die nationalsozialistische Verfolgung der Träger des österreichischen patriotischen Widerstandes in Deutschland fast unbekannt sind und in Österreich – anders als in Deutschland hinsichtlich des Widerstandes von 1944 – eine Erinnerung an diesen wesentlich wirkungsmächtigeren Widerstand des vaterländischen Lagers nicht gepflegt wird, soll kurz auf einige der wichtigsten Fälle hingewiesen werden. So trifft man in Deutschland auf Erstaunen, wenn erwähnt wird, daß nicht weniger als sieben Bundeskanzler der Republik Österreich zu den Opfern des Nationalsozialismus gehört haben. Sechs von ihnen entstammen dem vaterländischen Lager. Es sind dies die Bundeskanzler Engelbert Dollfuß, der von der SS-Standarte 89 ermordet wurde; Kurt von Schuschnigg, Monate der Gestapo-Haft, gefolgt von Aufenthalten in den Konzentrationslagern Sachsenhausen und Dachau; Alfons Gorbach, trotz schwerer Kriegsverletzung im KZ Dachau; Otto Ender, Polizeigefängnis; Leopold Figl (Österreichs erster Bundeskanzler nach dem Zweiten Weltkrieg) KZ Dachau, Flossenbürg und Mauthausen; Carl Vaugoin, Polizeigefängnis und nachfolgende Verbannung. Der einzige Sozialdemokrat in dieser Reihe ist Bruno Kreisky, einer der beliebtesten Bundeskanzler der Zweiten Republik, der in Polizeihaft genommen, später nach Schweden auszureisen vermochte. *Nachkriegsösterreich hat zwei der vormaligen KZ-Häftlinge, Figl und Gorbach, zu Regierungschefs gemacht.*

Zu weiteren prominenten Opfern gehören: Sektionschef Robert Hecht, der primäre verfassungsrechtliche Ratgeber von Dollfuß und maßgeblich an der Ausarbeitung der Ständestaatsverfassung beteiligt. Hecht wurde in Dachau durch Quälereien in den Selbstmord getrieben. Staatsanwalt Karl Tuppy, der die Anklage gegen die Dollfuß-Mörder und den mit den Mördern konspirierenden Anton Rintelen erhob, wurde in Sachsenhausen von sechs SS-Männern zu Tode geschlagen. Keiner der Täter konnte verurteilt werden. Auch der Bundeskulturrat Hans Karl Zessner-Spitzenberg, ein führender Legitimist, wurde in Dachau zu Tode geschlagen. Der Vizekanzler Emil Fey und seine Familie kamen unmittelbar nach dem Anschluß durch Mord oder Selbstmord ums Leben. Ein gleiches gilt für den Hitler besonders verhaßten Staatssekretär für Verteidigung General Wilhelm Zehner. Österreichs führender Diplomat und Leiter der Politischen Abteilung im Außenministerium, Theodor Hornbostel, kam in die KZ Buchenwald und Dachau; Carl Karwinsky, Staatssekretär für das Sicherheitswesen kam in die KZ Dachau, Buchenwald und Mauthausen; Finanzminister Ludwig Draxler, KZ Dachau; Walter Adam, Generalsekretär der Vaterländischen Front, KZ Dachau; Vizekanzler Eduard Baar-Baarenfels, KZ Dachau und Flossenbürg; Viktor Bentz, Polizeidirektor von Linz, von Gestapo erschossen; Andreas Gerber, Landesstatthalter von Tirol, KZ Dachau; Heinrich Gleißner, Landeshauptmann von Oberösterreich, KZ Buchenwald;

Kapitel XVIII: Sieger-Rache am patriotischen Widerstand

Hans Hammerstein-Equord, Justizminister, KZ Mauthausen; Hans Pernter, Unterrichtsminister, KZ Dachau und Mauthausen; Josef Reither, Landeshauptmann von Niederösterreich, KZ Ravensbrück; Peter Friedrich Revertera-Salandra, Sicherheitsdirektor von Oberösterreich, Polizeigefängnisse in Linz und Salzburg; Alfred Gautsch, Sicherheitsdirektor von Niederösterreich; Franz Rehrl, Landeshauptmann von Salzburg, und Richard Schmitz, Bürgermeister von Wien, KZ Dachau; Johann Staud, Präsident des Gewerkschaftsbundes, KZ Dachau; Richard Steidle, Sicherheitsdirektor für Tirol, KZ Buchenwald; Odo Neustädter-Stürmer, Sozialminister und Innenminister, Selbstmord wegen Anschluß 1938; Eduard Ludwig, Diplomat und Staatsrat, KZ Dachau; Alfred Maleta, Landesleiter der Vaterländischen Front in Oberösterreich, KZ Dachau und Flossenbürg; Karl Maria Anton Stepan, Generalsekretär der Vaterländischen Front und Landeshauptmann der Steiermark, KZ Dachau, Flossenbürg und Mauthausen; Heinrich Wenninger, Landesstatthalter von Oberösterreich, KZ Dachau; Friedrich Funder, Staatsrat und Chefredakteur der Reichspost, KZ Dachau; Wilhelm Bock, Bürgermeister von Linz, KZ Dachau; ebenso Fritz Bock, Stv. Werbeleiter der Vaterländischen Front, einer der Vizekanzler der Zweiten Republik; Hugo Hantsch, Historiker und Benediktinermönch, KZ Buchenwald; Hohenberg Ernst und Maximilian, Söhne des in Sarajewo ermordeten österreichischen Thronfolgers Erzherzog Franz Ferdinand, KZ Dachau; Adolf Watzek, Staatssekretär für Arbeiter- und Angestelltenschutz, KZ Dachau; Joseph August Lux, Historiker, führender Denker der Österreich-Ideologie, sowie Georg Thurn-Valassina, Bundesjugendführer, KZ Dachau.[2]

Diese Auswahl umfaßt freilich nur als *Beispiele* genannte bekanntere Namen aus der Führungselite des vaterländischen Lagers. In ihrer umfassenden empirischen Untersuchung zum Thema,»Säuberungen in der Bundesregierung, den Landesregierungen und der Hohen Beamtenschaft [Österreichs] durch die NS 1938/39«, haben die Verfasser, die Historiker Michael Dippelreiter und Gerald Stourzh, festgestellt, daß allein schon in den ersten Tagen nach dem Einmarsch der Wehrmacht etwa 70000 Österreicher verhaftet wurden. Grundsätzlich gelangten sie zu der Schlußfolgerung: »Die politische Führungsschicht des Ständestaates hatte Schweres zu erdulden. Die Repräsentanten des österreichischen Ständestaates, als erklärtes Feindbild des deutschen Nationalsozialismus, wurden schleunigst ihrer Posten enthoben. Der Großteil von ihnen wanderte auf längere Zeit hinter die Stacheldrähte der Konzentrationslager, die einige von ihnen während der ganzen sieben Jahre nationalsozialistischer Herrschaft nicht verlassen durften, andere aber nicht überlebten, oder fürs Leben gezeichnet verließen. Dennoch knüpften viele von ihnen, der Gefahr zum Trotz, Kontakte zu ehemaligen Kollegen aller politischer Richtungen, die schließlich das Wiedererstehen des österreichischen Staates vorbereiten und erleichtern sollten.« Dieser Studie zufolge haben überhaupt nur 20 Prozent der Spitzenbeamten Österreichs nach dem Anschluß in ihren beruflichen Positionen verbleiben können.[3]

Eine erste Untersuchung der Regierung seitens dieser Autoren führte auch zu der Erkenntnis:»Die Beamtensäuberung, beziehungsweise die Durchdringung österreichischer Behörden mit reichsdeutschen Funktionären beschränkte sich nicht nur auf die Zentralstellen, sondern reichte bis in die letzten Verästelungen des öffentlichen Dienstes.«[4]

Die Rache Hitlers an Österreich, dem ihm verhaßten Land seiner enttäuschten Hoffnungen in jungen Jahren und seiner ersten außenpolitischen Niederlage (1934), einem Land zudem, das er nach 1938 nie wieder betrat, nahm aber auch noch ganz andere Dimensionen an. Beraten von Gauleiter Bürckel, beschloß Hitler Österreich als Gebietseinheit vorsichtshalber aufzulösen, obwohl es 1938 anfangs zu einem »Reichsland« des Deutschen Reiches erklärt worden war. Serien von gesetzlich festgelegten Umstrukturierungen bewirkten, daß die einzelnen »Gaue« Österreichs getrennt voneinander durch die Reichsregierung verwaltet wurden. Ab dem Inkrafttreten des sog. Ostmarkgesetzes vom 1. Mai 1939 wurde der Name Österreich eliminiert! In Erinnerung an die multi-ethnischen Dimensionen der Habsburger Donaumonarchie wie insbesondere auch an die ihm ebenso verhaßte Österreich-Ideologie der Dollfuß- und Schuschnigg-Ära, ersetzte Hitler den *Namen Österreich* mit seiner tausendjährigen ruhmvollen Tradition durch den Namen »Ostmark«. Präzisierend hieß es ab 1940 »Reichsgaue der Ostmark«, oder wenn die Gesamtheit dieser Gaue gemeint war, »Alpen- und Donaureichsgaue«. So sollte selbst die Empfindung für eine verbleibende Einheit des Feindes Österreich aus dem Bewußtsein gelöscht werden.[5]

Kapitel XIX
Anschlußtaumel, Ernüchterung und Vergangenheitsbewältigung

1. Täuschungsstrategien, Fehlperzeptionen und Anschlußeuphorie

Mit zu den außergewöhnlichsten Ereignissen der neuen österreichischen Geschichte gehört die in weiten Bevölkerungskreisen gegebene Stimmung einer kurzfristigen Euphorie anläßlich des Einmarsches der deutschen Wehrmacht in Herbst 1938. Und doch scheint dieses Phänomen nicht unerklärbar. Eine Mehrheit von Österreichern hatte angesichts der Zertrümmerung der Donaumonarchie und der ohne ihre Befragung erfolgten Schaffung des Kleinstaates Neuösterreich, den sie wirtschaftlich für lebensunfähig hielten, eine vertraglich gesicherte Angliederung Österreichs an die Weimarer Republik erstrebt. Doch dieser Akt versuchter Selbstbestimmung war gerade von jenen Siegermächten verhindert worden, die die Selbstbestimmung zu einem der Prinzipien ihrer Politik erklärt hatten. Obgleich die Republik Österreich entgegen dem Willen ihrer Bürger somit auf sich selbst gestellt war, verblieben im Land in allen Parteien, wenn auch unterschiedlich nuanciert, die Wünsche nach einem künftigen Zusammenschluß mit Deutschland erhalten. Insbesondere im Lager der Austromarxisten und der Nationalen, wo eine Großdeutsche Partei bestand, lebten Tendenzen fort, die die Republik Österreich *als ungewolltes Provisorium* betrachteten, auf einen Anschluß in der Zukunft hofften und zum neuen Österreich als Staat kein emotional bindendes Verhältnis entwickelten, ja ihn oft genug mit Geringschätzung betrachteten. Anders wurde das nur im christlich-sozialen Lager, dessen anfängliche Anschlußtendenzen verhaltener gewesen waren als die der beiden anderen großen Lager. Erst 14 Jahre nach der Republikgründung und angesichts der plötzlichen Konfrontation mit dem Nationalsozialismus entsteht mit erstaunlicher Dynamik die Bewegung des *neuösterreichischen Patriotismus* mit seiner kämpferischen Bejahung und historisch fundierten Hochwertung der staatlichen Unabhängigkeit Österreichs im Interesse seines Volkes, seiner Kultur und der europäischen Friedensordnung. Nicht die Tatsache dieser Bewegung an sich, sondern die Schnelligkeit und Dynamik ihrer Entfaltung gehören ebenfalls zu den außergewöhnlichen Aspekten in der Geschichte Neuösterreichs vor 1938. Dieses vaterländische Lager, dem die Christlich-Soziale Partei, der patriotische Hauptteil der Heimwehr und die Legitimisten zuzurechnen sind, vertraten den Glauben an die wirtschaftliche Lebensfähigkeit Neuösterreichs, das Karl Renner 1932 noch abwertend als »verkrüppeltes Zwergwirtschaftsgebiet« ohne Überlebenschancen bezeichnet hatte. Allerdings verfügte auch dieses vaterländische Lager über ein heute so nicht mehr gegebenes Deutschtumsverständnis, das seinen Anhängern Österreich als einen, wenn auch geschichtlich bedingt, stärker europäisierten und unabhängigen »zweiten deutschen Staat« erscheinen ließ. Die Austromarxisten lehnten zwar einen Anschluß an Hitler-Deutschland ab, erstrebten jedoch nach Hitler einen Anschluß an ein neues demokratisches und vor allem sozialistisches Deutschland. *Was das vaterländische Lager – trotz seiner Hochschätzung des Deutschtums als Kulturform – von den beiden anderen Lagern der Marxisten und der Großdeutschen schroff unterschied, war sein im österreichischen Kontext revolutionär neues Bekenntnis zur Sinnhaftigkeit, zur Lebensfähigkeit und zum Selbstwert der permanenten staatlichen Unabhängigkeit Österreichs.*

Es bestanden somit in zwei der drei großen politischen Lager in Österreich und daher bei etwa der Hälfte der Bevölkerung großdeutsche Dispositionen, die von den Nationalsozialisten mit ständig wachsendem Erfolg für sich ausgebeutet werden konnten. Obwohl kein anderer europäischer Staat Österreich in seiner Geschichte seit dem 18. Jahrhundert mehr geschadet hatte als Preußen, hatte sich dennoch ab den letzten zwei Jahrzehnten des 19. Jahrhunderts ein besonderes Nahverhältnis zwischen Deutschland und Österreich ergeben. Es war einerseits bedingt durch Bismarcks Betonung des deutschen Bündnisses mit der k.u.k. Monarchie und andererseits durch die Beruhigung, die für die Minderheit der deutschsprachigen Österreicher in der Donaumonarchie, in einer Zeit sich verschärfender Nationalitätenkämpfe, vom Rückhalt ihres Bündnisses mit dem

Kapitel XIX: Anschlußtaumel, Ernüchterung und Vergangenheitsbewältigung

sprachlich und kulturell verwandten Deutschen Reich ausging. Der Erste Weltkrieg als Feuerprobe dieses Bündnisses, das gemeinsame Erlebnis der Niederlage und der Degradierung durch extreme Friedensdiktate, die gleiche Empörung über die Verweigerung von Selbstbestimmungsrechten, über die Verhinderung selbst nur einer auch für andere Staaten offenstehenden geplanten Zollunion beider Staaten (1931) und der beiderseitige Irrglaube an die sog. »Kriegsschuldlüge« hatten bei den Österreichern zumindest die Empfindung einer besonderen deutsch-österreichischen Schicksalsgemeinschaft entstehen lassen.

Anläßlich der von der NSDAP in Österreich am 10. April 1938 veranstalteten Volksabstimmung über den Anschluß Österreichs ans Deutsche Reich gab Karl Renner, neben Otto Bauer der eminenteste Führer des Austromarxismus, ein viel beachtetes Interview. Renner erinnerte daran, daß er als erster Staatskanzler Deutschösterreichs es gewesen sei, der am 12. November 1918 für das erste Grundgesetz der Republik Österreich den angenommenen Passus vorgeschlagen habe: »Deutschösterreich ist ein Bestandteil der deutschen Republik.« Als Präsident der österreichischen Delegation bei der Friedenskonferenz von St. Germain habe er »durch viele Monate um den Anschluß gerungen«. Doch Hungernot und feindliche Armeen an den Grenzen hätten Österreich genötigt »sich der Demütigung des Friedensvertrages und dem bedingten Anschlußverbot ... zu unterwerfen.« Danach – und stellvertretend für viele Österreicher der beiden großdeutsch disponierten Lager sprechend – sagte Renner: »Obschon nicht mit jenen Methoden, zu denen ich mich bekenne, errungen, ist der Anschluß nunmehr doch vollzogen, ist geschichtliche Tatsache, und dies betrachte ich als wahrhafte Genugtuung für die Demütigung von 1918 und 1919, für St. Germain und Versailles. Ich müßte meine ganze Vergangenheit als ... Vorkämpfer des Selbstbestimmungsrechtes der Nationen ... verleugnen, wenn ich die große geschichtliche Tat des Wiederzusammenschlusses der deutschen Nation nicht freudigen Herzens begrüßte.«[1]

Bundeskanzler Schuschnigg hatte hingegen einen Monat zuvor erklärt, Österreich weiche nur der Gewalt, und am 24. Februar 1938: »Die Regierung erachtet es als ihre erste und selbstverständliche Pflicht, mit allen ihren Kräften die unversehrte Freiheit und Unabhängigkeit des österreichischen Vaterlandes zu erhalten.« In seinem letzten Interview mit einer ausländischen Tageszeitung, dem britischen »Daily Telegraph« vom 1. Januar 1938 hatte er den Standpunkt geäußert: »*Ein Abgrund trennt Österreich vom Nationalsozialismus.* Wir sind nicht für willkürliche Gewalt, wir wollen daß Recht unsere Freiheit bestimmt.«[2]

Doch abgesehen von den bisher genannten, historisch bedingten Motiven gab es auch noch andere Gründe für die kurzlebige Anschlußeuphorie. Sie entsprangen u. a. der damaligen im In- und Ausland gegebenen, sehr andersartig als heute beschaffenen *Wahrnehmung des Dritten Reiches.* Wie oben gezeigt, hatten die wirtschaftlichen Folgen der Friedensverträge Österreich ganz ungleich schwerer getroffen als Deutschland, hatten ein höheres Maß an Verarmung und sozio-ökonomischer Verelendung ganzer großer sozialer Schichten bewirkt als in Deutschland. Der Sechs-Millionen-Staat der Republik Österreich litt 1933 unter einem Heer von 330 000 und 1937 von immer noch 233 000 Arbeitslosen, wobei jeweils die Hälfte derselben »ausgesteuert«, d. h. ohne jegliche Arbeitslosenhilfe vom Staat buchstäblich an den Bettelstab gebracht war. Dank des kalten Krieges zwischen Deutschland und Österreich hatte es ab 1933 nur eine begrenzte Information über das Dritte Reich gegeben, doch das lockerte sich ab 1936 wieder auf. Ins Land kommende deutsche Touristen schwärmten von der zügigen Beseitigung der so deprimierenden Arbeitslosigkeit, von der beginnenden Arbeitsknappheit und von der neuen Sozialpolitik der Nationalsozialisten mit populären Institutionen wie »Kraft durch Freude« oder der überall präsenten NS-Volkswohlfahrt.

Die Rückkehr des Saarlandes durch eine international überwachte Abstimmung, die unilateral zurückgewonnene Wehrhoheit eines Landes mit so vielen Grenzen, die friedlich wenn auch unilateral erreichte Wiedereingliederung des Rheinlandes in die Verteidigungskompetenz des Reiches machten Eindruck auf die Österreicher, die in überwältigender Mehrheit den Vertrag von Versailles für ebenso unklug, ungerecht und repressiv hielten wie auch den Vertrag von St. Germain. Hinzu kam die oberflächliche Wirkung der Sommer-Olympiade 1936 in Berlin. Von dieser schrieb als Augenzeuge der französische Botschafter in Berlin: »In der Geschichte des Naziregimes bezeichneten die Feierlichkeiten der Olympischen Spiele in Berlin im August 1936 einen ... Höhepunkt, wenn nicht eine Apotheose für Hitler und das Dritte Reich. ... Hitler hat sich Europa als eine außergewöhnliche Persönlichkeit aufgedrängt. Er verbreitet nicht nur Furcht und Abscheu ... er gewinnt auch Sympathien. Sein Ansehen wächst. Die Kraft der Anziehung, die von ihm ausgeht, wirkt auch über die Grenzen ... hinaus. Könige, Fürsten, berühmte Gäste kommen in die Hauptstadt ... auch um dieses Deutschland zu sehen, das er mit unwiderstehlichem Zwang verändert und wiederbelebt hat. Und alle Welt ist begeistert von der lückenlosen Organisation, der geschlossenen Ordnung und Disziplin, die mit verschwenderischer Großzügigkeit aufgezogen ist. Das Bild ist in der Tat großartig.« Bei der Eröffnung der Olympiade erhalten die österreichische Sportmannschaft und mehr noch die der Franzosen, die Hitler sogar mit erhobenem Arm grüßen, demonstrativen Beifall.[3]

Man muß die beschämende Tatsache hinzufügen, daß die Sportmannschaften fast aller Staaten und alle die »hohen Gäste« des Dritten Reiches nach Berlin gekommen waren, ungeachtet der ein Jahr zuvor von Hitler erlassenen infamen Rassegesetze gegen die Juden.

Im Bereich der Außenpolitik, so denken viele damals, hat Hitler in der Tat mit Aufrüstung und Rheinlandbesetzung den Vertrag von Versailles gebrochen. Aber war es ein solcher Vertrag denn wert gehalten zu werden? wurde gefragt. Und hatte Hitler nicht durch seine selbstverleugnenden Verträge mit dem unbeliebten Polen und mit England, dessen Überlegenheit zur See er vertraglich akzeptierte, Friedenswillen und Zurückhaltung gezeigt? Vom Vertrag mit England sagte er, dieser sei im damaligen Europa der »einzig ... wirkliche ... und ... gelungene Versuch einer Rüstungsbegrenzung geblieben ...« Und zum Vertrag mit Polen behauptete er, die nationalsozialistische Außenpolitik empfinde es zwar schmerzlich, daß der Zugang des polnischen 33-Millionen-Volkes zum Meer über vormals deutsches Reichsgebiet führe. Doch sie erkenne es »als unvernünftig weil unmöglich ... einem so großen Staat den Zugang zum Meer einfach abstreiten zu wollen.«[4] Das klang so scheinbar vernünftig und friedfertig und bezog sich auf konkrete Verträge.

Und hatte nicht auch die öffentliche Meinung in England begonnen sich vom Vertrag von Versailles zu distanzieren? Hitler selbst, der wirkungsstärkste Demagoge des 20. Jahrhunderts, pflegte zwischen 1933 und 1938 mit scheinbarer Überzeugung immer wieder und wieder vom *Frieden* zu reden. Ein Augenzeuge, der ihn oft vor

Massen und auch im persönlichen Gespräch reden hörte, sagte, er habe seine Reden gehalten wie ein »Tribun, der im Brustton der Überzeugung sprach, der sich instinktmäßig aller rhetorischen Figuren bedient, mit Meisterschaft alle Register der Beredsamkeit zieht, der vor allem mit beißender Ironie und Schmähung kaum seinesgleichen kennt; und dies ist für die Masse etwas unerhörtes Neues, weil ja in Deutschland die politische Beredsamkeit im allgemeinen eintönig und langweilig ist.«[5]

Zur deutschen Aufrüstung hatte Hitler erklärt, die Deutschen hätten nicht »Waffen« gefordert, sondern »Gleichberechtigung«. Hätten die anderen Staaten ebenfalls abgerüstet, so hätte Deutschland nicht aufrüsten müssen. Charakteristisch für viele bis 1938 gehaltene Reden ähnlicher Art sind folgende Worte aus einer Rundfunkrede vom 14. Oktober 1933: »Als Nationalsozialist [sic!] lehne ich es mit all meinen Anhängern, aber auch aus unseren nationalen Prinzipien heraus ab, Menschen eines fremden Volkes, die uns doch nicht lieben werden, mit dem Blut und Leben derer zu gewinnen, die uns lieb und teuer sind. Es würde ein gewaltiges Ereignis für die ganze Menschheit sein, wenn die beiden Völker [Deutschland und Frankreich] einmal für immer die Gewalt aus ihrem gemeinsamen Leben verbannen möchten. Das deutsche Volk ist dazu bereit.« Wer konnte dem widersprechen?[6]

Das war und blieb Hitlers außenpolitisches Leitmotiv in seinen Reden bis 1938. Und solange er das Gegenteil nicht bewiesen hatte, konnte gehofft werden, daß der große Ver-Führer, zum Regierungschef geworden, gemäß dieser so gut klingenden Ansichten handeln und sein wüstes Geschreibsel in »Mein Kampf« als politische »Jugendsünde« abtun würde. Während er aber nach außen hin so sprach, hatte er insgeheim seinen Generälen seinen Willen zum Krieg laut Hoßbach-Protokoll 1937 mit brutaler Offenheit dargelegt und auch Schuschnigg zwei diesbezügliche Hinweise gegeben. In seiner berüchtigten Geheimrede vor 400 Medienvertretern vom 10. November 1938 gab er unumwunden zu: »Die Umstände haben mich gezwungen, jahrzehntelang fast nur vom Frieden zu reden.« Nur dadurch habe er Deutschlands Gleichberechtigung und Aufrüstung erkämpfen können. Gefährlich aber sei, daß die ebenso wie das Ausland getäuschten Deutschen nun meinen könnten, »daß das heutige Regime an sich identisch sei mit dem Entschluß und dem Willen, den

Kapitel XIX: Anschlußtaumel, Ernüchterung und Vergangenheitsbewältigung

Frieden unter allen Umständen zu bewahren.« Das sei falsch und gefährlich und nun müßten die Medien das Volk darauf vorbereiten, daß es Ziele gibt, die nur mit Gewalt zu erreichen seien.[7]

Ein Jahr zuvor hatte sogar sein großer Gegenspieler Winston Churchill von Hitler geschrieben: »Man kann Hitlers System verabscheuen und dennoch seine patriotische Leistung bewundern. Wenn unser Land besiegt würde, hoffe ich, daß wir einen ebenso bewundernswerten Vorkämpfer finden, der uns wieder Mut gibt und uns auf unseren Platz unter den Nationen zurückführt.«[8]

So dachten – damals – auch viele Europäer, insbesondere auch Deutsche und Österreicher, selbst wenn sie der NSDAP nicht nahestanden. Regierungen, politische Parteien, Staaten und Ereignisse können nicht physisch erblickt, sondern nur durch Denkprozesse vorgestellt werden, wobei die Inhalte solcher Vorstellungen oder Perzeptionen vom jeweiligen zeitbedingten Informationsstand des Betrachters abhängen. Das trifft auch für die Vorstellungen zu, die sich viele Österreicher vom Dritten Reich machten. Dort winkte, wie es schien, ein großer Absatz- und Stellenmarkt. Dort – so behaupteten die Nationalsozialisten – sei die im Namen ihrer Partei symbolisch zum Ausdruck kommende *Synthese* zwischen den *nationalen* und den *sozialen* Elementen der Gesellschaft erfolgreich verwirklicht worden. Dort gab es die »Kraft durch Freude«-Schiffe, die auch Arbeitern und kleinen Angestellten Urlaub im Mittelmeer oder in Skandinavien ermöglichten und die NS-Volkswohlfahrt (NSV), deren Mitarbeiter auf allen Bahnhöfen zur Hilfe für alte und gebrechliche Menschen und insbesondere für kinderreiche Familien bereit standen. Im Anschluß ans »Reich« würde man zu einer größer gewordenen Großmacht gehören und brauchte sich als Kleinstaat nicht mehr von fremden Mächten herumstoßen lassen.

All das waren Wahrnehmungsinhalte derer, die in Österreich den Anschluß begrüßten, als er ohnedies vermöge des Einmarsches der deutschen Armee unvermeidlich wurde. Mehr noch, der Einmarsch der Wehrmacht wirkte wie eine Spannung lösende Katharsis. Zwar hatte Schuschniggs große Rede vom 24. Februar es vermocht, einen echten Aufschwung des österreichischen Patriotismus nach einer durch Berchtesgaden bewirkten Depression der Gefühle zu bewirken, und ein gleiches kann von seiner Rede vom 8. März gesagt werden. Doch das Zurückweichen vor der Drohung aus dem Reich, die damit gezeigte Schwäche der Regierung und der übereilte Rücktritt Schuschniggs, bevor der Bundespräsident noch einen Nachfolger ernennen konnte, hatten bei der Bevölkerung einen Eindruck von Führungsschwäche und Unsicherheit erweckt, den ein Volk, insbesondere in Krisenzeiten, nicht verzeiht. Der Einmarsch der Wehrmacht wirkte daher auf viele zeitgenössische Österreicher wie ein über das Land mit Naturgewalt hereinbrechendes unwiderrufliches Ereignis, das aufgestaute Spannungen zu lösen schien, Klarheit in eine verworrene Situation brachte und die Weichen für alle Zukunft neu stellte. Schien nicht fast im Hegelschen Sinne das so neuerdings wirklich Werdende das Vernünftige zu sein? War nicht Hitler ein Bismarcks kleindeutsches Reich überflügelnder Vollstrecker des nun großdeutsch gewordenen Reichsgedankens? All diese Hoffnungen und momentanen Eindrücke, auch der des unmittelbaren Miterlebens einer großen geschichtlichen Wende, trugen zu der weite Kreise der österreichischen Gesellschaft kurzfristig erfassenden Euphorie dabei. Selbst ein Teil des jahrelang scharf anti-nationalsozialistischen hohen Klerus ließ sich im ersten Augenblick davon anstecken.

2. Realitäten, Ernüchterung und Vergangenheitsbewältigung in Theorie und Praxis

Doch dann beginnt der neue Alltag mit einer vieldimensionalen Ausplünderung der österreichischen Wirtschaft, die – wie Karl Renner auch schrieb – »jeden Schilling in der Tasche eines Österreichers zugunsten der Reichswährung um ein Drittel seines Wertes entwertet«. In öffentliche Ämter drängen sich präpotente reichsdeutsche Funktionäre. Die »Ostmärker«, wie die Österreicher sich nun nennen mußten, die sich auf Grund des patriotischen Widerstandes fünf Jahre Drittes Reich erspart hatten, werden als »Deutsche zweiter Klasse« belehrt und herumgestoßen. Schnell verliert Österreich den anfänglichen Status eines Reichslandes und wird in ein unkoordiniertes Bündel separat verwalteter »Gaue« umgewandelt. Sein Name wird verboten, so als sei er nicht gut genug. Manche Lebensmittel werden knapper. Die illegalen Nationalsozialisten kommen wie Ratten aus ihren Verstecken und wollen ihren Anteil an der Beute haben. Die Juden, bis dahin in Österreich vollauf geschützt, werden fast für vogelfrei erklärt und zeitweilig dem Raub und der Behelligung durch den Straßenmob preisgegeben. Obwohl sich die Bischöfe des Landes zu einer Erklärung zugunsten des Anschlusses bewegen ließen, mußten sie in Kürze erkennen, daß dies nichts an der antikirchlichen Politik der NSDAP geändert hatte. So versammelte Kardinal Innitzer am 7. Oktober 1938 gegen 8500 katholische Jugendliche im Stephansdom. In seiner Predigt rief er den Jugendlichen zu: »*Einer ist euer Führer, euer Führer ist Christus, wenn ihr ihm die Treue haltet, werdet ihr niemals verlorengehen*!« Einen Tag danach stürmte eine HJ-Einheit von 300 Mann das Erzbischöfliche Palais, wobei Kreuze und Fenster zerschlagen, Priester tätlich angegriffen und Einrichtungen vandalisch verwüstet werden. Ein Domkurator wird aus dem Fenster geschleudert und schwer verletzt. Unter solchen Umständen ist die Euphorie vom März im Oktober bereits verflogen. Und Karl Renner hatte wiederum recht, als er schrieb: »Wohl selten in der Geschichte hat ein Eroberer ein freies Volk so rasch gewonnen und beinahe über Nacht so völlig verloren.«[9]

Was die sogenannte *Vergangenheitsbewältigung* betrifft, so hatten hierzu wohl Hitler selbst und seine Helfershelfer mit der kriminellen Kontraproduktivität eine wesentliche Vorarbeit dadurch geleistet, daß sie die in sie gesetzten Hoffnungen und den ihnen von vielen naiv zugewandten Idealismus durch die von ihnen willkürlich provozierte Geschichtskatastrophe auf dem Boden unübersehbarer Tatsachen widerlegten. Als Folge dieser von Millionen geteilten und erlittenen Einsicht erlosch der Nationalsozialismus in Österreich – wo er dank des fünfjährigen Widerstandes nur sieben Jahre geherrscht hatte – nach dem Krieg wie ein Strohfeuer und erlebte keine Wiedergeburt. Ein gleiches gilt für das vormals so verbreitete Anschlußstreben, das keineswegs nur nationalsozialistisch motiviert gewesen war. Der deutsche Politologe Richard Loewenthal sagte einmal: »Die Österreicher wollten Deutsche werden – bis sie es dann wurden.« Viele, die sich von schönen Worten, Reden und Hoffnungen hatten verführen lassen, schämten sich, ebenso wie auch vormalige Gegner aus den Lagern »schwarz« und »rot«, als sie einander in Konzentrationslagern begegneten und dort miteinander beschlossen, bei

Überleben ein besseres, ein freiheitlicheres und zwischen den Parteien toleranteres neues Österreich aufzubauen. Während der Katholizismus der Nachfolger der Christlich-Sozialen, d. h. der Österreichischen Volkspartei sich vom vormaligen Fundamentalismus und von Ständestaatsideen befreite, entfernten sich die Sozialdemokraten vom Klassenkampfdenken und Antiklerikalismus des Austromarxismus. Im Bereich der Rechtsprechung verhängte Österreichs Justiz für Vergehen im Zusammenhang mit dem Nationalsozialismus allein bis 1947 42mal die – inzwischen abgeschaffte – Todesstrafe, 5659 Kerkerstrafen wie auch bis 1948 101 655 Entlassungen aus dem Öffentlichen Dienst mit einer Gesamtzahl von 329 133 Personen, d. h. etwa ein Drittel aller öffentlichen Bediensteten wurden oft nur auf Grund passiver Mitgliedschaften in NS-Organisationen entlassen. Somit scheint es hier unangemessen von einer unterbliebenen Vergangenheitsbewältigung zu sprechen.

Die österreichische Zeitgeschichte, im großen Stil beginnend mit dem unvergeßlichen Zeithistoriker Ludwig Jedlicka, und die historische Publizistik, beginnend mit Hellmut Andics' vorzüglichem Werk »Der Staat, den keiner wollte« (Wien 1962), haben eine Fülle von Monographien und Symposien zur österreichischen Zeitgeschichte der dreißiger Jahre verfaßt. Bedeutsam war in dieser Hinsicht auch die Tätigkeit der Wissenschaftlichen Kommission des Theodor-Körner-Stiftungsfonds und des Leopold-Kunschak-Preises zur Erforschung der österreichischen Geschichte der Jahre 1918 bis 1938. Die Publikationen zur Erforschung dieser Ära haben sich bis in die Gegenwart, wenn auch etwas vermindert, fortgesetzt. Auch hier läßt sich von mangelnder Vergangenheitsbewältigung kaum reden. Was ein wenig erstaunt, ist, daß es seit dem vorzüglichen Werk meines Jugendfreundes, des Danziger Historikers Ulrich Eichstädt,[10] und auch abgesehen von Norbert Schausbergers wichtigem Buch[11] keine umfassende Monographie zur Darstellung und Analyse der österreichisch-deutschen Beziehungen zwischen 1933 und 1938 gegeben hat und auch, trotz mancher guter kleinerer Studien, keine umfassende monographische Gesamtdarstellung der Geschichte der illegalen österreichischen NSDAP. Ebenso erstaunt es, daß es aus einer österreichischen Feder bisher keine wissenschaftliche Gesamtbiographie von Engelbert Dollfuß gibt, der doch zu den prägendsten und kontroversiellsten Persönlichkeiten der österreichischen Republikgeschichte gehört. Relativ unbeleuchtet blieb bisher der Kampf der österreichischen Bundesregierung gegen den Nationalsozialismus mit der Ausnahme einer vorzüglichen, im Bundesverlag erschienenen Dokumentation von Ludwig Reichold.[12] Doch zu Recht beklagte Prof. Ernst Hanisch in einem Diskussionsbeitrag zu einem Symposium, es gäbe z.B. Tausende von Akten damaliger Sicherheitsdirektionen und Landesgerichte zu dieser Materie, die bisher in noch keiner Weise ausgewertet wurden. Ein 1985 erschienener, an sich interessanter und nützlicher Sammelband zur Politik, Ökonomie und Kultur der Ära zwischen 1934 und 1938 mit 14 Beiträgen namhafter Autoren bringt es fertig, nicht einen einzigen zusammenhängenden Beitrag über die für Österreichs Staat existentiellste Dimension, d. h. über den in dieser Zeit geführten fünfjährigen Abwehrkampf gegen den Nationalsozialismus, zu bringen, obwohl einiges hierzu in zwei Beiträgen zu den Problembereichen der Außenpolitik und der Ideologie gesagt wird! Im Überblick über die auf Österreich bezogene Geschichtsliteratur des letzten halben Jahrhunderts fällt auf, daß bei einigen Autoren der letzten Jahre die Tendenz zu pharisäischer Besserwisserei wie auch zur Unfähigkeit anwächst, die Akteure von damals aus dem Erfahrungswissen und den Denkkategorien ihrer Zeit zu verstehen, und ihnen statt dessen zu unterstellen, sie hätten auf der Basis von Erkenntnissen handeln müssen, die erst das Ergebnis späterer Geschichtsprozesse gewesen sind. Insgesamt aber – und ganz insbesondere im internationalen Vergleich mit der vielfach völlig unzureichenden Art und Weise, wie andere Demokratien mit den dunklen Seiten ihrer eigenen Geschichte umgehen – ist der Vorwurf einer mangelnden Vergangenheitsbewältigung in Österreich durchaus realitätsfremd.

Nachwort
Zur Problematik versuchter Verleugnung des Widerstandes

Zu den Österreich involvierenden markanten Ereignissen der Weltpolitik der dreißiger Jahre gehört die Tatsache, daß das kleine, wirtschaftlich verarmte und gesellschaftlich dreifach gespaltene Österreich dennoch jener Staat Europas gewesen ist, der Hitlers erstem Angriff auf Europas Friedensordnung ein halbes Jahrzehnt lang einen anfangs sogar erfolgreichen Widerstand entgegenzusetzen vermochte.

Wie erinnerlich hatte Hitler im Mai 1933 intern als Zieldatum für die Bezwingung und Gleichschaltung Österreichs den September des gleichen Jahres genannt. Aus diesen vier Monaten wurden aber fünf Jahre! Zugleich hatte Hitler nicht ohne Grund die neue Österreich-Ideologie des vaterländischen Lagers als zu überwindende primäre Motivkraft des österreichischen Widerstandes gegen die Expansionsdynamik des Nationalsozialismus bezeichnet.

In der allerersten Phase seiner Österreichpolitik ab 1933 rechnete der Ver-Führer des Dritten Reiches mit der Möglichkeit auch in Österreich – analog der in Deutschland zuvor erfolgreichen Strategie – durch quasi-legalen Mißbrauch demokratischer Verfahren die Macht ergreifen zu können. Doch die ab Frühjahr 1933 eintretende und von einer autoritären Regierung gefolgte Demokratiekrise in Österreich macht die Durchführung dieses Planes unmöglich. Folglich erprobte die NSDAP nun den revolutionären Weg zur Macht. Das Ausmaß des dadurch resultierenden Gewalt-, insbesondere auch des landesweiten Sprengstoffterrors, der Überflutung des Landes mit feindseliger und unterminierender Propaganda und zusätzlich versuchter außenwirtschaftlicher Schädigung Österreichs – dieser vieldimensionale kalte Krieg gegen das kleine Land ist nach einem halben Jahrhundert der Stabilität und Prosperität für Zeitgenossen der Zweiten Republik nur noch schwer nachvollziehbar.

Angesichts der gegen sie seitens der NSDAP gerichteten Mordversuche und Drohungen sowie auch wegen der drastischen Unterlegenheit ihrer Machtmittel gegen einen von außen und innen gleichzeitig angreifenden übermächtigen Gegner ist den Trägern und Führern des österreichischen Widerstandes Mut, Risikobereitschaft und Todesverachtung zu Recht zugebilligt worden. Von diesen Männern schreibt ein Bericht der die Entwicklungen in Österreich sorgfältig analysierenden US-amerikanischen Gesandtschaft 1935: »*Sie wissen, daß, wenn sie für Österreichs Unabhängigkeit eintreten, sie ihr Leben in ihre eigenen Hände genommen haben und für die Nazis gebrandmarkte Männer sind. ... Sie wissen, daß, wenn die Unterstützung des Auslandes aufhören sollte oder auch nur weniger klar erscheinen würde, ihr Schicksal besiegelt ist und sie bald erreichen würde.*«[1]

Doch den einzigen in den dreißiger Jahren ganz offen und mit bewaffneter Gewalt im Juli 1934 ausgetragenen Kampf um Sein oder Nichtsein Österreichs als Staat haben sie gewonnen. Nur wer sich den allseits spürbaren Defaitismus hinsichtlich der Sinnhaftigkeit, der Existenz und Lebensfähigkeit Österreichs und die resultierenden Anschlußmentalitäten der zwanziger und dreißiger Jahre vor Augen hält, die Österreich als ungewolltes temporäres Provisorium bis zu einem erhofften Anschluß betrachteten, wird den revolutionären Durchbruch der neuen Österreich-Ideologie zu würdigen wissen. War sie es doch, die erstmals diesen neu geschaffenen Kleinstaat vollinhaltlich akzeptierte, sich zum Wert seiner durch Kultur und Geschichte geprägten Eigenheit sowie zu seiner Lebensfähigkeit bekannte und zur militanten Verteidigung seiner permanenten Eigenstaatlichkeit in und für Europa aufrief.

Beeindruckend ist gerade auch im Rückblick der Realismus in den Analysen der vaterländischen Führer – der Nationalsozialismus sei ein »kriminelles System« auf der Basis einer »kriminellen Ideologie« und die Verteidigung Österreichs sei entscheidend für die Bewahrung oder Zerstörung der europäischen Friedensordnung, d. h. für Krieg oder Frieden als Zukunft Europas. Beachtlich ist auch ihre Förderung der als zukunftsträchtig erachteten paneuropäischen Bewegung und ihr Ausharren in einer international immer hoffnungsloser werdenden Situation der Isoliertheit angesichts der um sich greifenden Beschwichtigungspolitik der europäischen Mächte.

Nachwort: Zur Problematik versuchter Verleugnung des Widerstandes

Achtung gebietend ist das durch ihren Widerstand bedingte Leiden und Sterben so vieler Träger des patriotischen Widerstandes nach dem Anschluß, denen Österreich die entscheidende Tatsache verdankt, nach dem Zweiten Weltkrieg nicht als »Feindstaat« betrachtet und behandelt zu werden. Denn die Geschichte hätte für Österreich ganz anders verlaufen können, wenn die in den dreißiger Jahren dort Regierenden angesichts ihrer fast hoffnungslosen machtmäßigen Unterlegenheit den Drohungen oder aber den auch immer wieder ergehenden Verlockungen des Hitlersystems nachgegeben hätten.

Mit zu den befremdlichsten Merkwürdigkeiten in der politischen Kultur der Zweiten Republik mit ihrer berechtigten Forderung des »historischen nie Vergessens« gehört die Tatsache, daß der patriotische Widerstand der Ära zwischen 1933 und 1938 keine angemessene historische Würdigung findet, sondern de facto verschwiegen oder geleugnet oder bagatellisiert wird. Hier gibt es ein geradezu bedenkliches Vergessen. Den vaterländischen Widerstandskämpfern einschließlich der im Kampf um Österreichs Unabhängigkeit im Juli 1934 Gefallenen gilt kein Denkmal mehr, keine Benennung einer Straße oder eines Platzes, der 25. Juli ist kein nationaler Feiertag, ihr Andenken bleibt ungeehrt. Während in Deutschland alle Parteien im Parlament der Bundesrepublik Jahr für Jahr die zahlenmäßig vergleichsweise wenigen Träger des heroischen, aber erfolglosen und zudem späten Widerstandes vom 20. Juli 1944 – *ungeachtet ihrer sonstigen innenpolitischen Orientierung* – mit einem nationalen Gedenktag ehren, unterblieb in Österreich bisher jegliche von allen Parteien getragene Ehrung der zahlreichen Kämpfer und Opfer des eigenen frühen und *erfolgreichen* Widerstandes gegen den Nationalsozialismus und das Dritte Reich! Auch in Frankreich finden sich demokratische und nichtdemokratische Kräfte zu Gedenkfeiern zu Ehren der Résistance zusammen, so z. B. auch die ehedem stalinistischen Kommunisten, die wegen des Hitler-Stalin-Paktes von 1939 Frankreichs Krieg gegen Hitler so lange boykottierten, bis Hitler 1941 die Sowjetunion angriff (und denen man diese Haltung später auf Grund ihres bedeutsamen Beitrages zur Résistance verzieh). Die in den dreißiger Jahren in Polen herrschende Militärdiktatur, die Diktaturformen der Rechten und der Linken in Jugoslawien oder die stalinistische Herrschaft in Rußland während des Zweiten Weltkrieges verhindern die neuen demokratischen Kräfte in diesen Ländern keineswegs an der Würdigung der vaterländischen Widerstandsleistung dieser seinerzeitigen Kräfte. Selbst in China hat dessen kommunistische Regierung seit einer Reihe von Jahren bereits damit begonnen, die Widerstandsleistung ihres verhaßten Gegners Chiang Kai-shek angemessen anzuerkennen. Im Gegensatz zu all diesen hat sich das offizielle Österreich bisher nicht zu einer angemessenen öffentlichen Ehrung der konkreten und anfangs zudem erfolgreichen Widerstandsleistung zwischen 1934 und 1938, der Österreichs Volk und Staat zweifellos bleibenden Dank schuldet, durchringen können.

In scharfem Kontrast zu allen oben genannten Beispielen wird in Österreich gemeint, innenpolitisches Fehlverhalten der damaligen vaterländischen Kräfte berechtige ihre demokratisch gewordenen Nachkommen dazu, die historische Faktizität ihrer Widerstandsleistung für Österreich einfach zu negieren. Die Negierung des Abwehrkampfes gegen Nationalsozialismus und Drittes Reich soll offensichtlich – wenn auch anscheinend nur in Österreich – demokratische Gesinnung demonstrieren. Als sei es nicht möglich, hinsichtlich ein und derselben Person oder Gruppe im Rahmen einer Gesamtwürdigung zwischen Leistung und Fehlverhalten zu differenzieren.

Allzu oft und allzu leicht werden Akteuren der Vergangenheit Erfahrungsinhalte und mit diesen verbundene Wertprioritäten unterstellt, die sich für die Gegenwart erst aus historischen Entwicklungsprozessen ergeben haben. Aus der nominellen Gleichheit von Begriffen oder Namen wird leichtfertig auf eine Gleichheit oder Ähnlichkeit der Inhalte geschlossen. So ist es z.B. völlig richtig und kritikwürdig, daß die vaterländische Bewegung die ihr ineffizient erscheinende Staatsform der parlamentarischen Demokratie durch eine Sonderform der autoritären Herrschaft zu dem Zeitpunkt ersetzte, als Hitler den erfolgreichen Mißbrauch deutscher Demokratie zum Zweck der Machtergreifung vordemonstriert hatte, und als die NSDAP in Österreich mit dem Kampfruf »Neuwahlen jetzt« zum »Generalangriff auf Österreich« angesetzt hatte.

Überträgt man aber *umgekehrt* damalige Inhalte auf heutige Namen, so hätte man bei der (in Wirklichkeit seit Jahrzehnten schon pragmatisch und sozial-liberal gewordenen) SPÖ eine dogmatisch marxistisch geführte Partei, deren Aktivisten die österreichischen

Nachwort: Zur Problematik versuchter Verleugnung des Widerstandes

Mitbürger der anderen Parteien als »Klassenfeinde« titulieren und bestrebt sind, ihre eigenen Anhänger von Kontakten mit deren Lebenswelt soweit als möglich zu isolieren, und die in einer Situation größter wirtschaftlicher Not die angebotene große Koalition mit der ÖVP ablehnt, um dadurch den »Untergang des Kapitalismus« zu fördern. Auf der anderen Seite hätten wir eine von fundamentalistischen Katholiken geführte ÖVP, die die SPÖ-Anhänger wegen ihres Kirchenkampfes als »Feinde Christi« tituliert und sie wegen ihrer »roten« Symbolik und revolutionären Rhetorik für Scheindemokraten und verkappte Bolschewisten hält. Nach Ablehnung des Koalitionsangebots an die SPÖ würde die ÖVP sich dann zwecks Mehrheitsbildung mit einer kleinen, aber faschistischen Partei verbünden. Hinzu käme dann eine von SPÖ-Granden eingefädelte Taktik parlamentarischer Tricks, die nicht nur zur unbeabsichtigten Selbstausschaltung des Parlaments führt, sondern die prestigemäßig bereits angeschlagene Institution des Parlaments vor aller Welt der Lächerlichkeit preisgibt. Hinzu käme auch der von einer benachbarten Großmacht ausgehende Wirtschafts-, Propaganda- und Terrorkrieg mit politisch ferngesteuerten Skinhead-Banden, die ergänzend mit bis zu 140 Sprengstoffanschlägen pro Monat gegen ein wirtschaftlich ohnedies schwer angeschlagenes Österreich vorgehen. Fernerhin käme noch hinzu, daß von den drei maßgeblichen Parteien Österreichs nur eine sich prinzipiell – und nicht nur taktisch temporär – zur permanenten Verteidigung der nun radikal gefährdeten Eigenstaatlichkeit Österreichs bekennen würde. Unter solchen Umständen wäre es vermutlich auch heute schwierig, an der für normale Zeiten gedachten Form von Staat und Politik festzuhalten.

Mit diesem kleinen Szenario sollte nur gesagt sein, daß, wer sicherlich zu Recht von der damaligen Krise der Demokratie spricht, deren Zustand von damals nicht mit heutigen Gegebenheiten vergleichen kann, sondern bei seiner Beurteilung auch die damals gegebenen und im Vergleich zu heute dramatisch andersartigen Umstände sowie Meinungs- und Erfahrungsinhalte in Rechnung stellen muß.

In keinem Fall aber sollte damals tatsächlich gegebenes innenpolitisches Fehlverhalten der vaterländischen Kräfte dazu führen ihre Leistung, ihre Tragik und ihr Martyrium im Zusammenhang mit der Verteidigung der Existenz Österreichs und bewußt auch im Interesse des europäischen Friedens zu verleugnen.

Anmerkungen

Abkürzungen für häufig zitierte Dokumentationen

ADAP = AKTEN ZUR DEUTSCHEN AUSWÄRTIGEN POLITIK 1918–1945. Aus dem Archiv des Auswärtigen Amtes. Serie C (1933–1937), Bde I,1; I,2; II,1; II,2; III,1. Göttingen 1971–1973. Serie D (1937–1945). Bd. I: Von Neurath zu Ribbentrop (September 1937 – September 1938). Baden-Baden 1950
DBFP = Documents on British Foreign Policy 1919–1939. Ed. by E. L. Woodward and Rohan Butler. Second Series, Vols. V and VI. London 1933–1934

Anmerkung zur Einleitung

1 Wortlaut der Erklärungen von Senator Pepper, Kongreßabgeordneten Eberharter und US-Außenminister Hull in: Donau-Echo (Toronto) vom 15. August 1942.

Anmerkungen zu Kapitel I

1 KISSINGER, Henry A.: Diplomacy. London 1994, S. 24; SCHULZ, Gerhard: Revolutionen und Friedensschlüsse 1917–1920. München 1967, S. 268.
2 MIKOLETZKY, Österreichische Zeitgeschichte, S. 75.
3 Ebd., S. 71.
4 ANDICS, Der Staat, den keiner wollte, S. 88.
5 NECK (Hg.), Österreich im Jahre 1918, S. 66f. u. 76.
6 BENEDIKT, Geschichte der Republik Österreich, S. 9.
7 CHURCHILL, Winston S.: The Gathering Storm. Boston 1948, S. 10.
8 NECK (Hg.), Österreich im Jahre 1918, S. 79.
9 Ebd., S. 82.
10 Ebd., S. 86.
11 KLEINDEL, Österreich, S. 316.
12 Text des Deutsch-Österreichischen Protokolls, auszugsweise in: KLEINDEL, Österreich, S. 319.

Anmerkungen zu Kapitel II

1 Dienstbuch der NSDAP Österreichs – Hitlerbewegung. Hg. von der Landesleitung Österreichs der NSDAP, Vorwort von Theo Habicht, datiert: »im März 1932«.
2 Ebd.
3 RAUSCHNING, Gespräche mit Hitler, S. 42.
4 DOMARUS, Max (Hg.): Hitler: Reden und Proklamationen 1932-45. Würzburg 1962, Bd. I, S. 312.
5 HITLER, Adolf: Mein Kampf. München 1934, Bd. 2, S. 737–740.
6 Ebd., S. 471f. u. 757.
7 DBFP, Vol. V, 1933, No. 371, S. 547ff.
8 Aus einem Hitler vorgelegten Geheimbericht des deutschen Militärattachés in Wien vom 1. Juni 1934 (Nr. Geh./240). Archiv des auswärtigen Amtes Berlin.
9 Zur Äußerung Habichts siehe: Dienstbuch der NSDAP Österreichs (wie in Anm. 1), Vorwort.
10 Zur erwähnten Überlegung des Auswärtigen Amtes siehe ADAP, Bd. I, 2, Nr. 256, S. 469ff.
11 SCHUSCHNIGG, Dreimal Österreich, S. 240ff.; vgl. auch LANGGOTH, Franz: Kampf um Österreich. Erinnerungen. Wels 1951, S. 106.
12 Österreichischer [NSDAP] Pressedienst (München), Folge 13 vom 26. September 1933. Siehe Dokumentenanhang, S. 394.
13 DBFP, Vol. V, 1933, No. 264 (21. Juli 1933).
14 Beiträge zur Julirevolte, S. 20.
15 Protokoll dieser Ministerbesprechung in: ADAP, Bd. I, 2, Nr. 262, S. 481–485.
16 ROSS, Hitler und Dollfuß, S. 32; sowie JAGSCHITZ, Der Putsch, S. 46.
17 ADAP, Bd. II, 2, Nr. 509, S. 739f.
18 Beiträge zur Julirevolte, S. 26f.
19 Siehe Dokumentenanhang, S. 394f.
20 ADAP, Bd. I, 2, Nr. 402, S. 732–733; vgl. auch JAGSCHITZ, Der Putsch, S. 36f.
21 SCHUSCHNIGG, Dreimal Österreich, S. 211.
22 Siehe Dokumentenanhang, S. 412.
23 Siehe Dokumentenanhang, S. 411.
24 Zur militärischen und politischen Rolle dieser Kampfverbände siehe die gründliche und in ihrer Weise bahnbrechende Studie: WILTSCHEGG, Die Heimwehr. Bezüglich der genannten Wehrverbände siehe Ebd., S. 70–81 u. 288–301.
25 Diese Angaben beruhen auf der akribischen Untersuchung von Gerhard Jagschitz: »Die Anhaltelager in Österreich«, in: JEDLICKA/NECK, Vom Justizpalast zum Heldenplatz, S. 168–173.
26 REICHOLD, Kampf um Österreich, S. 116–118.
27 Ebd., S. 108, aus: Politische Korrespondenz vom 12. Januar 1934.
28 In: Der Heimatschützer, Folge 25 vom 23. Juni 1934, S. 3f.

29 Wiener Zeitung vom 19. Januar 1934.
30 HABICHT, Theo: Kampf um Österreich, H. 2: »Die Rakete« der NSDAP Österreichs. Wien 1933, S. 13.
31 Rot-Weiß-Rot-Buch, S. 50f.
32 Dienstbuch der NSDAP Österreichs (wie in Anm. 1), S. 178f.

Anmerkungen zu Kapitel III

1 KINDERMANN, Grundelemente der Weltpolitik, S. 107–126.
2 Rede in Wien am 11. Februar 1924, in: GESSL, Seipels Reden, S. 295f.
3 Rede in Köln, 2. März 1925, Ebd., S. 187.
4 KNOLL u. a., Die österreichische Aktion, S. 302.
5 Ebd., S.6.
6 KINDERMANN, Gottfried-Karl: »Konservatives Denken und die Frage der österreichischen Identität in der Ersten Republik«, in: RILL/ZELLENBERG, Konservativismus in Österreich, S. 21.
7 KNOLL u. a., Die österreichische Aktion, S. 109.
8 Ebd., S. 282.
9 WILDGANS, Anton: Rede über Österreich. Wien und Leipzig 1930.
10 Ebd.
11 SCHUSCHNIGG, Dreimal Österreich, S. 332.
12 Zitiert in: HOOR, Österreich 1918–1938, S. 75.
13 HANTSCH, Hugo: Österreich. Eine Deutung seiner Geschichte und Kultur. Innsbruck 1934, S. 104.
14 Neue Freie Presse (Nr. 14894) vom 2. Januar 1934.
15 DOLLFUSS, Engelbert: »Die kulturelle Bedeutung Österreichs für die Welt« (Rundfunkrede an Amerika), in: Neue Freie Presse (Wien) vom 22. Mai 1933.
16 SCHUSCHNIGG, Kurt: Österreichs Erneuerung. Klagenfurt o. J., S. 137ff. (übers. aus: Jour, Paris, vom 18. Februar 1935).
17 DOLLFUSS, »Die kulturelle Bedeutung Österreichs ...«
18 Ebd.
19 SCHUSCHNIGG, Österreichs Erneuerung, S. 146.
20 Der Christliche Ständestaat vom 13. Dezember 1936, S. 1187.
21 Ebd., S. 1186.
22 LUX, Joseph August: Das goldene Buch der vaterländischen Geschichte. Wien 1934, S. 11f. u. 340.
23 Der Christliche Ständestaat vom 22. März 1936, S. 276f.
24 GÖRGEN, Hermann: »Frage was ist deutsch?«, in: Der Christliche Ständestaat vom 13. März 1938, S. 199.
25 REITER, Ludwig: Der Volksruf, 1. Jg., Nr. 1 vom 1. Mai 1937, zitiert in: MADEREGGER, Die Juden im österreichischen Ständestaat, S. 97.
26 Verhandlungen des 2. Deutschen Soziologentages. Tübingen 1931, S. 50.
27 Kölnische Volkszeitung vom 23. Oktober 1932.
28 Ebd.

29 STARHEMBERG, Ernst Rüdiger: Die Reden des Vizekanzlers. Wien 1935, S. 37.
30 Zitiert in: TAUTSCHER, So sprach der Kanzler, S. 88.
31 Äußerung bei einer Pressekonferenz in London am 12. Juni 1933, zit. in: WEBER, Dollfuß an Österreich, S. 87.
32 STARHEMBERG, Die Reden des Vizekanzlers, S. 74.
33 SCHUSCHNIGG, Österreichs Erneuerung, S. 130f.
34 TAUTSCHER, Anton: Schuschnigg spricht. Das politische Gedankengut eines Österreichers. Graz/Wien 1935, S. 27.
35 COUDENHOVE-KALERGI, Der Kampf um Europa, S. 189f. u. 192.
36 COUDENHOVE-KALERGI, Österreichs europäische Sendung, S. 12–14.
37 Ebd., S. 10.
38 Siehe z. B. TAUTSCHER, So sprach der Kanzler, S. 87f.
39 STARHEMBERG, Die Reden des Vizekanzlers, S. 37.
40 Wiener Diözesanblatt, Nr. 12 vom 21. Dezember 1933.
41 Ebd.
42 Unser Staatsprogramm. Bundeskommissariat für Heimatdienst. Wien 1935, S. 31f. u. 7–9.
43 MADEREGGER, Die Juden im österreichischen Ständestaat, S. 95.
44 »Gedanken zum 1. Mai«, in: Jüdische Front, 6. Jg., Nr. 9 vom 1. Mai 1937. Zitiert in: Ebd., S. 8.
45 Jüdische Front, 3. Jg., Nr. 12 vom 31. Juli 1937. Zitiert in: Ebd., S. 102.
46 Wiener Jüdisches Familienblatt, 2. Jg., Nr. 10 vom August 1934. Zitiert in: Ebd., S. 102.
47 ILEN, Johannes: »Ein freies Wort zur Judenfrage«, in: Der Christliche Ständestaat vom 18. August 1935, S. 787. Zur nationalsozialistischen Verfolgung der Juden siehe u. a. auch: Der Christliche Ständestaat vom 28. Juli 1935, S. 722f.
48 Der Christliche Ständestaat vom 15. Dezember 1935, S. 1209.
49 Äußerung des israelischen Journalisten Iphraim Lahav. Siehe auch Bericht in: Jüdische Jugend, 3. Jg., Nr. 7/8 vom August/September 1937, S. 10. Zitiert in: MADEREGGER, Die Juden im österreichischen Ständestaat, S. 118.
50 KINDERMANN, Grundelemente der Weltpolitik, S. 113–125.
51 TAUTSCHER, So sprach der Kanzler, S. 116.
52 Ebd., S. 118.
53 Neue Freie Presse vom 2. Januar 1934.
54 Unser Staatsprogramm – Führerworte. Hg. vom Bundeskommissariat für Heimatdienst. Wien 1935, S. 31.
55 Ebd., S. 29.
56 Ebd., S. 41.
57 FELSEN, Karl: »Blut über Deutschland – Tragödie und Martyrium eines großen Volkes«, in: Der Christliche Ständestaat vom 16. Juni 1935, S. 574.
58 Der Christliche Ständestaat vom 30. Juni 1935, S. 624f.
59 Der Christliche Ständestaat vom 23. Dezember 1934, S. 11.

60 HILDEBRAND, Dietrich von: »Wahres Deutschtum«, in: Der Christliche Ständestaat vom 1. Dezember 1935, S. 1143–1148.
61 Ebd.
62 Unser Staatsprogramm, S. 34.
63 MATAJA, H.: »Das europäische Problem«, in: Der Christliche Ständestaat vom 17. Dezember 1933.
64 Der Christliche Ständestaat vom 28. Januar 1936, S. 79.
65 Siehe EBNETH, Die österreichische Wochenschrift »Der Christliche Ständestaat«; WENISCH, Ernst: Dietrich von Hildebrand. Memoiren und Aufsätze gegen den Nationalsozialismus 1933–1938, Mainz 1994.
66 TAUTSCHER, Schuschnigg spricht, S. 24–26.
67 Österreichs Sendung, S. 5.
68 Zum Thema Österreich-Ideologie siehe insbesondere auch BUSSHOFF, Das Dollfuß-Regime in Österreich; Staudinger, Zur »Österreich-Ideologie«; EBNETH, Die österreichische Wochenschrift »Der Christliche Ständestaat«, und besonders die Zeitschrift selbst: Der Christliche Ständestaat, Wien 1933–1938. Des weiteren: Unser Staatsprogramm – Führerworte, hg. vom Bundeskommissariat für Heimatdienst, Wien 1935, und vom gleichen Herausgeber: Die Reden des Vizekanzlers E.R. Starhemberg, Wien 1935; KUGLER, Martin: Die frühe Diagnose des Nationalsozialismus. Christlich motivierter Widerstand in der österreichischen Publizistik. Frankfurt a.M. 1995.
Besonders aufschlußreich ist die schon aus dem Jahr 1933 stammende kleine Schrift: Österreichs Sendung – Unser Vaterlandes Schicksalsweg. Hg. vom Österreichischen Heimatdienst. Wien 1933. Zur Geschichtsauffassung der Österreich-Ideologie siehe insbesondere: LUX, Das Goldene Buch. Siehe fernerhin: RILL/ZELLENBERG, Konservativismus in Österreich; HOOR, Österreich 1918–1938.
69 Siehe Kap. IV dieses Bandes »Konsensmangel und Bruderkrieg zwischen den Lagern ›Schwarz‹ und ›Rot‹«
70 Siehe Artikel 73 der Verfassung des Österreichischen Bundesstaates vom 1. Mai 1934. Voller Wortlaut in: FREUND, Weltgeschichte der Gegenwart in Dokumenten, Bd. II, S. 305–322.
71 TAUTSCHER, So sprach der Kanzler, S. 63–67.
72 BERCHTOLD, Österreichische Parteiprogramme, S. 430 (aus dem vollen Wortlaut der sogenannten »Trabrennplatz-Rede«).
73 Ebd., S. 432.
74 Ebd., S. 433.
75 DEUTSCH, Julius: »Dollfuß, Diktator aus Schwäche«, in: Forum, Bd. XI, Juni/Juli 1964, S. 299f.
76 FUNDER, Als Österreich den Sturm bestand, S. 71.
77 Zum persönlichen, beruflichen und weltanschaulichen Werdegang von Engelbert Dollfuß siehe: JAGSCHITZ, Die Jugend des Bundeskanzlers Dr. Engelbert Dollfuß. Nach Meinung des Verfassers ist dies die wissenschaftlich hervorragendste biographische Studie über Dollfuß, über den es, trotz seiner wie immer auch bewerteten großen Bedeutung für die öster-

reichische Geschichte, bezeichnenderweise keinerlei umfassende wissenschaftliche Biographie gibt.
78 Zur Ideenwelt der Österreich-Ideologie siehe: Unser Staatsprogramm. Bundeskommissariat für Heimatdienst (Hg.), Wien 1935; Österreich muß sein! Der österreichisch-deutsche Konflikt, Wien 1934.
STAUDINGER, Zur »Österreich-Ideologie« des Ständestaates; EBNETH, Die Österreichische Wochenschrift »Der Christliche Ständestaat«; BUSSHOFF, Das Dollfuß-Regime in Österreich.
79 HITLER, Adolf: Mein Kampf, Bd. I, München 1934, S. 14.
80 Siehe die gründliche Untersuchung (Dissertation) von MOSSER, Der Legitimismus und die Frage der Habsburger Restauration, S. 38–44.
81 Ebd., S. 253–261.
82 Ebd., S. 259.
83 Ebd., S. 139. Die Information über diese Zusage beruht auf einer persönlichen Mitteilung Altbundeskanzler Schuschniggs an Frau Mosser.
84 Kleine Volks-Zeitung vom 4. Juli 1935 sowie Reichspost vom 11. Juli 1935.
85 Kleine Volks-Zeitung vom 2. Juli 1935.
86 MOSSER, Der Legitimismus und die Frage der Habsburger Restauration, S. 202.
87 Neue Freie Presse vom 20. November 1937.
88 Wiener Zeitung vom 15. Februar 1937.

Anmerkungen zu Kapitel IV

1 NECK, Österreich im Jahre 1918, S. 81.
2 Ebd., S. 81f.
3 BAUER, Die österreichische Revolution, S. 287.
4 ANDICS, Der Staat, den keiner wollte, S. 300.
5 Ebd., S. 302.
6 Ebd., S. 302f.
7 HANNAK, Karl Renner und seine Zeit, S. 504ff.
8 LEICHTER, Glanz und Ende der Ersten Republik, S. 33f.
9 Wortlaut des Linzer Programms, in: BERCHTOLD, Österreichische Parteiprogramme, S. 247–264. Zur Haltung der Kirche gegenüber insbes. ebd., S. 258ff.
10 Ebd., S. 63.
11 ANDICS, Der Staat, den keiner wollte, S. 228.
12 POLLAK, Walter: Sozialismus in Österreich: Von der Donaumonarchie bis zur Ära Kreisky. Wien/Düsseldorf 1979, S. 95f.
13 BAUER, Die Österreichische Revolution, S. 159.
14 Stenographisches Protokoll, 134. Sitzung des Nationalrates vom 14. September 1922, I. Gesetzgebungsperiode.
15 Arbeiterzeitung (Wien) vom 13. Mai 1933.
16 BAUER, Otto: »Der Austrofaschismus nach dem Naziputsch«, in: Der Kampf, August 1934.

Anmerkungen

17 Der Kampf, April 1938.
18 Ebd.
19 Der Kampf, Januar 1937.
20 RENNER, Karl: »Inneneuropa und die Sozialdemokratie«, in: Der Kampf, Juli 1932, S. 300. Zitiert in: PANZENBÖCK, Ein deutscher Traum, S. 183.
21 Aus Renners Vortrag »Zollunion und Anschluß«, in: Vorwärts vom 28. März 1931 und seiner Schrift: Österreich, was es gewesen ist, was es ist und was es werden soll. Wien 1930, S. 29. Beide Zitate in: PANZENBÖCK, Ein deutscher Traum, S. 184.
22 In: Der Kampf, Februar 1930, S. 53. Zitiert bei: PANZENBÖCK, Ein deutscher Traum, S. 183.
23 In: RENNER, Die Gründung der Republik, S. 40.
24 TAUTSCHER, So sprach der Kanzler, S. 91.
25 Ebd., S. 83.
26 STARHEMBERG, Ernst Rüdiger: Die Reden. Wien 1935, S. 37.
27 ANDICS, Der Staat, den keiner wollte, S. 249f.
28 Ebd., S. 208–221; MIKOLETZKY, Österreichische Zeitgeschichte, S. 116–121; JEDLICKA/NECK, Vom Justizpalast zum Heldenplatz, Dokumente 1-4, S. 283–288.
29 POLLAK, Sozialismus in Österreich, S. 190.
30 RENNER, Nachgelassene Werke, S. 78.
31 SIMON, Walter B.: Die verirrte Republik. Eine Korrektur österreichischer Geschichtsbilder. Innsbruck-Wien 1988, S. 48
32 Zit. in: HANNAK, Karl Renner und seine Zeit, S. 487.
33 Ebd., S. 483.
34 Arbeiterzeitung (Wien) vom 23. Oktober 1932.
35 Ebd.
36 Reichspost vom 15. November 1932.
37 Arbeiterzeitung vom 4. April 1933.
38 Wiener Zeitung vom 10. April 1933.
39 SCHUSCHNIGG, Dreimal Österreich, S. 214.
40 BAUER, Die österreichische Revolution, S. 290f.
41 Ebd.
42 Ebd.
43 Ebd.
44 Ebd.
45 Text in: BERCHTOLD, Österreichische Parteiprogramme, S. 267.
46 LEICHTER, Glanz und Elend der Ersten Republik, S. 24.
47 SCHUSCHNIGG, Dreimal Österreich, Kap. VII, S. 104–125.
48 Zitiert in: HANNAK, Karl Renner und seine Zeit, S. 563.
49 BAUER, Der Aufstand der österreichischen Arbeiter, S. 26.
50 LEICHTER, Glanz und Elend der Ersten Republik, S. 147f., 156.
51 KLEINDEL, Österreich, S. 341.
52 LEICHTER, Glanz und Elend der Ersten Republik, S. 167.
53 KLEINDEL, Österreich, S. 340.
54 TAUTSCHER, So sprach der Kanzler, S. 44f.

Anmerkungen

55 HUEMER, Sektionschef Robert Hecht, S. 150–156.
56 Zitiert in: GÖBHART, Franz: »12. Februar 1934 – Mythos und Trauma«, in: DESPUT, Österreich 1934–1984, S. 163.
57 JEDLICKA/NECK, Das Jahr 1934, S. 17.
58 TAUTSCHER, So sprach der Kanzler, S. 44.
59 FUNDER, Als Österreich den Sturm bestand, S. 65f.
60 GOLDINGER, Protokolle, S. 133.
61 Ebd., S. 210.
62 Ebd., S. 133.
63 Ebd., S. 136.
64 Ebd., S. 153f.
65 Ebd., S. 156f.
66 Ebd., S. 183f.
67 ACKERL, Das Kampfbündnis der NSDAP, S. 121–127.
68 Anmerkung: KEREKES, Abenddämmerung einer Demokratie, S. 121–125. Siehe auch: SCHAUSBERGER, Letzte Chance für die Demokratie, S. 32 u. 130.
69 Österreichischer [NSDAP] Pressedienst (München), Folge 13 vom 26. September 1933.
70 SHEPHERD, Engelbert Dollfuß, S. 135.
71 GOLDINGER, Protokolle, S. 15.
72 Ebd., S. 228.
73 Ebd., S. 230f.
74 BÄRNTHALER, Irmgard: Geschichte und Organisation der Vaterländischen Front. Diss. Wien. Wien 1964, S. 14–19.
Siehe auch REICHOLD, Kampf um Österreich.
75 JAGSCHITZ, Der Putsch, S. 19.
76 JAGSCHITZ, Die Jugend des Bundeskanzlers Dr. Engelbert Dollfuß, 1967.
77 FUNDER, Als Österreich den Sturm bestand, S. 79f.
78 HUEMER, Sektionschef Robert Hecht, S. 178ff.
79 Wortlaut des Abkommens in: JEDLICKA/NECK, Vom Justizpalast zum Heldenplatz, Dokument 29, S. 357–359.
80 Wiener Zeitung vom 21. Mai 1933.
81 Anmerkung: siehe auch BÄRNTHALER, Geschichte und Organisation der Vaterländischen Front, S. 14–19. Siehe ferner REICHOLD, Kampf um Österreich.
82 Wortlaut in: Neue Freie Presse vom 27. Mai 1933.
83 REICHOLD, Kampf um Österreich, S. 101f.
84 Ebd., S. 111f.
85 Ebd., S. 112–115.
86 Ebd., S. 115–118.
87 RENNER, Karl: »Was siegt im Kriege?«, in: Ders., Österreichs Erneuerung. Politisch-programmatische Aufsätze. 3. Auflage. Wien 1916, S. 15.
88 Eine textkritische Darstellung des oft falsch zitierten Korneuburger Gelöbnisses siehe WILTSCHEGG, Die Heimwehr, S. 255–258. Dieses Doku-

Anmerkungen

ment wurde allerdings in folgenden Jahren von Heimwehrführern und Heimwehrpublikationen nur selten erwähnt.
89 STARHEMBERG, Österreichs Weg, S. 5f.
90 »Faschismus und Nationalsozialismus«, in: Der Heimatschützer vom 12. Mai 1934, S. 3.
91 STARHEMBERG, Memoiren, S. 74–78.
92 Ebd., S. 80.
93 Ebd., S. 87f.
94 Ebd., S. 93f.
95 Ebd., S. 94f. u. 96f.
96 BENEDIKT, Geschichte der Republik Österreich, Kap. 3: Die Heimwehrbewegung, S. 359–368.
97 WILTSCHEGG, Die Heimwehr, S. 415.
98 STARHEMBERG, Memoiren, S. 125f.
99 Ebd., S. 130f.
100 Ebd., S. 145–152.
101 WILTSCHEGG, Die Heimwehr, S. 88f.
102 SCHUSCHNIGG, Dreimal Österreich, S. 222.
103 Ebd., S. 156.
104 WILTSCHEGG, Die Heimwehr, S. 77.
105 STARHEMBERG, Memoiren, S. 131.
106 KLEINDEL, Österreich, S. 343.
107 Siehe KEREKES, Abenddämmerung einer Demokratie, S. 87–161.
108 GOLDINGER, Protokolle, S. 271.
109 Zitiert bei: STEPAN, Rainer: »Dollfuß, die Parlamentsausschaltung 1933 und das Jahr 1934«, in: Christliche Demokratie, 2. Jg., Nr. 1, Febr. 1984, S. 127.
110 GOLDINGER, Protokolle, S. 325.
111 In: Der Heimatschützer, Folge 25 vom 23. Juni 1934, S. 4.
112 Heimatschutz in Österreich. Die Juli-Ereignisse. Wien 1935, S. 44f.
113 Zitiert in HANNAK, Karl Renner und seine Zeit, S. 583.
114 MUSSOLINI–DOLLFUSS, S. 35.
115 Siehe Schüllers Bericht in: Ebd., S. 40f.
116 Ebd., S. 43.
117 HORNBOSTEL, Fremde Einflüsse, S. 136.
118 MUSSOLINI–DOLLFUSS, S. 32.
119 Zitiert in KEREKES, Abenddämmerung einer Demokratie, S. 158.

Anmerkungen zu Kapitel V

1 RENNER, Nachgelassene Werke, S. 81.
2 ANDICS, Der Staat, den keiner wollte, S. 346.
3 Stenographisches Protokoll der 81. Sitzung des Nationalrates der Republik Österreich vom 27. Mai 1932.
4 BAUER, Der Aufstand, S. 24.

Anmerkungen

5 Ebd., S. 24.
6 GOLDINGER, Protokolle, S. 212.
7 HANNAK, Karl Renner und seine Zeit, S. 584f.
8 Ebd.
9 HANNAK, Karl Renner und seine Zeit, S. 603.
10 Arbeiterzeitung (Wien) vom 27. Dezember 1933.
11 GOLDINGER, Protokolle, S. 324f.
12 Ebd., S. 325.
13 Arbeiterzeitung vom 20. Januar 1934.
14 Zu dieser Problematik siehe LESER, Zwischen Reformismus und Bolschewismus, S. 149–167; BAUER, Die österreichische Revolution, S. 286–291; SCHUSCHNIGG, Dreimal Österreich, S. 214.
15 LEICHTER, Glanz und Ende der Ersten Republik, S. 47–48. Siehe auch DUCZYNSKA, Ilona: Der demokratische Bolschewik. Zur Theorie und Praxis der Gewalt. München 1975, S. 93–105.
16 FUNDER, Als Österreich den Sturm bestand, S. 127–129. Siehe auch Wiener Zeitung vom 9. Februar 1934, S. 4
17 LESER, Norbert: »Ignaz Seipel und Otto Bauer«, in: Geschichte und Gegenwart, 1. Jg., Nr. 4, Dezember 1982, S. 263f.
18 »Aussagen im Hochverratsprozeß gegen Alexander Eifler und Genossen«, abgedruckt in: DUCZYNSKA, Der demokratische Bolschewik, S. 341f.
19 Voller Text dieser »Taktik des Straßenkampfes« im Bürgerkrieg gegen die Bundesregierung in: Allgemeines Verwaltungsarchiv (A.V.A.), Februar 1934, Ktn. 5 (Pr.ZI.IV–2606/166/34), Beilage A, abgedruckt in: Ebd., S. 349–362. Siehe auch: Wiener Zeitung Nr. 99 vom 9. April 1935, »Sensationelle Aussagen im Schutzbundprozeß«. Siehe ferner auch: PEBALL, Die Kämpfe in Wien im Februar 1934, S. 12–14.
20 KARWINSKY, Der 12. Februar 1934 und seine Vorgeschichte, S. 13.
21 BOTZ, Gerhard: »Theodor Körner«, in: WEISSENSTEINER, Die österreichischen Bundespräsidenten, S. 184f.
22 Inhalte und Kritik dieser Aktionspläne in: VLCEK-JACOT, Der Republikanische Schutzbund in Österreich.
23 Eba. S. 510f.
24 LEICHTER, Glanz und Ende der Ersten Republik, S. 212.
25 Ebd, S. 235f. KARWINSKY, Der 12. Februar 1934 und seine Vorgeschichte, S. 10f. Zum Waffenschmuggel und zur Bewaffnung des Schutzbundes siehe auch: Bericht der Bundes-Polizeidirektion in Wien an die Staatsanwaltschaft II., S.B. 931/34 P.15.093/34, 28. Februar 1934.
26 Text des Schreibens in: KYKAL/STADLER, Richard Bernaschek, S. 92f.
27 Dokument 46 in: JEDLICKA/NECK, Vom Justizpalast zum Heldenplatz, S. 385.
28 HAMMERSTEIN, Hans von: Im Anfang war der Mord. Erlebnisse als Bezirkshauptmann von Braunau am Inn und als Sicherheitsdirektor von Oberösterreich in den Jahren 1933 und 1934. Wien 1988, S. 99–103.
29 Wiener Zeitung vom 9. April 1935, S. 5. Zitiert auch in: PEBALL, Die Kämpfe in Wien im Februar 1934, S. 20f.

Anmerkungen

30 KYKAL/STADLER, Richard Bernaschek, S. 82–84.
31 Otto Leichter schreibt zur Lage an der Jahreswende 1933/34: »Der Kampf zwischen Berlin und Wien ging noch weiter. Die Terrorakte der Nazi wurden immer gefährlicher. ... So waren in der Zeit um den 1. Januar [1934] in Österreich von den Nationalsozialisten nicht weniger als 140 Sprengstoffanschläge verübt worden ...« LEICHTER, Glanz und Ende der Ersten Republik, S. 231 u. 230.
32 FISCHER, Erinnerungen und Reflexionen, S. 268.
33 BAUER, Der Aufstand der Österreichischen Arbeiter, S. 19.
34 KARWINSKY, Der 12. Februar 1934 und seine Vorgeschichte, S. 12.
35 Zitiert in: GOLDNER, Dollfuß im Spiegel der US-Akten, S. 95 (englischer Originaltext S. 157).
36 Ebd., S. 91.
37 KYKAL/STADLER, Richard Bernaschek, S. 123–141 u. 174–190.
38 Voller Text des Manifests als Anlage zu einem Bericht der Österreichischen Gesandtschaft in Prag vom 26. April 1934, Archiv der Republik (A.d.R.) NPA, Karton 69 ZI 220/Pol. vom 26. April 1934.
39 KYKAL/STADLER, Richard Bernaschek, S. 95f.
40 KARWINSKY, Der 12. Februar 1934 und seine Vorgeschichte, S. 14. Siehe auch PEBALL, Die Kämpfe in Wien im Februar 1934, S. 38.
41 RATZENHOFER, Die Niederwerfung der Februarrevolte, S. 1.
42 STARHEMBERG, Memoiren, S. 171.
43 FUNDER, Als Österreich den Sturm bestand. Siehe auch: OSWALD, Die Stellung von Major a.D. Emil Fey, S. 98–104.
44 GOLDINGER, Protokolle, S. 165 u. S. 263.
45 STARHEMBERG, Memoiren, S. 125f.
46 DEUTSCH, Ein weiter Weg, S. 185f.6
47 Stenographisches Protokoll der 81. Sitzung des Nationalrates der Republik Österreich vom 27. Mai 1932.
48 SCHAUSBERGER, Letzte Chance für die Demokratie, S. 106.
49 Zitiert in: Ebd., S. 103.
50 DOLLFUß, Mein Vater, S. 129f.
51 ADAP, Serie C, Bd. I, 2, Nr. 346 (1. Juli 1933).
52 KARWINSKY, Der 12. Februar 1934 und seine Vorgeschichte, S. 9f.
53 HOLTMANN, Everhard: »Sozialdemokratische Defensivpolitik vor dem 12. Februar 1934«, in: JEDLICKA/NECK, Vom Justizpalast zum Heldenplatz, S. 118. Siehe auch die ebenfalls vorzügliche Studie zu den Beziehungen der beiden österreichischen Großparteien vor dem 12. Februar 1934 von HAAS, Karl: »Der 12. Februar 1934 als historiographisches Problem«, in: Ebd., S. 156–168.
54 HOLTMANN, Sozialdemokratische Defensivpolitik, S. 120.
55 HAAS, Der 12. Februar 1934, S. 167.
56 HOLTMANN, Sozialdemokratische Defensivpolitik, S. 120.
57 Siehe Facsimile des Berichts von Seifert in: DOLLFUSS, Mein Vater, S. 340f.

58 ADAP, Bd. III, 1, Nr. 17, 18. Juni 1934 und Ebd., Nr. 112 vom 23. Juli 1934 sowie: Foreign Relations of the United States. Diplomatic Papers, 1934, Bd. II, Bericht von Messersmith an US-Unterstaatssekretär Phillips vom 1. August 1934, S. 42.

Anmerkungen zu Kapitel VI

1 KEREKES, Abenddämmerung einer Demokratie, S. 111.
2 WEBER, Dollfuß an Österreich, S. 49.
3 Erklärung vom Juli 1932, in: TAUTSCHER, So sprach der Kanzler, S. 91.
4 Ebd., S. 90.
5 Ebd., S. 86f.
6 Haus-, Hof- und Staatsarchiv/Neues Politisches Archiv, Nachlaß Hornbostel, Fasz. II.
7 Beiträge zur Julirevolte, S. 19–22.
8 Ebd., S. 21.
9 JAGSCHITZ, Der Putsch, S. 33f.
10 ADAP, Bd. I, 1, Nr. 173, S. 316–319; vgl. auch KEREKES, Abenddämmerung einer Demokratie, S. 137f.; PETERSEN, Hitler und Mussolini, S. 168ff.
11 ADAP, Bd. I, 1, Nr. 173, S. 319.
12 ADAP, Bd. I, 2, Nr. 346, S. 615.
13 DBFP, Vol. V, 1933, No. 233, S. 395–398.
14 Ebd., No. 237, S. 401f.
15 Text in: Beiträge zur Julirevolte, S. 46f.
16 Ebd.
17 DBFP, Vol. V, 1933, No. 268, S. 438f.
18 Ebd., No. 270, S. 445.
19 ADAP, Bd. I, 2, Nr. 385, S. 700–703; vgl. auch: Beiträge zur Julirevolte, S. 30–39, sowie JAGSCHITZ, Der Putsch, S. 36.
20 Wortlaut der österreichischen Amtserinnerung an die Unterredungen zwischen Dollfuß und Mussolini am 19. und 20. August 1933, in: MUSSOLINI–DOLLFUSS, S. 34f.
21 TAUTSCHER, So sprach der Kanzler, S. 44f.
22 Ebd., S. 63.
23 PETERSEN, Hitler und Mussolini, S. 197ff.
24 FRANÇOIS-PONCET, André: Als Botschafter im Dritten Reich. Mainz 1947, S. 231f.
25 DBFP, Vol. V, 1933, No. 371, S. 547–559.
26 Ebd., No. 390, S. 586f.
27 Documents on International Affairs 1933, S. 388–391.
28 DBFP, Vol. VI, 1933/34, S. 254 u. 256–257.
29 Ebd., S. 154–156; vgl. Ebd., No. 451, S. 748f.
30 Ebd., No. 332, S. 524 sowie 528f.
31 Ebd., S. 772.

Anmerkungen

32 Survey of International Affairs, hg. vom Royal Institute of International Affairs, Bd. 1933, S. 306–314, sowie Archiv der Gegenwart 1933, S. 1089.
33 Wiedergegeben in: Rot-Weiß-Rot-Buch, S. 50f.
34 Wortlaut des Ministerratsprotokolls vom 5. Februar 1934, in: Protokolle des Ministerrates der Ersten Republik, Bd. 5: Kabinett Dr. Engelbert Dollfuß, 3. November 1933 – 17. Februar 1934, S. 533–545, insbes. S. 537.
35 Ebd.
36 DBFP, Vol. VI, No. 277 (14. Februar 1934) u. No. 280 (15. Februar 1934).
37 Ebd., No. 286 (16. Februar 1934).
38 FREUND, Weltgeschichte der Gegenwart in Dokumenten, Bd. I, S. 252f.
39 BINDER, Dollfuß und Hitler, S. 209, Anm. 17.
40 DBFP, Vol. VI, No. 164 (4. Januar 1934); vgl. ferner Petersen, Hitler und Mussolini, S. 294; und DBFP, Ebd., No. 194 (20. Janaur 1934).
41 Text in: FREUND, Weltgeschichte der Gegenwart in Dokumenten, Bd. I, S. 253.
42 Text der gleichzeitigen Geheimvereinbarungen in KEREKES, Abenddämmerung einer Demokratie, S. 187f.
43 ADAP, Bd. I, 2, Nr. 333 (19. März 1934).
44 Ebd., Nr. 334 (19. März 1934).
45 PETERSEN, Hitler und Mussolini, S. 323.
46 Österreichischer Pressedienst, Folge 51 vom 24. März 1934, S. 3.
47 DBFP, Vol. VI, No. 100, S. 154ff.
48 Wortlaut in: FREUND, Weltgeschichte der Gegenwart in Dokumenten, Bd. I, S. 259.
49 Ebd., S. 261ff.
50 Ebd., S. 263.
51 DBFP, Vol. VI, No. 194 (20. Januar 1934).
52 HUMMELBERGER, Walter: »Österreich und die Kleine Entente um die Jahresmitte 1934«, in: JEDLICKA/NECK, Das Jahr 1934, S. 61.
53 Ebd., S. 60.
54 DBFP, Vol. VI, No. 328, S. 514–517.
55 Ebd., No. 331 (5. März 1934).
56 ADAP, Bd. II, 2, Nr. 316 (10. März 1934).
57 STEINBÖCK, Erwin: »Kärnten«, in: WEINZIERL/SKALNIK, Österreich 1918 bis 1938, Bd. II, S. 820; vgl. auch STEINBÖCK, Erwin: »Die Verhandlungen zwischen den Nationalsozialisten und jugoslawischen Stellen vor dem Juliputsch 1934«, in: Österreich in Geschichte und Literatur, 12. Jg., Folge 10, Dez. 1968, S. 533–538.

Anmerkungen zu Kapitel VII

1 RAUSCHNING, Gespräche mit Hitler, S. 84.
2 Ebd., S. 86.
3 Österreichischer Pressedienst (München) vom 5. Januar 1934.

Anmerkungen

4 Ebd., 13. Januar 1934.
5 Ebd., 26. September 1933.
6 Ebd., 8. November 1933.
7 Ebd., 3. Februar 1934.
8 ADAP, Bd. II, 1, Nr. 225 (26. Januar 1934).
9 Ebd.
10 Bericht hierüber in: Ebd., Nr. 166 (8. Januar 1934). Vgl. auch STARHEMBERG, Memoiren, S. 154–157.
11 Österreichischer Pressedienst (München) vom 8. Februar 1934.
12 Ebd.
13 ADAP, Bd. II,2, Nr. 247 (10. Februar 1934).
14 Ebd., Bd. II, 2, Nr. 308, S. 560f. (ca. Mitte März 1934, Datum fehlt im Dokument).
15 Ebd., Nr. 332 (17. März 1934).
16 Österreichischer Pressedienst (München) vom 24. März 1934.
17 ADAP, Bd. II, 2, Nr. 369 (29. März 1934). Siehe ferner Original der Denkschrift von KÖHLER, insbes. S. 4 u. 5. Nr. E 452740 Archiv des Auswärtigen Amtes G.A. II FM 29 Bd. 2.
18 ADAP, Bd. II, 2, Nr. 409 (19. April 1934) und Nr. 431 (30. April 1934).
19 PETERSEN, Hitler und Mussolini, S. 349.
20 Ebd., S. 359.
21 DBFP, Vol. VI, No. 462 (20. Juni 1934).
22 PETERSEN, Hitler und Mussolini, S. 359.
23 RENNER, Nachgelassene Werke, S. 139.
24 Siehe GOLDNER, Dollfuß im Spiegel der US-Akten, S. 117f. Vgl. auch ADAP, Bd. II, 2, Nr. 328 (15. März 1934).
25 Text in: Foreign Relations of the United States. Diplomatic Papers 1934. Vol. II, Bericht Messersmith vom 21. Juni 1934, S. 28.
26 Der Heimatschützer (Wien) vom 23. Juni 1934, S. 3f.
27 Ebd., S. 4.
28 Bericht deutsche Gesandtschaft (Wien). Der Militärattaché Nr. Geh./246 5. Juni 1934 (Nr. E 452851, Archiv des Auswärtigen Amtes in Bonn).
29 Geheimbericht von SS-Standartenführer Dr. Otto Gustaf Wächter. Text mit Kommentar von Helmuth AUERBACH in: Vierteljahrshefte für Zeitgeschichte, 12. Jg. 1964, S. 200–218.
30 ADAP, Bd. III, 1, Nr. 17 (18. Juni 1934).
31 Wörtlich schreibt Rieth:»In ähnlicher Richtung könnte die Tatsache wirken, daß Dollfuß versucht, unter einer harmlosen Fassade eine mit diesem neuen Schutzbund in schärfster Gegnerschaft stehende Sozialdemokratische Partei und Führung Renners zu reorganisieren, die er mit französisch-tschechischer Hilfe notfalls auch gegen die Italiener ausspielen könnte, wenn diese ihn nicht mehr oder nicht ausreichend unterstützen.« ADAP, Bd. III, 1, Nr. 112 (23. Juli 1934).
32 Foreign Relations of the United States. Diplomatic Papers 1934, Vol. II, Bericht des Gesandten Messersmith an Unterstaatssekretär Phillips vom 1. August 1934, S. 42.

Anmerkungen

33 Bericht der Historischen Kommission des Reichsführers SS, S. 71–78. Vgl. auch JAGSCHITZ, Der Putsch, S. 80–88.
34 RAUSCHNING, Gespräche mit Hitler, S. 13.
35 Ebd., S. 16.
36 Ebd.
37 KOERNER, So haben sie es damals gemacht, S. 50.
38 Zitiert in: HOCH, Anton / WEISS, Hermann: »Die Erinnerungen des Generalobersten Wilhelm Adam«, in: Miscellania. Festschrift für Helmut Krausnick zum 75. Geburtstag. Stuttgart 1980, S. 47.
39 Ebd., S. 47f.
40 Bericht der Historischen Kommission des Reichsführers SS, S. 71–79.
41 Ebd., S. 84.
42 JAGSCHITZ, Der Putsch, S. 101. Wortlaut der Aussagen von Major Wrabel vor der Untersuchungskommission und deren Bewertung in: JEDLICKA/ NECK, Vom Justizpalast zum Heldenplatz, Dokument 57, S. 429–435.
43 Ebd., S. 91–98.
44 STARHEMBERG, Memoiren, S. 196f.
45 Bericht der Historischen Kommission des Reichsführers SS, S. 84f.
46 Ebd., S. 260; JAGSCHITZ, Der Putsch, S. 104.
47 Beiträge zur Julirevolte, S. 64f.; sowie JEDLICKA/ NECK, Vom Justizpalast zum Heldenplatz, Dokument 57, S. 425.
48 Laut Obduktionsbericht auszugsweise in: Bericht der Historischen Kommission des Reichsführers SS, S. 171f. u. 180.
49 Ebd., S. 102 u. 142.
50 Beiträge zur Julirevolte, S. 72; Bericht der Historischen Kommission des Reichsführers SS, S. 112.
51 Beiträge zur Julirevolte, S. 72.
52 Ebd.
53 ANDICS, Der Staat, den keiner wollte, S. 471.
54 Bericht der Historischen Kommission des Reichsführers SS, S. 109f. sowie S. 128ff.; JAGSCHITZ, Der Putsch, S. 128f.
55 Bericht der Historischen Kommission des Reichsführers SS, S. 130f.
56 Ebd., S. 202–206.
57 Beiträge zur Julirevolte, S. 77.
58 RINTELEN, Anton: Erinnerungen an Österreichs Weg. München 1941, S. 305–311.
59 FUNDER, Als Österreich den Sturm bestand, S. 214ff.
60 Ebd.
61 Der Wortlaut dieses außerordentlich aufschlußreichen Dokuments ist abgedruckt in: Beiträge zur Julirevolte, S. 54f. Siehe auch unten, Dokumentenanhang, S. 439–441.
62 HOCH/WEISS, Die Erinnerungen des Generalobersten Wilhelm Adam (wie in Anm. 38), S. 47f. Siehe auch unten Dokumentenanhang, S. 436.
63 JAGSCHITZ, Der Putsch, S. 140.
64 STEINBÖCK, Erwin: »Kärnten«, in: WEINZIERL/SKALNIK, Österreich 1918 bis 1938, Bd. II, S. 821.

Anmerkungen

65 REICH VON ROHRWIG, Der Freiheitskampf der Ostmarkdeutschen, S. 157–165 (vgl. auch STEINBÖCK, Kärnten, S. 824). Zur Darstellung der Regierungsseite siehe: Die Julirevolte 1934, S. 56–61.
66 Beiträge zur Julirevolte, S. 88f.
67 Ebd., S. 93. Siehe auch: Die Julirevolte 1934, Kap. II, S. 23–84.
68 Der Heimatschützer (Wien) vom 11. August 1934, S. 4.
69 Beiträge zur Julirevolte, S. 93 u. 107. Beste Gesamtdarstellung der Kämpfe in der Steiermark in: Die Julirevolte 1934, Kap. III, S. 87–128.
70 Ebd., S. 166–172, sowie Beiträge zur Julirevolte, S. 115.
71 STARHEMBERG, Memoiren, S. 186.
72 Diese Ansicht spiegelt sich auch in der offiziellen NS-Berichterstattung der bereits zitierten Quelle von REICH VON ROHRWIG. Siehe ferner STARHEMBERG, Memoiren, S. 189.
73 Heimatschutz in Österreich, S.11, und Ministerratsprotokoll Nr. 960 vom 3. August 1934, S. 7.

Anmerkungen zu Kapitel VIII

1 ADAP, Bd. III,1, Nr. 125 (26. Juli 1934).
2 Ebd.
3 Ebd., Nr. 186 (30. August 1934).
4 Ebd., Nr. 143 (2. August 1934).
5 Ebd., Nr. 186 (30. August 1934).
6 Ebd., Nr. 115 (26. Juli 1934).
7 Ebd., Nr. 141 (1. August 1934).
8 Ebd., Nr. 149 (7. August 1934).
9 Ebd., Nr. 123 (26. Juli 1934).
10 Ebd., Nr. 151 (8. August 1934).
11 Ebd., Nr. 165 (19. August 1934).
12 Ebd., Nr. 222 (28. September 1934).
13 Ebd., Nr. 173 (21. August 1934).
14 Ebd.
15 Ebd., Nr. 167 (19. August 1934).
16 Diese »Leitsätze« bilden eine Anlage zu dem unter Anmerkung 11 zitierten Bericht des Gesandten von Papen.
17 Punkt 26 der unter Anmerkung 11 zitierten »Leitsätze«.
18 MANN, Golo: Deutsche Geschichte des 19. und 20. Jahrhunderts. Frankfurt a.M. 1958, S. 827.
19 Wortlaut in: FREUND, Weltgeschichte der Gegenwart in Dokumenten, Bd. I, S. 276.
20 Ebd., S. 256–266.
21 ADAP, Bd. III, 1, Nr. 122 (27. Juli 1934).
22 Ebd., Nr. 128 (27. Juli 1934).
23 Ebd., Nr. 134 (30. Juli 1934).
24 Ebd., Nr. 132 (29. Juli 1934).

Anmerkungen

25 STARHEMBERG, Memoiren, S. 204f. Im gleichen Sinne äußerte sich Mussolini in einer öffentlichen Rede vom 25. Mai 1935, auszugsweise übersetzt in: FREUND, Weltgeschichte der Gegenwart in Dokumenten, Bd. I, S. 273.
26 PETERSEN, Hitler und Mussolini, S. 365–379.
27 FREUND, Weltgeschichte der Gegenwart in Dokumenten, Bd. I, S. 269f. Rot-Weiß-Rot-Buch, S. 52ff.
28 Zur Problematik der italienisch-französischen Geheimabkommen siehe: Survey of International Affairs 1935, Bd. I, London 1936, S. 107–118.
29 Rot-Weiß-Rot-Buch, S. 53.
30 Ebd.
31 FREUND, Weltgeschichte der Gegenwart in Dokumenten, Bd. I, S. 273.
32 DBFP, Vol. VI, No. 539 (27. Juli 1934).
33 Ebd., No. 546 (31. Juli 1934). Immerhin entstand im Juni 1935 ein geheimes französisch-italienisches Militärabkommen, das im Falle einer deutschen Invasion Österreichs gemeinsame militärische Gegenmaßnahmen vorsah. Vgl. PETERSEN, Hitler und Mussolini, S. 401–403.

Anmerkungen zu Kapitel IX

1 Dienstbuch der NSDAP Österreichs – Hitlerbewegung. Hg. von der Landesleitung Österreichs der NSDAP, Vorwort von Theo Habicht.
2 Zitiert in: GOLDNER, Dollfuß im Spiegel der US-Akten.
3 RENNER, Nachgelassene Werke, S. 142.
4 Die Julirevolte 1934, S. 190.

Anmerkungen zu Kapitel X

1 FRANÇOIS-PONCET, Als Botschafter in Berlin, S. 163.
2 Sir Eric PHIPPS, in: DBFP, 2nd ser., Vol. IV, Bericht vom 30. Januar 1934.
3 FRANÇOIS-PONCET, Als Botschafter in Berlin, S. 164f.
4 GRAML, Europa zwischen den Kriegen, S. 304 aus DGFP, Serie C, Bd. I, Nr. 449.
5 GRAML, Europa zwischen den Kriegen, S. 304.
6 FRANÇOIS-PONCET, Als Botschafter in Berlin, S. 212f.
7 STARHEMBERG, Memoiren, S. 202f.
8 SCHUSCHNIGG, Ein Requiem in Rot-Weiß-Rot (verfaßt 1945 nach Schuschniggs Befreiung aus dem Konzentrationslager). Zur Repression in Südtirol siehe: REUT-NICOLUSSI, Eduard: Tirol unterm Beil. München 1928, S. 231–233, und ERMACORA, Felix: Der unbewältigte Friede. St. Germain und die Folgen 1919–1989. Wien-München 1989, Kap. II.
9 Wiener Zeitung vom 22. August 1934.
10 STREITLE, Peter: Die Rolle Schuschniggs im österreichischen Abwehrkampf gegen den Nationalsozialismus (1934–1936). München 1986, S. 159f.
11 SCHUSCHNIGG, Österreichs Erneuerung.

Anmerkungen

12 Wiener Zeitung vom 28. September 1934.
13 PETERSEN, Hitler und Mussolini, S. 399.
14 Text in: KLÖSS, Von Versailles zum Zweiten Weltkrieg, S. 213–216.
15 Wiener Zeitung vom 4. Mai 1935.
16 BERBER, Fritz (Hg.): Das Diktat von Versailles. Essen 1939, Bd. 2, S. 1163.
17 Laval parle. Notes et mémoires. Paris 1948, zit. in: FRIEDL, Die geheimen Zusatzprotokolle, S. 188. Zu der von den Generalstabschefs Frankreichs, General Gamelin, und Italiens, General Badoglio, ausgearbeiteten Abmachung siehe auch SALVEMINI, Prelude to World War II, S. 222–224.
18 Wortlaut in: FRIEDL, Die geheimen Zusatzprotokolle, S. 253.
19 Wortlaut des Memorandums in: MICHALKA, Wolfgang: Das Dritte Reich. Bd. 1. München 1985, S. 219.
20 Siehe FRIEDL, Die geheimen Zusatzprotokolle, S. 222–235. Siehe auch KIRKPATRICK, Sir Ivone: Mussolini. Berlin-Frankfurt a.M., S. 287.
21 PETERSEN, Hitler und Mussolini, S. 400.
22 EDEN, Anthony: Angesichts der Diktatoren. Memoiren 1923–1928. Köln 1964, S. 298 u. 263.
23 FLANDIN, Pierre-Etienne: Politique Française 1919–1940. Paris 1940, S. 59; STREITLE, Die Rolle Schuschniggs (wie in Anm. 10), S. 222.
24 SCHMIDT, Paul: Statist auf der Diplomatischen Bühne 1923–1945. Bonn 1950, S. 342.
25 COLVIN, Ian: Vansittart in Office. London 1965, S. 84.
26 Wortlaut des deutsch-britischen Flottenabkommens in KLÖSS, Von Versailles zum Zweiten Weltkrieg, S. 219–222; FEST, Joachim C.: Hitler. Eine Biographie. Berlin 1997, S. 675f.
27 Ebd., S. 675.
28 KORDT, Erich: Wahn und Wirklichkeit. Stuttgart 1948, S. 76.
29 ADAP, Bd. IV, 2, Nr. 485, S. 955. Str. 275.
30 Ebd., S. 955f.
31 FRANÇOIS-PONCET, Als Botschafter in Berlin, S. 258.
32 Ebd., S. 260f.
33 GRAML, Europa zwischen den Kriegen, S. 304.
34 SCHMIDT, Statist auf der Diplomatischen Bühne (wie in Anm. 24), S. 320
35 SCHUSCHNIGG, Ein Requiem in Rot-Weiß-Rot, S. 43
36 Siehe Wortlaut des Friedensplanes der deutschen Regierung vom 31. März 1936 in: KLÖSS, Von Versailles zum Zweiten Weltkrieg, S. 223–231.
37 REICH VON ROHRWIG, Der Freiheitskampf der Ostmark-Deutschen, S. 353 u. 359.
38 IPPEN, Konrad: »Pacta non sunt servanda«, in: Der Christliche Ständestaat vom 15. März 1936, S. 254f.
39 Ebd., S. 262.
40 »Blick in die Zeit«, Ebd., S. 264.
41 BITTNER, K. G.: »Österreich – Deutschtum – Europa«, in: Der Christliche Ständestaat vom 29. März 1936, S. 302f.
42 DOHRN, Nikolaus: »Vogel-Strauß-Politik in der Locarnokrise«, in: Der Christliche Ständestaat vom 22. März 1936, S. 280–282.

43 HILDEBRAND, Dietrich von: »Souveränität des Staates und erlaubte Einmischung«, in: Der Christliche Ständestaat vom 22. März 1936, S. 271f.

Anmerkungen zu Kapitel XI

1 WAGNLEITNER, Reinhold: »Die Britische Österreichpolitik 1936 oder ›The Doctrine of Putting off the Evil Day‹«, in: Das Juliabkommen von 1936, S. 58.
2 Der Hochverratsprozeß gegen Dr. Guido Schmidt vor dem Wiener Volksgericht. Wien 1947, S. 420.
3 Deutsch in: MANN, Golo: Deutsche Geschichte des 19. und 20. Jahrhunderts. Frankfurt a.M. 1958, S. 650.
4 SELBY, Sir Walford: »Views on the Austro-German Agreement of July 11 1936«, in: DBFP, Vol. XVII, Appendix IV, S. 799.
5 Bericht von Sir G. CLERK vom 7. Februar 1936 in: DBFP, Vol. XV, No. 500, S. 634. Brief Edens an Clerk, ebd., Vol. XVI, No. 279, S. 381–383.
6 Zu den Äußerungen O'Malleys und Avenols siehe die vorzügliche und reichhaltig dokumentierte Analyse von Reinhold WAGNLEITNER: »Die britische Österreichpolitik 1936«, in: Das Juliabkommen von 1936, S. 56 u. S. 63–65.
7 SCHUSCHNIGG, Im Kampf gegen Hitler, S. 184.
8 Ministerratsprotokoll Nr. 988 vom 23. März 1935.
9 SCHUSCHNIGG, Im Kampf gegen Hitler, S. 185.
10 ARA, Angelo: »Die italienische Österreichpolitik 1936–1938«, in: STOURZH/ZAAR, Österreich, Deutschland und die Mächte, S. 118.
11 Ein Requiem in Rot-Weiß-Rot. »Aufzeichnungen des Häftlings Dr. Auster.« Zürich o.D., S. 309.
12 ADAP, Serie D (1937–1945), Bd. I: Von Neurath zu Ribbentrop. Baden-Baden 1950, Nr. 161, S. 243.
13 STARHEMBERG, Memoiren, S. 269.
14 Bericht Papen an Hitler vom 3. März 1937, Dokument 214 in: ADAP (wie in Anm. 12), S. 332.
15 Der Hochverratsprozeß, S. 168.
16 Ebd., S. 168 u. 176.
17 Text des Rundschreibens des Bundeskanzleramtes in: Der Hochverratsprozeß, S. 482f.

Anmerkungen zu Kapitel XII

1 STARHEMBERG, Memoiren, S. 253.
2 Ebd., S. 253f.
3 WALDENEGG, Egon und Heinrich: Biographie im Spiegel. Die Memoiren zweier Generationen. Wien 1998, S. 412–433.
4 WILTSCHEGG, Die Heimwehr, S. 299f.
5 Wortlaut des Aufrufs in: STARHEMBERG, Memoiren, S. 285, Anm. 33.

6 SCHUSCHNIGG, Im Kampf gegen Hitler, S. 179.
7 ZERNATTO, Die Wahrheit über Österreich (geschrieben in der Emigration in Paris 1938).
8 Zitiert in: HOPFGARTNER, Anton: Kurt Schuschnigg – Ein Mann gegen Hitler. Graz 1998, S. 330, Anm. 19.
9 STARHEMBERG, Memoiren, S. 209–214.

Anmerkungen zu Kapitel XIII

1 Siehe den entsprechenden Berichts Papens vom 13. Februar 1937 in: ADAP, Serie D, Bd. I, Dokument 210.
2 STARHEMBERG, Memoiren, S. 281. Texte des Briefwechsels zwischen Schuschnigg und Seyss-Inquart, in: SCHUSCHNIGG, Im Kampf gegen Hitler, S. 207–212.
3 ADAP, Serie D, Bd. I, Dokument 257, S. 382.
4 Siehe Wiener Zeitung vom 1. August 1936, und STARHEMBERG, Memoiren, S. 271–274.
5 Voller Text der Rede in: Wiener Zeitung vom 27. November 1936.
6 ADAP, Serie D, Bd. I, Dokumente 200 u. 203 vom 16. und 21. Januar 1937.
7 PAPEN, Der Wahrheit eine Gasse, S. 440f.
8 ADAP, Serie D, Bd. I, Dokument 172, S. 262f.
9 Ebd., Dokument 220, Anlage 2, S. 342f. Das vom 15. April 1937 datierte österreichische Dokument könnte theoretisch auch eine Fälschung sein, um auf die deutsche Seite eindämmend zu wirken.
10 Ebd., Dokument 27, S. 349f.
11 Ebd., Dokument 233, S. 356–359.
12 Ebd., Dokument 259, »Einstellung der Regierung Schuschnigg unter besonderer Berücksichtigung der österreichischen Stellung im Donauraum«, S. 383f.
13 Ebd., Dokument 251, S. 375f.
14 Geheimbericht an den Staatssekretär für Auswärtige Angelegenheiten Guido Schmidt, Text in: Der Hochverratsprozeß, S. 507.
15 ADAP, Serie D, Bd. I, Dokumente 279 u. 280, S. 404–406. Ferner Papens Zeugenaussage im Hochverratsprozeß gegen Guido Schmidt, S. 375 und PAPEN, Der Wahrheit eine Gasse, S. 456.
16 Bericht zur innenpolitischen Lage von Botschaftsrat Otto von Stein in: ADAP, Serie D, Bd. I, Dokument 263, S. 387–389.

Anmerkungen zu Kapitel XIV

1 Voller Text des Hoßbach-Protokolls in: ADAP, Serie D, Bd. I, Dokument 18, S. 32.
2 Aussage Papens, in: Der Hochverratsprozeß, S. 378, SCHUSCHNIGG, Im Kampf gegen Hitler, S. 220. Siehe auch Amtserinnerung von Staatsse-

Anmerkungen

kretär Guido Schmidt vom 8. Januar 1938, in: Der Hochverratsprozeß, S. 556f.
3 Siehe Aktenvermerk Hoffinger vom 26. Januar 1938, in: Der Hochverratsprozeß, Anhang österreichischer diplomatischer Dokumente, S. 557.
4 Aussage Schuschniggs, in: Ebd., S. 437.
5 SCHUSCHNIGG, Im Kampf gegen Hitler, S. 228. Der Hochverratsprozeß, S. 57–59 sowie 170 u. 180.
6 SCHUSCHNIGG, Im Kampf gegen Hitler, S. 231. Text der Punktationen: Ebd., S. 406–408.
7 Wortlaut des Gesprächs zwischen Schuschnigg und Hitler in: SCHUSCHNIGG, Ein Requiem in Rot-Weiß-Rot, S. 38–44 u. 48–51.
8 PAPEN, Der Wahrheit eine Gasse, S. 471.
9 KLEINDEL,»Gott Schütze Österreich!«, S. 44–46.
10 ADAP, Serie D, Bd. I, Dokument 294, S. 421f. Ergebnisse von Berchtesgaden, doch ohne die von Schuschnigg letztendlich noch ausgehandelten relativen Verbesserungen zugunsten Österreichs.
11 Wortlaut des Kommuniqués in: Ebd., Dokument 298, S. 426f.
12 Bericht des österreichischen Generalkonsuls in München vom 24. Februar 1938 in: Der Hochverratsprozeß, S. 509, sowie EICHSTÄDT, Von Dollfuß zu Hitler, S. 306. Siehe auch: Aussage General Keitels in: Der Prozeß gegen die Hauptkriegsverbrecher vor dem Internationalen Militärgerichtshof in Nürnberg. Band XXVIII, Dokument 1775-PS, S. 299f.
13 SCHUSCHNIGG, Im Kampf gegen Hitler, S. 230, 227 u. 250. Äußerung zu Miklas in: SCHUSCHNIGG, Ein Requiem in Rot-Weiß-Rot, S. 53f.
14 Zitiert in SCHUSCHNIGG, Im Kampf gegen Hitler, S. 266f.
15 Zitiert in HARTLIEB, Parole, S. 383.
16 Text abgedruckt in: KLEINDEL, Österreich, S. 61–83, ursprünglich in: Die Furche, Nr. 6, 1961.

Anmerkungen zu Kapitel XV

1 Zitiert in: REICH VON ROHRWIG, Der Freiheitskampf der Ostmark-Deutschen, S. 406.
2 Der Hochverratsprozeß, S. 618
3 Vollständiger Text der Rede als Sonderdruck der Vaterländischen Front, Februar 1938.
4 Zitiert in HUMMELBERGER, Walter: »Österreich und die Kleine Entente im letzten Halbjahr vor dem Anschluß«, in: Anschluß 1938. München 1981, S. 65 (Wissenschaftliche Kommission des Theodor-Körner-Stiftungsfonds und des Leopold-Kunschak-Preises zur Erforschung der österreichischen Geschichte der Jahre 1918–1938, Veröffentlichungen 7).
5 ZERNATTO, Die Wahrheit über Österreich, S. 259f.
6 Ebd., S. 240.
7 Ebd., S. 242f. u. 265.

Anmerkungen

8 SCHUSCHNIGG, Ein Requiem in Rot-Weiß-Rot, 63f.; SCHUSCHNIGG, Im Kampf gegen Hitler, S. 298.
9 EICHSTÄDT, Von Dollfuß zu Hitler, S. 357.
10 Voller Text des Briefes in: ANDICS, Der Fall Otto Habsburg, S. 91–93.
11 Text des Schreibens Ebd., S. 94f.
12 International Military Trial, Bd. XXVIII Dokument 1780-PS, S. 1780, S. 367.
13 Wiener Zeitung vom 10. März 1938.
14 SPITZY, Reinhard: So haben wir das Reich verspielt. 2. Aufl. München 1987, S. 234. Siehe auch entsprechende Formulierungen nationalsozialistischer Kritik durch Papen in: Der Hochverratsprozeß, S. 380 und Bericht des deutsches Geschäftsträgers in Wien, Stein, vom 10. März 1938 in: ADAP, Serie D, Bd. I, Nr. 344, S. 463f.
15 In seinen Memoiren schreibt Papen über Hitler, dessen Rede zum Berchtesgadener Abkommen sei ernst gemeint gewesen. »Er freute sich des mit einer gewissen Brutalität erzielten Erfolges und versuchte, auf der neuen Ebene, ohne Machtanwendung seinem Ziel näher zu kommen.« PAPEN, Der Wahrheit eine Gasse, S. 479.
16 ZERNATTO, Die Wahrheit über Österreich, S. 277, siehe auch: Der Hochverratsprozeß, S. 356.
17 ANDICS, Der Fall Otto Habsburg, S. 74f. u. 99.
18 SCHUSCHNIGG, Ein Requiem in Rot-Weiß-Rot, S. 60.
19 Aufruf der KPÖ vom 10. März 1938. Text in: Anschluß 1938 (wie in Anm. 4), S. 230.
20 Der Hochverratsprozeß, Aussage Schuschnigg, S. 604.
21 Ebd., S. 266.
22 Text in: Anschluß 1938 (wie in Anm. 4), S. 229f.
23 Der Hochverratsprozeß, S. 319.
24 Aussage Karl Hans Sailer in: Ebd., S. 266.
25 Ebd., S. 380. Vgl. auch PAPEN, in: Ebd., S. 483.
26 EICHSTÄDT, Von Dollfuß zu Hitler, S. 371.
27 Der Hochverratsprozeß, S. 338. Siehe auch EICHSTÄDT, Von Dollfuß zu Hitler, S. 374.
28 SCHMIDL, März 38, S. 99.
29 ZERNATTO, Die Wahrheit über Österreich, S. 308. Zur chronologischen Aufeinanderfolge der Ereignisse vom 11. und 12. März 1938 siehe: KLEINDEL, Österreich, S. 356–359 sowie EICHSTÄDT, Von Dollfuß zu Hitler, S. 374–378. Noch ausführlicher in: KLEINDEL, »Gott schütze Österreich!«, S. 111–157.
30 SHEPHERD, Gordon B.: Der Anschluß. Wien 1963, S. 231–234.
31 KLEINDEL, »Gott schütze Österreich!«, S. 131.
32 Der Hochverratsprozeß, S. 172.
33 ADAP, Serie D, Bd. I, Dokumente 50 und 361, S. 467 u. 476.
34 SCHUSCHNIGG, Ein Requiem in Rot-Weiß-Rot, S. 81.

Anmerkungen zu Kapitel XVII

1 FRANÇOIS-PONCET, Als Botschafter in Berlin, S. 319–321.
2 Ebd., S. 321.
3 Bericht des Gesandten Vollgruber, in: Der Hochverratsprozeß, S. 572.
4 FEST, Joachim C.: Hitler. Eine Biographie. Berlin 1997, S. 778.
5 Voller Text des Gesprächs Hitler–Halifax in: ADAP, Serie D, Bd. I, Dokument 31, S. 46–56.
6 SCHUSCHNIGG, Ein Requiem in Rot-Weiß-Rot, S. 43.
7 STARHEMBERG, Memoiren, S. 78. Übersetzung des Beitrages von Mussolini zur historischen Mission Österreichs in: »Popolo d'Italia« vom 6. März 1935, deutsch in: FREUND, Weltgeschichte der Gegenwart in Dokumenten, Bd. I, S. 274–276.
8 CHURCHILL, Winston: The Gathering Storm. Boston 1948, S. 323.
9 ADAP, Serie D, Bd. I, Anlage I zu Dokument 220, S. 342.
10 Ebd., Anlage II zu Dokument 220, S. 342f.

Anmerkungen zu Kapitel XVII

1 Der Hochverratsprozeß, Schlußplädoyer, S. 623f.
2 Voller Wortlaut der Denkschrift in: KLEINDEL, »Gott schütze Österreich!«, S. 68–72 u. 83.
3 Neue Österreichische Biographie, Bd. 19, 1977, S. 77–82.
4 BROUCEK, Peter: »Die militärische Situation Österreichs und die Entstehung der Pläne zur Landesverteidigung«, in: Anschluß 1938. München 1981, S. 146–150 (Wissenschaftliche Kommission des Theodor-Körner-Stiftungsfonds und des Leopold-Kunschak-Preises zur Erforschung der österreichischen Geschichte der Jahre 1918–1938, Veröffentlichungen 7). Siehe auch SCHMIDL, März 38, Kap. 3.
5 JANSA, Aus meinem Leben Kap. X, S. 33f. Vgl. auch: TRAUTTENBERG, Hubertus: Die Abwehrvorbereitungen gegen einen Angriff im Bereich der 4. Division in den Jahren 1936–1938. Linz-Ebelsberg, Mai 1972. Manuskript im Kriegsarchiv in Wien.
6 Aussage Jansa, in: Der Hochverratsprozeß, S. 219f.
7 STAUDINGER, Anton: »Carl Vaugoin«, in: WEISSENSTEINER/WEINZIERL, Die österreichischen Bundeskanzler, S. 149–152. REGELE, Oskar u. a. (Hg.): Überlieferungspflege im Bundesheer. Durch die Jahrhunderte Österreichischen Soldatentums. Wien 1931.
8 ADAP, Serie D, Bd. I, Dokument 166, S. 249.
9 Zitiert in: SCHMIDL, März 38, S. 49.
10 Aussage Jansa, in: Der Hochverratsprozeß, S. 220.
11 SCHUSCHNIGG, Ein Requiem in Rot-Weiß-Rot, S. 42.
12 ADAP, Serie D, Bd. I, Dokument 334, S. 456.

Anmerkungen zu Kapitel XVIII

1 SCHUSCHNIGG, Ein Requiem in Rot-Weiß-Rot, S. 41.
2 Gelitten für Österreich (mit einem Vorwort von Prof. Maximilian Liebmann. Siehe auch: Anschluß 1938. München 1981: Beitrag NEUGEBAUER, Wolfgang / STEINER, Herbert: »Widerstand und Verfolgung in Österreich«, S. 96–98. Fernerhin: WALTERSKIRCHEN, Blaues Blut für Österreich, 2000.
3 DIPPELREITER/STOURZH, Säuberungen in der Bundesregierung, S. 96–98.
4 Ebd., S. 96, zitiert aus: Rot-Weiß-Rot-Buch, S. 77.
5 TALOS, Emmerich: »Die Etablierung der Reichsgaue der ›Ostmark‹«, in: TALOS/HANISCH, NS-Herrschaft in Österreich, unter Bezugnahme auf: LUZA, Radomir: Österreich und die Großdeutsche Idee in der NS Zeit. Wien-Köln-Graz 1977, S. 62 u. 253 Anm. 94. Zur Dezentralisierung Österreichs siehe insbes. auch: LUZA, Radomir V.: »Die Strukturen der Nationalsozialistischen Herrschaft in Österreich«, in: STOURZH/ZAAR, Österreich, Deutschland und die Mächte, S. 471–492.

Anmerkungen zu Kapitel XIX

1 Neues Wiener Tagblatt Nr. 92 vom 3. April 1938.
2 KLEINDEL, Österreich, S. 355 u. 354.
3 FRANÇOIS-PONCET, Als Botschafter in Berlin, S. 267 u. 269.
4 Reichstagsrede vom 7. März 1936. Text in: KLÖSS, Reden des Führers, S. 195 u. 167.
5 FRANÇOIS-PONCET, Als Botschafter in Berlin, S. 357.
6 KLÖSS, Reden des Führers, S. 127.
7 Zitiert in: WETTE, Wolfgang: »Die schwierige Überredung zum Krieg«, in: Aus Politik und Zeitgeschichte vom 4. August 1989, S. 14f.
8 CHURCHILL, Winston S.: Great Contemporaries. New York 1937, S. 226.
9 CHORHERR, 1938 – Anatomie eines Jahres, Beitrag Karl Renner, S. 309f. Beiträge LIEBMANN und MÜLLER-HARTBURG zur Haltung und Verfolgung des Klerus S. 311–354 u. 374–383.
10 EICHSTÄDT, Von Dollfuß zu Hitler.
11 SCHAUSBERGER, Der Griff nach Österreich.
12 REICHOLD, Kampf um Österreich.

Anmerkungen zum Nachwort

1 GOLDNER, Dollfuß, S. 135.

Auswahlbibliographie

Dokumentationen

AKTEN ZUR DEUTSCHEN AUSWÄRTIGEN POLITIK 1918–1945. Aus dem Archiv des Auswärtigen Amtes. Serie C (1933–1937). Bde. I,1; I,2; II,1; II,2; III,1. Göttingen 1971–1973. Serie D (1937–1945). Bd. I: Von Neurath zu Ribbentrop (September 1937–September 1938). Baden-Baden 1950 [ADAP]

ANSCHLUSS 1938 – EINE DOKUMENTATION. Hg. vom Dokumentationsarchiv des Österreichischen Widerstandes. Wien 1988

AUERBACH, Helmuth: »Eine nationalsozialistische Stimme zum Wiener Putsch vom 25. Juli 1934«, in: Vierteljahrshefte für Zeitgeschichte 12 (1964), S. 201–208

BEITRÄGE ZUR Vorgeschichte und Geschichte der JULIREVOLTE. Hg. auf Grund amtlicher Quellen vom Bundeskommissariat für Heimatdienst. Wien 1934

BERCHTOLD, Klaus: Österreichische Parteiprogramme 1868–1966. Wien 1967

Bericht der Historischen Kommission des Reichsführers SS: Die Erhebung der Österreichischen Nationalsozialisten im Juli 1934. Wien 1965. Neuauflage Europa Verlag, Wien 1984

Das BRAUNBUCH – Hakenkreuz gegen Österreich. Hg. vom Büro des Bundesministers für Sicherheitswesen im Bundeskanzleramt. Wien 1933

DER BUNDESPRÄSIDENT [Miklas] SPRICHT: Von Österreichs Wesensart und Sendung. Wien 1934

DOCUMENTS ON BRITISH FOREIGN POLICY 1919–1939. Second Series. Vols. V, 1933; VI, 1933-34. London 1956 u. 1957 [DBFP]

DOCUMENTS ON INTERNATIONAL AFFAIRS 1933 and 1934. Ed. by John Wheeler-Bennett and Stephen A. Heald. London 1934 und 1935

Die ERHEBUNG der österreichischen Nationalsozialisten im Juli 1934. Bericht der Historischen Kommission des Reichsführers SS. Wien-Frankfurt-Zürich 1965. Neuauflage Europaverlag 1984

FREUND, Michael (Hg.): Weltgeschichte der Gegenwart in Dokumenten 1934/35. Bd. I-II. Berlin/Essen 1942

GELITTEN FÜR ÖSTERREICH – Christen und Patrioten in Verfolgung und Widerstand. Hg. vom Karl von Vogelsang Institut, Wien. o. D.

GOLDINGER, Walter (Hg.): Protokolle des Klubvorstandes der Christlichsozialen Partei 1932–1934. Wien 1980

Auswahlbibliographie

Der HOCHVERRATSPROZESS gegen Dr. Guido Schmidt vor dem Wiener Volksgericht. Die gerichtlichen Protokolle mit den Zeugenaussagen, unveröffentlichten Dokumenten, sämtlichen Geheimbriefen und Geheimakten. Wien 1947

JANSA, Alfred: Aus meinem Leben. Nachlaß, Kriegsarchiv Wien, Karton B/655

DIE JULIREVOLTE 1934. Das Eingreifen des österreichischen Bundesheeres zu ihrer Niederwerfung. Hg. vom Bundesministerium für Landesverteidigung. Wien 1936

KINDERMANN, Gottfried-Karl: Österreichs Staat als Angriffsziel und Gegner des Nationalsozialismus – Historische Photos und Dokumente zur Problematik des Österreichischen Staatswiderstandes 1933–1938. Ausstellungskatalog. München 1988

KLÖSS, Erhard (Hg.): Von Versailles zum Zweiten Weltkrieg. Verträge zur Zeitgeschichte 1918–1939. München 1965

KLÖSS, Erhard (Hg.): Reden des Führers. Politik und Propaganda Adolf Hitlers. München 1967

MUSSOLINI–DOLLFUSS. Geheimer Briefwechsel. Wien 1949

NECK R. / WANDRUSZKA, A. (Hg.): Protokolle des Ministerrates der Ersten Republik 1918–1938. Kabinett Dr. Engelbert Dollfuß. Bde. 1–5, 20. 5. 1932 – 17. 2. 1934. Wien 1980–1984

ÖSTERREICH MUSS SEIN! [Dokumentation] Der österreichisch-deutsche Konflikt. 2. stark vermehrte Aufl. Wien 1934

ÖSTERREICH, WIE ES DOLLFUSS SCHUF. Hg. vom Verband der auswärtigen Presse in Wien. Wien 1934

PAPERS RELATING TO THE FOREIGN RELATIONS OF THE UNITED STATES (Diplomatic Papers) 1933–1938. Washington 1950–1951

DIE REDEN DES VIZEKANZLERS E. R. STARHEMBERG. Hg. vom Österreichischen Bundespressedienst. Wien 1935

REICHOLD, Ludwig (Hg.): Kampf um Österreich. Die Vaterländische Front und ihr Widerstand gegen den Anschluß 1933–1938. Wien 1984

Gerechtigkeit für Österreich. ROT-WEISS-ROT-BUCH der österreichischen Bundesregierung der Großen Koalition zur Haltung Österreichs gegenüber dem Nationalsozialismus. Teil I. Wien 1946

TAUTSCHER, Anton (Hg.): So sprach der Kanzler. Dollfuß' Vermächtnis. Wien 1935

UNSER STAATSPROGRAMM – Führerworte. Bundeskommissariat für Heimatdienst. Wien 1935

VATERLÄNDISCHE FRONT: Der braune Terror in Österreich. Wien o. D. [vermutl. 1934]

VATERLÄNDISCHE FRONT: Richtlinien zur Führerausbildung. Wien o. D.

WEBER, Edmund (Hg.): Dollfuß an Österreich. Wien 1935

Sonstige Publikationen

ACKERL, Isabella: Das Kampfbündnis der NSDAP mit der Großdeutschen Volkspartei vom 15. März 1933, in: JEDLICKA/NECK, Vom Justizpalast zum Heldenplatz, S. 121–128
ANDICS, Hellmut: Der Fall Otto Habsburg. Wien 1965
ANDICS, Hellmut: Der Staat, den keiner wollte. Österreich 1918–1938. Wien 1962
ANGERER, Thomas: Die französische Österreichpolitik vor dem »Anschluß« 1938, in: Vierteljahreshefte für Zeitgeschichte, 40 Jg., Heft 1, Januar 1992
BAIER, Stephan / DEMMERLE, Eva: Otto von Habsburg. Die Biografie. Wien 2002
BÄRNTHALER, Irmgard: Die Vaterländische Front, Geschichte und Organisation. Wien-Frankfurt-Zürich 1971
BAUER, Otto: Der Aufstand der österreichischen Arbeiter. Brünn 1934. Neudruck Wien 1947
BAUER, Otto: Die österreichische Revolution. Wien 1923
BENEDIKT, Heinrich (Hg.): Geschichte der Republik Österreich. München 1954
BERCHTOLD, Klaus (Hg.): Österreichische Parteiprogramme 1868–1966. München 1967
BERGER, Peter: Die Idee einer österreichischen Staatsnation bis 1938, in: Der Donauraum, 12. Jg., 1967, S. 57–73
BERGER VON WALDENEGG, Egon und Heinrich von: Biographie im Spiegel. Wien 1998
BIELKA, Erich: Theodor von Hornbostel (1889–1973), in: Neue Österreichische Bibliographie, Bd. XXI
BINDER, Dieter A.: Der grundlegende Wandel in der österreichischen Außenpolitik 1933. Ein Beitrag zum quasi-neutralen Status der Ersten Republik, in: Geschichte und Gegenwart, 2. Jg., H. 3, Sept. 1983
BINDER, Dieter A.: Die Römer Entrevue, in: Österreich in Geschichte und Literatur, Heft 5, 1980, S. 281–299
BINDER, Dieter A.: Dollfuß und Hitler. Über die Außenpolitik des autoritären Ständestaates in den Jahren 1933/34. Graz 1979
BINDER, Dieter A.: Zum Antiklerikalismus in der Ersten Republik, in: Festschrift für Helmut J. Mezler-Andelberg. Graz 1988, S. 63–75
BLOCH, Charles: Hitler und die Europäischen Mächte. 1933/1934. Frankfurt a. M. 1966
BOCK, Fritz: Das Schicksalsjahr 1934. Wien 1983
BOCK, Fritz: Dr. Kurt Schuschnigg zum Gedenken, in: Österreichische Monatshefte, Nr. 12/1977, S. 4f.
BOTZ, Gerhard: Der österreichische Nationalsozialismus, in: DESPUT, Österreich 1934, 1984, S. 199–218
BOTZ, Gerhard: Die Eingliederung Österreichs in das Deutsche Reich. Planung und Verwirklichung des politisch-administrativen Anschlusses (1938–

1940). Wien-Frankfurt-Zürich 1972 (Schriftenreihe des Ludwig-Boltzmann-Instituts für Geschichte der Arbeiterbewegung, Bd. 1)

BOTZ, Gerhard u. a. (Hg.): Kontroversen um Österreichs Zeitgeschichte. Frankfurt a. M.-New York 1994

BRITZ, Werner: Die Rolle des Fürsten Ernst Rüdiger Starhemberg bei der Verteidigung der österreichischen Unabhängigkeit gegen das Dritte Reich 1933-1937. Frankfurt a.M. 1993

BROOK-SHEPHERD, Gordon: Der Anschluß. Graz 1963

BROUCEK, Peter: Heerwesen, in: WEINZIERL/SKALNIK, Österreich 1918-1938, S. 209-224

BRUCKMÜLLER, Ernst: Österreich, die Tschechoslowakei und Frankreich in der Zwischenkriegszeit. Politisch-wirtschaftliche Beziehungen, in: Österreich in Geschichte und Literatur (ÖGL), 16. Jg., Heft 8, Oktober 1972, S. 417-431

BUSSHOFF, Heinrich: Das Dollfuß-Regime in Österreich in geistesgeschichtlicher Perspektive. Berlin 1968

BUTTINGER, Joseph: Am Beispiel Österreichs. Ein geschichtlicher Beitrag zur Krise der Sozialdemokratischen Bewegung. Wien 1953

CHORHERR, Thomas (Hg.): 1938 – Anatomie eines Jahres. Wien 1987

COUDENHOVE-KALERGI, Richard: Der Kampf um Europa. Wien 1949

COUDENHOVE-KALERGI, Richard: Österreichs europäische Sendung. Wien 1933

DESPUT, Joseph F. (Hg.): Österreich 1934, 1984. Graz 1984

DEUTSCH, Julius: Ein weiter Weg. Lebenserinnerungen. Wien 1960

DIAMANT, Alfred: Austrian Catholics and the First Republic. 1918-1934. Princeton 1960

DIPPELREITER, Michael / STOURZH, Gerald: Säuberungen in der Bundesregierung, den Landesregierungen und der Hohen Beamtenschaft durch die NS nach 1938/39. Manuskript o. D.

DOLLFUSS, Eva: Mein Vater – Hitlers erstes Opfer. Wien 1994

DRIMMEL, Heinrich: Das österreichische Staatsbewußtsein in der Zeit von 1918 bis 1938, in: ÖGL 9 (1965), S. 308-317

EBNETH, Rudolf: Die österreichische Wochenschrift »Der Christliche Ständestaat«. Deutsche Emigration in Österreich 1933-1938. Mainz 1976 (Veröffentlichungen der Kommission für Zeitgeschichte. In Verb. m. Dieter Albrecht, Andreas Kraus u. Rudolf Morsey hg. v. Konrad Repgen. Reihe B. Forschungen, Bd. 19)

EDMONDSON, C. Earl: The Heimwehr and Austrian Politics 1918-1936. Athens (USA) 1978

EICHSTÄDT, Ulrich: Von Dollfuß zu Hitler – Geschichte des Anschlusses Österreichs 1933-1938. Wiesbaden 1955

ENDERLE-BURCEL, Gertrude / KRAUS, J.: Christlich – Ständisch – Autoritär. Mandatare im Ständestaat 1934-1938. Biographisches Handbuch. Wien 1991

ETSCHMANN, Wolfgang: Die Kämpfe in Österreich im Juli 1934. Wien 1984

Auswahlbibliographie

FALSCHLEHNER, Gerhard: Das Österreichbild in den politischen Zeitschriften des Ständestaates. Diss. Wien 1981

FISCHER, Ernst: Erinnerungen und Reflexionen. Reinbek bei Hamburg 1969

FRANÇOIS-PONCET, André: Als Botschafter in Berlin 1931–1938, Mainz 1947

FRIEDL, Thomas-Peter: Die Geheimen Zusatzprotokolle in den »Accords de Rome« vom 7. Januar 1935. Frankfurt a.M. 1999

FUNDER, Friedrich: Als Österreich den Sturm bestand. Von der Ersten zur Zweiten Republik. Wien/München 1957.

FUNKE, Manfred: Hitler, Deutschland und die Mächte. Düsseldorf 1976.

FURLANI, Silvio und WANDRUSZKA, Adam: Österreich und Italien. Ein bilaterales Geschichtsbuch. 2. Aufl. Wien 2002

GESSL, Josef (Hg.): Seipels Reden in Österreich und Anderwärts. Wien 1926

GOLDNER, Franz: Dollfuß im Spiegel der US-Akten. Bisher unveröffentlichte Berichte der US-Botschaften Wien, Berlin, Rom, London, Paris, Prag. St. Pölten 1979

GRAML, Hermann: Europa zwischen den Kriegen. München 1969

GRASSBERGER, Franz: Die Hymnen Österreichs. Tutzing 1968

GREGORY, John D.: Dollfuß and His Times. London 1935

GULICK, Charles A.: Österreich von Habsburg zu Hitler. Wien 1950

GUNTHER, John: Dollfuß and the Future of Austria, in: Foreign Affairs, Vol. 12, No. 2, January 1934, S. 306–318

HABSBURG, Otto von: Briefe aus der Verbannung. Hg. von Karl Freiherr von Werkmann. Leipzig-Wien 1935

HANISCH, Ernst: Die Ideologie des Politischen Katholizismus in Österreich 1918–1938. Wien-Salzburg 1977 (Veröffentlichungen des Instituts für kirchliche Zeitgeschichte am internationalen Forschungszentrum für Grundfragen der Wissenschaften Salzburg II, 5, hg. v. E. Weinzierl)

HANNAK, Jacques: Karl Renner und seine Zeit. Wien 1965

HARTLIEB, Wladimir von: Parole: Das Reich. Wien-Leipzig 1939

HEIMATSCHUTZ IN ÖSTERREICH. Bd. II. Die Juli-Ereignisse. Wien 1935

HILDEBRAND, Dietrich von: Memoiren und Aufsätze gegen den Nationalsozialismus 1933–1938. Mainz 1984 (hg. von Ernst Wenisch)

HILLGRUBER, Andreas: Das Anschlußproblem (1918–1945) aus deutscher Sicht, in: KANN, Robert A. / PRINZ, Friedrich E. (Hg.): Deutschland und Österreich. Wien-München 1980

HOLTMANN, Eberhard: Zwischen Unterdrückung und Befriedung. Sozialistische Arbeiterbewegung und autoritäres Regime in Österreich 1933–1938. München 1978

HOOR, Ernst: Österreich 1918–1938. Staat ohne Nation – Republik ohne Republikaner. Wien-München 1966

HORNBOSTEL, Theodor von: Fremde Einflüsse auf die Politik der I. Republik Österreichs, in: ÖGL 2 (1958), S. 129–138

HUEMER, Peter: Sektionschef Robert Hecht und die Zerstörung der Demokratie in Österreich. Wien 1975

Auswahlbibliographie

JACOBSEN, Hans-Adolf: Nationalsozialistische Außenpolitik 1933-1938. Frankfurt a. M.-Berlin 1968
JAGSCHITZ, Gerhard: Der österreichische Ständestaat 1934-1938, in: WEINZIERL/SKALNIK, Österreich 1918-1938
JAGSCHITZ, Gerhard: Der Putsch. Die Nationalsozialisten 1934 in Österreich. Graz-Wien-Köln 1976
JAGSCHITZ, Gerhard: Die Jugend des Bundeskanzlers Dr. Engelbert Dollfuß. Diss. Wien 1967
JEDLICKA, Ludwig: Das autoritäre System in Österreich, in: Aus Politik und Zeitgeschichte. Beilage zur Wochenzeitung Das Parlament 20 (1970) B 30 v. 25. Juli 1970, S. 3-15
JEDLICKA, Ludwig: Das Jahr 1934, in: WEINZIERL/SKALNIK, Österreich 1918-1938, S. 73-93
JEDLICKA, Ludwig: Vom alten zum neuen Österreich. Fallstudien zur Zeitgeschichte 1900-1975. St. Pölten 1975
JEDLICKA, Ludwig / NECK, Rudolf (Hg.): Das Jahr 1934: 25. Juli. Protokoll des Symposiums in Wien, 8. Oktober 1974. München 1975
JEDLICKA, Ludwig / NECK, Rudolf (Hg.): Vom Justizpalast zum Heldenplatz, Studien und Dokumentation 1927-1938. Wien 1975
Das JULIABKOMMEN von 1936. Vorgeschichte, Hintergründe und Folgen. Protokoll des Symposiums in Wien am 10. und 11. Juni 1976. Wien 1976 (Wissenschaftliche Kommission des Theodor-Körner-Stiftungsfonds und des Leopold-Kunschak-Preises zur Erforschung der österreichischen Geschichte der Jahre 1927-1938. Veröffentlichungen, Bd. 4, hg. v. L. Jedlicka u. R. Neck)
KANDL, Eleonore: Hitlers Österreichbild. Diss. Wien 1963
KARWINSKY, Carl: Der 12. Februar 1934 und seine Vorgeschichte. Manuskript, Salzburg, März 1947
KARWINSKY, Carl: Vor zwanzig Jahren. Zur Geschichte des 25. Juli 1934, in: Die Furche vom 24. Juli 1954
KEREKES, Lajos: Abenddämmerung einer Demokratie. Mussolini, Gömbös und die Heimwehr. Wien-Frankfurt-Zürich 1966
KINDERMANN, Gottfried-Karl: Der Feindcharakter Österreichs in der Perzeption des Dritten Reiches, in: STOURZH/ZAAR, Österreich, Deutschland und die Mächte, S. 75-96
KINDERMANN, Gottfried-Karl: Dollfuß und der Nationalsozialismus, in: Christliche Demokratie, H. 1, 1993 (Symposium: Engelbert Dollfuß), S. 59-80
KINDERMANN, Gottfried-Karl: Hitlers Niederlage in Österreich. Bewaffneter NS-Putsch, Kanzlermord und Österreichs Abwehrsieg 1934. Hamburg 1984. Englische und amerikanische Ausgabe: Hitler's Defeat in Austria 1933-1934. Europe's First Containment of Nazi Expansionism. London-Boulder, Colorado 1984
KINDERMANN, Gottfried-Karl: Österreich als Angriffsziel und Gegner des Nationalsozialismus. Wien 2002 (Denkschrift). Englische Ausgabe: Austria – First Target and Adversary of National Socialism 1933-1938. Vienna 2002
KINDERMANN, Gottfried-Karl (Hg.): Grundelemente der Weltpolitik. 2. Aufl. München 1981

Auswahlbibliographie

KISZLING, Rudolf. Die Militärischen Vereinbarungen der Kleinen Entente. München 1959

KLEINDEL, Walter: »Gott schütze Österreich!«. Der Anschluß 1938. Wien 1988

KLEINDEL, Walter: Österreich. Daten zur Geschichte und Kultur. Wien-Heidelberg 1978

KLINGENSTEIN, Grete: Die Anleihe von Lausanne. Ein Beitrag zur Geschichte der Ersten Republik in den Jahren 1931–1934. Wien-Graz 1965

KLOTZ, Anton: Sturm über Österreich. Wien 1934

KLUGE, Ulrich: Der österreichische Ständestaat 1934–1938. Entstehung und Scheitern. München 1984

KNOLL, August M.: Von Seipel zu Dollfuß, Eine historisch-soziologische Studie. Wien 1934

KNOLL, August M. / MISSONG, Alfred / SCHMID, Wilhelm / WINTER, Ernst Karl / ZESSNER-SPITZENBERG, H. K.: Die österreichische Aktion. Wien 1927

KOERNER, Ralf Richard: So haben sie es damals gemacht. Die Propagandavorbereitungen zum Österreich-Anschluß durch das Hitler-Regime 1933 bis 1938. Wien 1958

KOLLMANN, Eric C.: Theodor Körner. Militär und Politiker. München-Wien 1973

KRIECHBAUMER, Robert: Ein vaterländisches Bilderbuch. Propaganda, Selbstinszenierung und Ästhetik der Vaterländischen Front 1933–1938. Wien 2002

KYKAL, Inez: Der Sozialistenprozeß 1936. Diss. Wien 1968

KYKAL, Inez / STADLER, Karl R.: Richard Bernaschek. Odyssee eines Rebellen. Wien 1976

LEICHTER, Otto: Glanz und Ende der Ersten Republik. Wie es zum österreichischen Bürgerkrieg kam. Wien 1964

LESER, Norbert: Österreichs Demokratie am 19. Juni 1931. Das Koalitionsangebot Ignaz Seipels an Otto Bauer, in: Christliche Demokratie, 2. Jg., Nr. 1, Feb. 1984, S. 52–62

LESER, Norbert: Zwischen Reformismus und Bolschewismus. Der Austromarxismus als Theorie und Praxis. Wien-Frankfurt-Zürich 1967

LIEBMANN, Maximilian: Die Tragik des 12. Feber und Dollfuß, in: Christliche Demokratie, 10. Jg., Heft 1, 1993, S. 29–45

LUDWIG, Eduard: Österreichs Sendung im Donauraum. Wien 1954

LUX, Joseph August: Das Goldene Buch der Vaterländischen Geschichte für Volk und Jugend Österreichs. Mit einem Vorwort von Kurt von Schuschnigg. Wien 1934

LUX, Joseph August: Wie sieht Österreich in unseren Schulbüchern aus? Die große ruhmreiche Geschichte entstellt, besudelt, verleugnet – im Herzen der neuen Generation ausgelöscht. Graz 1933

MADEREGGER, Sylvia: Die Juden im Österreichischen Ständestaat 1934–1938. Wien-Salzburg 1973

MALETA, Alfred: Bewältigte Vergangenheit. Österreich 1932–1945. Graz 1981

Auswahlbibliographie

MALINA, Peter: Bücherverbote in Österreich 1933–1938, in: Zeitgeschichte. Heft 8, 1983, S. 311–318

MEISELS, Lucian Otto: Die politischen Beziehungen zwischen den Vereinigten Staaten von Amerika und Österreich 1933–1938, Wien 1960

MIKOLETZKY, Hans Leo: Österreichische Zeitgeschichte. Wien 1969

MOSSER, Ingrid: Der Legitimismus und die Frage der Habsburger Restauration in der innenpolitischen Zielsetzung des autoritären Regimes in Österreich 1933–1938. Diss. Wien 1979

MOTH, Georg: Neu-Österreich und seine Baumeister. Ziele und Aufbau der berufsständischen Ordnung und der Vaterländischen Front. Mit einem Geleitwort von Oberst a.D. Walter Adam. Wien 1935

NECK, Rudolf (Hg.): Österreich im Jahre 1918. München 1968

ÖSTERREICH HEIMATSCHUTZ. Hg. von der Propagandastelle der Bundesführung. Wien 1934

ÖSTERREICHS SENDUNG. Unser Vaterlandes Schicksalsweg. Hg. vom Österreichischen Heimatdienst. Wien 1933

OSWALD, Franz: Die Stellung von Major a.D. Fey in der Politik der Ersten Republik und des Ständestaates. Diss. Wien 1964

OTRUBA, Gustav: Hitlers Tausend-Mark-Sperre und Österreichs Fremdenverkehr 1933, in: NECK, R./WANDRUSZKA, A. (Hg.): Beiträge zur Zeitgeschichte. Festschrift Ludwig Jedlicka zum 60. Geburtstag. St. Pölten 1976

PANZENBÖCK, Ernst: Ein deutscher Traum. Die Anschlußidee bei Karl Renner und Otto Bauer. Ludwig-Boltzmann-Institut für Geschichte der Arbeiterbewegung, Wien 1985

PAPEN, Franz: Der Wahrheit eine Gasse. München 1952

PEBALL, Kurt: Die Kämpfe in Wien im Februar 1934. Wien o. D. (Militärhistorische Schriftenreihe, Heft 25)

PELINKA, Peter: Stand oder Klasse? Die christliche Arbeiterbewegung Österreichs 1933–1938. Wien-München-Zürich 1972 (Veröffentlichungen des Ludwig-Boltzmann-Instituts für Geschichte der Arbeiterbewegung, hg. v. Karl R. Stadler)

PETERSEN, Jens: Hitler und Mussolini. Die Entstehung der Achse Berlin-Rom 1933–1936. Tübingen 1973

RATZENHOFER, Emil: Die Niederwerfung der Februar-Revolte, in: Militärwissenschaftliche Mitteilungen, 65. Jg., Sonderbeilage. Wien, März 1934

RAUSCHNING, Hermann: Gespräche mit Hitler. Wien 1973

REDLICH, Joseph: German Austria and Nazi Germany, in: Foreign Affairs, Vol. 15, No. 1, Oktober 1936, S. 179–186

REICH VON ROHRWIG, Otto: Der Freiheitskampf der Ostmarkdeutschen von St. Germain bis Adolf Hitler. Graz-Wien-Leipzig 1942

REISBERG, Arnold: Februar 1934. Hintergründe und Folgen, Wien 1974

RENNER, Karl: Die Gründung der Republik. Deutschösterreich, der Anschluß und die Sudetendeutschen. Mit einer Einführung von Eduard Rabofsky. Wien 1990

RENNER, Karl: Österreich von der Ersten zur Zweiten Republik (hg. von Adolf Schärf). Wien 1953

RENNER, Karl: Nachgelassene Werke. Bd. II: Österreich von der Ersten zur Zweiten Republik. Wien 1953
RILL, Robert / ZELLENBERG, Ulrich (Hg.): Konservatismus in Österreich. Graz-Stuttgart 1999
Ross, Dieter: Hitler und Dollfuß, Hamburg 1966
SALVEMINI, Gaetano: Prelude to World War II. New York 1954
SCHAUSBERGER, Franz: Letzte Chance für die Demokratie. Die Bildung der Regierung Dollfuß I im Mai 1932. Wien 1993
SCHAUSBERGER, Norbert: Griff nach Österreich. Die Kontinuität der sogenannten Anschlußproblematik. Wien 1974
SCHIEDER, Theodor: Hermann Rauschnings Gespräche mit Hitler als Geschichtsquelle. Opladen 1972
SCHMIDL, Erwin A.: März 38. Der deutsche Einmarsch in Österreich. Wien 1987
SCHMIDT-WULFFEN, Wulf-Dieter: Deutschland-Ungarn 1918–1933. Eine Analyse der politischen Beziehungen. Diss. Wien 1969
SCHMITZ, Oscar A.: Der österreichische Mensch. Wien-Leipzig 1924
SCHNEIDMADL, Heinrich: Über Dollfuß zu Hitler. Ein Beitrag zur Geschichte des 12. Februar 1934. Mit einem Vorwort von Ernst Winkler. Wien 1964
SCHUSCHNIGG, Kurt: Dreimal Österreich. Wien 1937
SCHUSCHNIGG, Kurt: Ein Requiem in Rot-Weiß-Rot. Wien 1978
SCHUSCHNIGG, Kurt: Für Österreichs Freiheit und Recht. Rede vor dem Bundestag 1935
SCHUSCHNIGG, Kurt: Im Kampf gegen Hitler. Die Überwindung der Anschlußidee. Wien 1969
SCHUSCHNIGG, Kurt: Österreich muß Österreich bleiben. Bundestagsrede vom 24. Februar 1938
SCHUSCHNIGG, Kurt: Österreichs Bekenntnis. Die große Rede des Bundeskanzlers Dr. Schuschnigg am 12. September 1934 in Genf. Wien o.J.
SCHUSCHNIGG, Kurt: Österreichs Erneuerung. Die Reden des Bundeskanzlers Dr. Kurt Schuschnigg. Graz o. D.
SELBY, Walford: Diplomatic Twilight 1930–1940. London 1953
SETON-WATSON, R.W.: Europe and the Austrian Problem, in: International Affairs, Vol. 15, No. 3, May-June 1936, S. 327–350
SHEPHERD, Gordon : Engelbert Dollfuß. Graz-Wien-Köln 1961
SHERIDON, R.K.: Kurt von Schuschnigg. A Tribute. London 1942
STARHEMBERG, Ernst Rüdiger: Memoiren. Wien/München 1971.
STARHEMBERG, Ernst Rüdiger: Österreichs Weg. Rede vom März 1934, in: Österreichischer Heimatschutz. Wien 1934, S. 5f.
STAUDINGER, Anton: Zur »Österreich-Ideologie« des Ständestaates, in: Das Juliabkommen von 1936, S. 198–240
STOURZH, Gerald / ZAAR, Brigitte (Hg.): Österreich, Deutschland und die Mächte. Internationale und österreichische Aspekte des »Anschlusses« vom März 1938. Wien 1990
STOURZH, Gerald: Vom Reich zur Republik. Studien zum Österreichbewußtsein im 20. Jahrhundert. Wien 1990

Auswahlbibliographie

SUVICH, Fulvio: Memorie 1932–1936. Milano 1984
TALOS, E. / HANISCH, E. / NEUGEBAUER, W. / SIEDER, R.: NS-Herrschaft in Österreich. Wien 1990
TALOS, E. / NEUGEBAUER W. (Hg.): »Austrofaschismus«. Wien 1985
TOBER, Helmut: Alexander Eifler. Vom Monarchisten zum Republikaner. Diss. Wien 1967
VASARI, Emilio: Dr. Otto Habsburg oder Die Leidenschaft für Politik. Wien-München 1972
VEROSTA, Stephan: Die österreichische Außenpolitik 1918–1938 im europäischen Staatensystem 1914–1955, in: WEINZIERL/SKALNIK, Österreich 1918–1938
VEROSTA, Stephan: Vorwort, in: Schuschnigg, Ein Requiem in Rot-Weiß-Rot
VLCEK-JACOT, Christine: Der republikanische Schutzbund in Österreich. Geschichte, Aufbau und Organisation. Diss. Wien 1971
WAGNER, Friedrich: Der österreichische Legitimismus 1918–1938, seine Politik und Publizistik. Diss. Wien 1956
WAGNER, Georg: Österreich von der Staatsnation zum Nationalbewußtsein. Wien 1982
WALTERSKIRCHEN, Gudula: Blaues Blut für Österreich. Adelige im Widerstand gegen den Nationalsozialismus. Wien 2000
WALTERSKIRCHEN, Gudula: Starhemberg oder die Spuren der »30er Jahre« Wien 2002
WANDRUSZKA, Adam: Die Krisen des Parlamentarismus 1897 und 1933. Gedanken zum Demokratieverständnis in Österreich, in: NECK, R. / WANDRUSZKA, A. (Hg.): Beiträge zur Zeitgeschichte. Festschrift Ludwig Jedlicka zum 60. Geburtstag. St. Pölten 1976
WEINZIERL, Erika / SKALNIK, Kurt: Österreich 1918–1938. Geschichte der Ersten Republik. Bde 1 u. 2. Graz-Wien-Köln 1983
WEISSENSTEINER, Friedrich (Hg.): Die österreichischen Bundespräsidenten. Leben und Werk. Wien 1982
WEISSENSTEINER, Friedrich / WEINZIERL, E. (Hg.): Die österreichischen Bundeskanzler. Leben und Werk. Wien 1983
WIELAND, Carl Paul (Hg.): Die Rolle Österreichs in Europa. Vom Habsburgischen Österreich bis zum 21. Jahrhundert. München 1998
WILTSCHEGG, Walter: Die Heimwehr. Eine unwiderstehliche Volksbewegung? München 1985 (Studien und Quellen zur österreichischen Zeitgeschichte, hg. i.A. der Wissenschaftlichen Kommission des Theodor-Körner-Stiftungsfonds und des Leopold-Kunschak-Preises zur Erforschung der österreichischen Geschichte der Jahre 1918–1938 von Rudolf Neck und Adam Wandruszka. Veröffentlichungen, Bd. 7)
WINTER, Ernst Karl: Arbeiterschaft und Staat. Dokumente (Briefe, Pressestimmen), zusammengestellt von der Schriftleitung der »Berichte«, Wien 1934 (Berichte zur Kultur- und Zeitgeschichte, hg. v. Nikolaus Hovorka, 7)
WINTER, Ernst Karl: Österreich und der Nationalsozialismus, in: Wiener Politische Blätter. 1. Jg. Nr. 4., 3. Dezember 1934
ZERNATTO, Guido: Die Wahrheit über Österreich. New York-London 1939

Dokumente

I. Befehl und Beginn des kalten Krieges gegen Österreich

II. Zur Selbstpreisgabe der jungen Republik

III. Für und gegen Österreichs Bestand als Staat. Die Österreich-Ideologie als Waffe des geistigen Widerstandes

IV. Österreichische Kritik am Nationalsozialismus

V. Österreichische Kritik am NS-Rassismus

VI. NS-Sprengstoffterror und Österreichs Terrorabwehr

VII. Problemstrukturen des außenpolitischen Widerstandes der Dollfuß-Ära

VIII. Die Schutzbund-Revolte – eine Gefahr für Österreichs Widerstand

IX. Blitzangriff und Kanzlermord in Wien

X. Zum Aufstand und Kampf in den Bundesländern

XI. Eingeständnis und Analyse der Niederlage

XII. Hitlers panischer Rückzug – ein posthumer Sieg für Dollfuß

XIII. Reaktionen auswärtiger Mächte

XIV. Kommentare zur Widerstandsrolle von Engelbert Dollfuß

XV. Schuschniggs Strategie des Zeitgewinns

XVI. Motive eines »Ja« zum »Anschluß« und Erwartungen für die weitere Zukunft Österreichs

I. Befehl und Beginn des kalten Krieges gegen Österreich

Der »Generalangriff« der NSDAP gegen Österreich

Motiv und Ausgangslage des »Generalangriffs«

In dem vom ersten Landesleiter der NSDAP Österreichs, Habicht, stammenden Vorwort zum »Dienstbuch der NSDAP Österreichs« von 1932 heißt es zunächst: »Der Oberste Führer hat mit Parteibefehl vom 11. Juli 1931 die Parteiorganisation in Österreich grundsätzlich umgestaltet.

... Sie ist betraut mit der Aufgabe, die bisher getrennt marschierenden Kräfte zu vereinigen, sie in breitester Front zum Generalangriff auf Österreich anzusetzen, mit ihrer Hilfe das herrschende System zu stürzen und die Vereinigung Deutsch-Österreichs mit dem Reich herbeizuführen.

... Im Reich konnte die Bewegung durch Zertrümmerung der bürgerlichen Parteien aus deren grundsätzlich national eingestellten Anhängern [sic] eine Gefolgschaft von nahezu der Hälfte aller Wähler mobil machen und hinter sich bringen.

In Österreich stößt sie unter gleichen Voraussetzungen auf einen dreieinhalbfach überlegenen Feind, denn Rot und Schwarz besitzen zusammen 78 Prozent aller Stimmen.

... Österreich ist die Schlüsselstellung im Herzen Europas. *Wer Österreich besitzt, beherrscht Mitteleuropa* ... Das gibt unserem Kampf um Österreich seine europäische Bedeutung. In diesem Zeichen treten wir zur Entscheidung an – einer gegen drei!«

Quelle: Dienstbuch der NSDAP Österreichs – Hitler-Bewegung. Bearbeiter: Theo Habicht. Hrsg. von der Landesleitung Österreichs der NSDAP. o. D., ca. März 1932 (Vorwort datiert vom 1. 3. 1932).

Hitler erklärt den kalten Krieg gegen Österreich

Auszüge aus der Niederschrift über die Ministerbesprechung vom 26. Mai 1933, 16.15 Uhr

»... Der Reichskanzler [Hitler] ... Die Lage in Österreich sei heute so, daß die 6 Millionen Österreicher im wesentlichen durch das Wiener Halbjudentum und die Legitimisten beeinflußt würden. Die bisherigen österreichischen Regierungen seien reichsfeindlich eingestellt.

Ihr Ziel ist, den deutschen Nationalgedanken aus Österreich auszutreiben und an seine Stelle den österreichischen Gedanken zu setzen. Die Gefahr ist groß, daß Deutschland dadurch endgültig 6 Millionen Menschen verliert, die einem *Verschweizerungsprozeß* entgegengehen. Die österreichische Regierung hat in der letzten Zeit Handhaben genug gegeben, um den Kampf aufzunehmen. Selbstverständlich muß dies in politisch klügster Form geschehen ... Die Erteilung des Sichtvermerkes zu Reisen nach Österreich wird nur gegen Zahlung

von 1000 RM gewährt. *Diese Maßnahme wird voraussichtlich zum Zusammenbruch der Regierung Dollfuß und zu Neuwahlen führen. Diese Neuwahlen werden die innere Gleichschaltung Österreichs ergeben, auch ohne daß ein äußerer Anschluß nötig ist ... Der Kampf wird noch in diesem Sommer entschieden werden.«*
Quelle: ADAP 1918–1945, Serie C: 1933–1937, Bd. I, 2, Nr. 262 (26. 5. 1933).

Dollfuß im Blickpunkt der Deutschen Gesandtschaft in Wien

Der Gesandte Rieth an den Staatssekretär des Auswärtigen Amts von Bülow. Wien, den 1. Juli 1933

»... Immerhin mußte ich feststellen, daß der Kampf [zwischen NSDAP und österreichischer Regierung], der in den letzten Wochen hier mit unerhörter Schärfe geführt worden ist, noch zur Folge gehabt hat, daß Herr Dollfuß jedenfalls im gegenwärtigen Augenblick noch nicht zu einer Verständigung mit den hiesigen Nationalsozialisten bereit ist, geschweige denn, ihren Forderungen nachzugeben. Hingegen möchte er offenbar sehr gerne den Frieden mit dem Deutschen Reich wiederherstellen. Ich glaube jedoch, daß es ihm nach unserer Unterredung klarer geworden ist, daß das eine ohne das andere wohl kaum möglich sein würde ...

Es wird aber doch noch einiger Mühe bedürfen, Herrn Dollfuß von seiner jetzt noch gehegten Illusion abzubringen, daß es ihm gelingen wird, einerseits mit Hilfe der Heimwehren den Nationalsozialismus gewaltsam zu unterdrücken und andererseits mit den Sozialdemokraten auf parlamentarischem Wege – er hat mir diesen Plan angegeben – eine Verfassungsreform durchzusetzen, die praktisch das Parlament ausschalten und Neuwahlen für mindestens ein Jahr unmöglich machen würde.«
Quelle: ADAP 1918–1945, Serie C: 1933–1937, Bd. I, 2, Nr. 346 (1. 7. 1933).

Hitler befiehlt die Verschärfung des Wirtschaftskrieges

Aufzeichnung des Gesandtschaftsrats Hüffer. Berlin, den 19. April 1934

»Landes-Inspekteur Habicht teilte mir heute früh vor seinem Abflug nach München mit, daß er gestern nach der Kabinettssitzung nochmals mit dem Reichskanzler in mehrstündiger Besprechung die österreichische Frage nach allen Richtungen durchgesprochen habe. Der Herr Reichskanzler habe abschließend mit größtem Nachdruck erklärt, ein Nachgeben in der österreichischen Frage käme für ihn nicht in Betracht, selbst wenn der Konflikt noch zehn Jahre dauern solle.

Der Reichskanzler wünsche im Gegenteil auch auf wirtschaftlichem Gebiete *alle nur möglichen Maßnahmen* zu ergreifen, die ohne Kündigung des Handelsvertrags *zu einer Einschränkung der Einfuhr aller derjenigen österreichi*-

schen Exportartikel führen könnten, die für die Regierung Dollfuß im innerpolitischen Kampf von besonderer Bedeutung seien.«
Quelle: ADAP 1918-1945, Serie C: 1933-1937, Bd. II, 2, Nr. 409 (19. 4. 1934).

Habichts Lockung und Drohung für Dollfuß

Über ein Gespräch mit Dollfuß berichtete Theo Habicht, Hitlers Landesinspekteur der NSDAP Österreichs u. a.:

»… Und das Gespräch abschließend – sagte ich noch folgendes:
›Sie, Herr Kanzler, haben zwei Möglichkeiten, in die Geschichte Österreichs und des deutschen Volkes einzugehen: Entweder als der Kanzler, der einer neuen Zeit zum Durchbruch verhalf und sich damit unvergängliche Verdienste um die Zukunft der deutschen Nation erwarb, oder als der General Schleicher Österreichs, der da glaubte, mit Bajonetten eine Idee aufhalten zu können und darüber kläglich stürzte. Sie haben die Wahl.‹
Das gilt heute wie damals.
Und heute vielleicht noch mehr als damals!«
Quelle: Österreichischer [NSDAP] Pressedienst (München), Folge 13 vom 26. 9. 1933.

Habicht rechnet mit Dollfuß' baldigem Sturz

Der Landesinspekteur der NSDAP (Landesleitung Österreich) Habicht an Gesandtschaftsrat Hüffer. München, den 18. Juni 1934

»In den verschiedensten politischen Kreisen Österreichs kann man die Auffassung feststellen, daß vielleicht schon die nächsten Wochen eine grundsätzliche Entscheidung über das Schicksal der Regierung Dollfuß bringen könnten. Bei den Bemühungen um eine nationale Entwicklung in Österreich steht wieder einmal der österreichische Gesandte in Rom, Rintelen, im Vordergrunde des Interesses. Rintelen soll mit einem Sturz von Dollfuß bald nach der Unterredung Hitler-Mussolini rechnen … In diesem Falle – dies wird ernsthaft erörtert – würde Rintelen mit ›gemäßigten Nationalen‹ und mit ›nationalen Christlichen‹ ein Übergangskabinett bilden, das bevollmächtigt sein soll, nach einem halben Jahr Wahlen durchzuführen … Übrigens führt die Regierung Dollfuß gegenwärtig Verhandlungen mit den gemäßigten sozialdemokratischen Führern, in erster Linie mit Renner, und zwar auf der Grundlage eines gemeinsamen Vorgehens gegen die Nationalsozialisten und gegen den Anschluß Österreichs an das Reich. Die Verhandlungen sollen schon zu einer weitgehenden prinzipiellen Übereinstimmung beider Teile geführt haben.«
Quelle: ADAP 1919-1945, Serie C: 1933-1937, Bd. III, 1, Nr. 17 (18. 6. 1934).

Dokumente

II. Zur Selbstpreisgabe der jungen Republik

Die nachfolgenden Dokumente zeigen den in der europäischen Geschichte präzedenzlosen Vorgang der durch Zweifel am eigenen Daseinssinn wie auch an der wirtschaftlichen Lebensfähigkeit bedingten Selbstpreisgabe eines neuen Staates der Republik Österreich – im Augenblick seiner Gründung.

Der Anschlußwille im ersten Grundgesetz

Am 11. November 1918 beschließt der Staatsrat im Parlament in Wien ein erstes Grundgesetz der Republik, das einerseits zwar die republikanische Staatsform, andererseits jedoch zugleich auch den Anschluß der soeben gegründeten Republik an das Deutsche Reich vorsieht. Nur ein Abgeordneter, der spätere christlich-soziale Bundespräsident Wilhelm Miklas, der auch die Annahme der rot-weiß-roten Staatsfarben durchsetzte, stimmte gegen den Anschlußparagraphen. Die ersten beiden Paragraphen lauteten:
»Artikel 1: Deutschösterreich ist eine demokratische Republik. Alle öffentlichen Gewalten werden vom Volk eingesetzt.
Artikel 2: Deutschösterreich ist ein Bestandteil der deutschen Republik.«

Aus dem Anschlußvertrag von 1919

Am 2. März 1919 unterzeichneten die Außenminister Österreichs und Deutschlands, im Sinne des oben zitierten Grundgesetzes, in Berlin einen Vertragsentwurf über den Eintritt Deutsch-Österreichs in das Deutsche Reich. Doch ein solcher von beiden Seiten gewollter Zusammenschluß wurde in den Verträgen von St. Germain und Versailles untersagt. Der Vertragsentwurf hatte u. a. gelautet:
»Als Ergebnis der Verhandlungen, die zwischen deutschen und deutschösterreichischen Vertretern in der Zeit vom 27. Februar bis zum 2. März 1919 in Berlin stattgefunden haben, stellen die Unterzeichneten, nämlich:
1. der deutsche Reichsminister des Auswärtigen Graf Brockdorff-Rantzau und
2. der deutsch-österreichische Staatssekretär für auswärtige Angelegenheiten Dr. Bauer folgendes fest:
Art. I: Staatsrechtlich-politische Vereinbarungen
§ 1 Die Deutsche Reichsregierung und die Deutsch-Österreichische Regierung sind übereingekommen, mit tunlichster Beschleunigung über den Zusammenschluß des Deutschen Reiches und Deutsch-Österreichs einen Staatsvertrag abzuschließen, der den beiderseitigen Parlamenten zur Genehmigung vorgelegt und sodann ratifiziert werden soll …
§ 4 Deutsch-Österreich wird als Ganzes in das Reich eintreten. Sollten sich einzelne Länder Deutsch-Österreichs von dessen Körper absondern wollen … so wird die Deutsche Reichsregierung nur im Einvernehmen mit der Deutsch-Österreichischen Regierung deren Aufnahme vollziehen …«

Dokumente

Art. VI, Stellung der Stadt Wien, in dessen einem Pragraphen es u. a. heißt: »... über die Anerkennung der Stadt Wien als zweiter Hauptstadt des Reichs besteht Einverständnis.«

Quelle: KLEINDEL, Österreich, S. 31.

Selbst der eminente Rechtsgelehrte und Hauptautor der heute noch geltenden österreichischen Bundesverfassung, *Hans Kelsen*, teilte den weit verbreiteten Zweifel an der Sinnhaftigkeit des neuen Kleinstaates Österreich. So heißt es in seiner Schrift »Zur Anschlußfrage« u. a.:

»Weder historische noch nationale, noch religiöse, noch kulturelle Gründe sind es, die das heutige Österreich rechtfertigen können, das nichts als ein willkürlicher Fetzen Landes ist, übriggeblieben, nachdem die Sieger ihre territorialen Bedürfnisse ... befriedigt haben.«

Quelle: Kelsen, Hans: »Zur Anschlußfrage«, in: Republikanische Hochschul-Zeitung (München) Bd. 2 (1926), Heft 1/2, S. 1–2, zitiert in: STOURZH, Vom Reich zur Republik, S. 33.

III. Für und gegen Österreichs Bestand als Staat. Die Österreich-Ideologie als Waffe des geistigen Widerstandes

Hinsichtlich der Akzeptanz Österreichs in seiner neuen staatlichen Gestalt seit 1918 bestanden in Österreich in den dreißiger Jahren drei Lager: Nur das christlich-soziale vaterländische Lager bejahte und verteidigte vorbehaltlos Österreichs Eigenstaatlichkeit. Das austromarxistische Lager der Sozialdemokraten lehnte Österreichs Bestand als eigener Staat ab, erstrebte aber einen Anschluß erst wieder nach dem Ende des abgelehnten Hitler-Regimes. Das nationale Lager der Großdeutschen und Nationalsozialisten hingegen forderte die Preisgabe des österreichischen Staates und dessen Angliederung an Deutschland.

Zum vaterländischen Geschichtsbewußtsein

»... auf Gottesgrund ist nach der Zeit der Selbstentfremdung eine Zeit der Wiederbesinnung angebrochen, eine innere Heimkehrbewegung zum österreichischen Vaterland ... zum österreichischen Geschichtsbewußtsein als dem unentbehrlichen Fundament der wiedererwachten Heimat- und Vaterlandsliebe. ... Vaterländisch österreichische Geschichte lehrt, daß es ein österreichisches Staatsvolk gibt, eine österreichische Kulturnation und einen österreichischen Menschen, so sehr ihn auch eine alldeutsche Ideologie leugnen möchte. Aus dem Zusammenleben mit vielen Völkern, ihren Mischungen und Legierungen seit der kelto-romanischen Zeit mit dem deutschen Wesen in Österreich hat sich ein konstanter ... Typus herausentwickelt, daß man mit Fug und Recht ... von einer Österreichischen Nation reden kann.«

»Österreichische Geschichtsauffassung verwirft die heidnische Überbetonung von Blut und Rasse, die zu Nationalhaß, zur Blutrache und zum Untergang Europas führen würde; sie glaubt vielmehr an die unsterbliche Seele und ruft das Ewige im Menschen auf.«
Quelle: LUX, Das Goldene Buch der Vaterländischen Geschichte, Wien 1934.

Dollfuß zum geschichtsgeprägten Charakter Österreichs

Aus der Rundfunkrede des Bundeskanzlers an Amerika

»Mit ehrlicher Freude haben die österreichische Regierung und das österreichische Volk die Botschaft Roosevelts an das Weltgewissen begrüßt. ...

Österreich, im Herzen Europas gelegen und von jedem Konflikt am ehesten berührt, hat mehr wie jeder andere Staat Verständnis und größtes Interesse für das Problem des Weltfriedens. ...

Österreich hat eine europäische Aufgabe. Inmitten des Kontinents gelegen, ist Österreich der berufene große Mittler zwischen der gesamtdeutschen Kultur, dessen ältester und vornehmster Träger seit Jahrhunderten gerade das österreichische Volk war, und den übrigen Nationen. *Gerade das Jahrhundertelange Zusammenleben mit anderen Nationen hat den Österreicher weicher, duldsamer, verständnisvoller für fremde Kulturen gemacht,* so sehr er auch auf die Erhaltung der Reinheit seiner eigenen Kultur und Art bedacht war und ist. ...

Österreich wirbt hierbei bewußt um das Verständnis der übrigen Nationen für seine Wesenheit, für seine Mission. Österreich, dieses kleine, aber altehrwürdige deutsche Donau- und Alpenland im Herzen Europas, hat jahrhundertelang gestaltend mitgewirkt am großen Weltgeschehen. ...

Ein Jahrtausend lang wurde auf österreichischem Boden europäische Geschichte entschieden, über 600 Jahre lang haben in Wien deutsche Kaiser regiert und von hier aus gestaltend in das Weltgeschehen eingegriffen.

Der Österreicher ist darum auch stolz auf seine Heimat, stolz auf sein *Österreichertum*. Österreich hat aber darum auch das Recht und den Willen, seine eigene Zukunft in Freiheit zu gestalten.«
Quelle: Neue Freie Presse vom 27. 5. 1933.

»Österreich erwache!« – »Gott will es!«

Aus der »Trabrennplatz-Rede« von Dollfuß beim Generalappell der Vaterländischen Front am 11. 9. 1933

»... Liebe Freunde, heute haben wir den ersten großen Generalappell an die Vaterländische Front gerichtet. In Hunderten von Versammlungen ist das Wort, das ich zuerst in Innsbruck ausgesprochen habe: ›*Österreich erwache!*‹ aufgegriffen und zur Fahne geworden! Und in Hunderten Versammlungen ist über die Parteigrenze hinaus der Gedanke des Gemeinsamen, der Gedanke unseres

Dokumente

Vaterlandes, das, was die Menschen einigt, laut geworden. So ist die Vaterländische Front heute eine Bewegung und nicht eine Addition von zwei oder drei Parteien, sondern eine innen unabhängige große vaterländische Bewegung, die alle, die sich zu Österreich als ihrem deutschen Vaterlande bekennen, in sich schließen will, eine Bewegung, die jeden ... dazu verpflichtet, das Einigende zu betonen, das Trennende beiseitezuschieben und keiner Bewegung anzugehören, die den Klassenkampf oder Kulturkampf zum Ziele hat ...

Wenn ich nicht von dem tiefen Glauben durchdrungen wäre, daß der Weg, den wir gehen, uns von oben als Pflicht vorgeschrieben ist, wenn ich nicht von diesem Gedanken durchdrungen wäre, daß das neu erwachte Gefühl der Heimatliebe wieder so stark ist, daß wir allen Widersachern widerstehen können, so würde ich nicht die seelische Kraft fühlen, so zu Ihnen zu sprechen und diesen Weg Ihnen voranzugehen. Ich bin überzeugt, daß es der Wille einer höheren Macht ist, daß wir unser Heimatland Österreich mit seiner ruhmreichen Geschichte, wenn auch heute in kleinerer Form, erhalten, ich bin überzeugt, daß dieses Österreich in der Gestaltung des öffentlichen Lebens beispielgebend sein wird auch für andere Völker, daß wir in diesem Österreich auch dem gesamten Deutschtum gegenüber einen großen, wertvollen Dienst zu erweisen und zu erfüllen haben ...

Wir alle gehen auch heute mit dem Glauben von hier weg, einen höheren Auftrag zu erfüllen. Wie die Kreuzfahrer von dem gleichen Glauben durchdrungen waren, so wie hier vor Wien ein Marco d'Aviano gepredigt hat »Gott will es« – so sehen auch wir mit starkem Vertrauen in die Zukunft, in der Überzeugung: Gott will es!«

Quelle: BERCHTOLD, Österreichische Parteiprogramme 1868–1966, S. 427, 432, 433.

Zur Rolle der Habsburger für die historische Identität der Österreicher

»Es ist eine unleugbare Tatsache ..., die niemals aus der Geschichte ausradiert werden kann, daß die österreichische Vergangenheit mit dem Hause Habsburg eng verknüpft ist, daß die Geschichte des Hauses Habsburg die Geschichte Oesterreichs ist, daß Habsburgs Größe Oesterreichs Größe war, daß durch Jahrhunderte Habsburgs Glück Oesterreichs Glück und Habsburgs Not Oesterreichs Not war: Es ist eine selbstverständliche Forderung der, Gott sei Dank, wieder erwachenden österreichischen Jugend, *nicht zu dulden, daß Oesterreichs stolze Geschichte geschmäht oder verunglimpft wird.* ... Durch Jahrhunderte hindurch waren die Generationen der Habsburger das Schicksal und die Geschichte Europas ...«

Quelle: Die Reden des Vizekanzlers E. R. Starhemberg. Wien 1935, S. 44.

Dokumente

Aus einem »Credo« der Österreich-Ideologie

»Als das Herzvolk Europas, das seinen ... Mittelpunkt in Wien hat, ... können wir unsere Erfüllung nicht in der nationalistischen Verengung, sondern nur in der universalen Weite ... finden. Als bewußten Hütern des europäischen Friedens ist für uns die unentwegte Arbeit für die Verständigung und Versöhnung der Völker, vor allem derjenigen des Donauraumes heilige und unverzichtbare Pflicht. Wir glauben an den österreichischen Menschen als der europagültigen Ausprägung deutschen Wesens und an die sowohl welt- wie nationalpolitische Notwendigkeit seiner staatsrechtlichen und völkerrechtlichen Sicherung: darum stehen wir zum souveränen Staate Österreich. ... Wir glauben an den Vorrang des Geistes vor dem Blut, der christlichen Kultur und Menschlichkeit vor der einzelstaatlichen Macht ... und an die Ewigkeit der österreichischen Sendung. ... Von hier aus ergibt sich ganz logisch die Brücke zur Außenpolitik, die dem neuen Österreich ziemt: Sie muß ausgerichtet sein an der Idee des Weltfriedens. ... Österreich griff nie leichtfertig zum Schwerte; es gehört zum Wesensbestand seiner politischen Traditionen keine Eroberungskriege zu führen – auch nicht unter dem Titel: Gewinnung neuen Lebensraumes. ... Mag der Völkerbund wie alles Menschenwerk noch so fehlerhaft sein, die Idee, die er repräsentiert, ist der österreichischen so innig verwandt, daß beide konform gehen müssen. ... Die besonderen Gemeinsamkeiten, die zwischen Österreich und den anderen Staaten des Donauraumes bestehen ... bilden kein Hindernis dieser rückhaltlosen Einordnung in die heute durch den Völkerbund symbolisierte Friedensgemeinschaft der Kulturstaaten, sondern können ... sie im Gegenteil fördern und stützen.«

Quelle: Österreichs Sendung, Wien 1933.

Österreich – ein nationaler Begriff!

Einer der relativ wenigen Autoren des vaterländischen Lagers, die bereits in den dreißiger Jahren den Begriff der »Österreichischen Nation« verwendeten, war Alfons Stillfried, ab 1944 einer der Leiter der Widerstandsgruppe »05«.

»Das Jahr 1936 gilt allgemein als ein Jahr der Entscheidungen: Ebenso außer Zweifel ist es, daß unser Vaterland Oesterreich eine Aufgabe von weltpolitischer Bedeutung zu erfüllen hat.

Um aber unsere gegenwärtige Mission erfüllen zu können, ist Härte und Selbstbewußtsein vonnöten. Unsere Kultur, unsere staatliche Selbständigkeit, unser Oesterreichertum und damit auch die Kultur ganz Europas ist in allergrößter Gefahr. Diejenigen irren, welche glauben, daß der Juli 1934 und unser gegenwärtiges Regime den Nationalsozialismus überwunden hätten.

Meiner Meinung nach ist diese Gefahr immer noch im Steigen begriffen, die Steigerung hält gleichen Schritt mit der deutschen Aufrüstung. ...

Hören wir doch endlich einmal auf, uns immer Deutsche zu nennen. Wem und weshalb sagen wir das eigentlich immer wieder? Wer zweifelt daran, daß wir deutsch sprechen? Haben uns etwa die Tschechen oder Jugoslawen als zu ihnen gehörig in Genf reklamiert? Nur Unverstand und Gedankenlosigkeit kann aus der Sprache allein die gleiche Nationalität ableiten. Das Beispiel der Schweizer, der Belgier, der Nord- und Südamerikaner genügt, das Gegenteil zu beweisen. ...

Der Gedanke und das Bewußtsein der österreichischen Nationalität muß Allgemeingut werden – nicht nur bei uns, sondern auch im gesamten Ausland. Denn solange wir uns selbst – leider auch bei offiziellen Anlässen – als Deutsche bezeichnen und trotzdem eine staatliche Verbundenheit mit Deutschland ablehnen, sind wir nichts anderes als Separatisten.

Es kommt nur auf uns selbst an! Gelingt es uns nicht, die Wunden, die dem Oesterreichertum in der Nachkriegszeit geschlagen wurden, zu heilen, können wir, das österreichische Nationalbewußtsein nicht in der überwiegenden Mehrheit des Volkes zur Geltung und zum Durchbruch bringen, dann hört Oesterreich auf zu existieren ...

Es kommt auf uns an, ob wir selbstbewußte Oesterreicher oder gleichgeschaltete Alpenpreußen sein wollen. Nur unser eigenes österreichisch-nationales Selbstbewußtsein und unsere eigene österreichische nationale Kraft – nie aber irgendwelche Garantiepakte können uns unsere abhängige Stellung in der Welt, die Achtung dieser Welt und damit die Erhaltung der katholischen Kultur Europas garantieren.«

Quelle: Alfons Freiherr von Stillfried, in: Der christliche Ständestaat vom 22. März 1936.

Karl Renners Kritik an Dollfuß

»Erst in viel späteren Jahren, als man immer mehr an der Durchführbarkeit des Anschlusses zu zweifeln begann, ließen sich diese Führer durch Engelbert Dollfuß verführen, den österreichischen Teil des deutschen Volkes nicht bloß als einen Stamm der deutschen, sondern als besondere Nation anzusehen und die Unabhängigkeit Österreichs, diese harte Fessel aus Saint-Germain, geradezu als Panazee zu preisen! In den ersten zwei Jahren der Republik wurde eine solche Auffassung kaum laut.«

Quelle: RENNER, Karl: Der Anschluß und die Sudetendeutschen. Hg. von Eduard Rabofsky. Wien 1990, S. 40.

Für Anschluß, doch gegen Hitler und Habsburg

Aus einer Grundsatzerklärung der Austromarxisten vom Mai 1933

»... Als im Oktober 1918 ... Deutschösterreich, der Grundlagen seines wirtschaftlichen Daseins beraubt und von den schwersten Gefahren bedroht, allein zurückblieb, hat die Sozialdemokratie dem deutschösterreichischen Volk *den Anschluß an das deutsche Reich als Ziel gesetzt.*

Dokumente

... Wir haben den Anschluß an die Deutsche Republik angestrebt – den Anschluß an ein faschistisches Zuchthaus lehnen wir ab.

... Der Anschluß an ein freies und friedliches Deutschland der Zukunft bleibt unser Ziel; alle Bestrebungen nach dem Anschluß Österreichs an das faschistische und nationalistische Deutschland von heute bekämpfen wir als eine Gefahr für die Freiheit des österreichischen Volkes und für den Frieden Europas.

... Wir wollen, daß Deutschösterreich der deutschen Freiheit, der deutschen Demokratie, der freien Entwicklung deutschen Schrifttums und deutscher Kultur, vor allem auch der deutschen Arbeiterbewegung und dem deutschen Sozialismus ein Asyl sei, so lange bis das ganze große Deutschland wieder frei wird.

Ebenso wie die Unterwerfung unter die Gewaltherrschaft Hitlers bekämpfen wir jede Restauration der Habsburger.«

Quelle: Arbeiterzeitung, Wien, vom 13. Mai 1933.

Für uns gibt es keinen Anschluß!

Aus einer Rede des Fürsten Starhemberg vom 9. 12. 1934

»... Österreich ist ein Begriff der Vergangenheit, Gegenwart und Zukunft. Er umfaßt nicht ein Zufallsprodukt der Friedensverträge. Für uns muß dieses Österreich unabhängig sein und selbständig, auch dann noch, wenn man in Berlin vielleicht die Macht hätte, den Anschluß Österreichs an Deutschland durchzuführen. Für uns gibt es keinen Anschluß, weil wir wissen, daß der Anschluß nichts anderes bedeutet, als Österreich zu einer Kolonie von Preußen-Berlin zu degradieren.« [Klagenfurt, 9. 12. 1934]

Quelle: Die Reden des Vizekanzlers E. R. Starhemberg. Wien 1935, S. 37.

IV. Österreichische Kritik am Nationalsozialismus

Wer nicht nein sagt, ist mitschuldig

Dollfuß im Monat vor seiner Ermordung zum Nationalsozialismus

»*Macht einen Trennungsstrich!* Ich appelliere an alle ›betont nationalen‹ Kreise und stelle an sie die Frage: Wollt ihr mit diesem Verbrechertum irgend etwas gemeinsam haben? Ich appelliere an euch, restlos und klar den Trennungsstrich gegenüber solchen Methoden und gegenüber einer Weltanschauung, aus der heraus solche Methoden möglich sind, zu ziehen. Diesen Methoden gegenüber gibt es nur eine Stellungnahme, und die ist: *Ich bin dagegen. Wer das nicht eindeutig sagt, ist mitschuldig.* Wir wollen in der vaterländischen Bewegung alle vereinen, die dieses deutsche Land als ihr freies Vaterland erhalten wollen.« [Vaterländische Kundgebung in Mauer, 17. Juni 1934]

Quelle: Unser Staatsprogramm – Führerworte. Bundeskommissariat für Heimatdienst. Wien 1935, S. 41.

»Für mich ist der Kampf gegen den Nationalsozialismus nicht in erster Linie ein Kampf gegen eine politische Partei, die an die Macht will, für mich ist der Kampf gegen den Nationalsozialismus ein *Kampf gegen eine falsche Weltanschauung!*«
[Wien, 19. 1. 1933]

»Wir wollen in der Zeit, da die Welt vor einem gewissen Deutschtum erschrickt, zeigen, daß wir eine alte, christlich-deutsche Kultur haben.«
[Dornbirn, 29. 6. 1933]

Quelle: TAUTSCHER, So sprach der Kanzler. Wien 1935, S. 89, 105, 119, 118.

Der Nationalsozialismus ein Widerspruch zu wahrem Deutschtum

»… Läßt sich ein Ethos, eine Mentalität denken, die diesem so durchgeistigten, durch stille Tiefe so edlem deutschem Wesen entgegengesetzter ist als dies laute, propagandistische, ungeistige Gebaren des Nationalsozialismus, als seine mechanische »Gleichschaltung« aller Lebensgebiete, als seine Ignorierung deutscher Tradition und deutscher Kultur, der »Goethe weniger gilt als der geringste der Dichter des deutschen Freiheitskampfes«? …

Die nationalsozialistische Welle ist auf der ganzen Linie, von ihrer Rassenvergötterung bis zu ihrem mechanischen Unitarismus, von ihrer Ignorierung deutscher Geschichte und Tradition bis zu ihrem marktschreierischen, von unerhörter Hybris erfüllten Ethos eine Sturmflut gegen deutsches Wesen und deutsche Kultur, ein Abfall von deutscher Art und deutscher Tradition, wie ihn die Geschichte bisher nie gesehen.

Das ist die große deutsche Mission Österreichs in der gegenwärtigen Stunde, der Hort wahren Deutschtums, deutschen Geistes und deutscher Tradition zu sein, die in Deutschland heute verbannt und verleugnet wird.

Österreich, einst das Haupt des heiligen römischen Reiches deutscher Nation, ist heute zum Treuhänder des Genius der deutschen Nation bestellt. Indem sich Österreich freihält von der nationalsozialistischen Sturzwelle, erweist es nicht nur dem Deutschtum in seiner herrlichen österreichischen Eigenprägung den größten Dienst, sondern auch dem Gesamtdeutschtum. Es rettet die Ehre Deutschlands nach innen und außen. Es ist eine Oase, auf der der deutsche Geist sich voll entfalten kann, und es zeigt der Welt, daß wahres Deutschtum noch fortlebt, denn Deutschtum und Nationalsozialismus dürfen nicht nur nicht gleichgesetzt werden, sondern sie schließen sich zutiefst gegenseitig völlig aus. Von Österreich wird das vom Nationalsozialismus befreite Deutschland sich einst regenerieren müssen.«

Quelle: Hildebrand, Dietrich von: »Österreichs Sendung«. In: Der Christliche Ständestaat, H. 1, Dezember 1933, S. 5.

Dokumente

Die Anklage des Fürsten Starhemberg

»Ich klage an: In erster Linie die Führer der Nationalsozialistischen Partei in Österreich. Diese haben neben dem Verbrechen des Landesverrates die Mitschuld am Mord und Totschlag zu verantworten.

Dann klage ich an jene feigen Kreaturen, die als Führer der Nationalsozialistischen Partei in Österreich seit Jahr und Tag eine ganz verantwortungslose, vaterlandsverräterische und demagogische Hetze gegen Österreich und gegen Österreichs Regierung und gegen alles das betreiben, was, heimatliebend, Österreich aufbauen will. ...

Unmöglich aber kann ich mich mit meiner Anklage auf die nationalsozialistischen Kreise in Österreich beschränken; ich klage vielmehr vor dem gesamten Deutschtum, vor der gesamten Welt die deutsche Reichsregierung an, daß sie mitverantwortlich ist für die Blutopfer der letzten Zeit. Denn die deutsche Reichsregierung duldet es, daß Deutschland heute ein Asyl für aus Österreich flüchtende Schwerverbrecher ist. Die deutsche Reichsregierung duldet es, daß reichsdeutsche Behörden die Bemühungen der österreichischen Sicherheits- und Gerichtsbehörden zur Ermittlung jener Verbrecher hemmen und unmöglich machen. Die deutsche Reichsregierung ist in erster Linie für die maßlose Hetze verantwortlich, die von nationalsozialistischer Seite in Deutschland und in Österreich gegen das deutsche Volk in Österreich tobt. ...

In voller Erkenntnis dessen, was ich durch diese Anklage sage, klage ich daher die deutsche Reichsregierung an, daß sie mitschuldig ist an den Verbrechen, die in Österreich begangen werden. Die Tragweite meiner Behauptungen in ihrem vollsten Umfange erkennend, klage ich auch den heutigen deutschen Reichskanzler, Adolf Hitler, an, einen Teil der Schuld für die Ermordung des Alois Süßenböck und für die anderen Verbrechen zu tragen. Denn der Reichskanzler ist verantwortlich für das, was in Deutschland geschieht. Der Reichskanzler ist, das haben sie wiederholt betont, der oberste Führer auch der Nationalsozialisten in Österreich. ...«

Quelle: »Flammende Anklage des Bundesführers Starhemberg«, in: Österreichische Heimatschutzzeitung vom 1. Juli 1933, zit. in: BRITZ, Werner: Die Rolle des Fürsten Starhemberg bei der Verteidigung der österreichischen Unabhängigkeit gegen das Dritte Reich 1933–1936. Frankfurt a. M., S. 59.

Kriegswille und Konzentrationslager des Dritten Reiches

Die weltanschaulich führende Zeitschrift des vaterländischen Lagers veröffentlichte 1935 Berichte eines deutschen Emigranten, die prophetisch die Kriegsorientiertheit der NSDAP und den Schrecken ihrer Konzentrationslager bereits nach dem Reichstagsbrand von 1933 schildern.

(a) »Die Zukunft für Deutschland ist der Krieg. – Nur der Krieg. – Und nichts als der Krieg. Alle andern Prognosen sind eben Prognosen und zeugen darüber hinaus von einer Unkenntnis der wahren Verhältnisse im Reich, von einer Unkenntnis über die wahre Mentalität in der Wilhelmstraße und am Tirpitzufer, deren Naivität geradezu erschreckend ist. Es gibt nichts mehr in Deutschland, das nicht auf den nahen Krieg abgestimmt ist. ...

Für das Ausland ist es durchaus gleichgültig, ob dieser Krieg das Werk jener nationalsozialistischen Machthaber sein wird, die eines Tags nicht weiter wissen und – weil sie dann nichts mehr zu verlieren haben – ein unglückliches Volk einfach in das Finale einer furchtbaren Tragödie hetzen werden, – oder aber, ob er der planmäßigen Politik alldeutscher Politiker und ihrer Militärs entspringt. Dieses ist die Gefahr. ...

Der Himmel, über Deutschland ist Blut.«

(b) »Noch schwelten im Plenarsaale des Reichstages Dielen und Balken, als schon das Blutregiment gegen die politischen Gegner einsetzte. Taten, die an Grausamkeit und Sadismus in nichts gegenüber den entsetzlichsten Begebenheiten aus der Geschichte menschlicher Bestialität zurückstehen, füllen die Annalen des glorreichen Dritten Reichs vom Reichstagsbrand bis heute. Der Keller der SA-Feldpolizei in Berlin-Schöneberg, General-Pape-Straße, mit seinen blutbespritzten Wänden wird wie die Mauern des Kolumbiahauses in alle Ewigkeit widerhallen von dem Jammer unglücklicher, gefolterter Menschen, von den gräßlichen, nie verstummenden Todesschreien deutscher Volksgenossen und Arbeiter, die hier unter namenlosen seelischen und körperlichen Qualen unter den Peitschen und Stiefelabsätzen menschlicher Bestien ihr Leben verhauchten oder für immer zu Krüppeln wurden.

Wie Blut lesen sich die Namen ›Oranienburg‹, ›Sonnenburg‹, ›Dachau‹«.

Quelle: (a) FELSEN, Karl: Blut über Deutschland. Tragödie und Martyrium eines großen Volkes, in: Der Christliche Ständestaat vom 30. Juni 1935, S. 624f. (b) Ebd., 16. Juni 1935, S. 574.

Ein Abgrund trennt Österreich vom Nationalsozialismus

Schuschniggs Interview mit Kees van Hock im »Daily Telegraph« vom 5. Januar 1938

Auszüge:

»Wir können niemals zum Parteiensystem zurückkehren, ohne alles was wir unter so großen Opfern erreicht haben, ungeschehen zu machen, ohne wieder Extreme des Kommunismus oder einer Nazipartei zuzulassen, deren erklärtes Ziel es war, Österreich zu zerstören. Da wir kein Parteiensystem haben, *kann auch keine Rede davon sein, jemals Nazivertreter in das Kabinett aufzunehmen. Ein völliger Abgrund trennt Österreich vom Nazismus.* Wir schätzen keine Willkürmacht. ... Wir lehnen Einförmigkeit und Zentralisation ab und stehen ein für die Autonomie unserer freien Provinzen. Das Christentum ist zutiefst in unserer Seele verankert. Wir kennen nur einen Gott: Das ist nicht der Staat oder die Nation oder jene schlaue Sache Rasse. ... Wir verabscheuen Terror. Österreich ist immer ein humanitärer Staat gewesen.«

Quelle: Archiv d. Österreichischen Gesellschaft für Zeitgeschichte Wien. Pers. Schuschnigg, Mappe 1.

Dokumente

V. Österreichische Kritik am NS-Rassismus

Hirtenbrief der österreichischen Bischöfe gegen den Nationalsozialismus vom Dezember 1933

Dieser Hirtenbrief gegen Rassismus und für christlichen Patriotismus wurde nicht nur zu Weihnachten 1933 von allen Kanzeln katholischer Kirchen in Österreich verlesen, sondern 1935 auch in das – insbesondere auch für die vaterländische Jugenderziehung gedachte – »Staatsprogramm« der Vaterländischen Front aufgenommen.

»Wir stellen der Lehre des Nationalsozialismus vier Grundwahrheiten gegenüber:

Erste Grundwahrheit: Die Menschheit ist eine einheitliche Familie, aufgebaut auf Gerechtigkeit und Liebe. Darum *verurteilen Wir den nationalsozialistischen Rassenwahn, der zum Rassenhaß und zu Völkerkonflikten führt, ja führen muß*; desgleichen verurteilen Wir das unchristliche Sterilisationsgesetz, das mit dem Naturrecht und dem katholischen Christentum in unversöhnlichem Widerspruch steht.

Zweite Grundwahrheit: Der wahre christliche Nationalismus ist von Gott gewollt und wird von der Kirche gebilligt; denn die Liebe zum eigenen Volke und die Anhänglichkeit an das Vaterland sind in der Natur des Menschen begründet. Darum predigen Wir die Tugend des christlichen Patriotismus, verurteilen den Verrat am Vaterland und verurteilen den radikalen Rassenantisemitismus.

Dritte Grundwahrheit: Nation und Staat sind verschieden, und der Staat ist über der Nation. Darum verurteilen Wir das extreme Nationalitätenprinzip, verteidigen die geschichtlichen Rechte unseres Vaterlandes und begrüßen die Pflege des österreichischen Gedankens.

Vierte Grundwahrheit: Über allem Nationalismus steht die Religion, die nicht national, sondern übernational ist. Die Religion vermag jede Nation zu veredeln. Sie gereicht darum jedem Volke zum Segen. Sie ist Ursprung und Förderung wahrer Kultur in jedem Volke. Aber sie ist nicht auf einzelne Völker beschränkt, sondern berufen, allen Völkern die Heilsbotschaft zu bringen und zugleich irdische Wohlfahrt vermitteln zu helfen. Darum verurteilen Wir alle Ideen und Bestrebungen, die folgerichtig zu einer Nationalkirche und letzten Endes zum offenen Bruch mit der katholischen Kirche führen müßten.«

Quelle: Unser Staatsprogramm – Führerworte. Bundeskommissariat für Heimatdienst. Wien 1935, S. 34f.

Dokumente

Hitlers Rassentheorie ähnelt Viehzuchtlehre

Kritikpunkte der Vaterländischen Front

»Dieser Nationsgedanke [Hitlers] ist besonders deshalb grob-materialistisch, weil er die Nation gleichsetzt der biologischen Rasse, ähnlich wie man bei der Viehzucht von ›Rassen‹ spricht und dabei – mit Recht – auf geistige und seelische Umstände keine Rücksicht zu nehmen braucht. Der deutscheste Dichter Schiller sagt dagegen, da er ein Kind der deutschen idealistischen Philosophie ist: ›Es ist der Geist, der sich den Körper schafft.‹ Hitler dagegen sagt, daß die Rasse ›nicht nur den Schlüssel zur Weltgeschichte, sondern auch zur menschlichen Kultur überhaupt‹ darstellt. ...

Der Rassengedanke ist im Grunde fortschrittshemmend. Wer im Glauben aufwächst, bereits mit der auserwählten Erbmasse ausgestattet zu sein, hat es nicht nötig, sich geistige und sittliche Vervollkommnung zu erarbeiten. Minderwertige werden mit Adelsrausch erfüllt. Schmeichelt den Massen, was immer gefährlich.

Es liegt auch ein Widerspruch mit dem christlichen Sittengesetz vor, welchem alle Rassen vermöge der Gotteskindschaft gleich gelten.

Vielfach dient der Rassengedanke als Vorwand, um Andersrassige aus ihren Stellungen zu bringen. ...

[Der NS-Begriff] ›Jüdisch-Materialistischer Geist‹ – bedarf einer Definition. Die österreichische Erneuerungsbewegung steht jedenfalls einem solchen Geist ferne, weil sie den Gedanken der Religion, des Christentums mit seinen hehren Lehren der Liebe und Gerechtigkeit hochhält, weil sie in der Nation etwas Geistiges, das Bekenntnis zu einer Kultur – nicht aber etwas Biologisch-Rassemäßiges erblickt, weil sie die materiellen Güter, die Wirtschaft, als Mittel zu Verwirklichung geistiger Werte betrachtet.«

Quelle: Vaterländische Front, Bundespropagandaleitung: Richtlinien zur Führerausbildung (Leitfaden für politische Kurse und Reden von Amtswaltern der V. F.), o.O., o.D. (vermutlich Wien 1933)

Dieser Leitfaden enthält u. a. eine ausführliche Kritik der nationalsozialistischen Ideologie.

Aus der österreichischen Bundesverfassung des Jahres 1934

Artikel 16 lautet:
»(1) Alle Bundesbürger sind vor dem Gesetz gleich. Sie dürfen in den Gesetzen nur soweit ungleich behandelt werden, als es sachliche Gründe rechtfertigen. Insbesondere sind Vorrechte der Geburt, des Standes oder der Klasse ausgeschlossen. ...«

Artikel 27 lautet:
»(2) ... durch das religiöse Bekenntnis darf den staatsbürgerlichen Pflichten kein Abbruch geschehen. Der Genuß der bürgerlichen und staatsbürgerlichen

Rechte sowie die Zulassung zu öffentlichen Stellungen, Ämtern und Würden ist vom Religionsbekenntnis unabhängig ...«

Gegen eine Olympiade in Hitlers Berlin

»Gegen die Berliner Olympiade wurden hier mehrfach gewichtige ideelle und politische Gründe, Gründe der Selbstachtung Oesterreichs und jedes zivilisierten europäischen Staates ins Feld geführt. Unserer Meinung nach muß es eine der ersten, naheliegendsten Konsequenzen des allgemeinen Protestes gegen die Methoden des Dritten Reiches, insbesondere in der Judenfrage und den christlichen Kirchen gegenüber, sein, die negative Maßnahme, – bei der es freilich nicht bleiben darf, – zu treffen und vom Besuch einer Veranstaltung abzusehen, die bei der heute im Dritten Reich herrschenden Geistesart nur als eine Billigung der Welt für diese Methoden hingestellt werden würde. So betrachtet, wäre der Besuch der Olympiade ›als ob nichts geschehen wäre‹ (seit nämlich im Jahre 1931 ihre Abhaltung in Berlin beschlossen wurde) geradezu eine Desavouierung der Verfolgten in Deutschland und ein Hohn auf ihre Leiden. Und so sehen wir denn auch, wie sich allerorts Weise hinzuweisen, die gegen die Abhaltung der Olympiade regen.«

Quelle: Der christliche Ständestaat vom 15. Dezember 1935, S. 1209.

VI. NS-Sprengstoffterror und Österreichs Terrorabwehr

Den Wirtschafts- und Propagandakrieg des Dritten Reiches gegen Österreich ergänzte – insbesondere zwischen Sommer 1933 und Sommer 1934 – ein brutaler Terrorkrieg mit bis zu 140 Sprengstoffattentaten pro Monat und Mordanschlägen auf Persönlichkeiten des vaterländischen Lagers.

Sprengstoffterror in Österreich

Bericht des NS-Organs »Völkischer Beobachter«

»112 Anschläge in vierzehn Tagen
Ein Geheimbericht des Sicherheitsdirektors von Salzburg (Von unserem Wiener Berichterstatter)

Wien, 5. Juli.
Einer Zusammenstellung zufolge wurden in der Zeit vom 15. bis 30. Juni hundertzwölf größere Anschläge gezählt, darunter allein in den letzten Tagen des Monats folgende:
29. Juni: Eisenbahnstrecke Mürzzuschlag-Neuburg. Eisenbetonbrücke gesprengt.
29. Juni: Landesbrücke Seeboden-Spittal gesprengt. Brücke ins Wasser gestürzt.

Dokumente

29. Juni: Sprenganschlag auf die Elisabethbrücke in Graz.
29. Juni: Viaduktbrücke der Bahn Leitendorf-Hinterberg schwer beschädigt.
29. Juni: Geleisesprengung bei Vöcklabruck.
28. Juni: Geleisesprengung bei Judenburg (Schaden 900 Schilling).
28. Juni: Geleisesprengung auf die Mittenwaldbahn (Schaden 2000 Schilling).
28. Juni: Wasserleitung des E-Werkes in Kufstein (Schaden 2000 Schilling).
28. Juni: Salzburg: Markartplatz und Landhaus (Schaden groß).
28. Juni: Drei Maste der Tiwag-Werke in Mutters (Tirol).
28. Juni: Tiwag-Werk bei Achenkirch (Tirol).
28. Juni: Brücke bei Achenkirch (Tirol) gesprengt.
28. Juni: Bahnlinie bei Ederbauer (Salzburg) gesprengt.
28. Juni: Bahnlinie bei Steindorf (Salzburg) gesprengt.
28. Juni: Bahnlinie bei Seekirchen (Salzburg) gesprengt.
28. Juni: Bahnlinie bei Hohenems-Dornbirn gesprengt.
28. Juni: Bahnlinie bei Bregenz-Lindau gesprengt.
28. Juni: Bahnlinie bei Ebelsberg-St. Florian gesprengt.
28. Juni: Langeneggerbrücke im Bregenzwald abgebrannt (200 000 Sch. Schaden).
29. Juni: Salzburger Wasserleitung bei Leopoldskron gesprengt.
28. Juni: Wasserzufuhr des Werkes Hall in Tirol gesprengt.
28. Juni: Wasserzufuhr des Werkes Mühlau in Tirol gesprengt.
Die Regierung aber behauptet, Österreich sei das friedlichste Land der Welt!«

Quelle: Völkischer Beobachter, Nr. 187, 6. Juli 1934.

Ziele lokaler Terrorbekämpfung durch neu organisierte Ortsschutz-Verbände

(Aus einem Erlaß des Bundeskanzleramtes vom 13. 6. 1934)

»1. Verbrechen gegen das Leben oder die körperliche Sicherheit von Menschen;
    2. Verbrechen der boshaften Sachbeschädigung von öffentlichen Verkehrsanlagen (Eisenbahnen, Straßen, Brücken, Telegraphen- und Telephonanlagen, Starkstromleitungen), von Elektrizitäts- und Gaswerken und Wasserleitungen;
    3. Verbrechen der boshaften Sachbeschädigung durch Verwendung von Sprengstoffen; ferner unter bestimmten Voraussetzungen, die im Erlaß detailliert angeführt sind;
    4. Malen, Abbrennen oder Ausstreuen von Hakenkreuzen und sonstigen Abzeichen einer verbotenen Partei;
    5. Hissen von Hakenkreuzfahnen und Fahnen mit anderen verbotenen Parteiabzeichen;
    6. Verbreiten von Flugschriften einer verbotenen Partei;
    7. Werfen oder Legen von Papierböllern.
    Der Ortsschutzmann ist verpflichtet, festgenommene Personen unverzüglich dem nächsten Gendarmerieposten (Polizeibeamte) oder, falls ein solcher im

Dokumente

Ort nicht besteht, dem Gemeindevorsteher zur weiteren Amtshandlung zu übergeben und hievon womöglich dem Gendarmeriepostenkommando telephonisch Meldung zu erstatten.«

Quelle: Wiener Zeitung vom 14. Juni 1934.

Eine Warnung des Bundeskanzlers

»Diejenigen täuschen sich, die glauben, die Regierung durch ihre Terrorakte von innen oder außen stürzen zu können. Wir haben die Machtmittel, die uns zur Verfügung stehen, noch lange nicht eingesetzt. Aber wenn es not tut, den Burgfrieden im Lande zu sichern, dann werden wir auch vor dem Äußersten nicht zurückschrecken.«

[Hollabrunn, 25. 6. 1933.]

Quelle: TAUTSCHER, So sprach der Kanzler, S. 89, 105, 118, 119 (Politische Korrespondenz vom 12. Januar 1934).

An Österreichs Volk!

»Österreichs Bundesregierung hat sich bisher in der Zurückweisung nationalsozialistischer Anschläge und Verbrechen auf eine maßvolle Abwehr beschränkt, in der Hoffnung, es werde endlich Vernunft über Wahnsinn den Sieg davontragen. Aus dieser Erwägung wurde in den Weihnachts- und Neujahrstagen auch eine Reihe von Gnadenakten gesetzt. Die daran geknüpften Hoffnungen waren vergeblich. Es hat im Gegenteil seit Beginn des neuen Jahres eine Welle neuer Terrorakte eingesetzt; so wurden in den letzten Tagen nicht weniger als 140 Sprengstoffanschläge in allen Teilen des Bundesgebietes verübt, wodurch Fremdenverkehr und allgemeine Wirtschaft geschädigt werden sollten.

Die Bundesregierung hat daraus ersehen, daß ihre Bemühungen nicht nur absichtlich mißdeutet, sondern geradezu mißbraucht worden sind; sie ist daher entschlossen, nunmehr mit allen, auch den schärfsten Mitteln, diesen Akten des Terrors und der Demonstration ein für alle Mal ein Ende zu setzen. Mit heutigem Tage wurden daher starke Abteilungen des Freiwilligen Schutzkorps aufgeboten, die gemeinsam mit Polizei und Gendarmerie alle Versuche, dieses verbrecherische Treiben fortzusetzen, zunichte machen werden.

Jeder Österreicher, der diese Abwehr mittätig zu unterstützen bereit ist, arbeitet damit zum Besten des allgemeinen Wohles. Terrorakte, Demonstrationen und Einschüchterungsversuche gegen den friedlichen Teil der Bevölkerung werden nicht zum Ziele führen!

Die Bundesregierung«

Quelle: Politische Korrespondenz vom 12. Januar 1934.

Dokumente

Gegen Terror und Anschlußpolitik

Aus der Neujahrsbotschaft von Dollfuß vom 31. 12. 1933

»Der Kampf gegen den nationalsozialistischen Terror
… Die nationalsozialistische Bewegung war der Meinung, daß der Konflikt zwischen der Regierung und der marxistischen Oppositionspartei der geeignete Zeitpunkt wäre, um eine weit über die Grenzen ihrer faktischen Bedeutung in Österreich hinausgehende Anteilnahme an den Staatsgeschäften zu erzwingen. Als dies mit ruhigem Ernst abgelehnt wurde, setzten scheinbar wilde, in Wahrheit aber, wie sich zeigte, sehr planmäßig erzeugte Terrorakte und ein in der Geschichte der letzten Jahre noch nicht dagewesener Druck von außen ein, verbunden mit Verhetzung, Beschimpfung der verantwortlichen Führer des Staates, ja sogar offizielle Repressalien.

Der rohen Terrorgewalt mußte die Regierung im Interesse der friedliebenden Bevölkerung mit fester Ordnungsgewalt begegnen.

Der Kampf der Nationalsozialisten gegen Österreich, der vorerst sich auf Versprechungen, wie der Versprechung von zinsenlosem Geld usw., beschränkte, entwickelte sich immer mehr zu einem systematischen Kampf um die Eingliederung Österreichs ins Dritte Reich und damit zu einem Angriff auf die staatliche Selbständigkeit Österreichs und wurde auch immer mehr vom In- und Ausland als solcher empfunden. Da wurde den Österreichern der Wert der Eigenstaatlichkeit, das Recht auf freie Selbstbestimmung und die Pflicht gegenüber ihrer Geschichte erst so recht ins Bewußtsein gerufen: Österreich – Vaterland ist zum Lebensinhalt von Millionen Bürgern dieses schönen Landes geworden …

So wie im alten Jahre werden auch im neuen Jahre Drohungen, Beschimpfungen und persönliche Lebensgefahr mich und meine Freunde von dem einmal recht erkannten Wege der Pflicht nicht abbringen können.«

Quelle: Neue Freie Presse, Nr. 14894, 2. 1. 1934.

Der Terror in der Sicht eines Zeitzeugen

»Am 12. Juni 1933 setzten Sprengstoffanschläge im ganzen Bundesgebiet ein. In Wien wurde ein harmloser Juwelier durch die Explosion einer Höllenmaschine in seinem Geschäft getötet. Ein Warenhaus wurde durch einen Sprengstoffanschlag zerstört.

Am 19. Juni 1933 schleuderten zwei Nationalsozialisten gegen eine Abteilung christlicher Turner mehrere Handgranaten aus dem Hinterhalt. Ein Turner wurde getötet, mehrere schwer verletzt. Dieser besonders heimtückische Ueberfall veranlaßte die Regierung, die Nationalsozialistische Partei und ihre Gliederungen in Oesterreich zu verbieten.

Anfang Oktober 1933 begann die nunmehr illegale Partei mit Tränengasanschlägen gegen Kauf- und Kaffeehäuser, sowie gegen Kinos. Es verging nun kein Tag, an dem durch solche Sprengstoffverbrechen nicht Hunderttausende

Dokumente

von Schillingen an Sachschaden angerichtet wurden, an dem nicht Menschen verletzt und getötet wurden.

Gegen Ende Jänner 1934 nahm die Anzahl der Böller und Sprengstoffanschläge tagtäglich zu, um in den ersten Februartagen einen Höhepunkt zu erreichen. In diesen Tagen erlebte man bis zu vierzig Explosionen täglich.

Um den österreichischen Fremdenverkehr, der eine günstige Entwicklung zeigte, zu vernichten, sollten die Fremden durch Terrorakte ferngehalten werden. In den ersten Tagen des Monats Mai explodierten in verschiedenen Bahnhöfen Höllenmaschinen, die dort hinterlegt worden waren. In der Nacht zum 19. Mai wurden in ganz Oesterreich zahlreiche Bahnanlagen gesprengt, wodurch der Verkehr behindert und ungeheurer Sachschaden angerichtet wurde. In der Folgezeit verging kein Tag, an dem nicht Sprengstoffanschläge gegen Bahnanlagen, Elektrizitäts- und Wasserkraftwerke, Telephonkabel, öffentliche Gebäude und Wohnungen vaterländisch gesinnter Personen erfolgt sind.

Ende des Monats Mai wurde zum Beispiel die Stadt Salzburg von einer Terrorwelle heimgesucht. Bomben explodierten vor dem fürsterzbischöflichen Palais, dem Festspielhaus, dem Schloss Leopoldskron, der Steueradministration und vielen anderen Gebäuden. Täglich wurden Leitungsmaste zersprengt, Schienen aufgerissen, Telegraphen- und Telephonleitungen zerstört. Gegen Ende Juni wurden die Druckrohrleitungen des berühmten Spullersee-Kraftwerkes in Tirol gesprengt. Die Elektrizitätswerke in Ruetz, Mühlau, Hall, Achenkirch, Leutschach und vielen anderen Orten waren das Ziel von Bombenanschlägen.

In Kufstein, wo ein Anschlag gegen die Wasserleitung erfolgte, fand man beim Obmann des »Bundes der Reichsdeutschen« 63 Kilogramm Ekrasit. Fast täglich wurden Organe der Executive, Mitglieder der Wehrverbände verletzt und getötet, Sprengstoffanschläge gegen die Gendarmerieposten, Pfarrhöfe und Heimatschutzlokale verübt.«

Quelle: ZERNATTO, Die Wahrheit über Österreich, S. 68–70.

Dokumente

VII. Problemstrukturen des außenpolitischen Widerstandes der Dollfuß-Ära

Früher als die Regierungen anderer Staaten erkannten Österreichs Staatsmänner, daß der Kampf um Österreich zugleich, hinsichtlich seiner Folgen, ein Kampf um die Erhaltung oder Vernichtung der bestehenden europäischen Friedensordnung sein werde. Für Österreichs Fähigkeit, dem Dritten Reich auf Dauer zu widerstehen, war die Haltung der anderen Großmächte – und insbesondere Italiens, der einzigen territorial angrenzenden Macht – von besonderer Bedeutung.

Außenpolitische Grundsatzerklärungen des Bundeskanzlers Dollfuß 1932-34

[3. 9. 1932]
(a) Die österreichische Politik ist im Grunde genommen nur Außenpolitik. Die Erklärung hierfür liegt in der zentralen europäischen Lage und in seiner unmittelbaren territorialen Angrenzung an sechs Staaten, deren politische und wirtschaftliche Entwicklung auf Österreich ebensowenig ohne Einfluß bleibt, wie umgekehrt die Gestaltung der Verhältnisse in Österreich für seine Nachbarstaaten von Wirkung ist.

[Wien, 7. 4. 1933]
(b) Das einzige Ziel unserer Außenpolitik kann nur sein, die Unabhängigkeit nach allen Seiten zu sichern und dazu beizutragen, daß für die weitere Gestaltung des Schicksals unserer Heimat niemand anderer als wir selbst die Entscheidung zu treffen haben.

[Salzburg, 6. 5. 1933]
(c) Unsere Ehre, unsere Freiheit, die Unabhängigkeit Österreichs sind Dinge, über die es keine Verhandlungen gibt, die Voraussetzung sein und bleiben müssen.

[Großmugl, 29. 10. 1933]
(d) Wir glauben, mit Aufrechterhaltung der Unabhängigkeit und mit unserem Streben nach wirtschaftlicher Erstarkung weit über unsere Grenzen dem Zusammenleben und dem Frieden in Europa dienen zu können.

[Wien, 7. 12. 1933]

Quelle: (a) Rede anläßlich eines von der Anglo American Press Association zu Ehren des Kanzlers gegebenen Lunchs. Aus: WEBER, Edmund: Dollfuß an Österreich. Wien 1935, S. 49; (b) TAUTSCHER, So sprach der Kanzler, S. 83; (c) und (d) Ebd., S. 90.

Dokumente

Gegen eine Achse Berlin-Rom zu Lasten Österreichs

Bericht von Dollfuß laut Protokoll der Vorstandssitzung des Christlich-Sozialen Parteiklubs vom 20. 4. 1933:
»... Angeblich, daß man im Einvernehmen mit Italien in Österreich trachtet, eine sogenannte nationale Konzentration unter Führung Jakoncig zu machen. Ich hoffe nicht, daß diesem etwas bekannt war. Nazi, Steirische Heimwehr ...

Als ich hörte, im Einvernehmen mit Italien, da *Gefahr, wenn zwei Großstaaten verhandeln, doch der dritte kleine zerdrückt würde*, habe ich mich entschlossen, nach Rom zu fahren. ...

Suvich (Fulvio Suvich, Unterstaatssekretär im italienischen Außenministerium), der Außenminister und gründliche Kenner der Verhältnisse in Österreich, er hat im Frieden in Graz studiert, hat mir einen Besuch abgestattet, weil ich ihn ersucht hatte, um vorher mit ihm zu sprechen. Er ist gut über die österreichischen Verhältnisse informiert, auch über Personen. Ich war überrascht über den unmittelbaren Eindruck. ...

Das Ergebnis der Besprechung mit Mussolini und den Herren: Italien ist absolut interessiert, die Selbständigkeit Österreichs und den jetzigen Kurs zu halten. Mussolini ist der Christlichsozialen Partei sehr gewogen. Wenn ich erklären würde, die Heimwehr ist nicht loyal, so würde er, soweit er persönlich in Betracht kommt, jede andere Freundschaft preisgeben und würde mit vollem Vertrauen jede Aktion der Regierung unterstützen und für die Christlich-Soziale Partei in ihrer positiven staatserhaltenden Tendenz volles Verständnis haben. Durch dieses Ergebnis, glaube ich, ist erreicht worden, daß anderer Einfluß verhindert worden ist. Österreich ist gegenüber den NS innen-, und außenpolitisch vollkommen rückenfrei. Nicht nur das, sondern es kann auch auf Unterstützung rechnen. Wir haben nichts unterschrieben, kein Vertrag. Aber diese Feststellungen sind wertvoll. Es hat auch das Motiv mitgespielt, daß Mussolini in meiner Person den Bundeskanzler eines selbständigen Staates begrüßt.

Vatikan: Mit Pacelli habe ich, wie bei Mussolini, ohne lange zu überlegen, auch über unsere Lage gesprochen, zunächst über NS. Er hat sekundiert. Beobachtungen der letzten Zeit, daß man in Rom sich abfindet mit den Tatsachen in Deutschland und nun diese Einstellung schematisch auf Österreich überträgt. Das wäre auch vom Standpunkt der Weltanschauung schlecht. Bei uns sind die NS die geistigen Nachfolger der ›Los von Rom‹-Bewegung. *Die Kirche darf daher hier keine Toleranz üben*, sondern sich für die Christlichsoziale Partei einsetzen. Wenn die Kirche tolerant ist, werden die jungen Leute ohne die innere Hemmung, die die Kirche auferlegt, zu den NS stoßen. Daher das Interesse Roms an dem Bestand der Christlichsozialen Partei. Das habe ich wiederholt Pacelli gesagt und habe den Eindruck, daß das auch die Auffassung des Vatikans ist. ...

Ich habe es dem Pacelli mehrmals in verschiedener Form. gesagt, um es ihm zum Bewußtsein zu bringen. ...«

Quelle: Protokoll der Vorstandssitzung des Christlich-Sozialen Parteiklubs vom 20. April 1933, in: Protokolle des Klubvorstandes der Christlich-Sozialen Partei 1932-34. Hrsg. von Walter Goldinger. Wien 1980, S. 227f. u. 230f.

Dokumente

Berlins Bewertung der ersten Rom-Reise von Dollfuß

Der deutsche Botschafter in Rom, von Hassell, an das Auswärtige Amt

Rom, den 20. April 1933

»Politischer Bericht. Inhalt: Besuch des österreichischen Bundeskanzlers in Rom, italienische Politik gegenüber Österreich ...
Der Kanzler hat sich offenbar veranlaßt gesehen, der italienischen Regierung die Richtlinien der österreichischen Innenpolitik, insbesondere hinsichtlich ihrer Einstellung gegenüber dem reichsdeutschen Nationalsozialismus und dessen Auswirkungen auf Österreich darzulegen und sich gegenüber dem befürchteten weiteren Erstarken der nationalsozialistischen Bewegung in Österreich mit ihrem starken Einfluß auf die Anschlußfrage in Rom eine Art Rückenstärkung zu holen.
Ergebnis des Besuchs.
Im ganzen hat der Besuch des Bundeskanzlers, bei dem neben dem vorerwähnten Thema sicher auch andere Gegenstände, wie die Bedeutung des Vierer-Pakts für Österreich, die österreichische Anleihe und österreichisch-italienische Wirtschaftsfragen erörtert worden sind, sicherlich das enge Verhältnis zwischen den beiden Ländern weiter gefestigt. Insbesondere wird der Kanzler mit dem Eindruck geschieden sein, daß Italien in der Erhaltung eines selbständigen Österreich einen der Angelpunkte seiner europäischen Politik erblickt. ...

Hassell«

Quelle: ADAP 1918–1945, Serie C: 1933–1937, Bd. I, 1, Nr. 173 (20. 4. 1933).

Österreich und die europäischen Mächte

Bericht des britischen Außenministeriums (Mr. Sargent) an die britische Gesandtschaft in Paris vom 29. Juni 1933

»Mr. Rost [van Tonningen], ein vom Finanzkomitee des Völkerbundes ernannter Finanzberater der österreichischen Regierung ... besuchte mich heute nachmittag ... Herr Rost besprach einige politische Aspekte der österreichischen Gegenwartssituation. Ich glaube, daß er das auf Veranlassung von Dr. Dollfuß tat ... Den Problembereich ausländischer Unterstützung sieht Dr. Dollfuß so, daß Großbritannien, trotz seiner Sympathien, Distanz hält und daß Frankreich unzuverlässig und allzu offen anti-deutsch ist. Angesichts dieser Umstände fühle er sich gezwungen, sich fast zur Gänze auf die italienische Regierung zu stützen und ist dabei keineswegs überzeugt, daß Signor Mussolini seine Unterstützung für ihn fortsetzen würde, wenn er zu einem Einvernehmen mit den österreichischen Sozialisten gelangte.
Dr. Dollfuß ist sehr böse auf General Gömbös [Ministerpräsident von Ungarn, der Hitler am 17. Juni besuchte] wegen seines Besuches bei Hitler, den er (Dollfuß) als Dolchstoß in seinen Rücken betrachte. Er hat sogar den Verdacht, Gömbös habe irgend eine Vereinbarung mit Hitler getroffen, wobei er [Göm-

29 Dieses NS-Plakat zeigt einen von Juden und Klerikern begleiteten Schuschnigg auf der Flucht.

30 Werbeplakat der Vaterländischen Front für Schuschniggs geplante Volksbefragung

31 Bekannt ist fast nur dieses Bild der Hitler-Rede zum »Anschluß« auf dem Heldenplatz am 15. März 1938.

32 Doch ebenso gefüllt war der Heldenplatz 1934 angesichts der Trauerfeier für den ermordeten Engelbert Dollfuß.

33 Kurt von Schuschnigg 1945 nach der Befreiung aus dem KZ

34 Der spätere Bundeskanzler Dr. Alfons Gorbach (rechts) mit Dr. Karl Maria Stepan, dem Landeshauptmann der Steiermark (Mitte), und Oberst Franz Zelburg (links) im April 1938 im KZ Dachau

bös] der Absorbierung Österreichs durch Deutschland im Austausch für eine Rückgabe des Burgenlandes an Ungarn zugestimmt habe. Dr. Dollfuß fragte mit Entschiedenheit bei der ungarischen Regierung an, ob ein solches Arrangement getroffen worden sei. Er habe darauf aber keine Antwort erhalten.

... Er fürchtet, daß eine Invasion von Nazibanden in Österreich [gemeint ist die in Deutschland aufgestellte und bewaffnete sogenannte ›Österreichische Legion‹] eine plötzliche und gefährliche internationale Krise erzeugen könne. Herr Rost sagte, Dr. Dollfuß habe ihn gebeten, uns vor dieser Möglichkeit zu warnen, damit wir es uns hoffentlich rechtzeitig überlegen könnten, welche Maßnahmen wir zur Verteidigung der österreichischen Unabhängigkeit zu treffen gewillt seien, wenn ein solcher plötzlicher Angriff eintrete.«

Quelle: DBFP 1919–1939, Second Series, Vol. V, 1933, No. 233 (4. 7. 1933).

Dollfuß protestiert in Berlin

In einer Anweisung an den Gesandten in Berlin, Ing. Tauschitz, vom 18. Juli 1933 schrieb der Kanzler:

»... Der Kampf gegen die nationalsozialistische Partei in Österreich stellt sich, objektiv betrachtet, ausschließlich als eine vom Gesichtspunkte des Naturrechtes der Völker und der völkerrechtlichen Lage Österreichs durchaus berechtigte Abwehr von unablässigen, terroristischen und völkerrechtswidrigen Einmischungen des heutigen deutschen Regimes in die inneren Angelegenheiten Österreichs dar. Wenn die Maßnahmen gegen den Nationalsozialismus, zu denen sich die Bundesregierung zur Erhaltung der inneren Sicherheit und Ordnung im Staate schließlich gezwungen gesehen hat, von Seite der nationalsozialistischen Faktoren im Reiche und infolgedessen auch seitens der Reichsregierung als gegen Deutschland gerichtet angesehen werden, so liegt hier eine gewollte oder ungewollte Verkennung oder Verdrehung der Sachlage vor. ...«

Quelle: Beiträge zur Julirevolte, S. 46f.

Deutsche Beschwerden über Dollfuß

Bericht des britischen Gesandten in Wien, Sir Walford Selby, an den britischen Unterstaatssekretär R. Vansittart vom 21. 7. 1933

»Der deutsche Gesandte (in Wien) Dr. Rieth, erwiderte heute morgen in unserer Gesandtschaft meinen früheren Höflichkeitsbesuch bei ihm ... Dr. Rieth führte bittere Klage über die Haltung von Bundeskanzler Dollfuß und der gegenwärtigen österreichischen Regierung gegenüber der Nazibewegung in Österreich. Die Ursache des Widerstandes gegen die Nazibewegung liege einzig und allein in der Furcht anderer Parteien – der Christlichsozialen, der Heimwehr, des Landbundes etc. – daß ihre politische Zukunft in Gefahr sei, wenn sie irgendeine Konzession an die Nazis machten. Deshalb, und nur deshalb, habe Bundeskanzler Dollfuß jedes Angebot der österreichischen Naziführer zu einer

Zusammenarbeit mit ihm abgelehnt. Sie hätten zwei Sitze im Bundeskabinett verlangt, was eine bescheidene Forderung sei, wenn man den Rückhalt der Nazis bei der österreichischen Wählerschaft bedenke. Bundeskanzler Dollfuß habe es abgelehnt, ein solches Zugeständnis zu machen, so wie er auch jeden anderen Annäherungsversuch von seiten der Nazis zurückgewiesen habe.«

Quelle: DBFP 1919–1939, Second Series, Vol. V, 1933, No. 264 (2. 7 . 1933).

Zum Gespräch Dollfuß–Mussolini in Riccione 19./20. 8. 1933

»Amtserinnerung« zum Gesprächsinhalt

1. Außenpolitik: Mussolini war besorgt wegen der deutschen Entwicklung, besonders wegen des Hervortretens des Preußentums.»Sollte es wider Erwarten Herrn Mussolinis zu einer Invasion aus Bayern kommen, so würde Italien militärisch reagieren. Es ergab sich jedoch eindeutig, daß Mussolini es vorzieht, solange als möglich die Methode der ›freundschaftlichen Konversationen mit Berlin‹ fortzusetzen.«

2. Wirtschaftspolitische Fragen: »Im Laufe der Unterredung ergab sich, daß weder Italien noch Frankreich irgendeinen präzisen Plan über die Rekonstruktion des Donauraumes bisher ausgearbeitet haben ... Herr Mussolini ist keineswegs der Intensivierung der Wirtschaftsbeziehungen zu den Staaten der Kleinen Entente abgeneigt, sondern hat die Absicht, mit diesen Staaten zu einem ersprießlichen Verhältnis auch in wirtschaftlicher Beziehung zu gelangen.«

3. Innenpolitik: »Mussolini suchte eine Pression auf den Herrn Bundeskanzler im Sinne der stärkeren Beteiligung der Heimwehren auszuüben. Der Herr Bundeskanzler ist diesen Versuchen jedoch mit Erfolg ausgewichen. Herr Mussolini empfahl dem Herrn Bundeskanzler, bereits Ende September die Verfassungsreform auf ständischer Grundlage fertigzustellen, ferner möglichst bald eine groß angelegte politische Rede mit dem Leitmotiv »Unabhängigkeit Österreichs nach außen und Erneuerung Österreichs nach innen« zu halten. Der Herr Bundeskanzler stimmt dieser Auffassung zu und nimmt das Datum des 11. September für diese Rede in Aussicht. Weiter empfahl Herr Mussolini dringend die Unifizierung der verschiedenen patriotischen Fronten unter ausschließlicher Führung des Bundeskanzlers.«

Quelle: Mussolini–Dollfuß: Geheimer Briefwechsel. Wien 1949, S. 34f.

Dokumente

Deutscher Geheimbericht zum Treffen Dollfuß–Mussolini vom August 1933

Der deutsche Botschaftsrat Smend (Rom) an das Auswärtige Amt
Telegramm Nr. 202 vom 21. 8.

Rom (Quir.), den 21. August 1933, 16 Uhr 05
»Heutige Aussprache mit stellvertretendem Direktor politischer Abteilung über Bedeutung Begegnung Mussolini–Dollfuß in Riccione ergibt folgendes Bild ...
Dollfuß hat Mussolini innere und auch internationale Lage Österreichs dargelegt und weitere Unterstützung Italiens erbeten ...
Bei Schilderung innerer Lage hat Dollfuß leichte Abschwächung deutscher Propaganda anerkannt, dabei aber großer Sorge um Erhaltung Unabhängigkeit Österreichs erneut Ausdruck gegeben. Österreich wolle seine Unabhängigkeit unter allen Umständen behaupten, wünsche Frieden und Zusammenarbeit mit allen Nachbarn, insbesondere mit Italien, Ungarn und sobald als möglich auch mit Deutschland.
Mussolini hat Dollfuß erklärt, daß Italien gegen jede wie auch geartete Form [des] Anschlusses sei, andererseits aber dringend baldige Entspannung deutsch-österreichischen Verhältnisses wünsche.«
Quelle: ADAP 1918–1945, Serie C: 1933–1937, Bd. I, 2, Nr. 408 (21. 8. 1933).

Dollfuß informiert Großbritannien über Riccione

Telegramm des britischen Gesandten in Wien, Sir Walford Selby, an den britischen Außenminister Sir J. Simon vom 29. 8. 1933

»Indem er von seinem Besuch in Riccione, über den er sich sehr zufrieden äußerte, sprach, erzählte mir Dr. Dollfuß, daß Signor Mussolini gefragt habe, ob er irgendwie beim Zustandekommen einer Entspannung in den österreichisch-deutschen Beziehungen behilflich sein könne. Dr. Dollfuß hat erwidert, *er könne mit Deutschland nur auf der Basis vollständiger Unabhängigkeit Österreichs verhandeln und unter der Voraussetzung, daß Deutschland sich der Intervention in Österreichs innere Angelegenheiten enthalte.* Dr. Dollfuß könne keinerlei deutsche Einmischung hinsichtlich der Frage einer Vertretung der österreichischen Nazis in der österreichischen Regierung dulden. Signor Mussolini habe sein Einverständnis mit diesem vernünftigen Gesichtspunkt zum Ausdruck gebracht. Dr. Dollfuß zweifelt nicht daran, daß er nun die deutsche Regierung von diesem österreichischen Standpunkt in Kenntnis setzen würde.«
Quelle: DBFP 1919–1939, Second Series, Vol. V, 1933, No. 374 (29. 8. 33).

Dokumente

Österreichs Bedingungen für eine Normalisierung mit Deutschland

Bericht des britischen Gesandten in Wien über ein Gespräch mit Bundeskanzler Dollfuß vom 13. 9. 1933

»... Er [Dollfuß] sagte, er habe durch ›inoffizielle Zwischenträger‹ Anfragen aus Deutschland gehabt, habe es jedoch abgelehnt, mit ihnen irgend etwas zu tun zu haben, und habe es dem deutschen Gesandten hier klargemacht, daß er sich nur mit direkten und offiziellen Kontakten seitens der deutschen Regierung befassen wolle. Er habe jetzt genug von inoffiziellen Zwischenträgern, die, je nach Sachlage, einen größeren oder geringeren Einfluß auf die deutsche Politik zu haben behaupteten.

Seine Position bleibe die gleiche. Er ziehe keine Verhandlungen mit der deutschen Regierung in Erwägung außer auf der Basis erstens der Unabhängigkeit Österreichs; zweitens, eines Verzichts deutscher Versuche, Österreich vorzuschreiben, wie es seine eigenen Angelegenheiten regeln solle. Er sehe zur Zeit jedoch nur eine geringe Chance zur Beilegung des Konflikts, weil die gegenwärtige Führung in Deutschland es nicht über sich bringen könne, daran zu glauben, daß Österreich insgesamt nicht leidenschaftlich daran interessiert sei, seine Geschicke mit denen des deutschen Hitlerismus zu verklammern. Auch müsse man dieser Führung klarmachen, daß es in Österreich starke Strömungen gebe, die sich einer solchen Unterordnung unter das Hitlerische Deutschland heftigst widersetzten.

Jedwede Hilfe seitens der anderen Mächte durch Interventionen in Berlin, um dort diese falschen Eindrücke zu beseitigen, könnte helfen, Deutschland zur Vernunft zu bringen. Bundeskanzler *Dollfuß betonte nochmals seine Absicht, wegen dieses Streitpunktes mit Deutschland bis zum Letzten zu kämpfen*, beschönigte jedoch nicht den ganzen Ernst dieses Kampfes, in den er verwickelt war. Die Hitlerregierung arbeite in einem selbst für Deutschland präzedenzlosen Maßstab mit der Finanzierung von Propaganda... Dr. Dollfuß versicherte, er betrachte die Situation in Europa als sehr kritisch. Er selbst sei jedenfalls entschlossen, alles in seiner Macht Stehende zu tun, um zu verhindern, daß Österreich zur Ursache eines neuen deutsch-französischen Krieges werde.«

Quelle: DBFP 1919–1939, Second Series, Vol. V, 1933, No. 390 (13. 9. 1933).

Mussolinis Warnung an Hitler

Telegramm des britischen Gesandten in Rom (Graham) an den britischen Unterstaatssekretär im Auswärtigen Amt, Sir R. Vansittart vom 28. 8. 1933

»Ich habe gestern mit Signor Mussolini über die österreichisch-deutsche Situation gesprochen ... Herr Hitler habe ihm zwar privat versichert, er werde die Unabhängigkeit Österreichs respektieren, doch Signor Mussolini habe entgegnet, daß Herr Hitler eine Gelegenheit dazu ergreifen solle, dies

öffentlich zum Ausdruck zu bringen. Bisher habe Herr Hitler das aber nicht getan ...
Er [Mussolini] habe seine eigene Haltung Deutschland gegenüber mit größter Klarheit dadurch zum Ausdruck gebracht, daß er Hauptquartiere der italienischen Armee von Verona nach Bozen und von Florenz nach Verona verlegt habe. Dies sei zwar nur eine Geste, aber die Deutschen hätten es schon verstanden ... Signor Mussolini sagte, er glaube nicht, daß wir notwendigerweise eine »verlorene Schlacht« kämpften, wenn wir Herrn Dollfuß unterstützten.«
Quelle: DBFP 1919–1939, Second Series, Vol. V, 1933, No. 417 (28. 8. 33).

Dollfuß warnt vor deutscher Expansion

Bericht des britischen Gesandten in Wien vom 5. 12. 1933

»... Der Bundeskanzler betonte den gewaltigen Machtzuwachs in ganz Zentraleuropa, der Deutschland zufallen würde, sollte es ihm den Zielen Hitlers entsprechend gelingen, seinen Kontrollbereich bis nach Preßburg auszudehnen. Der Bundeskanzler äußerte sich besorgt über die Haltung der anderen Mächte gegenüber dem österreichischen Problem. Er sagte, er müsse es einfach aussprechen, daß er befürchte, Österreich könne in Verhandlungen zwischen den Westmächten und Deutschland zu einem Tauschobjekt gemacht werden. D. h., eine dieser Mächte könne der Versuchung unterliegen, Österreich als Preis für die Beilegung eigener Spannungen mit Deutschland zu opfern. Er sagte, diesbezüglich hege er weniger Sorge hinsichtlich der britischen Regierung als vielmehr hinsichtlich Frankreichs ...
Der Bundeskanzler sagte weiterhin, er sei über den Weitergang der Verhandlungen über Wirtschaftshilfe für Österreich enttäuscht. Während die Mächte in ihren Äußerungen von Freundschaft für Österreich und für die Sache, für die er kämpfe, sehr großzügig seien, habe das jedoch zu sehr wenig konkreten Manifestationen dieser Freundschaft und Unterstützung geführt ... Seine eigenen Schwierigkeiten mit der Nazibewegung in Österreich erhöhten sich jedoch in dem Maße, in dem er nicht mehr in der Lage sei zu zeigen, daß die lauthals angekündigte Unterstützung für seine Sache auch die Gestalt konkreter und wirksamer Unterstützung annehme.
Im Gange befindliche Verhandlungen mit dem Nachbarstaat Tschechoslowakei brächten keinerlei Fortschritt. Das einzige, was die tschechoslowakische Regierung täte, bestünde darin, ihm lange Listen ihrer eigenen Forderungen zu präsentieren. Er sei völlig außerstande, diese Position der tschechoslowakischen Regierung zu begreifen, da doch für sie soviel von der Aufrechterhaltung der österreichischen Unabhängigkeit abhänge. ›Hat denn Frankreich‹ – so fragte der Kanzler – ›all seinen Einfluß in Prag verloren?‹«
Quelle: DBFP 1919–1939, Second Series, Vol. VI, 1933–1934, No. 100 (5. 12. 1933).

Dokumente

Österreich fördert Paneuropa-Bewegung

Aus den Memoiren des Grafen Coudenhove-Kalergi

»... *Dollfuß übernahm das Ehrenpräsidium des österreichischen Paneuropa-Komitees.* Er stellte unserer Organisation eines der schönsten Büros der Welt zur Verfügung: die Amtswohnung des Bundeskanzlers in der Hofburg. In der Kaiserzeit waren dies die Galerie für ausländische Monarchen gewesen. Dollfuß haßte Prunk und Repräsentation und zog es vor, in seiner kleinen Privatwohnung zu leben, statt in diesen kaiserlichen Sälen.

Wir einigten uns rasch auf einen Aktionsplan. Die österreichische Regierung würde unsere Bewegung auf jede Weise unterstützen, während wir alles tun sollten, um eine europäische Einheitsfront zur Garantie der Unabhängigkeit Österreichs zu fördern ...

Dollfuß, Barthou und Hodza waren die drei neuen Staatsmänner, die nach Hitlers Machtergreifung die Erneuerung und Umstellung unserer Bewegung ermöglichten. Ihnen ist auch zu danken, daß die Paneuropa-Förderungsgesellschaft den Rücktritt ihrer deutschen Förderer überlebte.«

Quelle: COUDENHOVE-KALERGI, Der Kampf um Europa, S. 123–127, S. 190–196.

Kommentar zu Italiens »Alleingang«

Bericht des britischen Gesandten in Wien (Selby)
an den britischen Außenminister Simon über ein Gespräch
mit dem italienischen Unterstaatssekretär Suvich

»Signor Suvich empfing mich heute morgen in seinem Hotel ... Was Italien betreffe, so fühle er, daß die Bürde der Verteidigung der österreichischen Unabhängigkeit ihm (von England und Frankreich) aufgebürdet werde. Italien habe den Eindruck, daß Frankreich von den durch Österreich aufgeworfenen Fragen nur an der einen interessiert sei, *wie man nämlich Italien von Deutschland trennen könne* ... Was die italienische Regierung derzeit überrasche sei die Haltung von Herrn Benesch, der – wie ich Herrn Suvich verstanden zu haben glaube – versichert habe, daß die Tschechoslowakei ihren Frieden mit Deutschland machen würde, wenn es zu einem Anschluß käme. Suvich fragte, wie denn die tschechische Unabhängigkeit erhalten bleiben könne, wenn Deutschland bis nach Wien vorrücke. Suvich sagte, Mussolini betrachte die Aufrechterhaltung der österreichischen Unabhängigkeit als ein vitales Interesse Italiens und beabsichtige, sein Äußeres zu tun, um sie zu verteidigen.«

Quelle: DBFP 1919–1939, Second Series, Vol. VI, 1933–1934, No. 194 (20. 1. 1934).

Dokumente

Drei-Mächte-Reaktion auf Österreichs Beschwerden

Gemeinsame Erklärung vom 17. 2. 1934

»Communiqué der englischen, französischen und italienischen Regierung über die Wahrung der österreichischen Unabhängigkeit:
Die österreichische Regierung hatte sich an die Regierungen Frankreichs, Englands und Italiens gewandt, um ihre Auffassung über die Akten einzuholen, die sie vorbereitet hat, um die deutsche Einmischung in die inneren Angelegenheiten Österreichs festzustellen, und die sie ihnen übermittelte. Die Besprechungen, die zwischen den drei Regierungen hierüber stattfanden, haben zu einer übereinstimmenden Auffassung über die Notwendigkeit geführt, die Unabhängigkeit und Integrität Österreichs gemäß den geltenden Verträgen aufrechtzuerhalten.«
Quelle: FREUND, Weltgeschichte der Gegenwart in Dokumenten, Bd. I, S. 252f.

Zur unklaren Haltung der Tschechoslowakei

Bericht des britischen Gesandten in Prag (Sir J. Addison) an den britischen Außenminister (Simon) vom 3. 3. 1934

»... Einmal sagte mir Dr. Benesch (der tschechoslowakische Außenminister), was immer auch geschehe, er habe von Deutschland nichts zu fürchten. Später jedoch erklärt er, er könne keinen Anschluß zulassen, weil dieser für die Tschechoslowakei verhängnisvoll sein würde ... Während Herr Krofta dem außenpolitischen Komitee des Parlaments mitteilt, die Gerüchte, denen zufolge die tschechoslowakische Regierung eine Entsendung von Truppen nach Österreich beabsichtige, seien so phantastisch, daß sie gar keiner Widerlegung bedürften, informiert Dr. Benesch anscheinend gleichzeitig den Quai d'Orsey, daß ›ein Einmarsch italienischer Truppen in Österreich einen sofortigen Einmarsch tschechoslowakischer Truppen zur Folge haben werde‹.«
Quelle: DBFP 1919–1939, Second Series, Vol. VI, 1933–1934, No. 328 (3. 3. 1934).

Prag fürchtet den Anschluß nicht

Aus einer Rede des tschechischen Außenministers Benesch vom 21. 3. 1934

»... Während des Krieges, zur Zeit als wir die Westmächte zur Annahme des Planes einer Teilung Österreich-Ungarns gewannen, haben wir ganz unvoreingenommen die Vereinigung Österreichs mit dem Deutschen Reich empfohlen, da wir der Annahme waren, daß dies vielleicht auch für die Verbündeten die annehmbarste Lösung sein wird, daß *damit die für uns ungünstige Lösung in Form des sog. Klein-Österreich wegfällt* ...

Dokumente

Wir haben diese Ansichten jedoch bereits 1917 fallengelassen, als wir feststellten, daß sie auf den absoluten Widerstand, damals vor allem in Italien und Frankreich, aber auch in England, stießen. Auch Rußland war damals entschieden gegen eine Vereinigung Österreichs mit Deutschland ...

Wenn etwa dieser unser Standpunkt aus der Kriegszeit heute jemanden überraschen sollte, möchte ich betonen, daß wir uns bereits damals ebenso wie auch heute aller ungünstigen Folgen des Anschlusses bewußt waren. Und wenn sich jemand wundern sollte, daß wir selbst unter diesen Umständen für unser Volk keine Befürchtungen hatten, würde ich ihm heute, ebenso wie damals, darauf antworten: daß wir es zwar auch heute als sicherer und richtiger für den europäischen Frieden erachten, wenn es nicht zum Anschlusse kommt, daß wir uns aber auch heute vor dieser Eventualität *nicht fürchten würden*, wenn sie die westeuropäischen Großmächte nicht hintanhalten wollten. Denn wir waren seit den ersten Zeiten unserer staatlichen und nationalen Selbständigkeit, d. i. namentlich von der Mitte des 10. Jahrhunderts an, von diesem deutschen Meere umbrandet, und wir haben es verstanden, uns desselben zu erwehren ...

Die Loyalität unseren Freunden gegenüber, die internationalen Friedensverpflichtungen und unser eigenes Interesse führen uns dahin, daß wir die Lösung des österreichischen Problems durch den Anschluß nicht akzeptieren.«

Quelle: FREUND, Weltgeschichte in Dokumenten, Bd. I, S. 256, 259, 260.

Jugoslawien will sich mit »Anschluß« abfinden

Aus einem Bericht des britischen Gesandten in Jugoslawien (Sir N. Henderson) an den britischen Außenminister Simon vom 5. 3. 1934

»... Der König wie auch der Außenminister sind innerlich überzeugt, daß der ›*Anschluß*‹ *früher oder später in irgendeiner Form unvermeidbar sei und daß er durch nichts verhindert werden könne*, was Jugoslawien zu tun vermöchte. Folglich sei es besser, sich nicht mit den Folgen zu befassen. Jetzt, da Italien in Österreich aktiv geworden sei, betrachte man Deutschland ganz entschieden als das ›geringere‹ von zwei Übeln, ja, Deutschland hört fast auf, als Übel betrachtet zu werden.«

Quelle: DBFP 1919–1939, Second Series, Vol. VI, 1933–1934, No. 331 (5. 3. 1934).

Dollfuß bedauert: Hilfe nur aus Rom

Bericht des britischen Gesandten in Wien (Selby) an Außenminister Simon (London)

»... Ich sehe – außer Dollfuß – keinen anderen Führer in Österreich, der in der Lage oder gewillt wäre, den Kampf gegen Deutschland fortzusetzen, und bin deshalb der Ansicht, daß es zum Vorteil Großbritanniens ist, ihm alle nur mögliche praktische wirtschaftliche Unterstützung zu gewähren, obwohl der britischen Öffentlichkeit viele Maßnahmen seiner Regierung zuwider sind und als kurzsichtig betrachtet werden.

... Jedoch in seiner derzeitigen Stimmung von Verstörtheit und Erbitterung empfindet der Bundeskanzler persönlich – wie ich erfahre –, daß *er zu seinem Bedauern auf praktische Hilfe und Unterstützung nur von seiten Roms* rechnen kann. Umringt von falschen oder voreingenommenen Beratern, mit dem Rücken gegen die Wand gedrängt und von der Gerechtigkeit seines Kampfes ›für den Frieden und die religiöse Freiheit Europas gegen die politischen und antireligiösen Lehren des Nazismus‹ überzeugt, sei er gezwungen, auf Italiens Wünsche einzugehen, bis er Hilfe von anderer Seite erhält.«

Quelle: DBFP 1919–1939, Second Series, Vol. VI, 1933–1934, No. 332 (5. 3. 34).

Der Konsultationspakt Österreich-Italien-Ungarn

Aus der offiziellen Version der Römischen Protokolle zwischen Wien, Rom und Budapest vom 17. 3. 1934

»Protokoll I
Der Regierungschef Seiner Majestät des Königs von Italien,
Der Bundeskanzler der Republik Österreich,
Der Ministerpräsident von Ungarn,
von der Absicht durchdrungen, zur Bewahrung des Friedens und zum wirtschaftlichen Wiederaufbau Europas auf der Grundlage der Achtung der Unabhängigkeit und der Rechte jedes Staates beizutragen, überzeugt, daß die Zusammenarbeit zwischen den drei Regierungen in diesem Sinne die tatsächlichen Voraussetzungen einer umfangreicheren Zusammenarbeit mit den anderen Staaten bilden kann,
verpflichten sich zur Erreichung der genannten Ziele:
Über alle sie besonders interessierenden und die allgemeinen Probleme einig zu werden, um, im Geist der vorhandenen italienisch-österreichischen, italienisch-ungarischen und österreichisch-ungarischen Freundschaftsverträge, die auf die Anerkennung des Vorhandenseins zahlreicher gemeinsamer Interessen gegründet sind, zu einer übereinstimmenden Politik zu kommen, die auf die Förderung einer tatsächlichen Zusammenarbeit zwischen den europäischen Staaten und im besondern zwischen Italien, Österreich und Ungarn hinzielt.
Zu diesem Zweck werden die drei Regierungen zu gemeinsamen Beratungen schreiten, so oft es wenigstens eine von ihnen für zweckmäßig hält ... Gefertigt in Rom, am 17. März 1934.
  gez. Mussolini   gez. Dollfuß   gez. Gömbös«

Quelle: FREUND, Weltgeschichte der Gegenwart in Dokumenten, Bd. I, S. 253.

Aus der inoffiziellen Version des Paktes Wien–Rom–Budapest

»... Als Ergebnis der Verhandlungen zwischen Mussolini, Dollfuß und Gömbös am 17. März 1934 in Rom wurden die sogenannten Römischen Protokolle unterzeichnet, die dem Bündnis zwischen den drei Staaten die endgültige Form gaben. Das deutschsprachige Geheimprotokoll über die Verhandlungen, das hier zum erstenmal veröffentlicht wird, bringt die inneren Widersprüche dieses Bündnisses klar zum Ausdruck:

1. Wurde festgestellt, daß die drei Staaten auf politischem und wirtschaftlichem Gebiet eine weitgehende Kooperation für richtig halten.

2. Im Mittelpunkt der politischen Fragen steht das Verhältnis zwischen Österreich und Deutschland; wobei festgestellt wird, daß es im Interesse des Friedens und einer großzügigen Politik stehen würde, wenn sich das Verhältnis im Zeichen eines gegenseitigen Einvernehmens zwischen Österreich und Deutschland bessern würde. Der österreichische Kanzler betont, daß er gegen diese Tendenz nichts einzuwenden hat; die Voraussetzung einer Kooperation mit Deutschland ist aber eine Garantie, daß Deutschland die Selbständigkeit Österreichs anerkennt, sowohl auf außen- wie auch auf innenpolitischem Gebiete.

Der ungarische Ministerpräsident erörtert die Notwendigkeit einer italienisch-deutsch-österreichisch-ungarischen Freundschaft und Kooperation; ferner betont er, daß sein Land hinsichtlich der Revision Deutschlands Unterstützung nördlich der Donau als eine verläßliche Stütze benötigt. Diese Ausführungen wurden auch vom italienischen Regierungschef gutheißend zur Kenntnis genommen.«

Quelle: KEREKES, Abenddämmerung einer Demokratie, S. 187f.

Deutsche Analyse der Römischen Protokolle

Der Botschafter in Rom, von Hassell, an das Auswärtige Amt

»I 333

Rom, den 17. März 1934
Ankunft: 19. März
II It. 432

Politischer Bericht. Betr.: Zusammenkunft Mussolini, Dollfuß und Gömbös in Rom

... Politisches Ergebnis.

Politisch gesehen, kann Italien einen Erfolg buchen ...

Das Dreiecksverhältnis Rom–Wien–Budapest hat durch die römischen Besprechungen eine erneute Festigung erfahren, die sich auch auf internationalem Gebiete auswirken wird. Österreich hat damit ein neues, nach außen hin sichtbares Unterpfand seiner Unabhängigkeit erhalten.«

Quelle: ADAP 1918–1945, Serie C: 1933–1937, Bd. II, 2, Nr. 332 (17. 3. 1934).

Dokumente

Die Römischen Protokolle in der Bewertung der SS

»... Im März 1934 unterzeichneten Mussolini, Dollfuß und Gömbös im Palazzo Venezia die ›Protokolle‹. In diesen garantierten sich die unterzeichneten Mächte ausdrücklich gegenseitig die Unabhängigkeit ihrer Staaten.
Der damalige französische Ministerpräsident, Louis Barthou, sah in dieser Einstellung Italiens zur österreichischen Frage eine Gelegenheit, allgemein Italiens Haltung gegenüber dem Deutschen Reiche zu beeinflussen. Der österreichische Bundeskanzler Dollfuß versuchte, alle aus dieser politischen Situation für Österreich sich ergebenden Möglichkeiten auszunutzen. Auf gesamtdeutsche Interessen nahm er dabei keine Rücksicht. Die dauernden Vorstellungen Österreichs bei der italienischen Regierung, in denen rücksichtslos die deutsche Regierung angegriffen wurde, hatten zur Folge, daß die Gefahr einer Isolation Deutschlands immer näher rückte. In jenen Tagen fuhr Hitler nach Venedig, um zum erstenmal mit Mussolini zusammenzutreffen. *Dollfuß ließ nichts unversucht, eine Verständigung zwischen dem Deutschen Reich und Italien zu verhindern.* Er ließ Material sammeln, das die österreichischen Nationalsozialisten und das Deutsche Reich belasten sollte, und noch vor dem Eintreffen Hitlers in Italien dem italienischen Unterstaatssekretär Suvich übergeben. Die Folge der gegen das Deutsche Reich gerichteten Vorstellungen Österreichs in Italien zeigte sich darin, daß die Schreibweise der italienischen Presse gegen das Deutsche Reich immer schärfer wurde. Im Mai 1934 setzte eine ersichtlich auf Anweisungen der Regierung zurückzuführende italienische Pressekampagne gegen die Haltung des Deutschen Reiches zu Österreich ein.«
Quelle: Bericht der Historischen Kommission des Reichsführers SS, S. 74f.

Habicht droht Dollfuß mit dem »Ende«

»... Der Pakt von Rom bildet den vorläufigen Abschluß eines nunmehr 15 Jahre dauernden Kampfes, der seinen Ausgang in St. Germain und in Versailles genommen hat und bei dem es im letzten immer nur darum ging, welche Rolle dem deutschen Österreich im Kampfe um die Zukunft der deutschen Nation zufallen solle:
... Insgesamt gesehen, trieb Österreich in diesen Jahren mehr und mehr vom Reiche hinweg – zunächst in die Isolierung, dann fortschreitend mehr in die Arme der fremden Mächte –, aber zwischen dem, was bisher geschah, und dem, was nun in Rom gemacht wurde, besteht ein gewaltiger Unterschied ...
In Rom aber – 1934 – wurde mit dieser Politik [einer vor 1933 grundsätzlich pro-deutschen Haltung] endgültig gebrochen. Vor die Wahl gestellt, ob sie auf die Seite Deutschlands oder auf die Seite Italiens treten wollten, die hier im Donauraum – nach Ausscheiden Frankreichs – sich allein noch als Gegner gegenüberstanden, haben Dollfuß, Starhemberg und Fey ohne Besinnen für Italien operiert ...
Das Ziel unseres Kampfes ist ein deutsches Österreich unter deutscher

Führung, und von diesem Ziel gehen wir keinen Schritt breit ab, mag kommen, was will!

Für uns ist der Pakt von Rom – mehr noch als jener von Lausanne – eine Episode, *für jene österreichischen Menschen aber, die ihn unterzeichneten, wird er das Ende sein.*«

Quelle: Österreichischer [NSDAP] Pressedienst (München), Folge 51 vom 24. März 1934.

Dr. Karl Renner zur Österreich- und Italienpolitik der Westmächte

»... Für die ganze künftige Entwicklung der Außenpolitik Österreichs wie der politischen Lage im Donauraum entscheidend war nun die Haltung, die der Westen und insbesondere Frankreich in diesen Tagen einnahm. Schon vordem hatte man in allen Völkerbundkommissionen, die sich mit den österreichischen Krediten zu befassen hatten, Italien als dem nächsten Nachbarn den Vorsitz eingeräumt, und die italienische Politik hat von dieser Stellung im Dienste ihrer Sonderpolitik bei jeder Gelegenheit Gebrauch gemacht. In der augenblicklichen Bedrängnis fand man es für klug, wieder Italien vorzuschicken, ihm den Schutz Österreichs anzuvertrauen, Italien, wie Mussolini es später bezeichnete, zum Gendarmen Europas in Österreich und gegen Deutschland zu machen, um so die beiden mitteleuropäischen Diktatoren Mussolini und Hitler in einen scharfen, womöglich unversöhnlichen Gegensatz zu bringen.«

Quelle: RENNER, Karl: Nachgelassene Werke. Band II: Österreich von der Ersten zur Zweiten Republik. Wien 1953, S. 130f.

Österreichs Selbstbehauptung als Garant des Friedens

Aus Starhembergs Pressekonferenz vom 10. 8. 1934

»Die Erkenntnis, daß der Nationalsozialismus in Österreich in keiner Weise eine Volksbewegung darstellt, ist natürlich auch für uns eine große Beruhigung und eine Bestärkung unserer Zuversicht. Dazu kommt noch, daß wir in wachsendem Maße das Zunehmen eines ausgesprochen österreichischen Vaterlandsbewußtseins, eines österreichischen Selbstbehauptungswillens feststellen können. Der tragische Tod des Bundeskanzlers Dollfuß hat hier Unglaubliches ausgelöst. Weite Kreise der vaterländischen Bevölkerung sind von einem fanatischen Willen beseelt, bis zum letzten Atemzug Österreich gegen jede Gleichschaltung, gegen den Nationalsozialismus jeder Spielart zu verteidigen. Immer weiteren Boden gewinnt dabei die Erkenntnis und das stolze Bewußtsein, eine europäische Sendung zu erfüllen. Es sei nicht als eine österreichische Selbstüberhebung oder Anmaßung ausgelegt, wenn wir sagen, wir glauben daran, daß die *Erhaltung eines unabhängigen Österreich ein Hauptgarant für die Erhaltung des Weltfriedens sei.*«

Quelle: Die Reden des Vizekanzlers E. R. Starhemberg. Wien 1935, S. 25.

Dokumente

Österreich und das Schicksal Europas

Aus einer Rede des Fürsten Starhemberg vom 5.1.1935

»Wir kämpfen in Österreich um unsere Freiheit und Unabhängigkeit, um den Staat nach unseren Gedankengängen, um das, was vielleicht erst in späteren Jahrhunderten erkannt werden wird: Wir kämpfen um ein neues Europa. – *In Österreich wird es entschieden werden, ob Europa einen friedlichen Wiederaufbau durchmachen wird oder ein Weltkrieg die Staaten Europas verwüsten und die europäische Kultur vernichten wird.* Es ist das Ziel, dem wir dienen auf Österreichs Boden dadurch, daß wir für Österreichs Ehre, Freiheit und Unabhängigkeit und Österreichs Einfluß auf die Weltgeschichte eintreten und kämpfen.«

Quelle: Die Reden des Vizekanzlers E. R. Starhemberg. Wien 1935, S. 73f.

Österreichs Widerstand dient Europas Friedensordnung

Vorgaben des Bundeskanzlers vom 27.12.1933 für einen Protest des österreichischen Gesandten in Berlin

»Der Kampf gegen die nationalsozialistische Partei in Österreich stellt sich, objektiv betrachtet, ausschließlich als eine vom Gesichtspunkte des Naturrechtes der Völker und der völkerrechtlichen Lage Österreichs durchaus berechtigte Abwehr von unablässigen, terroristischen und völkerrechtswidrigen Einmischungen des heutigen deutschen Regimes in die inneren Angelegenheiten Österreichs dar. ...

Wenn aber ihre Handlungen – wie es auf Grund verschiedener öffentlicher Erklärungen der maßgebenden deutschen Faktoren in ihren Reden und in der Presse den Anschein hat – eine »Gleichschaltung« oder »Parallelschaltung« des österreichischen Regimes zu dem deutschen bezwecken sollen, so muß mit allem Nachdruck einerseits darauf hingewiesen werden, daß die österreichische Bundesregierung nicht gesonnen ist, sich von außen oder auch von innen eine wie immer geartete Änderung ihres Regierungssystems aufzwingen zu lassen, andererseits muß aber auch im Interesse des europäischen Friedens auf die unabsehbaren Folgen aufmerksam gemacht werden, die eine von der gesamten Weltmeinung – angesichts der Verneinung eines selbständigen österreichischen Staates durch den Nationalsozialismus – mit Recht als Vorstufe zum Anschluß aufgefaßte derartige Angleichung des österreichischen Regierungssystems an das reichsdeutsche nicht nur für Österreich, sondern auch für Deutschland und Europa im allgemeinen nach sich ziehen müßte. ...

Ich beehre mich, Sie zu ersuchen, sich in Ihren Konversationen an diesen Gedankengang zu halten und diese Auffassung bei jeder sich bietenden Gelegenheit nachdrücklichst zu vertreten.

Dollfuß.«

Quelle: Beiträge zur Vorgeschichte und Geschichte der Julirevolte. Hrsg. vom Bundeskommissariat für Heimatdienst. Wien 1934, S. 46–48.

Dokumente

VIII. Die Schutzbund-Revolte – eine Gefahr für Österreichs Widerstand

Die ernsteste Schwäche des österreichischen Widerstandes lag in dem primär ideologisch bedingten und seit 1927 verschärften Gegensatz zwischen Österreichs großen Volksparteien. Die akuteste Gefährdung des Widerstandes ging 1934 von einer bewaffneten Revolte der austromarxistischen Parteiarmee Republikanischer Schutzbund aus. Sie führte während einer intensiven Phase des Kampfes gegen die Nationalsozialisten zu einem »schwarz-roten Bruderkrieg«, der auf beiden Seiten bittere Erinnerungen hinterließ. Da die Wähler der Sozialdemokraten ebenso passiv blieben wie auch deren Gewerkschaften, wurde daraus kein »Aufstand der Arbeiter«. Motiviert war die Revolte vom Willen zum Protest und von der Vision einer rein sozialistischen Gesellschaft, kaum aber vom Ziel einer Wiederherstellung pluralistischer Demokratie.

Richard Bernascheks doppelte Revolte gegen Regierung wie auch gegen Willen und Leitung der eigenen Partei

Seit 1929 routinemäßig durchgeführte Suchaktionen nach illegalen Waffenlagern des Republikanischen Schutzbundes intensivierten sich Anfang 1934 nach der Entdeckung größerer Waffenlager u. a. mit hochbrisanten Sprengkörpern. Für verantwortlich gehaltene Schutzbundkommandeure wurden verhaftet. Einem ausdrücklichen Verbot der sozialdemokratischen Parteileitung zuwider handelnd plante der eigenwillige oberösterreichische Schutzbundführer Richard Bernaschek in Linz den bewaffneten Widerstand gegen diese fortschreitende Entmachtung des Schutzbundes. In seinem diesbezüglichen ultimativen Schreiben an den Parteivorstand vom 11. Februar 1933 heißt es u. a.:
»Ich habe mich heute Vormittag mit 5 gewissenhaften, der Partei völlig treu ergebenen Genossen besprochen und mit ihnen nach wirklich reiflicher Überlegung einen Beschluß gefaßt, der nicht mehr rückgängig gemacht werden kann. ...

In Durchführung dieses Beschlusses werden wir heute Nachmittag und diese Nacht sämtliche uns zur Verfügung stehenden Waffen, und zwar in ganz Oberösterreich so weit bereitstellen, daß die heute noch zum Widerstand entschlossene Arbeiterschaft sie sofort greifbar hat.

Wenn Morgen, Montag, in einer oberösterreichischen Stadt mit einer Waffensuche begonnen wird oder wenn Vertrauensmänner der Partei, bzw. des Schutzbundes verhaftet werden sollten, wird gewaltsamer Widerstand geleistet und in Fortsetzung dieses Widerstandes zum Angriff übergegangen werden.

Dieser Beschluß, sowie die Durchführung ist unabänderlich. Wir erwarten, daß auf unsere telefonische Mitteilung nach Wien »Waffensuche habe begonnen, Verhaftungen werden vorgenommen« Du der Wiener Arbeiterschaft und darüber hinaus der Gesamtarbeiterschaft *das Zeichen zum Losschlagen gibst.* Wir gehen nicht mehr zurück.

Den Parteivorstand hier habe ich von diesem Beschlusse nicht verständigt.

Dokumente

Wenn die Wiener Arbeiterschaft uns im Stiche läßt, Schmach und Schande über sie. ...«

Quelle: Zit. in JEDLICKA/NECK, Vom Justizpalast zum Heldenplatz, Dokument 46, S. 385.

In den Morgenstunden des 12. Februar 1934 eröffneten Bernaschek und seine Untergebenen in der Tat das Feuer auf eine Eskorte der durch diverse Umstände auf das Parteiheim aufmerksam gewordenen Polizei. Der schwarz-rote Konflikt eskalierte durch diese Eigenmächtigkeit zur Ebene des Blutvergießens. Er beraubte damit den Schutzbund des in seiner Kampfplanung entscheidend bedeutsamen Effekts der Überraschung und führte zum Bürgerkrieg im großen Stil, als der von dieser Entwicklung überraschte sozialistische Parteivorstand mit einer Mehrheit von nur einer Stimme beschloß zum Generalstreik und bewaffneten Kampf aufzurufen. Dieser aber wurde allein von Teilen des Schutzbundes geführt, da Gewerkschaften und allgemeine Anhänger des austromarxistischen Lagers sich weder zum Streik noch auch zu Aufstand und Kampf bewegen ließen. Die Wiederherstellung parlamentarischer Demokratie wurde vom Aufruf nicht als Ziel des Kampfes genannt.

Schutzbundführer Major A. Eifler zur Militarisierung des Schutzbundes

In ihrem bedeutsamen Werk »Der demokratische Bolschewik« schrieb Ilona Duczynska, eine führende Expertin auf dem Gebiet sozialistischer Wehrpolitik, die Erfahrungen der Austromarxisten mit den bürgerkriegsähnlichen Zuständen in Wien am 15. Juli 1927 hätten im Oktober gleichen Jahres dazu geführt, daß die Fünfte Reichskonferenz des Schutzbundes beschlossen habe, diese seine Organisation »sollte diszipliniert, militarisiert und entpolitisiert werden. ... In über sechs Jahren der Militarisierung war der Schutzbund zu einer voll entwickelten paramilitärischen Truppe geworden und reagierte als solche auf die sich häufenden Waffensuchen und Entwaffnungsaktionen.«

Quelle: DUCZYNSKA, Ilona: Der demokratische Bolschewik. München 1975, S. 114 u. 181.

Der für die militärische Ausbildung und Planung verantwortliche Stabschef des Schutzbundes, Major a.D. Alexander Eifler, äußerte hierzu im Verlauf des sog. Schutzbundprozesses u. a.:
»Die Reorganisation [auf Grund der genannten Beschlüsse von 1927] kam zur Durchführung. Es wurden die Versammlungen abgeschafft, statt dessen Appelle eingeführt, bei denen niemand anders etwas zu reden hatte, außer dem höchstanwesenden Führer. Ich stand damals ganz und gar auf dem autoritären Standpunkt. Ich habe auch die Führerwahl abgeschafft und dafür die Führerernennung durchgesetzt. ... Ich habe in den Jahren 1931 und 32 in der Provinz nichts anderes getan als ich in Wien tat, ich habe dort militarisiert und diszipliniert.«

Quelle: Ebd., S. 340–343.

Dokumente

Aufruf zum Generalstreik – zugleich verabredetes Signal zum Bürgerkrieg

Quelle: Extraausgabe von Arbeiterwille Nr. 41, Graz, 12. Februar 1934.

Dokumente

Terroristische Elemente im Kampfplan des Schutzbundes

Der von Alexander Eifler entworfene und mehrmals – ein letztes Mal 1933 – überarbeitete Kampfplan des Schutzbundes, insbesondere für Wien, enthält nicht nur militärische, sondern auch politische und terroristische Klassenkampfaspekte. Auf letztere beziehen sich die nachstehenden Auszüge.

»Die Taktik des Straßenkampfes
Wenn die Masse sich in einem Zustande revolutionärer Gärung befindet und sich als kampf- und opferbereit erweist, so hat die Parteileitung die Aufgabe, den Frontalangriff gegen die derzeitige autoritäre Regierung zu führen. Erreicht wird dies durch Straßendemonstrationen, Teilstreiks und den Generalstreik. Mit dem Generalstreik muß aber Hand in Hand die Bewaffnung des Proletariats erfolgen.... Im Kampfe gegen das Bundesheer sind die Offiziere sofort unschädlich zu machen, bei der Polizei alle Vorgesetzten bis zum Leutnant. ... Jene, die uns durch Gemeinheiten bekannt sind, sofort bestrafen. Die Truppen sind in der Nacht zu überrumpeln oder abzuriegeln. ...

Jeder Aktionsplan muß enthalten: ... Feststellung der Waffenlager, der [Familien-] Angehörigen der gegnerischen Führer und deren Wohnungen. ... Adressen der Regierungsmitglieder, der Banken, der Direktoren und Unternehmerverbände, der Redaktionen gegnerischer Blätter und der Papierlager. ... Alle Lebensmittel müssen sofort erfaßt ... werden. Die Ausgabe der Lebensmittel wird organisiert. Dabei muß aber das Klassenprinzip ... berücksichtigt werden. Der Bourgeoisie gegenüber strengste Rationierung. ... Der aktive Teil der Bourgeoisie ist zu isolieren und die Anendung des Klassenterrors gegenüber verhafteten Gegnern der bürgerlichen Parteien zu verkünden.

Nachstehen die Regeln für den Angriff, aufgebaut auf den Erfahrungen der russischen Aufstände, auf den Moskauer Aufstand, den Aufstand in Hamburg und Kanton [China]. ... Die bekannten Kasernen, die Polizeikommissariate, das Heeresamt, das Bundeskanzleramt, das Justizministerium und das Gebäude der Polizeidirektion sind sofort zu sprengen. ... Das Zeitelement spielt eine ungeheure Rolle. ... Der Kampf am Lande hat sich in erster Linie gegen Gutsbesitzer, Kaufleute, Gendarmerie, gegnerische Gemeindefunktionäre und Leiter Faszistischer [sic] Organisationen zu richten; er besteht in der Vernichtung der Verbindungswege, Brandstiftungen und Beunruhigungen, Überfällen auf Militär- und Heimwehrgruppen.«

Quelle: DUCZYNSKA, Ilona: Der demokratische Bolschewik. München 1975, S. 349–359, nach: AVA, Februar 1934, Ktn 5 (Pr. Zl. IV-2606/166/34 Beilage A).

»In der Praxis des 12. Februar 1934 hatte Bernascheks eigenwilliges Vorpreschen den Schutzbund jedoch des für seine Planung so wesentlichen Überraschungseffekts beraubt. Die Schüsse von Linz hatten den Gegner in Wien gewarnt, bevor die sozialistische Parteileitung sich dort zum Kampf entschloß. Da die ›Massen‹ völlig passiv blieben, fehlte eine zweite höchst bedeutsame Komponente des Kampfplanes. Was übrigblieb war in der Mehrheit der Fälle die bloße Defensive, nachdem Schutzbundeinheiten am frühen Nachmittag den

Kampf mit der systematischen Beschießung von Wachzimmern der Polizei in verschiedenen Bezirken eröffnet hatte.«

Quelle: JEDLICKA/NECK, Vom Justizpalast zum Heldenplatz, Dokument 48, S. 395f.

Theodor Körners Kritik an Geist und Praxis des Schutzbundes

Theodor Körner, ein vormaliger General der kaiserlichen Armee und Militärexperte der Sozialdemokraten übte mehrfach scharfe Kritik am Schutzbund. So schrieb er u. a.:

»Ich war absolut gegen das geschlossene Exerzieren ... gegen die Terrainübungen und das ganze bombastische Getue, das die Bürgerlichen erschreckte. Es war doch ganz selbstverständlich, daß dem gegenüber sich die Staatsgewalt vorbereitete und zuletzt auch die Heimwehr zur Notpolizei machte.«

Quelle: KOLLMANN, Eric: Theodor Körner. Militär und Politik. München 1973.

»Als die Soldatenspielerei immer mehr überhandnahm und auch die politische Entwicklung störte, habe ich eine Studie verfaßt ...

Am Schlusse dieser Ausführungen ... faßte ich mein Urteil zusammen, verurteilte nochmals die Soldatenspielerei des Schutzbundes, stellte fest, daß diese überflüssige Reizung zu Zusammenstößen und zu gewaltsamen Auseinandersetzungen mit der Staatsgewalt führen werde. Das Ende müsse die unbedingte Niederlage und die Vernichtung der Partei sein.

Diese Studie gab ich den Genossen Seitz, Danneberg, Bauer, Deutsch mit der Bitte, mir einmal eine gründliche Auseinandersetzung zu gewähren, und ersuchte, dann die Studie zu vernichten. Seitz und Danneberg hatten keine Zeit und beriefen sich darauf, daß sie nichts verstünden, es sei dies das Referat Deutsch.

Mit Deutsch, Bauer kam eine Besprechung von kaum zehn Minuten zustande. Bauer hatte Fieber, war nicht gesund. Es hat mich einfach niemand anhören wollen.«

Quelle: BOTZ, Gerhard: Theodor Körner, in Weissensteiner, Friedrich (Hrsg.): Die österreichischen Bundespräsidenten. Wien 1982, S. 184.

»Nicht direkte militärische Gewalt gegen die Staatsmacht, so glaubte der ehemalige General des Kaisers, könne ein Machtfaktor des Sozialismus sein, sondern die echte, mit Generalstreik verbundene Aktion von Millionen, wie sie, Jahrzehnte später, etwa in Ostdeutschland 1990 zum Sturz der kommunistischen Diktatur geführt hatte. Im Kontrast zum Schutzbund glaubte er allerdings auch nach einer Deutschlandreise im Jahre 1932, daß der Sturmabteilung S.A. der NSDAP eine weitaus wirksamere Organisationsform gelungen sei. Dazu wörtlich: ›Die NSDAP mit den SA und SS stellen die richtige, innige Synthese von Politik und Gewalt dar. ... Politik und Gewalt zielen auf das neue dritte Reich‹. Im Vergleich zum Schutzbund sei in der S.A. die *politische* Dimension ihrer Existenz wirkungsvoller entwickelt als im stärker militarisierten Schutz-

Dokumente

bund. Wieder wörtlich: ›Die NSDAP arbeitet also : im Kern mit einem militärisch tadellos aufgezogenen Apparat politisch.‹«
Quelle: DUCZYNSKA, Ilona: Der demokratische Bolschewik. München 1975, S. 172f.

IX. Blitzangriff und Kanzlermord in Wien

Hitler fordert den Tod von Dollfuß

Aus einem Gespräch mit Rauschning im Mai 1933

»Im Mai 1933 hatten in Danzig Neuwahlen stattgefunden. Sie waren für den Nationalsozialismus besser ausgefallen als die Wahlen im Reich ...
Hitler hatte gerade mit dem Erlaß der Tausendermarksperre seinen Kampf gegen das selbständige Österreich begonnen. Er habe diese Sperre gegen den Wunsch des Auswärtigen Amtes erzwungen. Man konnte merken, mit welcher Genugtuung er den Kampf aufnahm, den er übrigens für bald beendet ansah. Ein geradezu funkelnder Haß schlug einem aus jedem seiner Worte entgegen. Haß und Hohn ...
›Dieser Dollfuß, diese bezahlten Schreiber und Gernegroße, diese albernen Knirpse, die sich für Staatsmänner halten und nicht sehen, wie sie von französischen und englischen Drahtziehern gegängelt werden – ich werde sie zur Verantwortung ziehen. Ich weiß‹, fuhr er nach einer Pause fort, ›daß wir nicht sofort mit dem Anschluß herausplatzen können.‹ ...
Hitler deutete an, was er zu machen beabsichtige und wie alles für einen Putsch in Österreich vorbereitet sei. Es wurde klar, daß er einen solchen Putsch wünschte und daß er geradezu froh über den Widerstand der Dollfußregierung war. Aus der Leidenschaftlichkeit seiner Äußerungen mußte man schließen, daß er nach blutiger Aktion, nach Verschwörung, nach irgendeiner Vergeltung fieberte ...
Ein heißer, krankhafter, versengender Hauch ging von diesem Gespräch aus. Es war kein Gespräch, es war vielmehr eine leidenschaftliche Selbstinterpretation, in die jedes Gespräch mit Hitler schließlich immer ausmündete ...
›Ich werde diesem *Dollfuß* den Prozeß machen lassen‹, schrie Hitler. ›*Dieser Mann wagt mir zu widersprechen. Stellen Sie sich vor, meine Herren!* Sie werden noch auf den Knien vor mir liegen. Aber ich werde sie eiskalt als Verräter hinrichten lassen.‹ ...
Haß, persönliche Rache klang aus diesen Worten, Vergeltung für entsagungsreiche Jugendjahre, für enttäuschte Hoffnungen, für ein Leben der Armut und Erniedrigung. Es herrschte eine Zeitlang betretenes Schweigen.«
Quelle: RAUSCHNING, Hermann: Gespräche mit Hitler. Wien 1973, S. 83–86.

Dokumente

Hitler wußte vom Putsch

Aus den Memoiren des Generalobersten Adam

»Als Adam auch seine Teilnahme an den ›Deutschen Kampfspielen‹ in Nürnberg absagte, bestellte Hitler den General für den 25. Juli um 9.00 Uhr zu sich ... Innerlich ohnehin mehr mit einer anderen Angelegenheit beschäftigt, sagte Hitler plötzlich zu Adam:
›Heute schlägt das österreichische Bundesheer gegen seine Regierung los.‹ Ich unterbrach ihn sofort: ›Das ist ganz ausgeschlossen, daß das Bundesheer dies tut.‹ Hitler schrie: ›Darüber haben Sie kein Urteil, es schlägt doch los ... Die österreichische Regierung wird heute gestürzt werden. Rintelen wird dort Reichskanzler (sic!). Er wird befehlen, daß alle österreichischen Emigranten und Legionäre in ihre Heimat zurückkehren.‹ Legionäre waren bewaffnete Nazis, die in großer Zahl nach Bayern geflüchtet und dort zur Landplage geworden waren. Wir hatten sie entwaffnet und in Sammellagern zusammengeführt. ›Diese Legionäre‹, sagte Hitler weiter, ›werden ohne Waffen in ihr Land zurückkehren. Sie werden diese Waffen erst im Lande selbst erhalten. Treffen Sie alle Vorbereitungen, diese Waffen nach Orten, die noch angegeben werden, abzuschicken.‹ ... Nachmittags 15.00 ertönte mein Zimmertelefon. Zu meiner Überraschung hörte ich: ›Hier Hitler. Die Sache in Wien geht tadellos. Das Bundesministerium ist von uns besetzt. Dollfuß ist verwundet. Andere Nachrichten sind noch unklar. Ich werde Sie bald wieder anrufen.‹ Er hat nicht mehr angerufen.«

Quelle: HOCH, Anton/WEISS, Hermann: Die Erinnerungen des Generalobersten Wilhelm Adam, in: Miscellanea (Festschrift für H. Krausnick). Stuttgart 1980, S. 47f.

Der geplante »Enthauptungsschlag« der Putschisten

Aus einer NS-Darstellung

»Man hatte von der verfehlten Strategie der marxistischen Februarrevolte gelernt, die die Unmöglichkeit gezeigt hatte, Wien und den Sitz der Regierungsstellen von der Peripherie aus zu erobern. Es war den Führern der Erhebung klar, daß man versuchen mußte, *schlagartig die gesamte Regierung gefangenzunehmen und damit das Nervenzentrum des Staates in die Hand zu bekommen.* So entstand der Plan zu jenem Putsch, der am 25. Juli einen durchmilitarisierten Staatsapparat auf mehrere Stunden überrumpeln konnte ...

Die militärische Führung oblag dem früheren Landessoldatenführer und Bundesleiter des Deutschen Soldatenbundes Fridolin Glaß, dem die SS-Standarte 89 unterstand, eine militärisch glänzend geschulte, unbedingt verläßliche Truppe von bewährter Disziplin ...

Geplant war folgendes: Ein Trupp sollte in der Uniform von Heeresangehörigen oder Sicherheitswachebeamten von der Halle des Deutschen Turnvereins in der Siebensterngasse in mehreren Lastautos zum Bundeskanzleramt auf dem Ballhausplatz fahren, das Amt besetzen, die Regierungsmitglieder festnehmen und mit Hilfe Dr. Rintelens eine Kabinettsumbildung erzwingen. Ein anderer Trupp sollte zur selben Zeit den Rundfunk sichern und durch die Ausrufung der neuen Regierung den staatlichen Apparat lähmen und aktionsunfähig machen. Eine dritte Gruppe unter der Führung Max Grillmayers und der Brüder Ott sollte den Bundespräsidenten Miklas in Velden am Wörther See sicherstellen und sein Eingreifen in die in Gang befindliche Aktion verhindern.«

Quelle: HARTLIEB, Wladimir von: Parole: Das Reich. Wien–Leipzig 1939, S. 222f.

Die Warnung in letzter Minute

»… Während der Beratungen wurde Fey herausgerufen, um die Nachricht über die geplante Aktion zu empfangen. Fey gab diese Nachricht sofort an Dollfuß weiter. Dieser unterbrach hierauf den Ministerrat mit den Worten: ›Ich habe soeben eine wichtige Mitteilung erhalten. Ich muß diese verifizieren. Es ist vielleicht nicht gut, wenn wir hier alle beisammen sitzen.‹ Erst auf eine Frage des Staatssekretärs für die auswärtigen Angelegenheiten, Dr. Tauschitz, wohin man sich begeben solle, gab Dollfuß die Anweisung, die Büros aufzusuchen. Allein den Staatssekretär für das Sicherheitswesen, Karwinsky, den Staatssekretär für das Heereswesen, Generalmajor Zehner, und Minister Fey bat er zu sich. Er ging mit diesen in sein Arbeitszimmer und ließ dort Fey seine Mitteilungen wiederholen. Dies war in der Zeit zwischen 12 Uhr und 12.10 Uhr. Fey berichtete, er habe einen Kriminalbeamten zur Beobachtung in die Siebensterngasse schicken lassen. *Dollfuß beauftragte noch den Staatssekretär Zehner, sofort das Landesverteidigungsministerium aufzusuchen und das Bundesheer bereitzustellen.*«

Quelle: Bericht der Historischen Kommission des Reichsführers SS, S. 85.

Der Tathergang des Kanzlermordes

Aussage des Zeugen Hedvicek

»Ich war Türhüter beim Bundeskanzler. Den Dienst hatte ich 10 Minuten vorher von meinem Kollegen übernommen. …

Auf einmal hörte ich schwere Autos in das Haus einfahren und dachte, daß eine Verstärkung eingelangt sei …

Ich sah wie die Leute blitzartig absprangen und in das Fenster des Wachzimmers hineinsprangen. Die übrigen verteilten sich auf den Stiegen. Ich traf den Bundeskanzler auf dem Weg in sein Arbeitszimmer im Säulensaal, sagte ›schnell‹ und faßte ihn an der Hand und wollte ihn durch sein Arbeitszimmer in den daran anschließenden Ecksalon und durch diesen in ein anschließendes Zimmer zu einer Wendeltreppe und von dort ins Archiv bringen. Von dort führt eine Tür auf den Minoritenplatz, und ich dachte den Bundeskanzler auf diese Art ins Freie zu bringen. *Auf dem Weg frug mich der Bundeskanzler, ob ich einen*

Revolver bei mir hätte. Ich verneinte. Wir eilten durch den ganzen Ecksalon, und als wir die zum anderen Zimmer führende Tür aufsperren wollten – der Schlüssel steckte –, stürmten 8-12 Mann in Militäruniform hinein, jeder in der Hand eine Pistole haltend. Alles brüllte ›Hände hoch‹. Der Bundeskanzler hob seine Hand zum Schutz vor das Gesicht, und gleich darauf fielen zwei Schüsse. Der Bundeskanzler machte eine Bewegung um die eigene Achse und stürzte nieder.«

Quelle: Bericht der Historischen Kommission des Reichsführers SS, S. 171f.

Todesahnungen des Bundeskanzlers Dollfuß

»Mir fehlt jeder falsche Ehrgeiz. Ich will nichts anderes, als, so gut ich kann, bis zur Selbstaufopferung, wenn es sein muß, alles daranzusetzen, um meiner Heimat und meinem österreichischen Volk zu helfen. [St. Pölten, 9. 7. 1933]

Ich muß Ihnen einmal ganz offen sagen: Mich erschüttert eine physische Gefahr wenig. [Mauer b. Wien, 17. 6. 1934]

Ich bin überzeugt, daß wir einer neuen Zeit entgegengehen. Aber der Kampf ist hart. Wir alle müssen, wie seinerzeit an der Front, Leib und Leben einsetzen für unsere Heimat. [Wien, 29. 1. 1934]

Solange ich das Gefühl habe, daß der Herrgott von mir verlangt, daß ich meine ganze Kraft für die Besserung der Verhältnisse und für die Befriedung unseres Landes einsetze, will ich bis zum Letzten bereit sein.
[Klosterneuburg, 25. 3. 1934]«

Quelle: TAUTSCHER, So sprach der Kanzler, S. 144 u. 146f.

Todeskampf und letzte Worte von Dollfuß

Aus einer Zeugenaussage vor Gericht

»Polizeioberwachmann Johann Greifeneder gibt, am 31. Juli 1934 einvernommen, folgendes an:
›... Ich hielt dem verwundeten Bundeskanzler den Kopf, hob ihn etwas in die Höhe, während Messinger den Notverband anlegte.
... Da kam der Kanzler zum Bewußtsein. Die erste Frage war: ›Wie geht es den andern Ministern?‹, worauf ich antwortete: ›Soweit ich weiß, geht es ihnen gut.‹ Der Kanzler sagte uns dann: ›Es kamen ein Major, ein Hauptmann und mehrere Soldaten zu mir herein und haben auf mich geschossen.‹ ...
Inzwischen bat der Kanzler, man möge ihn in ein Sanatorium bringen oder den Arzt holen, außerdem verlangte der Kanzler nach einem Priester; wir intervenierten vergeblich in dieser Richtung, worauf ich dem Herrn Bundeskanzler zum Trost sagte, die Verletzung sei nur eine Fleischwunde, es sei kein

Arzt notwendig. Der Kanzler aber scheint doch seine schwere Verwundung gefühlt zu haben, da er uns bat, einen seiner Arme und Füße zu heben, was wir auch taten, worauf er sagte: ›Ich spür' nichts, ich bin also gelähmt.‹ Der Kanzler sagte dann noch: ›Kinder, Ihr seid so gut zu mir, warum sind es auch nicht die anderen, ich wollte doch nur den Frieden. Wir sind diejenigen, die angegriffen worden sind und sich wehren mußten, den andern soll der Herrgott vergeben.‹ Es kam dann Bundesminister Fey unter Bedeckung ...

Der Kanzler bat dann Fey, er solle den Ministerpräsidenten von Italien, Mussolini, bitten, er möge sich seiner Frau und der Kinder annehmen. Fey sagte dies zu. Dann äußerte sich der Kanzler, es möchte die Regierungsbildung Bundesminister Dr. Schuschnigg übernehmen, sollte Schuschnigg nicht mehr sein, dann soll Polizeivizepräsident Skubl die Regierungsbildung übernehmen. ...

Der Kanzler klagte dann neuerdings darüber, daß er keinen Arzt bekommen könne, weil er befürchtete, er ersticke infolge des Schleimes. Der Schleim verursachte allerdings nicht das Erstickungsgefühl, sondern das aufsteigende Blut, das wir ihm immer wieder vom Munde wegwischten. Dann begann der Kanzler immer mehr zu röcheln, und es verließ ihn allmählich das Bewußtsein.

Die letzten Worte des Kanzlers waren:
›Ich lasse meine Frau und die Kinder schön grüßen‹, dann röchelte er stärker, das Auge wurde starr, Zuckungen, und er gab den Geist auf.«

Quelle: Bericht der Historischen Kommission des Reichführers SS, S. 248f.

X. *Zum Aufstand und Kampf in den Bundesländern*

Strategie und Taktik des NS-Aufstandes

Das »Kollerschlager-Dokument«

»1. Es besteht die Möglichkeit, daß die Regierung Dollfuß eines Tages zum Rücktritt gezwungen ... entweder wird eine neue Regierung ernannt, oder es entspinnt sich ein Kampf um die Nachfolge.

2. In jedem Falle entsteht auf gewisse Zeit, wenigstens eine Stunde ein gewisses Vakuum, die Exekutive gehorcht nicht mehr der alten Regierung, sie hat aber auch noch keine Befehle der neuen Regierung und ist infolgedessen in ihren Entschlüssen und in ihrer Tatkraft gelähmt.

3. Dieser tote Punkt muß ausgenützt werden. Auf die Nachricht vom Rücktritt Dollfuß' unternimmt die SA überall sofort selbständig ›unbewaffnete Propagandamärsche‹, offiziell, um für die Neuwahlen zu demonstrieren, in Wahrheit, *um sofort in den Landeshauptstädten und Bezirksamtssitzen die öffentlichen Gebäude und Ämter zu besetzen und die Macht zu ergreifen.* Der zuständige SA-Brigadeführer erläßt in jedem Lande sofort eine Bekanntmachung, daß der Gauleiter als Landeshauptmann und der Brigadeführer als Sicherheitsdirektor die Macht übernommen haben, er gibt der Exekutive in dieser Richtung energische Befehle als ihr neuer Vorgesetzter. Das Motto lautet:

Dokumente

›Ein freies, selbständiges Österreich, ebenso unabhängig vom Reich wie von Italien, aber Wiederherstellung wahrhaft verfassungsmäßiger, gesetzlicher Zustände‹ ...

4. Wenn eine Stunde nach Rücktritt Dollfuß' der neue Bundeskanzler, der die Zügel noch nicht fest in der Hand hat, aus allen Ländern die Nachricht erhält, die SA habe die Macht übernommen, so wird er selbst nicht so leicht den Entschluß finden, die Exekutive gegen uns aufzubieten. Die Exekutive ihrerseits wird nicht selbständig gegen uns handeln, sondern auf die Befehle warten.

5. Es können nur zwei Möglichkeiten folgen:

A. Die neue Regierung erkennt die nationalsozialistische Bewegung an und fügt sich oder

B. es setzt ein mehr oder weniger planmäßig geleiteter aktiver Widerstand gegen uns ein, kurz, es entwickelt sich ein Kampf um die Macht. In diesem Falle darf sich die SA nicht mit »Propagandamärschen« und friedlichem Besetzen der Regierungsgebäude begnügen, sondern es muß mit allen Mitteln um die Erringung der Macht gekämpft werden ...

Gelingt es uns so, die Länder zu erobern, dann wird Wien sich nicht allein halten können, sondern wird folgen müssen.

6. Es kommt darauf an, daß die Bewegung scheinbar spontan aus dem Volke kommt, sie muß rein innerpolitisch aufgezogen sein und darf keinesfalls irgendwie von außen her geleitet erscheinen ...

7. Die Durchführung im einzelnen ist folgende:

A. Auf die Nachricht vom Sturze der Regierung befiehlt jeder Orts-SA-Führer selbständig ohne weiteren Befehl den »unbewaffneten Propagandamarsch« in Uniform, wenigstens mit Armbinden, Waffen sind heimlich mitzuführen oder bereitzustellen.

B. Dieser Marsch führt plötzlich zur Besetzung der öffentlichen Gebäude die Hakenkreuzfahne ist zu hissen.

C. Proklamation der neuen Landeshauptleute und Sicherheitsdirektoren. entsprechende Bezirksmänner gemäß Ziffer 3.

D. Die Proklamation der Amnestie für alle politischen Vergehen auszusprechen, alle Ausgebürgerten und Landesflüchtigen sind zurückzurufen.

E. In Durchführung dieses Erlasses sind alle Gefangenen sofort zu befreien, auch die Roten. Über die Rückkehr der Legion ergeht besondere Weisung, sie wird schnellstens nach Wien geführt.

F. Führende, uns *feindlich gesinnte Köpfe* aus Regierung und den gegnerischen Wehrverbänden sind *umgehend festzusetzen, bei Widerstand unschädlich zu machen. Gegen die Roten Neutralität,* solange sie uns nicht schädigen.

G. Im Falle von Widerstand oder Kampf um die Macht Zerstörung des gesamten Nachrichten- und Verkehrswesens.

H. Ein bewaffneter Zusammenstoß mit Polizei und Gendarmerie wird besser solange als möglich vermieden. Wo er aber nötig ist, ist mit äußerster Energie und Gewalt vorzugehen. Mit dem Bundesheer ist ein Kampf soweit irgend angängig zu vermeiden.

I. Nach der Übernahme der Gewalt ist diese überall zu festigen, die SA zu bewaffnen und als sicherer Machtfaktor der neuen Regierung zu organisieren.

Schutzkorps und ähnliche Verbände sind zu entwaffnen und aufzulösen. Die Organe der Exekutive sind, soweit sie sich unterstellen und verläßlich erscheinen, im Dienst neu zu bestätigen, den sie mit Hakenkreuzbinde neu zu versehen haben.

8. Als Vorbereitung ist unser Verhalten gegen die Exekutivorgane sofort insofern zu ändern, daß die SA-Männer gegen Amtshandlungen der Polizei oder Gendarmerie offen Widerstand leisten und Gewalt entgegensetzen. Dieser Widerstand muß organisiert sein, derart, daß die meist in geringer Zahl auftretenden Exekutivorgane sich einer zum Äußersten entschlossenen Überzahl gegenübersehen. *Der einzelne Mann der Exekutive muß wissen, daß er sein Leben riskiert, wenn er gegen uns vorgeht.* Diese Taktik ist von uns *als Kleinkrieg mit dem Zweck der Zermürbung* zu führen, sie darf keinesfalls frühzeitig zur offenen Rebellion oder gar zum Losschlagen gehen. Tritt die Exekutive irgendwo geschlossen und in größerer Menge auf, so ist ihr auszuweichen, so daß sie ins Leere stößt.

9. Sollte in nächster Zeit ein standrechtliches Todesurteil gegen einen der unsrigen gefällt werden, so ist die überraschende Befreiung des Gefangenen mit List oder Gewalt zu versuchen. Die Täter verschwinden hinterher schleunigst. Ein allgemeiner Aufstand aus diesem Anlaß, der alle Machtmittel der Exekutive auf einen Platz zusammenziehen würde, ist, weil wenig aussichtsreich, zu vermeiden.

10. Sollte beim Rücktritt des Dollfuß Fey selbständig die Diktatur an sich reißen, dann ist ebenso zu verfahren.«

Quelle: Beiträge zur Julirevolte, S. 54f.

Der Aufstand in der Steiermark

Aus einer NS-Darstellung

»Sturm über die Steiermark (Juli 1934)
... Die Durchführung der nationalsozialistischen Erhebung in der Steiermark im Juli 1934 mußte der geographischen Beschaffenheit dieses Landes entsprechen. Der Aufstand mußte von allen Seiten des Landes aus vorgetragen werden, in sich zusammenfließen und schließlich über seine engen Landesgrenzen hinaus Raum gewinnen, um Anschluß zu finden mit der Erhebungsbewegung der anderen Gaue.

So traten dann auch von vier Gebieten aus die braunen Kolonnen an zum Kampf fürs Reich: im Obersteirischen, in der Weststeiermark, im Untersteirischen und in der Oststeiermark. Und das Herz des Landes, die Landeshauptstadt, sollte auflohen im Kampfes- und Siegeswillen dieses urdeutschen Volkes.

Warum damals noch nicht der Sieg des Nationalsozialismus in der Ostmark und hier in der Steiermark erfochten werden konnte, ist unnütz zu fragen. War das Land und sein Volk zu solchem beglückenden Siege noch nicht reif? War das deutsche Volk in seiner Gesamtheit noch nicht vorbereitet genug, sich brü-

derlich zu einen? – Jedenfalls war der Erbfeind der Deutschen noch zu übermächtig und dagegen diese bewußten Deutschen noch viel zu schwach. ...
Und dann flammte am 25. Juli 1934 in Wien das Fanal zum Aufbruch! Die SS-Standarte 89 marschierte und schlug zu.
Am 22. Juli schon waren in der Steiermark die letzten entscheidenden Führerbesprechungen der Nationalsozialisten gewesen, die höchste Alarmstufe war angesetzt worden. Gewaltiges bereitete sich vor.
In der Obersteiermark stand die SA-Standarte J 9 mit vier Sturmbannen bereit. Sturmbann I hatte seinen Sitz in Schladming, Sturmbann II den seinen in Stainach-Irdning und Bad Aussee, Sturmbann III in Liezen und endlich Sturmbann IV in Eisenerz.
Zu diesen etwa 1500 SA-Männern der Jägerstandarte waren ungefähr 300 Mann der SA-Reserve für den bevorstehenden Einsatz erfaßt, weiter etwa 50 Mann der Motor-SA und endlich 200 Mann der SS. Etwa 800 Mann aus den verschiedensten Teilen der Bevölkerung hatten sich außerdem freiwillig zur Kampfteilnahme gemeldet. Aber nur etwa 1000 Gewehre, eine Anzahl Maschinengewehre und Maschinenpistolen standen dieser opferbereiten Truppe zur Verfügung. ...
Der erste Sturmbann besetzte Schladming, den Ort und die Bezirkshauptmannschaft Gröbming sowie die umliegenden Ortschaften und rückte gegen Mandling vor, um das Land gegen Salzburg abzuriegeln.
Der Sturmbann II besetzte Stainach-Irdning und rückte bis vor Bad Aussee in das Salzkammergut ein.
Der dritte Sturmbann erfüllte den Auftrag, den Ort Liezen, den Pyhrnpaß, das Selztal, Admont, Rottenmann, Trieben und Gaishorn zu besetzen. Um 17 Uhr des 25. Juli 1934 war die Bezirkshauptmannschaft und das Gendarmerieabteilungskommando Liezen besetzt und die Gebarung des öffentlichen Lebens in die Hände der Nationalsozialisten übergegangen. Hierauf wurde zur Besetzung des strategisch wichtigen Pyhrnpasses geschritten, die in den ersten Nachtstunden als vollzogen gemeldet werden konnte ...
Abteilungen des Bundesheeres, welche von dem Truppenübungsplatz im Dachsteingebiet herangezogen worden waren, gelang es, über den Brunnenstein und die Hintersteiner Alm unbemerkt vorzudringen und der SA durch die Hintersteiner Enge in die linke Flanke zu fallen, ohne sich dieser günstigen strategischen Lage bewußt zu werden. Das Bundesheer schien der Ansicht gewesen zu sein, daß die SA bereits zurückgewichen sei; deshalb mochten wohl die Soldaten auf dem Wege durch die Hintersteiner Enge völlig unfeldmäßig und ohne Deckung vorgegangen sein. Die SA empfing sie mit Gewehr- und Maschinengewehrfeuer und zersprengte binnen kurzer Zeit die Abteilung des Bundesheeres.
Zur selben Zeit drang am rechten Flügel die SA, nach Südosten angreifend, die oberösterreichische Heimwehr über das Pyhrner Moos längs der Straße vor. Vom Brandrücken aus nahm sie die SA intensiv unter Feuer und konnte sich so der Vordrängenden erwehren. Als sich jedoch die bewaldete Höhe nordostwärts des Kalkofens stark mit vorgehenden Soldaten und Heimwehrmännern zu beleben begann, als stärkstes Gewehr- und Maschinengewehrfeuer des Geg-

Dokumente

ners die SA in Deckung zwang, als eine Minenwerferabteilung des Bundesheeres eingesetzt wurde, begann die Lage der nationalsozialistischen Paßverteidiger sehr bedenklich zu werden. ...
    Schon Tage vor dem 25. Juli 1934 fanden in der südlichen Steiermark, dem Gebiet der SA-Gebirgsjägerstandarte 47, unzählige Führerbesprechungen statt. Aufmarschpläne wurden ausgearbeitet und die ersten Maßnahmen für eine bevorstehende Machtergreifung im Staate durch die NSDAP besprochen. ...
    Als dann am 25. Juli 1934 der Wiener Sender bekanntgab, daß die Regierung Dollfuß zurückgetreten sei, wurde dieses Zeichen zum Losschlagen mit größtem Jubel begrüßt.
    In Radkersburg erschien um diese Zeit die SA bewaffnet und in Uniform auf der Straße, mit hellen Stimmen verkündend, daß nun die NSDAP an der Macht sei. Die Stadt wurde mit Hakenkreuzfahnen geschmückt, die öffentlichen Ämter, das Postamt und der Bahnhof besetzt ...
    Mittlerweile erhielt die Führerschaft der Aufständischen von der Landessicherheitsbehörde ein Ultimatum mit der Aufforderung, die Waffen zu strecken. Durch geschicktes Verhandeln wurde erreicht, daß dieses Ultimatum immer weiter hinausgeschoben wurde. Um 20.30 Uhr jedoch zerschlugen sich die Verhandlungen vollends. Die dadurch notwendig gewordene Entwaffnung der Gendarmerie wurde kampflos durchgeführt. Dabei wurden 100 neue Gewehre, einige Maschinengewehre und etliche Handgranaten erbeutet. Nach dieser Aktion wurde beschlossen, mit dem Gros der SA-Einheiten, etwa 150 Mann, nach Mureck zu fahren, um mit der dortigen SA gemeinsam die Garnison Straß anzugreifen. Um etwa zwei Uhr früh des 26. Juli trafen die Radkersburger Nationalsozialisten in Mureck ein und fanden hier etwa 800 Freiheitskämpfer aus dem ganzen Bezirk versammelt. ...
    Eine Schlacht, die Julierhebung war verloren, nicht aber der Krieg.
    Und Krieg wurde geführt gegen die Tyrannen, Krieg und Kampf, bis es erreicht war und Österreich, befreit, heimgefunden hatte ins Reich.«
Quelle: REICH VON ROHRWIG, Der Freiheitskampf der Ostmarkdeutschen von St. Germain bis Adolf Hitler, S. 205–240.

Zum Kampf des Bundesheeres in der Steiermark

Aus einem Geheimbericht des Bundesministeriums für Landesverteidigung

»Bundesland Steiermark
... In den meisten steirischen Orten mit Ausnahme der Landeshauptstadt Graz kam es schon in den Nachmittagsstunden des 25. Juli zu Erhebungen nationalsozialistisch gesinnter Parteigänger, die sich in der Hauptsache in Überfällen auf Gendarmerieposten, in der Besetzung der Post- und Telegraphenämter, der staatlichen und Gemeindebehörden sowie in der Aushebung von Geiseln, Festnahme vaterlandstreuer Persönlichkeiten sowie in Gewalttaten gegen die ortszuständigen freiwilligen Wehrverbände äußerten.

Dokumente

Kämpfe um die Besitznahme von Leoben
... Der österreichische Heimatschutzkreis Leoben war am 25. Juli um 15 Uhr 30 durch den Ortsgruppenführer Dr. Josef Kolmayr aufgeboten worden. Zum Schutze der Stadt setzte ein reger Patrouillendienst ein, die wichtigsten Amtsgebäude wurden besetzt. ...
Im Laufe der Nacht zum 26. Juli hatten sich die Aufrührer nahezu von allen Seiten dem Außenrande der Stadt genähert, so daß die ortszuständigen Sicherheitskörper im Verein mit Schutzkorps und Heimatschutz genötigt waren, sich auf die Behauptung einzelner wichtiger Punkte in der Stadt (Gendarmerieabteilungskommando, Rathaus, Sparkasse, Arbeiterkammer) zu beschränken.
Das Kraftfahr-Jägerbataillon Nr. 1 rückte um 9 Uhr 15 in Leoben ein (Bild 19); der Tankwagen blieb aus Sicherheitsgründen in der Gendarmeriekaserne in Bruck a. d. M. zurück. In der Stadt herrschte um diese Zeit anscheinend vollkommene Ruhe. Während der Ausladung des Bataillons nächst der montanistischen Hochschule und des Abstellens der Kraftwagen im Hofe derselben eröffneten die Aufständischen überfallsartig das Feuer. Sie hatten unbemerkt zahlreiche Häuser der Stadt mit Dachschützen besetzt; aus Fenstern und von Dächern der benachbarten Häuser wurde ein starkes Gewehrfeuer eröffnet. ...
Um etwa 10 Uhr 50 hatten die vordersten Abteilungen in schwerem Kampfe und dauernd von unsichtbaren Gegnern beschossen, die Waasenbrücke erreicht. Um diese Brücke und die unmittelbar anschließenden Straßenzüge (Kärntner-, Donawitzer- und Vordernbergerstraße) entwickelte sich nun ein harter Kampf, der sich deshalb schwierig gestaltete, weil die Brücke durch Infanterie- und Maschinengewehrfeuer der Aufständischen von den westlichen Hängen gut beherrscht war und die Assistenztruppe überdies immer wieder Rücken- und Flankenfeuer von Dächern und aus verrammelten Fenstern erhielt. Hier hatte das Bataillon auch die meisten Verluste. ...
Der Bataillonskommandant befahl den Minenwerferzug mit einer Schützengruppe als Bedeckung zum Feuerschutz in eine Stellung ›Am Glacis‹ mit der Hauptschußrichtung Kalköfen und das Gemeindehaus Donawitz. Ein schweres Maschinengewehr der Reserve beschoß erfolgreich vorgehende Aufständische auf den Hängen nördlich des Hauptbahnhofes (Bärenkogel-Münzenberg), um den dort angesammelten Gegner zu binden. Dank diesem Feuerschutz gewann der Angriff des Bataillons an Raum durch die Donawitzer- und Kärntnerstraße bis über die Bahnlinie, weiters durch die Vordernbergerstraße bis zum Vordernberger Bach. In diesem Kampfabschnitt standen ungefähr 2000 Männer, mit 12 bis 15 schweren Maschinengewehren und mehreren Maschinenpistolen ...
Die Zahl der im Kampfraume Leoben gemeinsam im Laufe der nächsten Tage eingebrachten Aufständischen betrug etwa 1100; an Waffen und Munition konnten 6 schwere Maschinengewehre, 300 Infanteriegewehre und ungefähr 7500 scharfe Patronen beschlagnahmt werden ...

Rückblick auf die Kämpfe in der Steiermark
... In der zweckmäßigsten Zusammenfassung und Verwendung der zur Verfügung stehenden, keineswegs zahlreichen Kräfte lag die Richtlinie für die erfolgreiche Niederwerfung der Aufstandsbewegung. Es handelte sich um die

Dokumente

Niederringung eines gut ausgerüsteten, im Gebrauche der Waffe geübten und zum Teile auch feldmäßig geschulten Gegners, dem Entschlossenheit und Mut nicht abgesprochen werden konnten. Die Aufständischen hatten sich reichlich mit Kraftfahrzeugen versehen, wodurch es ihnen möglich war, in kürzester Zeit an wichtigen Punkten des Landes rasch Kräfte zusammenzuziehen und sich stellenweise in der Überzahl den Sicherheitskörpern entgegenzustellen.

Schnelles Handeln mit dem gleichzeitigen Einsatze ausreichender schlagkräftiger Truppenteile erschien dem Brigadekommando mit Recht als Hauptaufgabe. Es wies den für den Assistenzdienst ausersehenen Truppenverbänden Kraftwagen zu, betraute deren Kommandanten mit Säuberungsaufgaben, die die Befriedung langer Talstrecken und räumlich ausgedehnter Landesteile umfaßten, und gab ihnen, um ihren Unternehmungsgeist in keiner Weise zu binden, volle Freiheit in der Anwendung der den Truppen zu Gebote stehenden Mittel. Diese Art der Verwendung hat sich bestens bewährt; schon in den Nachmittagsstunden des 28. Juli konnte in ganz Steiermark die gesetzliche Ruhe und Ordnung als wieder völlig hergestellt betrachtet werden. ...

Die Revolte forderte auf beiden Seiten zahlreiche Menschenopfer. Bei den aufgebotenen Kräften der Staatsgewalt waren insgesamt 41 Tote und 87 Verwundete zu beklagen, auf Seite der Aufrührer zählte man 42 Tote und 59 Verwundete. 5 unbeteiligte Zivilpersonen wurden getötet und 18 verletzt. Die Zahl der nach Jugoslawien geflüchteten Aufständischen dürfte einige hundert betragen haben.

Im Zuge der Nachforschungen nach den Teilnehmern an der Aufstandsbewegung wurden mehr als 3000 Verhaftungen vorgenommen.

20 schwere und 5 leichte Maschinengewehre, gegen 1000 Gewehre und etwa 36 000 scharfe Patronen sowie bedeutende Mengen anderen Waffen- und Ausrüstungsmaterials wurden beschlagnahmt.«

Quelle: Bundesministerium für Landesverteidigung: Die Julirevolte 1934. Das Eingreifen des österreichischen Bundesheeres zu ihrer Niederwerfung. Wien 1936, S. 87, 113ff., 118, 127f.

Kundmachung der Bundesregierung

»An die bewaffnete Macht Österreichs, an die Gendarmerie, an die Polizei und an alle Formationen des Freiwilligen Schutzkorps.

Der frevelhafte Versuch, die gesetzmäßige Ordnung in Österreich mit Waffengewalt umzustürzen, ist gescheitert, der Kampf ist zu Ende. ...

Euer Kampf und Eure Blutopfer galten aber diesmal nicht nur der Wiederherstellung des Friedens im eigenen Lande, sondern *auch der Erhaltung des Friedens in Europa*. Einem Sieg des Aufruhrs wäre ja nicht eine neue Ordnung gefolgt, sondern unselige Verwirrung und schwerste Kriegsgefahr. Eure Opfer haben der Welt tausendmal größere Opfer erspart. Auch dafür danken wir Euch! ...«

Quelle: Bundesministerium für Landesverteidigung: Die Julirevolte 1934. Das Eingreifen des österreichischen Bundesheeres zu ihrer Niederwerfung. Wien 1936, S. 190.

Dokumente

Aufruf des Fürsten Ernst Rüdiger Starhemberg an den Heimatschutz

»Kameraden im Österreichischen Heimatschutz! In tiefster Ehrfurcht und Ergriffenheit beuge ich mich vor den frischen Gräbern von 51 österreichischen Heimatschützern. In nie versiegender Dankbarkeit und Treue neige ich mich vor diesen stillen Helden der Doppelreihe, vor diesen Blutzeugen der Vaterlandsliebe, vor diesen Märtyrern unserer Idee. In uns, im Österreichischen Heimatschutz, leben sie weiter ...

Zeigt weiterhin der ganzen Welt, daß die moralische Kraft, die dem alten Österreich innegewohnt und es groß und stark gemacht hat, weiterlebt, daß dieser Begriff Österreich, wenn auch heute in einem um seine Existenz ringenden Staat verkörpert, Träger und Vorkämpfer hat, die ihm seine Geltung in der Welt verschaffen werden.

Für diesen Begriff ist Bundeskanzler Dr. Dollfuß gestorben ...

Österreich wird niemals untergehen, Österreich wird groß und stark werden, weil wir es wollen.«

Quelle: Der Heimatschützer (Wien) vom 11. August 1934.

XI. Eingeständnis und Analyse der Niederlage

Weder Volkserhebung noch Heeresverrat

Darstellung des Deutschen Militärattachés

»Die deutsche Gesandtschaft in Wien an das Auswärtige Amt

MUFF

[Anlage]

Wien, den 26. Juli 1934

Geheim
Nr. Geh/278
Bericht Nr. 16/34 (Österreich)
Zu den Ereignissen des 25. 7. 1934

1. Es war mir seit langer Zeit bekannt, daß von nationalsozialistischer Seite der Gedanke erörtert wurde und auch gewisse Vorbereitungen getroffen waren, die Regierung während einer Kabinettssitzung durch eine in Uniformen des Bundesheeres und der Polizei gesteckte SA-Standarte auszuheben.

Ein solches Unternehmen versprach *nur dann einen dauernden Erfolg, wenn es von einer Volkserhebung oder einem Eingreifen der Armee* zugunsten der neu zu bildenden Regierung *begleitet war.* Der erledigte Putschversuch war allem Anschein nach auf den letzteren Gedanken abgestellt.

Ich habe in meinen Berichten immer wieder darauf hingewiesen, daß ich eine aktive Mitwirkung der Armee für ausgeschlossen halte. Der Verlauf des Put-

sches hat mir recht gegeben. Obwohl angeblich starke Fäden von den Führern des Putsches zu einzelnen Persönlichkeiten des Offizierskorps auf wichtigen Posten liefen, *blieb doch die Armee fest in der Hand des Staatssekretärs der Landesverteidigung*, der dem Zugriff der Putschisten entgangen war ...
3. Mein Bericht Nr. II/Österreich vom 5. 6. 34 vergleicht die Lage in Österreich als Stellungskampf. Der Versuch der NSDAP, sich daraus durch einen gewaltsamen Angriff zu befreien, ist, weil er auf falschen Voraussetzungen aufgebaut war, gescheitert. Die moralische Einbuße des Angreifers ist groß, die Initiative an den Gegner übergegangen ...
4. In dem oben erwähnten Bericht habe ich die außenpolitischen Folgen eines gewaltsamen Angriffs als unabsehbar bezeichnet. Vor dieser Lage stehen wir heute.«

Quelle: ADAP 1918–1945, Serie C: 1933–1937, Bd. III, 1, Nr. 125 (26. 7. 1934).

Es fehlten das Heer und die Massen

NS-Analyse der Niederlage

»Der Vorsitzende des Volksbunds für das Deutschtum im Ausland, Dr. Hans Steinacher, an das Auswärtige Amt!
Wien-Raab, 31. Juli 1934
... Wie ich feststellen konnte, war der Zeitpunkt der Erhebung auch von den aus dem Lande zu den Besprechungen vorige Woche berufenen Leuten erst in etwa zwei Monaten als aussichtsvoll angesehen ...
Die schwersten und unverantwortlichsten Fehler waren schon beim Beginn gelegen:
1. Es zeigt von völliger Verkennung der Lage, die Regierung unter Zwang abdanken zu lassen, wenn der Vicekanzler in Italien war. Natürlich würde der Duce sich seiner bedient haben, um auf diese Weise die ›legale‹ Regierung gegen die Usurpatoren wieder einzusetzen, und St[arhemberg] wäre doch der Mann, diese Hilfe anzunehmen ...
Der zweite, die örtliche Vorbereitung treffende Fehler war das Fehlen eines Meldedienstes aus dem B[undes]k[anzleramt] – der scheinbar vergessen wurde –, die Aktion im Falle des verfrühten Verlassens des Hauses durch die Regierungsmitglieder nicht abrollen zu lassen. Denn es war noch sinnloser, sie zu unternehmen, wenn kaum eine Viertelstunde später schon eine ›legale‹ Regierung unter Schuschnigg versammelt sein konnte und damit jede Möglichkeit, die Executive durch eine Proklamation zwangsläufig herüberzuziehen, verloren war. Aber allem Anscheine nach haben die ›kommenden Männer‹ einfach gewartet, daß man sie im Triumph holen solle, bis alles von den geringeren Leuten, die ihre Haut zu Markte tragen mußten, geschafft gewesen wäre ...
Erst in der Nacht begannen an verschiedensten Teilen der Steiermark (Leoben, Judenberg, L[and] Weststeiermark, unterstei[rische] Grenzgebiete) die Unruhen ernst zu werden, und schwere Schießereien, auf beiden Seiten verlustreich, setzten ein. Überall zeigte sich aber sofort die katastrophale Wir-

kung des Wiener Fehlschlages, der ja die Voraussetzungen völlig vernichtet hatte.

An keiner Stelle ist es zu Gehorsamsverweigerungen der Executive gekommen. Damit war das Schicksal des militärischen Aufstandes besiegelt. Man hatte doch stets gewußt, daß man nie gegen die Executive durchdringen würde.

Für die Haltung der Executive ist bezeichnend – man hatte uns diese Voraussage ja nie geglaubt! –, daß z. B. der Major Smolej, der bei der Erstürmung Völkermarkt fiel, Pg. ist und daß Kappitz, der seit längerer Zeit gar kein Kommando haben durfte, Feldkirchen genommen hat. Der Mann in der Doppelreihe kann aber nichts anderes als gehorchen – er ist dazu viel zu sehr Soldat! Wie konnte man solche Rechenfehler machen! ...

Die ›Massen‹ fehlen. Wir haben keine Möglichkeit, ihr Vorhandensein nachzuweisen, und in dem Augenblick, wo die Sache wirklich gefährlich wurde, setzt Italien ein, dessen Klagenfurter Konsul am Freitag zweimal bei der L[an]d[e]s-Reg[ierung] und Barger anfragte, ob er nicht marschieren lassen solle – ›man habe modernste Kampfmittel bereitgestellt!‹ ...

Im Innern wird [sic] nun unter dem Beifall ›ganz Europas‹, [das] damit die Generaloffensive gegen das Reich decken will, alle Schrecken der Verfolgung gegen unsere Leute losbrechen. ...

Die Ära Schuschnigg ist doch gerade das, was wir unter allen Umständen verhindern wollten.«

Quelle: ADAP 1918–1945, Serie C: 1933–1937 Bd. III, 1, Nr. 143 (2. 8. 1934).

»Glatte Niederlage« für Reich und NSDAP

Geheimbericht des Deutschen Militärattachés in Wien

»[Anlage]

Nr. Geh/307 Wien, den 30. August 1934

Bericht Nr. 21/34 – Österreich
1.) Der mißlungene Putsch vom 25. Juli hat einen Abschnitt des ›deutschen‹ Kampfes um Österreich beendet.

Mit der Machtergreifung im Reich war in Österreich die nationalsozialistische Partei zum einzigen maßgebenden Träger des deutschen Gedankens geworden. Im Verfolg des Totalitätsprinzips hatte sie die Führung in diesem Kampfe an sich gerissen, alle übrigen nationalen Kräfte im Lande wurden höchstens als Mitläufer geduldet ...

Der Kampf der Partei um Österreich führte unter Auslösung immer schärferer Gegenzüge auf der Regierungsseite von der Legalität zur Illegalität, über propagandistische Verfahren zu terroristischen, um schließlich zwangsläufig in einem gewaltsamen Putschversuch und in offenen Aufruhraktionen zu enden.

Das Ergebnis dieser Politik war, wie alle Einsichtigen vorausgesagt hatten, eine glatte Niederlage. Es war zugleich eine Niederlage des in die Parteipolitik ver-

quickten Reichs. Eine außenpolitische Lage voll höchster Gefahren enthüllte sich plötzlich vor den erschrockenen Blicken. ...

Die bevorstehende Zusammenkunft Mussolinis mit Dollfuß in Riccione (diese Zusammenkunft war für Ende Juli geplant gewesen) konnte eine gewisse Klarheit darüber bringen, ob und was von der Zusammenarbeit mit Italien in der Zukunft zu erwarten war.

Die Partei wollte aber nicht abwarten, weil sie von solchen Verhandlungen für sich nur eine unbefriedigende Lösung erhoffen durfte. Und sie konnte nicht mehr warten, weil ihre stürmisch vorwärts getragene Aktion nicht mehr im Gleichtakt mit der langsameren politischen Entwicklung zu bringen war. Somit trägt die Partei, d. h. die bisherige Führung, die Landesleitung in München, die volle und ausschließliche Verantwortung für die heutige Lage. Sie hat ihre politische Unfähigkeit unter offensichtlichen Beweis gestellt.

2.) Das Verhältnis Österreichs zum Reich ist aber eine deutsche Schicksalsfrage ...

Die Bedeutung Österreichs in gesamtdeutschem Sinn ist einmal defensiver Art: Dem geschlossenen Reichsgebiet vorgelagert, versperrt es als Südostmark italienischem Vorrücken über die Alpengrenze den Weg und zwingt als Gegenbastion von Schlesien die Tschechei in den deutschen Wirkungsbereich. *Offensiv aber bedeutet Österreich das Sprungbrett nach dem Südostraum Europas.* ...

3.) Deshalb muß der Kampf um ein ›deutsches‹ Österreich weitergeführt werden, jedoch auf anderer Ebene und mit anderen Mitteln als bisher.«

Quelle: ADAP 1918–1945, Serie C: 1933–1937, Bd. III, 1, Nr. 186 (30. 8. 1934).

XII. Hitlers panischer Rückzug – ein posthumer Sieg für Dollfuß

Das Reich distanziert sich

Meldung des »Völkischen Beobachter« vom 26. 7. 1934

»Befehl der Reichsregierung: Verhaftung der Aufständischen bei Überschreiten der Grenze

Berlin, 26. Juli

Am Donnerstagmorgen um 3 Uhr wird nach Redaktionsschluß amtlich folgendes mitgeteilt:

Aus Darstellungen des Wiener Rundfunks bzw. amtlicher österreichischer Nachrichtenstellen geht hervor, daß zwischen den österreichischen Aufständischen und österreichischen Regierungsstellen Abmachungen getroffen worden sind für einen freien Abzug der Aufständischen nach Deutschland. Diese Abmachungen sind für die deutsche Reichsregierung belanglos und beinhalten für die deutsche Reichsregierung keinerlei Rechtsverbindlichkeit.

Die deutsche Reichsregierung hat daher den Befehl gegeben, die Auf-

ständischen im Falle einer Überschreitung der deutschen Grenze zu verhaften. ...
Der deutsche Gesandte in Wien, Dr. Rieth, hat auf Anforderung österreichischer Regierungsstellen bzw. der österreichischen Aufständischen sich bereit finden lassen, einer zwischen diesen beiden getroffenen Abmachung bezüglich freien Geleits und Abzugs der Aufständischen nach Deutschland ohne Rückfrage bei der deutschen Reichsregierung seine Zustimmung zu geben. Er wurde daraufhin sofort von seinem Posten abberufen.«

Quelle: Völkischer Beobachter, Berliner Ausgabe, 26. 7. 1934.

Hitler befiehlt KZ-Haft für seine Putschisten

Aktennotiz des Staatssekretärs des Auswärtigen Amts, von Bülow

»Berlin, den 26. Juli 1934
... Um 22 Uhr rief mich der Herr Reichskanzler aus Bayreuth an und fragte (anscheinend in Kenntnis meines Telefongespräches), was für Nachrichten ich von Rieth aus Wien habe. Er erklärte sofort, daß Herr Rieth sich auf den Abtransport der Aufständischen an die deutsche Grenze und überhaupt auf eine Vermittlerrolle nicht hätte einlassen dürfen ...
Um 23 Uhr rief wiederum der Herr Reichskanzler an und fragte, ob das Abkommen mit den Putschisten noch gelte, denn Bundesminister Schuschnigg habe in seiner Rundfunkrede gesagt, Bedingung sei, daß keine weiteren Todesfälle sich ereigneten. Nach derselben Rundfunkrede sei aber Bundeskanzler Dollfuß tot. Ich sagte dem Herrn Reichskanzler, ich hätte Herrn Rieth dahin verstanden, daß gemeint sei: keine weiteren Todesfälle. Rieth habe mehr als einmal mir gesagt, man habe ihn zur Kenntnisnahme der Vereinbarung gedrängt mit der Begründung, ›um weiteres Blutvergießen zu verhindern‹. Der Herr *Reichskanzler sagte darauf, er werde die abgeschobenen Putschisten in Schutzhaft nehmen und in ein Konzentrationslager überführen lassen.* Ich schnitt meinerseits die Frage eines Beileidstelegramms des Herrn Reichspräsidenten an den Bundespräsidenten Miklas an. Der Herr Reichskanzler war einverstanden.«

Quelle: ADAP 1918–1945, Serie C: 1933–1937, Bd. III, 1, Nr. 115 (26. 7. 1934).

Die Liquidierung der NS-Politik in Österreich

Aufzeichnung des Staatssekretärs des Auswärtigen Amts, von Bülow

»Berlin, den 1. August 1934
General von Reichenau rief mich heute mittag an ...
Er habe eben erst 1½ Stunden lang mit dem Herrn Reichskanzler die österreichische Lage besprochen, und der Herr Reichskanzler habe klipp und klar erklärt, er beabsichtige, die nationalsozialistische Politik in Österreich zu liqui-

Dokumente

dieren, die Österreichische Legion aufzulösen und lediglich eine Wohltätigkeitsorganisation zur Betreuung der geflüchteten Österreicher und unter dem unverdächtigen Deckmantel des Roten Kreuzes beizubehalten.«
Quelle: ADAP 1918–1945, Serie C: 1933–1937, Bd. III, 1, Nr. 141 (1. 8. 1934).

Die Auflösung der Landesleitung der NSDAP Österreichs

Aufzeichnung des Gesandtschaftsrats Hüffer

»Berlin, den 7. August 1934, e.o. II Oe. 2047
... Der Führer hat befohlen, daß die Landesleitung Österreich sofort aufzulösen ist. Die Grunde für die Auflösung sind außenpolitischer Natur. Für die Angehörigen der bisherigen Landesleitung Österreich wird entsprechend gesorgt.«
Quelle: ADAP 1918–1945, Serie C: 1933–1937, Bd. III, 1, Nr. 149 (7. 8. 1934).

Ein Vetorecht für Franz von Papen

Der Führer und Reichskanzler Hitler an die Reichsminister Heß und Goebbels, den Gesandten von Papen und an das Geheime Staatspolizeiamt

»Rk. 7161　　　　　　　　　　　　　　　Berlin, den 8. August 1934
　　　　　　　　　　　　　　　　　　　　II Oe. 2138
Um eine einheitliche Politik, wie ich sie in Zukunft geführt sehen will, zu gewährleisten, ordne ich hiermit an, daß künftig weder von Parteistellen noch von anderer Seite Fragen, welche die deutsch-österreichische Politik berühren, im Rundfunk oder in der Presse behandelt werden dürfen, ohne daß zuvor eine Einigung darüber zwischen dem Herrn Reichspropagandaminister und dem derzeitigen Gesandten in Wien, Herrn von Papen, erzielt ist. Insbesondere verbiete ich, daß Parteistellen von sich aus zu solchen Fragen im Rundfunk Stellung nehmen.«
Quelle: ADAP 1918–1945, Serie C: 1933–1937, Bd. III, 1, Nr. 151 (8. 8. 1934).

Österreich keine Kolonie Deutschlands

Von Papen über den Antrittsbesuch bei Bundeskanzler Schuschnigg

»Der deutsche Gesandte von Papen an den Staatssekretär des Auswärtigen Amts von Bülow
Politischer Bericht　　　　　　　　　　　　Wien, den 17. August 1934
Die gestern erfolgte Übergabe meines Beglaubigungsschreibens verlief in den üblichen Formen ...

Dokumente

Die Begegnung mit dem Bundeskanzler und dem Bundespräsidenten verlief in den Formen korrekter Höflichkeit, aber ich hatte eher das Gefühl, einen Besuch auf einem Kirchhof zu machen, anstatt einem Begrüßungsakt mit deutschösterreichischen Staatsmännern beizuwohnen ...
[Papen sagte u. a.]:
... Der Herr Reichskanzler sei entschlossen, im Sinne einer europäischen Entspannung nicht nur die formelle Unabhängigkeit Österreichs zu respektieren, sondern er *anerkenne auch das Recht Österreichs, seine eigenen Angelegenheiten intern zu regeln* ...
Der Bundeskanzler dankte mir zunächst für die Offenheit meiner Ausführungen und umriß sodann die Grundlagen der von ihm zu führenden Politik. Er unterstrich, daß er, Tiroler von Geburt, immer ein besonderes Verständnis für die deutsche Mission Österreichs und die volksdeutsche Aufgabe seines Landes gehabt habe. Aber *er sei fest entschlossen, Österreich keine Kolonie oder Provinz des Deutschen Reiches werden zu lassen.* Der Vorteil des neu gebildeten Kabinettes sei, daß es nur mehr ›Österreicher‹ in diesem Sinne umfasse. Er nehme dankend Kenntnis von meiner Versicherung, daß die Reichsregierung die äußere und innere Integrität Österreichs wahren wolle. Man werde abwarten, ob dieses Versprechen gehalten werde.«

Quelle: ADAP 1918–1945, Serie C: 1933–1937, Bd. III, 1, Nr. 167 (19. 8. 1934).

Ein posthumer Sieg für Dollfuß

»Berlin, den 19. August 1934
Leitsätze für die deutsche Politik gegenüber Österreich für die nächste Zeit
(Diese Leitsätze haben am 13. 8. 1934 die Zustimmung des Herrn Reichskanzlers gefunden)
Entsprechend dem Brief des Herrn Reichskanzlers an Herrn von Papen vom 26. 7. 1934 ist das Verhältnis zwischen dem deutschen und österreichischen Staat wieder in ›normale und freundschaftliche Bahnen‹ zu leiten. Die Voraussetzung dazu ist von seiten
  1.) des Reiches: Vermeidung jeglichen Scheines einer Einmischung in die innerpolitischen Verhältnisse Österreichs,
  2.) Österreichs: Unterbindung des Kampfes gegen das nationalsozialistische Regime in Deutschland von österreichischem Boden aus sowie Herstellung des inneren Friedens mit den großdeutsch gesinnten Teilen des österreichischen Volkes.
Daraus ergeben sich folgende Leitsätze für die
  1.) Reichspolitik:
  a) die Behandlung der österreichischen Frage ist ausschließlich Sache der dazu berufenen Persönlichkeiten der Außenpolitik,
  b) *jede Einschaltung von Parteistellen im Reich in die österreichischen Dinge ist zu unterbinden,*
  c) keinerlei österreichische Kampforganisation wird im Reich geduldet, die

von dorther in die Entwicklung Österreichs einzugreifen versucht (Landesleitung, Legion, Kampfring etc.).
2.) Parteipolitik:
a) *Völlige organisatorische Trennung der Reichspartei von der österreichischen Partei.*
b) Ausschluß aller durch die bisherige Kampfführung belasteten Persönlichkeiten von der Leitung der österreichischen Partei. Solche dürfen auch nicht für ihre »Leistungen« durch Verwendung auf wichtigen Posten im Reich ›belohnt‹ werden, denn sie haben schwere politische und Blutschuld auf sich geladen; allein schon die Lage der Parteimitglieder in Österreich verlangt einen solchen Ausschluß.
Gesichtspunkte für die Führung der Politik in diesem Rahmen:
a) Vor allem *Beruhigung der Atmosphäre ohne falsche Rücksicht auf Prestige. Dazu gehört: Unterbindung jeder aggressiven Presse- und Rundfunkpropaganda.* Am besten wird im Reiche für einige Zeit möglichst wenig von Österreich gesprochen, damit entzieht man der Gegenpropaganda Stoff. Der Führer hat angeordnet, daß in Zukunft politische Verlautbarungen über die deutsch-österreichische Politik in Presse und Rundfunk nur nach Vereinbarung zwischen dem Reichspropagandaminister und dem Auswärtigen Amt (Herrn von Papen) vorgenommen werden dürfen.
b) Die Anbahnung normaler Beziehungen muß ohne jede Überstürzung versucht werden, man würde sonst nur die zur Zeit gegensätzlich wirkenden Kräfte (Christlich-Soziale, Heimwehr) zusammenschweißen.«
Quelle: ADAP 1918–1945, Serie C: 1933–1937, Bd. III, 1, Nr. 167 (19. 8. 1934).

Die Umfunktionierung des »Kampfringes der Österreicher im Reiche«

Der Führer und Reichskanzler Hitler an den Stellvertreter des Führers, Reichsminister Heß

»Berlin, den 19. August 1934
Rk. 7394
Im Zuge der von mir eingeschlagenen, das deutsch-österreichische Verhältnis betreffenden Politik ersuche ich Sie, mit sofortiger Wirkung anzuordnen, daß der Kampfring der Österreicher im Reiche eine Organisationsänderung durchzuführen hat, die in Zukunft die politische Tätigkeit des Kampfringes in bezug auf die *Einmischung in innerösterreichische Verhältnisse ausschließt.* Der ›Kampfring‹ ist in einen ›Hilfsbund‹ umzuwandeln, der sich lediglich mit der kulturellen, sozialen und wirtschaftlichen Fürsorge für seine Mitglieder befaßt. Um diese Änderung auch nach außen sichtbar zu machen, ist die Führung in andere geeignete Hände zu legen.

gez. ADOLF HITLER«

Quelle: ADAP 1918–1945, Serie C: 1933–1937, Bd. III, 1, Nr. 165 (19. 8. 1934).

Dokumente

Hitler befiehlt und bedauert den Kurswechsel

Aus einem Schreiben von Heß vom 21. 8. 1934

»München, den 21. August 1934
Durchschlag zur Kenntnisnahme an den Gesandten, Herrn von Papen, Wien.
Sehr geehrter Parteigenosse Frauenfeld!
Ihren Brief vom 17. August betr. Österreich habe ich erhalten.
Ich muß in aller Form nochmals erklären, daß die *reichsdeutsche Partei laut Befehl des Führers in keiner Weise sich mit den Nationalsozialisten in Österreich befassen darf.* Ebenso ist es den österreichischen Führern in Deutschland aufs strengste untersagt, von hier aus in irgendeiner Weise Einfluß zu nehmen auf die NSDAP. Der Befehl des Führers ist keine äußerliche Formsache, sondern ein *tatsächlicher Befehl*, der unbedingt befolgt werden muß. Nichtbefolgung dieses Befehls hat schwerste Strafe im Gefolge, die in Fällen, in denen die Interessen des Deutschen Reiches gefährdet werden, bis zur Freiheitsstrafe ausgedehnt werden können.
Es ist einzig und allein Sache der in Österreich befindlichen Nationalsozialisten, ob und in welcher Form sie eine rein österreichische NSDAP neu aufbauen wollen ...
Sie und die übrigen Österreicher dürfen mir glauben, *daß es dem Führer* sowohl wie seinen Mitarbeitern *sehr schwer fällt*, diese schroffe Haltung einzunehmen. Es stehen hier aber lebenswichtige Interessen Deutschlands und indirekt damit auch die Interessen des Deutschtums und nicht zuletzt der NSDAP in Österreich selbst auf dem Spiel. Der Führer hat, wie Sie wissen, nach dem November 1923 Entschlüsse gefaßt, die einen völlig neuen und absolut legalen Kurs der NSDAP in Deutschland bedeuteten, Entschlüsse, die er durchhielt und die sich später als recht und zum Erfolg führend erwiesen. Seien Sie versichert, daß auch die neuen Entschlüsse des Führers hinsichtlich des Nationalsozialismus in Österreich trotz allem einst, und zwar auf völlig legalem Wege, ermöglichen werden, daß Ihr und unser aller Wünsche hinsichtlich Österreich sich erfüllen.«

Quelle: ADAP 1918–1945, Serie C: 1933–1937, Bd. III, 1, Nr. 173 (21. 8. 1934).

Das Einmischungsverbot für die deutsche Presse

Vortragender Legationsrat von Renthe-Fink an Botschaftsrat Prinz zu Erbach-Schönberg (Wien)

»Streng vertraulich   Berlin, den 28. September 1934
                                        Abgesandt: 29. September
                                        II Oe. 2665
... Gemäß der prinzipiellen Einstellung der deutschen Regierung, insbesondere auch des Führers und Reichskanzlers, ist in der Pressekonferenz vom 17. September durch den zuständigen Abteilungsleiter des Propagandaministeriums

folgende streng vertrauliche Anweisung über die Behandlung der österreichischen Angelegenheiten an die deutsche Presse gegeben worden:

1.) Das österreichische Verhältnis zu Deutschland muß mehr vom Standpunkt der gesamteuropäischen Lage als lediglich nach den österreichischen Sonderproblemen betrachtet werden; d. h., die Presse soll weniger Gewicht auf eine Erörterung der innerpolitischen Tagesereignise in Österreich legen als auf die Erörterung der großen politischen Probleme des Donauraumes.

2.) Hierbei muß selbstverständlich das fundamentale Interesse des Deutschen Reiches an der Entwicklung der Dinge im Donauraum und sein Mitbestimmungsrecht hervorgehoben werden. Es muß stark unterstrichen werden, daß die deutsche Politik sich im Donauraum nicht ausschalten läßt und bereit ist, an allen für Deutschland annehmbaren Lösungen mitzuarbeiten.

3.) *Vermieden* werden sollen alle Betrachtungen, die als eine *einseitige Einmischung Deutschlands in die österreichische Innenpolitik* gedeutet werden können; d. h., die deutsche Presse braucht der österreichischen Regierung keine Ratschläge zur Beseitigung der innerpolitischen Krise zu geben. Nachrichten über die inneren österreichischen Zustände können wie bisher veröffentlicht werden. Bei einer Kommentierung sollen jedoch die vorstehenden Gesichtspunkte beachtet werden.«

Quelle: ADAP 1918–1945, Serie C: 1933–1937, Bd. III, 1, Nr. 222 (28. 9. 1934).

XIII. Reaktionen auswärtiger Mächte

Militärische Vorbeugungsmaßnahmen Italiens

Roms Regierungskommuniqué vom 26. 7. 1934

»Sogleich nach der Nachricht von der Ermordung von Kanzler Dollfuß, d. h. um 16 Uhr am 25. Juli, wurden bei der Möglichkeit von Komplikationen Bewegungen von Land- und Luftstreitkräften gegen die Brennergrenze und Kärnten zu angeordnet. Diese Streitkräfte sind ausreichend, um jeglicher Eventualität entgegenzutreten. Trotzdem ist es erlaubt, in dem Augenblick, da die Situation in Österreich sich normalen Verhältnissen anzunähern scheint, anzunehmen, daß es nicht nötig sein wird, über jene Maßregeln hinauszugehen, die den Charakter vorbeugender Schritte haben.«

Quelle: FREUND, Weltgeschichte der Gegenwart in Dokumenten, Bd. I, S. 267.

Dokumente

Mussolini sieht Hitler als Dollfuß-Mörder

Aus Starhembergs Memoiren

»... Ich leitete das Gespräch ein, indem ich nochmals dem Duce meinen Dank für die geleistete Hilfe ausdrückte und ihm auch die dankbare Gesinnung des Bundeskanzlers übermittelte. Der Duce sagte hierauf: ›Was ich getan habe, habe ich auch für Europa getan. Denn es würde das Ende der europäischen Zivilisation bedeuten, wenn dieses Volk von Mördern und Päderasten‹ – und dieses Wort betonte er ganz besonders – ›sich in Europa ausbreiten könnte.‹ ...

›Es ist sicher, daß die nationalsozialistische Regierung diese Revolution angezettelt hat. *Es ist sicher, daß der Reichskanzler Hitler Dollfuß ermorden ließ.*‹ Und man merkte ihm seine Erregung an, als er zwar, ohne die Stimme zu erheben, dreimal hervorstieß ›Hitler ist der Mörder Dollfuß‘, Hitler ist der Mörder, er ist der Verantwortliche für den Mord.‹ Er sprach weiter über Hitler, wobei seine abgrundtiefe Verachtung für Hitler, den er ›einen scheußlichen, sexuell entarteten, gefährlichen Narren‹ nannte, zum Ausdruck kam. Über den Nationalsozialismus äußerte er sich in der schärfsten Form. Er bezeichnete den Nationalsozialismus als eine ›Revolution des altgermanischen Urwaldes gegen die römisch-lateinische Zivilisation‹. Er wurde geradezu leidenschaftlich, als er sagte, daß man es nicht wagen dürfe, den Nationalsozialismus und den Faschismus auf eine Ebene zu stellen. ...

Vielleicht werden die Großmächte die deutsche Gefahr erkennen. Vielleicht wird es möglich sein, eine große Koalition gegen Deutschland zu organisieren. *›Ich kann nicht immer‹, so fuhr er fort, indem er beinahe höhnisch dazu lachte, ›allein am Brenner aufmarschieren. Die anderen müssen auch zeigen, daß sie an Österreich und am Donauraum Interesse haben.‹*«

Quelle: STARHEMBERG, Memoiren, S. 202ff.

Das Kondolenztelegramm des französischen Ministerpräsidenten vom 26. 7. 1934

»Die Französische Regierung hat mit tiefem Schmerz die Nachricht von dem abscheulichen Attentat erhalten, das dem Kanzler Dollfuß das Leben gekostet hat. Im Namen der Französischen Regierung spreche ich Ihnen das ergriffene Beileid aus. Der Kanzler ist als ein Opfer seiner Treue gegenüber dem österreichischen Vaterlande gefallen, dessen Unabhängigkeit er bis zum Letzten verteidigt hat. Frankreich, fest der Aufrechterhaltung dieser Unabhängigkeit ergeben, schließt sich einmütig der Trauer Österreichs an.«

Quelle: FREUND, Weltgeschichte der Gegenwart in Dokumenten, Bd. I, S. 266.

Dokumente

Dollfuß in der Bewertung von Mussolini

»Telegramm
Sr. Exzellenz des Herrn kgl. italienischen Ministerpräsidenten Mussolini an den Herrn Vizekanzler Fürst Starhemberg.

26. Juli 1934

Das tragische Ende des Bundeskanzlers Dollfuß schmerzt mich tief stop Ihm verbunden durch die Bande persönlicher Freundschaft und gemeinsamer politischer Ansichten habe ich stets seine Beständigkeit, seine tiefe Bescheidenheit, seinen großen persönlichen Mut bewundert stop Die Unabhängigkeit Österreichs, für welche er fiel, ist ein Grundsatz, den Italien verteidigte und den es nun noch kraftvoller verteidigen wird stop In beispiellos schweren Zeiten hat Bundeskanzler Dollfuß dem Volke, dem er entstammte, mit absoluter Selbstlosigkeit und ungeachtet der Gefahr gedient stop Sein Angedenken wird nicht nur in Österreich in Ehren gehalten werden, sondern auch in der ganzen zivilisierten Welt, die mit ihrer moralischen Verurteilung die mittelbaren und unmittelbaren Verantwortlichen verdammt hat stop Wollen Sie den Ausdruck meines Beileides entgegennehmen, das gleichzeitig den Ausdruck des Abscheues und des Mitempfindens des italienischen Volkes interpretieren soll.

Mussolini«

Quelle: Neues Politisches Archiv (Staatsarchiv), Wien, Fasc. 459, Nr. 908.

Ein Reichswehrbericht über Italiens militärische Reaktionen

Aufzeichnung des Gesandtschaftsrats Theodor Kordt (Büro Staatssekretär)

»Geheim   Berlin, den 27. Juli 1934

Legationssekretär Adolf von Bülow teilt aus dem Reichswehrministerium mit, daß nach neuen dort vorliegenden Nachrichten die Berghänge beiderseits Sterzing große Truppenlager aufwiesen. Die Stärke werde auf etwa 1 Division geschätzt. Formationen der 11. I.D. seien festgestellt.

Im Sarntal nördlich von Bozen sei eine 2. Division festgestellt worden. Am 26. abends seien die Formationen der 11. I.D. mit scharfer Munition versehen worden. Im ganzen ist festzustellen, daß seit gestern die im Raume von Bozen vorhandenen Formationen weiter nach Norden gegen die Grenze zu gezogen worden sind.

Das Reichswehrministerium ist der Ansicht, daß es sich um eine Bereitstellung für den Fall weiterer Zwischenfälle handelt.

KORDT«

Quelle: ADAP 1918–1945, Serie C: 1933–1937, Bd. III, 1, Nr. 128 (27.7.1934).

Dokumente

Ist Österreich den Kriegsfall wert?

Eine italienische Anfrage vom 27. 7. 1934

»Sir, I have the honour to report that when I saw the Under-Secretary of State for Foreign Affairs this morning ...
 As regards the immediate future, he thought there was nothing to be done but to watch developments closely. Suggestions had been made that perhaps England, France and Italy might go beyond their February declaration and declare that interference with the independence of Austria would be regarded as a casus belli. He did not, however, believe that His Majesty's Government would lend themselves to any such declaration in view of the marked disinclination of British public opinion to assume further continental liabilities. ...
 In conclusion, Signor Suvich said that the most encouraging feature of recent developments was that they at least disposed of the Nazi contention that they enjoyed the backing of practically the whole of Austrian opinion.«

Quelle: DBFP 1919–1939, Second Series, Vol. VI, 1933–1934, No. 539 (July 27, 1934).

Berlin protestiert gegen Drohungen und Beleidigungen aus Italien

Aus dem Bericht der Deutschen Gesandtschaft in Rom vom 29. 7. 1934

»Der Botschafter in Rom von Hassell an das Auswärtige Amt
Telegramm
Nr. 173 vom 28. 7.   Rom, den 29. Juli 1934, 0 Uhr 15
Habe heute erste Unterhaltung nach Wiener Ereignissen mit Suvich gehabt und damit begonnen, lebhafte Beschwerde über Haltung italienischer Presse zu führen. Ich sei gewiß der erste, der für italienische Gesichtspunkte Verständnis aufbringen könnte und angesichts furchtbarer Ereignisse in Wien einen scharfen Ton der italienischen Presse verstehen würde. Indessen lasse italienische Presse fast durchweg jedes Maß und jede Objektivität vermissen, verwende einen unglaublichen Ton, bringe schamlose Karikaturen, beleidige den Führer und aktiven Reichsminister und scheue auch vor offener Illoyalität nicht zurück. Suvich erwiderte, daß er letzteren Ausdruck jedenfalls nicht akzeptieren könnte ...
 Ich machte dann Suvich darauf aufmerksam, daß nicht wenig Zeitungen offene Drohungen mit Gewalt enthielten, und fragte ihn, was diese Drohungen im Zusammenhang mit angekündigten militärischen Maßnahmen zu bedeuten hätten. Suvich erwiderte, daß wie im Communiqué klar gesagt, militärische Maßnahmen lediglich Vorsichtsmaßnahmen seien. Es werde keine Aktion beabsichtigt, sofern weder von Deutschland noch von Jugoslawien her fremde Kräfte in Österreich einmarschieren und sofern, wie jetzt offenbar, österreichische Regierung Heft in der Hand behalte.«

Quelle: ADAP 1918–1945, Serie C: 1933–1937, Bd. III, 1, Nr. 132 (29. 7. 1934).

Dokumente

Die Drei-Mächte-Erklärung über Österreichs Unabhängigkeit vom 27. 9. 1934

Communiqué über die Vereinbarung der englischen, französischen und italienischen Regierung zur österreichischen Frage

»Die Vertreter Frankreichs, des Vereinigten Königreichs und Italiens haben eine erneute Prüfung der österreichischen Situation vorgenommen und sind dann im Namen ihrer Regierungen übereingekommen, anzuerkennen, daß die Erklärung vom 17. 2. 1934 über die Notwendigkeit, die Unabhängigkeit und Integrität Österreichs in Übereinstimmung mit den geltenden Verträgen aufrechtzuerhalten, voll in Kraft bleibt und weiterhin ihre gemeinsame Politik inspirieren wird.«

Quelle: FREUND, Weltgeschichte der Gegenwart in Dokumenten, Bd. I, S. 269f.

Italien und Österreichs Unabhängigkeit

(Aus Mussolinis Rede vom 6. 10. 1934)

»Wir haben die Unabhängigkeit der Österreichischen Republik verteidigt und werden sie verteidigen, eine Unabhängigkeit, die durch das Blut ihres Kanzlers geweiht worden ist, der klein an Gestalt, aber groß an Geist und Seele gewesen ist. Die, die behaupten, daß Italien aggressive Ziele verfolgt oder daß es eine Art Protektorat über diese Republik errichten will, kennen entweder die Tatsachen nicht oder lügen bewußt.«

Quelle: FREUND, Weltgeschichte der Gegenwart in Dokumenten, Bd. I, S. 270.

Die Drei-Mächte-Erklärung von Stresa vom 14. 4. 1935

Das Ergebnis der Konferenz von Stresa

»Resolution der Vertreter der Regierung Italiens, Frankreichs und Englands vom 14. 4. 1935
... 3. Die Vertreter der drei Regierungen prüften von neuem die österreichische Lage; sie bestätigten die englisch-französisch-italienischen Erklärungen vom 17. 2. und 27. 9. 1934, durch die die drei Regierungen anerkannten, daß die Notwendigkeit, die Unabhängigkeit und Unversehrtheit Österreichs aufrechtzuerhalten, auch weiterhin ihre gemeinsame Politik bestimmen werde. Hinsichtlich des französisch-italienischen Protokolls vom 7. 1. 1935 und der englisch-französischen Vereinbarung vom 3. 2. 1935, in welchen die Absicht bekräftigt wurde, sich gemeinsam über die Maßnahmen zu beraten, die im Falle der Bedrohung der Unversehrtheit und Unabhängigkeit Österreichs ergriffen werden müssen, kamen sie überein, zu empfehlen, daß Vertreter aller im römi-

schen Protokoll genannten Regierungen zu einem möglichst frühen Zeitpunkt zusammenkommen sollen, um die mitteleuropäische Vereinbarung abzuschließen ...
  Die drei Mächte, deren politisches Ziel die kollektive Aufrechterhaltung des Friedens im Rahmen des Völkerbundes ist, sind völlig einig in dem Bestreben, sich mit allen geeigneten Mitteln jeder einseitigen Aufkündigung von Verträgen zu widersetzen, die den europäischen Frieden gefährden könnte, und werden zu diesem Zweck in enger und freundschaftlicher Zusammenarbeit vorgehen.«
Quelle: FREUND, Weltgeschichte der Gegenwart in Dokumenten, Bd. I, S. 141ff.

Zu Österreichs europäischer Schlüsselstellung

Aus der Rede des englischen Außenministers Sir Samuel Hoare im Unterhaus am 11. Juli 1935

»Immer wieder haben wir unsere wohlüberlegte Ansicht dargelegt, daß *Österreich strategisch und wirtschaftlich eine Schlüsselstellung in Europa* einnimmt und daß eine Änderung in seinem Status die Grundlagen des europäischen Friedens erschüttern würde. Wir werden daher auch weiterhin unser innigstes und von Sympathie erfülltes Interesse den tapferen Anstrengungen zuwenden, die seine Regierung und sein Volk machen, um ihr unabhängiges Dasein zu erhalten und zu stärken. Dies ist einer der Gründe, aus welchem die britische Regierung gerne ohne weiteren Verzug den Abschluß eines Donaupaktes des Nichtangriffs und der Nichteinmischung für Zentraleuropa sehen würde.«
Quelle: Rot-Weiß-Rot-Buch, S. 54.

XIV. Kommentare zur Widerstandsrolle von Engelbert Dollfuß

Unter den amtierenden Regierungschefs Europas war Engelbert Dollfuß der erste, der sich Hitler direkt zum Kampf stellte, seine Kriminalität klar durchschaute, und der einzige unter den Regierungschefs während der ganzen NS-Ära, der im Kampf mit Hitler für sein Land gefallen ist.

Karl Renner zur Nachwirkung von Dollfuß

Aus dem Lager der unmittelbaren innenpolitischen Gegner der Vaterländischen Front kommentierte der einflußreiche sozialdemokratische Politiker und Staatsmann Karl Renner die Folgen des nationalsozialistischen Aufstandes und Mordes an Dollfuß im Juli 1934 mit den Worten:
  »Der Sieg der [österreichischen] Exekutive war vollkommen. ... Die Führerschaft der siegenden Front ehrte ihn [Dollfuß] in dankbarer Hingabe. Sein

Dokumente

erschütternder Tod warb für seine Sache und ließ die gewundenen Wege, auf denen sein Erfolg errungen war, bald vergessen. Er wurde der Reaktion zum Märtyrer und Heros, und sein Prestige stellte das Luegers und Seipels in den Schatten. Er wurde neben Seipel in der ›Kanzlerkirche‹ beigesetzt und diese zur vornehmsten Kultstätte der Vaterländischen Front.«

Quelle: RENNER, Karl: Nachgelassene Werke. Bd. II: Österreich von der Ersten zur Zweiten Republik. Wien 1953, S. 142.

Frankreich stellt sich hinter die Dollfuß-Regierung

Bericht des Gesandten der USA in Wien (Messersmith) an den US-Außenminister vom 21. 6. 1934

»Der französische Außenminister Barthou traf auf dem Weg nach Bukarest am 19. Juni in Wien ein. Nach einer Aussprache zwischen Dollfuß und Barthou erklärte ein offizielles, von der französischen Gesandtschaft gebilligtes Kommuniqué der österreichischen Regierung, daß die französische Regierung gemeinsam mit den Regierungen Italiens und Großbritanniens ›fortfahren werde, die Unabhängigkeit Österreichs zu garantieren‹. Später sagte Barthou in einem autorisierten Presseinterview:
›Frankreichs ganze Macht steht hinter der Unabhängigkeit Österreichs, einer Unabhängigkeit, wie sie durch die Persönlichkeit des Bundeskanzlers verkörpert wird. Hinsichtlich des nationalsozialistischen Terrors, von dem Euer Land so viel zu leiden hat‹, fügte Barthou hinzu, ›wünsche ich folgendes zu sagen: *Wir stehen ganz auf der Seite der Dollfuß-Regierung. Die Freiheit und der Friede Österreichs müssen unter allen Umständen garantiert werden.* Wir werden diese Freiheit mit allen Mitteln schützen.‹
Die französische Gesandtschaft hier bestätigte, daß dies auch die Substanz der Äußerungen von Barthou Dollfuß gegenüber gewesen sei, und fügte hinzu, Barthou habe Dollfuß des Vertrauens der französischen Regierung in seine Staatsführung versichert.«

Quelle: Foreign Relations of the United States. Diplomatic Papers. Vol. II, Washington 1951, S. 28.

Preis und Wirkung des österreichischen Abwehrsieges

Kommentar von »The Observer«, London, vom 29. 7. 1934

»Die wichtige, vielleicht historische Folge des Verbrechens vom Mittwoch besteht in der ganzen Welt in einer wachsenden Konzentration von Aufmerksamkeit – nicht auf Wien – sondern auf Berlin … Die von Panik gekennzeichneten Maßnahmen, die Herr Hitler im nachhinein ergriff, um die Entrüstung der Welt in andere Bahnen zu lenken, führten unweigerlich zur entgegengesetzten Wirkung, d. h. zur Verstärkung der Entrüstung ... Die Panik in Berlin ist das Gute, das aus dem Bösen herauskommt.

Dr. Dollfuß, der heldenmütig das schwache Österreich gegen eine mächtige, skrupellose Intrige verteidigte, ist der Preis, der für den Weiterbestand Österreichs bezahlt werden mußte. Der Preis ist bitter und wird allgemein schwer empfunden, aber damit *hat Dollfuß in unvergeßlicher Weise sowohl Österreich als auch Europa gedient. Dr. Dollfuß hat mehr als irgendein Mann in Europa getan, um Europa – einschließlich Deutschland – vor dem Nazitenor Berlins zu bewahren. Das ist seine wahre Bedeutung* ...

Durch sein Leben zeigte er, daß sich ehrlicher Mut auch großen Hindernissen zum Trotz durchsetzen kann. Die bewaffneten Abenteurer, die zuvor ein großes Deutschland unterworfen hatten, dachten, daß sie nun um so leichter ein kleines Österreich in die Unterwerfung hineinprügeln könnten. Dr. Dollfuß riskierte sein Leben, um das zu widerlegen. Am 18. Februar dieses Jahres erhielt er Ermutigung und Unterstützung durch ein gemeinsames britisches, französisches und italienisches Versprechen, ihn in seiner Entschlossenheit zur Aufrechterhaltung der österreichischen Unabhängigkeit zu unterstützen. Das war sein erster Triumph.«

Quelle: s. o.

Dollfuß und die deutsche Kultur

Ein Kommentar der »Times«, London, vom 30. Juli 1934

»Durch seinen Tod hat Dr. Dollfuß Zeugnis dafür abgelegt, daß es in der Tat eine deutsche Kultur gibt, die würdig ist, daß man sie rette.«

Quelle: s. o.

»Der im Alter von 41 Jahren ermordete Herr Dollfuß ... wird als jener Kanzler Österreichs in Erinnerung bleiben, der, zum Führer des patriotischen Widerstandes seines Landes berufen, trotz gegnerischer Übermacht mit äußerster Tapferkeit gegen die Versuche des deutschen Nazismus gekämpft hat, Österreich mit Zwangsgewalt dem Dritten Reich einzuverleiben ... Als der Ansturm der Nazis begann, erwies sich Dollfuß der Herausforderung gewachsen. Er wurde zwar mit jedem der Nazipropagandamaschinen bekannten Tricks verunglimpft und bedroht ... Er aber hielt unerschrocken seine Position und erklärte, nachdem er einem Mordanschlag nur knapp entronnen war: ›jetzt erst recht‹. Mit Hilfe fähiger Mitarbeiter führte er nicht nur den Kampf gegen die Ausschreitungen, die Verschwörung und die Propaganda der Nazis ... mit einer in Österreich nicht erwarteten Dynamik, sondern er organisierte zugleich auch eine stärkere Anhängerschaft zu jener Erneuerung des Patriotismus, in der er die notwendige Voraussetzung für eine wirksame Abwehr der Nazisturmflut erblickte.«

Quelle: »London Times« vom 26. Juli 1934.

Dokumente

Jüdische Stimmen zum Dollfuß-Mord

Jüdische Front, 3. Jg. Nr. 12, 31. 7. 1934:
»Bundeskanzler Dollfuß. Trauer und Gedenken. ... Denn in dieser Zeit, als der Haß gegen unsere Brüder und ihre Rechte anstürmte, war Bundeskanzler Dollfuß derjenige, der unbeirrt von den Losungen einer verhetzten Minderheit in der neuen ständischen Verfassung unsere Gleichberechtigung verankerte, eine Tat, die vielleicht nicht populär war, aber dem Gefühl der Gerechtigkeit und der inneren Verantwortung als Führer entsprang. Wir wissen ihm Dank dafür, daß er uns nicht zu Menschen zweiter Sorte stempeln ließ, daß er der Kameradschaft, die im Weltkriege Christen und Juden verband, nicht vergaß.«

Wiener Jüdisches Familienblatt, 2. Jg. Nr. 10, August 1934:
»Dem toten Kanzler Österreichs.
Dollfuß heißt Österreich!
Der Kanzler hat uns zum Vaterland geformt ...
Dem neuen Österreich hat er mit seinem Leben und mit seinem Sterben den Helden geschenkt, in dessen Bild die Vaterlandsliebe ihr unauslöschliches Beispiel gefunden hat ... Glaube an Gott, Vertrauen zu Gott: welcher Mensch, welcher wahre Jude vor allem, wollte sich der Einsicht verschließen, daß nur diesen der Wille und die Fähigkeit entspringt, der Menschheit Bahnen in eine bessere Zukunft zu weisen? ...«
Quelle: MADEREGGER, Die Juden im Österreichischen Ständestaat 1934–1938.

Die Neue Zürcher Zeitung zur Rolle von Dollfuß und Österreich in der europäischen Politik

Der Kanzlermord in Wien

»Bundeskanzler Dollfuß hat in seinem Kampf für die Unabhängigkeit Österreichs sein Leben zum Opfer bringen müssen. ...
Es ist heute für ganz Europa klar geworden, daß mehr als das politische Interesse der Mächte an einem selbständigen österreichischen Staat und mehr als die Unabhängigkeit Österreichs allein auf dem Spiele steht. Der nationalsozialistische Terror, der von deutschem Boden aus und von der herrschenden Partei Deutschlands geschürt, gefördert und befohlen wurde und die Grundlagen des österreichischen Volkes unterwühlte, ist als Vorläufer einer der Gemeinschaft aller Staaten bedrohenden *Anarchie* enthüllt. Das Umsichgreifen dieser Anarchie würde den Frieden und jede soziale Ordnung in Europa in Frage stellen. An der österreichischen Tragödie ist das der Welt zum Bewußtsein gekommen, und diese Erkenntnis ist von größter Tragweite. ...
Von der Wiederherstellung geordneter Zustände in Österreich hängt alles ab. Wie sich das Regime nach dem Tode des Bundeskanzlers gestalten wird und ob es sein Versprechen, das Vermächtnis Dollfuß' zu wahren und sein Werk fortzusetzen, in innerer Geschlossenheit erfüllen kann, wird die Zukunft

zeigen. Wenn die Einmischung des deutschen Nationalsozialismus aufhört, ist die Aufgabe zu lösen. Dollfuß war kein Tyrann und kein machtgieriger Autokrat; er war ein Staatsmann, der seine Idee, die Unabhängigkeit Österreichs, mit den harten Mitteln verteidigen mußte, die ihm ein brutaler Gegner selbst diktierte.«

Quelle: Neue Zürcher Zeitung vom 26. Juli 1934, Abendausgabe.

Zur Rolle von Dollfuß bei der Begründung des geistigen Widerstandes

»Die neue Revolution aber setzte vor allem eines voraus, wenn sie gelingen sollte, und das haben ihre Gegner sicherlich weder beabsichtigt noch auch bedacht: Das Wiedererwachen des Vaterlandsgefühls, den Willen zum Staat und, aus ihm geboren, den Glauben an Österreich. Diesen haben nicht die politischen Parteien neu entdeckt und in der Masse verwurzelt, und auch nicht die wirtschaftlichen, wissenschaftlichen oder religiösen Kräfte, die im Lande wirkten und ebensowenig jener Teil der Konservativen, denen es in erster Linie um die Form im Staate zu tun war, ohne daß sie bedächten, daß dessen Erhaltung die erste und grundlegende Voraussetzung jeder späteren Entwicklung bleibt. Der erste Verkünder dieses Gedankens, sein Fahnenträger und Märtyrer gewesen zu sein, bleibt Engelbert Dollfuß' historischer Verdienst.«

Quelle: SCHUSCHNIGG, Dreimal Österreich, S. 214f.

Amerikanische Gesandtschaftsberichte zur Abwehrpolitik der Regierung Dollfuß

»(a) Die unablässige Maßnahme der Regierung, die Versuche der Nationalsozialisten, das gegenwärtige Regime zu stürzen, zu durchkreuzen, waren bemerkenswert erfolgreich ... Trotz widriger Aussichten wird Österreichs kleiner Eiserner Kanzler verbissenen Widerstand mit der moralischen Unterstützung Großbritanniens, Frankreichs und Italiens leisten, welcher – wie ich hoffe – von Erfolg gekrönt sein wird.

(b) Die übereinstimmende Ansicht von Presse und ausländischen Beobachtern ist, daß es niemanden heute in Österreich gibt, der Dollfuß bei der Fortsetzung der gegenwärtigen Politik in Österreich ersetzen könnte. ...

Wie in meinem oben bezogenen Telegramm berichtet, ist es die die übereinstimmende Ansicht in Österreich, daß niemand in diesem Lande außer Dollfuß die nötigen Eigenschaften besitzt, die Politik, die er begonnen hat, fortzusetzen. Alle Parteien sind sich dessen bewußt, daß der Angriff auf sein Leben seine Position bedeutend gestärkt hat, und es herrscht allgemeine Befriedigung darüber, daß er mit dem Leben davongekommen ist. ...

(c) Die Regierung Dollfuß hat die Antianschlußbewegung dadurch beeinflußt, daß sie den Österreichern wieder ihre eigene Nationalität bewußt machte durch Hinweis auf ihre glänzende politische und kulturelle Vergangenheit

Dokumente

und dadurch, daß sie innerhalb von sechs Monaten die Achtung und Sympathie der ganzen zivilisierten Welt erringen konnte. ...
(d) Ich habe die Ehre zu berichten, daß die politische Situation in Österreich zum Jahresende zweifellos eine Quelle großer Befriedigung für die Regierung ist. Sie kann auf ein Jahr mit außerordentlichen Erfolgen zurückblicken. Unter der fähigen Führung des Kanzlers Dollfuß hat die Regierung in einem Jahr mehr Fortschritte bei der Stabilisierung der Finanzen als die meisten anderen kontinentalen Länder gemacht. In der inneren Politik hat sie dem massiven Angriff der Hitler-Bewegung widerstanden. Auf internationaler Ebene erfreut sich Österreich der Sympathie und des guten Willens der ganzen Welt mit Ausnahme Deutschlands. *Der größte Erfolg aber war das erfolgreiche Streben, die Unabhängigkeit zu bewahren und damit wahrscheinlich den Frieden Europas.*«
Quelle: GOLDNER, Dollfuß im Spiegel der US-Akten, S. 60 (a); S. 66 (b); S. 78 (c); S. 76f. (d).

XV. Schuschniggs Strategie des Zeitgewinns

Italiens Aggressionskrieg gegen Italien bewirkte ab 1935 den Zerfall der diplomatischen Phalanx London–Paris–Rom zum Schutz Österreichs und ebenso eine Annäherung Italiens an das Dritte Reich. Auch die Beschwichtigungspolitik der Westmächte und Polens dem Dritten Reich gegenüber trugen zur wachsenden Isolation Österreichs bei. Bundeskanzler Schuschnigg war deshalb bemüht, durch partielle Konzessionen Zeit bis zu einer erhofften Wiederherstellung einer Österreich schützenden Kombination von Großmächten zu gewinnen.

Schuschnigg zur europäischen Dimension österreichischer Außenpolitik

»Sie können überzeugt sein, immer dort, wo die Rufer zur europäischen Gemeinschaft und zur Zusammenarbeit am Werk sind, immer dort wird unter den Bannerträgern auch das kleine Österreich sein, das genau weiß, daß es nicht nur geographisch, sondern auch in noch weit größerem und wichtigerem Belange tatsächlich verbunden ist mit dem größeren Gedanken, daß sein Schicksal zweifellos das Schicksal Europas bleibt.«
Wien, 17. Mai 1935

»Es ist klar, daß wir Österreicher bedingungslos und nicht erst heute uns zum Gedanken einer großen europäischen Gemeinschaft bekennen, daß wir Österreicher ein Stück grundsätzlicher Ideologie des Staats darin sehen: dem Gedanken Europas, id est dem Gedanken des Friedens zu dienen.«
Wien, 17. Mai 1935

Quelle: TAUTSCHER, Schuschnigg spricht, S. 25f.

Dokumente

»Verstandesmäßig gesehen, kommen wir an der Tatsache nicht vorüber, daß das *Österreich* von heute eine *Notwendigkeit* ist, und daß wir unter allen Umständen dieses unser Haus, unser Vaterhaus, erhalten müssen, wenn oder weil wir ein Interesse haben an der Aufrechterhaltung des Friedens in Europa. – *Ohne ein unabhängiges Österreich* ist dieser *Friede* auf das schwerste *gefährdet.*«
Genf, Völkerbund, 12. 9. 1934

»Was Österreich begehrt, ist einerseits, daß das *europäische Interesse* an der Erhaltung Österreichs *praktisch betätigt* wird durch Schaffung entsprechender wirtschaftlicher Beziehungen wechselseitiger Natur, und anderseits, daß auch Österreich gegenüber die selbstverständlichen Grundsätze des Völkerrechtes, die auch wir gegenüber jedermann bedingungslos anzuerkennen bereit sind, respektiert werden.

Daß dieser Staat Österreich seiner nationalen Mission, die nicht von heute und von gestern ist, sondern Jahrhunderte zurückreicht, nur nachkommen kann als unabhängiger, freier, selbständiger Staat, das hat das Jahr 1934 bewiesen. Das ist die europäische Mission unseres Landes, liebe Freunde. Nicht mit Unrecht hat man immer und immer wieder in der letzten Zeit in den großen Zentren der Welt davon gesprochen, daß Österreich Garant sei für den Bestand des europäischen Friedens.«

Quelle: SCHUSCHNIGG, Österreichs Erneuerung, S. 9f. u. 136.

Das österreichisch-deutsche Abkommen vom 11. Juli 1936

Das Zerbrechen der sog. »Stresa Front« (London–Paris–Rom) zum Schutz Österreichs und die ebenfalls durch seinen Aggressionskrieg in Afrika bewirkte Entfremdung Italiens von England und Frankreich hatte Italien an die Seite des Dritten Reiches gedrängt und damit seine Politik der Rückendeckung Österreichs gegen Hitler in Frage gestellt. In dieser Situation suchte Schuschnigg Entspannung und einen modus vivendi mit dem Dritten Reich. Dies führte zum sog. »Juli-Abkommen«. Dem offiziellen Abkommen wurde jedoch ein Zusatzabkommen (gentlemen's agreement) beigefügt, dessen Bestimmungen dem Dritten Reich Möglichkeiten zur psychologischen und wirtschaftlichen Infiltration Österreichs boten.

Auszug aus dem offiziellen Abkommen:

»1. Im Sinne der Feststellung des Führers und Reichskanzlers vom 21. Mai 1935 anerkennt die deutsche Reichsregierung die volle Souveränität des Bundesstaates Österreich.

2. Jede der beiden Regierungen betrachtet die im anderen Land bestehende innerpolitische Gestaltung, einschließlich der Frage des österreichischen Nationalsozialismus, als eine innere Angelegenheit des anderen Landes, auf die sie weder mittelbar noch unmittelbar Einwirkung nehmen wird.

3. Die österreichische Bundesregierung wird ihre Politik im allgemeinen, wie insbesonders gegenüber dem Deutschen Reich, stets auf einer grundsätzlichen

Linie halten, die der Tatsache, daß Österreich sich als deutscher Staat bekennt, entspricht. Dadurch werden die Römischen Protokolle ex 1934 und deren Zusätze ex 1936 sowie die Stellung Österreichs zu Italien und Ungarn, als den Partnern dieser Protokolle, nicht berührt.

In der Erwägung, daß die von beiden Staaten gewünschte Entspannung sich nur verwirklichen lassen wird, wenn dazu gewisse Vorbedingungen seitens der Regierungen beider Länder erstellt werden, wird die österreichische Bundesregierung sowohl wie die Reichsregierung in einer Reihe von Einzelmaßnahmen die hierzu notwendigen Voraussetzungen schaffen.«

Quelle: Wiener Zeitung vom 12. Juli 1936.

Zur Beschwichtigungspolitik der Westmächte

Ein vom 22. November 1936 datierter Bericht des österreichischen Gesandten in Großbritannien Georg Frankenstein befaßt sich mit Darstellungen der europäischen Politik durch führende Presseorgane Großbritanniens, welche die von den Westmächten dem Dritten Reich gegenüber betriebene illusionäre Politik der Beschwichtigung sehr klar zum Ausdruck bringen:

»Sein Leitartikel [gemeint ist der von James L. Garvin in der Zeitschrift ›Observer‹] vom letzten Sonntag ist vornehmlich dem Nachweis gewidmet, daß der Prozeß deutscher Einigung noch nicht zu Ende geführt sei und das unverrückbare Ziel Hitlers, des Propheten des größeren Deutschlands, bilde. Die Eingliederung Österreichs in irgendein System engerer Einheit mit den anderen Deutschen sei nicht weniger natürlich und unvermeidlich als der Zusammenschluß der deutschen Staaten unter Bismarcks Führung. Ohne eine Wiedervereinigung mit der Masse ihres Volkes hätten die Österreicher keine große und sichere Zukunft. Diese bedeutungsvolle Frage müsse zwischen den Deutschen selbst entschieden werden. Großbritannien habe damit nichts zu tun. Es wäre ein Wahnsinn, sich da einzumischen. ...

Die Tschechoslowakei bezeichne er als einen unnatürlichen und unhistorischen Staat, für dessen Erhaltung Großbritannien auf gar keinen Fall zu den Waffen greifen würde.

Der ›Manchester Guardian‹ veröffentlicht heute einen Bericht seines diplomatischen Korrespondenten in Berlin, in dem dieser erklärt, Frankreich könne und wolle gegen eine friedliche Aufsaugung Österreichs durch Deutschland nicht intervenieren. Großbritannien sei an der österreichischen Frage nicht vital interessiert.«

Quelle: Der Hochverratsprozeß, S. 525.

Dokumente

Trotz des Juli-Abkommens bleibt der Nationalsozialismus »Feind und Gegner«

Um Gerüchten entgegenzuwirken, das Juli-Abkommen sei ein erster Schritt zum Anschluß, hielt Schuschnigg am 26. November 1936 eine Rede in Klagenfurt, in der er u. a. sagte:

»Es handelt sich hierbei [beim Juli-Abkommen] um Vereinbarungen von Staat zu Staat, die mit Fragen innerpolitischer Natur nichts zu tun haben können. Die Richtung, die wir gingen, bewegt sich in der gleichen Bahn wie jene, die Dollfuß eingeschlagen hat. ... Der Nationalsozialismus in Österreich – nur dieser hat uns zu interessieren, denn der Nationalsozialismus in Deutschland muß aus dem politischen Aufgabenkreis der VF und deren Betrachtung ausgeschlossen bleiben – steht uns als Feind und Gegner gegenüber. Diese Auseinandersetzung bleibt somit eindeutig und klar eine Angelegenheit ausschließlich innerösterreichischer Politik, die uns nicht hindert, jede Erleichterung und jeden Erfolg, den die Führung des Deutschen Reiches erzielt, mit Freude und Genugtuung zu empfinden. Wir waren und wir sind nicht antideutsch und haben keinerlei Ursache, nicht gemeinsam den Weg des Friedens zu gehen. Wir halten vielmehr eine Verständigung der Völker möglich und im Interesse aller für notwendig und werden daher immer dort zu finden sein, wo aufrichtig und ehrlich eine solche Verständigung erstrebt wird.«

Quelle: Wiener Zeitung vom 27. November 1936.

Es geht nur noch um Zeitgewinn

Auszug aus einem persönlichen Brief Schuschniggs vom 31. Mai 1937 an General Edmund Glaise-Horstenau, einer führenden Persönlichkeit im Lager der sog. »Nationalen«, dem der Bundeskanzler zu Unrecht sein Vertrauen geschenkt hatte:

»Die Tatsache, daß das Wiederaufleben des österreichischen Patriotismus auf breiter Basis die Gegendruckerscheinung gegenüber der Hemmungslosigkeit der nationalsozialistischen Propaganda war, läßt sich nicht aus der Welt schaffen. ...

Was weiter vernünftigerweise gemacht werden kann, um ohne Porzellan zu zerschlagen zu einer Fundierung des 11.-Juli-Abkommens zu gelangen, soll geschehen. Du weißt, wie weit ich in meinen Ideen zu gehen bereit gewesen wäre, um Österreichisches und Reichsdeutsches in einer Synthese zu vereinigen. Ich weiß heute vollkommen, daß diese Ideen undurchführbar und irreal sind. Wir müssen daher nach neuen Wegen suchen. Sicher ist für mich nur das eine: Eine Teilnahme von Nationalsozialisten an der Regierung in Österreich kommt derzeit und unter meiner Verantwortung sicher nicht in Frage. Die Wege zur politischen Mitbestimmung und Verantwortung müssen in einem Lande, das den Juli 1934 mitmachen mußte, von der Pike auf gegangen werden. ... Nicht auf das Wursteln kommt es an, sondern auf das Zeitgewinnen.«

Quelle: REICHOLD, Kampf um Österreich, S. 284–287.

Dokumente

Hitler droht Österreich mit Krieg und Vergeltung

Auszug aus den von Drohung und Erpressung gekennzeichneten Äußerungen Hitlers in dessen Gespräch mit Schuschnigg auf dem Obersalzberg bei Berchtesgaden am 12. Februar 1938:
Hitler: »Das sagen Sie, Herr Schuschnigg. Ich sage Ihnen, ich werde die ganze sogenannte österreichische Frage lösen, und zwar so oder so! Glauben Sie, ich weiß nicht, daß Sie die österreichische Grenze gegen das Reich befestigen lassen …«
»Glauben Sie doch nicht, daß Sie auch nur einen Stein bewegen können, ohne daß ich es schon am anderen Morgen in allen Einzelheiten erfahre.«
Hitler: »Ich brauche nur einen Befehl zu geben, und über Nacht ist der ganze lächerliche Spuk an der Grenze zerstoben. Sie werden doch nicht glauben, daß Sie mich auch nur eine halbe Stunde aufhalten können? Wer weiß – vielleicht bin ich über Nacht auf einmal in Wien; wie der Frühlingssturm! Dann sollen Sie etwas erleben! Ich möchte es den Österreichern gerne ersparen; das wird viele Opfer kosten; nach den Truppen kommt dann die SA und die Legion; und niemand wird die Rache hindern können, auch ich nicht! Wollen Sie aus Österreich ein zweites Spanien machen? Das alles möchte ich, wenn es angeht, vermeiden.« …
Ich: »Ich werde mich erkundigen und alle eventuellen Grenzarbeiten an der deutschen Grenze einstellen lassen. Ich weiß natürlich, daß Sie in Österreich einmarschieren können; aber, Herr Reichskanzler, ob wir es wollen oder nicht – das wird ein Blutvergießen geben; wir sind nicht allein auf der Welt. Das bedeutet wahrscheinlich den Krieg.« …
Hitler: »Das sagt sich sehr leicht; jetzt, wo wir beide in Klubsesseln sitzen. Aber dahinter steht eine Unsumme von Leid und Blut. Das wollen Sie auf Ihre Verantwortung nehmen, Herr Schuschnigg?« …
»Übrigens hat Österreich überhaupt nie etwas getan, was dem deutschen Reich genützt hat. Seine ganze Geschichte ist ein ununterbrochener Volksverrat. Das war früher nicht anders wie heute. Von England haben Sie nichts zu erwarten! Und Frankreich? – Ja, vor zwei Jahren noch, als wir mit einer Handvoll Bataillone ins Rheinland einmarschierten – damals habe ich viel riskiert. Wenn Frankreich damals marschiert wäre, hätten wir uns zurückziehen müssen.« …
»Ich gebe Ihnen die einmalige Gelegenheit, Herr Schuschnigg, daß Sie auch Ihren Namen in die Reihen der großen Deutschen einfügen können. Das wäre eine verdienstliche Tat, und alles könnte sich regeln.« …
»Ich habe mich entschlossen, einen allerletzten Versuch zu unternehmen, Herr Schuschnigg. Hier ist der Entwurf. Verhandelt wird nicht; ich ändere keinen Beistrich. Sie haben entweder zu unterschreiben, oder alles Weitere ist zwecklos, und wir sind zu keinem Ergebnis gekommen; ich werde dann im Laufe der Nacht meine Entschlüsse zu fassen haben.«
Quelle: SCHUSCHNIGG, Ein Requiem in Rot-Weiß-Rot, S. 38–51.

Dokumente

Otto von Habsburgs Planung für Widerstand

Auszüge aus einem Schreiben des letzten Thronfolgers der Österreichisch-Ungarischen Monarchie an Bundeskanzler Kurt Schuschnigg mit Vorschlägen für aktiven Widerstand. In seiner Antwort lehnte es der Bundeskanzler höflich, doch entschieden ab, Otto die Leitung der Regierung zu übergeben. Unter den gegebenen Umständen wäre dies der Selbstmord des Landes und der Dynastie.

»17. Februar 1938 ›In der Fremde‹

Lieber Herr von Schuschnigg.

Mit den Ereignissen der letzten Tage hat eine neue Phase im Leben unseres Volkes begonnen. Es ist dem Feinde Österreichs gelungen, uns ein neues Abkommen zu diktieren, welches seinen Einmischungen Tür und Tor öffnet.

Im vollen Bewußtsein der ganzen Tragweite halte ich es für meine Pflicht, Ihnen, lieber Herr von Schuschnigg, folgenden Plan zur Rettung der schwer bedrohten Heimat auseinanderzusetzen.

Der Hauptpunkt dieses Planes betrifft die Außenpolitik: Wir sind heute in Österreich dem Drucke eines gewaltigen Nachbars ausgesetzt, der unsere Existenz zerstören will. Wir müssen uns daher nach Mächten umsehen, die diesen Druck aufwiegen können. Die Wahl kann hierbei nur auf die Westmächte fallen, die unserem Vaterland sympathisch gegenüberstehen.

Auf militärischem Gebiet muß Österreich nach Kräften für eine Aufrüstung wirken, und dieser imperativen Pflicht anderweitige, noch so dringende finanzielle Begehren unterordnen.

In den Fragen der Innenpolitik wird es für das Heil der Heimat notwendig sein, nach drei Richtungen hin zu wirken. Vorerst muß die Befriedung nach links aktiv betrieben werden. Die Arbeiter haben in den letzten Tagen bewiesen, daß sie Patrioten sind.

Eine weitere Kraft, die noch nicht verbraucht ist, ist der Legitimismus. Diese Bewegung – und für das übernehme ich die Garantie –, geht mit Ihnen durch das Feuer, wenn sie die Gewißheit hat, damit für die Unabhängigkeit Österreichs zu wirken.

Sollten Sie einem Druck von deutscher oder betont nationaler Seite nicht mehr widerstehen zu können glauben, so bitte ich Sie, mir, wie immer die Lage auch sei, das Amt eines Kanzlers zu übergeben. Ich bin fest entschlossen, zum Schutz von Volk und Staat bis zum Äußersten zu gehen, und ich bin überzeugt, dabei Widerhall beim Volke zu finden.

Ich handle nur deswegen so, weil ich dies als meine Pflicht ansehe, denn, wenn Österreich in Gefahr ist, hat der Erbe des Hauses Österreich mit diesem Lande zu stehen und zu fallen.«

Quelle: ANDICS, Der Fall Otto Habsburg, S. 88–95.

Dokumente

Bis hierher und nicht weiter

Auszug aus der Rede Schuschniggs vor dem Bundesrat am 24. Februar 1938, mit der der Bundeskanzler seine Entschlossenheit bekundete, keine weiteren Konzessionen zu machen:

»Ich habe von einem ehrlichen Frieden gesprochen. ...
Wir wissen genau, daß wir bis zu jener Grenze gehen konnten und gingen, hinter der ganz klar und eindeutig ein: ›Bis hieher und nicht weiter‹ steht. ...

Eines sei in diesem Zusammenhang außer Zweifel gestellt: Der Österreicher, der sein Vaterland frei und unabhängig will, denkt hiebei an alles andere, nur nicht an den Friedensvertrag. ...

Maßgebend bleibt der feste Wille des österreichischen Volkes und die unabänderliche Überzeugung seiner verantwortlichen Führung, daß unser Österreich Österreich bleiben muß. ...

Wir haben uns unsere Grenzen nicht ausgesucht, aber das, was wir haben, das wollen und werden wir behalten! ...

Auf dieser geraden und jeder Zweideutigkeit baren Linie bewegen sich seit je die freundschaftlichen Beziehungen Österreichs zu allen Staaten, die unserem Lande freundschaftliche Gesinnung, Sympathie, Achtung und Interesse entgegenbringen, von denen ich hier namentlich bloß die Großmächte England, Frankreich, die Vereinigten Staaten von Amerika und nicht zuletzt die uns herzlichst verbundene Schweiz hervorheben möchte. ...

Dann bin ich zutiefst im Herzen davon überzeugt, daß das Andenken Engelbert Dollfuß' und aller Märtyrer dieses Landes die schwachen Kräfte derer, die heute die Verantwortung tragen, beschützen. ...

Dieses Vertrauen setzt aber voraus das Wissen, daß der Herrgott nur denen hilft, die selbst bis zum äußersten zum Einsatz aller ihrer Kräfte und zur Zusammenballung ihres ganzen Willens entschlossen sind. Und weil wir entschlossen sind, darum steht der Sieg außer Zweifel.

Bis in den Tod Rot-Weiß-Rot! Österreich!«

Quelle: Wiener Zeitung vom 25. Februar 1938.

Aufruf zur Volksbefragung am 13. März 1938

Auszug:
»Volk von Österreich! Zum ersten Male in der Geschichte unseres Vaterlandes verlangt die Führung des Staates ein offenes Bekenntnis zur Heimat. Sonntag, der 13. März 1938, ist der Tag der Volksbefragung.

Die Parole lautet:
Für ein freies und deutsches, unabhängiges und soziales, für ein christliches und einiges Österreich!

Für Friede und Arbeit und die Gleichberechtigung aller, die sich zu Volk und Vaterland bekennen.«

Quelle: Wiener Zeitung vom 10. März 1938.

Dokumente

XVI. Motive eines »Ja« zum »Anschluß« und Erwartungen für die weitere Zukunft Österreichs

Karl Renners Motivierung seines »Ja« zum »Anschluß«

In einer Weise, die für die Einstellung auch vieler anderer Österreicher charakteristisch war, äußerte sich der erste Staatskanzler der Republik Österreich in einem Interview vom 3. 4. 1938 zu der von den Nationalsozialisten veranstalteten Volksabstimmung über den »Anschluß« Österreichs an das Deutsche Reich wie folgt:

»*Einer unserer Mitarbeiter hatte gestern Gelegenheit, den gewesenen Staatskanzler Dr. Karl Renner zur bevorstehenden Volksabstimmung zu befragen. Dieser beantwortete die an ihn gerichteten Fragen folgendermaßen:* ›Sind Sie, Herr Staatskanzler, bereit, über Ihre Stellung zur Volksabstimmung sich zu äußern?‹
›Ich habe als erster Kanzler Deutschösterreichs am 12. November 1918 in der Nationalversammlung den Antrag gestellt und zur nahezu einstimmigen Annahme gebracht: ›Deutschösterreich ist ein Bestandteil der deutschen Republik.‹ Ich habe als Präsident der Friedensdelegation zu St. Germain durch viele Monate um den Anschluß gerungen – die Not im Lande und die feindliche Besetzung der Grenzen haben die Nationalversammlung und so auch mich genötigt, der Demütigung des Friedensvertrages und dem bedingten Anschlußverbot uns zu unterwerfen. Trotzdem habe ich seit 1919 in zahllosen Schriften und ungezählten Versammlungen im Lande und im Reiche den Kampf um den Anschluß weitergeführt. Obschon nicht mit jenen Methoden, zu denen ich mich bekenne, errungen, ist der Anschluß nunmehr doch vollzogen, ist geschichtliche Tatsache, und diese betrachte ich als wahrhafte Genugtuung für die Demütigungen von 1918 und 1919, für St. Germain und Versailles. Ich müßte meine ganze Vergangenheit als theoretischer Vorkämpfer des Selbstbestimmungsrechtes der Nationen wie als deutschösterreichischer Staatsmann verleugnen, wenn ich die große geschichtliche Tat des Wiederzusammenschlusses der deutschen Nation nicht freudigen Herzens begrüßte.‹ ...
›*Wie werden also Sie und Ihre Gesinnungsgenossen stimmen?*‹
›Ich habe keinen Auftrag, für die letzteren zu sprechen, kann aber erklären: Als Sozialdemokrat und somit als Verfechter des Selbstbestimmungsrechtes der Nationen, als erster Kanzler der Republik Deutschösterreich und als gewesener Präsident ihrer Friedensdelegation zu St. Germain, werde ich mit Ja stimmen.‹«
Quelle: Neues Wiener Tagblatt Nr. 92 vom 3. April 1938.

Otto Bauer gegen die Wiedererstehung eines österreichischen Staates

Zur Zukunft des »angeschlossenen« Österreich schrieb Otto Bauer, der Chefideologe der Austromarxisten, in der sozialdemokratischen Zeitschrift »Der Kampf« im April 1938 unter anderem:

»Österreich aber ist gewesen. Österreichische Klerikale oder Monarchisten mögen im Ausland Komitees gründen, die von der Wiederherstellung eines österreichischen Staatswesens phantasieren ... Das ist kindisches Spiel. Der österreichische Sozialismus, der heute zersprengt ist und morgen wiedererstehen wird, kann sich zu der vollzogenen Tatsache der Annexion Österreichs durch das Dritte Reich nicht reaktionär verhalten, sondern nur revolutionär. Wir können das Rad der Weltgeschichte nicht zurückdrehen. Nur eine Niederlage Deutschlands im Kriege könnte Österreich vom Reiche wieder losreißen; aber jede Niederlage Deutschlands im Kriege würde die deutsche Revolution entfesseln, und von der deutschen Revolution würde der Sozialismus Österreich nicht losreißen. Die Zukunft der österreichischen Arbeiterklasse liegt also in keinem österreichischen Separatismus.«

Quelle: Der Kampf, Jg. 5/4, April 1938, S. 127.

Schuschnigg zur Wiedererstehung Österreichs nach einem Krieg

In seiner vom 2. März 1938 datierten Antwort an Otto von Habsburg (siehe oben) schreibt Schuschnigg unter anderem:

»Selbst wenn daher, was Gott verhüten möge, ein geschichtlicher Rückschlag eintritt und Österreich der Gewalt weichen müßte, der es sich in Ehren lange und hartnäckig widersetzt hat, dann ist es immer noch besser, dies geschieht, ohne daß die Dynastie dabei ins Spiel gezogen wird. Denn einmal würde auch dann die Zeit der Wiederauferstehung kommen, mit einer völligen Neugestaltung Europas; daß dies voraussichtlich erst nach einem neuen Krieg sein dürfte, ist eine unendlich tragische aber leider wahrscheinliche Gegebenheit.«

Quelle: Voller Text der Korrespondenz zwischen Otto von Habsburg und Kurt Schuschnigg u. a. in: Baier, Stephan/Demmerle, Eva: Otto von Habsburg. Die Biographie. Wien 2002, hier S. 110.

Personenregister

Adam, Walter 301, 338
Adam, Wilhelm 213, 223
Addison, Sir Joseph 198
Adenauer, Konrad 75
Adler, Max 80
Adler, Victor 33, 80, 104
Aloisi, Pompeo 257
Andics, Hellmut 28, 104f., 113, 152, 350
Austerlitz, Friedrich 80
Avenol, Josef 272

Baar-Baarenfels, Eduard 318f., 338
Bardolff, Karl von 284
Barthou, Jean Louis 75, 190, 207f., 257
Bauer, Otto 34, 80, 104, 108ff., 115ff., 122f., 125, 153f., 159, 161, 163, 167, 170, 176, 343
Beck, Ludwig 313, 319
Benesch, Eduard 196f., 308
Bentz, Viktor 164, 338
Berger-Waldenegg, Egon Baron von 216, 257, 282
Bernaschek, Richard 158, 163ff., 169f.
Binder, Dieter A. 19
Bismarck, Otto Fürst von 268, 348
Bittner, K. G. 267
Blomberg, Werner von 296
Bock, Fritz 18, 339
Bock, Wilhelm 339
Bortolotto, Guido 140
Briand, Aristide 75
Brockdorff-Rantzau, Ulrich Graf von 34

Bullitt, William C. 303
Bülow, Bernhard von 176, 195, 231, 258
Bürckel, Gauleiter 340
Buresch, Karl 126, 129, 152, 154, 172, 177, 181

Canetti, Elias 167
Carr, Edward Hallett 268
Chamberlain, Neville 304, 326
Chambrun, Louis-Charles Comte de 236
Churchill, Winston 29, 240, 269, 326f., 347
Ciano, Gaetano 322
Ciano, Galeazzo 274
Clemenceau, Georges 29
Clerk, Sir G. 271f.
Coudenhove-Kalergi, Richard 74f.
Cranborne, Robert Cecil Lord 272
Curtius, Julius 38
Czermak, Emmerich 155

D'Aviano, Marco 94
Danneberg, Robert 80, 130, 154, 161, 176
De Gaulle, Charles 133
Delbos, Yvon 324
Desoye, Reinhard 19
Deutsch, Julius 80, 94, 160f., 164, 170, 175
Dinstl, Ludwig 164
Dippelreiter, Michael 19, 339
Dobler, Johann 214f.
Dodd, William E. 168

Dohrn, Klaus 87, 267
Dollfuß, Engelbert 15, 23, 34, 39, 46ff., 56f., 64ff., 71ff., 74ff., 78f., 81f., 88, 92ff., 99, 111, 116ff., 121, 123ff., 127ff., 142ff., 148ff., 159, 166, 171f., 174ff., 181ff., 189, 191ff., 199f., 203ff., 231, 234f., 237, 241ff., 254ff., 294, 299, 306, 312
Drummond, Sir Eric 206, 236

Eberharter, Herman P. 22
Ebneth, Rudolph 87
Eden, Anthony 257, 271f.
Ehrlich, Jakob 78
Eichstädt, Ulrich 350
Eifler, Alexander 159ff., 163, 165, 168f., 319
Ellenbogen, Wilhelm 80
Ender, Otto 302, 338
Eugen, Erzherzog 99
Eugen, Prinz von Savoyen 30

Ferdinand I., Erzherzog von Österreich 30
Ferdinand II., Kaiser 294
Ferrero-Waldner, Benita 18
Fest, Joachim 261
Fey, Emil 145f., 148, 150, 171, 179, 195, 203, 205, 214ff., 338
Figl, Leopold 23, 338
Fischböck, Hans 301
Fischer, Ernst 167
Flandin, Pierre-Etienne 259, 271
Franco, Francesco 270
François-Poncet, André 188, 252, 254, 324
Frank, Hans 47f., 135, 183
Frankfurter, Dr. 78
Franz Ferdinand, Erzherzog 32, 108, 339
Franz Joseph I., Kaiser 32f.
Frauenfeld, Alfred 176, 232
Friedmann, Desider 78
Friedrich II., preuß. König 30, 66
Fritsch, Werner von 296

Früh, Ekkehard 19
Funder, Friedrich 94, 133, 156, 159, 171, 177, 220, 339

Gamelin, Maurice Gustave 264
Gautsch, Alfred 339
Gedeye, G. E. 308
Gerber, Andreas 338
Glaise-Horstenau, Edmund 284, 287, 301, 319f.
Glass, Fridolin 214
Gleißner, Heinrich 147, 208, 338
Goebbels, Joseph 232
Goldinger, Walter 279
Gömbös, Jákfa Julius von 194
Görgen, Hermann M. 71
Göring, Hermann 130, 135, 184, 290, 319ff.
Gorbach, Alfons 338
Grillparzer, Franz 63, 219, 311
Gustav Adolf, König von Schweden 294

Habicht, Theo 40, 46, 49, 57, 129, 135, 168, 179, 195f., 202ff., 210, 214
Habsburg, Otto von siehe Otto von Habsburg
Hacha, Emil 304
Halifax, Lord Edward F. 326
Hammerstein, Hans von 164, 339
Hanisch, Ernst 351
Hantsch, Hugo 64, 339
Hassell, Ulrich von 184, 203, 262
Haydn, Joseph 97
Hecht, Robert 124, 150, 338
Helmer, Oskar 130, 154
Henderson, Sir Nevile 198
Heß, Rudolf 231ff.
Hildebrand, Dietrich von 68, 84, 87, 267
Hindenburg, Paul von 276
Hitler, Adolf 14f., 19, 21f., 30, 40ff., 52, 56ff., 66, 74, 76, 82f., 89f., 92, 96, 98, 101, 109, 111, 122f., 128f., 131, 134ff., 140ff., 152, 174, 181ff., 188ff., 195, 199, 201ff., 212f., 221,

223, 228, 231ff., 240ff., 251ff.,
263f., 266, 270, 273, 276, 278ff.,
286, 290, 294, 296ff., 337, 340, 346,
348f.
Hodža, Milan 75, 273
Hofer, Andreas 314, 330
Hoffinger, Max 314, 317
Hohenberg, Ernst 339
Hohenberg, Maximilian 339
Holtmann, Eberhard 178
Hornbostel, Theodor 150, 182, 279,
298f., 314, 322, 338
Hoßbach, Oberst 296, 346
Hull, Cordell 23

Innitzer, Kardinal 349

Jagschitz, Gerhard 19, 95, 132
Jansa, Alfred von Tannenau 19,
331ff.
Jansa, Herta 19
Jedlicka, Ludwig 19, 350
Jevtich, Außenminister 198
Jury, Hugo 287

Karl I., Kaiser von Österreich, 28f.,
33f., 98, 108
Karl V., Kaiser 30
Karwinsky, Carl 154, 161, 167, 172,
176f., 215f., 338
Keitel, Wilhelm 300
Kennan, George F. 27
Keppler, Hugo 309
Keppler, Wilhelm 323, 333
Kerekes, Lajos 181
Ketteler, Baron Clemens von
294
Khol, Andreas 18
Kienböck, Viktor 302
Kirchschläger, Rudolf 18
Kissinger, Henry A. 15, 27
Klahr, Alfred 69
Klausner, Hubert 309
Knoll, August M. 61
Köhler, Hans 205
Kordt, Erich 261

Körner, Theodor 160f., 164, 169
Kreisky, Bruno 18, 115, 118, 338

Langer, Leopold 78
Laval, Pierre 238, 258
Leichter, Otto 80, 106f., 119, 122, 158,
163
Leopold, Josef 287f.
Leser, Norbert 159
Liebitzky, Emil 310
Liebmann, Maximilian 19
Löw, Rudolf 163
Loewenthal, Richard 349
Lloyd George, David 27
Ludwig XIV., König von Frankreich
30
Ludwig, Eduard 301, 339
Lueger, Karl 185
Lux, Joseph August 69, 339

Mack, Carlos 18
Maleta, Alfred 339
Malina, Peter 19
Mann, Golo 235
Mao Tse-tung 224
Marek, Ferdinand 197, 308
Maria-Theresia, Kaiserin 30, 66
Marx, Karl 104, 119
Masaryk, Thomas Garrigue 75,
196
Mataja, Heinrich 83, 85
Maurin, franz. Kriegsminister 264
Maximilian I., Kaiser 30
Maximilian, Erzherzog 99
Meier-Walser, Reinhard 19
Menghin, Oswald 287
Messersmith, George 179, 211,
269
Metternich, Klemens Fürst von 31
Miklas, Wilhelm 34, 146, 219, 253,
302, 320f.
Missong, Alfred 61
Mock, Alois 18
Morgenthau Jr., Henry 15
Morgenthau, Hans J. 15
Mosley, Oswald 294

Personenregister

Muff, Wolfgang 43, 209, 228f., 320, 333
Mussolini, Benito 24, 46, 96, 129ff., 140ff., 149ff., 174, 184f., 187, 189, 194f., 206f., 209f., 217, 227, 235ff., 244, 255ff., 262f., 270, 274, 282, 310, 314, 316, 321, 326f., 334

Napoleon I. 31, 314
Neck, Rudolf 125
Neurath, Konstantin Freiherr von 51, 207, 236, 252, 290f., 293, 296
Neustädter-Stürmer, Odo 339
Nicoladoni-Dollfuß, Eva 19

O'Malley, Owen St. Clair 272
Otto von Habsburg 99f., 312, 317, 333

Palmerston, Lord Henry John 31
Papen, Franz von 130, 184, 232ff., 273, 276, 278f., 283, 287, 291ff., 296ff., 329
Pepper, Claude D. 22
Pernter, Hans 339
Petersen, Jens 259
Pfriemer, Walter 141
Philipp Prinz von Hessen 316, 321
Piłsudski, Józef 252
Planetta, Otto 215, 217
Pollak, Oscar 164
Pollak, Walter 108, 114
Popp, Franz 154
Preziosi, Gabriele 278
Proksch, Alfred 138

Radetzky, Joseph Graf R. 31, 219
Ramek, Rudolf 123, 126
Rauschning, Herrmann 201f., 212, 235
Rehrl, Franz 339
Reichold, Ludwig 351
Reinthaller, Anton 284, 288
Reiter, Ludwig 71
Reither, Josef 154, 339
Renner, Karl 28, 34, 74, 108f., 111, 115f., 118, 122f., 138f., 152ff., 162, 164f., 170, 173, 207, 244, 246, 342f.

Reschny, Hermann 204
Revertera-Salandra, Peter Friedrich 339
Ribbentrop, Joachim von 296, 316
Richter, Gustav 159
Rieth, Kurt 176, 204, 211, 231
Rill, Robert 19
Rintelen, Anton von 204, 213, 217ff., 338
Rocco, Alfredo 197
Rodenbücher, Alfred 231
Röhm, Ernst 213, 253
Roosevelt, F. D. 15, 136
Runpler, Helmut 19

Sailer, Karl Hans 318
Schärf, Adolf 124
Schausberger, Franz 176
Schausberger, Norbert 350
Schlegel, Josef 174
Schleicher, Kurt von 47, 129, 202
Schmid, Wilhelm 61
Schmidt, Guido 269, 279, 297ff., 301, 305, 314, 330, 332
Schmidt, Paul 260
Schmitz, Richard 125ff., 302, 339
Schneeberger, Pius 154
Schneidmadl, Heinrich 177
Schober, Johann 38, 121, 128
Schorsch, Gewerkschaftsführer 164
Schüller, Richard 149
Schumacher-Heiß, Anneliese 19
Schumy, Vinzenz 149
Schuschnigg, Kurt von 17ff., 23, 34, 52, 63, 67ff., 73, 76, 80, 88f., 100f., 117f., 123, 127, 143, 146, 166, 171, 180, 219f., 230, 241, 253ff., 264f., 273f., 277, 281ff., 286ff., 296ff., 337f., 343, 346ff.
Schwarzenberg, Karl Philipp Fürst zu 31
Seifert, Josef 179
Seipel, Ignaz 61, 74, 107, 121, 128f., 139, 142, 152f., 158, 166, 172, 177, 181, 246

Personenregister

Seitz, Karl 74, 114, 156, 158, 161, 164, 177, 179
Selby, Walford 47, 148, 189, 271
Seyß-Inquart, Arthur 284, 288, 298, 301, 317, 319ff., 323
Shepherd, Gordon Brook 130, 321
Simon, Sir John 194
Skubl, Michael 219, 314
Sperrle, Hugo 300
Spitzy, Reinhard 315f.
Stalin, Josef 30, 263, 317, 327
Starhemberg, Fürst Ernst Rüdiger 56, 65, 73, 84, 88, 112, 140ff., 150f., 171ff., 175, 195, 203, 205, 208f., 215, 219, 227, 236f., 253, 255, 278, 281ff., 288f.
Starhemberg, Rüdiger von 140
Staud, Johann 339
Steidle, Richard 51, 150, 339
Steinacher, Hans 229
Stepan, Karl Maria Anton 339
Stillfried, Alfons Freiherr von 70f., 87
Stillfried, Bernhard 18
Stöcklein, Paul 87
Stourzh, Gerald 339
Straffner, Sepp 124
Strasser, Gregor 141
Streitle, Peter 19, 279
Stresemann, Gustav 75
Suvich, Fulvio 150, 155, 177, 206, 239, 274

Tandler, Julius 80
Tanscits, Claudia 19
Thälmann, Ernst 47

Thurn-Valassina, Georg 339
Titulesco, Nicolaus 75
Tonningen, Rost van 185
Tuppy, Hans 18
Tuppy, Karl 338

Vansittart, Sir Robert 43, 188, 260
Vaugoin, Carl 125, 141, 332, 338

Wächter, Otto Gustav 210, 220
Watzek, Adolf 318, 339
Weber, Max 71
Wenisch, Ernst 87
Wenninger, Heinrich 339
Weydenhammer, Rudolf 204, 214, 220
Wieland, Carl Paul 18
Wiesner, Friedrich von 100
Wildgans, Anton 62f., 68
Wilhelm II., Kaiser 261
Wilson, Thomas Woodrow 27ff., 268
Wiltschegg, Walter 144
Winkler, Franz 149
Winter, Ernst Karl 61, 64, 304, 330f.
Wistrich, Robert 19
Wrabel, Robert 214, 216

Zehner, Wilhelm 216, 220, 301, 333, 338
Zeinitzer, Matthias 178
Zernatto, Guido 88, 283, 289, 298, 308ff., 314, 317
Zeßner-Spitzenberg, Hans Karl 61, 338

Bildnachweis

Alle Abbildungen aus den Archiven der Buchverlage
Langen Müller Herbig, außer:
1, 2, 12, 13, 17, 19, 20, 21, 23, 24, S. 248 (Österreichische Gesellschaft
für Zeitgeschichte, Wien, Bildarchiv); 6, 30, S. 25 (Allgemeines
Verwaltungsarchiv, Wien); 10 (Dr.-Wilfried-Haslauer-Bibliothek, Salzburg);
18, S. 20 (Österreichische Nationalbibliothek, Wien, Bildarchiv);
34 (Dokumentationsarchiv des österreichischen Widerstandes, Wien).